回顾历史是为了启迪今天、昭示明天。祖国必须统一，也必然统一。这是 70 载两岸关系发展历程的历史定论，也是新时代中华民族伟大复兴的必然要求。

——习近平

两岸关系 40 年历程

（1979—2019）

孙亚夫　李鹏　等著

九州出版社　JIUZHOUPRESS｜全国百佳图书出版单位

图书在版编目（CIP）数据

两岸关系40年历程：1979—2019 / 孙亚夫等著. --
北京：九州出版社，2020.10（2021.1重印）
ISBN 978-7-5108-9624-8

Ⅰ．①两… Ⅱ．①孙… Ⅲ．①海峡两岸－关系－历史
－1979-2019 Ⅳ．①D618

中国版本图书馆CIP数据核字(2020)第192422号

两岸关系40年历程：1979—2019

作 者	孙亚夫　李　鹏 等著	
出 版 人	张黎宏	
责任编辑	王　宇	
出版发行	九州出版社	
地 址	北京市西城区阜外大街甲 35 号（100037）	
发行电话	(010)68992190/3/5/6	
网 址	www.jiuzhoupress.com	
电子信箱	jiuzhou@jiuzhoupress.com	
印 刷	三河市兴博印务有限公司	
开 本	650 毫米 ×960 毫米　16 开	
印 张	32.75	
字 数	540 千字	
版 次	2020 年 10 月第 1 版	
印 次	2021 年 1 月第 2 次印刷	
书 号	ISBN 978-7-5108-9624-8	
定 价	158.00 元	

导言

上　篇

第一章　台湾问题产生与两岸军事对峙（1949—1978）

第二章　和平统一方针的确定与两岸隔绝状态的结束（1979—1987）

第三章　两岸关系新起步和跌宕起伏（1987—2000）

下　篇

导　言

台湾是中国的领土。台湾问题是 20 世纪 40 年代中后期中国内战遗留并延续的问题。由于台湾问题的产生及其迄今没有得到解决，台湾尚未与大陆统一，因此形成错综复杂的两岸关系。两岸关系涵盖政治、经济、文化、社会、法律、军事乃至涉外事务等各个方面，新旧矛盾叠加、内外因素交织。大陆与台湾同属一个中国，两岸关系是一个国家内部的关系，这是它的根本性质。两岸关系的复杂之处在于两岸尚未统一，因此有许多未统一前的现象，而且一直受到外部环境主要是美国干涉的影响。推动两岸关系发展，就是推动台湾问题的解决，也就是推进实现祖国完全统一的进程。

《两岸关系 40 年历程》一书，论述 1979 年 1 月至 2019 年 1 月这 40 年期间的两岸关系，即从 1979 年 1 月全国人大常委会发表《告台湾同胞书》，郑重宣示争取祖国和平统一大政方针，至 2019 年 1 月中共中央总书记习近平发表纪念《告台湾同胞书》发表 40 周年的重要讲话，全面阐述在新时代中华民族伟大复兴征程中推进祖国和平统一的重大政策主张。这 40 年两岸关系，是祖国统一航船升起和平统一的风帆，穿过汹涌波涛，风雨兼程不断前行的进程。这个进程，呈现出两岸关系中的种种问题，也展示了两岸关系不可阻挡的发展趋势。撰写这部专著的目的，就是要展开 40 年两岸关系的史册，以利于人们感受两岸关系发展的艰巨与成就，洞悉实现祖国完全统一要解决的主要问题，探寻规律性因素，得到历史性启示，坚定、踏实地推进祖国统一进程。

本书由厦门大学台湾研究院教师和博士生，中国人民大学、河南师范大学教师，中共中央台湾工作办公室、海峡两岸关系研究中心工作人员共同撰写。

本书分上、下两篇，共 15 章。上篇 6 章，分阶段描述 1949 至 2019 年两岸关系面貌和走势。下篇 9 章，分述两岸政治关系、协商谈判、经济关系、文教交流、社会交往、法律事务、涉外事务、台海军事安全，以及概述 40 年两岸关系主要特征和重要启示。

第一章"台湾问题产生和两岸军事对峙（1949—1978）"，论述了由于美国武装干涉国共内战而造成了台湾问题；梳理了这一时期两岸军事冲突和双方在国际舞台上的较量，也论述了这一时期大陆方面解决台湾问题方针政策的发展，包括在坚持军事斗争的同时提出和平解放台湾的主张直至形成"一纲四目"的方针政策。

第二章"和平统一方针的确立与两岸隔绝状态的结束（1979—

1987）",论述了大陆方面 1979 年开始实行争取祖国和平统一的大政方针,掀开两岸关系新的一页;论述了大陆方面提出"一国两制"构想,逐步形成"和平统一、一国两制"方针;概括了台湾当局的应对和对大陆政策的调整;也论述了由于大陆方面长期努力和台湾当局允许台湾民众往来两岸,两岸隔绝状态结束,促使两岸关系再次进入新阶段。

第三章"两岸关系新起步和跌宕起伏（1987—2000）",概述了在两岸隔绝状态结束的新起点上,两岸人民往来和经济文化等交流的兴起和发展,两岸双方以分别授权海峡两岸关系协会与台湾海峡交流基金会的方式进行商谈;论述了从 20 世纪 90 年代中期开始,台湾地区领导人李登辉制造"两个中国"、"台独"分裂活动趋于猖獗,两度将两岸关系推向危机;也论述了大陆方面坚决反对台湾分裂势力制造"两个中国""一中一台""台湾独立"的斗争,特别是针对李登辉"美国之行"的反分裂反"台独"斗争,针对李登辉抛出"两国论"分裂主张的反对"两国论"的斗争。

第四章"两岸关系从紧张动荡走向和平发展（2000—2008.5）",概述了 2000 年 5 月至 2008 年 5 月民进党在台湾执政期间,陈水扁当局推动"台独"活动升级,直至力图通过"宪政改造""入联公投"谋求"法理台独"及其失败的全过程;梳理了大陆方面坚持一个中国原则、反对和遏制"台独"活动直至挫败"法理台独",从而推动两岸关系从紧张动荡走向和平发展的全过程;也揭示了美国对台湾问题的意图及其实行的两手策略。

第五章"两岸关系和平发展新局面（2008.5—2016.5）",论述了 2008 年 5 月至 2016 年 5 月期间,两岸关系结束紧张动荡之后,国共两党、两岸双方共同努力,在坚持"九二共识"、反对"台独"的共同政治基础上,开创了两岸关系和平发展新局面,取得一系列突破性进展和宝贵成果;论述了两岸关系和平发展重要思想的孕育、形成及其要点;也分析了这 8 年间两岸关系和平发展遭遇的问题。

第六章"推动与破坏两岸关系和平发展的新一轮较量（2016.5—2019）",分析了由于台湾内部政治、社会矛盾的作用,民进党赢得 2016 年台湾地区领导人选举,引起台湾局势和两岸关系重大变化;论述了两岸双方之间围绕坚持与冲撞一个中国原则、反对与图谋"台独"、推动与破坏和平发展、维护与冲击台海和平稳定的新一轮较量;概括了习近平总书记关于对台工作的重要论述;概述了中共十九大关于对台工作的主要精神;阐释了习近平纪念《告台湾同胞书》发表 40 周年重要讲话的精神、要点、意义。

第七章"两岸政治关系"，概述了 40 年两岸政治关系发展的 4 个时期；论述了两岸政治关系演进的两个主要方面：一是坚持与冲撞一个中国原则的较量，二是"台独"与反"台独"的斗争，概括了 40 年两岸政治关系发展取得的巨大成就，总结了大陆方面在发展两岸政治关系中积累的丰富经验，也指出了未来两岸政治关系发展面临的问题。

第八章"两岸协商谈判"，概述了 1979 年至 2019 年两岸协商谈判曲折复杂的过程；详述了海协会与台湾海基会达成"九二共识"的全过程，阐述了这一共识的要义是"海峡两岸同属一个中国，共同努力谋求国家统一"；整理了这一时期大陆方面关于两岸协商谈判主张的发展，总结了两岸协商谈判的主要特征和启示。

第九章"两岸经济关系"，概述了 40 年两岸经济关系经历恢复联系、波动发展、密切联系、制度化合作、结构性转换等 5 个阶段；论述了两岸经济关系的 5 个主要特征：合作从功能性转向制度性，互动从单向转为双向，台商投资产业范围和区域逐步扩大，参与主体从台商扩大到基层民众，发展动力从要素驱动转到创新驱动；分析了两岸经济关系中大陆对台贸易逆差、"红色供应链"的问题，也阐述了两岸经济融合发展的路径。

第十章"两岸文教交流"，论述了 40 年两岸文教交流发展的单向推动、双向互动开启、双向互动推进、双向互动发展、双向互动快速发展、双向互动不确定等 6 个阶段，概括了两岸文教交流取得的明显成效，主要包括发展势头强劲，保持传承和弘扬中华文化的主线，促进两岸民众相互了解、拉近心理距离，经济功能日趋彰显，在发展中走向制度化；也分析了持续推动两岸文教交流的困难所在，阐述了进一步推动两岸文教交流的重点任务和具体内容。

第十一章"两岸社会交往"，梳理了 40 年两岸社会交往发展历程，认为两岸社会交往从隔绝到互动到逐步发展，在紧张动荡中开辟前进道路，直到开启新局面，形成全方位、宽领域、多层次格局；两岸人员往来规模持续扩大，两岸社会各界广泛深入交往，通婚家庭、大陆台商等特殊群体参与两岸经济社会融合发展，两岸交往领域之广、社会联系之密、利益联结之深前所未有；也指出两岸社会交往面临认知差异、分裂势力制造两岸对抗等问题。

第十二章"涉台法律事务"，介绍了 40 年来涉台法律事务的发展历程，涵盖双方各自对相关事务的规范以及彼此之间的关系；总结了 40 年涉台法律事务的主要特点，包括两岸规制逐渐丰富、两岸司法互助机制初见端倪、两岸打击犯罪及司法互助卓有成效；指出了涉台法律事务存在的问题，主要是台湾"一国两区"制度架构弱化、涉台法律事务合作政治基础不稳、涉台法律事务合作内在机制不足。

第十三章"两岸涉外事务"，概述了 40 年两岸涉外事务发展历程，认为主要经历了大陆方面与李登辉当局、陈水扁当局的激烈斗争，与马英九当局的良性互动，2016 年后又重回与蔡英文当局的斗争；总结了两岸涉外事务的主要特征，认为两岸涉外事务与两岸关系演进具有显著的联动效应，两岸涉外事务斗争的核心问题和主要内容是维护国际社会承认一个中国的格局，协商谈判是实现两岸涉外领域良性互动的最佳路径；也分析了两岸涉外事务中的问题。

第十四章"台海军事安全"，概述了 1949 年以后尤其是 1979 年至 2019 年台海军事态势演变脉络，认为近 40 年台海军事态势主要特点表现为稳定与紧张相交织；阐述了台海军事战略对抗，认为这种对抗的根源，一是两岸长期存在的结构性矛盾，二是外部势力干涉；介绍了台海军事力量对比及其变化，认为大陆已牢牢掌控台海军事主动权；分析了当前台海军事态势基本特点，认为其表现为对抗性突出、不对称性凸显、外部势力介入。

第十五章"40 年两岸关系主要特征和重要启示"，归纳了 10 个特征，涵盖台海形势基本格局中力量对比、大陆方面对台方针政策、两岸关系政治基础、民进党"台独"行径的危害、国民党对两岸关系政策、美国对台湾问题的政策、两岸政治分歧问题、台湾民众对两岸关系的心态、国际社会承认一个中国的格局等方面；总结出必须坚持在发展的基础上解决台湾问题的战略思路、继续以最大诚意和尽最大努力争取和平统一前景、坚持"一国两制"并与时俱进丰富发展其内涵、坚持走两岸关系和平发展的正确道路、理解一个中国原则的核心是维护国家主权和领土完整、争取台湾民心是持之以恒和全面的工作等 6 条启示。

概括地说，本书既有 1979 年至 2019 年两岸关系历程的历史论述，又有 40 年两岸关系各主要方面的深度剖析，纵横交织，广度、深度兼具。我们通过研究 40 年两岸关系历程，包括撰写本书，对两岸关系演进脉络、内在的严重问题、取得的历史性巨大进展、必然走向统一的大势，都有了进一步认识，也都有了进一步体会，主要是：

第一，40 年两岸关系走势跌宕起伏。

1979 年 1 月，大陆方面开始实行和平统一大政方针，推动两岸关系进入新阶段，台海形势总体上趋向缓和。同月，中美正式建立外交关系，美国承认中华人民共和国政府是全中国的唯一合法政府，开始奉行一个中国政策。这两件历史性大事使台海形势发生重大变化。但是台湾当局强调与大陆方面"不接触、不谈判、不妥协"，并继续禁止台湾民众与大陆交往，使两岸仍处于隔绝状态。

经由大陆方面实行和平统一方针后 8 年的努力和台湾当局政策调整，1987 年 11 月，两岸隔绝状态结束，两岸关系发展站上了新起点。在这个新起点上，两岸经济、文化、社会交往逐步发展起来，并且催生了海协会与台湾海基会的商谈。两会 1992 年达成"九二共识"，1993 年 4 月举行汪辜会谈。这一时期，两岸关系发展较为平顺。

此后，两岸关系开始紧张。李登辉逐步背弃一个中国原则、制造"两个中国"，先于 1995 年 6 月以所谓私人名义前往其美国母校康奈尔大学访问，后于 1999 年 7 月抛出"两国论"分裂主张，两度将两岸关系推向危机，导致两会商谈两次中断。大陆方面遏制了李登辉"美国之行"产生的恶劣影响，挫败了李登辉推动"两国论入宪"的图谋。

这时，台湾发生实行西方式政党政治以来的第一次政党轮替。2000 年 3 月，民进党候选人陈水扁赢得台湾地区领导人选举，民进党第一次在台湾执政。陈水扁上台后，拒不承认"九二共识"，导致两会商谈无法恢复。陈水扁 2002 年 8 月抛出两岸"一边一国"的分裂主张，2003 年 9 月提出"催生台湾新宪法"，2004 年 5 月连任后谋求"法理台独"，先推动"宪政改造"，继而于 2007 年 4 月推动"入联公投"，不断挑起两岸关系紧张动荡，直至进入高危期。

"台独"活动达到巅峰之时，也是坠落之始。2008 年 3 月 22 日，台湾地区同时举行新一届领导人选举和"入联公投"。国民党候选人马英九赢得这次选举，台湾局势发生积极变化；公投结果否决了"入联公投案"，陈水扁谋求"法理台独"的图谋彻底失败。由此，两岸关系从长达十几年的紧张动荡转向和平发展。

2008 年 5 月至 2015 年底，两岸关系开创了和平发展新局面，取得一系列突破性进展和重要成果。这 8 年，两岸关系进展最显著，交流合作和协商谈判成果最丰硕，给台湾民众带来实际利益最多，两岸经济、文化、社会联系水平提升最快。

但是，2012年以后，由于台湾内部政治、社会矛盾的作用，台湾局势明显发生不利于国民党的变化。2014年，国民党受到"太阳花风潮"严重冲击，在"九合一"选举中惨败。2016年1月，民进党赢得台湾地区领导人和民意代表两项选举，使台湾局势发生2008年5月以来最大的变化，对两岸关系形势造成2008年5月以来最大的冲击。

民进党重新上台后，固守"台独"立场，拒绝接受"九二共识"，进行"去中国化""渐进台独"活动，严重冲击了两岸关系和平发展势头。各种"台独"活动在台湾重新泛滥，其中激进"台独"势力鼓噪实施"正名""制宪""入联"等实现"台湾国家正常化"的措施，谋求"法理台独"。大陆方面继续贯彻对台工作大政方针，坚持一个中国原则和"九二共识"，坚决反对和遏制任何形式的"台独"行径，同时推进两岸民间交流合作，深化两岸融合发展。两岸之间坚持与冲撞一个中国原则、反对与图谋"台独"、推动与阻挠和平发展、维护与破坏台海和平稳定的较量尖锐复杂。

2019年1月，中共中央总书记、国家主席、中央军委主席习近平发表纪念《告台湾同胞书》发表40周年的重要讲话，全面阐述在新时代中华民族伟大复兴征程中推进祖国和平统一的重大政策主张。这份纲领性文件丰富发展了中央对台工作大政方针，树立了对台方针政策发展的重要里程碑，是新时代对台工作的基本遵循和根本指针，引领大陆各方面继续推动两岸关系和平发展、推进祖国和平统一进程。

第二，40年两岸关系的对抗乃至冲突源于自身的严重问题。

台湾问题产生后，两岸关系即交织着内外种种问题。1979年以后，这些问题有的不存在了，有的表现形态发生了变化，如国共两党、两岸双方之间没有再发生直接的武装冲突，如中美建交时美国与台湾当局"断交"、废除"共同防御条约"、从台湾撤军，但大多数都延续下来，而且还增加了新问题。

一是，台湾1949年以来实行与大陆不同的社会制度，具有不同的政治意识形态，尤其是1987年后实行西方式政党政治、流行西方政治价值观念。这是两岸关系的基本问题。大陆方面正视这一问题，因此提出了和平统一后实行"一国两制"的主张，但是国民党无意通过谈判实现和平统一、民进党谋求"台独"，拒绝这一尊重历史、尊重现实的合情合理的创造性主张，使这一基本问题长期存在。

二是，台湾各种分裂势力谋求"两个中国""一中一台""台湾独立"，1986年民进党成立以来尤以"台独"问题危害最大。民进党因受各种反"台独"力量、两岸关系发展、国际社会承认一个中国的制约，也为了适应参加选举的需要，包装和炮制了一些论述，如借用所谓"中华民国"的称呼，如"民进党上台不会也不必再宣布独立"，如民进党愿意"维持两岸关系和平稳定发展现状"等，但这些论述是建立在"台独"立场尤其是"台湾是主权独立国家"的主张之上，最终还是要通过"正名"（炮制所谓"新国号"）、"制宪"（制定所谓"新宪法"）、"入联"（得到国际社会承认），使台湾成为"正常的国家"，即实现"法理台独"。"台独"分裂行径是对国家主权和领土完整的最大威胁、对祖国和平统一进程的最大阻碍，也是引起两岸关系紧张动荡的基本原因。

三是，国民党曾有国家统一的目标，但它统一目标的性质与大陆方面不同，而且它的统一目标1987年以来逐步弱化，同时国民党一直不愿与大陆方面通过谈判实现两岸和平统一，也不愿进行解决政治分歧的谈判，力图维持现状，寻求"两岸分治"。这不但是两岸和平统一迟迟尚未实现的主要原因之一，而且也拖延了两岸政治分歧问题的解决，影响了两岸关系全面发展。

四是，美国始终为台湾提供所谓"安全保护"。台湾问题是国共内战遗留的问题，进一步说是美国武装干涉大陆方面解放台湾而造成国共内战遗留的问题。台湾问题产生后，美国将台湾置于自己的所谓保护之下。1979年中美建交后，美国又通过"与台湾关系法"向台湾提供所谓"安全保护"，这使得民进党及其当局得以维持"台独"立场，也使得国民党及其当局得以不与大陆方面进行和平统一谈判。2017年以来，美国对中国大陆发展壮大愈发不能接受并深为焦虑，将中国大陆视为主要战略竞争对手，加剧与中国大陆进行战略竞争，为此也加大了扶持台湾与大陆对抗的力度。美国的干预是台湾问题长期得不到解决的最大外部障碍。

五是，由于种种错综复杂的历史和现实原因，主要是由于上述四个问题的存在特别是"台独"势力蛊惑，扭曲了台湾社会对两岸关系许多重要问题特别是个人政治身份认同、国家认同、统一与"独立"问题的看法。这是推动两岸关系发展面临的极为深刻、复杂、严重的问题。

上述问题新旧叠加、内外交织、盘根错节，既有台湾与大陆之间分裂与反分裂、抗拒统一与争取统一的矛盾，也有国际战略竞争和意识形态较量的矛盾，都是结构性的问题，错综复杂。

第三，40年两岸关系冲破重重障碍取得历史性巨大进展。

一是，结束了长达38年之久的两岸隔绝状态。由此开启了两岸人员交往，带动了一系列两岸交流合作，催生了两岸协商谈判。

二是，沉重打击了制造"两个中国""一中一台""台湾独立"的分裂行径。大陆方面坚持一个中国原则，反对和遏制谋求"两个中国""一中一台""台湾独立"的行径。李登辉制造"两个中国"、陈水扁谋求"法理台独"都失败了，明火执仗地制造"两个中国""一中一台""台湾独立"的空间被大大压缩。2016年以来，民进党及其当局贸然发动"台独"重大事变仍受到强有力制约。

三是，两岸商谈积累了重要成果。海协会与台湾海基会达成"九二共识"，确立了两岸商谈的政治基础；1993年举行"汪辜会谈"，实现了1949年以来两岸高层人士第一次以民间名义公开进行商谈。两会2008年6月在"九二共识"基础上恢复中断9年之久的商谈，由此至2015年，达成23项协议和多项共识，促成了大陆居民赴台旅游，实现了两岸全面直接双向"三通"，对众多领域的交往和合作作出了制度化安排。2014年至2015年国台办与台湾方面陆委会负责人多次互访，两部门建立了联系沟通机制，创造了民间商谈之外新的交往方式。

四是，两岸全面直接双向"三通"。自大陆方面1979年提出两岸"三通"主张，经历近30年的间接"三通"，至2008年12月正式实施两岸空运直航、海运直航、全面通邮，再至2009年6月台湾当局开放大陆企业向台湾投资，开始了两岸双向投资，实现了全面直接双向"三通"。

五是，两岸之间形成密切的经济、文化、社会联系。1979年台海形势缓和至1987年两岸隔绝状态结束的8年期间，少数台湾民众开始与大陆初步往来，两岸经香港的转口贸易有所扩大，极少量台商到大陆投资，数量有限的台湾渔民因捕鱼需要进入大陆沿海港口。两岸隔绝状态结束后，两岸经济、文化、社会交往迅速发展起来，形成紧密联系。经济方面，投资、贸易达到相当大的规模。从1988年至2018年，不包括经第三地的投资，台商向大陆投资累计678亿多美元（台湾有关方面统计1991年至2018年核准台湾企业向大陆投资1824亿多美元）；大陆企业2009年开始向台湾投资，至2018年累计金额33亿多美元。从1988年至2018年，两岸贸易总额累计 26217 亿多美元。文化方面，交流合作形式多样、内容丰富，遍及各个文化领域及其所属门类。社会方面，从 1988 年至 2018 年，两岸人民往来逐年增多，总计达 1 亿 3514 万多人次；其中台湾居民约 1 亿 536 万多人次，大陆居民约 2978 万多人次（大陆居民从 2008 年才开始赴台旅游）。两岸社会各界几乎都参与了交流。

六是，国共两党领导人、两岸领导人历史性会谈、会晤。2005 年 4 月 29 日，中共中央总书记胡锦涛与国民党主席连战会谈，实现了 1945 年以来国共两党领导人首次会谈，确立了两党坚持"九二共识"、反对"台独"的共同基础。2015 年 11 月 7 日，中共中央总书记、国家主席习近平同台湾方面领导人马英九会晤，实现了 1949 年以来两岸领导人首次会晤，面对面确认了体现一个中国原则的"九二共识"，将两岸政治互动提高到新高度。国共两党领导人、两岸领导人会谈、会晤，书写了两岸关系历史性篇章，树立了两岸关系发展进程中重要的里程碑。

七是，国际社会坚持一个中国原则的格局得到巩固和扩大。大陆方面坚持按照一个中国原则处理台湾对外活动问题，推动越来越多的国家奉行一个中国政策。台湾当局对外活动被限制在一个中国的框架内，制造"两个中国""一中一台""台湾独立"的外部空间被大大压缩。

这 40 年两岸关系之所以能克难前行，主要的动力和条件是：大陆方面努力争取国家统一，积极推动两岸关系发展；大陆持续 40 多年的发展进步，从基础上推动、从方向上牵引了两岸关系前进；两岸同胞之间具有中华民族、中华文化纽带和对经济、文化、社会交往的需求，支持和参与了推动两岸关系发展的进程；国共两党通过求同存异共同坚持一个中国立场，维护了两岸关系发展的政治基础；国际社会承认一个中国，欢迎两岸双方改善发展关系。

第四，两岸关系发展前景：统一战胜分裂。

台湾问题产生及其长期没有得到解决，损害中国主权和领土完整，羁绊中国和中华民族发展，影响中华民族伟大复兴。解决台湾问题的目的，就是实现台湾与大陆统一，维护中国主权和领土完整，解除影响中国和中华民族发展的羁绊，推动实现中华民族伟大复兴。自 1987 年台湾实行西方式政党政治以来，特别是上世纪 90 年代中期以来台湾各种分裂势力制造"两个中国""一中一台""台湾独立"的活动愈演愈烈，图谋把台湾从中国分裂出去。外部势力干涉台湾问题的解决，阻挠中国统一进程，助长了分裂中国的行为。国家统一与分裂国家，是不可调和的矛盾，而且随着台湾政局演进，越来越成为两岸关系的主要矛盾。这一主要矛盾表现在两岸关系政治、经济、文化、社会、法律、军事安全、涉外事务等各个方面，决定着两岸关系的前途，决定着两岸关系的好坏。

大陆方面实行争取祖国和平统一大政方针的 40 年来，两岸关系取得历史性的巨大进展，同时许多内在的问题没有得到解决，因此两岸关系依然错综复杂，尤其是统一与分裂的较量尤为尖锐激烈。

当今，两岸统一与分裂较量的态势表现为：大陆方面坚持和平统一的努力，坚持一个中国原则，坚决反对和遏制各种"台独"分裂行径，维护两岸关系发展大局基本稳定，尤其是制止发生"台独"重大事变，避免台湾被从中国分裂出去；推动两岸各领域交流合作持续进行，深化两岸融合发展，不断密切两岸经济文化社会联系；巩固和扩大国际社会承认一个中国的格局，在一个中国原则的基础上处理台湾对外活动的问题，压缩台湾当局的所谓"邦交国"数量；加强反"台独"军事斗争准备，震慑"台独"势力。但是，民进党固守"台独"立场，不接受一个中国原则和"九二共识"，继续培植"台独"的社会思想基础，蓄谋制造或发动"台独"重大事变；不断发展与西方国家主要是美国的实质关系，扩大对外活动空间。美国加紧对大陆进行全面战略打压，屡屡采取违背一个中国政策的措施，鼓励台湾当局与大陆抗衡，甚至在台海地区炫耀武力，对大陆进行军事威胁。台湾民众对统一的疑虑、个人政治身份认同和国家认同被扭曲的现象加剧。此外，国民党坚持维持现状、谋求"两岸分治"的立场，国家统一和一个中国立场继续退化；而且，台湾政治生态继续发生不利于国民党的变化，民进党的实力已开始超过国民党，这也不利于促进统一、反对分裂。概括地说，大陆有力量、有能力、有条件制止"台独"图谋得逞，维护大陆与台湾同属一个中国的局面不被改变，维护两岸关系发展大局基本稳定，维护两岸关系发展的正确方向；但是距离实现统一尤其是和平统一还有一段路要走。同时，发生"台独"重大事变的危险依然存在，长期维持现状的问题依然存在，遭遇外来干涉的风险依然存在。总的说，两岸关系中争取国家统一与图谋分裂国家的较量十分尖锐激烈。

台湾问题自产生之日起，就交织着内外各种矛盾，既有台湾与大陆之间的矛盾，也有国际间主要是中国与美国间的矛盾。而且，从力量对比的角度来说，主要是中美之间的矛盾。这一矛盾自本世纪第二个 10 年以来已成为世界上第二大经济体与第一大经济体之间的矛盾，而且美国不能容忍中国继续发展，执意要把中国压下去。由此可以想知，要解决这样一个台湾问题，其复杂性有多大，其困难程度有多大。但是，无论中国实现完全统一遇到多少艰难险阻，统一与分裂的较量有多么激烈，统一终将战胜分裂，中国终将完全统一。

因为，所有中国人都不允许台湾从中国分裂出去，而要求台湾与大陆必须统一。中华民族在自己漫长的发展过程中，形成了崇尚统一、维护统一的民族精神。孙中山先生说："中国是一个统一的国家，这一点已牢牢地印在我国的历史意识之中，正是由于这种意识才使我们能作为一个国家而被保存下来。"中华人民共和国成立以来，中国人民倍加珍惜得来不易的民族独立，形成了更强烈的中国必须统一的民族意识。全体中华儿女盼望解决台湾问题、实现祖国完全统一，并为实现这个崇高愿望不懈地进行奋斗，直至达到目的。这样的民族意志是不可战胜的。

因为，中国共产党和中国政府解决台湾问题的方针政策把握了民族根本利益和国家核心利益，维护了两岸关系走向国家统一的正确方向。大陆方面实行争取祖国和平统一的大政方针以来，针对形势发展变化，与时俱进地提出一系列政策措施，形成了完整的政策体系。这就是：坚持"和平统一、一国两制"基本方针，这是实现国家统一的最佳方式；坚持一个中国原则，坚决反对任何形式的"台独"行径，确保台湾是中国一部分的地位不被改变，维护和平统一的前景；鼓励两岸同胞本着"两岸一家亲"的理念，进行直接往来，开展交流合作，增进共同的利益福祉，深化两岸融合发展；倡导在一个中国原则下什么都可以谈，通过协商谈判解决两岸关系及其发展中的问题，包括政治关系、军事安全、涉外事务问题，直至实现和平统一所要解决的所有问题；争取国际社会理解中国政府解决台湾问题的方针政策，坚持在一个中国原则下处理涉及台湾的问题，同时坚决反对任何外部势力干涉。为了民族大义，也为了大陆发展战略全局的需要，大陆方面坚持和平统一的方向，只要和平统一还有一线希望，就会进行百倍的努力。但是，如果发生《反分裂国家法》所指出的造成台湾从中国分裂出去的事实，或者导致台湾从中国分裂出去的重大事变，或者和平统一的可能性完全丧失等三种情况，"国家得采取非和平方式及其他必要措施，捍卫国家主权和领土完整"。这样的政策体系，既坚持了基本原则、画出了清晰的底线，又能够推动两岸关系和平发展、推进祖国和平统一进程。

因为，大陆继续发展必将为实现国家统一创造更充分的条件。解决台湾问题说到底是实力的较量。自台湾问题产生以来，在台海力量对比中，一直是美国第一，大陆次之，台湾最小，迄今也是如此，但比例已经发生了历史性的巨大变化，大陆力量已经绝对地、不可逆转地拉开了与台湾的距离，而且也大大拉近了与美国的距离，在决定台海形势基本格局的力量对比中，在决定国际战略基本格局的力量对比中，已经处在越来越有利的位置上。台湾问题产生以来，大陆方面能够在复杂的情况下确保台湾是中国一部分的地位不被改变，能够在艰苦的情况下大幅改变台海力量对比，靠的就是自己的发展。未来，大陆发展仍是不可阻挡的，前景是清晰的，就是按照中共十九大作出的新时代中国特色社会主义发展的战略安排不断奋斗，中国特色社会主义将愈益显出正确性和优越性，经济实力、科技实力、国防实力、综合国力和国际影响力也都将不断迈上新台阶。本世纪特别是中国大陆成为世界上第二大经济体以来，国内外经济学界不断预测，中国经济总量将在一段时间后与美国持平甚至超过美国。虽然不易确定准确的时间点，但趋势是持平和超过。中国大陆这样一种发展，将促使台海力量对比进一步发生有利于中国大陆的变化，实现祖国统一将拥有更雄厚的基础、得到更可靠的保障，两岸关系形势将发生新的历史性大变化，"台独"活动将受到进一步遏制，外部势力干涉中国大陆解决台湾问题的顾虑将进一步增大，中国完全统一的前景将明朗起来。这是完全可以预言的。

因为，实现国家统一是中华民族伟大复兴的必然要求和必然趋势。实现中华民族伟大复兴，是中国近代170多年来全体中华儿女的最大夙愿和最大使命。要实现中华民族伟大复兴，就必须要实现祖国完全统一。没有祖国完全统一，就没有真正意义上的民族复兴。实现祖国完全统一，彻底解决了羁绊中国和中华民族发展的台湾问题，避免了台湾被从祖国分裂出去的危险，维护了中国主权和领土完整，打掉了外部势力遏制中国的一个抓手，也使两岸同胞可以更好地一起进行建设事业，必将大大促进中华民族伟大复兴。同时，实现祖国完全统一是中华民族走向伟大复兴的历史必然。中华民族伟大复兴的雄壮步伐，必然不断地增进经济繁荣、政治稳定、文化昌盛、民族团结、国力强大，也就必然不断地推进祖国完全统一的进程，直至祖国统一大业的完成。正如中共中央总书记习近平所说："台湾问题因民族弱乱而产生，必将随着民族复兴而终结。"

概而言之，无论从民族意志、政策主张、力量对比，还是从民族复兴进程来看，也就是从精神力量和物质力量等诸方面来看，争取国家统一必然战胜图谋分裂国家，统一必然胜利，分裂必然失败。

中国特色社会主义进入了新时代，中华民族伟大复兴也进入了新时代。这个新时代，将促进中国大发展、中华民族大发展，将不断对台湾产生越来越大的积极影响，不断对两岸关系产生越来越大的推动作用，不断对祖国统一进程产生越来越大的推进作用。在这个新时代，大陆完全能够通过发展增强完成祖国统一大业的雄厚基础和综合能力，通过坚持一个中国原则维护两岸关系发展大局基本稳定和正确方向，通过反对和遏制"台独"分裂行径维护两岸关系和平发展的必要条件，通过深化两岸经济文化社会交流合作深化融合发展，通过推动两岸关系和平发展为和平统一创造条件，通过加强国防和军队建设为和平统一提供战略保障和军事后盾，从而不断推动两岸关系朝着祖国完全统一的方向发展，在实现中华民族伟大复兴进程中完成祖国统一大业。

中共中央总书记习近平在纪念《告台湾同胞书》发表40周年的重要讲话中说："回顾历史是为了启迪今天、昭示明天。祖国必须统一，也必然统一。这是70载两岸关系发展历程的历史定论，也是新时代中华民族伟大复兴的必然要求。"这段话充满了深刻的历史感、强烈的责任感、坚定的自信心，鼓舞着全体中华儿女为解决台湾问题、实现祖国完全统一而奋斗。有感于此，特将本书作为这段话的佐证，也将这段话作为本书全体作者的自勉。

上　篇

第一章
台湾问题产生与两岸军事对峙
（1949—1978）

台湾是中国神圣领土不可分割的一部分。1949 年以来，台湾地区包括台湾当局实际控制下的台湾省以及福建省的金门、马祖等岛屿，陆地总面积 3.6 万平方公里。其东临太平洋，东北与琉球群岛隔海相望，南界巴士海峡与菲律宾相邻，西依台湾海峡与祖国大陆相连。由于台湾问题的产生，台湾与大陆迄今尚未统一，形成了错综复杂的两岸关系。解决台湾问题，实现祖国完全统一，事关维护国家主权和领土完整，事关中华民族伟大复兴，是全体中华儿女共同愿望，是中华民族根本利益所在，全体中华儿女为此进行着长期不懈的奋斗。

第一节　台湾问题的产生

1946 年 6 月，国民党发动全面内战，但是很快就在政治、经济、军事等方面接连失败。1948 年末至 1949 年初，中国人民解放军取得辽沈、淮海、平津三大战役胜利后，国民党败局已定。由于台湾与大陆之间隔着台湾海峡，而当时人民解放军海军和空军力量薄弱，蒋介石自然将台湾视为最后的退身之所。解放军 1949 年 4 月解放南京，6 月迅即向全国进军。同年 12 月，国民党军队固守大西南的计划失败后，蒋介石大势已去，最终败退台湾。

三大战役后，中共中央预估到国民党将把台湾作为最后的据点，通过新华社于 1949 年 3 月 16 日发表了题为《中国人民一定要解放台湾》的时评，[①]首次提出了"解放台湾"的口号。解放军 6 月开始向全国进军时，第三野战军进军浙江东南部及福建，并承担准备解放台湾的任务。10 月 1 日，中华人民共和国成立。12 月 31 日，中共中央发布《告前线将士和全国同胞书》，提出 1950 年的任务是"解放台湾、海南岛和西藏，歼灭蒋介石匪帮的最后残余，完成统一中国的事业，不让美国帝国主义侵略势力在我们的领土上有任何立足点"。[②]1950 年 5 月，解放军攻取海南岛。同时，解放台湾的准备也在加紧进行之中。6 月 6 日，毛泽东在中共七届三中全会上指出："战争已在大

---

① 《中国人民一定要解放台湾》，《人民日报》，1949 年 3 月 16 日，第 1 版。
② 《告前线将士和全国同胞书》，《人民日报》，1950 年 1 月 1 日，第 1 版。

陆上基本结束，只有台湾和西藏还有待解放，还是一个严重的斗争任务。"①

在大陆方面为解放台湾紧张准备时，国民党惶惶不可终日，极力维系在台湾的统治。早在 1949 年 5 月 20 日台湾省政府和台湾警备司令部就实施了"戒严令"，在台湾实行军事管制，限制言论、出版、罢工、游行、结社自由，使整个社会处于白色恐怖之中。国民党统治集团败退台湾后，继续实行 1948 年 5 月颁布的"动员戡乱时期临时条款"，图谋"反攻大陆"，期望有朝一日能"反共复国"。1949 年 6 月，蒋介石在台北召开东南区军事会议，提出"半年整训，革新精神！一年反攻，三年成功"。② 只是随着国民党军队在大陆节节败退，其口号也不得不一再更改。1950 年 3 月 13 日，蒋介石称："现在我把去年'一年反攻，三年成功'的计划，改为'一年整训，二年反攻，扫荡共匪，三年成功'。"③ 解放军解放海南岛、舟山群岛后，蒋介石 5 月 16 日又称：他将把"反攻大陆"计划为"一年准备，二年反攻，三年扫荡，五年成功"。④ 短短时间内，国民党"反攻大陆"的计划数次延期。

此时，国际形势也有利于大陆方面解放台湾，美国有意从中国内战中脱身。1950 年 1 月 5 日，美国总统杜鲁门发表声明称："美国无意在台湾获取特别权利或特权或建立军事基地。美国亦不拟使用武装部队干预其现在的局势。美国政府不拟遵循任何足以把美国卷入中国内争中的途径。同样地美国政府也不拟对在台湾的中国军队供给军事援助或提供意见。"⑤

但是，当时解放台湾也面临着巨大困难，最主要的是这是一次大规模的渡海登陆作战，需要海军、空军的配合，争取制海权、制空权，而当时解放军海军、空军力量十分薄弱。人民解放军经过 1949 年 10 月金门战役的失利，已经认识到了这一问题，只是需要时间来解决。人民海军最初的建设是依靠起义的国民党舰艇，据统计，从 1949 年 2 月到 12 月，国民党海军起义

① 中共中央文献研究室，中国人民解放军军事科学院编：《建国以来毛泽东军事文稿》上卷，北京：军事科学出版社、中央文献出版社，2010 年，第 148 页。
② 秦孝仪：《"总统"蒋公思想言论总集》第 23 卷，台北：国民党中委会党史委员会，1984 年，第 11 页。
③ 秦孝仪：《"总统"蒋公思想言论总集》第 23 卷，台北：国民党中委会党史委员会，1984 年，第 136 页。
④ 秦孝仪：《"总统"蒋公思想言论总集》第 32 卷，台北：国民党中委会党史委员会，1984 年，第 266 页。
⑤ 国务院台湾事务办公室研究局编：《台湾问题文献资料选编》，北京：人民出版社，1994 年，第 697—698 页。

舰艇97艘、官兵3800余人，占当时国民党海军舰艇总艘数的22.7%、官兵总人数的9.5%。[①] 人民空军正式成立于1949年11月11日，初建时仅有飞机159架（见表1-1），航空技术人员2938人，其中飞行员202人。[②] 与之相比，国民党海军、空军则拥有优势。根据美国中央情报局资料，1949年10月，国民党海军有150多艘舰船，其中包括美国制造的护卫驱逐舰，兵力3万多人；国民党空军约有1000架飞机，其中军用飞机（轻型轰炸机、战斗机、侦察机、双引擎运输机和教练机）500架，兵力8.5万至10万人，其中飞行员1300名。[③]

表1-1 人民空军初建时飞机数量统计

单位：架

美、英制飞机			日制飞机		
类别	机型	架数		类别	机型	架数
		良好	待修			
战斗机	P-47	1	4	战斗机	隼式	5
	P-51	22	9		二式	2
轰炸机	蚊式	2	3	袭击机	九九式	3
	B-24	1	1	轻轰炸机	九九式	1
	B-25	4		侦察机	司令部式	2
运输机	C-46	8	10	运输机	M·C	1
	C-47	4			九九式	23
初级教练机	PT-17	2	20		二式	3
	PT-19	6	7	高级教练机	九九式（双发）	4
高级教练机	北美	1				
联络机	L-5	5	3	联络机	九八式	2
合　计		56	57	合　计		46

资料来源：王定烈：《当代中国空军》，北京：中国社会科学出版社，1989年，第38页。

---

① 海军司令部《近代中国海军》编辑部：《近代中国海军》，北京：海潮出版社，1994年，第1078页。

② 王定烈：《当代中国空军》，北京：中国社会科学出版社，1989年，第37页。

③ 转引自沈志华：《中共进攻台湾战役的决策变化及其制约因素（1949—1950）》，《社会科学研究》，2009年，第3期，第36页。

1948 年，朝鲜半岛分裂为南北两个部分，双方都试图通过武力实现国家统一。1950 年 6 月 25 日，正当中国人民解放军积极准备解放台湾之时，朝鲜内战爆发，引起东北亚地区形势乃至国际局势发生重大变化。这时，美国与苏联两大集团之间已形成冷战格局。美国认为朝鲜内战的爆发是社会主义阵营在东北亚的扩张，挑战了美国在东北亚的利益，于是决定武装干涉朝鲜内战，同时改变此前有意从中国内战中脱身的政策。6 月 27 日，美国总统杜鲁门发表声明称"我已命令第七舰队阻止对台湾的任何进攻"，[①] 并提出"台湾未来地位的决定必须等待太平洋安全的恢复，对日和约的签订或经由联合国的考虑"。[②]

　　美国武装干涉朝鲜内战，特别是美国舰队侵入台湾海峡，既使中国政府面临是否要抗美援朝的问题，也使中国人民解放军解放台湾面临新的严重困难。中共中央和中国政府作出抗美援朝的决策后，不得不暂缓执行既定的解放台湾计划。8 月 26 日，周恩来在东北边防军准备工作会议中明确指出"支援朝鲜人民，推迟解放台湾"。[③] 美国公然以武力阻止中国人民解放台湾，不仅严重侵犯了中国主权和领土完整，而且在关键时刻阻挠了中国统一进程，由此产生了台湾问题。也就是说，台湾问题是由于美国武装干预造成的国共内战的遗留问题。因此，台湾问题从一开始就存在两组矛盾，一是国共两党之间的矛盾，二是新中国与美国之间的矛盾。也因此，大陆方面解决台湾问题的方针政策从一开始就有两个面向，一是对台湾的，主要是对国民党及其当局的；二是对外的，主要是对美国的。

---

　　① 国务院台湾事务办公室研究局编：《台湾问题文献资料选编》，北京：人民出版社，1994 年，第 864 页。

　　② 国务院台湾事务办公室研究局编：《台湾问题文献资料选编》，北京：人民出版社，1994 年，第 865 页。

　　③ 中共中央文献研究室编：《周恩来年谱：1949—1976》上卷，北京：中央文献出版社，1997 年，第 69 页。

第二节　两岸对峙与隔绝

蒋介石集团退踞台湾后，坚持反共立场，图谋"反攻大陆"。美国鉴于台湾对其围堵新中国、对抗所谓"共产主义阵营扩张"具有重要战略作用，将台湾纳入同盟体系，阻止统一台湾。大陆方面为维护国家主权和领土完整、实现祖国完全统一，进行了不懈努力。

一、20 世纪 50 年代初两岸军事冲突

国民党败退台湾后，两岸双方处于严重的军事对峙、政治对立状态，彼此武装冲突不断。美国武装干涉朝鲜内战，并阻止中国人民解放军解放台湾，给了国民党当局喘息之机，两岸军事对峙状态长期化了。

国民党当局利用朝鲜战争的机会，稳住了在台湾的局势，并企图依靠美国的支持"反攻大陆"。1950 年 12 月 8 日，蒋介石在接受采访时表示只要在联合国海空军配合行动之下，国民党陆军的反攻便能动摇新中国的政权基础。[①]1952 年 10 月，国民党在台北召开第七次代表大会，通过了《中国国民党政纲》，宣称"积极建立总动员之一切基础，完成反攻大陆军事上各种准备"，[②]确立了其"反攻大陆""反共复国"的目标。为达目的，国民党大力宣传"反共"思想，鼓吹"三民主义必将战胜一切"，对大陆持续进行军事骚扰。

在美国支持下，国民党频繁派飞机轰炸上海、南京、广州、厦门等地，并派遣武装人员进犯东南沿海与西南边境。据统计，1950 年 7 月至 1954 年 9 月，国民党空军侵扰大陆 977 批，计 1427 架次；国民党海军劫掠大陆各种船只 470 艘，残害绑架渔民 1300 多人。从 1950 年 1 月至 1954 年 8 月，

---

① 秦孝仪：《"总统"蒋公思想言论总集》第 38 卷，台北：国民党中委会党史委员会，1984 年，第 269 页。

② 萧继宗：《中国国民党党章政纲集》，台北：中央文物供应社，1976 年，第 374 页。

国民党军队对大陆沿海和沿海岛屿袭击 42 次，动用兵力 12.8 万多人。[①] 逃亡缅甸的国民党军残部还多次袭扰云南，并策动当地少数民族进行武装叛乱，企图建立"反攻基地"。此外，还利用特务在大陆不断进行破坏活动，如企图在 1950 年国庆节刺杀毛泽东等党和国家领导人。1953 年 7 月 16 日，在美国支持下，金门防卫司令胡琏指挥 1.1 万余人进攻福建东山岛，并以飞机、伞兵相配合，实施立体化作战。经过两天激战，守岛解放军和民兵在增援部队配合下，打退了国民党军队进攻，歼敌 3000 余人，取得东山岛保卫战胜利。此次国民党对东山岛发动的所谓三栖作战，是其败退台湾后对大陆最大的一次反攻行动，它的失败沉重打击了国民党"反攻大陆"的野心。

1953 年 7 月 27 日，朝鲜停战协议达成，这使台湾形势发生了一些变化。一方面，中国人民志愿军成功抗击了武装干涉的美国军队，不仅提升了中国的国际地位，而且意味着大陆方面对台湾当局的政治、军事压力将会增强，这让台湾当局深感忧惧。另一方面，美国军队进驻台湾的公开理由是美军在朝鲜作战的需要，朝鲜停战使美国这一理由不复存在。但美国基于遏制想象中的共产主义扩张的需要，希图保住台湾这个战略据点。基于此，国民党当局在朝鲜战争之后更加积极同美国商谈关于共同防御的问题，最终双方于 1954 年 12 月签订了"共同防御条约"。该条约属军事同盟性质，共 10 款，中心内容是：美国维持并发展台湾当局的武装力量；双方共同防御台湾地区的安全，如台湾受到武装进攻，美国要采取行动以对付这种共同危险；美国有在台、澎及其周围部署陆海空军之权利；防御范围包括台湾和澎湖列岛，并可根据双方协议延伸至国民党军队防守的其他地区。[②] 凭借这一条约，美国继续将台湾置于其所谓"保护"之下，也为其继续介入台湾问题提供了借口。蒋介石更是宣称：参加这个安全体系之后，不独其能弥补太平洋防线的空隙，且能强固后方基地；更可使今后"反攻复国"，作战前进，立于不败之地。[③] 美台"共同防御条约"的订立使台湾问题长期化了。

正是基于美国的帮助，蒋介石在朝鲜战争后依然图谋"反攻大陆"。

---

① 宁凌、庆山：《国民党治军档案》下，北京：中共党史出版社，2003 年，第 839 页。
② 梅孜：《美台关系重要资料选编：1948.11—1996.4》，北京：时事出版社，1997 年，第 92—93 页。
③ 张其昀主编：《先"总统"蒋公全集》第 3 册，台北：中国文化大学出版社，1984 年，第 3394 页。

1954年11月，国民党当局成立"光复大陆设计研究委员会"，提出"反攻大陆"的三种模式：（1）国军首先单独反攻，而后大陆同胞群起响应；（2）大陆同胞自动的"起义"发难，而后国军反攻登陆接应；（3）国军反攻与大陆"抗暴"运动彼此呼应，内外夹攻。[①] 国民党当局利用其在金门、大陈列岛的海空力量，不断袭击浙江、江苏、广东、福建等省沿海地区及岛屿，破坏沿海正常生产生活，抢劫沿海人民财物，加剧沿海军事冲突；并从海上派出或飞机空投特务到大陆内地进行破坏。特别是盘踞在大陈岛的国民党军队以大陈岛为指挥中心，依托所控制的上下大陈、渔山、披山、一江山、鹿山等7个岛屿，不断对长江口、杭州湾进行威胁，多次对到中国的外国商船和油轮进行袭击并将其劫持到台湾，严重威胁大陆航运和渔业发展，干扰大陆对外贸易及经济建设。

　　朝鲜停战后，解放台湾的任务又重新摆在大陆面前。大陆方面面临的形势依然是严峻的，而且由于美台"共同防御条约"的订立，又增加了新的困难。当时抗美援朝刚刚结束，国内经济有待恢复，而渡海作战解放台湾必须要有强大的海军、空军，其建设仍需时间；直面台湾的福建省铁路、机场数量严重不足，前线战场建设十分欠缺，空军、炮兵入闽困难，而台湾本岛国民党军队的防御已趋完善。这时，中共中央认为，解放台湾是"既定方针"，但"斗争是长期的"，需要时间建设强大的海军、空军；并决定解放台湾应分两个步骤进行，第一步是解放沿海岛屿，第二步是解放台湾本岛。1954年9月，解放军对金门进行了大规模惩罚性炮击，宣示中国人民解放台湾的决心，并对美台商谈"共同防御条约"予以警告。12月，周恩来总理发表声明，指出所谓"共同防御条约"根本是非法的、无效的，中国人民一定要解放台湾，完成祖国的完全统一。1955年1月至2月，解放军先后解放了一江山岛、大陈岛、渔山列岛、披山岛等沿海岛屿。至此，台湾当局控制的地区仅剩台湾、澎湖、金门、马祖等地。

---

　　① 秦孝仪：《"总统"蒋公思想言论总集》第26卷，台北：国民党中委会党史委员会，1984年，第371页。

二、中共中央和平解放台湾主张的提出

进入 1955 年，国际局势趋于缓和，大陆开始进行社会主义改造和施行第一个五年计划。根据国内外形势发展变化，大陆方面就解放台湾作出了新的战略安排。1955 年 2 月，周恩来发表《动员和团结全国人民完成国家过渡时期总任务和反对国内外敌人的斗争》的报告，阐明了对台湾问题的立场、方针、策略，指出我们的立场是：台湾是属于中国的。这是不容争辩的。不解放台湾，决不罢休。我们的方针是：只要美军撤退，台湾可以和平解放。我们要提出这样的响亮口号，这个口号什么时候公开提出，要看形势的发展。就是谈判和平解放，也要有力量才能实现。我们的策略是：决不能答应沿海岛屿停火，防止将台湾与沿海岛屿分开；决不能无条件到联合国去，防止在联合国造成两个中国合法化的形势；决不能同意允许什么台湾"中立化"或"托管"的办法。策略是根据一定原则确定的，一定要原则性很强，然后策略性才能灵活，没有坚强的原则性，就说不上灵活的策略性，那就会变成姑息，变成屈服。解放台湾的斗争，既是军事斗争，又是政治斗争和外交斗争。这个斗争是很复杂的，也是长期的。[①] 总结起来看，1955 年前后，大陆方面大体形成了处理台湾问题的基本战略，即台湾必须解放，同时正视台湾问题的复杂性、长期性，谨慎处理好内政与外交、国内与国际等不同性质的矛盾，并制定相应的处理方针。针对当时的情况，战略的重点之一是确定对美斗争采取以外交斗争为主的方式。[②] 故而，大陆方面在国际上反复说明台湾问题属于中国内政，美国干涉台湾问题是对中国的侵略，中国无意挑起世界大战，愿意采取措施缓和台海紧张形势等。1955 年 4 月，周恩来在万隆会议期间发表声明指出："中国人民同美国人民是友好的。中国人民不要同美国打仗。中国政府愿意同美国政府坐下来谈判，讨论和缓远东紧张局势问题，特别是

[①] 中共中央文献研究室：《周恩来年谱：1949—1976》上卷，北京：中央文献出版社，1997 年，第 446 页。

[②] 陈忠纯：《一九五四年至一九五八年间中共对台策略的调整探析》，《中共党史研究》，2019 年第 7 期，第 38 页。

和缓台湾地区紧张局势问题。"① 此举得到美方响应，8 月中美双方在日内瓦举行大使级会谈，使得台海形势有所缓和。

与此同时，大陆方面亦向台湾当局提出用和平方式解放台湾的倡议。早在 1950 年初，毛泽东就有此计划。②1955 年 5 月，在全国人大常委会第十五次扩大会议上，周恩来指出"中国人民解放台湾有两种可能的方式，即战争的方式和和平的方式，中国人民愿意在可能的条件下，争取用和平的方式解放台湾"。③ 此次重提和平解放台湾，是中国共产党和中国政府第一次公开提出和平解放台湾的主张。

此后，大陆方面多次重申和平解放台湾的主张，提出国共两党进行第三次合作，通过谈判和平解放台湾。1956 年 1 月，毛泽东在最高国务会议上提出"国共已经合作了两次，我们还准备进行第三次合作"。④6 月 28 日，周恩来在第一届人大第三次会议上表示："我们愿意同台湾当局协商和平解放台湾的具体步骤和条件，并且希望台湾当局在他们认为适当的时机，派遣代表到北京或者其他适当的地点，同我们开始这种商谈。……我们对于一切爱国的人们，不论他们参加爱国行列的先后，也不论他们过去犯了多大罪过，都本着'爱国一家'的原则，采取既往不咎的态度，欢迎他们为和平解放台湾建立功勋，并且还将按照他们立功大小，给以应得的奖励和适当的安置。"⑤9 月，刘少奇在中共八大会议中指出："我们愿意用和平谈判的方式，使台湾重新回到祖国的怀抱，而避免使用武力。"⑥

为争取蒋介石的回应，大陆方面做了大量细致工作。首先，通过多渠道向国民党传递和谈诚意。1956 年 3 月 16 日，周恩来接见李济深前卫士长、英国人马坤说：如果你这次或者以后到了台湾，请你向蒋介石或你的其他朋

① 中共中央台湾工作办公室、国务院台湾事务办公室：《中国台湾问题：干部读本》，北京：九州出版社，2015 年，第 29—30 页。

② 中共中央文献研究室：《建国以来毛泽东文稿》第 1 册，北京：中央文献出版社，1987 年，第 271 页。

③ 国务院台湾事务办公室研究局：《台湾问题文献资料选编》，北京：人民出版社，1994 年，第 82 页。

④ 中共中央台湾工作办公室、国务院台湾事务办公室：《中国台湾问题：干部读本》，北京：九州出版社，2015 年，第 30 页。

⑤ 国务院台湾事务办公室研究局：《台湾问题文献资料选编》，北京：人民出版社，1994 年，第 92 页。

⑥ 国务院台湾事务办公室研究局：《台湾问题文献资料选编》，北京：人民出版社，1994 年，第 93 页。

友转达几句话。首先，你可以向他们说，蒋介石是我们的老朋友，他认识毛主席，也认识我……中国共产党人从来没有说，我们永久不再谈判。我们从来没有把和谈的门关死。任何和谈的机会，我们都欢迎，我们是主张和谈的。既然我们主张和谈，我们就不排除任何一个人，只要他赞成和谈。蒋介石还在台湾，枪也在他手里，他可以保住。主要的是使台湾与祖国统一，成为祖国的一个组成部分。这就是一件好事。如果他做了这件事，他就可以取得中国人民的谅解和尊重，而这件事也会像你所说的那样载入历史。中国共产党讲话是算数的。我们说的话是会兑现的，我们从不欺骗人。[①]7月，周恩来接见原国民党中央通讯社记者、时任《南洋商报》特派记者曹聚仁时表示，"我们对台湾，绝不是招降，而是要彼此而商谈"。[②]12月9日，周恩来举行记者招待会，重申：中国政府正在尽一切努力来争取和平解放台湾，并且努力来争取蒋介石。如果台湾归还中国的话，那么蒋介石就有了贡献了，而他就可以根据他的愿望留在他的祖国的任何一个地方。曾经有一位记者问我们是否会给蒋介石一个部长的职位。我说，部长的职位太低了。[③]

其次，直接与国民党当局联系。1956年，毛泽东通过与国共两党均有关系的爱国人士章士钊向蒋介石转信，提出和平解决台湾问题、实现祖国统一的具体措施。经过考虑，蒋介石于1957年初派出"立法委员"宋宜山到北京考察。宋宜山抵达北京后，周恩来亲自接见，并由统战部部长李维汉同他具体商谈。大陆方面提出几条建议，包括国共对等谈判、统一后台湾高度自治、台湾政务军事统归蒋介石领导、外国军事力量必须撤离台湾海峡，并确定李维汉、屈武为和谈代表赴香港同国民党方面进行和平谈判等。此次接触后来因蒋介石反对而作罢。

再次，对于台湾投诚人员予以优待和鼓励。1955年1月1日，国防部长彭德怀发布通告，宣布对个别或集体投诚来归的蒋军官兵，不究既往、宽大待遇，立功受奖，愿工作者工作，愿回家者给路费。同时命令全军对投诚或自动放下武器的蒋军官兵，本宽待政策，妥为接待并执行五条保证：一、

---

① 中共中央文献研究室：《周恩来年谱：1949—1976》上卷，北京：中央文献出版社，1997年，第559页。

② 中共中央文献研究室：《周恩来年谱：1949—1976》上卷，北京：中央文献出版社，1997年，第598页。

③ 中共中央文献研究室：《周恩来年谱：1949—1976》上卷，北京：中央文献出版社，1997年，第646页。

保证生命安全；二、不打不骂不侮辱；三、不没收私人财产；四、伤痛者给以治疗；五、愿回家者发给路费。[①] 另外，还给予国民党集团战犯特赦和安置，为国民党高级官员回归树立榜样和打消顾虑。

概括而言，这一时期毛泽东、周恩来为促成同国民党和平谈判新提出原则和主张的要点是：爱国一家，国共两党进行第三次合作。我们对台湾绝不是招降，而是要彼此商谈。台湾只要同美国断绝关系归还祖国，只要政权统一，其他一切都好办，都可以坐下来共同商量安排；台湾一切可照旧，可以实行三民主义，可以同大陆通商，可以派代表参加人民代表大会和政协全国委员会；台湾"何时进行民主改革和社会主义改造，则要取得蒋先生的同意后才做"。[②] 由此可见，在 50 年代中期，大陆方面已经提出了一系列和平解决台湾问题的重要原则和政策主张。

三、炮击金门

对于大陆方面和平解决台湾问题的主张，蒋介石一概视为阴谋而持消极态度；美国方面则加快了制造"两个中国"的步伐。从 1957 年起，美国拖延直至中断中美大使级会谈，同时纵容台湾当局骚扰破坏大陆沿海地区，使台湾海峡局势再次紧张。1958 年夏天，美国出兵黎巴嫩，英国出兵约旦，中东局势骤然紧张，更使得国民党当局蠢蠢欲动。7 月 17 日，台湾当局命令所有部队处于"特别戒备状态"，连日进行军事演习，并出动飞机对大陆沿海进行侦查、挑衅。

在复杂形势下，大陆方面决定炮击金门并将其封锁起来，希望达到三个目的：第一，支持中东地区人民的解放斗争，给美帝国主义以教训；第二，严惩蒋介石集团对大陆的骚扰破坏；第三，判明美台"共同防御条约"的范围是否包括金门、马祖在内。[③] 在"共同防御条约"谈判过程中，美台之间

---

① 王焰：《彭德怀年谱》，北京：人民出版社，1998 年，第 586 页。

② 中共中央台湾工作办公室、国务院台湾事务办公室：《中国台湾问题：干部读本》，北京：九州出版社，2015 年，第 30 页。

③ 中共中央党史研究室：《中国共产党历史》第 2 卷下，北京：中共党史出版社，2011 年，第 635 页。

存在着一个重要分歧：协防范围是否将大陆沿海岛屿包括在内。国民党出于"法统"和"反攻大陆"考虑，主张将金门、马祖囊括其中，但美国则主张协防范围仅及台湾和澎湖。双方经过谈判，以换文方式达成谅解，即由美台双方共同协议决定是否协防金门、马祖等地。只是当时大陆方面并不清楚美国态度到底如何，故意图通过炮击金门判明之。

1958 年 8 月 23 日，解放军开始猛烈炮击金门，震惊了世界，也牵动了国际战略格局。在数日之内，解放军就基本完成了封锁金门的目标，给国民党及美国造成了巨大压力。炮战开始至 9 月初，美国一面调动军舰和飞机向台湾海峡集结，另一方面要求恢复中美大使级会谈。9 月 4 日，美国国务卿杜勒斯发表声明，宣称美国预备协防金门、马祖，同时也表示愿意继续与大陆方面进行谈判。同日，大陆方面发表《中华人民共和国政府关于领海的声明》，宣布中国的领海宽度为 12 海里，意在威慑美军不得贴近金马海域。[①]由于金门与台湾之间的海空运输线均被斩断，国民党军死伤惨重，9 月 7 日，美舰开始为国民党军舰护航，解放军按照"只打蒋舰，不打美舰"的策略，令国民党舰只及补给船只损失不小，美舰则掉头跑掉，护航宣告失败。大陆方面一战判明了美台"共同防御条约"是否协防金门、马祖的底牌，即美可以协防金、马，但并不坚决，而是相机行事。美国护航失败后，美国提出了"停火案"，要求国民党军队退出金、马，甚至公开宣布美国没有也不想承担保卫金、马等岛屿的法律义务。美国此举，一方面是避免卷入战争当中，另一方面也是为了让台湾与大陆脱离接触，以形成"划峡而治"，制造"两个中国"。而蒋介石基于"反攻大陆"的考量，同时也为避免影响士气和统治稳定，表示"坚守金马外岛"。[②]美台双方在金、马撤军问题上的争执愈演愈烈，矛盾公开化。

毛泽东亲自指挥了炮击金门一战。这时，他看到美台之间在金门、马祖撤军问题上的矛盾，也看穿美国力图"划峡而治"、制造"两个中国"的阴谋，为了维护国家和民族根本利益，抓住蒋介石也反对"两个中国"这一条件，挫败美国制造"两个中国"的图谋，考虑调整对金、马的政策，将金、

---

① 中共中央文献研究室：《周恩来年谱：1949—1976》中卷，北京：中央文献出版社，1997 年，第 165—166 页。
② 秦孝仪：《"总统"蒋公思想言论总集》第 39 卷，台北：国民党中委会党史委员会，1984 年，第 134 页。

马留在蒋介石手中，继续争取与国民党通过谈判和平解决台湾问题。10月3日，毛泽东主持召开中共中央政治局常委会扩大会议，决定"让金、马留在蒋介石手里"。这一决定意味着中共中央将原定先收复金、马再解放台湾的"两步走"调整为"一揽子解决"台、澎、金、马问题。①根据新的策略，中共中央决定暂时停止炮击金门，以没有美舰护航为条件，允许国民党军队运输补给物资；并制定了对金、马"打而不登，封而不死"的新策略。10月6日、13日、25日，《人民日报》相继发表由毛泽东起草、以国防部长彭德怀名义发布的《告台湾同胞书》《国防部命令》《再告台湾同胞书》，陆续宣布对金门暂停炮击7天、两个星期、单（日）打双（日）不打，同时阐述原则立场和政策主张，主要是：第一，坚持一个中国是国共两党共同的立场；第二，反对美国制造"两个中国"；第三，国共两党举行谈判，和平解决台湾问题；第四，台湾问题是中国内政，不受外国干涉。②大陆方面宣布暂停炮击后，10月13日，毛泽东还亲自约见了曹聚仁，重申了中共中央1955年至1956年提出的和平解决台湾问题的政策，并且有了新的发展，涵盖社会制度、军队、财政、经济、生活方式等方面，请其向台湾当局转达。

　　大陆方面炮击金门的策略性调整和公开宣布的原则立场、政策主张，增加了蒋介石拒绝美国要求其从金门、马祖撤军的筹码，促使美国在10月23日于美台双方会谈公报中声明"金门连同马祖的防务，是同台湾和澎湖的防务密切相关的"。③这意味着美国不再强行要求台湾当局从金、马撤军。10月31日，毛泽东指示：逢双日一律不打炮，使蒋军可以出来活动，晒晒太阳，以利持久。只在单日略为打一点炮。④1959年1月9日，中央军委指示前线部队单日不一定都打炮。此后双方心照不宣，炮弹基本往无人区射击。1961年12月至1978年12月31日，双方炮击又改打"宣传炮"，即用大炮发射宣传品。

---

　　① 参见陈忠纯：《一九五四年至一九五八年间中共对台策略的调整探析》，《中共党史研究》，2019年第7期。

　　② 中共中央台湾工作办公室、国务院台湾事务办公室编：《中国台湾问题：干部读本》，北京：九州出版社，2015年，第32—33页。

　　③ 国务院台湾事务办公室研究局：《台湾问题文献资料选编》，北京：人民出版社，1994年，第990页。

　　④ 中共中央文献研究室：《毛泽东年谱：1949—1976》第3卷，北京：中央文献出版社，2013年，第480页。

大陆方面炮击金门，集政治、军事、外交斗争于一体，蔚为世界战争史上的奇观。这次炮击金门粉碎了美国"划峡而治"、制造"两个中国"的阴谋，惩罚了台湾当局的军事挑衅，还推动恢复了被美国单方面中断的中美大使级会谈；同时第一次指出国共两党都认为世界上只有一个中国、没有"两个中国"，推动台湾当局坚持一个中国立场，对两岸关系产生深远而积极的影响。

四、炮击金门后的两岸军事对峙

炮击金门之后，在尖锐的两岸军事对峙中，中共中央继续为争取通过谈判和平解决台湾问题而努力，并丰富和发展了和平解决台湾问题的重要原则和政策主张。1960 年 5 月 22 日，毛泽东在中共中央政治局常委会议上提出，"台湾宁可放在蒋氏父子手里，不可落到美国人手中；对蒋介石我们可以等待，解放台湾的任务不一定要我们这一代完成，可以留交下一代去办；现在要蒋过来也有困难，逐步地创造些条件，一旦时机成熟就好办了"。[①] 这表明中共中央认为解决台湾问题将是长期的，还需要为此逐步创造条件；在解决台湾问题之前，关键是要确保台湾不被美国控制，确保台湾是中国领土一部分的地位不被改变。5 月 24 日，周恩来将毛泽东关于和平解决台湾问题思想的要点概括为"一纲四目"，即"台湾必须统一于中国。具体是：一、台湾回归祖国后，除外交必须统一于中央外，所有军政大权、人事安排等悉委于蒋，陈诚、蒋经国亦悉由蒋意重用；二、所有军政及建设经费不足之数悉由中央拨付；三、台湾的社会改革可以从缓，必俟条件成熟并征得蒋之同意后进行；四、互约不派特务，不做破坏对方团结之举"。[②] "一纲四目"的拟定表明中共中央关于解决台湾问题的方针政策已臻于成熟，为争取祖国完全统一提供了宝贵的思想财富。1961 年 6 月 13 日，毛泽东会见印尼总统苏加诺时谈及台湾问题，他说，如果台湾回归祖国，台湾社会制度可以留待以

[①] 中共中央台湾工作办公室、国务院台湾事务办公室：《中国台湾问题：干部读本》，北京：九州出版社，2015 年，第 34 页。

[②] 中共中央文献研究室：《周恩来年谱：1949—1976》中卷，北京：中央文献出版社，1997 年，第 321 页。

后谈，"我们容许台湾保持原来的社会制度，等台湾人民自己来解决这个问题"。① 这是毛泽东第一次明确对外表示，台湾在与大陆统一的前提下可以保持原来的社会制度。1963 年 1 月，周恩来请张治中致函陈诚，将"一纲四目"的内容告知台湾当局。

国民党方面经过金门炮战认识到，美国对其"反攻大陆"的支持是以不被拖入与中国大陆的战争为条件，不得不对"反攻大陆"计划有所调整。金门炮战期间，为解决美台在金门、马祖撤军问题上的分歧，美国国务卿杜勒斯亲赴台北与蒋介石会谈。在美方的坚持下，10 月 23 日，蒋介石在会谈公报中表示实现"反攻大陆"的主要手段是实行三民主义，"而不是使用武力"；② 美国则以承认"金马防务与台澎防务密切相关"作为交换。12 月，蒋介石提出"光复大陆以三民主义为主，以军事为辅"，"以政治为主，以军事为从，以主义为前锋，以武力为后盾，以大陆为本战场，以台湾为支战场"，③ 即将早先的"军事第一、反攻第一"改为"政治为主、军事为从"。

国民党当局在其"反攻大陆"图谋久久不能得逞的情况下，逐渐把"反共复国"改为长期目标。1963 年 11 月，国民党第九次代表大会确立了所谓"反共复国总体战方略"，即"反共作战"是一种长期的总体战，包括政治、经济、文化、社会、军事各方面，大陆是主战场，台湾海峡为支战场，战略原则是"政治为前锋，军事为后卫"，中心任务是以"七分政治"和"三分军事"，策进对大陆的"政治作战"。④

正是在这样的历史条件下，炮击金门后两岸军事紧张状态较之先前有所缓和，大规模的军事冲突减少，但是国民党空军、海军依然对大陆进行袭扰。1959 年到 1961 年间大陆发生严重经济困难，加之中苏分歧逐渐公开化，国民党当局又伺机而动。国民党军机、舰艇袭扰大陆有增无减，同时向大陆派出"反共突击队"，进行颠覆破坏活动。从 1963 年 11 月至 1964 年 6 月，广东、福建、浙江沿海军民歼灭 9 股美蒋武装特务共 74 人，缴获和击沉船只

① 中共中央文献研究室：《毛泽东年谱：1949—1976》第 4 卷，北京：中央文献出版社，2013 年，第 604 页。
② 国务院台湾事务办公室研究局：《台湾问题文献资料选编》，北京：人民出版社，1994 年，第 991 页。
③ 秦孝仪：《"总统"蒋公思想言论总集》第 33 卷，台北：国民党中委会党史委员会，1984 年，第 218 页。
④ 秦孝仪：《革命文献》第 77 辑，台北：中央文物供应社，1981 年，第 249—269 页。

11 艘。自 1964 年 7 月至 1965 年 1 月，广东、福建、浙江、江苏沿海地区连续歼灭 7 股美蒋武装特务共 196 人，缴获和击沉船只 8 艘。[1] 1965 年 5 月、8 月、11 月，双方海军在福建沿海进行了三次海战，解放军海军击沉国民党海军东江号、剑门号、章江号、永昌号、永泰号 5 艘军舰，沉重打击了国民党"反攻大陆"的气焰。1966 年以后，随着大陆开始自行制造潜艇、导弹驱逐舰和护航舰，迫使国民党海军再不敢轻举妄动，国民党当局的侵扰活动便偏向于空中侦察与袭扰。据统计，1964 年 11 月 15 日至 1970 年 2 月 10 日间，飞到中国领空进行侦察和破坏活动的美国军用无人驾驶飞机被中国空军击落 20 余架。[2] 随着人民空军力量的加强，1968 年以后国民党飞机对大陆的窜犯活动也明显减少。

1966 年"文化大革命"开始后，国民党又多次重弹"反攻大陆"老调。1969 年，国民党第十次代表大会通过"积极策进光复大陆案"，随后掀起新一波"反共"活动，派遣特务潜入大陆进行破坏活动，但均遭失败。1971 年，随着中美关系正常化进程开始，历来依靠美国庇护的国民党当局惶惶不可终日，而所谓"军事反攻大陆"也随之破产。

五、对峙状态下的两岸接触

自 1949 年到 1978 年长达 30 年的时间里，两岸双方处于军事对峙状态，两岸之间往来不可避免受到影响。台湾当局对大陆实行敌视与隔绝政策，颁布了一系列禁止两岸经济往来的规定，违者以"通敌""资匪""叛乱"等罪名加以处罚，并成立"力行小组"，专门查处与大陆的任何经济联系。因此，这一时期的两岸经济交往几乎处于"真空"状态，两岸人民几无往来。

唯一例外的是，自 20 世纪 50 年代起，出于台湾岛内生活消费的需要，台湾当局核准物资局从第三地间接输入在台湾属于不可替代或无法生产的生活消费品，其中即包括来自大陆的中药材，其采购渠道以通过香港的转口贸易占绝大多数。1954 到 1963 年间，每年自香港转口输入台湾的大陆中药材

---

[1] 张春英：《台湾问题与两岸关系史》，福州：福建人民出版社，2014 年，第 471 页。
[2] 张春英：《台湾问题与两岸关系史》，福州：福建人民出版社，2014 年，第 472 页。

金额最多时为 250 万美元，最少 126 万美元，年均贸易额 197 万美元。[①]

20 世纪 70 年代以后，经第三地输入台湾的大陆货物不再局限于中药材，而扩大至生果、蔬菜、鱼货等农副产品，但中药材依然是最大宗输台商品，比重高达 80%—90%。同时，自 70 年代中期起，有少量、零星的台货开始通过香港转口输往大陆，只是金额极为有限，不具规模。1974 年只有 5 万港元，至 1978 年也仅 24 万港元。[②]

第三节　两岸双方在国际舞台上的较量

新中国诞生后，很快得到了一些国家的承认，包括社会主义国家、一批民族独立国家、一些和平中立国家。国民党统治集团败退台湾以后，仍然打着"中华民国"的旗号，在国际上大力争夺"中国代表权"，阻挠新中国参与国际社会，阻止外国与新中国建交。以美国为首的西方国家敌视社会主义国家，拒不承认中华人民共和国，仍把败退到台湾的国民党当局视为中国的"合法政府"。因此，两岸双方在国际舞台上长期进行着较量。

大陆方面在发展对外关系和与外国建交时，为维护国家主权和领土完整，坚持世界上只有一个中国、台湾是中国的一部分、中华人民共和国政府是中国的唯一合法政府，反对"两个中国""一中一台"，凡是与新中国建交的国家必须断绝与台湾当局的所谓"外交关系"。随着新中国站稳脚跟和发展壮大，新中国对外关系愈益发展，建交国愈益增多。至 1963 年 12 月 31 日，中华人民共和国的建交国数量达到 43 个。1964 年 1 月 27 日，中法建交，法国承认中华人民共和国政府是中国的唯一合法政府，并与台湾当局"断交"，这一"外交核爆炸"对国际社会尤其是西方国家产生重大影响。20 世纪 70 年代，新中国外交工作更是取得重大历史性胜利。

中国是联合国创始会员国、安理会常任理事国。中国在联合国及其所属组织的席位，在 1949 年中华人民共和国成立后理所应当属于中华人民共和

---

①　李非：《海峡两岸经贸关系》，北京：对外经贸教育出版社，1994 年，第 74 页。

②　李非：《海峡两岸经贸关系》，北京：对外经贸教育出版社，1994 年，第 74—75 页。

国，由她的代表行使其权利。1949年11月15日，时任中央人民政府政务院总理兼外交部长周恩来代表中国政府分别致电联合国秘书长赖伊和第4届联大主席罗慕洛，郑重声明："中华人民共和国中央人民政府是代表中国人民的唯一合法政府，国民党政府丧失代表中国人民的任何法律与事实根据，要求立即取消'中国国民政府代表团'继续代表中国人民参加联合国的一切权利。"[1] 但是，以美国为首的帝国主义势力对新中国采取敌视政策，继续承认所谓"中华民国政府"，力图将新中国排斥在国际组织之外，拒绝恢复中华人民共和国在联合国的合法席位和权利。1950年1月8日，周恩来再次致电联合国大会主席罗慕洛、联合国秘书长赖伊，提出"中华人民共和国中央人民政府认为中国国民党反动残余集团的代表留在联合国安全理事会是非法的，并主张将其从安全理事会开除出去"。[2] 但是在美国操纵下，联合国大会依然蛮横地予以拒绝。此后，在美国主导下，联合国大会长时期"延期讨论"恢复中华人民共和国的合法权利问题，60年代又通过所谓"重要问题"提案，将中国阻挡在联合国大门之外。

进入70年代，国际形势发生重大变化，中国国际影响日益扩大，美国再想阻挠中华人民共和国恢复在联合国的合法席位和权利已力不能及了。中华人民共和国政府经过22年的长期努力，克服了重重困难，打破了西方对新中国的封锁，终于恢复了在联合国的合法席位和权利。1971年10月25日，第26届联合国大会以压倒性多数通过了第2758号决议，决定：恢复中华人民共和国的一切权利，承认她的政府的代表为中国在联合国组织的唯一合法代表并立即把蒋介石的代表从它在联合国组织及其所属一切机构中所非法占据的席位上驱逐出去。[3] 至此，中国在联合国的代表权从政治、法律和程序上得到了公正、彻底的解决。同时，这也表明联合国和世界上大多数国家认同一个中国原则。

与此同时，中美关系逐渐解冻。中国国际地位日益提升，加之中苏间矛盾不断加深，甚至爆发武装冲突，美国意识到缓和中美关系对其全球战略有着重要意义；中国方面为了避免同时与美苏双方处于紧张状态，并且集中力

---

[1] 张历历：《当代中国外交简史》，上海：上海人民出版社，2008年，第16页。
[2] 王泰平：《新中国外交50年》下，北京：北京出版社，1999年，第1705页。
[3] 《阿尔巴尼亚、阿尔及利亚等二十二国提案全文和联合国大会表决结果》，《人民日报》，1971年10月27日，第1版。

量抵御更具威胁的苏联，也需要同美国改善关系。因此，中美双方有着合作的客观需要。1971 年，毛泽东亲自批准了邀请美国乒乓球代表团访华，打开了隔绝 22 年之久的中美交往大门。7 月 9 日至 11 日，美国国家安全事务助理基辛格访华，为美国总统尼克松访华打前站。1972 年 2 月，尼克松正式访华。2 月 28 日中美双方在上海发表了《中美联合公报》（"上海公报"），美国声明"在台湾海峡两边的所有中国人都认为只有一个中国，台湾是中国的一部分。美国政府对这一立场不提出异议"。① 此后，中美双方进行了长时间的建交谈判，谈判的焦点是美国如何处理与台湾的关系。最终，至 1978 年，美方接受中方提出的中美建交"三原则"（美国断绝与台湾当局的所谓"外交关系"、废除美台"共同防御条约"、从台湾撤军），中美双方决定建立正式外交关系。1978 年 12 月 15 日，美国政府声明，"1979 年 1 月 1 日，美利坚合众国将通知台湾，结束外交关系，美国与中华民国之间的共同防御条约也将按照规定予以终止。美国还声明，在四个月内从台湾撤出美方余留的军事人员"。② 12 月 16 日，中美双方发表《中华人民共和国和美利坚合众国关于建立外交关系的联合公报》，公报载明：中华人民共和国和美利坚合众国商定自 1979 年 1 月 1 日起互相承认并建立外交关系。美利坚合众国承认中华人民共和国政府是中国的唯一合法政府。美利坚合众国政府承认中国的立场，即只有一个中国，台湾是中国的一部分。③ 12 月 31 日，美国驻台"大使馆"降下国旗，摘下馆牌，台湾"外交部"宣布同美国"断交"，台美"外交关系"即告结束。次日，美国通知台湾当局，美台"共同防御条约"将于 1980 年 1 月 1 日终止。

中美建交是两国关系的重大发展，是国际战略格局的重大变化，也对整个台海形势产生了重大的积极影响。同时，这也标志着国际社会形成了普遍承认一个中国的局面。至 1979 年 1 月 1 日中美正式建交时，中国的建交国达到 116 个，而与台湾当局维持"外交关系"的国家则减少到 22 个。

---

① 国务院台湾事务办公室研究局：《台湾问题文献资料选编》，北京：人民出版社，1994 年，第 1005 页。

② 国务院台湾事务办公室研究局：《台湾问题文献资料选编》，北京：人民出版社，1994 年，第 1010 页。

③ 国务院台湾事务办公室研究局：《台湾问题文献资料选编》，北京：人民出版社，1994 年，第 1011 页。

第二章
和平统一方针的确定与两岸隔绝状态的结束（1979—1987）

20 世纪 70 年代末，国内外形势发生巨大改变，两岸关系形势也发生 1949 年以来最大的变化。1979 年，大陆方面开始实行争取祖国和平统一的大政方针，也促使台湾当局调整了对大陆政策。这使台海形势趋向缓和、两岸交往成为可能，两岸关系由此进入新的阶段，也为打破两岸长期隔绝状态准备了条件。

第一节 大陆方面实行和平统一方针和提出"一国两制"构想

1976 年，"文化大革命"结束，十年动乱终止。1978 年 12 月，中共十一届三中全会决定将党和国家工作中心转移到经济建设上来，实行改革开放。党和国家各项工作的方针和政策围绕这个决策进行了调整。同月，中美两国决定建立外交关系，美国承认中华人民共和国政府是中国唯一合法政府，并承认中国的立场，即只有一个中国，台湾是中国的一部分；同时断绝与台湾当局的所谓"外交关系"、废除美台"共同防御条约"、从台湾撤军，这大大有利于大陆方面争取和平解决台湾问题。正是在这样的时代背景下，以邓小平为核心的中共中央第二代领导集体从国家和民族根本利益出发，在毛泽东关于争取和平解决台湾问题思想的基础上，作出了争取祖国和平统一的战略决策，创造性地提出了"一个国家、两种制度"的构想。

邓小平自 1977 年 7 月重新担任中央党政军重要领导职务以后，已先后多次谈及台湾问题，显示这时他已经有和平解决台湾问题、实现和平统一的考虑和后来被概括为"一个国家、两种制度"的构想。诸如：1977 年 8 月，邓小平会见美国国务卿赛勒斯·万斯时说："我们准备按三个条件实现中美建交以后，在没有美国参与的条件下，力求通过和平方式解决台湾问题，但不排除用武力解决。……中国人民、中国政府当然会考虑台湾的实际情况，采取恰当的政策解决台湾问题，实现国家的统一。"[1] 1978 年 1 月 7 日，邓小平会见美国参议员艾伦·克兰斯顿为团长的美国国会议员团时说："在实现中美

<hr />

[1] 中共中央文献研究室：《邓小平年谱：1975—1997》上卷，北京：中央文献出版社，2004 年，第 189 页。

两国关系正常化之后，我们解决台湾问题，当然要照顾到台湾的现实，就我们来说，要力争使用和平方式解决祖国的统一问题。"①11月14日，邓小平会见缅甸总理奈温时说："在解决台湾问题时，我们会尊重台湾的现实。比如，台湾的某些制度可以不动，美日在台湾的投资可以不动，那边的生活方式可以不动，但是要统一。"②11月28日，邓小平会见美国人士斯蒂尔时指出，"我们多次讲过，台湾归还中国，实现祖国统一，在这个前提下，我们将尊重台湾的现实来解决台湾问题。台湾的社会制度同我们现在的社会制度当然不同，在解决台湾问题时，会照顾这个特殊问题，'中华民国'的名称要取消，它可以成为地方政府。根据现实情况，可以保留它的资本主义制度"。③

1978年12月22日，中共十一届三中全会发表公报，指出："随着中美关系正常化，我国神圣领土台湾回到祖国怀抱、实现统一大业的前景，已经进一步摆在我们的面前。"④ 这一提法的特别之处在于没有用多年来一直用的"解放台湾"一词，而代之以"台湾回到祖国怀抱、实现统一大业"。

1979年元旦，全国人大常委会发表《告台湾同胞书》，郑重宣示了争取祖国和平统一的大政方针。这标志着大陆方面开始实行和平统一的方针政策，两岸关系由此进入新阶段。

《告台湾同胞书》提出了一系列对台方针政策，主要是：第一，统一祖国是关系全民族前途的重大任务，是每个中国人不可推诿的责任，是人心所向、大势所趋。我们必须尽快结束目前这种分裂局面，早日实现祖国的统一。第二，在实现祖国统一时，一定要考虑现实情况，尊重台湾现状和台湾各界人士的意见，采取合情合理的政策和办法，不使台湾人民蒙受损失。第三，寄希望于台湾人民，也寄希望于台湾当局。第四，台湾当局一贯坚持一个中国的立场、反对"台湾独立"，这是我们共同的立场、合作的基础。第

---

① 中共中央文献研究室：《邓小平年谱：1975—1997》上卷，北京：中央文献出版社，2004年，第254页。

② 中共中央文献研究室：《邓小平年谱：1975—1997》上卷，北京：中央文献出版社，2004年，第430页。

③ 中共中央文献研究室：《邓小平年谱：1975—1997》上卷，北京：中央文献出版社，2004年，第442页。

④ 国务院台湾事务办公室研究局：《台湾问题文献资料选编》，北京：人民出版社，1994年，第142页。

五，通过商谈结束台湾海峡军事对峙状态，以便为双方任何一种范围的交往接触创造必要的前提和安全的环境。第六，尽快实现通航通邮，以利双方同胞直接接触，互通讯息，探亲访友，旅游参观，进行学术文化体育工艺观摩；相互之间完全应当发展贸易，互通有无，进行经济交流。这表明大陆方面对实现祖国统一的强烈愿望，愿意尊重台湾的现状，采取合情合理的政策和办法；同时也表明大陆方面愿意在一个中国立场的基础上与台湾当局合作，通过商谈解决问题，打破两岸同胞隔绝的藩篱，实现通航、通邮、通商，进行经济文化交流。

《告台湾同胞书》发表的当天，国防部长徐向前发表《关于停止对大金门等岛屿炮击的声明》，宣布"为了方便台、澎、金、马的军民同胞来往大陆省亲会友，参观访问和在台湾海峡航行、生产等活动，我已命令福建前线部队，从今日起停止对大金门、小金门、大担、二担等岛屿的炮击"。[①] 这一声明的发表，进一步缓和了台湾海峡形势，促使台湾当局也相应停止了对大陆的炮击。

《告台湾同胞书》发表后，为推动和平统一进程，大陆方面又陆续提出一系列政策主张，在这个过程中形成了"一国两制"构想。1979 年 1 月 9 日，邓小平会见美国参议院代表团时指出，"统一台湾后，首先台湾的社会制度不变，生活方式不变。这是我们真实的政策。台湾拥有它自己的权力，台湾的武装可以不解除，只是它要把所谓的'中华民国'旗帜去掉。如果台湾人民感到它的现行制度要保持一百年，也可以"。[②]

1981 年 9 月 30 日，全国人大常委会委员长叶剑英对新华社记者发表谈话，阐述了台湾回归祖国、实现和平统一的九条方针政策（后被称为"叶九条"）。其要点是：举行中国共产党和中国国民党两党对等谈判，实行第三次合作。双方共同为通邮、通商、通航、探亲、旅游以及开展学术、文化、体育交流提供方便。国家实现统一后，台湾可作为特别行政区，享有高度的自治权，并可保留军队；中央政府不干预台湾地方事务。台湾现行社会、经济制度不变，生活方式不变，同外国的经济、文化关系不变，私人财产、房

---

① 国务院台湾事务办公室研究局：《台湾问题文献资料选编》，北京：人民出版社，1994 年，第 147 页。
② 中共中央文献研究室：《邓小平年谱：1975—1997》上卷，北京：中央文献出版社，2004 年，第 468 页。

屋、土地、企业所有权、合法继承权和外国投资不受侵犯。台湾当局和各界代表人士可担任全国性政治机构的领导职务，参与国家管理。台湾地方财政如遇困难，可由中央政府酌情补助。台湾人士愿回大陆定居者，不受歧视，来去自由。欢迎台湾工商人士回大陆投资兴业。欢迎台湾同胞提供建议，共商国是。

1982 年 1 月 11 日，邓小平会见美国华人协会主席李耀滋时说："九条方针是以叶副主席的名义提出来的，实际上就是一个国家，两种制度。"① 这是邓小平首次提出"一个国家、两种制度"的概念。

1982 年 12 月，第五届全国人民代表大会第五次会议通过修订后的《中华人民共和国宪法》，其中第三十一条规定："国家在必要时得设立特别行政区，在特别行政区内实行的制度按照具体情况由全国人民代表大会以法律规定。"从此，实行"一国两制"有了宪法保障。

1983 年 6 月 26 日，邓小平会见美籍华人学者杨力宇时，进一步阐述了中国大陆与台湾和平统一的设想。其要点是：第一，解决台湾问题的"核心是祖国统一"。和平统一已成为国共两党的共同语言。希望国共两党共同完成民族统一，大家都对中华民族作出贡献。第二，不赞成台湾"完全自治"的提法。自治不能没有限度，既有限度就不能"完全"。"完全自治"就是"两个中国"，而不是一个中国。制度可以不同，但在国际上代表中国的，只能是中华人民共和国。台湾作为特别行政区，可以有其他省市自治区所没有而为自己所独有的某些权力，条件是不能损害统一的国家的利益。第三，祖国统一后，台湾特别行政区可以有自己的独立性，可以实行同大陆不同的制度，司法独立，终审权不须到北京；可以有自己的军队，只是不能构成对大陆的威胁；自己管理台湾的党政军等系统。大陆不派人驻台，不仅军队不去，行政人员也不去。中央政府还要给台湾留出名额。第四，和平统一不是大陆把台湾吃掉，也不是台湾把大陆吃掉。所谓"三民主义统一中国"不现实。第五，实现统一的适当方式是举行国共两党平等会谈，实行第三次国共合作，而不提中央与地方谈判。第六，万万不可让外国插手，那样只能意味着中国还未独立，后患无穷。这一谈话丰富、充实了"一国两制"构想，使

① 中共中央文献研究室：《邓小平年谱：1975—1997》下卷，北京：中央文献出版社，2004 年，第 797 页。

之更加系统、具体，后来被称为"邓六条"。

邓小平是"一国两制"构想的创立者和倡导者。"一国两制"构想孕育于 20 世纪 70 年代末，自"邓六条"发表后已经完整。这一构想的内容是：在祖国统一的前提下，国家主体坚持社会主义制度，同时在台湾保持原有的资本主义制度和生活方式长期不变。两岸统一后，台湾作为特别行政区有高度的自治权，拥有立法权和司法权（包括终审权），可以有自己的军队，党、政、军系统都由自己管理；并且派人担任全国性政治机构的领导职务，参与国家管理。中央政府不派军队、行政人员驻台。概括地说，就是国家统一、两制并存，台湾高度自治。

"一国两制"构想，既体现了实现祖国统一、维护国家主权的原则性，又体现了充分考虑历史和现实的高度灵活性，是原则性和灵活性的有机统一。按照"一国两制"的原则性，就要坚持一个中国原则，确保台湾是中国领土一部分的地位不被改变，确保国家主权和领土完整，这就维护了民族根本利益和国家核心利益。按照"一国两制"的灵活性，就要面对两种社会制度和生活方式不同的现实，在祖国统一的前提下，两种制度和生活方式并存，这就在维护民族根本利益和国家核心利益的前提下，找到了在两岸社会制度不同的情况下能够用和平方式实现统一的办法。

祖国和平统一方针确定和"一国两制"构想形成后，经过对台工作实践，以及解决香港问题、澳门问题的实践，内涵大大丰富了。在此基础上，于 80 年代中期中国共产党和中国政府逐步确立了"和平统一、一国两制"基本方针，形成了系统的有关政策。这一基本方针和主要政策是：从维护民族根本利益和国家核心利益出发，努力争取和平统一，统一后实行"一国两制"。在推进和平统一进程中，坚持一个中国原则，坚决反对任何制造"台湾独立""两个中国""一中一台"的分裂图谋；积极促进两岸人员往来和经济、文化等各方面交流与合作，努力争取实现两岸直接"三通"；争取通过谈判实现和平统一，但不承诺放弃使用武力；寄希望于台湾人民，团结台湾同胞共同推进两岸关系发展和平统一进程；解决台湾问题是中国内政，任何国家无权干涉。

第二节　台湾当局的"三民主义
统一中国"及"三不政策"

进入 20 世纪 70 年代以后，国际形势发生巨大变化，中国的国际地位不断提升，而台湾的对外活动空间持续缩小。1971 年台湾当局被逐出联合国，接着许多国家纷纷同其"断交"，到 1979 年美国也与其"断交"。台湾当局"外交"上的失败对其造成沉重打击，引起台湾社会动荡，国民党统治的合法性也被怀疑。加之，随着台湾经济发展，社会阶层发生重大变化，以中小企业主、知识分子、自由职业者为主体的中产阶级大量涌现。这批中产阶级随着教育普及和资本、技术积累，相对提高了对国民党的独立性，并对国民党专制统治和经济垄断心生不满，故而党外运动迅速发展。此时，大陆方面于 1979 年开始实行和平统一的大政方针，对台湾社会产生重大的积极影响，也使得国民党所谓"反攻大陆"图谋彻底破产。因此，蒋经国不得不调整政策，提出了"三民主义统一中国"的口号，同时坚持"不接触、不谈判、不妥协"的"三不政策"，以对抗大陆方面的和平统一方针。

1978 年 8 月 22 日，蒋经国在回答韩国国家电视公司评论员采访时就表示，"我们还有一个最终的目的，就是实行三民主义，统一中国，建立一个自由、平等、强大的中华民国"。[①]1980 年 6 月 9 日，蒋经国在有一千多名党政军和工商界人士参加的扩大早餐会上发表讲话，称"我们可以向所有的中国人说：以三民主义来统一中国，是使中国成为自由、和平、强大的现代化国家唯一可行的道路"。[②]1981 年 4 月，国民党十二大通过《贯彻以三民主义统一中国案》，对"三民主义统一中国"予以解释，称："统一中国唯一的道路是在全中国实行三民主义。为此，要对大陆积极策进下列之号召与行动，如奉行三民主义，实行民主宪政，复兴中华文化，废除社会主义道路，废除四项基本原则，强化三民主义理论与实际相结合的研究，宣扬复兴基地

---

① 蒋经国先生全集编辑委员会：《蒋经国先生全集》第 14 册，台北："行政院新闻局"，1991 年，第 294 页。

② 蒋"总统"经国先生言论著述汇编委员会：《蒋"总统"经国先生言论著述汇编》，台北：黎明文化事业股份有限公司，1982 年，第 24 页。

实践三民主义的成果，加强三民主义思想登陆，鼓励和支援海内外侨胞、学人、留学生和到海外的大陆人士加入三民主义统一中国的行列等。"①

很明显，蒋经国的"三民主义统一中国"与蒋介石提出的"光复大陆以三民主义为主，军事为辅"并无本质区别，也根本抵挡不住大陆方面提出"和平统一"与"一国两制"所带来的冲击。同时，蒋经国无意通过与大陆方面谈判实现和平统一，继续禁止台湾民众与大陆进行交往，因此提出了"不接触、不谈判、不妥协"的"三不政策"。早在 1977 年 5 月 14 日，蒋经国答日本《产经新闻》记者提问时的谈话，表明他当时已有"三不政策"的想法。他当时说，"我要重申国民党与中华民国政府绝不放弃对中国大陆的主权，亦绝不与中共作任何的接触和谈判"。②1979 年 4 月 4 日，蒋经国完整地提出了"不接触、不谈判、不妥协"的"三不政策"。此后，蒋经国多次强调要实行"三不政策"，并且极力攻击、诬蔑大陆方面和谈统一的政策。1982 年 10 月 18 日，蒋经国在接受美国《新闻周刊》记者采访时，声称"反共的历史和经验告诉我们，这些都是中共惯用的统战花招，他们的最终目标是赤化我们，使我们失去自由。……在共党的词汇中，谈判是战争的另一种形式。当中共无法以武力赤化我们之时，他们就想用谈判来分化我们，以制造消灭我们的机会"。③

为贯彻"三不政策"，国民党中央成立了"党政军联合作业反统战组织"，专门负责针对大陆的反统战宣传和组织活动。同时，台湾当局发布各种禁令，禁止、处罚主张和谈统一者及有助于两岸关系缓和的行为，严禁两岸民间往来交流，禁止台湾旅游业者与海外"亲共"旅游业者来往，禁止台湾工商界直接、间接将产品销往大陆或进口大陆产品等。

然而，随着形势发展，台湾当局严禁两岸往来、和平统一言论的政策愈来愈遭到台湾社会反对。20 世纪 80 年代以后，国民党威权统治日益孤立，台湾岛内随着经济发展而来的政治多元化及党外运动逐渐兴起，人们要求民主、解除戒严的呼声渐高。更为重要的是，台湾社会各界人士受到改革开放

---

① "行政院大陆委员会"：《大陆工作参考资料（合订本）》第 1 册，台北：陆委会，1998 年，第 1—5 页。

② 蒋经国先生全集编辑委员会：《蒋经国先生全集》第 14 册，台北："行政院新闻局"，1991 年，第 157 页。

③ 蒋经国先生全集编辑委员会编：《蒋经国先生全集》第 15 册，台北："行政院新闻局"，1991 年，第 27 页。

影响，强烈要求国民党当局正视时势变化，调整大陆政策，放松对两岸交往的限制。

为稳定国民党在台湾的统治，蒋经国在1986年3月国民党十二届三中全会上，提出"政治革新"主张。在"政治革新"影响下，台湾社会急剧变化。同年9月，一批党外人士不顾台湾当局禁令宣布组建民主进步党。1987年7月14日，蒋经国宣布台湾地区自1987年7月15日起解除实行了38年的"戒严令"，开放"党禁""报禁"。这是1949年以来台湾政治发生的最大变化。此后，台湾政治开始向西方政党政治转型，民主化、本土化呼声高涨，对台湾政治产生重大影响，也对两岸关系产生重大影响。

第三节　两岸隔绝状态结束

大陆方面1979年开始实行和平统一方针后，即积极争取实现两岸人员往来和经济文化等方面交流，争取两岸通航、通邮、通商，同时积极贯彻"寄希望于台湾人民"的工作方针。1979年起，大陆沿海地区相继建立了多个台湾渔船停泊点和渔民接待站，为台湾渔民探亲、从事小额贸易与渔船避风、加油、补给、修理提供服务。同时，大陆各大港口也开始接待台湾船舶。为保证台湾船舶在台湾海峡航行的安全，大陆交通部门解除了大陆一侧的灯桩对台湾方面的遮避，还陆续建了一批有利航行的灯桩。大陆海岸电台对台湾船舶均予开放。大陆海上搜救中心全方位开放台湾遇难船舶的救助工作。1979年2月，大陆邮电部门率先经第三地向台湾开办邮政和电信业务。1981年10月，中国民航总局作出两岸空中通航的决定，并积极推动两岸空中直航的实现。12月，中华全国台湾同胞联谊会成立，开始推动落实台胞政策的工作，并促进两岸民众交流。这些举措有利于缓和台海形势、促进两岸"三通"、增进两岸同胞相互了解。

这时虽然台湾当局顽固坚持"三不政策"，但随着两岸关系形势缓和，台湾民众开始突破台湾当局的禁令，一些人悄悄回大陆探亲，而且两岸民间交流率先自海外开始。1980年3月，两岸各自组队参加在美国圣安东尼奥学院举行的田径邀请赛，这是 1949 年后两岸运动员首次在国际体育赛事中同场竞技。之后，两岸民间交流渐趋增多。1982 年 4 月，美国亚洲学会在芝加哥举办辛亥革命史讨论会，中央文献研究室副主任、北京大学教授胡绳等 4 名大陆学者与国民党党史馆主任、台湾大学教授秦孝仪等台湾学者共同参加，这是 1949 年后两岸具有官方背景的学术代表团首次在中国境外接触。1987 年 10 月，台湾大甲镇澜宫组团赴福建莆田湄洲妈祖祖庙谒祖进香，这是 1949 年以后台湾民众第一次组团进入大陆。到 1987 年台湾当局开放探亲前，台湾同胞来大陆累计达 4 万人次。

两岸经济往来在这一时期也逐渐发展起来。1980 年 6 月，商业部颁发《关于购买台湾产品的补充规定》鼓励两岸贸易，规定向台湾购买的日用品，如布料、电视机、电扇、自行车等，只要持有台湾产地证明，或船只从台湾直接开往大陆，或产品属台湾制造，则视同国内贸易而免征进口关税；并规定凡需进口的日用品而台湾有能力制造的，原则上要向台湾购买；台湾商人购买大陆货品，不但优先供应，并有八折以下的优惠。在这一政策鼓励下，两岸间接贸易活动迅速增加。[1] 两岸经香港的转口贸易额由 1979 年的 0.77 亿美元增长至 1987 年的 15.16 亿美元，增长近 20 倍；其中大陆自台湾进口额由 0.21 亿美元增至 12.27 亿美元，台湾自大陆进口额由 0.56 亿美元增加到 2.89 亿美元。[2]

在两岸间接贸易促进下，沿海民间直接贸易也迅速发展，只是还主要限于大陆渔民与台湾商人之间的小额贸易。民间海上交易从 1979 年开始，1980 年起逐步发展到大陆东南沿海地带，1981 年达到高潮，其中尤以福建沿海地区为甚。[3]

这一时期对两岸交流影响最大的是台湾国民党老兵发起的返乡探亲请愿运动。1949 年国民党败退台湾时带去了近百万人员，[4] 其中绝大部分为军人。据统计，国民党军队撤逃到台、澎、金、马和舟山的部队番号先后有 37 个

① 李非：《海峡两岸经贸关系》，北京：对外经贸教育出版社，1994 年，第 81 页。
② 黄梅波：《两岸经贸关系回顾与展望》，北京：人民出版社，2007 年，第 6 页。
③ 李非：《海峡两岸经贸关系》，北京：对外经贸教育出版社，1994 年，第 81 页。
④ 陈孔立：《台湾历史纲要》，北京：九洲图书出版社，1996 年，第 436 页。另据《台湾省统计要览》第 23 期统计资料可知，1946 年台湾全省人口近 610 万人，1950 年全省人口为 750 万人，可知 1949 年迁台人口为近百万是较为合乎事实的。

军、130 余个师、约 60 万人。① 这部分人绝大多数孤身来台，与大陆亲人天各一方。其中许多普通士兵在台湾退役（在台湾被称为"荣民"）后，还是孤身一人，在台湾举目无亲、生活艰苦，热切希望回到大陆与亲人相见。大陆方面实行和平统一方针后，一直鼓励台湾同胞回到大陆与亲人团聚，但国民党当局坚持"反共"政策，严禁两岸民众往来，引起国民党老兵强烈不满。

1985 年以后，台湾民间举办各种形式的研讨会、座谈会等，强烈要求开放民众赴大陆探亲。1986 年底国民党老兵开始透过街头示威抗议、议会陈情、向媒体喊话等途径，发起要求返乡探亲的请愿活动。1987 年初，民进党成立尤清、康宁祥、洪奇昌、游锡堃、邱义仁 5 人组成的专案小组，确定"人权至上，不分党派，人道为先，亲情第一"为指导原则，推动返乡探亲运动。2 月，民进党锁定返乡省亲运动的对象包括 4 种人：一是，1949 年前后随国民党当局去台的大陆籍人士；二是，1945 年至 1949 年被征兵或因谋生而赴大陆的台湾人；三是，1949 年后赴海外留学、谋生，因政治原因而遭国民党当局禁止返台人士；四是，因国民党当局的山禁政策不易返乡或入山的台湾少数民族（在台湾被称为"原住民"）。民进党通过散发传单、举办说明会等方式发动宣传，在立法机构通过质询、提出法案等方式发出呼吁，向海外红十字会和人权组织寻求协助，要求国民党当局秉持人道主义和人权原则，适度调整政策，解除对返乡探亲的限制。民进党认为国民党的"三不政策"不能解决问题，而要实施"三要原则"，即要谈判、要接触、要妥协。民进党的主张虽然要求两岸接触谈判，但本质上还是反对国民党，也为流亡海外的"台独"分子返台制造声势。

1987 年 5 月 2 日，国民党老兵成立外省人返乡探亲老兵促进会，响应者多达 6000 余人，在社会上产生巨大反响。台湾《自立晚报》8 月报道了一份民意调查，认为民众前往大陆探亲"早就应该开放了"的比例达到 64%，"现在正是适当的开放时机"的比例亦达 24.6%，对国民党造成很大的舆论压力。

1987 年初，蒋经国指示有关部门研议开放民众赴大陆探亲的可能性。7 月 15 日，台湾当局宣布解除"戒严"，并废除因实施"戒严"而制定的 30 种相关法规、条例。7 月 27 日，台湾交通部门、内政部门联合宣布，允许

---

① 曹剑浪：《中国国民党军简史》，北京：解放军出版社，2009 年，第 2081 页。

台湾民众前往香港旅游，但仍不准进入大陆。此举使两岸离散的亲人纷纷前往第三地会面。8月25日，国民党决定全面调整有关政策，采取"政府"与民间区分原则，在民间方面，基于人道立场，允许民间探亲。9月16日，国民党中常会讨论开放探亲问题，决定由李登辉、俞国华、倪文亚、吴伯雄、何宜武五位中常委组成专案小组。专案小组对探亲的技术问题，如亲等、年龄、次数、停留时间等，存在不同意见。9月21日，蒋经国召见李登辉，指示：1.不必加限制条件，尽量放宽为原则，方可收号召效果。如有问题，在处理上，去想办法。2.民间团体以红十字会较好，目前红十字会可改组。[①]10月14日，国民党中常会决定，除现役军人及现任公职人员外，凡在大陆有血亲三亲等以内之亲属者，得登记赴大陆探亲。[②]次日，台湾当局宣布有关台湾民众赴大陆探亲的具体办法：同意除现役军人及公职人员外，凡大陆有三等血亲、姻亲或配偶的民众，均可于11月2日起向台湾红十字组织登记赴大陆探亲；国民党各级党、工、干部及家属，经向有关部门报备或核准后，也可前往；对"非法"进入大陆者，不再予以追究处罚。对此，10月16日国务院表示"祖国政府热诚欢迎台湾同胞来大陆探亲和旅游，保证来去自由"。[③]同日，国务院办公厅公布了《关于台湾同胞来祖国大陆探亲旅游接待办法的通知》。11月2日，台湾红十字组织开始办理台湾民众赴大陆探亲登记。是日凌晨台湾红十字组织外面人山人海，通宵排队，当日办妥手续就有1300多人。红十字组织准备的10万份申请表格，在短短的半个月之内就被索取一空。

至此，经由大陆方面长期努力和台湾当局政策调整，长达38年之久的两岸隔绝状态结束了，两岸人员往来和经济文化等领域的交流随之逐步发展起来。两岸隔绝状态的结束，是两岸关系发展进程中的历史性大事，标志着两岸关系又进入一个新阶段。

---

① 李登辉：《见证台湾——蒋经国"总统"与我》，台北：允晨文化实业股份有限公司，2004年，第244页。

② 李登辉：《见证台湾——蒋经国"总统"与我》，台北：允晨文化实业股份有限公司，2004年，第249页。

③ 国务院台湾事务办公室研究局：《台湾问题文献资料选编》，北京：人民出版社，1994年，第365页。

第三章
两岸关系新起步和跌宕起伏
（1987—2000）

1987 年 11 月，两岸结束了长达 38 年之久的隔绝状态，开启了两岸关系发展新起点。在这个新起点上，两岸民众往来和经济文化等交流开展起来，催生了两岸双方以民间名义进行商谈，促进了两岸关系发展。20 世纪 90 年代中期开始，由于台湾地区领导人李登辉制造"两个中国"，"台独"分裂活动日益猖獗，导致两岸关系跌宕起伏。

第一节　两岸关系新起步

两岸隔绝状态结束后，两岸人员往来和经济文化等领域交流随之兴起并逐步发展。大陆方面抓住这一有利契机，推进两岸民间交流合作，呼吁台湾当局放松对两岸关系发展的限制尤其是不允许直接"三通"的限制。从 1988 年至 1993 年，两岸关系发展较为平顺，两岸人员往来和经济文化交流合作进展较为迅速，但台湾当局禁止两岸直接"三通"，造成这一时期两岸往来路径是间接的、投资是单向的。

一、两岸人员往来

1987 年 11 月，台湾当局被迫开放部分台湾居民赴大陆探亲后，大陆方面热忱欢迎台湾同胞前来大陆并提供各种方便，国务院有关部门和各级人民政府做了许多工作。公安部、海关总署先后制定了两岸人员出入境等管理法规和政策，国务院 1991 年 12 月颁布《中国公民往来台湾地区管理办法》。国家旅游局、交通部、民航局、铁道部、卫生部、财政部、商业部、国家物价局等部门，分别制定接待台胞的服务性政策。大陆方面在各地建立不同级别和不同形式的台胞接待站，在沿海地区建立台湾渔民接待站，为台胞提供交通、食宿、购物、寻亲、补给等服务。大陆方面的政策规定和管理方式，初步建构了两岸人员往来管理体系，促进两岸人员往来。

这时，台湾当局除允许大陆居民赴台探亲、探病、奔丧以外，仍严格限制大陆居民赴台交流，使两岸人员往来呈现"单向、间接、局部"的状态。1992年下半年起，台湾当局逐步放宽大陆人士赴台交流的限制，两岸人员开始双向往来，人数逐步增多、层次逐步提高。但是，由于台湾当局禁止两岸人员直接往来对岸，两岸人员往来只能取道香港等第三地，因此两岸人员往来长期处于间接状态。

1987年至1993年间，两岸人员往来人数逐年上升，台胞来大陆人数从46679人次增加到1526969人次，大陆居民赴台从8545人次增加到14615人次。由于台湾当局禁止大陆居民赴台旅游，大陆居民赴台人次远远低于台湾居民来大陆人次。在此期间，台湾有关部门核准大陆赴台人数总计5万多人次，不足台湾前来大陆593.6万人次的1%。[1] 两岸人员往来呈现不对称状态。

在此期间，两岸人员往来从单向发展为有限的双向。台湾居民来大陆，从最初的探亲、旅游发展到投资、考察、求学、交流、访问等。大陆居民赴台从探亲、探病、奔丧发展到开展文化、教育、科技等方面交流。两岸人员往来从探亲访友发展到形式多样的交流合作，广度和深度推进，成效显著。1994年3月底，24名台湾旅客乘坐"海瑞号"游船在浙江千岛湖游览时，连同6名大陆船员及2名大陆导游，共32人，被烧死在船舱内，产生重大恶劣影响。大陆方面高度重视这起重大刑事案件，国台办、公安部、交通部展开调查，海协会主动向台湾海基会通报情况，浙江省民政、旅游部门协同处理善后事宜。公安部门迅速立案侦查，依法逮捕三名案犯。6月12日，杭州市中级人民法院以抢劫罪和故意杀人罪判处三人死刑，剥夺政治权利终身。[2] 台湾一些政客，炒作"千岛湖事件"，李登辉甚至公然辱骂大陆，以此阻挠两岸交流往来，为两岸关系蒙上阴影。但两岸人员往来发展态势并没有改变，规模继续扩大、层次逐步提高。

在两岸人员往来过程中，也出现大量事务性问题，如各种民事行为大量

---

[1] 《历年两岸人员往来与交流统计一览表》，台湾工作年鉴编委会、《两岸关系》杂志社编《台湾工作年鉴2015》，北京：《两岸关系》杂志社、台湾工作通讯杂志社，2016年，第527页。

[2] 范丽青、朱国贤、张亚、毛磊：《两岸同悲愤 严法慰亡灵——千岛湖事件始末》，《人民日报》，1994年6月20日，第3版。

涌现、行政管理事务大量增加、刑事案件有所增加等。针对两岸人员往来所衍生的涉台婚姻、遗产继承，台胞置产、定居、捐赠、丧葬以及突发事件等，大陆有关部门分别制定相关政策和规定，此外还协调处理台胞民事纠纷、证件遗失、财物被窃、生病等问题。

二、两岸经济交往

两岸隔绝状态结束后，越来越多台商以探亲、旅游等名义到大陆进行贸易、投资，两岸经济交往逐步开展起来。

大陆方面积极推动两岸经济交流合作，立法机关、政府部门制定相关政策、规章，在税收、土地使用权等方面给予适当优惠，保护台商投资合法权益，大大促进了台商到大陆投资意愿。1988 年 7 月，国务院颁布《关于鼓励台湾同胞投资的规定》，保证台湾同胞在大陆投资的政策环境。1994 年 3 月 5 日，第八届全国人大常委会第六次会议通过了《中华人民共和国台湾同胞投资保护法》，将保护台商投资纳入法制化轨道。随后，大陆有关部门陆续颁布《对台湾地区贸易管理办法》《对台湾地区小额贸易的管理办法》《在祖国大陆举办对台湾经济技术展览会暂行管理办法》等，保护和促进台商在大陆投资经营。同时，为了更好地发展台商投资企业，经国务院批准，福建省在马尾、杏林、集美、海沧设立台商投资区，集中财力、物力、人力为台商提供良好的投资环境。1994 年 4 月，国务院要求对台商投资领域、项目、方式，采取"同等优先、适当放宽"的政策，有效地促进了台商在大陆投资。

面对两岸经济交往已经兴起的现实，台湾当局陆续调整有关政策，放宽了若干限制。在投资方面，1990 年 10 月，台湾当局发布"对大陆地区从事间接投资或技术合作管理办法"，开放厂商经主管机关许可后可以经第三地区对大陆间接投资。早期来大陆投资厂商，大多属于传统劳动密集型产业，投资金额不大，投资者以中小企业居多，并以加工出口形态为主。随着大陆经济持续发展及内销市场逐步对外开放，台商投资规模日益扩大，投资产业逐渐多样化，电子及电器制造业占投资金额的首位。1992 年起，台湾大企业和企业集团纷纷来大陆考察，投资开始转为多元化、长期化，地域也由沿海向内地推进。在贸易方面，1988年8月，台湾当局公布"大陆产品间接输入处理原则"及"准许间接进口大陆产品原料项目"。1989年6月，台湾当局公布"大陆地区物品管理办法"，正式开放大陆物品间接输入。由大陆输往台湾，以农工原料为主，其中以烟煤、钢铁及电机设备为最多。台湾转口输入大陆的产品，以机械、电机设备以及零配件、纺织品及纺织制品、塑胶制品为主。这时，台湾当局出于害怕大陆对台影响扩大的政治考虑，禁止大陆企业向台湾投资，因此两岸投资往来仅是台商向大陆投资。台湾当局对自大陆输入产品也有很多限制，因此台湾向大陆出口远远高于自大陆进口。同时，台湾当局禁止两岸直接"三通"，规定台商与大陆贸易、向大陆投资均须经第三地进入，使两岸经济交往处于间接状态。

在两岸经济交往之初，台商对大陆投资、两岸贸易额都快速增长。台商在大陆投资，无论是项目数量还是合同金额或是实际利用金额，都呈逐年上升趋势。1988年至1993年，台商向大陆投资累计项目21193项，合同金额188.2亿美元，实际利用台资50.54亿美元。[1] 同期，两岸贸易也呈逐年上升趋势。大陆自台进口额，1988年为22.42亿美元，1993年上升为129.33亿美元，6年增长4.77倍。大陆自台进口增长较快，但由于台湾当局对大陆商品输台种类等有诸多限制，大陆对台出口增长较慢。期间，两岸贸易额累计378.46亿美元，其中大陆自台湾进口323.07亿美元，向台湾出口55.39亿美元。[2]

这一时期两岸经济交流已达到一定的规模和水平，双方都已在彼此经济中占有重要地位，成为对方经济发展中不可忽视的因素，具有难以逆转的势头。

三、两岸文教交流

两岸隔绝状态结束之后，两岸文教交流很快就开展起来。

两岸学者交流以学术考察、学术研讨会、展览为主。1988年8月，王

---

① 《台湾工作年鉴》编委会、两岸关系杂志社编：《台湾工作年鉴（1989—2002）》，北京：九州出版社，2004年，第732页。

② 《台湾工作年鉴》编委会、两岸关系杂志社编：《台湾工作年鉴（1989—2002）》，北京：九州出版社，2004年，第731页。

晓波、尹章义等台湾学者到厦门大学参加台湾历史研讨会、海峡两岸学术研讨会等。1992年，中国科协在高雄和台北举办敦煌古代科技展，这是大陆在台湾举办的第一个科技展，观众达50多万人次。同年，秦始皇兵马俑及刘胜金缕玉衣等111件古代文物在台湾展出，引起轰动。

两岸文化艺术交流是两岸交流的重要领域。1987年，台湾知名艺人凌峰开始来大陆拍摄纪录片《八千里路云和月》，成为首位来大陆拍片的台湾影视艺人。1988年，台湾歌星探亲演出团首次在大陆演出，开创音乐交流新局面。同年，台湾画家江明贤冲破台湾当局禁令，先后在北京、上海举办"台湾宝岛风光"个人画展。1989年台湾当局开放赴大陆拍片后，仅1989年7月至1990年底，在大陆的台湾摄制组近50个、600多人次。1990年，著名小提琴家俞丽娜赴台演出《梁山伯与祝英台》，成为第一个赴台演出的大陆艺术家。同年，著名京剧表演艺术家童芷苓应邀赴台演出，成为大陆第一位赴台的京剧演员。1992年，大陆《幻影》剧组首次赴台湾勘景，开创了两岸影视界双向交流的局面。1992年后，北京京剧院、北京人民艺术剧院、北京舞蹈剧院、中国青年艺术剧院、中国广播艺术说唱团、上海歌舞团、四川川剧院、安徽黄梅戏剧院、上海越剧院、福州闽剧团、河南豫剧团等纷纷赴台演出，在台湾舞台上掀起热潮。

两岸出版界交流以图书展览和联合出版为主。1988年，海峡两岸图书展览在上海举行，共有100家台湾出版社参展，参展图书达4000种。1989年，台湾14家出版社选送1000余种图书参加第二届全国书市。同年，海峡两岸暨香港史学工作者联合编撰中国历史读物《岁月河山——图说中国历史》，在大陆、台湾和香港公开发行。1992年，辽宁少年儿童出版社和台湾牛顿出版社股份有限公司联合出版《中国历史》。

两岸体育交流从单向发展为双向。1989年，台湾运动员来大陆参加第四届亚洲青年体操锦标赛，揭开了两岸体育交流的序幕。1990年，台湾派出500名运动员、教练员组成庞大的代表团参加北京亚运会。1992年，"棋圣"聂卫平应邀赴台交流，实现了两岸体育双向交流。

总体而言，1987年以后，两岸文化教育以及艺术体育等方面交流合作都逐步开始，由台湾到大陆单向交流发展到两岸双向交流，由个别人交流发展到团队交流，无论是批次还是人数都逐年增加。

第二节　两岸开启接触商谈

　　两岸隔绝状态结束之前，大陆方面已经确立"和平统一、一国两制"基本方针，并且实行一系列推动两岸关系的政策，因此两岸隔绝状态结束后，大陆方面积极贯彻既定的方针政策。台湾当局此前实行"不接触、不谈判、不妥协"的"三不政策"，故而在两岸隔绝状态结束后，进行了一系列相应的政策调整。同时，两岸双方授权民间团体进行商谈。1992年，海峡两岸关系协会与台湾海峡交流基金会达成"九二共识"，确立了两岸商谈的政治基础。1993年，两会举行"汪辜会谈"，标志着两岸关系迈出历史性的重要一步。

一、台湾当局调整大陆政策

　　1949年国民党统治集团败退台湾后，仍将中国共产党列为"叛乱团体"和"戡乱"对象，继续冻结所谓"中华民国宪法"，实施"动员戡乱时期临时条款"，以"反共"名义在台湾实施军事独裁统治。为继续实施"动员戡乱时期临时条款"，台湾当局先后四次修订"临时条款"，还解决了蒋介石、蒋经国终身连任所谓"总统"和延续所谓"中华民国法统"的问题。但这导致"宪政危机"，而且愈来愈严重。1987年台湾开始实行西方政治制度后，民主化、本土化浪潮兴起，矛头直指"宪政危机"，要求废除"动员戡乱时期临时条款"。伴随两岸隔绝状态结束，两岸交往已经开启，如何面对大陆，如何对待两岸交往，如何回应大陆对台政策，都要求台湾当局重新思考。此外，1988年1月，蒋经国去世，李登辉继任为台湾地区领导人和国民党主席。面对上述问题，李登辉开始推行"宪政改革"，调整大陆政策。

　　1990年5月，李登辉正式宣布推行"宪政改革"。1991年4月，台湾地区召开第一届"国民大会"第二次临时会议，通过"宪法增修条文"，废止"动员戡乱时期临时条款"，规定第二届"中央民意代表"90%以上产生于台湾地区等。李登辉事后在记者招待会上表示，"我们今后将视中共为控制大陆地区的政治实体","称之为大陆当局或中共当局"。① 废除"动员戡乱时期临时条款",重新定位了两岸关系。"宪法增修条文"的通过,"回归宪政",解决了台湾内部民主化问题。6月7日,中共中央授权台办负责人发表谈话。这份谈话指出,"'动员戡乱时期'及'临时条款'本来就是非法的,早就应该废除。现在法定终止,仍不失为正视现实、降低敌意之举,应当说是一个进步"。谈话也指出,台湾当局仍然强调"敌对意识",是很不合时宜的,谋求两岸互为对等的"政治实体",幻想"和平转变大陆",是根本行不通的。②

台湾当局在推动"宪政改革"的同时,还于1990年10月7日成立"国家统一委员会"(简称"国统会"),李登辉担任主任委员,以应对大陆方面要求和谈统一的政策主张。1991年2月23日,"国统会"第三次会议通过"国家统一纲领"(简称"国统纲领")。"国统纲领"包括前言、目标、原则、过程等四方面内容。提出的目标是"建立民主、自由、均富的中国"。其提出的原则是:"(1)大陆与台湾均是中国的领土,促成国家的统一,应是中国人共同的责任。(2)中国的统一,应以全民的福祉为依归,而不是党派之争。(3)中国的统一,应以发扬中华文化,维护人性尊严,保障基本人权,实践民主法治为宗旨。(4)中国的统一,其时机与方式,首应尊重台湾地区人民的权益并维护其安全与福祉,在理性、和平、对等、互惠的原则下,分阶段逐步达成。"③ 提出要经过交流互惠、互信合作、协商统一等近、中、远三个阶段达成统一。3月15日,大陆有关方面负责人针对"国统纲领"发表谈话。这份谈话首先指出"这是台湾当局对统一问题作出的一个有意义的表示",赞赏这份文件主张只有一个中国,中国应当统一,表示同意"开放两岸直接通邮、通航、通商","推动两岸高层人士互访",接着又指出"这个文件仍然提出了一些不合情理的条件,人为地拖延实现直接'三通'及两岸高层人士互访等许多现在就可以做的事情,仍然坚持台湾当局在统一问题

---

① 《李登辉举行记者会宣告"动员戡乱时期终止"(节录)》,中国社会科学院台湾研究所、现代国际关系研究所、北京市台湾事务办公室、北京市台湾经济研究中心编:《台湾问题重要文献资料汇编》,北京:红旗出版社,1997年,第959页。

② 《中共中央台办负责人发表谈话坚持实行"和平统一、一国两制"方针》,《人民日报》,1991年6月8日,第1版。

③ "国家统一纲领",中国社会科学院台湾研究所、现代国际关系研究所、北京市台湾事务办公室、北京市台湾经济研究中心编:《台湾问题重要文献资料汇编》,北京:红旗出版社,1997年,第785—786页。

上的固有主张，这只能延误统一进程"；还指出"甚至有的人还总是幻想以台湾的模式'转变大陆'，这显然太缺乏自知之明了"。① 也就是说，大陆方面肯定了"国统纲领"中有利于和平统一、有利于两岸关系发展的方面，同时也批评了这份文件的不合理条件、错误主张和拖延统一的图谋。"国统纲领"反映了90年代国民党对统一的态度，既有统一的立场和目标，但又惧怕统一，不想和谈统一，因此对统一进程设置了许多条件，拖延统一，甚至觊觎以协商统一为名要求大陆改变社会制度，"三个阶段的设计显示，台湾当局无意着手与大陆方面开始和平统一谈判，而是将之推到将来一个不确定的时间"。② 李登辉事后也承认，制定三个明确条件：当中国的政治民主化、当中国的经济变成自由经济、当中国实现公平社会，"以牵制、阻碍'统一'的动向"。③

台湾当局在调整政策过程中，为适应两岸开始交往的形势，制定了新的规定。1989年2月，台湾法务部门公布了第一个"台湾地区与大陆地区人民关系暂行条例草案"。这份草案经长达三年的审议，最终定名为"台湾地区与大陆地区人民关系条例"（简称"两岸人民关系条例"），于1992年7月16日由台立法机构通过。"两岸人民关系条例"依据1991年"宪法增修条文"第十条"自由地区与大陆地区间人民权利义务关系及其事务之处理，得以法律为特别之规定"而制定，是台湾方面定位两岸关系、处理两岸交往及其法律问题的一个基本法律。《条例》第一条开篇明义："国家统一前，为确保台湾地区安全与民众福祉，规定台湾地区与大陆地区人民之往来，并处理衍生之法律事件，特制定本条例。"④ 随后对"台湾地区"和"大陆地区"加以界定，"台湾地区"指"台湾、澎湖、金门、马祖及政府统治权所及之其

① 《我有关方面负责人就台当局"国家统一纲领"发表谈话希望拆除障碍共商祖国统一大计》，《人民日报》，1991年3月16日，第1版。

② 孙亚夫：《概论1987年至2012年两岸关系发展脉络》，《政治学研究》，2015年第4期。

③ 李登辉著，杨明珠译：《新台湾的主张》，新北：远足文化事业股份有限公司，2015年，第102页。

④ 《台湾地区与大陆地区人民关系条例》，中国社会科学院台湾研究所、现代国际关系研究所、北京市台湾事务办公室、北京市台湾经济研究中心编：《台湾问题重要文献资料汇编》，北京：红旗出版社，1997年，第811页。

他地区"，"大陆地区"指"台湾地区以外之中华民国领土"。①"两岸人民关系条例"共有 6 章 96 个条文，其中，总则性质 8 条，行政 32 条，商务民事 34 条，刑事 4 条，罚则 16 条，附件 2 条，内容涉及两岸民间各种交往活动，以及通航、投资、贸易、知识产权、婚姻、继承、收养、出入境、定居等等；既有实体法又有程序法，既有民事法、行政法又有刑事法，既有一般私法、公法又有"涉外民事法律适用法"，可谓一部综合性的特殊法律。之后，"两岸人民关系条例"经过多次修订，台湾当局亦颁布"台湾地区与大陆地区人民关系条例施行细则""大陆地区人民来台从事商务活动许可办法"及"大陆地区人民来台从事观光活动许可办法"等子法。

二、金门会谈与两会成立

1987 年两岸隔绝状态结束后，大陆东南沿海主要是福建沿海民众私自渡海前往台湾的情形时有发生。1990 年 7 月，台湾警方遣返大陆越界捕捞和私渡人员时，采用非人道方法，将被遣返人员强行关入"闽平渔 5540 号"船舱，并密封钉死船舱，结果造成 25 人窒息死亡。这起严重违反人道主义的命案被曝光后，震惊两岸。8 月，台湾海军遣返"闽平渔 5202 号"渔船驶回福建时，因渔船断裂翻覆，又酿成 21 人溺毙。不到 1 个月，接连发生两起惨案，造成 46 人死亡，台湾当局受到舆论强烈谴责，舆论纷纷要求相关部门尽速协商解决问题，避免悲剧重演。台湾当局指派台湾红十字组织出面，与中国红十字会总会联系，商谈参与遣返见证事宜。两岸红十字组织经过多次沟通，决定在金门举行会谈。

9 月 11 日，中国红十字会总会派出秘书长韩长林、理事乐美真、台湾事务部副部长张希林、福建红十字会副会长计克良、福州市红十字会副会长方庆云，台湾红十字组织派出秘书长陈长文、副秘书长常松茂、国际事务关系组主任徐祖安和台湾军方中将邓中正，在金门商谈双方遣返的原则、对

---

① 《台湾地区与大陆地区人民关系条例》，中国社会科学院台湾研究所、现代国际关系研究所、北京市台湾事务办公室、北京市台湾经济研究中心编：《台湾问题重要文献资料汇编》，北京：红旗出版社，1997 年，第 811 页。

象、地点、方式。经过 2 天的会谈，双方就执行海上遣返事宜签署协议（"金门协议"），商定以"确保遣返作业符合人道精神与安全便利"为原则，规定马尾—马祖、厦门—金门为遣返交接地点，遣返交接时"双方均用红十字专用船"，"均悬挂白底红十字旗（不挂其他旗帜，不使用其他的标志）"。①"金门协议"是 1949 年以来两岸双方分别授权民间团体签订的第一个书面协议，也标志着台湾当局开始放弃"不接触、不谈判、不妥协"的政策。协议的签署，保证了两岸遣返作业顺利进行，也保护了两岸民众生命安全，还为其后两岸双方分别授权的民间机构商谈奠定良好基础。

两岸民间交往的开展，产生了许多需要通过双方商谈解决的问题。1990年 11 月 21 日，台湾当局为应付两岸关系发展的需要，成立了民间团体性质的海峡交流基金会（简称海基会）。海基会虽是民间团体，但却是台湾当局授权与大陆联系、协商、"处理涉及公权力的两岸事务的唯一机构"，直属于台"行政院大陆委员会"，接受"陆委会"委托，办理台湾当局"不便与不能出面的两岸事务"。海基会首任董事长为国民党中常委、台水泥业巨商辜振甫，副董事长兼秘书长为陈长文。在台湾海基会筹备期间，11 月 6 日，国务院台办即表示愿意与其接触商谈。在与海基会商谈后，为便于与海基会交往，中共中央台办、国务院台办推动成立了海峡两岸关系协会（简称海协会）。海协会 1991 年 12 月 16 日在北京成立，性质是社会团体法人，宗旨是"促进海峡两岸交往，发展两岸关系，实现祖国和平统一"，根据有关方面授权，与台湾当局有关部门和其授权的团体、人士接触商谈，并签订协议性文件。汪道涵为海协会首任会长，唐树备为常务副会长。海协会的成立，确立了与台湾海基会进行制度化接触商谈的渠道。

三、"九二共识"与"汪辜会谈"

台湾海基会 1991 年 3 月挂牌运作后，即寻求与大陆有关方面接触商谈。海基会是台湾当局授权与大陆方面协商处理涉及公权力的两岸事务的唯一机

---

① 《遣返非法入境人员刑事犯或嫌犯 马祖、马尾为交接点》，台湾《联合报》，1990 年 9月 20 日，第 1 版。

构，大陆有关方面与台湾海基会的商谈，实际上是 1949 年以后两岸双方正式商谈的开始，因此在商谈之初，首先要明确商谈的性质和基础，即商谈是一个国家内的商谈，处理的两岸交往事务是一个国家内的事情，要在一个中国原则基础上进行。1991 年 4 月 29 日，国务院台办副主任唐树备在会见首次来访的海基会副董事长兼秘书长陈长文时，提出了处理海峡两岸交往中应遵循的五条原则，表示希望与海基会共同表达坚持一个中国原则的态度。但海基会以"没有授权谈一个中国问题"，拒绝共同表达这一态度。

海协会 1991 年 12 月成立后，接替国台办与台湾海基会进行商谈。1992 年 3 月 22 日，两会在北京就"海峡两岸公证文书使用"和"开办海峡两岸挂号函件遗失查询及补偿"两项议题进行商谈。商谈中，如何表达坚持一个中国原则的态度成为突出问题，海基会仍然不愿与海协会共同表达坚持一个中国原则的态度。这次商谈之后，海协会坚持原则立场，仍然主张两会商谈应表明坚持一个中国原则的态度，同时也表示"我们是一个国家，这个原则我们是坚定不移的。用什么形式来表达这么一个原则，我们愿意讨论"①，并愿意听取海基会和台湾各界人士的意见。

在海协会坚持下，海基会表明坚持一个中国原则成为台湾当局无法回避的问题。对此，8 月 1 日，台湾"国家统一委员会"专门作出"关于一个中国的涵义"的决议，以作为台湾方面包括海基会的基本立场。这份决议开篇即表示："海峡两岸均坚持'一个中国'之原则，但双方所赋予之涵义有所不同。""我方则认为'一个中国'应指 1912 年成立迄今之中华民国，其主权及于整个中国，但目前之治权，则仅及于台澎金马。台湾固为中国之一部分，但大陆亦为中国之一部分。"接着该决议又强调，"1949 年起，中国处于暂时分裂之状态，由两个政治实体，分治海峡两岸"，即两岸"分裂分治"。②这份决议表明，台湾当局坚持维护所谓"中华民国"的立场，鼓吹两岸"分裂分治"，同时也表明了"坚持一个中国原则"的立场，承认台湾是中国的一部分。鉴此，海协会决定抓住台湾当局已表明"坚持一个中国原则"

---

① 《一个中国已是两岸的共识不应成为事务性商谈困扰》，《人民日报》海外版，1992 年 4 月 1 日，第 5 版。

② 《"国统会"就"一个中国"的涵义展开讨论（节录）》，中国社会科学院台湾研究所、现代国际关系研究所、北京市台湾事务办公室、北京市台湾经济研究中心编：《台湾问题重要文献资料汇编》，北京：红旗出版社，1997 年，第 978 页。

的态度，同时表明不同意台湾方面对一个中国涵义理解的态度。8月27日，海协会负责人发表谈话指出，台湾有关方面有关"一个中国"涵义作出"决议"中确认"海峡两岸均坚持一个中国原则"，"明确这一点，对海峡两岸事务性商谈具有十分重要的意义，它表明，在事务性商谈中应坚持一个中国原则已成为海峡两岸的共识"，同时又表示，"当然，我会不同意台湾有关方面对'一个中国'涵义的理解。我们主张'和平统一、一国两制'，反对'两个中国''一中一台''两个对等的政治实体'的立场是一贯的"。①

台"国统会"作出决议之后，海基会表明坚持一个中国原则的态度由"不能谈"转为"可以谈"。10月28日至30日，海协会与海基会在香港进行工作性商谈，集中讨论两岸事务性商谈中如何表述坚持一个中国原则的问题。在商谈中，两会分别提出了5种文字表述，在达不成一致意见的情况下，海基会又提出3种口头表述方案，其中第3种是："在海峡两岸谋求国家统一的过程中，双方虽均坚持一个中国之原则，但对一个中国的涵义，认知各有不同。"海基会还建议"以口头声明方式各自表述"。两会香港工作性商谈至此暂告一段落。

香港商谈结束后，海协会认为台湾海基会第8种表述方案（即口头表述第3种方案）表明台湾方面谋求统一、坚持一个中国原则的态度；虽然海基会提出对"一个中国的涵义认知各有不同"，但没有具体说明台湾方面的看法；而且早在同年3月海协会已公开表示只要表明坚持一个中国原则的态度，"表述方式可以充分讨论"，因此可以考虑与海基会各自以口头方式表达坚持一个中国原则的态度。海协会经海基会确认，"各自以口头方式表述"是台湾方面正式意见后，11月16日回函海基会，指出海基会在香港商谈中就表述坚持一个中国原则的态度"提出了具体表述内容（见附件），其中明确了海峡两岸均坚持一个中国的原则"，重申同意以各自口头表述的方式表明"海峡两岸均坚持一个中国之原则"的态度，并提出海协会口头表述要点："海峡两岸都坚持一个中国的原则，努力谋求国家的统一。但在海峡两岸事务性商谈中，不涉及一个中国的含义。"海协会函件中附海基会具体表述内容，即海基会提出的第8种表述方案，此举意在将此案作为彼此可以接受的

---

① 《就台当局对两岸事务性商谈中"一个中国"的涵义海协会负责人发表谈话》，《人民日报》，1992年8月28日，第4版。

共识内容，同时也将此案在正式函件中留下了文字记载。12月3日，海基会函复海协会，对海协会去函未表示异议。至此，经过香港工作性商谈和此后互换函件，双方都认为经过协商达成了共识，这一共识后来被称为"九二共识"。

"九二共识"的内容是上述两段经过协商、相互认可的具体文字，要义是"海峡两岸同属一个中国，共同努力谋求国家统一"。共识中，两会都表明了"谋求国家统一"和"坚持一个中国原则"的基本态度；对于一个中国的政治涵义，海基会表示"认知各有不同"，海协会表示在事务性商谈中不涉及，作了求同存异的处理。这是在两岸基本政治分歧一时难以解决的历史条件下，通过求同存异达成的共识。"九二共识"的达成，奠定了两会商谈的政治基础，并为1993年"汪辜会谈"铺平了道路。

推动两岸高层人士互访、会谈，是大陆方面的一贯主张。海协会成立之初，即于1992年1月邀请台湾海基会董事长辜振甫来访。同年8月4日，海协会会长汪道涵再次函邀辜振甫进行会谈。辜振甫同月22日复函表示接受邀请，并提议在新加坡进行会谈。后经两会三次工作性商谈和负责人预备性磋商，1993年4月27日至29日，两会在新加坡举行"汪辜会谈"。这是1949年以来两岸高层人士第一次以民间名义进行的最高层级会谈，举世瞩目。

在"汪辜会谈"中，海协会积极主张两岸经济合作，提出现阶段应把两岸经济交流合作放在两岸关系首要位置；提出两岸直接"三通"应当摆上议事日程；提出协商两岸劳务、浦东与三峡建设、能源与资源开发、科技等方面合作。但台湾方面只允许海基会讨论台商投资权益保障事宜。最终，汪道涵与辜振甫签署了《汪辜会谈共同协议》《两会联系与会谈制度协议》《两岸公证书使用查证协议》《两岸挂号函件查询、补偿事宜协议》。

"汪辜会谈"虽然局限于民间性、经济性、事务性和功能性的范围，但其意义及影响远远超出会谈成果本身。"汪辜会谈"推动了两岸协商谈判进程，也带动了两岸关系改善和发展。时任中共中央总书记的江泽民对这次会谈给予高度评价，表示"'汪辜会谈'是成功的，是有成果的，它标志着海峡两岸关系发展迈出了历史性的重要一步"。[1]

---

[1] 《"汪辜会谈"是成功的有成果的》，《人民日报》海外版，1993年5月7日，第1版。

第三节　两岸关系矛盾突显

　　1993年"汪辜会谈"之后，两岸人员往来和经济文化等交流发展迅速，海协会与台湾海基会商谈持续进行。同时，李登辉已巩固其地位，开始脱离国民党的一个中国立场，逐步背弃一个中国原则。这时，"台独"活动也愈为猖狂、危害加大。李登辉和"台独"势力的行径，使得两岸关系中矛盾突显。大陆方面根据台海形势发展变化，提出了发展两岸关系、推进祖国和平统一进程的八项主张，丰富发展大陆对台工作大政方针和主要政策，指导对台工作向前推进。

一、李登辉背弃一个中国原则

　　李登辉，祖籍福建永定，1923年出生于台湾淡水三芝。1943年，李登辉前往日本京都帝国大学攻读农业经济，曾接触不少马克思主义追随者。1945年台湾光复后，李登辉返台进入台湾大学农经系继续其学业。1946年秋，参与筹建新民主主义读书会，后因与其他同志产生矛盾而退出。1949年后，李登辉先后在台大、农村复兴联合委员会工作。1968年，李登辉取得美国康奈尔大学农业经济学博士学位。1972年，李登辉被时任台"行政院长"的蒋经国延揽为"政务委员"。在蒋经国提拔下，李登辉先后被任命为台北市长、台湾省主席，出任国民党中常委，踏进权力核心。1984年，李登辉被蒋经国选为"副总统"。1988年1月，蒋经国逝世后，李登辉继任"总统"，随后当选为国民党主席。1990年至1993年间，李登辉排挤国民党内非主流派，陆续将大陆籍代表人士排挤出权力核心，加强了对国民党的控制。

　　1988年1月李登辉上台之初，权位不稳，维持了国民党的国家统一政策和一个中国立场。当年 2 月 22 日，李登辉在继任后的第一次记者会上说："中华民国的国策"，"就是只有一个中国而没有两个中国的政策"，"只有一个中国，我们必须要统一"①，他还说过"一个中国是最高原则"。②李登辉巩固其执政地位后，开始背弃一个中国原则，力图制造"两个中国"。1991 年 9 月 17 日，他接受日本产经新闻总编辑石川真访问，声称"台湾既然已经以中华民国为名而独立着，所以没有必要台湾独立"③。1993 年 APEC 会议前，李登辉"做了原则性的指示"，导致台湾代表在会议上发表了"中华民国和中华人民共和国为互不隶属的两个主权国家"言论。④1994 年 3 月，李登辉接受日本右派作家司马辽太郎的专访。在长达 6 个多小时的谈话中，李登辉无视台湾与大陆的历史、文化和血缘的渊源，认为台湾是"无主之地"、国民党政权是"外来政权"；大谈"生为台湾人的悲哀"，特别强调"台湾必须是台湾人的东西，这是最基本的想法"，并自称摩西，要率领民众建立"台湾人的国家"。这一谈话暴露了李登辉的真实心态，即敌视中国大陆，尊崇日本殖民统治，主张"台湾独立建国"。这一谈话在台湾媒体公开披露后，引起舆论一片哗然。同年 4 月，李登辉接受台湾《自由时报》专访，进一步提出"现阶段是'中华民国在台湾'与'中华人民共和国在大陆'"。⑤

　　同时，李登辉还采取了一系列分裂措施：姑息纵容"台独"活动，促成海外"台独"分子回台，使"台独"势力迅速扩大；推动以"中华民国在台湾"为中心内容的"宪政改革"，建立与制造"两个中国"相应的政治体制；推行"去中国化"的所谓"乡土教育"，改变台湾社会尤其是年轻一代的中国人意识和对中国的认同；推动"中华民国重返联合国"活动，企图在国际上制造"两个中国"。

---

　　① 《一个中国只能够有一个制度》，《李登辉先生言论集》（七），台北：正中书局，1992 年，第 68 页。

　　② 《李登辉：国民党随时可回大陆设立组织》，台湾《联合报》，1990 年 5 月 8 日，第 1 版。

　　③ 《谈当前两岸局势》，《李登辉先生言论集》（十），台北：正中书局，1992 年，第 448 页。

　　④ 《反制中共 APEC 前夕"总统"曾做原则性指示》，台湾《联合晚报》，1993 年 11 月 22 日，第 2 版。

　　⑤ 《目前两岸像油和水合不来》，台湾《自由时报》，1994 年 4 月 15 日，第 2 版。

二、民进党走上谋求"台独"的分裂道路

民进党由 20 世纪 70 年代兴起的党外运动发展而来,在反对国民党专制统治的同时,也带有一定的分离倾向,建党前就主张"住民自决"。1986 年 11 月,民进党一大通过党纲,宣称"台湾的前途,应由台湾全体住民以自由、自主、普遍、公正而平等的方式共同决定"。[①]1987 年后,随着台湾局势变化,民进党内主张"台独"的言论抬头,谋求"台独"的倾向膨胀。

1987 年 11 月,民进党二大决议文写进了"人民有主张台湾独立的自由"的主张。[②]1988 年 4 月 17 日,民进党二大临时会通过决议文("四一七决议文"),声称"台湾国际主权独立,不属于以北京为首都之中华人民共和国。任何台湾国际地位之变更,必经台湾全体住民自决同意";还宣称"如果国共片面和谈,如果国民党出卖台湾人民利益,如果中共统一台湾,如果国民党不实施真正的民主宪政,则本党主张台湾应该独立"。[③]民进党在 1989 年底三项公职选举中,得票率达 29.7%。为应付 1991 年底"国民大会代表"选举,民进党决定操纵统"独"议题来吸引选票。1990 年 10 月 7 日,民进党四大二次会议通过决议案(一○○七决议案),宣称"我国事实主权不及于中国大陆及外蒙古。我国未来宪政体制及内政、外交政策,应建立在事实领土范围之上"。[④]1991 年 8 月,民进党借"人民制宪会议"提出"台湾宪法草案"。9 月,民进党抛出"以台湾名义加入联合国"的宣言。10 月,民进党召开五大,确定"建立主权独立自主的台湾共和国"为基本纲领,并提出"基于国民主权原理,建立主权独立自主的台湾共和国及制定新宪法的主

---

① 《民主进步党党纲》,http://www.chinawenben.com/file/i3ptx63wsaorsiw6otorzzr6_8.html,2019 年 1 月 15 日查询。

② 《民主进步党第二届全国党员代表大会决议文——"人民有主张台湾独立的自由"声明》,载民主进步党中国事务部《民主进步党两岸政策重要文件汇编》,民主进步党中国事务部,2000 年,第 2 页。

③ 《民进党临时代表大会决议鼓吹"台湾地位未定论"》,中国社会科学院台湾研究所、现代国际关系研究所、北京市台湾事务办公室、北京市台湾经济研究中心编:《台湾问题重要文献资料汇编》,北京:红旗出版社,1997 年,第 1093 页。

④ 《民进党通过"决议"取代"提案"》,台湾《联合报》,1990 年 10 月 8 日,第 1 版。

张，应交由台湾全体住民以公民投票方式选择决定"①，确立了"台湾独立建国"的目标，成为一个明确主张"台独"的政党。

民进党的"台独"分裂活动与李登辉的纵容密不可分。1988 年，李登辉上台后，在推动台湾"民主化"的同时，借民主自由的名义纵容"台独"言论，声称"一个多元化的社会不可能只有一种声音"②。1990 年 6 月，李登辉召开"国是会议"，正式邀请海外"台独"分子彭明敏等人回台参加会议，使"台独"活动变相合法化。1992 年 5 月，台"立法院"废除"刑法"100条和"国家安全法"相关条文，使从事非暴力的"台独"活动合法化，导致"台独"言行迅速蔓延。

民进党鼓吹建立所谓"台湾共和国"，是分裂祖国的行径，违背了中华民族世代追求国家统一的共同意志，违背了全中国人的根本利益，违背了大多数台湾民众希望稳定和发展的意愿，也违背了世界上绝大多数国家承认世界上只有一个中国、台湾是中国一部分的国际政治现实，是注定要失败的。

三、大陆对台方针政策新发展

进入 20 世纪 90 年代以后，台海形势同时出现两个越发明显的特征，一是两岸隔绝状态结束后人员往来和经济文化交流逐步发展起来，两岸双方也以民间名义进行了商谈；二是李登辉逐步背弃一个中国原则、图谋制造"两个中国"，"台独"活动也趋于猖獗，在这种形势下，大陆方面需要回答两岸关系发展中的种种问题。

1995 年 1 月 30 日，中共中央总书记、国家主席江泽民针对两岸关系发展新形势，发表了题为《为促进祖国统一大业的完成而继续奋斗》的讲话。这篇讲话精辟阐述了邓小平关于"和平统一、一国两制"的思想，并就发展两岸关系、推进祖国和平统一进程提出了八项主张。八项主张的主要内容是：(1) 坚持一个中国的原则，是实现和平统一的基础和前提。坚决反对

---

① 《"建立主权独立自主的台湾共和国"基本纲领全文》，民主进步党中国事务部：《民主进步党两岸政策重要文件汇编》，民主进步党中国事务部，2000 年，第 12 页。

② 《新而"独立"的国家 仅少数人的意见》，台湾《联合报》1989 年 2 月 19 日，第 2版。

"台湾独立"的分裂行径，也反对"分裂分治""阶段性两个中国"等主张。（2）对于台湾同外国发展民间性经济文化关系，我们不持异议，但反对台湾以搞"两个中国""一中一台"为目的的所谓"扩大国际生存空间"的活动。（3）进行海峡两岸和平统一谈判。在一个中国的前提下，什么问题都可以谈。再次郑重建议举行"正式结束两岸敌对状态、逐步实现和平统一"的谈判，提议第一步先谈"在一个中国的原则下，正式结束两岸敌对状态"。（4）努力实现和平统一，中国人不打中国人。我们不承诺放弃使用武力，决不是针对台湾同胞，而是针对外国势力干涉中国统一和搞"台湾独立"的。（5）大力发展两岸经济交流与合作。我们主张不以政治分歧去影响、干扰两岸经济合作。加速实现两岸直接"三通"。（6）两岸同胞要共同继承和发扬中华文化的优秀传统。（7）充分尊重台湾同胞的生活方式和当家作主的愿望，保护台湾同胞一切正当权益。（8）我们欢迎台湾当局领导人以适当身份前来访问；我们也愿意接受台湾方面的邀请，前往台湾。①

八项主张丰富和发展了大陆对台工作方针和政策，主要是：第一，丰富了坚持一个中国原则的思想，强调坚持一个中国原则是实现和平统一的前提。第二，提出了不承诺放弃使用武力的针对性。提出不承诺放弃使用武力，决不是针对台湾同胞的，而是针对外国势力干涉中国统一和"台独"图谋的。第三，发展了两岸谈判的思想，正式提出"进行海峡两岸和平统一谈判"，创造性地提出分步骤进行谈判，第一步先谈"在一个中国的原则下，正式结束两岸敌对状态"。第四，赋予两岸经济文化交流合作新的含义。提出发展两岸经济交流合作，以利于两岸经济共同繁荣，造福整个中华民族。指出中华文化是维系全体中国人的精神纽带，也是实现和平统一的一个重要基础。第五，深化了寄希望于台湾人民的思想。提出"台湾问题，不论是台湾省籍还是其他省籍，都是中国人，都是骨肉同胞、手足兄弟"。要求"我们党和政府各部门，包括驻外机构，要加强与台湾同胞的联系，倾听他们的意见和要求，关心他们的利益，尽可能帮助他们解决困难"。第六，表明了不赞成在国际场合进行两岸领导人会晤的态度，指出"中国人的事我们自己办，不

---

① 江泽民：《为促进祖国统一大业的完成而继续奋斗》，《人民日报》，1995年1月31日，第1版。

需要借助任何国际场合"。①

江泽民这次讲话是中共中央领导集体针对台湾问题和对台工作所作的重大政策宣示，充分体现大陆对台工作大政方针的一贯性、连续性和新发展，是指导对台工作的纲领性文件，在海峡两岸和国际社会都产生了巨大的积极反响，具有重大历史意义和现实指导意义。

第四节　两岸关系跌宕起伏

1995 年后，李登辉变本加厉地挑战一个中国原则、制造"两个中国"，导致两岸关系紧张动荡。大陆方面开展了反分裂反"台独"斗争、反对"两国论"斗争，显示了坚定维护国家主权和领土完整的坚强决心和充分能力，震慑了李登辉和"台独势力"，巩固了国际社会承认一个中国的格局。

一、李登辉访美与大陆开展反分裂反"台独"斗争

1995 年 5 月，在台湾当局游说下，美国联邦众议院、参议院先后通过要求美国政府允许李登辉访美的决议案，美国政府背弃了 4 月间才对中国政府作出的承诺，允许李登辉以私人名义前往其母校康奈尔大学访问。美方此举违背了中美三个联合公报关于台湾问题的原则，干涉了中国内政，违背了其奉行的一个中国政策。6 月 8 日，李登辉到访康奈尔大学，15 日发表题为《民之所欲长在我心》政治性演说，鼓吹"中华民国在台湾""在台湾的中华民国"，抱怨"中华民国未获国际社会应有的外交承认"，要"尽全力向不可能的事情挑战"，鼓吹"突破外交孤立"，要求强化台美关系。李登辉"康奈尔之行"将在国际上制造"两个中国"的分裂活动推到高潮，若不对其予以

---

① 中共中央台湾工作办公室、国务院台湾事务办公室：《中国台湾问题：干部读本》，北京：九州出版社，2015 年，第 44—45 页。

遏制，国际社会承认一个中国的局面将受到冲击。

针对李登辉分裂言行及其"康奈尔之行"，大陆方面开展了反分裂反"台独"斗争。这场斗争包括对台、对美两个方向，时间从1995年6月持续到1996年3月，涵盖政治、军事、舆论、外交等多个方面。

大陆方面表达了坚决反对分裂、反对"台独"的严正立场和态度。1995年9月3日，江泽民在首都各界纪念抗日战争暨世界反法西斯战争胜利50周年大会上发表讲话，指出"中国共产党和中国政府决心用一切手段维护国家的主权和领土完整。任何外来的或内部的分裂中国的图谋，都注定要失败"。[1]1996年1月30日，国务院总理李鹏发表题为《完成祖国统一是全体中国人民的共同愿望》的讲话，指出"只要台湾当局分裂祖国的活动一天不停止，我们反对分裂、反对'台独'的斗争就一天也不会停止"。[2]中央媒体开展了反分裂反"台独"的舆论斗争，新华社、《人民日报》发表系列文章，揭露李登辉背弃一个中国原则、制造"两个中国"的行径，批判李登辉在美国康奈尔大学演讲中的分裂观点。

海协会中止了与台湾海基会的商谈。当时，海协会正与海基会进行筹备第二次"汪辜会谈"的预备性磋商。由于李登辉"康奈尔之行"影响了举行第二次"汪辜会谈"的气氛，6月16日，国台办发言人发表谈话指出，台湾当局近期采取的一系列活动，包括李登辉访美，连续举行针对大陆的大规模军事演习，蓄意制造两岸紧张气氛、破坏两岸关系发展、阻挠中国统一，"第二次汪辜会谈已不能按原计划进行，这是完全由台湾方面一手造成的"。[3]同日，海协会致函海基会，表示"鉴于台湾方面近期采取的一系列破坏两岸关系的行动，举行第二次汪辜会谈及其预备性磋商的气氛已受到严重影响。举行会谈及其预备性磋商的时间不得不予以推迟"。[4]9月19日，海协会常务副会长唐树备接受记者访问时表示，"李登辉的所做所为，在言论和行动上

---

[1]《在首都各界纪念抗日战争暨世界反法西斯战争胜利五十周年大会上江泽民同志的讲话》，《人民日报》，1995年9月4日，第1版。

[2]《完成祖国统一是全体中国人民的共同愿望》，《人民日报》，1996年1月31日，第1版。

[3]《国务院台办发言人发表谈话李登辉及台湾当局破坏两岸关系发展第二次汪辜会谈已不能按原计划进行》，《人民日报》，1995年6月17日，第1版。

[4]《就第二次汪辜会谈及其预备性磋商被迫推迟举行海协致函海基会》，《人民日报》，1995年6月17日，第1版。

都已公开违背了一个中国的原则"，"两会商谈被迫推迟"。①12 月 20 日，唐树备在接受记者采访时再次强调，"台湾方面只有回到一个中国的原则上来，两岸关系才有稳定发展的基础"。②

解放军从 1995 年 7 月至 1996 年 3 月陆续在台湾海峡和台湾附近海域进行军事演习，台湾进入最高军事警戒状态，美国也紧急调动两个航母战斗群伺机应对，台海形势顿时高度紧张。1995 年 7 月 21 日至 28 日，解放军向距离台湾东北方向彭佳屿以北 65 海里处进行地对地导弹发射训练，共发射地地导弹 6 枚均命中目标区。8 月 15 日至 25 日，中国人民解放军在东海海域和海域上空导弹火炮实弹演习。③9 月 15 日至 10 月 20 日，解放军陆、海、空部队在闽南沿海地区展示舰艇 81 艘、飞机 610 架次。10 月 31 日至 11 月 23 日，解放军在福建东山岛举行三军联合作战演习，出动兵力包括步兵第 91 师、舰船 63 艘、飞机 50 架。④1996 年 3 月 8 日至 15 日，解放军向距离台湾基隆港东面方向 20 至 140 海里、距离台湾高雄港西南方向 30 至 150 海里的海域，进行地地导弹发射训练，共发射 4 枚导弹，全部准确命中目标。3 月 12 日至 20 日，解放军在福建厦门以南至广东汕头一线进行海、空实弹演习。3 月 18 日至 25 日，解放军在台湾海峡北部西侧进行大规模海陆空部队联合演习。这次演习显示出解放军强大的海空打击威力和三军联合作战能力。3 月 11 日，美国自波斯湾加派"独立号"航空母舰战斗群前往台湾海域，预定与"尼米兹号"航空母舰战斗群会合。在这种情况下，解放军照常进行演习，大长了中国人民的志气。上述解放军演习期间，台湾社会与经济出现剧烈动荡，"股市下挫，台币贬值，投资紧缩，金融风暴，资金外流，移民风炽，跳票陡升，倒闭频仍，逾期放款增加，房屋市场低迷，内需市场萎缩……"⑤台湾舆论认为，解放军导弹演习实际上已将台湾南北海上运输线封锁了，"中共对台湾实行了准封锁行动"。

① 《只有坚持一个中国原则 两岸关系才能稳定发展》，《人民日报》，1995 年 9 月 20 日，第 4 版。

② 《唐树备评述一九九五年两岸关系》，香港《文汇报》，1995 年 12 月 21 日，第 A7 版。

③ 《中国人民解放军将在东海海域和海域上空导弹火炮实弹演习》，《人民日报》，1995 年 8 月 11 日，第 1 版。

④ 《突传统一时间表 冲击金融市场》，台湾《经济日报》，1996 年 1 月 30 日，第 1 版。

⑤ 《为 2100 万人请命 国政应以经济为主轴 回归经济，疼惜台湾》，台湾《联合报》，1995 年 9 月 16 日，第 2 版。

中国政府对美国进行了严正交涉。1995 年 5 月 31 日，外交部发表声明，对美国允许李登辉访美提出强烈抗议。随后，中国政府中止了或暂停了一系列重要团组访美，召回中国大使回国述职。此后，中国领导人在会见美国客人时，都反复强调台湾问题是中美关系中最重要、最敏感的核心问题，严正要求美国遵守中美三个联合公报关于台湾问题的各项原则，执行一个中国政策。8 月 1 日，国务院副总理兼外长钱其琛在文莱会见美国国务卿克里斯托弗，克里斯托弗对钱其琛说："美国承认中华人民共和国是中国的唯一合法政府，美国尊重中国政府关于世界上只有一个中国、台湾是中国一部分的立场，美国政府将在一个中国的政策基础上处理台湾问题，美国政府反对台湾独立，不支持台湾加入联合国。"①

这次大陆开展反分裂反"台独"斗争，显示了维护国家主权和领土完整的坚定决心和强大能力，产生了重大而深远的战略性影响，不但震慑了"台独"势力，而且也使国际社会特别是美国认识到台湾问题的敏感性和大陆方面的原则立场。1995 年 9 月，时任民进党主席施明德在美国公开表示"民进党若在台湾执政，不必也不会宣布台独"②。民进党内一部分人特别是以上台执政为优先目标的人认为民进党必须向温和、务实的方向转型。世界上大多数国家普遍表示要在一个中国的框架内对待台湾问题。美国政府表示，已经充分认识到台湾当局领导人访美这类事的敏感性和严重性，今后对台湾领导人访美将严格限制在私人、极少、个别和逐案的范围内。美国总统克林顿 1997 年 10 月 29 日与访美的中国国家主席江泽民会谈时、1998 年 6 月至 7 月访华期间，都表示恪守中美三个联合公报和中美联合声明的原则及有关承诺。1998 年 6 月 30 日，克林顿在上海公开重申美国"不支持台湾独立""不支持'一中一台''两个中国'""不支持台湾加入任何必须由主权国家才能参加的国际组织"。③

---

① 《钱其琛会见克里斯托弗》，《人民日报》，1995 年 8 月 2 日，第 6 版。
② 《施明德：民进党若执政不必也不会宣布"台独"》，台湾《联合晚报》，1995 年 9 月 14 日，第 2 版。
③ 《克林顿公开重申对台"三不"承诺》，《人民日报》，1998 年 7 月 1 日，第 1 版。

二、两会恢复接触与大陆开展反对李登辉"两国论"的斗争

反分裂反"台独"斗争取得阶段性成果后，两岸关系大局趋于稳定，大陆方面呼吁台湾当局回到一个中国的立场上来，停止制造"两个中国""一中一台"的活动，为恢复海协会与台湾海基会商谈作出努力。"汪辜会谈"后的两会商谈实践表明，两会商谈难以取得实质性进展的主要原因，在于商谈已经涉及政治问题而台湾方面拒绝讨论，同时又试图通过事务性商谈体现其所谓两岸"分裂分治"的政治目的，因此应当争取实现政治谈判为两会经济性、事务性商谈创造更好的条件。1996 年 6 月 22 日，中共中央台办、国务院台办发言人发表谈话，希望台湾当局采取行动，"在一个中国原则下正式结束两岸敌对状态问题或两岸共同关切的其他政治议题与我们进行商谈"。①9 月，海协会负责人表示，如果两岸政治气氛合适，海协愿意得到授权，与海基会就两岸政治谈判的程序性安排进行商谈②。此后，大陆方面一直为实现两岸政治谈判及其程序性商谈而努力。在海协会的敦促下，1998 年 2 月，海基会提出由辜振甫带团来访并会晤汪道涵。海协会对此表示欢迎，并正式建议尽快协商两岸政治谈判的程序性事宜，随之着手安排重开经济性事务商谈。后续两会多次函电往来和副秘书长先后在台北、北京两度会面，双方就辜振甫来访时间、行程达成一致。在此期间，8 月至 9 月，中台办和国台办、海协会又进一步提出两会进行一切有利和平统一、有利于发展两岸关系的政治对话。在大陆方面一再倡议下，台湾当局表示愿意进行包括政治内容在内的"建设性对话"。

1998 年 10 月 14 日至 19 日，辜振甫受海协会邀请，率台湾海基会参访团先后赴上海、北京访问。在上海，辜振甫与汪道涵两度会晤，就一个中国的内涵、台湾涉外事务、结束两岸敌对状态进行对话。这次"汪辜会谈"达成四项共识:(1)两会决定进行包括政治、经济等各方面内容的对话，由两会负责人具体协商作出安排。(2)进一步加强两会间多层次的交流与互访。(3)对涉及两岸同胞生命财产安全的事件，两会加强个案协助。(4)汪道涵

---

① 《以实际行动回应江主席八项主张》，《人民日报》，1996 年 6 月 23 日，第 1 版。
② 《唐树备在美谈海峡两岸关系》，《人民日报》，1996 年 9 月 23 日，第 6 版。

会长对辜振甫先生邀请他访问台湾表示感谢，并表示愿意在适当的时候访问台湾，加深了解。① 在北京，中共中央总书记江泽民会见辜振甫夫妇，中共中央政治局委员钱其琛会见辜振甫一行，改善了两岸关系气氛。

为落实"汪辜会谈"达成的四项共识，1999年1月30日，汪道涵表示愿意于当年适当时候访问台湾。3月6日，两会副秘书长先后在台北、北京就汪道涵访台和两会对话安排事宜交换意见。经过两次意见交换，两会原则确定汪道涵于当年秋天访台，并妥善准备和安排汪道涵访台和对话事宜。这时已可看出，海基会只关注汪道涵访台的时间、参访项目等问题，而排拒与海协会进行政治、经济对话。同时，李登辉想方设法阻挠两岸关系发展，并炮制新的分裂图谋。1999年5月，李登辉出版《台湾的主张》一书，鼓吹要把中国分成七块各自享有"充分的自主权"的区域，加快分裂祖国的步伐。李登辉认为先前汪辜在北京和上海的会谈中，汪道涵表现出"我是代表中央，台湾只是地方政府"的君临态度。李登辉认为无论如何必须加以改正，否则台湾就将被驱逐到世界的角落而一筹莫展。② 1999年为中华人民共和国成立50周年，台湾方面揣测，汪道涵10月访台时可能会发表"北京是中央，台湾是地方"的谈话，将对台湾不利。李登辉自己表示，决定"采取对策，抢先粉碎对方的阴谋"。③ 1999年7月，李登辉在接受《德国之声》记者专访时公然抛出"两国论"，宣称自1991年"修宪以来，已将两岸关系定位在国家与国家，至少是特殊的国与国的关系，而非一合法政府，一叛乱团体，或一中央政府，一地方政府的'一个中国'内部关系"。④ 李登辉抛出"两国论"，赤裸裸地主张"两个中国"，彻底背弃了一个中国原则，使一度缓和的两岸关系再次跌入低谷，第二天台湾股市大跌。民进党等"台独"势力积极支持李登辉"两国论"，鼓吹要"扬弃'国统纲领'、修改宪法"。李登辉随即伙同民进党，力图在当年7月底至9月初台湾"国大"会议期间实现"两国论入宪"，将"两国论"主张"法律化"。

① 《汪辜交换意见达成四点共识》，《人民日报》，1998年10月16日，第4版。

② 李登辉：《余生：我的生命之旅与台湾民众之路》，台北：大都会文化事业有限公司，2016年，第103页。

③ 李登辉著，杨明珠译：《新台湾的主张》，新北：远足文化事业股份有限公司，2015年，第111—112页。

④ 《李"总统"：两岸定位"特殊国与国关系"》，台湾《"中央"日报》，1999年7月10日，第1版。

李登辉抛出"两国论"后，大陆方面再次从政治、舆论、军事、外交等方面开展反对"两国论"的斗争。

在政治方面，7月18日，国家主席江泽民与美国总统克林顿通电话，江泽民指出："两国论"是李登辉在分裂国家的道路上走出的十分危险的一步；"如果出现搞'台湾独立'和外国势力干涉中国统一的情况，我们绝不会坐视不管"。[1]7月20日，中台办、国台办负责人发表谈话指出："台湾分裂势力正企图按照'两国论'修改台湾地区的所谓'宪法'和'法律'，以所谓'中华民国'的名义实现'台湾独立'。这是一个更加严重和危险的分裂步骤，是对和平统一的极大挑衅。如果这一图谋得逞，中国和平统一将变得不可能。"[2]

在海协会与海基会交往商谈方面，汪道涵访问台湾的计划被迫中止。7月15日，中台办、国台办主任陈云林指出，李登辉"两国论""倒行逆施，严重破坏了两岸关系"，"使海协、海基会在一个中国原则下接触、交流、对话的基础不复存在"。[3]台湾当局多次希望汪道涵如期访台，都遭到大陆方面拒绝。李登辉抛出"两国论"，破坏了汪道涵访台，也使得1998年两会刚恢复的接触和协商再次中断。

在舆论斗争方面，形成了海内外中华儿女同声谴责李登辉"两国论"的强大声势。《人民日报》、新华社、《解放军报》等连续发表评论员文章抨击"两国论"，揭露李登辉上台以来的分裂活动，批判李登辉分裂国家的政治本质。大陆各民主党派、人民团体、社会各界也纷纷以各种形式揭批李登辉的分裂言行。台湾岛内主张发展两岸关系与和平统一的党派、团体、媒体和人士也表示反对"两国论"，反对按"两国论"进行"修宪""修法"。港澳同胞、海外侨胞团体纷纷表示坚持一个中国原则、反对"两国论"、反对"台独"。

在军事斗争方面，人民解放军显示捍卫国家主权和领土完整的坚强决心和强大实力。8月2日，解放军成功进行"东风-31型"新型远程地对地战

---

① 《江泽民重申中国政府在台湾问题上的严正立场》，《人民日报》，1999年7月19日，第1版。

② 《中台办、国台办负责人发表谈话坚决反对台湾分裂势力按"两国论""修宪"》，《人民日报》，1999年7月21日，第1版。

③ 《陈云林在中国和平统一促进会理事大会上强烈抨击李登辉"两国论"》，《人民日报》，1999年7月16日，第4版。

略导弹实验。8月下旬，空军在高海拔地区进行地对空导弹实弹打靶试验，海军在台湾以北海域进行反潜演习。9月初，解放军北京、济南、沈阳军区特种部队和两栖侦察队在山东集结演练。同月上旬，南京、广州战区陆海空三军、第二炮兵和民兵预备役部队，在浙东、粤南沿海举行大规模诸多兵种联合渡海登陆作战实兵演习。解放军的军事演习震慑了"台独"势力，也向世界表明中国有决心、有能力维护祖国统一，捍卫国家主权和领土的完整。

在外交方面，中国政府展开一系列外交活动，争取国际社会进一步了解台湾问题的实质与由来，在国际社会遏制"两国论"的影响。9月11日，国家主席江泽民与美国总统会晤时指出，"我们与李登辉的斗争是维护还是分裂中国主权和领土完整的斗争，在这个问题上，没有回旋余地"。[①] 这场斗争得到了国际社会的支持，包括美国、日本等130多个国家和欧盟、东盟等都以各种方式重申坚持一个中国政策。

反对"两国论"的斗争沉重打击了以李登辉为代表的分裂势力，台湾当局被迫表示不会依照"两国论"修改所谓"宪法""法律"，使李登辉和"台独"势力企图通过"两国论入宪"将台湾从中国分割出去的图谋未能得逞。

三、民进党走向执政

1992年底，台湾第二届民意代表选举中，民进党赢得36.09%选票，获得51席，确立最大反对党的地位。1993年11月，台湾县市长选举中，民进党获得6席。1994年，在台北市长选举中，民进党推出陈水扁与新党赵少康、国民党黄大洲角逐。陈水扁以"快乐、希望"为竞选主轴，获得较高支持，最终赢得选战。台北市选民以外省族群居多，向来支持国民党，陈水扁胜选虽然有国民党分裂因素，但显示民进党也已经具有与国民党抗衡的实力。

1997年3月，桃园县长补选，被视为当年底县市长选举的前哨战，由民进党提名的吕秀莲胜出。年底选举中，民进党在23个县市长席位中取得12席，包括拿下了国民党执政的基隆市、台中县市等县市长席位，并

---

① 《江泽民主席与克林顿总统举行正式会晤》，《人民日报》，1999年9月12日，第1版。

首度超越国民党所获的县市长席次。民进党执政下人口占全台湾总人口的71.59%，形成了"地方包围中央"的局面。1998年底，台湾举行"三合一"选举。时任台北市长陈水扁被国民党籍候选人马英九击败，高雄市长则由民进党籍候选人谢长廷以些微票数击败寻求连任的吴敦义而当选，南台湾县市全部由民进党执政的情势首次出现。此外，在总数225席民意代表选举中，国民党夺得123席，占54%；民进党夺得70席，占31%；新党夺得11席，其他人士得21席。民进党在县市选举中节节胜选，在民意代表选举中也扩大席次，为其最终上台执政奠定了基础。

1999年5月，民进党为因应2000年台湾地区领导人选举，对其某些政策论述作了调整，通过了"台湾前途决议文"，以图获得更多中间选民支持。"台湾前途决议文"共分前言、主张和说明3个部分。前言部分声称台湾已经事实上成为"民主独立的国家"，因此要"进一步诠释台湾的定位与走向"。主张部分共有7条，第一条为"台湾是一主权独立国家，任何有关独立现状的更动，必须经由台湾全体住民以公民投票的方式决定"。其余6条基本上是围绕第一条进行阐释。说明部分则声称："台湾，固然依目前宪法称为中华民国，但与中华人民共和国互不隶属。"从字面上看，"台湾前途决议文"标示民进党自建党以来第一次正式认同了"中华民国"，被认为是民进党"最大的一次转型"，对民进党未来政策主张和论述影响很大；但实际上这并不意味着民进党改变其"台独"立场，"台独党纲"仍然存在，追求"台独"仍然是民进党的目标，"台湾是中华民国"的说法实质仍是"台湾是主权独立国家"，是一种借壳上市的"台独"主张。

在1999年开始的台湾地区领导人竞选过程中，陈水扁在民进党内初选中打败许信良得到提名。在国民党方面，李登辉通过虚级化台湾省政府功能与民进党交换，台湾行政机构负责人不需要由立法机构同意，只由台湾地区领导人任命即可，这引发民选台湾省长宋楚瑜强烈反弹，导致宋楚瑜脱党参选。因此，2000年台湾地区领导人选举，共有5组候选人，即民进党推出陈水扁和吕秀莲，国民党推出连战和萧万长，宋楚瑜、许信良分别脱党参选，新党则提名作家李敖参选。

连战、宋楚瑜分别参选，分化了国民党支持者的选票，使得陈水扁"渔翁得利"。1999年至2000年初，陈水扁在其当选可能上升的情况下，声称要走"超越统独"的"新中间路线"①，当选后"没有宣告'独立'或变更'国号'的问题，也没有'两国论'入宪的问题"②，也"不推动统独公民投票"。③ 此外，他在竞选冲刺之时，获得李远哲以"相信改革的力量"的支持，争取到许多中间选民支持。3 月 18 日选举投票结果，陈水扁获得 39.3% 的选票，领先宋楚瑜 2.5% 的选票，当选台湾地区领导人，在台湾执政 50 年的国民党败选。

民进党在这次台湾地区领导人选举中获胜，实现了台湾历史上首次政党轮替。选后，李登辉因受国民党内强烈反对而辞去党主席职务，率领部分支持者另立台湾团结联盟（"台联党"），实行激进"台独"路线。宋楚瑜以在竞选中汇聚的支持力量为基础创立亲民党。台湾政坛在这次选举后逐渐走向蓝绿两大政治势力竞逐的局面。

第五节　两岸交往持续发展

1994 年至 1995 年，大陆方面在坚决反对台湾分裂势力制造"两个中国""一中一台""台湾独立"的同时，仍然积极推动两岸人员往来和经济文化等方面交流合作，争取实现两岸直接"三通"，以促进两岸关系发展。这一时期台湾当局仍然禁止大陆居民赴台旅游、阻挠两岸直接"三通"，但也放宽了一些对两岸交往的限制。总的来说，这一时期两岸人员往来和经济文化等方面交流合作在冲破重重阻碍中向前发展，并且发挥了推动两岸关系发展、遏制"台独"的重要作用。

---

① 《陈水扁：责任、民主、自律、容忍、公义》，台湾《联合晚报》，1999 年 5 月 26 日，第 3 版。

② 《陈水扁：中共不动武 不宣布"独立"》，台湾《联合报》，2000 年 1 月 31 日，第 1 版。

③ 《扁：不宣布"台独"改"国号"》，台湾《联合晚报》，2000 年 2 月 14 日，第 2 版。

一、两岸人员往来

1995 年以后，台湾当局颁布修订"大陆地区财金专业人士来台从事财金事务相关活动许可办法""台湾地区与大陆地区人民关系条例施行细则""大陆地区人民进入台湾地区许可办法""大陆地区人民在台湾地区定居或居留许可办法草案"等规定。同时，台湾当局逐年增加每年大陆配偶及子女去台配额及专案居留配额，由 1995 年 600 人，增加到 1996 年 1800 人、1998 年 2400 人、1999 年 3600 人，对大陆居民在台居留采放宽措施。此外，台湾当局还放宽大陆党、政、军、影艺、新闻、法律及经贸人士赴台访问规定。台湾当局还一度开放县市长赴大陆访问及同意大陆新闻人员常驻台湾，但因两岸关系紧张而暂缓"开放县市长赴大陆参访案"和"开放大陆记者赴台常驻案"，甚至冻结政务官访问大陆，取消台湾官员访问大陆的预算。

伴随台商在大陆生活日益增多，台胞子女也日益增多。1996 年，国家教委、国务院台办等 8 个部门联合发出通知，要求为在大陆（内地）学习的台港澳学生提供方便，享受与大陆学生同等待遇。福建因地利之便，吸引众多台胞。1997 年，福建省人大审议通过《福州市保护台湾同胞投资权益若干规定》，福州口岸实行台湾居民来大陆落地办证。1998 年，为方便台湾同胞在大陆投资经商，公安部简化入出境手续，放宽台胞在大陆居留期限。

1994 年至 1999 年间，台湾民众来大陆持续热络，组团前来交流十分频繁。台湾青年友好访问团、台湾中华青年交流协会代表团、台湾文化中心主任访问团、台湾青年创业协会经贸访问团、台湾红典中华文化交流访问团、台湾美术馆长校长学术访问团、台湾华侨协会总会大陆访问团、海峡交流访问团、中华青年交流协会祖国大陆访问团、台湾大专院校学生大陆访问团等纷纷来北京、上海、南京、西安、杭州等地交流访问。台胞青年夏令营、"三峡情"夏令营、海峡青少年友好交流冬令营、"迎接 21 世纪"海峡两岸中学教师冬令营分别在北京、成都、哈尔滨、辽宁等地举行。

在台湾民众积极来大陆参观访问的同时，大陆专业人士也纷纷赴台交流。1994 年至 1999 年间，闽台交流协会经贸访问团、大陆杰出青年访问团、全国青联代表团、奥运金牌运动员代表团、祖国大陆烹饪文化展示团、新闻媒体负责人访问团、北京市中小学校外教育考察团、中国摄影家代表团等赴台参观考察、交流访问。

1994—1999 年间，两岸人员往来总体呈上升趋势，总数迈进 1189 万多人次，其中台湾居民 1153 万多人次，大陆居民 36.4 万多人次。1997 年台湾居民来大陆超过 200 万人次，1999 年大陆居民赴台超过 10 万人次。此外，大陆赴台交流项目和人数也逐年上升，1994 年为 3396 人次，1999 年为 13554 人次，增加超过 10000 人次。[①]

二、两岸经济交往

1994 年 3 月，全国人大常委会通过了《台湾同胞投资保护法》，将保护台商投资纳入法制化轨道。1995 年 12 月，宁波市人大常委会批准《宁波市台湾同胞投资保障条例》，成为继厦门、南京之后又一部保障台胞投资的地方性法规。同年，国务院确定将海南列为海峡两岸农业合作试验基地，以推进琼台农业合作。国家科委选定在沈阳南湖高新技术产业开发区和南京高新技术产业开发区内设海峡两岸科技工业园区。厦门市制定鼓励扩大对台湾贸易的 10 条政策措施。1999 年 12 月，国务院发布《台湾同胞投资保护法实施细则》。大陆从中央到地方，都积极出台政策法规等，积极推动两岸经济合作。

1995 年 6 月李登辉"康奈尔之行"引起两岸关系紧张，影响了台商来大陆投资。1996 年 9 月李登辉提出对大陆经济交往要"戒急用忍"，限制台商到大陆投资，使台商投资项目及合同台资都有所下降。1994 年至 1999 年，台商持续投资大陆，两岸产业合作领域扩大，尤其在油品、生物科技、金融、农业等领域层次提高，互补互利的两岸产业合作格局初步形成。这一时期，台商投资大陆项目累计 22761 项、合同金额累计 255.82 亿美元[②]。

1994—1999 年，大陆方面积极吸引台资的同时，也努力扩大两岸贸易。

[①] 《历年两岸人员往来与交流统计一览表》，台湾工作年鉴编委会、《两岸关系》杂志社编：《台湾工作年鉴 2015》，北京：两岸关系杂志社，2016 年，第 527 页。

[②] 《台湾工作年鉴》编委会、两岸关系杂志社编：《台湾工作年鉴（1989—2002）》，北京：九州出版社，2004 年，第 732 页。

在此情况下，台湾经济部门逐步开放了一些大陆农工产品进口，从 1995 年的 2716 项，扩大到 1997 年的 5052 项。这一时期，两岸贸易额逐年上升，总额达到 1170 亿美元，其中大陆自台湾进口 976.4 亿美元，向台出口 193.6 亿美元。[1]

三、两岸文教交流

1994 年以后，两岸文教交流持续推进，在历史、文化、教育、科技、音乐、戏曲、影视、美术、体育等领域展开。

弘扬中华优秀传统文化是两岸文化交流的主旋律，两岸围绕这个主旋律举办了众多交流活动。1995 年，首届炎黄蚩尤三祖文化研讨会在河北涿鹿举行。1996 年，海峡两岸弘扬中华传统文化学术研讨会在山东曲阜举办，两岸古籍学术研讨会在台北举行。1997 年，海峡两岸"中国江河之源与中华民族发展"研讨会在西宁举行，海峡两岸地方史志研讨会在天津举行，海峡两岸 120 名大学生聚首陕西黄陵县共祭中华民族人文始祖轩辕黄帝。1999 年，台湾震旦行将流落海外的十八尊山西资寿寺的明代罗汉头像捐赠大陆。福建与台湾渊源深厚，文化交流更为频繁深入。1995 年，首届闽台姓氏源流研讨会在福州市举行，台湾各姓渊源研究会参与联办。1996 年，两岸族谱展览在福建漳州展出，妈祖信仰学术研讨会在台湾云林举行。1997 年，福建湄洲妈祖等 3 件文物自厦门搭机飞抵台北，展开百日巡游活动，引起热烈反响。同年，海峡两岸"台湾开发史"学术研讨会在福建武夷山召开，这是两岸专家学者首次就此专题进行高层次的学术研讨。1998 年，"追根究底"台闽族谱暨家传文物特展在台北展出。1999 年，50 多位台湾史学家应邀来福建漳州参加海峡两岸台湾移民史学术研讨会。

两岸高等教育和中等教育都展开交流合作，专业学者互动频繁。1996 年，两岸大学校长 40 余人聚集台南成功大学，共同签署《21 世纪是中国人的世纪》宣言。同年，由南开大学台湾经济研究所与台湾商工统一促进会联

① 台湾工作年鉴编委会、《两岸关系》杂志社编:《台湾工作年鉴（2015 年卷）》，北京:《两岸关系》杂志社、台湾工作通讯杂志社，2016 年，第 528 页。

合开办台商大陆投资研习班。是年，两岸交通大学依次在新竹交大、上海交大、西安交大、西南交大、北方交大巡回展开五校交大团圆活动。除高等教育外，两岸中等教育交流活动也很活跃，教学考察、观摩及夏令营、冬令营、研习营不胜枚举。1997 年，两位台湾学者——台湾大学政治学系教授胡佛、台湾乡土文学作家陈映真被授予中国社会科学院名誉研究员称号，这是台湾学者首次获此殊荣。

两岸科技交流从单向发展为双向，科技人士互访人次大幅提升。1995 年，两岸地貌、环境、发展研讨会在广西举行。1996 年，海峡两岸钢铁工业发展与科技交流研讨会在高雄市举行，第一届海峡两岸天文推广教育研讨会在台湾嘉义举行。1997 年，海峡两岸化工科技研讨会在台北举行。1998 年，海峡两岸信息经济和信息技术研讨会在杭州举行。1999 年，"面向 21 世纪海峡两岸航空运输"研讨会在上海举行，渝台农业经济技术发展研讨会在重庆举行。据海峡两岸科技交流中心统计，1996 年大陆科技人士赴台交流 297 项 1365人次，分别是 1989 年至 1995 年 7 年总和的 63% 和 79%，台湾科技界人士来大陆交流 161 项 1278 人次，分别是前 7 年总和的 43% 和 64%。

两岸音乐、戏曲、影视、美术、体育交流持续开展。1995 年，海峡两岸武术比赛在厦门举行。1996 年，海峡两岸五戏校"蓝岛杯"京剧大赛在北京举行；两岸暨港澳地区部分电影制片发行人士聚会长春商讨合作发展事宜，海峡两岸影视制作交流座谈会在北京举行；台湾现代美术精粹巡回展在北京中国美术馆展出。1997 年，北京大学附属中学交响管乐团前往台湾嘉义参加管乐节，为大陆第一支中学生乐团赴台参加文化交流活动；大陆电影界首次派团赴台参加第 34 届电影"金马奖"颁奖；两岸书画家作品展在北京举办，两岸首次合办的中山先生文物真迹展在台北举行，中国人民抗日战争纪念馆首次举办台湾同胞抗日战争图片展；"为中国人健康而跑"台北—北京长跑活动中台湾段在花莲举行，大陆段在乌鲁木齐举行。1998 年，首届海峡两岸甲骨文书法联展在南京举行，两岸名人名家书画 800 余幅在中国美术馆展出。1999 年，中国交响乐团赴台演出 12 天；中国京剧院应台湾多元化艺术事业有限公司邀请，赴台进行为期两周的演出。

虽然 1994 年至 1999 年间两岸关系跌宕起伏，但两岸文教交流还是稳步推进。从这个角度也印证了两岸同胞同根同源同文，在文化、教育、艺术、体育等诸多方面有着交流合作的广阔空间。

第四章
两岸关系从紧张动荡走向和平发展
(2000—2008.5)

2000 年 3 月，民进党候选人陈水扁在台湾地区领导人选举中获得胜利，结束了国民党在台湾连续 55 年执政的历史。2004 年 3 月，陈水扁又竞选连任成功，任期至 2008 年。台湾此次政党轮替，对两岸关系产生了深远影响。以陈水扁为首的民进党当局在其执政的 8 年时间内，在"台独"道路上越走越远，尤其是推动"宪政改造"和"以台湾名义申请加入联合国的公投"、谋求"法理台独"，使两岸关系再度紧张动荡，陷入严重危机。大陆方面采取必要措施，坚决反对和遏制"台独"，制止"法理台独"。2008 年 3 月，陈水扁推动的"宪改"胎死腹中、"入联公投"被否决，民进党也在台湾地区领导人选举中惨败。至此，大陆方面反"台独"斗争取得阶段性胜利，陈水扁谋求"法理台独"彻底失败，国民党在台湾重新执政，台湾局势发生积极变化，两岸关系从紧张动荡走向和平发展。

第一节　"听其言观其行"与陈水扁
对一个中国原则的挑战

民进党走上"台独"道路后，为实现"台独"目标，一直阻挠两岸关系发展，但它也知道多数台湾民众希望两岸关系发展，"台独"主张并不时时都是竞选利器，有时甚至是"票房毒药"，因此会在选举期间作一些策略调整或是论述包装，以减轻或消除中间选民的疑虑。陈水扁 1999 年初参加台湾地区领导人选举后，便提出要走所谓"新中间路线"，声称要"以国家安全为主轴"，"跳脱传统的思维看统独，走第三条路"。1999 年底 2000 年初，陈水扁在其当选可能性上升的情况下声称，当选后"没有所谓两国论入宪问题"，"没有宣告独立或变更国号的问题"。①2000 年 1 月 30 日，陈水扁发表了针对两岸关系的七项主张，提出除非大陆方面动用武力，否则民进党执政

---

① 南京大学台湾研究所:《海峡两岸关系日志（1999—2008.5）》，北京：九州出版社，2010 年，第 52、56、58、59 页。

后不会宣布"台独"。① 鉴于陈水扁竞选期间的表态，3月18日台湾地区领导人选举结果揭晓，当晚中共中央台湾工作办公室、国务院台湾事务办公室发表声明，指出"和平统一是以一个中国为前提的。任何形式的'台独'，都是绝对不允许的。对台湾新领导人我们将听其言观其行，对他将把两岸关系引向何方，拭目以待"。② 这就是说，大陆方面在首先表明坚持一个中国原则和坚决反对"台独"态度的基础上，对民进党执政初期采取了"听其言观其行"的策略。

这种策略，表明大陆方面判断民进党上台后迫于各方压力，尚不至于立即公开采取激烈的"台独"行动，但也不能相信陈水扁会信守承诺、言行一致，因此可以通过"听其言观其行"，对其保持压力。而对于民进党来说，如果它执政后不再死抱不切实际的"台独"理念，重蹈李登辉让两岸关系跌入谷底的覆辙，而是以实际行动调整其立场，接受一个中国原则，两岸之间便有了交往的基础，进而逐步建立起双方的互信，推动两岸关系改善。

2000年5月20日，陈水扁发表就职演讲，对两岸关系提出了"四不一没有"承诺："只要中共无意对台动武，本人保证在任期之内，不会宣布'独立'，不会更改'国号'，不会推动'两国论入宪'，不会推动改变现状的'统独公投'，也没有废除'国统纲领'与'国统会'的问题"。③ 但就政策宣示角度而言，陈水扁却始终没有提及最关键的问题：民进党当局究竟如何定位两岸关系？在"统独"问题上持何立场？是否承认一个中国原则？换而言之，他只明确了"不会做什么"，却避而不提"要做什么"。而且陈水扁作出这些承诺时，又加上了"中共无意对台动武"这个前提，什么叫作"中共无意对台动武"？如何才能判断中共是否"无意"对台动武？又由谁来判断？如果民进党当局主观认定中共"有意"对台动武，是否就可以随意撕毁承诺？更多的问题依然悬而未决。这种做法的实质是回避表明对一个中国原则、对以一个中国原则为核心意涵的"九二共识"的态度。陈水扁发表"5·20讲话"当天，中共中央台办、国务院台办受权发表声明，认为陈水扁讲话在是否接

---

① 陈水扁：《亚太和平新世纪，两岸欢喜看未来》，《民主进步党两岸政策重要文件汇编》，台北：民主进步党"中国事务部"，2000年。

② 《中共中央台湾工作办公室、国务院台湾事务办公室就台湾地区产生新的领导人发表声明》，《人民日报》，2000年3月19日，第1版。

③ 陈水扁：《台湾站起来——迎接向上提升的新时代》，《联合报》，2000年5月21日。

受一个中国原则这一关键问题上"采取了回避、模糊的态度",指出"只要台湾当局明确承诺不搞'两国论',明确承诺坚持海协与台湾海基会1992年达成的各自以口头方式表述'海峡两岸均坚持一个中国原则'的共识,我们愿意授权海协与台湾方面授权的团体或人士接触对话"。①6月27日,陈水扁作出回应,称"新政府愿意接受海基、海协两会之前会谈的共识,那就是'一个中国,各自表述'"。然而,次日台湾"陆委会主委"蔡英文出面"紧急澄清",极力模糊歪曲"九二共识"的含义,称其是关于"一个中国"问题的争议,双方愿意以口头"各自表述"来处理,各说各话最终成为两岸共识,所谓的"一个中国,各自表述"就是台湾方面描述此一过程的用语,甚至称两岸从来没有就一个中国的原则有共识。此后陈水扁亦改口称两岸虽在1992年讨论过一个中国,但只有"争论"而无"共识"。②同时,民进党当局还抛出"未来一中""九二精神"等新名词,企图以这种模糊的说法回避对一个中国和"九二共识"的表态。在统"独"问题上,陈水扁也大搞"模糊化",继续鼓吹所谓"新中间路线",宣称两岸前途可能有两种、三种甚至多种的结论。

在两岸关系中确立一个中国原则,奠定两岸政治互信和两岸关系发展的基础,具有关键意义。台湾问题产生后,国共两党虽然政治立场相互敌对,但均认为台湾是中国的领土、坚持一个中国、追求国家统一、反对"台独",所以具有建立政治互信的基础。但是20世纪90年代后李登辉逐步背弃一个中国原则,严重破坏了国共两党政治互信的基础。民进党自走上"台独"道路后,不但图谋"台湾独立建国",还主张"台湾是主权独立国家",抗拒一个中国原则与和平统一,使其与大陆方面毫无政治互信可言,无法与大陆方面交往。民进党上台后坚持"台独"立场、模糊回避一个中国原则和"九二共识",这非但不能解决两岸关系发展的问题,相反导致1999年因李登辉抛出"两国论"而中断的海协会与台湾海基会商谈无法恢复,是引起两岸关系紧张动荡的根源。

面对陈水扁的"模糊"策略,大陆方面保持对民进党当局的压力,持续

①《中共中央台办、国务院台办受权就当前两岸关系发表声明》,《人民日报》,2000年5月21日。

② 参见徐博东、郭庆全:《近十年来民进党大陆政策大事记》上册,台北:海峡学术出版社,2011年,第31—32页、第43页。

强烈要求民进党当局对承认一个中国原则和"九二共识"等问题作出明确表态。2000年9月5日，国台办发言人张铭清在新闻发布会上指出，"台湾当局领导人迄今没有接受一个中国原则，否定、歪曲、回避海协与海基会1992年达成的'海峡两岸均坚持一个中国原则'的共识"；并指出陈水扁近期的一些言论，"实质是坚持'台独'的分裂主张"，"这是非常危险的"。①

不过，民进党当局无意改变立场。陈水扁曾自述，对于2000年5月20日的就职演讲，他所希望达到的目的首先是受到台湾人民的欢迎，其次是受到国际社会肯定，再次是使美国政府放心，最后才是"使中共找不到借口"。②对于大陆方面，民进党当局一直抱着表面应付、暗中抵制的心态，实际上从未真正考虑过与对方求同存异、争取共识的可能性。民进党拒不承认一个中国原则和"九二共识"是其坚持"台独"立场的表现，有着深刻的历史根源。

台湾自1895年被清政府被迫割让给日本后，沦为日本殖民地。1945年日本在第二次世界大战中战败投降，台湾重回中国怀抱，广大台湾人民欢欣鼓舞，庆祝台湾回归祖国。随后，国民党当局的专制独裁、腐败无能引起台湾人民的不满。1947年2月，已经民怨沸腾的台湾终于爆发了反抗国民党统治的"二二八事件"，但最终遭到血腥镇压。1949年国民党当局在大陆彻底溃败后，转而将台湾作为其"反攻大陆"的基地，全面实施戒严体制，大肆捕杀所谓"共谍"与异见人士。这种"白色恐怖"使不少台湾人深感绝望，一部分人更是将对国民党当局的绝望上升为对中国的绝望，从而萌生了与中国"脱离关系"、建立属于台湾人自己的"主权独立国家"的极端诉求，由此形成早期"台独"思想的历史渊源。20世纪70年代以后，随着台湾人民民主意识的觉醒与国民党政治控制的逐步松弛，民间反对专制统治、追求政治权利的运动迅速兴起，这种渴望"出头天"的心态也给了"台独"势力发展的土壤。为了打破国民党的一党天下，台湾党外人士迫切希望成立一个代表"本土"利益的新政党，而应运而生的是以"住民自决"为旗号吸引台湾民众的民进党。民进党领导人有着强烈的"台湾本土"意识，不接受国民党政权，其中有些人还有"台独"思想。同时，由于两岸曾长期处于隔绝状态，

---

① 徐博东、郭庆全：《近十年来民进党大陆政策大事记》上册，台北：海峡学术出版社，2011年，第50页。
② 陈水扁：《世纪首航——政党轮替五百天的沉思》，台北：圆神出版社有限公司，2001年，第109页。

在社会制度、政治意识形态等方面存在明显差异，加上国民党当局长期持续灌输"恐共""仇共""反共"思想，他们同样十分排斥大陆、排斥统一、排斥台湾与大陆同属一个中国的事实，认为台湾"主权独立于中国之外"。对"中国"认同感的缺乏，使"台独"思想得以渗入许多民进党人的理念当中，并在台湾民众中获得一定的市场。这种"台独"与台湾"本土化"政治运动的结合，对民进党起家有着重要影响。因此，民进党成立之初即有着浓厚的"台独情结"，后来很快走上了"台独"道路，并于1991年通过了"台独党纲"。虽然民进党执政前出于吸引中间选民的需要，曾采取一些措施来淡化其激进"台独"色彩，但其无论从政治立场还是从维系党内人心角度出发，都不可能轻易放弃"台独"立场。

陈水扁2000年当选时得票率不过39%，民进党执政之初根基不牢，台湾"立法院"中国民党、亲民党等反对党依然占据多数席位（属于典型的"朝小野大"）。加上大陆方面坚决反对"台独"，民进党一时不敢贸然在"台独"问题上做文章，因而只能在两岸政策上采取"模糊"策略。但民进党早已认定"台湾与中华人民共和国，是两个互不隶属、互不统治、互不管辖的国家"[1]，所以这种缓兵之计只是暂时的，一旦其认为需要的时候便会实施"台独"步骤。

2000年连战出任国民党主席后国共两党关系趋于改善，同时两岸人民往来交流继续发展，都加深了民进党当局的危机感。他们认为大陆方面"反独促统"是"极欲吞并台湾"，从而对大陆充满敌意。陈水扁执政一段时间后，便在党内称："当前台湾最大的危机是：国家认同混淆不清，敌我意识不明，敌人不发一兵一卒，我们自己内部先乱掉。"[2]在视大陆为"外国"甚至"敌国"、视统一为"被吞并"的思维下，民进党深刻地感受到，如果再不采取明确的实质行动，势必难以阻止两岸统一的步伐。在2001年12月举行的台湾地区"立委"选举中，民进党一举获得87席，超过国民党成为"立法院"第一大党，从而巩固了其执政地位，这也给了民进党在两岸关系上实施冒险策略的底气。2002年8月3日，陈水扁在世界台湾同乡联合会第29

---

① 参见《跨世纪中国政策白皮书》，"行政院大陆委员会"编:《"政府"大陆政策重要文件》，台北:"行政院大陆委员会"，2002年，第72页。
② 陈明通:《我国大陆政策的检讨与前瞻》，《坚持"主权·民主·和平·对等"四原则的两岸关系》，台北:"行政院大陆委员会"，2008年，第17页。

届年会上，公开提出了"一边一国"的分裂主张。他说："台湾是我们的国家，台湾不是别人的一部分，不是别人的地方政府，也不是别人的一省，不可成为第二个香港或澳门；由于台湾主权独立，台湾和对岸的中国是'一边一国'，需要分清楚。"① 陈水扁提出"一边一国论"，标志着民进党当局彻底打破了原先的"模糊"策略，开始向一个中国原则发起全面挑战。

针对陈水扁"一边一国论"，大陆方面立即作出了强烈反应。8 月 5 日、6 日，中共中央台办、国务院台办以及新华社、人民日报等媒体先后发表评论，严厉抨击陈水扁的"一边一国论"与李登辉"两国论"如出一辙，暴露了其坚持"台独"的真面目。随着民进党坚持"台独"立场的显露，并公然抛出"一边一国"的分裂主张，与大陆的对抗加剧，对被李登辉严重破坏的两岸互信基础造成又一次巨大冲击，使两岸关系更加趋于紧张动荡。

第二节　陈水扁对台湾人民
"国家认同"的改造

自陈水扁提出"一边一国论"后，民进党实施的两岸政策虽然一直对着大陆"发声"，但真正对象不是大陆方面，而是台湾民众，其根本目的是通过不断挑战一个中国原则，在两岸之间制造对抗氛围，刺激大陆方面作出强烈反应，借机大肆渲染大陆对台湾的"威胁"与"压迫"，将两岸关系恶化的责任推到大陆一方，以挑动台湾民众对大陆的敌意，强化所谓"敌我意识"。同时，他们通过反复的"台独"立场宣示，对台湾民众进行潜移默化的洗脑，塑造台湾与大陆是"不同国家"的印象，来达到"凝聚国家共识"的效果，为其抗拒统一、实现"台独"打下群众基础。而这一切计划的关键，便是要在台湾民众中树立起所谓"台湾是不属于中国的主权独立国家"的"国家认同"。在这一点上，陈水扁继承了李登辉的衣钵。

1945 年中国从日本手中收回台湾时的国名叫"中华民国"，1949 年国民

---

① 徐博东、郭庆全：《近十年来民进党大陆政策大事记》上册，台北：海峡学术出版社，2011 年，第 131 页。

党统治集团败退台湾后依然打着"中华民国"的旗号，由于这一历史原因，在台湾人民心目中"中华民国"是"中国"的代名词，也代表了绝大多数台湾人民的国家认同。但到了20世纪90年代，李登辉开始着手对"中华民国"的含义进行重新"诠释"，抛出了"中华民国在台湾"这个概念。1993年2月，李登辉接见民进党"立委"时声称："我主张中华民国在台湾，始终没有讲过一个中国"。后来他又进一步解释道："中华民国目前统辖台、澎、金、马，拥有绝对而且完整的主权与治权，这就是为什么我说'中华民国在台湾'的原因"。①1994年3月，李登辉在接受日本作家司马辽太郎采访时说，"中国"和"中国人"是"含糊不清"的概念，"中华民国"是统治台湾的"外来政权"，现在"只剩下台湾了"。②李登辉通过"中华民国在台湾"调整了两岸关系定位，一再强调"中华民国在台湾是个主权独立国家"，与大陆是两个"互不隶属的对等政治实体"。而他1999年提出"两国论"的核心论点便是，1991年"修宪"后，"中华民国"的"宪政"范围已被限定于台湾地区，同时亦不再否认中华人民共和国在大陆的政权合法性，所以两岸之间已是"国与国关系"。在李登辉大力鼓吹下，不少台湾民众心中的"中华民国"含义也悄然发生改变，逐渐同"台湾"而不是"中国"联系在一起。

台湾人民的观念发生这种改变，是在1949年后台湾特定的环境中出现的。国民党当局1949年败退台湾后，长期对民众灌输"反攻复国"思想，宣称自己依然是"中国的合法代表"。然而，随着中华人民共和国成立，而且不断壮大，获得越来越多国家包括国际上主要国家的承认，直至取代"中华民国"在联合国的席次。同时，国民党"反攻大陆"的图谋也彻底破产。这些现实不断冲击着台湾人民心中对"中华民国"的认知，让不少人心生迷惑。而李登辉正是抓住这种迷惑，重新"诠释中华民国"，从而模糊台湾人民对中国的国家认同，以"中华民国在台湾"的"台湾认同"取而代之。

李登辉的这种做法，虽然加上了"中华民国"这个伪装，但实质上依然是要将台湾从中国分裂出去。民进党最初宣传的"台独"主张并不认同"中华民国"，而是要在台湾建立一个新国家，即"台湾共和国"。不过，经过多

---

① 《李登辉接见民进党台湾参与联合国赴美宣达团一行的谈话》，台湾《中央日报》，1993年10月2日。

② 《孤岛的痛苦——生为台湾人的悲哀》，台湾《自立晚报》，1994年4月30日—5月2日。

年实践，民进党逐渐发现这一激进主张难以获得台湾民众广泛支持，需要借用"中华民国"的名义包装自己的"台独"立场。①1999 年 5 月，民进党第八届第二次代表大会通过了"台湾前途决议文"，将"台湾"与"中华民国"画上等号，称"台湾是一主权独立国家，主权领域仅及台澎金马与其附属岛屿，以及符合国际法规定之领海与邻接水域。台湾，固然依目前宪法称为中华民国，但与中华人民共和国互不隶属"。②

"台湾前途决议文"的出台，标志着民进党开始主张"台湾是中华民国"，也标志着民进党迈出了与李登辉合流的重要一步。同年 8 月，李登辉公开发表"两国论"，而陈水扁竞选团队则发布"跨世纪中国政策白皮书"，重申了"台湾前途决议文"中的立场。2001 年 10 月，民进党又正式确认"台湾前途决议文"位阶等同于党纲，而且称"基于后法优于前法的法理原则"，这份决议文优于 1991 年的"台独党纲"，"成为民进党当局处理两岸关系的最高指导原则"。③

民进党当局在凝聚台湾民众的所谓"国家定位共识"时认识到，"中华民国"作为统治台湾长达数十年的政治符号，仍是台湾民众心中普遍的"国家认同"，这是"台湾共和国"所无法替代的。因此，民进党将"中华民国"与台湾绑定，以图"借壳上市"，在不触动"中华民国"支持者底线的情况下，在台湾民众中悄然建立起所谓的"台湾国家认同"。所以，民进党主张的"台湾是中华民国"的实质是"台湾是一个名叫中华民国的国家"，是"借壳上市"的"台独"主张。民进党所说的"中华民国"是其推行"台独"路线所使用的一块护身符。

2004 年 10 月 10 日，陈水扁公开致辞时提出了"中华民国是台湾"。他说，"中华民国的主权属于两千三百万台湾人民，中华民国就是台湾，台湾就是中华民国"。④2005 年 8 月 2 日，陈水扁在会见美国福尔摩沙基金会大使时，抛出了所谓"中华民国四阶段论"，即 1912 年至 1949 年是"中华民国在大陆"，这一时期的"中华民国"与台湾没有任何关系；1949 年国民

---

① 刘国深：《试论百年来"台湾认同"的异化问题》，《台湾研究集刊》，1995 年第 3 期。
② 民主进步党：《"台湾前途决议文"》，1999 年，http：//www.dpp.org.tw/download。
③ 陈明通：《"我国"大陆政策的检讨与前瞻》，《坚持"主权·民主·和平·对等"四原则的两岸关系》，台北："行政院大陆委员会"，2008 年，第 16 页。
④ 《陈水扁 2004 年"双十致词"》，台湾《中国时报》，2004 年 10 月 11 日。

党败退台湾后至 1988 年蒋经国去世为止是"中华民国到台湾"；1988 年至 2000 年李登辉执政时期是"中华民国在台湾"；而 2000 年民进党上台后"中华民国就是台湾"。至此，概括地说，民进党对两岸关系定位的论述调整为"中华民国"是台湾，台湾是"中华民国"，是"主权独立国家"，与中国（中华人民共和国）"一边一国"，互不隶属。从李登辉到陈水扁的偷梁换柱，从"中华民国在台湾"到"台湾是中华民国"，"中华民国"一词的意涵完全变了，完全变成宣传分裂思想的工具。

民进党当局在相继提出"一边一国"与"中华民国是台湾"的同时，开始以此为核心全面改造台湾人民的"国家定位共识"，目的是从根本上把台湾人民对中国的国家认同改造为对台湾（"中华民国"）的国家认同，作为抗拒统一，图谋"台独"的最大武器。在统"独"问题上，陈水扁大打"民主牌""民意牌"，一再宣称"中华民国的主权属于 2300 万台湾人民"，"台湾的前途只能由台湾人民自主决定"。这一策略一方面打着"住民自决"的旗号，将 13 亿大陆人民的民意排除在外，另一方面又以各种手段操弄改造台湾"民意"，引导其朝着反对统一、趋向"独立"的方向发展，将台湾人民绑上其"台独"战车，同时为美国等外国势力提供干涉借口，从而实现"以民拒统"的目的。而陈水扁用以改变台湾"民意"的手段，依然继承自李登辉，那就是自上而下，对台湾社会思想、文化、教育等各方面进行改造，逐步消除当中含有"中国认同"的因素，即所谓"去中国化"。

民进党当局推行"去中国化"政策的核心是"台湾正名"，即在"本土化"旗号下，全面清除、修改台湾社会中原有的象征"中国"的各种符号名称，转而突出"台湾"一词。2002 年 3 月，陈水扁在参与"台独"团体举办的世界台湾人大会时宣称未来执政重点之一就是"拼正名"。民进党当局在 2002 年 2 月便将其驻外机构"正名"为"台湾代表处"，2003 年 9 月 1 日，发布的新版"中华民国护照"封面上加注了"台湾"字样，2004 年起官方印制的"中华民国地图"中已不再包含大陆部分，2005 年"总统府"更名为"中华民国（台湾）总统府"，其他机构也纷纷效仿。这股"正名"之风波及军事部门等领域。2001 年，台湾军营中一切带有宣传"统一""一个中国""反对台独"思想的标语均被撤除。有民进党人士甚至还提出要彻底清除军中所使用的与中国有关的称谓，连总机代号、舰船名称等都不放过。在对官方组织机构大肆"正名"的同时，民进党当局也盯上了那些名称中带有"中国"或"中华"字眼的企业。2007年2月，在民进党当局压力下，台湾的"中华邮政""中国石油股份有限公司""中国造船股份有限公司"三家著名企业被迫分别更名为"台湾邮政""台湾石油股份有限公司""台湾国际造船股份有限公司"。①

除了对称谓的"正名"之外，民进党更是想方设法在文化教育领域推行"正名"等"去中国化"措施，即通过对"台湾文化""台湾历史"的"正名"，全面改造台湾人民的思想，斩断其对中国文化历史的认同，以"台湾民族文化认同"取而代之，为最终实现政治上的"台湾国家认同"奠定思想基础。2001年3月，民进党当局颁布所谓"本土化教育"政策，规定台湾中学、小学必须设立"台湾乡土语言课"，推行"台语教学"，企图用"台语"冲击"国语"（普通话）的地位。②2002年8月，台"教育部"又推出所谓"通用拼音系统"，以取代传统的汉语拼音系统，从语言上进行"去中国化"。另一方面，民进党当局在历史教材上大做文章，打着突出"台湾历史主体性"的旗号，大肆删减中国史篇幅，加强"台湾史"教育。2007年，台湾高中正式启用新版历史教材，教材不但将台湾史从中国史分割出去，而且不再对中国使用"我国""本国"等称谓，打造"台湾不属中国"的历史观念。

民进党推行"去中国化"政策几乎涵盖了台湾社会每个方面，力图将"中国认同"从台湾日常生活中驱逐出去，对台湾民众尤其是青少年进行耳濡目染、潜移默化式的"洗脑"，以建立其对台湾的"国家认同"。正如台湾某些主张"台独"的人所鼓吹的那样："台湾人民必须深入了解台湾正名运动的内涵，并从最根本的教育、文化与心理层面切入，逐步构建完整的台湾民族认同。简言之，正名运动与国族认同的建构，就是为了彰显台湾与中国的不同，摆脱中国的羁绊，走台湾自己的路。"③

在民进党当局大力清洗下，台湾人对中国的国家认同感下滑。根据台湾相关机构的调查，1998年之前，台湾民众中认同自己是中国人（包括认同自己既是台湾人也是中国人）的比例一直超过60%，最高时达到71.9%，但

---

① 因对邮政系统的更名涉及法律问题，"中华邮政"得以于2008年8月再度恢复原名。
② 所谓的"台语"就是闽南话，是中国福建等地广泛使用的方言，后由大陆移民传入台湾，实际上是土生土长的中国语言，然而民进党当局却故意忽略这一点，片面强调"台语"或"台湾话"这些称谓，企图将其塑造为台湾人自己的语言，与中国语言相区别。
③ 施正锋：《"正名运动"与民族认同的建构》，《新世纪智库论坛》，第19期，2002年9月。

到了 2008 年，这一数字已经降低到了 47.1%；相反，认同自己是台湾人而不是中国人的比例却一路攀升，到 2008 年时已达到 48.4%，首次超过前者。[①]随着"去中国化"下台湾人民国家认同的改变，不少民众的观念自觉或不自觉地向着民进党大力宣扬的"中华民国是台湾"靠拢。

综上所述，民进党大力推行"去中国化"政策，使台湾民众对中国的国家认同一再遭到打击和破坏，相反一种扭曲的"台湾国家认同"被催生而成。这种趋势持续发展下去，经过彻底改造的所谓"台湾民意"便成为"台独"势力抗拒统一、谋求"台独"所利用的最大工具。

第三节 "公投制宪"与《反分裂国家法》

陈水扁上台后，一步一步地推动"台独"活动升级。2002 年 8 月，他提出"一边一国论"的同时，还提出要推动"公民投票立法"。他说："台湾的未来、现状改变与否不是任何国家、政府、政党或个人可以片面替我们决定，只有 2300 万伟大台湾人民才有权利对台湾前途、命运、现状做选择或决定。有需要时如何决定？就是公民投票，公投是基本人权也是 2300 万人民基本人权，不能限制，大家应认真思考公民投票立法的重要性与急迫性。"[②]"公民投票"，就是民进党"台湾前途决议文"中用于改变台湾现状、决定台湾前途的方式。民进党当局的一系列政治操作，无论是宣扬"一边一国""中华民国是台湾"，还是全力推动台湾社会的"去中国化"，其目标均是为了奠定"台独"的民意基础，以实现"公投独立"。而要想以"公投"决定台湾前途，还必须具备法理依据，于是陈水扁鼓吹"公投立法"。

"公投立法"是陈水扁谋求"台独"的实际步骤，也动摇着其"四不一没有"中"不会推动改变现状的统独公投"的承诺。两岸之间围绕着统"独"

① "国立政治大学"选举研究中心网站：《台湾民众台湾人／中国人认同趋势分布（1992—2012.6）》，http://esc.nccu.edu.tw/modules/tinyd2/content/TaiwanChineseID.htm，2018-10-19。

② 徐博东、郭庆全：《近十年来民进党大陆政策大事记》上册，台北：海峡学术出版社，2011 年，第 131—132 页。

问题在法理上的较量，成为两岸关系中的一大焦点。继鼓吹"公投立法"之后，陈水扁进一步提出要催生"台湾新宪法"。在 2003 年 9 月 28 日举行的民进党建党 17 周年大会上，陈水扁公开宣称：民进党将在 2006 年"与台湾民众共同催生台湾新宪法的诞生"，用一部"属于台湾自己的宪法"取代原有的"中华民国宪法"。[①] 随后，陈水扁更是抛出了 2003 年"公投立法"、2004 年"实现公投"、2006 年"公投制宪"、2008 年"实施新宪"的所谓"时间表"。[②] 从此民进党当局全力推动"制宪"与"公投"。

"中华民国宪法"于 1946 年 12 月 25 日经中华民国国民大会审议通过，次年正式颁布。由于"中华民国宪法"是以"中国宪法"为体裁打造而成，它所规定的领土主权范围是涵盖整个中国的。该法第一章第四条规定："中华民国领土依其固有之疆域，非经国民大会之决议，不得变更之。"[③] 这无形中对"台独"势力设置了一道法理上的防线。在台湾，推动"台独"、鼓吹"中华民国在台湾"和"中华民国是台湾"，图谋把台湾从中国分裂出去是"违宪"的。因此，无论民进党如何鼓噪"台独"、如何"借壳上市"，用标着"中华民国"字样的风筝"放飞台独"，都终究要撞上"中华民国宪法"这个大屋顶。因此，"中华民国宪法"便成为"台独"势力想方设法、欲除之而后快的目标。

民进党迫不及待地推动"公投制宪"，则与当时台湾政局发展有关。民进党当局对台湾"民意"的改造，是一项庞大、全面而长期的工程，要想彻底清除台湾民众的中国认同、将"台独"观念植入其中，并非短期内便可奏效，而当时台湾政局决定了陈水扁没有按部就班地实现这一目的的余裕。2001 年后，台湾经济逐渐陷入低速增长的泥潭，失业率攀升；此外陈水扁当局在处理一系列问题时也接连失手，形象大损，民调一路下滑。这对陈水扁在 2004 年台湾地区领导人选举中谋求连任十分不利。因此"公投制宪"也是陈水扁在不利局势下，为转移外界视线、掩盖其执政污点、重新凝聚绿营支持者斗志所打出的一张牌。

---

① 徐博东、郭庆全：《近十年来民进党大陆政策大事记》上册，台北：海峡学术出版社，2011 年，第 189 页。

② 徐博东、郭庆全：《近十年来民进党大陆政策大事记》上册，台北：海峡学术出版社，2011 年，第 199 页。

③ "中华民国宪法"第一章第四条。

2003 年 10 月，民进党拟定"公投法"草案，将其提交"立法院"。11月，国民党、亲民党联盟为了阻止民进党借"公投立法"达到其政治目的，决定反客为主，也推出了自己的"公投法"草案。11 月 27 日，台湾"立法院"通过了以国亲联盟提出的版本为主体的"公投法"，否决了民进党提出的就"国旗、国号、国歌、领土变更、主权"及"制宪"等问题举行"公投"的版本。然而，"公投法"第十七条依然赋予"总统"在"国家遭受外力威胁时"发动"公投"的权力，从而为民进党当局所利用。11 月 30 日，陈水扁急不可耐地宣布，由于台湾正遭受大陆军事演习和导弹威胁，他决定在明年 3 月 20 日，即台湾地区领导人选举当日举办"防御性公投"，强行"公投绑大选"。12 月，陈水扁又宣称将把"2300 万台湾人民要求中华人民共和国撤除对台飞弹，并宣示不再对台湾使用武力"作为此次"公投"的议题，企图挑起台湾民众对大陆的恐惧和敌意，将"大选"打造成一场"台湾保卫战"。大陆方面对此迅速作出强烈反应。12 月 9 日，国务院总理温家宝与美国总统小布什举行会谈，指出陈水扁当局假借民主搞所谓"防御性公投"，企图将台湾分裂出去，这样的分裂活动是中国"绝对不能接受和容忍的"。美国方面也一再重申反对"公投"的立场。在外界压力下，陈水扁被迫转变策略，不仅在措辞上将"防御性公投"改称为"和平公投"，并将"公投"议题修改为"如果中共不撤除瞄准台湾的飞弹，不放弃对台湾使用武力，你是否赞成政府增加购置反飞弹装备，以强化台湾自我防卫能力"和"你是否赞成政府与中共展开协商，推动建立两岸和平稳定的互动架构，以谋求两岸的共识与人民的福祉"这两个攻击性较低的问题。2004 年 3 月 20 日，台湾地区领导人选举在一片混乱中落下帷幕。民进党候选人陈水扁、吕秀莲以领先国亲联盟候选人连战、宋楚瑜 0.23 个百分点赢得这场选举。而在"公投"方面，民进党推出的两项议题均由于投票率过低而遭否决。但这次"公投"毕竟开了一个先例，标志着民进党推动"公投"又跨出了一步。

随着陈水扁连任，两岸关系的严峻局势持续。2004 年 5 月 20 日，陈水扁发表其第二任就职演说，再次宣称将实施"宪政改造"，要在 2008 年"交给台湾人民及我们的国家一部合时、合身、合用的新宪法"。[①]虽然陈水扁同时承诺此次"宪改"不会涉及"国家领土、主权、统独"等问题，并强调其

---

① 《陈总统：任内完成新宪法》，台湾《自由时报》，2004 年 5 月 21 日第 1 版。

2000 年就职演说时的承诺依然有效，但他必将继续推动"台独"活动升级，在"宪改"中进行谋求"法理台独"的冒险。所以，在陈水扁发表演说前三天，5 月 17 日，中共中央台办、国务院台办受权发表声明，严厉指出"四年前，陈水扁曾信誓旦旦地作出所谓'四不一没有'的承诺。四年来，陈水扁的所作所为表明，他自食其言、毫无诚信"，而陈水扁公然提出通过"制宪"走向"台独"的时间表，更是将两岸关系推到了危险的边缘。声明指出："现在，有两条道路摆在台湾当权者面前：一条是悬崖勒马，停止'台独'分裂活动，承认两岸同属一个中国，促进两岸关系发展；一条是一意孤行，妄图把台湾从中国分割出去，最终玩火自焚。何去何从，台湾当权者必须作出选择。中国人民不怕鬼、不信邪。在中国人民面前，没有任何事情比捍卫自己国家的主权和领土完整更为重要、更加神圣。我们将以最大的诚意、尽最大的努力争取祖国和平统一的前景。但是，如果台湾当权者铤而走险，胆敢制造'台独'重大事变，中国人民将不惜一切代价，坚决彻底地粉碎'台独'分裂图谋。"[①]

　　针对未来四年台湾局势演进趋势尤其是"台独"现实危险性上升，大陆方面决定采取进一步反对和遏制"台独"的措施。2004 年 7 月，中共中央召开了中央对台工作会议，会议确定今后一个时期对台工作的首要任务是反对和遏制"台独"，全力阻止"台独"势力通过"宪改""公投"谋求"法理台独"。为了对"法理台独"予以直接打击，需要运用法律手段打击"台独"特别是"法理台独"活动。在这种背景下，《反分裂国家法》应运而生。

　　早在 2004 年之前，陈水扁和民进党当局全力推动"公投制宪"时，大陆方面便已开始制定《反分裂国家法》的准备。面对愈演愈烈的"法理台独"威胁，制定一部专门法律以适应反"台独"斗争的现实需求，逐渐成为大陆社会各界的普遍呼声。2003 年 11 月，大陆方面把上述法律的制定提上了议事日程，并于 2004 年 12 月正式将草案提请全国人大审议。2005 年 3 月 14 日，十届全国人大三次会议经过表决，在没有反对票的情况下，以极高票通过了《反分裂国家法》，并于当天颁布实施。"这部重要法律，将中央关于解决台湾问题的大政方针以法律的形式固定下来，充分体现了我们以最大的诚

---

　　① 《中共中央台湾工作办公室、国务院台湾事务办公室受权就当前两岸关系问题发表声明》，《人民日报》，2004 年 5 月 17 日第 1 版。

第四章　两岸关系从紧张动荡走向和平发展（2000—2008.5）　083

意，尽最大的努力争取和平统一的一贯主张，同时表明了全中国人民维护国家主权和领土完整，绝不允许'台独'分裂势力以任何名义、任何方式把台湾从中国分裂出去的共同意志和坚定决心。"①《反分裂国家法》全文共计十条。第一条开宗明义，强调本法的目的就是"为了反对和遏制'台独'分裂势力分裂国家，促进祖国和平统一，维护台湾海峡地区和平稳定，维护国家主权和领土完整，维护中华民族的根本利益"。第二、三、四、五条分别阐述了台湾问题和两岸关系的性质，解决台湾问题的基本原则，以及国家追求和平统一的方针。第六、七条进一步介绍了国家关于发展两岸关系的主要措施与两岸协商谈判的主张。而对"台独"势力最具震慑性的内容，是该法第八条的规定："'台独'分裂势力以任何名义、任何方式造成台湾从中国分裂出去的事实，或者发生将会导致台湾从中国分裂出去的重大事变，或者和平统一的可能性完全丧失，国家得采取非和平方式及其他必要措施，捍卫国家主权和领土完整。"

《反分裂国家法》的制定与实施，为大陆方面在必要时以非和平方式粉碎"台独"建立起法理依据，给"台独"势力画出了一道不容逾越的红线，给"台独"势力头上悬上了一把达摩克利斯之剑。

大陆方面在直接打击"台独"活动的同时，也积极推动两岸民间经济文化社会交流合作，积极做台湾社会各界工作，尤其是积极联合国民党、亲民党等反"台独"势力，团结一切可以团结的力量，共同开展反"台独"斗争。

2005年4月，中共中央和总书记胡锦涛邀请国民党主席连战率团访问大陆。4月29日，胡锦涛与连战在北京举行会谈。胡锦涛就发展两岸关系提出四点主张，表示应建立政治互信、加强经济合作、开展平等协商、鼓励民间交往。会后，双方共同发表新闻公报，发布"两岸和平发展共同愿景"，宣示了国共两党共同推动两岸关系和平发展的态度，宣布"坚持'九二共识'，反对'台独'，谋求台海和平稳定，促进两岸关系发展，维护两岸同胞利益，是两党的共同主张"；并为推动两岸关系和平发展，共同促进五项工作，包括在"九二共识"基础上恢复两岸谈判、终止两岸敌对状态、促进两岸经济全面交流合作、就台湾民众参与国际活动进行协商、建立国共两党间

---

① 中共中央台湾工作办公室、国务院台湾事务办公室:《中国台湾问题：干部读本》，北京：九州出版社，2015年，第51—52页。

定期沟通平台等。^① 这次会谈是 1945 年以来 60 年间国共两党领导人首次会谈，奠定了坚持"九二共识"、反对"台独"这一国共两党交往的共同政治基础，揭开了国共两党关系新的一页，也为深陷低潮的两岸关系注入了生机与活力。

继邀请连战来访之后，中共中央和总书记胡锦涛又邀请亲民党主席宋楚瑜率团访问大陆。5 月 12 日，胡锦涛与宋楚瑜进行会谈，就在"九二共识"基础上恢复平等谈判、坚决反对"台独"、促进建立两岸和平架构、加强两岸经贸交流合作、协商台湾民众关心的参与国际活动问题、建立两岸民间菁英论坛、建立台商服务机制等六个方面达成共识。^②7 月 6 日，新党主席郁慕明亦率团访问大陆。7 月 12 日，胡锦涛会见了郁慕明一行，并就发展两岸关系提出了四点看法，表示双方应共同促进中华民族伟大复兴，坚持一个中国原则，坚决反对和遏制"台独"，切实照顾和维护台湾同胞的切身利益。

中国共产党与国民党、亲民党、新党的交流对话，产生了广泛的积极影响，起到了共同坚持"九二共识"和反对"台独"、推动两岸关系朝着和平稳定方向发展的重要作用。

第四节　2000 年至 2008 年
两岸经济关系

20 世纪 90 年代以后，由于改革开放全面展开，两岸经济往来蓬勃发展。在大陆巨大商机吸引下，广大台商掀起了一波接一波的投资热潮，随着其在大陆企业发展壮大，利润丰厚的两岸经济往来成为其重要利益所在。但李登辉制造"两个中国"、不断挑起两岸关系紧张，且抛出"戒急用忍"政策，严格限制台商赴大陆投资，这自然引发他们强烈不满。2001 年 12 月 11 日和 2002 年 1 月 1 日，大陆与台湾先后加入世界贸易组织（WTO）。在 WTO

---

① 《中国共产党总书记胡锦涛与中国国民党主席连战会谈新闻公报》，《人民日报》，2005 年 4 月 30 日第 1 版。
② 《中国共产党总书记胡锦涛与亲民党主席宋楚瑜会谈公报》，《人民日报》，2005 年 5 月 13 日第 1 版。

的框架之下，大陆经济进一步走向开放，两岸经济关系发展前景更加广阔。这些都让台湾民间要求全面开放两岸经济往来、排除政治因素干扰的呼声高涨，对执政后的民进党形成强大压力。

对于两岸经济关系发展，民进党当局心态十分矛盾。他们相当忧心两岸经济联系日益紧密，认为这将导致台湾经济对大陆的严重依赖，同时有助于大陆方面对台湾人民进行"经济统战"。但是，他们也知道台湾经济发展离不开大陆，"面对'全球化'发展及两岸加入 WTO 的新情势，必须考量提升企业全球竞争力的迫切需要，将两岸经贸纳入全球市场之一环"，不得民心的"戒急用忍"政策已难以为继。[①] 所以民进党当局多次表示愿意谈判推动两岸直接"三通"进程，并且决定于 2001 年 1 月 1 日起开放金门、马祖与福建沿海地区的"小三通"航线。2001 年 11 月 7 日，台湾"行政院"通过决议，正式提出"积极开放、有效管理"的新政策，以取代"戒急用忍"，通过简化审批手续、放宽投资金额上限等多项措施，减少对台商赴大陆投资的审批限制。台湾方面统计，2002 年两岸贸易总额达 410.1 亿美元，较 2001 年增长 36.9%，占台湾对外贸易总额的 16.9%；全年台商对大陆投资金额则较 2001 年增长 38.6%。

然而，民进党当局对两岸经济关系发展的态度受其政治立场左右，并无意真正推动两岸经济关系发展。尽管民进党当局于 2001 年开放了"小三通"航线，但是开放的航线范围、班次和人数都相当有限，受益面过小，远远无法满足广大台湾民众需求。面对民间迫切要求两岸直接"三通"的呼声，陈水扁等虽然口头表态积极，可一旦进入实质性讨论，便开始强调"三通"对所谓"国家安全"的影响，并顽固坚持所谓"主权、尊严、对等"原则，要求以"政府对政府"的形式谈判，将直航航线定为"国际航线"，反诬大陆方面为两岸经贸谈判"附加政治前提"。这严重阻碍了两岸直接"三通"的实现。

虽然两岸政治互动陷入僵局，但大陆方面为增进两岸同胞福祉和推动两岸关系向和平稳定方向发展，仍一如既往地推动两岸民间交流合作。2005年 6 月 1 日，国台办正式宣布对 15 种台湾水果实行进口零关税政策，并提

---

① 《"积极开放、有效管理"政策说明》，《坚持"主权·民主·和平·对等"四原则的两岸关系》，台北："行政院大陆委员会"，2008 年，第 65 页。

供多项通关便利措施及快速检验检疫措施。2006年4月，中台办主任陈云林在两岸经贸论坛上宣布十五项对台优惠政策措施，当中以农业为主。大陆有关方面还多次组团赴台采购香蕉等农产品，帮助台湾农民解决产品滞销问题。这些措施深受台湾农业界欢迎。至2006年底，台湾已有15种水果、11种蔬菜、8种水产品享受大陆零关税待遇，各地海峡两岸农业试验区纷纷建立，两岸农贸交流合作持续升温。

另一方面，2005年后，两岸通航业务性、技术性磋商也取得一系列成果。2005年1月，中国民用航空协会、海峡两岸航空运输交流委员会与台北市航空运输商业同业工会在澳门以"民间对民间"的谈判方式，就当年两岸春节包机直航方案达成协议，并经两岸有关方面认可后实施。相比2003年春节包机时采用的"单飞模式"（只由台湾航空公司单飞、单向载客），此次直航采用的是"多点、对飞、双向、不中停"形式，并由两岸航空公司共同参与，这是两岸空中直航取得的一次突破。2006年后，两岸春节包机实现常态化，范围、对象也由原来仅及台商及其眷属，扩大到所有持有效证件往返两岸的台湾居民，以及专案货运包机等，便利了两岸人员和经济交往。

但2005年后，民进党当局对大陆的敌视也与日俱增。对于大陆方面各项积极举措，他们一贯以"经济统战"视之，强调必须坚持所谓"台湾主体性及国家整体利益"，防止台湾在经济上过于依赖大陆，甚至被"吞并"。2006年1月1日，陈水扁发表元旦祝词时宣称，自2001年起实施的"积极开放、有效管理"政策，导致"已在中国投资的企业界却只有一味地要求政府'开放'，政府部门却没有积极的'管理办法'，造成台湾对中国的经济日益倾斜，依赖加深"，[①] 未来将以"积极管理、有效开放"的方针取而代之。随后，民进党当局迅速出台了多项"强化管理措施"，全面加强对两岸民间往来的审查管制，范围涵盖人员、农业、经济、金融等各个领域，充分显示了其对两岸经济往来"踩刹车"的企图。在此政策影响下，不少台商投资被迫向台湾与东南亚地区转移。2007年，大陆有关方面批准台商投资项目3299件，实际到位资金17.7亿美元，相比2006年分别下降12.1%和20.4%。[②]

① 陈明通：《"我国"大陆政策的检讨与前瞻》，《坚持"主权·民主·和平·对等"四原则的两岸关系》，台北："行政院大陆委员会"，2008年，第51页。

② 张海鹏、陶文钊主编：《台湾史稿》下卷，南京：凤凰出版社，2012年，第826页。

但是，开放毕竟是两岸经济往来发展的必然趋势，大陆对台湾经济强大的"磁吸效应"绝非民进党当局在管理上设限所能阻挡。2007年，在台商对大陆投资明显下降的情况下，两岸贸易总额依然达到1244.8亿美元，同比增长15.4%。民进党当局既不愿放弃"台独"主张，更无力阻止两岸经济关系日益密切的发展趋势，这注定了他们无法赢得两岸经济往来背后的民心争夺战。

第五节　陈水扁的最后"台独"挣扎及其失败

大陆方面反对"台独"的坚定措施，扩大两岸民间交流合作的举措，有力地阻遏着民进党当局的"台独"冒险。特别是大陆方面准备制订《反分裂国家法》的消息，让陈水扁等反应强烈，污蔑该法为"战争法"，四处要求国际社会进行干预。然而无论民进党当局如何奔走呼告，也无法阻止《反分裂国家法》的颁布实施。加上2005年4—7月，国民党主席连战、亲民党主席宋楚瑜、新党主席郁慕明等又相继成功访问大陆，在台湾引发热烈反响。泛蓝阵营随之声望骤涨，并在2005年12月台湾县市长、县市议员、乡镇市长"三合一"选举中大获全胜，更让民进党感到政治上陷入严重被动。在这种内外交困的局面下，民进党当局认为面对《反分裂国家法》以及泛蓝阵营与大陆方面形成"统一战线"的新态势，自己逐渐被边缘化、"去政府化"以及"地方化"，①于是决定铤而走险，夺回两岸关系议题的主导权。2006年1月29日，陈水扁公开声称，将"严肃思考废除国统会、国统纲领"，公然违背其宣称的"四不一没有"承诺，从而对台海形势抛出新的"重磅炸弹"。

陈水扁迈出了背弃"四不一没有"承诺的实质一步，在分裂道路上越走越远。从"公投""制宪"再到"废统"，陈水扁这种愈发激进的"台独"步骤，必将招致大陆方面强烈反对，同时也触动了美国的神经。

美国从自己的利益出发，一直将台湾视为遏制中国的重要棋子，坚持干

---

① 陈明通:《"我国"大陆政策的检讨与前瞻》,《坚持"主权·民主·和平·对等"四原则的两岸关系》, 台北, "行政院大陆委员会", 2008年, 第47页。

涉台湾问题，阻挠中国统一，其与中国在台湾问题上的较量是一场博弈。对美国而言，台湾问题的最佳结果就是台湾从中国分裂出去，成为美国控制下的"盟国"；然而要实现这一目标，就必须承担与中国这一大国全面对抗的高额成本，而且中国综合国力日益上升，具有不惜一切代价维护国家统一的坚定意志，这是美国十分顾忌的。因此作出折衷选择，致力于维持台海两岸"不统不独不战"的局面，便成为美国在这场博弈中所能采用的最优策略。关于这一点，民进党领导人实际上也心知肚明。陈水扁在其1999年出版的自传《台湾之子》一书中写道："美国全球战略下的台海政策——就是维持台湾现状及稳定，使台湾继续超脱于中国的控制之外，唯有如此才符合美国的国家利益。美国所认知的现状，包括不允许中国武力犯台，但也不允许台湾在'法理'上宣布独立。"[1] 陈水扁当时还得出这样的结论："在现阶段的国际新秩序之下，台湾的安全是没有问题的，但要维护主权尊严却是困难的。"[2]

然而台湾这颗棋子却有着自己的意志，不时充当"搅局者"的角色。虽然民进党知道美国对待台湾问题的战略意图和台湾的处境，但为了"台独"的目的和满足竞选等政治利益，还是要进行"台独"冒险，甚至想拉美国下水。鉴于大陆方面在台湾问题上向美方传达的一贯明确信息，加上《反分裂国家法》的颁布实施，美方对中国政府与人民不惜一切代价维护国家主权与领土完整的坚定信念不抱任何怀疑。一旦"台独"势力跨过红线，大陆方面必将动用武力实现统一，届时美方要是出手"援救"台湾，则将承担与中国关系彻底破裂甚至全面开战的巨大风险；而如果坐视台湾被"武统"，则美国将失去制衡中国的最有效筹码，大大削弱其霸权地位。无论作何选择，事态的发展都将完全超出美方所能控制的范围，并将对自身利益造成严重损害，所以对美国而言，这种局面是绝对必须避免的。

另一方面，2001年"911"恐怖袭击事件发生后，美国对外战略重点已转移到在世界范围内打击极端恐怖主义上，要想取得这场反恐战争的胜利，单靠美国一国之力显然是不够的，其他国家尤其是中国这样的大国的协助必不可少。因此上台之初曾奉行对华强硬路线的小布什政府改变了立场，开始谋求在中美之间建立合作关系。在此情况下，美方自然更不希望民进党当局

---

① 陈水扁：《台湾之子》，台中：晨星出版有限公司，1999年，第117页。
② 陈水扁：《台湾之子》，台中：晨星出版有限公司，1999年，第118页。

在此时节外生枝，危害到其反恐大局。所以随着陈水扁"台独"冒险活动不断升级，中美两国高层之间就台湾问题的接触也日益密切。2003年民进党当局抛出"公投制宪"的"台独时间表"时，中国政府便要求美方向民进党当局施压，制止"台独"挑衅，得到了其积极回应。2003年10月7日，美国国务院发言人包润石特意在记者会上逐字逐句重述了陈水扁的"四不一没有"承诺，并指出这些承诺应予以遵守，要求不能有任何升高紧张或阻碍对话的言行。当陈水扁决定"公投绑大选"后，美方明显提高了反对的调门。12月1日，包润石再次强调：美国很严肃地看待陈水扁的"四不一没有"承诺，反对任何会改变台湾地位或走向"台独"的"公投"。[1] 12月9日，中国总理温家宝访问美国，与美国总统小布什举行会谈。会后，小布什在联合记者会上表示，美国反对任何片面改变两岸现状的决定，并向陈水扁发出了罕见的指责："台湾领导人的言行表明，他们可能要单方面做出改变现状的决定，美国对此表示反对。"[2] 虽然中美在台湾问题上一直摩擦不断，但在维护台海和平稳定这点上有着共同的需要。2005年11月20日，中国国家主席胡锦涛在会见小布什时指出："中美共同反对和遏制'台独'分裂势力及其活动，维护台海地区和平稳定，符合双方的共同利益。"[3]

因此，陈水扁意欲"废统"后，美方进一步表明其反对"台独"的态度。陈水扁2006年1月29日谈话后次日，美国国务院副发言人便主动发表书面声明，再次强调美国"不支持台湾独立，反对任何一方单方面改变台海现状"。[4] 此后，美国政府一方面公开向陈水扁施压，要求他对自己的言论作出"澄清"，继续信守"四不一没有"承诺；另一方面派出特使去台湾，劝说陈水扁放弃"废统"。然而，民进党当局仍于2006年2月27日正式宣布"国统会"终止运作和"国统纲领"终止适用，只是以"终统"代替了美方强烈反对的"废统"，并保证此举"不涉及现状之改变"。通过陈水扁"废统"闹剧，美国再度深切感受到陈水扁这个"麻烦制造者"（trouble maker）的不可信赖，以及对其"台独"冒险活动进行"预防管控"的必要性和急迫性。

① 徐博东、郭庆全：《近十年来民进党大陆政策大事记》上册，台北：海峡学术出版社，2011年，第205页。

② 《温家宝总理与美国总统布什举行会谈》，《人民日报》，2003年12月11日第1版。

③ 《胡锦涛主席与布什总统举行会谈》，《人民日报》，2005年11月21日第1版。

④ 徐博东、郭庆全：《近十年来民进党大陆政策大事记》下册，台北：海峡学术出版社，2011年，第376页。

2007 年 9 月 6 日，胡锦涛与小布什在悉尼举行会谈，后者明确表达了美方"坚决反对单方面改变台海现状的立场"，并愿意共同推动中美建设性合作关系发展。美方也密切关注民进党当局的动向，以便提前予以"预防"。台湾"总统府秘书长"陈唐山便抱怨称："每次提到修宪，老美就打电话关切……"①美方反"台独"态度的强化，给"台独"势力的活动以更多的掣肘。

不过，美方不支持"台独"的根本目的仍是维持两岸"不统不独不战"的局面，并没有改变"以台制华"的战略意图，加上美国国内庞大的涉台利益集团的压力，这些都决定了美国政府很难采取进一步的实质性反对"台独"的举措。这种"反独"却不愿"灭独"的局限性，使其并不会完全阻止"台独"势力的活动。中方之所以与美方联手"制独"，并非对其抱有不切实际的幻想，而是因为美国对台湾拥有举足轻重的影响力，更是"台独"势力的精神支柱，只要美方能够切实反对"台独"，就有助于降低"台独"重大事变发生的几率与危害性。在没有外部势力支持的情况下，"台独"势力要想强行推动"法理台独"，单独挑战大陆，必然是螳臂挡车。因此"废统"闹剧结束后不久，陈水扁当局开始最后的"台独"挣扎时，等待着他的只有一条毁灭之路。

2007 年 1 月 17 日，国台办举行 2007 年第一次新闻发布会。发言人杨毅表示："2007 年是反对'台独'、维护台海和平的关键时期。台湾当局通过所谓'宪改'谋求'台湾法理独立'的活动将进入实质阶段，两岸关系将面临严峻挑战。坚决遏制'台独'分裂活动、维护台海和平，仍然是两岸同胞当前最重要、最紧迫的任务。我们将以最大的诚意、尽最大的努力争取和平统一的前景，但是绝不容忍'台独'，绝不允许任何人以任何方式把台湾从中国分裂出去。"②

根据陈水扁 2003 年抛出的"催生台湾新宪法"的"台独时间表"，民进党应于 2006 年"公投制宪"、2008 年"实施新宪"。但由于大陆方面的强力反制，以及民进党内部分歧，时至 2007 年，"宪改"进度迟滞，未能进入立法程序。陈水扁继续推动"宪改"已很难达到目标，但他又不愿从原路退回，

① 萧师言、王建华、程刚：《反"台独"今年很关键 陈水扁可能孤注一掷》，tw.people.com.cn/GB/43950/530805.html，2007 年 1 月 20 日，访问日期：2020 年 2 月 2 日。

② 2007 年 1 月 17 日，国台办新闻发布会实录 http://www.scio.gov.cn/xwfbh/gbwxwfbh/xwfbh/gtb/Document/314416/314416.htm. 访问日期：2020 年 2 月 2 日。

以免自示"屈服于中共的压力",承认自己彻底失败。这时,2008年台湾地区领导人选举又日益临近。陈水扁第二任期以来,执政危机集中爆发,尤其是他本人及其亲属相继卷入贪腐丑闻,对民进党着力打造的"清廉"形象造成致命打击。陈水扁的政治声誉濒临破产,个人民意支持度一降再降,台湾民间掀起了声势浩大的"倒扁"运动,要求他提前下台的呼声一浪高过一浪。同时,民进党内部也对陈水扁专权独断充满怨言,"四大天王"谢长廷、苏贞昌、游锡堃、吕秀莲各自拉帮结派,意欲"抢班夺权"。这种四面楚歌的气氛,让陈水扁十分焦躁,他决定铤而走险,利用自己的剩余任期,进行最后的"台独"挣扎。他将"台独"活动的重点转向推动"以台湾名义申请加入联合国的公投"。在民进党当局操作下,"入联公投"议题很快发酵升温,成为比"废统"有过之而无不及的"台独"闹剧。

联合国是最具代表性的世界性政府间国际组织,只有主权国家才有资格参与。20世纪90年代后,李登辉为了推动其"中华民国在台湾"的路线,在国际上制造"两个中国",开始积极推动所谓"重返联合国"活动,企图在"不挑战中国在联合国代表权"的名义下,恢复"在台湾的中华民国"参与联合国的权利。2002年陈水扁提出"一边一国论"后,民进党当局开始使用"中华民国(台湾)"等名义申请"入联",以凸显"台湾是一个叫作中华民国的主权独立国家"。因此自1993年以后,台湾当局每年均唆使极少数国家在联合国提出所谓"涉台提案",结果均遭惨败。2006年9月,"涉台提案"连续第14次在联合国大会上闯关失败后,陈水扁公开表示,要"认真思考通过公民投票方式,以台湾名义、新会员身份直接申请加入联合国"。虽然陈水扁等人一再宣称"以台湾名义加入联合国"并不涉及"国号"变更,也不违反"四不"承诺,[①]但"以台湾名义加入联合国"本身,就已经隐含着承认"台湾是一个主权国家"的含义。而就此举办所谓"入联公投",实际上是以"公投"形式表决台湾的法理地位,妄图改变台湾是中国一部分的地位,是民进党推动"法理台独"的一大步骤。同时,台湾民众十分关心参与国际组织及其活动的问题,因此在"参与国际组织"这一冠冕堂皇的伪装下,所谓"入联公投"相比统"独"议题,更有可能获得台湾民众支持,这便给

---

① 随着"国统会"和"国统纲领"的终止,陈水扁实质上已亲手撕毁了其"四不一没有"承诺中的"一没有"(即"没有废除'国统纲领'及'国统会'的问题"),只剩下所谓"四不"承诺。

了民进党以操作的空间。

正因为"入联公投"牵涉如此重大，又有一定的可操作性，它成为了陈水扁用于摆脱自己与民进党困境的最后一根"救命稻草"。面对逐渐临近的2008年台湾地区领导人选举，已被贪腐丑闻重创的民进党急需提出新的选举策略，以挽救岌岌可危的选情。而与涉嫌贪腐的陈水扁等人进行"政治切割"，重塑自身"清廉"形象，便是民进党考虑的举措之一。在这种情况下，陈水扁如果先发制人，抛出"入联公投"这一重大议题，便可以迅速将外界关注焦点从贪腐问题上转移开来，煽动起民众要求"参与国际组织"的情绪，为民进党争取更多选票；此外更可以树立自己在深绿支持者心中的地位，拉拢民进党内以游锡堃为首的"急独"势力，从而裹挟党内力量最强、参选呼声最高的谢长廷一派，逼迫整个民进党为了2008年选举，重新团结在他提出的议题之下，以避免遭受党内的"政治切割"，给自己留下一道下台后的"护身符"，达到"一石二鸟"的目的。

因此，进入2007年后，随着选战气氛高涨，在陈水扁策划下，民进党对"入联公投"的操作也步入了实质阶段。2007年4月，民进党正式通过了"以台湾名义加入联合国公投联署"的联署书，开始全力推动联署活动，准备重施"公投绑大选"的故伎。6月18日，陈水扁在会见美国传统基金会会长时公开宣称，将于"明年大选时一并举行以台湾名义加入联合国的公民投票"。[①] 虽然民进党提出的"入联公投"案在台湾"公投审议委员会"一度遭到否决，但其把持下的"诉愿审议委员会"很快推翻了这一决定，强行宣布该案有效。民进党随即发起第二阶段"百万人大联署"活动，对"入联公投"的造势进入高潮。

民进党积极推动"入联公投"，理所当然地遭到大陆方面与国际社会一致反对。2007年6月13日，国台办发言人杨毅在新闻发布会上表示，"入联公投"是一种变相的"统独公投"，大陆方面严重关注事态的发展，绝不允许"台独"分裂势力以任何名义、任何方式把台湾从中国分裂出去。[②] 日本、俄罗斯、欧盟及东南亚各国也相继表态，反对台湾举办"入联公投"。

---

① 徐博东、郭庆全：《近十年来民进党大陆政策大事记》下册，台北：海峡学术出版社，2011年，第429页。

② 2007年6月13日，国台办新闻发布会实录，http://www.scio.gov.cn/xwfbh/gbwxwfbh/xwfbh/gtb/Document/314425/314425.htm，访问日期：2020年2月2日。

美国反应更为强烈。6月18日陈水扁发表"公投绑大选"讲话后十几个小时，美国国务院便明确表态反对，敦促陈水扁"拿出领导能力，拒绝这项已经提出的公投"。从8月底到9月初半个月时间内，美国副国务卿内格罗蓬特、国家安全委员会东亚事务主管韦德宁、副助理国务卿柯庆生等官员更是罕见地连续对台发出警告，反对"入联公投"这种挑衅性行为，进一步指出美方不承认"台湾是个国家"，台湾当局"必须预期到中国的红线及可能的反应"，并公开强调其演说"代表美国政府一致的看法"。①12月6日，中国国家主席胡锦涛与美国总统小布什通电话，表示台湾当局正变本加厉推行"入联公投"等"台独"分裂活动，对台海和平稳定构成严重威胁和挑战，坚决反对和制止"台独"，维护台海和平稳定，符合中美共同战略利益。

但是，此时陈水扁和民进党当局正把"入联公投"作为他们最后的政治赌注，幻想只要能够绑架台湾民意，制造出既成事实，美方无论怎么反对，最终也只能接受现状，继续充当台湾的保护伞。因此陈水扁态度依然强硬，一再表示将坚持推动"入联公投"，狡辩其不违背"四不"承诺，"不知美国反对的原因到底为何"。②2007年3月4日，陈水扁更是抛出了所谓"四要一没有"主张，叫嚣"台湾要独立""台湾要正名""台湾要新宪""台湾要发展""台湾没有左右路线，只有统独问题"，大有"图穷匕见"之势。

为了让台湾成为所谓的"正常国家"，民进党还于2007年推出了"正常国家决议文"，又迈出了推动"台独"的一大步。民进党制定"正常国家决议文"有一个目的，即解决"台湾前途决议文"遗留下来的问题。"台湾前途决议文"宣称"台湾已经独立"，将台湾定位为"国号"是"中华民国"的"主权独立国家"，这种定位存在一个矛盾：毕竟"中华民国"与所谓"台湾国"之间在法理等方面有区别。为解决这个问题，"正常国家决议文"提出虽然"台湾已经独立"，但却是一个"国际关系不正常""宪政体制不正常""国家认同不正常"的"非正常国家"，只有完成实现"正常国家"的步骤，才能将台湾变为真正的"正常国家"。"正常国家决议文"草案共有十项主张，当中明确宣称"台湾是主权独立国家，与中国互不隶属、互不治理"，要求将"国号"正名为台湾，以"台湾"名义加入联合国等国际组织，

---

① 参见柯庆生：《一个坚强而节制的台湾》，台湾《联合报》，2007年9月13日第1版。
② 徐博东、郭庆全：《近十年来民进党大陆政策大事记》下册，台北：海峡学术出版社，2011年，第431页。

并制定"新宪"，将"领土"范围确定为台澎金马，在适当时候举行"公投"，以确立台湾为"主权独立的国家"。虽然该文最终通过的版本对原有的一些语句进行了修饰，如将"正名国号""制定新宪""修改领土范围"等要求概括为"早日正名制宪"等，但它依然将"一边一国""正名制宪""台湾入联"等主张确定下来，可以说是民进党自成立以来所制定的最为系统、最为完整的"台独"行动纲领。

2008年2月1日，台湾"中央选举委员会"批准将"入联公投"与台湾地区领导人选举一起进行。第二天，中台办、国台办便发表受权声明，指出"入联公投"是谋求改变大陆和台湾同属一个中国的现状、走向"台湾法理独立"的严重步骤，是变相的"台独公投"，陈水扁当局一意孤行、铤而走险，必将付出沉重代价；"我们真诚希望广大台湾同胞认清陈水扁当局举办'入联公投'的险恶用心和必将给台湾同胞带来的严重后果"，只有坚决遏制"台独"冒险行径，才能维护两岸关系和平发展前景与台湾同胞福祉。[1] 随着陈水扁第二任期临近结束，"台独"与反"台独"的斗争也迎来决战时刻。

八年来，民进党当局为了实现"法理台独"，一直高举"民意"大旗，对台湾人民进行"洗脑"，企图通过"公投"等手段，将他们打造成分裂国家、对抗大陆的工具。然而随着大陆方面、台湾各界反"台独"力量、国际社会共同反对"台独"的实现，借"公投"推行"法理台独"的本质以及由此将导致的严重后果，已经为越来越多的台湾人民所认识。台湾社会各界掀起了大规模抵制"入联公投"的运动。连战、宋楚瑜等泛蓝阵营重要人士纷纷表态拒领"公投"票，台湾民间人士也组织了拒领"公投"票联盟，举办"剃光头、反公投"活动。2008年3月11日，台湾百位商界名人共同呼吁拒领"公投"票。根据选前台湾《联合报》调查，高达55%的台湾民众表示不会去领"公投"票。由于大部分台湾民众不愿参与"入联公投"，这场"公投"实际上等于还没开始便已结束。

3月22日，台湾地区同时举办"入联公投"和新一届领导人选举。"入联公投"案投票率（35.8%）未达投票权人总数的半数而被否决，这宣告了

---

[1] 《中台办、国台办就陈水扁当局公告举办"入联公投"发表受权声明》，《人民日报》，2008年2月3日。

陈水扁最后"台独"挣扎的彻底失败。同时，民进党也在台湾地区领导人选举中落败。民进党执政期间，在经济民生方面毫无建树，党内丑闻频发，形象早已一落千丈，而陈水扁等人却依然忙于炒作政治话题，煽动民众对抗大陆，以谋一党一己之私利。这种弄权有术、理政无方的政客作派，更让广大台湾民众感到厌倦。此前民进党已经接连在 2005 年 12 月台湾县市长、县市议员、乡镇市长"三合一"选举和 2008 年 1 月"立委"选举中惨败，显示出大部分台湾民众已不再信任民进党的执政能力，政党轮替势在必行。这次台湾地区领导人选举结果，国民党候选人马英九、萧万长以压倒性多数击败民进党候选人谢长廷、苏贞昌。至此，大陆方面开展的反"台独"斗争取得阶段性胜利，民进党谋求"法理台独"的图谋彻底失败；台湾执政党即将更迭，台湾局势发生积极变化；两岸关系出现了从紧张动荡走向和平发展的转折点。

2000 年到 2008 年，以陈水扁为首的民进党当局拒不承认一个中国原则和"九二共识"，推动"台独"活动升级，不断挑战大陆底线，制造两岸关系紧张动荡局面，在"法理台独"的道路上越走越远。但随着大陆方面和台湾社会各界、国际社会共同反对"台独"，民进党推行"法理台独"的图谋逐渐陷入困境。陈水扁精心策划了"宪政改造""入联公投"和 2008 年的"公投绑大选"，最终均遭惨败，很不光彩地结束了其首次执政史。但是，陈水扁全力推动"法理台独"进程，自上而下推行"去中国化"宣传教育，培养畸形的"台湾国家民族意识"、培养民众的"台独"意识，企图从根本上斩断与中国的联系，在台湾社会留下了严重创伤，尤其是对台湾青少年造成更为严重的伤害。民进党当局还完成了"公投立法"程序并付诸实施，炮制了台湾历史上"公投"的先例，为"台独"进行了法理准备。这些都对未来台湾政局和两岸关系产生了不可忽视的影响。不过，无论台湾政局如何变化，无论"台独"势力如何破坏，都动摇不了两岸关系向前迈进的总体趋势。2000 年到 2008 年两岸关系从紧张动荡最终走向和平发展的历史，已经充分证明了这一点。

第五章
两岸关系和平发展新局面
(2008.5—2016.5)

2008 年 5 月，台湾政局发生重大积极变化，两岸关系实现从紧张动荡走向和平发展的重大转折。2008 年 5 月至 2016 年 5 月，两岸关系总体面貌发生了历史性变化，取得了一系列突破性进展和重要成果，处于前所未有的和平发展时期。

第一节　两岸关系和平发展局面的开启

一、两岸关系和平发展理念的提出

两岸关系和平发展理念孕育于两岸关系紧张动荡之时，形成于 2008 年两岸关系实现重大转折之际，体现了大陆对台政策与时俱进的新思维。陈水扁 2004 年连任后蓄谋推动"法理台独"，"台独"势力及其活动成为台海地区和平稳定的最大现实威胁。对此，全国人大于 2005 年 3 月制定了《反分裂国家法》，加强以法律手段遏制"台独"行径，充分展现反"台独"的国家意志和人民意愿，引起台湾各界及国际社会强烈反响，产生重大深远影响。同时，大陆方面先后邀请中国国民党、亲民党来访，共同反对"台独"、推动两岸关系发展。4 月 29 日，中共中央总书记胡锦涛与国民党主席连战实现了国共两党自 1945 年以来的历史性会谈，共同发布了"两岸和平发展共同愿景"，首次提出两岸关系和平发展的理念，宣示了国共两党共同推动两岸关系发展的立场和态度，载明了坚持"九二共识"、反对"台独"是两党的共同主张，揭示了两岸关系发展的方向。

2006 年 4 月 16 日，胡锦涛会见国民党荣誉主席连战时，首次提出"和平发展理应成为两岸关系发展的主题"的重要主张。[1]2007 年 10 月，中共十七大报告强调，"牢牢把握两岸关系和平发展的主题"，"在一个中国的原则基础上，协商正式结束两岸敌对状态，达成和平协议，构建两岸关系和平发展框架，开创两岸关系和平发展新局面"。[2]中共十七大对台论述显示，大陆方

---

[1] 《人民日报》，2006 年 4 月 17 日。

[2] 《人民日报》，2007 年 10 月 16 日。

面关于两岸关系和平发展的理念初步成熟，对指导对台工作、推进两岸关系产生了重要作用，也对日后两岸关系和平发展重要思想的形成奠定了基础。

二、台湾政局重大积极变化为开创两岸关系和平发展新局面提供了必要条件

民进党在台湾执政 8 年，以"台独"意识形态挂帅，制造两岸紧张对峙，使得台湾经济停滞、政局动荡、社会对立，让台湾民众认识到"台独"路线给台湾带来的巨大危害。2008 年 1 月，国民党在台湾地区民意代表选举中大胜，取得"立法院"超过三分之二的席次，占据主导地位。3 月 22 日，在台湾地区领导人选举中，国民党候选人马英九以 765 万票、58.45% 得票率取得压倒性胜利，一举夺回失去 8 年的执政权，实现了全面执政。同日，陈水扁当局推动的"入联公投"被否决，其谋求"法理台独"遭到彻底失败。台湾政局的积极变化，反映了台湾民众求和平、求发展的心声，也反映了国共两党所主张的两岸关系和平发展理念获得台湾主流民意的认同，也使得两岸关系走出了动荡不安的"高危期"，进入充满希望的新时期。国民党即将重新在台湾执政，这为国共两党、两岸双方在坚持"九二共识"、反对"台独"的共同政治基础上，开创和推动两岸关系和平发展创造了必要条件。

三、两岸关系和平发展新局面的开启

2008 年 3 月台湾地区领导人选举结束后，国共两党积极互动，相互传递改善两岸关系、共同推动两岸关系和平发展的诚意。3 月 22 日马英九当选台湾地区领导人当晚，国台办发言人表示，"我们注意到了台湾地区领导人选举的结果。陈水扁当局推动所谓的以台湾名义加入联合国的'公投'遭到失败，再次说明'台独'势力搞'台独'是不得人心的。两岸关系和平发

展是两岸同胞的共同愿望和期待，大家要共同为此努力"。① 表明了大陆方面对与台湾新当局共同开启和推动两岸关系和平发展的期望。23 日，马英九召开记者会表示，坚持"一中"，不支持"法理台独"，在"九二共识基础上什么都可以谈"，优先签订经济协议及和平协议，以维持台海和平为前提；还表示准备接受大陆赠送的大熊猫。② 马英九对大陆的期待作出积极回应。

4 月 12 日，中共中央总书记胡锦涛在博鳌论坛期间会见台湾地区副领导人当选人萧万长，就两岸经济交流合作交换意见，达成合作双赢的共识，有助于两岸关系和平发展新局面的开启。

4 月 29 日，胡锦涛总书记会见国民党荣誉主席连战一行时指出，"两岸双方应当共同努力，建立互信、搁置争议、求同存异、共创双赢，切实为两岸同胞谋福祉、为台海地区谋和平，开创两岸关系和平发展新局面"。连战表示，"两岸应当掌握契机，在经济、文化、教育、社会、安全等层面加强交流合作，创造有利条件和环境，在两岸关系和平发展的康庄大道上携手前进"。③ 这次会见为开创两岸关系和平发展新局面创造了条件。

5 月 20 日，新任台湾地区领导人马英九在就职演说时表示，"将继续在'九二共识'的基础上，尽早恢复协商"，并秉持"'正视现实、开创未来、搁置争议、追求双赢'，寻求共同利益的平衡点"。④

5 月 28 日，胡锦涛与国民党主席吴伯雄举行会谈，双方达成多项共识。一是国共两党要利用难得的历史机遇，开创两岸关系和平发展新局面。胡锦涛强调，在新的形势下国共两党应该共同把握和用好难得的历史机遇，继续依循并切实落实"两岸和平发展共同愿景"，开创两岸关系和平发展新局面。吴伯雄说，台湾的主流民意期待两岸关系走向善意互动，希望中断多年的两会协商尽快恢复，在 7 月份实现两岸周末包机、大陆居民赴台旅游。二是胡锦涛提出的"建立互信、搁置争议、求同存异、共创双赢"成为双方共识。三是在"九二共识"基础上尽快恢复两会协商。四是解决台湾同胞参与国际活动问题。五是继续发挥国共平台的作用。这次会谈标志着两岸关系和平发展新局面的开启。

---

① 《人民日报》，2008 年 3 月 24 日。
② 台湾《联合报》，2008 年 3 月 24 日。
③ 《人民日报》，2008 年 4 月 30。
④ 台湾"中央社"台北，2008 年 5 月 20 日电。

四、胡锦涛全面系统阐述两岸关系和平发展重要思想

2008年12月31日，中共中央总书记、国家主席、中央军委主席胡锦涛在纪念《告台湾同胞书》发表30周年座谈会上发表题为《携手推动两岸关系和平发展 同心实现中华民族伟大复兴》的重要讲话。这一讲话全面总结了30年来中央对台工作大政方针的发展、推进两岸关系取得的历史性成就和对台工作的基本经验，在此基础上首次全面系统阐述了两岸关系和平发展重要思想，提出了推动两岸关系和平发展的政策主张，是指导新形势下对台工作的纲领性文件。其要点是：

1. 解决台湾问题的核心是实现祖国统一，目的是维护和确保国家主权和领土完整，追求包括台湾同胞在内的全体中华儿女的幸福，实现中华民族伟大复兴。以和平方式实现祖国统一最符合包括台湾同胞在内的中华民族根本利益，也符合求和平、谋发展、促合作的时代潮流。我们一定要以最大诚意、尽最大努力争取祖国和平统一。首先要确保两岸关系和平发展，这有利于两岸同胞加强交流合作、融洽感情，有利于两岸积累互信、解决争议，有利于两岸经济共同发展、共同繁荣，有利于维护国家主权和领土完整、实现中华民族伟大复兴。

2. 推动两岸关系和平发展，应该把坚持大陆和台湾同属一个中国作为政治基础，把深化交流合作、推进协商谈判作为重要途径，把促进两岸同胞团结奋斗作为强大动力，把反对"台独"分裂活动作为必要条件。

3. 就推动两岸关系和平发展提出六点意见：（1）恪守一个中国，增进政治互信。（2）推进经济合作，促进共同发展。（3）弘扬中华文化，加强精神纽带。（4）加强人员往来，扩大各界交流。（5）维护国家主权，协商涉外事务。（6）结束敌对状态，达成和平协议。

4. 两岸同胞是血脉相连的命运共同体。包括大陆和台湾在内的中国是两岸同胞的共同家园，两岸同胞有责任把她维护好、建设好。实现中华民族伟大复兴要靠两岸同胞共同奋斗，两岸关系和平发展新局面要靠两岸同胞共同开创，两岸关系和平发展成果由两岸同胞共同享有。我们要坚持以人为本，把寄希望于台湾人民的方针贯彻到各项对台工作中去，最广泛地团结台湾同

胞一道推动两岸关系和平发展。

两岸关系和平发展重要思想是在总结 30 年来大陆对台工作实践经验基础上形成的理论成果，丰富了国家统一理论，发展了中央对台工作大政方针和政策主张。其最鲜明的特色，是把完成祖国统一的历史使命同实现中华民族伟大复兴的宏伟目标紧密联系起来，向两岸同胞发出了携手推动两岸关系和平发展、同心实现中华民族伟大复兴的号召，揭示了对台工作的奋斗目标。其最突出的理论贡献，是科学回答了为什么要推动两岸关系和平发展、怎样推动两岸关系和平发展的重大问题；提出了实现和平统一首先要确保两岸关系和平发展的论断，指出了和平统一与两岸关系和平发展之间的内在联系和辩证统一关系；明确了推动两岸关系和平发展的基本方略，明确了推动两岸关系和平发展是坚持和平统一方针的必然要求，是实现和平统一的必由之路，是实现中华民族伟大复兴的战略选择。其最主要的内涵，是全面系统提出了开辟两岸关系前进道路的一系列政策主张。其最基本的理念，是强调做好对台工作、推进两岸关系必须坚持以人为本。

2008 年以后，对台工作全面贯彻两岸关系和平发展重要思想，开辟了两岸关系和平发展道路。事实证明，两岸关系和平发展重要思想是正确的、有效的，对推进祖国和平统一进程产生了重大作用。

第二节　两岸政治交往取得历史性突破

一、国共两党保持高层会面机制

自 2008 年至 2012 年，中共中央总书记胡锦涛多次会见国民党主席或荣誉主席。2008 年 5 月，胡锦涛与国民党主席吴伯雄举行会谈，开创了两党领导人峰会机制。8 月，胡锦涛会见应邀前来出席北京奥运会开幕式的吴伯雄，胡锦涛强调，两岸双方应该本着建立互信、搁置争议、求同存异、共创双赢的精神，继续共同努力，保持这一良好势头。2009 年 5 月，胡锦涛与吴伯雄举行第二次会谈，在一年来两岸关系取得一系列重大进展的形势下，胡锦涛就如何在新起点上进一步推动两岸关系和平发展提出"六点意见"，提出两岸协商应遵循"先易后难、先经后政、把握节奏、循序渐进"的策略，双方达成多方面共识，为进一步推动两岸关系和平发展指明了方向。2011年5月，胡锦涛会见已任国民党荣誉主席的吴伯雄，胡锦涛强调，我们要牢牢把握两岸关系和平发展大局，巩固政治基础，坚持正确方向，推进协商谈判，扩大交流合作，为推动两岸关系和平发展创造更好条件。2012年3月，胡锦涛会见吴伯雄，面对国民党继续执政的新情况，胡锦涛强调，当前两岸关系迎来新的发展机遇，面临继往开来的新形势，我们将继续贯彻推动两岸关系和平发展的各项方针政策，以持续推动两岸关系和平发展为主题，以广泛团结广大台湾同胞为主线，不断开创两岸关系和平发展新局面。此外，胡锦涛还多次在亚太经合组织领导人非正式会议期间，以总书记身份与国民党荣誉主席连战会面，就推动两岸关系和平发展交换意见。

2012年中国共产党十八大召开后，国共两党继续保持高层会面机制。2013年2月，中共中央总书记习近平会见连战时表示，"我们有充分信心继续坚定不移推动两岸关系和平发展，有充分信心克服各种困难开辟两岸关系新前景，有充分信心同台湾同胞携手迎接中华民族伟大复兴"，"我们真诚希望台湾同大陆一道发展，两岸同胞共同来圆中国梦"。[①]

2013年6月，习近平会见吴伯雄时表示，新一届中共中央将继续执行既定的大政方针，致力于巩固深化两岸关系和平发展；希望两党和两岸双方继续增进互信，保持良性互动，稳步推进两岸关系全面发展，巩固深化两岸关系和平发展各项基础，团结两岸同胞共同为实现中华民族伟大复兴而努力。吴伯雄表示，坚持"九二共识"、反对"台独"是国共两党一致的立场，是两岸关系和平发展的基础；两岸各自的法律、体制都实行一个中国原则，都用一个中国架构定位两岸关系，两岸不是"国与国"的关系。[②]

2014年2月，习近平会见连战一行时表示，"我们希望两岸双方秉持'两岸一家亲'的理念，顺势而为，齐心协力，推动两岸关系和平发展取得更多成果，造福两岸民众"。"两岸同胞一家亲，谁也不能隔断我们的血脉；两岸同胞命运与共，彼此没有解不开的心结；两岸同胞要齐心协力，持续推动两岸关系和平发展；两岸同胞要携手同心，共圆中华民族伟大复兴的中国

---

① 新华网北京，2013年2月25日电。
② 新华网北京，2013年6月13日电。

梦"。① 习近平向台湾同胞明确提出了"两岸一家亲"的理念和"两岸同胞共圆中国梦"的号召。

2015 年 5 月，习近平会见国民党主席朱立伦时提出五点主张：第一，坚持"九二共识"、反对"台独"是两岸关系和平发展的政治基础，其核心是认同大陆和台湾同属一个中国。第二，深化两岸利益融合，共创两岸互利双赢，增进两岸同胞福祉，是推动两岸关系和平发展的宗旨。第三，两岸交流，归根到底是心与心的交流，最重要的是心灵沟通。第四，国共两党和两岸双方要着眼大局，本着相互尊重的精神，不仅要求同存异，更应努力聚同化异，不断增进政治互信。第五，中华民族伟大复兴需要大家一起来干。

二、充分发挥国共论坛的重要作用

2005 年国共两党发布"两岸和平发展共同愿景"，其中一项内容是建立党对党定期沟通平台，包括开展不同层级的党务人员互访，进行有关改善两岸关系议题的研讨，举行有关两岸同胞切身利益的磋商，邀请各界人士参加，组织商讨密切两岸交流的措施等。2008 年之前，国共两党有关方面共举办了三届两岸经贸文化论坛。论坛作为党对党对话平台，不仅深化了国共两党之间的理解互信，也推动解决了一些涉及两岸同胞福祉的实际问题，产生了积极影响。

2008 年两岸关系和平发展新局面开启后，国共两党继续保持党对党对话沟通平台，继续举办两岸经贸文化论坛，一方面继续增进两党良性互动和互信，另一方面与海协会和台湾海基会协商谈判形成互补格局，为两岸各界人士参与推动两岸关系发展提供渠道。2008 年至 2015 年共举办了七次两岸经贸文化论坛，形成每年一届的常态，每届论坛均取得丰硕成果，以"共同建议"形式提出一系列加强两岸各领域交流合作的政策建议和实际措施，对于推动和深化两岸关系和平发展发挥了重要作用。国共两党还在省、市、县等层级开展党务主管部间的交流，与论坛一道形成了国共两党交流的景况。

---

① 新华网北京，2014 年 2 月 18 日电。

三、大陆方面对推动两岸政治关系展现积极态度

2012 年 11 月，中国共产党召开第十八次全国代表大会。十八大报告提出了一系列巩固深化两岸关系和平发展的新主张、新举措，包括提出"希望双方共同努力，探讨国家尚未统一特殊情况下的两岸政治关系，作出合情合理安排"。① 这表明了大陆方面希望逐步解决两岸政治分歧问题的积极态度。2013 年以来，台湾地区领导人马英九多次公开表示，"两岸关系不是国与国关系"，"不论对内对外都不会推动'两个中国''一中一台'或'台湾独立'"。这对于巩固两岸双方基本互信具有积极意义。

2013 年 10 月，中共中央总书记习近平在印尼巴厘岛会见台湾两岸共同市场基金会荣誉董事长萧万长时指出，"着眼长远，两岸长期存在的政治分歧问题终归要逐步解决，总不能将这些问题一代一代传下去。我们已经多次表示，愿意在一个中国框架内就两岸政治问题同台湾方面平等协商，作出合情合理安排。对两岸关系中需要处理的事务，双方主管部门负责人也可以见面交换意见"。② 习近平这一重要论述展现了大陆方面愿意努力破解两岸政治难题的决心，也体现了大陆方面愿意推动两岸政治交往的善意，并且为两岸政治交往指明了具体路径。

四、双方两岸事务主管部门负责人会面

大陆方面积极落实中共中央总书记习近平关于两岸双方主管部门负责人见面的指示。2013 年 10 月，中共中央台办、国务院台办主任张志军在印尼巴厘岛陪同习近平会见萧万长后，与台湾方面大陆事务主管部门负责人王郁琦进行了简短寒暄。张志军表示，两岸有关部门应加强交流沟通，共同努力推动两岸关系和平发展，造福两岸同胞。王郁琦提出希望与张志军实现互访，张志军表示赞同，欢迎王郁琦在适当时候到大陆参访。

---

① 《人民日报》，2012 年 11 月 9 日。
② 《人民日报》，2013 年 10 月 7 日。

2014年2月，国台办主任张志军与来访的台湾方面陆委会负责人王郁琦在南京会面，这是双方两岸事务主管部门成立20多年来首次负责人正式会面。双方就推进两岸关系有关问题广泛深入交换意见并取得积极共识，包括：应珍惜并维护来之不易的两岸关系和平发展良好局面；以中华民族整体利益为重，本着"两岸一家亲"的理念，继续扩大交流、推进谈判、密切合作，造福两岸同胞，共同振兴中华；双方在坚持"九二共识"基础上继续推进两岸关系，国台办与陆委会建立常态化联系沟通机制。此次会面标志着两岸关系取得突破性进展。其后，双方两岸事务主管部门负责人又举行三次工作会面，对于提升两岸交往制度化水平、持续推进两岸关系和平发展具有重要意义。中共中央总书记习近平对此高度评价，认为双方两岸事务主管部门负责人会面，达成积极共识，对推动两岸关系全面发展具有积极意义。双方两岸事务部门负责人会面，对于推动实现两岸领导人会晤起到了积极的铺垫作用。

五、两岸领导人实现历史性会晤

2015年11月7日，中共中央总书记、国家主席习近平在新加坡同台湾方面领导人马英九会晤，这是1949年以来两岸领导人首次会晤。习近平强调，"我们今天坐在一起，是为了让历史悲剧不再重演，让两岸关系和平发展成果不得而复失，让两岸同胞继续开创和平安宁的生活，让我们的子孙后代共享美好的未来。面对新形势，站在两岸关系新起点上两岸双方应该胸怀民族整体利益、紧跟时代前进步伐，携手巩固两岸关系和平发展大格局，共同实现中华民族伟大复兴"。并提出坚持两岸共同政治基础不动摇、坚持巩固深化两岸关系和平发展、坚持为两岸同胞多谋福祉、坚持同心实现中华民族伟大复兴等四点意见，强调"7年来两岸关系能够实现和平发展，关键在于双方确立了坚持'九二共识'、反对'台独'的共同政治基础。没有这个定海神针，和平发展之舟就会遭遇惊涛骇浪，甚至彻底倾覆。'九二共识'经过两岸有关方面明确的授权认可，得到两岸民意广泛支持。'九二共识'之所以重要，在于它体现了一个中国原则，明确界定了两岸关系的性质，表明大陆与台湾同属一个中国，两岸关系不是国与国关系，也不是'一中一台'。虽然两岸迄今尚未统一，但中国的主权和领土完整从未分裂。两岸同属一个国家、两岸同胞同属中华民族，这一历史事实和法理基础从未改变，也不可能改变"。①

马英九表示，2008年以来，两岸共同开创和平稳定的台海局势，获得两岸及国际社会普遍赞扬，要善加珍惜。"九二共识"是实现两岸关系和平发展的共同政治基础，两岸要巩固"九二共识"，扩大深化交流合作，增进互利双赢，拉近两岸心理距离。对外展现两岸关系可以由海峡两岸和平处理，同心协力，为两岸下一代创造更美好的未来。

在筹备这次会晤期间，两岸双方通过沟通，商定会晤使用两岸领导人身份和名义，互称"先生"，这是在两岸政治分歧尚未彻底解决的情况下，按照一个中国原则作出的务实安排，体现了双方搁置争议、相互尊重的精神。

两岸领导人会晤标志着两岸关系实现了历史性突破，具有重大的历史意义。第一，这是1949年以来两岸领导人首次会晤，翻开了两岸关系历史性一页，为两岸关系未来发展开辟了新的空间，具有里程碑意义。第二，双方对两岸关系66年来发展历程的回顾，尤其是对2008年以来两岸关系和平发展取得的重要成果的肯定，表明两岸关系走上和平发展道路是一条正确的道路，两岸双方要坚定不移走下去。第三，会晤是对体现一个中国原则的"九二共识"作为共同政治基础的再确认，对两岸关系稳定发展具有重要意义。第四，两岸交往互动层次的提升，有利于促进两岸沟通对话，扩大交流，深化合作，实现互利双赢，造福两岸同胞。第五，这次会晤向世人表明，两岸中国人完全有能力、有智慧解决好自己的问题。第六，有利于激发两岸同胞携手合作，同心协力，致力于中华民族伟大复兴的热情。

六、两岸双方在涉外事务中内耗减少

2008年年底，中共中央总书记胡锦涛在纪念《告台湾同胞书》发表30周年座谈会上的讲话提出，"我们了解台湾同胞对参与国际活动问题的感受，

---

① 新华网新加坡2015年11月7日电。

重视解决与之相关的问题。两岸在涉外事务中避免不必要的内耗，有利于增进中华民族整体利益。对于台湾同外国开展民间性经济文化往来的前景，可以视需要进一步协商。对于台湾参与国际组织活动问题，在不造成'两个中国''一中一台'的前提下，可以通过两岸务实协商作出合情合理安排"。①这一论述不仅表达了大陆方面对于解决台湾参与国际组织活动问题的诚意和善意，也指明了两岸在涉外事务中减少内耗的基本前提和具体路径。2008年台湾新当局领导人马英九上台后，主动提出在"九二共识"基础上，通过两岸协商解决台湾的"国际空间问题"；同时，摒弃陈水扁时期的"烽火外交""金钱外交"等冲撞一个中国框架的做法，提出了"活路外交""大陆政策是外交政策的上位"等理念。②

在两岸和平发展的形势下，两岸双方共同努力，创造条件，通过务实协商，妥善解决了台湾参与世界卫生大会（WHA）的问题。2009年5月，世界卫生组织总干事陈冯富珍致函邀请中华台北卫生署派员以观察员身份参与第62届世界卫生大会（WHA）。从2009年至2016年，台湾当局以此方式和身份连续8次出席世卫大会。这项安排参照世卫组织相关实践，符合世界卫生组织有关规定，也符合国际社会普遍认同的一个中国原则。同时，这项安排体现了大陆方面高度重视和积极维护台湾同胞卫生健康福祉的善意，也展现了大陆方面积极推动两岸关系和平发展的诚意。

2013年，中华台北民航局应邀派员作为国际民航组织（ICAO）理事会主席客人列席了当年的大会。此外，台湾相关民间团体以适当名义和身份加入一些国际非政府组织。2009年，台湾以"台澎金马单独关税区（中国台北）"名义加入世界贸易组织政府采购协定（GPA），以"中国台北"名义和"捕鱼实体"身份参加南太平洋渔业管理和养护委员会。2010年，台湾以"台澎金马单独关税区"（简称中华台北）名义与新加坡签署经济合作协议（FTA）。2013年，台湾又以此名义与新西兰签署经济合作协议。

---

① 《人民日报》，2009年1月1日。
② 台湾《联合报》，2008年4月8日。

第三节 两岸协商谈判取得丰硕成果

2008 年至 2015 年，海协会与台湾海基会先后举行了 11 次领导人会谈，签署了 23 项协议并达成多项共识，解决了诸多涉及两岸同胞切身利益的问题。两会协商取得的成果，促进了两岸交流合作的制度化和规范化，拓展了两岸交流合作领域，丰富了两岸交流合作内涵，增进了两岸同胞福祉，成为推动两岸关系和平发展的重要动力。

一、两会协商在"九二共识"基础上顺利恢复

2008 年 4 月 29 日，中共中央总书记胡锦涛会见国民党荣誉主席连战时提出，应在"九二共识"的基础上尽早恢复两岸协商谈判，务实解决各种问题。5 月 20 日，台湾地区领导人马英九在就职演讲中表示，"将在'九二共识'基础上尽早恢复协商"。5 月 28 日，胡锦涛与国民党主席吴伯雄会谈时表示，"我们应该在'九二共识'基础上尽快恢复海协会和海基会的交往协商，通过平等务实协商解决两岸间的有关问题"，"希望今后两会制度化协商能够顺利推进、不断取得成果，并在双方方便的时候进行两会领导人互访"。吴伯雄也当面表达了"希望中断多年的两岸协商尽快恢复""在适当时候邀请海协会会长访问台湾"的意愿。[①]

5 月 26 日，台湾海基会第六届第二次临时董监事联席会议选举江丙坤为董事长。同日，海基会致函海协会表示："期望贵我两会在'九二共识'基础上，尽早恢复制度化协商"。[②]5 月 29 日，海协会回函表示"同意贵会来函意见，尽速在'九二共识'基础上恢复两会联系往来与协商谈判"，[③]并邀

---

① 《人民日报》，2008 年 5 月 29 日。

② 参见《中国台湾问题：干部读本》，北京：九州出版社，2015 年。

③ 参见《中国台湾问题：干部读本》，北京：九州出版社，2015 年。

请江丙坤访问北京。6月3日，海协会召开第二届理事会第一次会议，推举陈云林为海协会会长，产生新的领导机构，做好恢复两会商谈的组织准备。

6月11日至14日，江丙坤应邀率台湾海基会代表团访问北京，中断9年的两会协商得以恢复。陈云林与江丙坤举行会谈，双方重申坚持"九二共识"是恢复协商的基础，商定本着"先经后政、先易后难、循序渐进"的精神推进协商，签署了两岸包机、大陆居民赴台旅游等两项协议。13日，胡锦涛会见江丙坤与海基会代表团，高度评价两会在"九二共识"基础上恢复商谈并取得积极成果，强调应把"建立互信、搁置争议、求同存异、共创双赢"的精神贯彻于两会商谈之中，希望两会在今后商谈中做到平等协商、善意沟通、积累共识、务实进取，为两会商谈指明了方向。

二、两会协商持续推进

2008年11月3日至7日，陈云林会长率海协会代表团赴台北与海基会进行第二次领导人会谈，实现海协会成立17年来会长首次赴台商谈，取得两会协商制度化的突破。会谈期间，两会签署两岸空运、海运、邮政和食品安全等4项协议。在妥善处理地点、称谓的基础上，陈云林和台湾地区领导人马英九、台湾地区民意机构领导人王金平礼节性会面，还会见了台湾方面大陆事务部门负责人赖幸媛，取得两岸高层接触的突破。

此后，陈云林和江丙坤相继于2009年4月在南京、2009年12月在台中、2010年6月在重庆、2010年12月在台北、2011年10月在天津、2012年8月在台北举行会谈，签署了12项协议。2012年9月27日，海基会举行第八届董监事第四次会议，林中森接任董事长。2013年4月26日，海协会举行第三届理事会第一次会议，陈德铭出任新一任会长。陈德铭与林中森相继于2013年6月在上海、2014年2月在台北、2015年8月在福州举行会谈，签署了5项协议。

表 5-1　2008—2015 年海协会和台湾海基会协商成果表

历届	时间	地点	签约协议
第一次	2008 年 6 月	北京	海峡两岸包机会谈纪要、海峡两岸关于大陆居民赴台湾旅游协议
第二次	2008 年 11 月	台北	海峡两岸海运协议、海峡两岸空运协议、海峡两岸邮政协议、海峡两岸食品安全协议
第三次	2009 年 4 月	南京	海峡两岸空运补充协议、海峡两岸金融合作协议、海峡两岸共同打击犯罪及司法互助协议
第四次	2009 年 12 月	台中	海峡两岸标准计量检验认证合作协议、海峡两岸农产品检疫检验合作协议、海峡两岸渔船船员劳务合作协议
第五次	2010 年 6 月	重庆	海峡两岸经济合作框架协议、海峡两岸知识产权保护合作协议
第六次	2010 年 12 月	台北	海峡两岸医药卫生合作协议
第七次	2011 年 10 月	天津	海峡两岸核电安全合作协议
第八次	2012 年 8 月	台北	海峡两岸投资保障协议、海峡两岸海关合作协议
第九次	2013 年 6 月	上海	海峡两岸服务贸易协议
第十次	2014 年 2 月	台北	海峡两岸地震监测合作协议、海峡两岸气象合作协议
第十一次	2015 年 8 月	福州	海峡两岸避免双重课税及加强税务合作协议、海峡两岸民航飞航安全与适航合作协议

资料来源：全国台湾研究会编《台湾 2008》《台湾 2009》《台湾 2010》《台湾 2011》《台湾 2012》，九州出版社，2009—2013 年；海峡交流基金会网站，《政策与新闻》，2013—2015 年。

三、两会商谈主要成果

（一）促成两岸全面直接双向"三通"，实现两岸同胞为之努力 30 年之久的心愿。大陆方面 1979 年提出两岸通航、通邮、通商主张以后，国民党当局为阻挠统一，民进党当局为谋求"台独"，都以维护所谓"台湾安全"

等借口，不开放两岸直接"三通"，使"三通"长期处于局部的、间接的状态。2005年4月，国共两党发布"两岸和平发展共同愿景"，达成"促进两岸展开全面的经济合作，建立密切的经贸合作关系，包括全面、直接、双向三通，开放海空直航"等共识。2008年国民党在台湾重新执政后，两岸关系开始了和平发展进程，两岸全面直接双向"三通"逐步实现。海协会与台湾海基会于2008年6月签署《海峡两岸包机会谈纪要》，11月签署《海峡两岸海运协议》《海峡两岸空运协议》《海峡两岸邮政协议》三项协议，12月15日正式实施两岸空中、海上直航和全面通邮。海运无须绕经第三地，空运新开辟直达航路。空运直航先是于2008年7月4日施行周末包机，12月15日后实施平日包机，同日启动北线空中双向直达航路，2009年7月29日开通南线航路和第二条北线双向直航航路，并在同年8月31日实施两岸客运和货运定期航班。海运则是在2008年12月15日起，实施两岸客运及货运海运直航。2009年4月，两会就大陆资本赴台投资事宜达成共识，两岸投资从单向发展为双向。6月底，台湾方面正式开放大陆企业赴台投资。至此，两岸全面直接双向"三通"得以实现，为扩大两岸经济、文化、社会交流提供了便利条件，为深化两岸关系和平发展奠定了坚实基础。

（二）促成大陆居民赴台旅游，实现1987年两岸隔绝状态被打破以来两岸人员往来的又一重大突破。2008年6月，两会签署《海峡两岸关于大陆居民赴台湾旅游协议》，对旅游安排、权益保障、组团社与接待社、申办程序、逾期停留、互设机构等作出规定。本着稳妥安全、循序渐进的精神，首批开放大陆13个省的居民赴台旅游，后来逐步扩大到所有省、自治区、直辖市。2011年6月起开放大陆居民赴台个人游，至2015年个人游试点城市增至47个。

（三）促进两岸经济合作制度化建设，推动两岸经济合作进入新阶段。2009年4月两会签署《海峡两岸金融合作协议》，启动了两岸金融合作，标志着两岸经济合作从实体经济发展到金融领域。2010年6月两会签署《海峡两岸经济合作框架协议》（ECFA），确立了开展经济合作的基本精神、范围和步骤。双方同意逐步减少或消除彼此间的贸易和投资障碍，创造公平的贸易与投资环境，增进双方贸易投资关系，建立有利于两岸经济繁荣与发展的合作机制。为使两岸民众尽快享受到ECFA的利益，双方同意先实施早期收获计划，对部分产品实行关税减让，并在部分服务贸易领域实施更加开放的政策措施，使两岸经济发展和两岸民众从中受益。2012年8月两会签署ECFA后续协议之一的《海峡两岸投资保护和促进协议》，规定了减少限制双向投资的原则和方向，丰富了一般投资保护所具有的要素和内容。同次签署的《海峡两岸海关合作协议》，旨在满足双方在ECFA签署后对两岸贸易提供通关便利、对通关货物实施有效监管的需求。双方同意对ECFA项下货物贸易规范海关程序，加强双方海关合作。

2013年6月，两会签署ECFA后续协议《海峡两岸服务贸易协议》，旨在推动两岸服务贸易正常化和自由化进程，相互开放服务业市场，促进共同发展。协议规定了两岸服务贸易的基本原则、双方的权利义务、未来合作发展方向及相关工作机制等内容。明确了两岸服务市场开放清单，在早期收获基础上更大范围地降低市场准入门槛，为两岸服务业合作提供更多优惠和便利的市场开放措施。大陆对台开放80条，台湾对大陆开放64条，双方市场开放涉及商业、通讯、建筑、分销、环境、健康、旅游、娱乐文化、体育、运输、金融等行业。大陆方面对台市场开放水平高、范围广，体现了对台湾同胞的善意和诚意。两岸服务贸易协议签署后，民进党极力在台"立法院"拖延、阻挠有关审议程序，致使这项协议迟迟未能生效。

（四）建立两岸经济、社会、民生等领域交流合作的规范，丰富两岸交流合作的内涵。在两会签署的23项协议中，许多协议涉及两岸经济、社会、民生等领域，在相应领域建立了信息通报与交换、业务会商与合作、管理与保护、人员交流与互访等方面的规范以及重大突发事件协处等制度化合作机制。此外，两会还就加强两岸产业合作、解决金门用水等问题等达成共同意见。

（五）实现两岸共同打击犯罪及司法互助，维护两岸交往秩序和两岸同胞权益。2009年4月，两会签署《海峡两岸共同打击犯罪及司法互助协议》，双方同意在民事、刑事领域开展互助，采取措施共同打击双方均认为涉嫌犯罪的行为，重点打击涉及绑架、枪械、毒品、人口贩运及跨境有组织犯罪等重大犯罪，诈骗、洗钱、伪造货币等经济犯罪；互助送达民刑事司法文书、调查取证、移交罪赃，认可及执行民事裁判与仲裁裁决，移管被判刑人等。协议推动了两岸司法互助制度化、紧密化，在共同打击犯罪、维护两岸同胞权益方面发挥了重要作用。

第四节　两岸各领域交流合作大发展

2008 年 5 月以后，在两岸关系和平发展背景下，两岸各领域交流蓬勃开展，层次提高，领域拓宽，内容更加丰富，形式屡有创新，形成全方位、宽领域、多层次的良好格局。两岸各界大交流推动两岸经济、文化、社会联系达到前所未有的水平。

一、两岸经济关系取得历史性突破

2008 年至 2016 年，两岸经济关系取得一系列重要进展，为两岸其他领域交流合作提供了强劲动力，为两岸关系和平发展奠定更为坚实的经济基础。

一是两岸贸易持续发展。从 2008 年至 2016 年间，两岸贸易出现加速发展的势头。两岸年贸易额从 1200 多亿美元升至近 2000 亿美元，台湾对大陆贸易和出口依赖度分别接近 30% 和 40%[①]，台湾对大陆贸易顺差也持续增加，大陆持续成为台湾最大的贸易顺差来源地。2010 年 6 月两岸签署 ECFA 后，推动了两岸经济关系发展，扩大了两岸贸易范围。首先，2011 年 1 月 6 日两岸经济合作委员会成立，由双方指定代表组成，负责处理与 ECFA 相关的事宜。其次，扩大了两岸货物贸易，减低了双方贸易成本。ECFA 早期收货清单中，大陆对台湾 539 项产品实施降税，台湾对大陆 267 项产品实施降税。ECFA 早收清单产品从 2013 年 1 月 1 日开始全部降为零关税，使台湾早收清单项下货物对大陆出口值逐年增加，尤其是石化业、纺织业和机械制造业早收清单产品对大陆出口维持增长，农产品增幅巨大。总体来看，2008 年至 2016 年间，ECFA 的签署，在货物贸易早期收获、服务贸易早期收获

---

① 朱磊:《马英九与蔡英文执政时期两岸经济关系比较》,《台湾研究》,2016 年第 5 期,第 19 页。

等方面取得了实实在在的进展，为两岸同胞带来了实惠，为两岸经济合作带来了积极效果。此一时期为促进两岸贸易，大陆经贸机构在台设立分支机构取得历史性突破。2013 年 1 月，大陆机电产品进出口商会（简称"机电商会"）台北办事处成立，成为大陆在台设立办事机构的首家大陆经贸社团；2015 年 6 月，海峡两岸经贸交流协会（简称"海贸会"）台北办事处正式揭牌，这是大陆在台设立的第二家经贸社团机构，这些机构的设立为促进两岸经贸交流合作发挥了积极作用。

二是两岸双向投资同步增长。2008 年以来，大陆方面进一步优化台商投资环境，开放台湾居民申报个体工商户、落实对台商的正常待遇和扶持台资中小企业发展，促进了台资在大陆的深度发展。台商对大陆投资出现新特点，台湾液晶面板、半导体产业、新能源产业、医疗、金融业等加快向大陆投资。2009 年 4 月，两会就大陆资本赴台湾投资达成共识。6 月底，台湾方面正式开放大陆企业赴台投资。此后，大陆资金开始进入台湾。

三是两岸金融合作取得突破性进展。截至 2014 年 6 月，台湾金融机构在大陆设立 2 家法人银行和 20 多个银行分支行、5 家保险公司、4 家合资基金管理公司，近 30 家台湾金融机构获得进入大陆资本市场的资格。越来越多的台资企业在大陆上市。大陆 4 家银行在台设立代表处，其中中国银行、中国建设银行、交通银行在台设立分行。2012 年 8 月，两岸货币管理机构签署货币清算合作备忘录，建立货币清算机制，台湾地区人民币业务于2013 年 2 月正式开办，发展势头良好。大陆方面采取积极措施，改善台资企业融资环境。

四是两岸产业合作制度化开启。两岸有关方面积极推进有规划指导、有政策支持、有产学研共同参与的新型产业合作，建立合作机制。选取无线城市、半导体照明、冷链物流、液晶显示器、电动汽车、医药作为试点项目，探索产业合作新模式。根据两岸经济合作框架协议，两岸经济合作委员会产业合作工作小组就合作愿景、目标等达成多项共识，促进两岸产业合作制度化、机制化。两岸企业家紫金山峰会等活动，为两岸企业家和经济界人士搭建了新的交流合作平台。

二、两岸旅游交流取得突破性进展

据台湾方面统计，2008 年至 2015 年，台湾同胞赴大陆旅游人数持续稳步上升，2010 年开始基本每年保持 500 万人次以上。在政策方面，大陆采取多种措施促进两岸人员往来，2011 年全面下调台胞证签注收费，总体降幅达 50%，给时常往返两岸的台胞带来实惠。另一方面，台湾当局也在 2008 年 7 月开放大陆游客赴台旅游，第二年大陆赴台旅游民众人数达到 601859 人次，比 2008 年的 90035 人次暴涨。2010 年海峡两岸旅游交流协会台北办事处和台湾海峡两岸观光旅游协会北京办事处成立，成为 1949 年以来两岸互设的第一个民间机构。此后，大陆民众赴台旅游人数逐年增加，2012 年突破了 200 万人次，2015 年更是高达 414 万人次。大陆赴台游客大幅增加带动了台湾经济发展，使得台湾旅馆业、旅游景点、夜市、百货公司以及精品店等收入大为增加。两岸民众频繁往来，深化了彼此间的交流和认识。

三、两岸文化教育交流蓬勃发展

2008 年两岸关系开启和平发展新局面以后，两岸文化教育交流形成了稳定的机制和层次。两岸文化教育交流日益密切，逐步扩大并制度化。两岸举行的各类文化交流活动，对两岸同胞共同传承中华文化，增进中华文化认同，凝聚民族意识，起到了很好的桥梁作用。

（一）两岸文化交流活动引发两岸民众强烈反响。从 2008 年至 2015 年，两岸新闻、出版、艺术、影视、文物、体育等领域交流十分频繁，在交流人数、内容、层次、项目、效果各方面都有相当拓展。尤其是一些文化活动引发两岸民众强烈反响，具有重大意义。2009 年 2 月，台北故宫博物院院长周功鑫率团访问北京故宫博物院。3 月，北京故宫博物院院长郑欣淼率团回访台北故宫博物院，双方达成了 8 项交流方案，这是故宫文物迁台 60 年后，两岸故宫博物院首次高层互访。2011 年 6 月，《富春山居图》在台北故宫博物院合璧展览。2012 年，"智慧的长河——会'动'的《清明上河图》"赴台巡展，以全新的形式向台湾民众展现中华传统文化的艺术魅力。两岸在词典编撰方面也有突破，2012年《两岸常用词典》出版，另外两岸合作编纂中华语文工具书也取得了阶段性成果。新闻媒体方面，2009年3月，应台湾"中国新闻学会"邀请，包括《人民日报》、新华社、中央电视台、中国国际广播电台等媒体在内的大陆媒体负责人访问团一行23人赴台北进行参访，这是60年来大陆媒体赴台访问层级最高的代表团。

（二）两岸影视交流不断掀起高潮。一方面，众多的台湾演员与歌手到大陆发展，受到大陆市场的欢迎，两岸合作的影视作品频频播出，得到两岸观众好评；另一方面，大陆影视剧也大量进入台湾，某些影视剧成为台湾观众热衷观看的节目，例如《甄嬛传》《步步惊心》《琅琊榜》等电视剧，逐步占据了台湾电视台的黄金时段，成为近年来两岸文化交流的一大亮点。

（三）两岸出版交流快速发展。两岸业界通过书展、研讨会、版权贸易、合作出版、合办实体等途径密切联系，扩大合作。台湾业者开始投资大陆图书零售业，或从大陆进口图书在台销售。2010年，《读者》杂志成为第一份在台湾发行的大陆期刊。

（四）两岸体育交流合作热络。台湾体育界人士来大陆参加、观摩各种体育项目的竞赛、全运会和少数民族运动会，大陆体育运动强队和著名运动员包括奥运金牌运动员赴台交流。两岸奥委会、单项运动协会、基层体育组织之间联系密切，高层互访频繁。两岸体育界经常联合举办体育活动。2008年以来，两岸同胞携手参与北京奥运会、广州亚运会、深圳大运会、南京亚青会、天津东亚运动会等赛会，书写了两岸体育交流的新篇章。

（五）两岸教育交流持续升温，大陆学生赴台就学取得突破。以往两岸学生求学多以台湾学生在大陆就读居多。2008年马英九上台后，推动"开放陆生来台"以及"承认大陆学历"政策，同年10月起，放宽大陆学生来台研修的时间由4个月延长为1年，促使大陆学生赴台就学人数增加。台湾高校短期研修的大陆交换生也有相当数量。

四、两岸科技、卫生交流愈益密切

2008 年至 2015 年期间，两岸科研机构和科技界人士互访、合作研究、产业合作逐渐常态化。中国科学院与台湾"中研院"、工业技术研究院交流密切。国家自然科学基金委员会与台湾李国鼎科技发展基金会联合资助两岸科学家进行合作研究。2011 年、2013 年、2015 年海峡两岸科学技术交流中心和李国鼎科技发展基金会先后在北京、台北、西安举办海峡两岸科技论坛，成为两岸科技界交流的盛会。

两岸医药卫生从业人员、研究机构、医院等往来和交流密切，越来越多的台湾青年到大陆学习中医，大陆卫生界积极向台湾同行学习先进的医院管理经验。大陆有关方面先后出台政策，允许符合条件的台湾居民参加大陆医师资格考试，允许台湾医师来大陆短期行医。两岸医疗机构合资合作兴办医院取得进展，大陆有关方面还允许台湾业者在上海等 5 省市设立独资医院，两岸疾病控制部门建立直接沟通合作机制。2010 年两岸签署《海峡两岸医药卫生合作协议》，两岸卫生交流合作迈上新台阶。

五、两岸基层交流展现蓬勃活力

2008 年至 2015 年期间，两岸基层交流呈现井喷式发展。越来越多的大陆交流团组深入台湾的城市、乡村、工厂、学校等，与台湾各界民众面对面交流；越来越多的台湾乡镇市民代表、村里长、农渔民、中小企业主、中小学教师等基层民众来大陆参访交流。2009 年 5 月两岸数十家机构和团体在福建举行首届海峡论坛，其后每年举办一次，台湾 22 个县市各界代表每年约有万人参加，成为两岸基层交往的盛事。海峡论坛坚持民间性、草根性、广泛性定位，覆盖面广，代表性强，受到两岸同胞热情欢迎，被认为是真正的"人民论坛"。

两岸青年学生交流不断扩大，每年数万名台湾青年学生参与两岸交流，交流内容丰富多彩，包括文艺表演、体育比赛、辩论赛、社会实践以及夏令营、冬令营、研习营等。两岸高校学生组织和青少年社团广泛建立合作机制。2011年7月，以"两岸同心，我们同行"为主题的两岸万名青年大型交流联欢活动在北京举行，中共中央总书记胡锦涛与两岸青年亲切互动。

两岸工会和劳动界交流不断深化，大陆民航、铁路、海员、邮政等产业工会及北京等地方工会，与台湾相关产业工会和县市工会之间对口联系日益密切。海峡两岸工会论坛等活动成为两岸工会界交流的重要平台。两岸妇女界联系密切，互访频繁，海峡妇女论坛等活动已成为两岸妇女交流品牌项目。

两岸少数民族交流热络。这些年里，海峡两岸各民族欢度"三月三"节庆、"中秋联欢"等交流活动成为品牌项目。台湾少数民族同胞积极参加全国少数民族汇演、全国少数民族传统体育运动会等。2009年8月，胡锦涛会见台湾少数民族代表团，对台湾同胞遭受"莫拉克"风灾表示慰问。2011年以后，国务院台办在海南保亭县设立以少数民族交流为主题的海峡两岸交流基地，国家民委在浙江景宁畲族自治县、福建漳浦县和福鼎市、浙江苍南县设立海峡两岸少数民族交流与合作基地，国务院台办会同国家民委、河北省政府推动设立"中华齐心台湾少数民族创业园"，打造两岸少数民族交流合作新平台。

两岸县市交流快速发展，初步形成全覆盖、多层次、多面向的格局。两岸县市乡镇政府、民意机关签署协议数百项，内容涉及经贸、文化、教育、旅游、农业、人员互访等多个方面。两岸县市"双百论坛"、两岸乡镇市长百人会等活动，搭建了两岸县市乡镇直接沟通交流平台。

六、两岸宗教和民间信仰交流频繁

2008年至2015年期间，两岸宗教和民间信仰交流更加密切，主要宗教界形成了定期交流机制。两岸佛教界先后联合举办佛指舍利赴台供奉、世界佛教论坛等重大活动。两岸道教界形成两岸道教文化论坛、武当文化论坛等品牌交流项目。台湾基督教界每年定期组织教牧参访团来大陆交流，两岸基督教界2013年在台北举办首届两岸基督教论坛。

两岸妈祖、关帝、神农、保生大帝、开漳圣王、清水祖师、临水娘娘等民间信仰交流频繁，成为两岸交流的亮点。台湾妈祖信众每年到大陆有关省市特别是福建湄洲妈祖祖庙进香谒祖达 30 万人次。山西关公祖庙神像 2013 年首次赴台巡游，引起轰动。台湾各界积极应邀参加公祭轩辕黄帝典礼、黄帝故里拜祖大典、世界华人炎帝故里寻根节、海峡两岸神农文化祭、公祭中华人文始祖伏羲大典等活动，共同弘扬中华文化，增进中华民族认同。

两岸各领域交流合作扩大、深化、密切，不断促进两岸同胞相互了解、理解和感情，不断增进两岸同胞共同的文化、民族认同，不断增强两岸同胞发展两岸关系的民意基础，为推动两岸关系和平发展发挥了重要作用。

第五节　两岸关系和平发展遇到的问题

2008 年至 2016 年，两岸关系和平发展取得一系列丰硕成果，但也面临一些问题和挑战。

一、民进党等"台独"势力及其分裂活动是两岸关系和平发展的最大现实威胁

在 2008 年、2012 年两次台湾地区领导人选举中落败后，民进党内部对两岸政策路线展开辩论检讨，一度出现"冻结台独党纲"的声音，但未能成为党内主流，总体上民进党依然坚持"台独"立场，继续鼓吹"台湾主体意识"，宣扬"台湾是主权独立国家""台湾不属于中国"等分裂主张，煽动"恐中""反中"情绪，蓄意制造两岸民意对立，阻挠两岸关系发展。民进党等"台独"势力攻击污蔑马英九当局"倾中""卖台"等，阻止马英九当局实行展开两岸交流合作的政策。2013 年 6 月以后，民进党等"台独"势力极力杯葛两岸服贸协议，诬称两岸协商是"黑箱作业"，两岸经济合作是"图利大财团""导致台湾贫富差距拉大"，煽动台湾民众"恐中"情绪，直接诱

发以学生为主体的"太阳花风潮",使台湾政局发生不利于国民党的变化,最终导致国民党接连在 2014 年台湾"九合一"选举、2016 年台湾地区领导人选举中溃败。民进党等"台独"势力及其分裂活动是两岸关系和平发展面临的最大现实威胁。2016 年 5 月,民进党在台湾重新上台,严重冲击干扰了两岸关系和平发展局面。

二、马英九当局在两岸政治谈判上的保守影响了两岸关系和平发展的深化

2008 年至 2016 年,马英九当局坚持"九二共识"、反对"台独",积极改善和发展两岸关系,扩大两岸经济、文化、社会交流合作,为推动两岸关系和平发展做出了贡献。但是,马英九当局无意与大陆方面进行和平统一谈判,坚持"任内不谈统一",主张"维持现状""两岸分治",在坚持"九二共识"的同时强调"一中各表"。同时,马英九当局在解决两岸政治分歧问题上心态保守、行动滞后,多次表示无意与大陆进行政治谈判,回避达成两岸和平协议。2012 年之后,马英九当局治理能力欠佳、国民党高层内部矛盾激化、"太阳花风潮"等,也限缩了马英九当局推进两岸政治关系的能力。两岸关系长期存在的政治分歧问题未能得到解决,不仅影响了两岸双方政治互信水平的提升,也制约着两岸关系和平发展的深度和广度。

三、多数台湾民众对和平统一存有顾虑、国家认同和身份认同出现混乱,增加了两岸关系和平发展的困难

由于种种复杂的历史和现实原因,多数台湾民众对两岸和平统一抱有疑虑甚至恐惧心态,希望维持现状。20 世纪 90 年代以来,台湾民众在统"独"认同上出现"独"升统降、在身份认同上出现台湾人认同上升和中国人认同下降的态势。这种态势在 2008 年至 2016 年两岸关系和平发展期间仍有一定程度的发展,尤其是 2014 年"太阳花风潮"进一步诱发台湾民众的"恐

中""反中"情绪，不希望两岸关系走得太快太近，这对两岸关系和平发展造成严重负面影响。

四、美国等外部因素对两岸关系和平发展产生严重影响

美国始终实行"以台制华"的战略，对台政策是既希望台海稳定和平，又向台湾提供所谓"安全保护"，不断对台军售，支持台湾扩大对外活动空间，意图保持海峡两岸无法统一的状态。尤其是 2012 年来，美国施行"亚太再平衡"战略，其全球战略重心转移到亚太地区，利用台湾问题遏制中国崛起的力度明显加大。在两岸关系明显改善发展时，美国限制、防止马英九当局与大陆走得太近，不支持两岸达成和平协议。在 2016 年台湾地区领导人选举中，美国无视民进党仍坚持"台独"立场、拒绝接受"九二共识"的事实，认同民进党籍候选人蔡英文所谓的"维持现状"主张，支持民进党的态度较为明显，成为民进党得以重新上台的重要原因之一。

2008 年至 2016 年两岸关系历程表明，两岸关系和平发展硕果累累，广泛惠及两岸同胞，符合两岸同胞共同愿望，符合中华民族整体利益，符合时代发展进步潮流，得到两岸同胞普遍支持，也受到国际社会广泛欢迎。在两岸关系和平发展进程中，两岸同胞在经济合作中扩大了共同利益，在文化交流中增强了精神纽带，在直接往来中增进了彼此感情。两岸关系和平发展对台湾社情民意产生广泛积极影响，总体上看，台湾主流民意支持两岸关系和平发展，多数台湾民众认同"九二共识"，支持两岸交流合作、平等协商，不认同民进党"逢中必反"、阻挠两岸交流合作的做法，激进"台独"的市场渐趋缩小，两岸关系和平发展理念得到越来越多的台湾民众认同。

第六章
推动与破坏两岸关系和平发展的
新一轮较量（2016.5—2019）

2016年台湾地区政党轮替，民进党在台湾再次执政，台湾局势发生重大变化，持续8年的两岸关系和平发展局面受到严重冲击。两岸双方围绕坚持与冲撞一个中国原则、反对与图谋"台独"、推动与破坏和平发展、维护与冲击台海和平稳定展开新一轮激烈较量，外部势力频频介入台海、大打"台湾牌"，内外因素交织叠加，台海形势更加复杂严峻。

第一节　应对台湾政局变化
及其带来的挑战

国民党与民进党对两岸关系的立场和主张有本质不同，台湾政党轮替势必给两岸关系发展带来重大影响。在2016年1月台湾地区领导人选举之前，大陆方面就预见到台湾政局即将发生重大变化，提前着手谋篇布局应对台湾政局变化及其带来的重大挑战。

2012年马英九第二个任期后不久，台海形势就开始出现一些不利于两岸关系和平发展的变数，主要表现在三个方面：一是马英九执政不力，民意支持度急速下滑，最低时仅有9%，使其推动两岸关系和平发展受到严重制约。二是以民进党为首的"台独"势力不断加大对两岸关系发展的阻挠和破坏，利用两岸关系快速发展和大陆崛起，在岛内大肆渲染"恐中""反中"，抹黑、污蔑两岸交流合作，竭力煽动两岸敌意和对立，导致台湾社会"恐中""拒统"情绪上升。三是美国为了遏制中国崛起，奥巴马政府开始推出"亚太再平衡"战略，加大"以台制华"力度，牵制两岸关系和平发展进程。台海内外形势的发展开始朝有利于民进党重新上台的方向发展。特别是2014年3月，台湾爆发"太阳花风潮"，对台湾政局和两岸关系发展产生重大影响。受此影响，2014年11月，民进党在台湾地区县市"九合一"选举中大胜，赢得全台22个县市中13个县市的行政权；国民党惨败，执政县市仅剩6个。国民党和民进党的政治实力对比发生重大翻转。国民党在2014年"九合一"选举中近乎崩盘的溃败，使得2016年民进党重返执政成为大概率事件。

面对台湾政局即将发生的重大变化，2015年3月4日，中共中央总书记、国家主席习近平在参加全国政协十二届三次会议民革、台盟、台联联组会议时专门就两岸关系指出，"要总结两岸关系和平发展的经验，精心维护两岸关系和平发展成果"，并强调"'九二共识'对两岸建立政治互信、开展对话协商、改善和发展两岸关系，发挥了不可替代的重要作用。如果两岸双方的共同政治基础遭到破坏，两岸互信将不复存在，两岸关系就会重新回到动荡不安的老路上去。我们始终把坚持'九二共识'作为同台湾当局和各政党开展交往的基础和条件，核心是认同大陆和台湾同属一个中国。只要做到这一点，台湾任何政党和团体同大陆交往都不会存在障碍"①。5月4日，习近平会见来访的中国国民党主席朱立伦时再次指出，两岸关系处于新的重要节点上。两岸关系路应该如何走，是摆在两岸所有政党和社会各界面前的一个重要问题。他并强调，坚持"九二共识"、反对"台独"是两岸关系和平发展的政治基础，其核心是认同大陆和台湾同属一个中国。②

这两次讲话在台湾2014年"九合一"选后岛内政治力量对比发生重大变化情况下、蓝绿双方开始确定2016年台湾地区领导人选举候选人提名的重要节点上发表，大有深意，点明了两岸关系未来两种截然不同的发展前景，不仅是说给台湾民众听，而且也是说给国民党和民进党听；既是提醒国民党当局要继续坚持"九二共识"、反对"台独"的立场，更是对民进党及其候选人蔡英文提前警示，要求其认同体现一个中国原则的"九二共识"，尽早对"台独"立场改弦更张，实质调整两岸政策。这是大陆方面为因应2016年台湾选举提前亮明的底牌，实际上也划出了大陆方面同民进党打交道的底线③。

民进党候选人蔡英文清楚要赢得2016年选举必须处理好两岸关系，打消台湾民众对民进党上台将导致两岸关系倒退的疑虑。为了缓解大陆方面领导人讲话带来的政治压力，2015年4月9日，蔡英文在民进党"中国事务委员会"第二次会议上提出，"我们处理两岸关系的基本原则，就是维持两岸现状，也就是维系台海和平及持续两岸关系稳定发展的现状。这是两岸

---

① 《习近平强调：坚持两岸关系和平发展道路 促进共同发展造福两岸同胞》，http://www.xinhuanet.com//politics/2015-03/04/c_1114523789.htm。

② 《习近平总书记会见中国国民党主席朱立伦》，http://www.xinhuanet.com//2015-05/04/c_1115169416.htm。

③ 朱卫东：《习近平对台重要讲话展现三个自信》，http://tw.people.com.cn/n/2015/0306/c104510-26651500.html。

关系的核心，也是民进党重返执政后将致力的目标"①。紧接着，蔡英文赴美"赶考"。6 月 3 日，蔡英文在美国华盛顿"战略与国际研究中心"发表演说，声称"我承诺建立具一致性、可预测且可持续的两岸关系，我已表达并多次重申对维持现状的立场"，"将在'中华民国现行宪政体制'下，依循普遍民意，持续推动两岸关系的和平稳定发展；两岸之间应该珍惜并维持 20 多年来协商和交流互动所累积的成果，并将在这个坚实的基础上，持续推动两岸关系的和平稳定发展"②。这两次讲话奠定了蔡英文两岸政策的基调。此后蔡的竞选演说、候选人辩论以及选前宣示，基本都围绕这些观点进行诠释和阐述。蔡英文这一系列讲话具有很强的模糊性和欺骗性。"维持现状"是说给美国人和台湾民众听的。对美国人而言，"维持现状"是美国台海政策的核心，蔡的说法就是表态追随美国，向美国人交心。对台湾民众而言，"维持现状"意味着两岸关系和平发展的现状将会得到维持，不会因民进党上台而中断。"中华民国现行宪政体制"和"20 多年来协商和交流互动所累积的成果"，是说给大陆方面听的，试图以此回应一个中国原则和"九二共识"。台湾不少民众为蔡的这套说辞所蒙蔽，认为蔡实际上变相接受了"九二共识"和一个中国原则。美国也公开肯定蔡的两岸政策，为蔡背书。这些因素对蔡英文胜选发挥了作用。

2016 年 1 月 16 日，台湾地区领导人选举和民意代表选举结果揭晓。民进党候选人蔡英文、陈建仁当选台湾地区正、副领导人，民进党获得台"立法院"113 个席位中的 68 席、单独过半，首次实现"全面执政"。1 月 21 日，蔡英文以台湾地区领导人当选人身份接受媒体专访时称，"1992 年，两岸两会秉持相互谅解、求同存异的政治思维进行沟通协商，达成了若干的共同认知与谅解，我理解和尊重这个历史事实。两岸应在这个基本事实与既有政治基础上，持续推动两岸关系"。并解释称"既有政治基础包括：1992 年两岸两会会谈的历史事实，以及双方求同存异的共同认知；台湾'现行宪政体制'；两岸过去 20 多年来协商和交流互动成果；台湾民主原则及普遍民

① 蔡英文:《处理两岸关系基本原则是"维持现状"》，http://taiwan.huanqiu.com/article/2015-04/6147595.html。

② 王英津:《对蔡英文"宪政"论述的追问》http://hk.crntt.com/doc/1037/8/3/9/103783910.html?coluid=245&kindid=17510&docid=103783910&mdate=1005173525

意"①。这一表述虽然相对选前的表态更加具体、详细，但回避两岸同属一个中国这一根本性问题，试图以"九二会谈历史事实"和民进党片面定义的"既有政治基础"来代替体现一个中国原则的"九二共识"。

对于蔡英文试图蒙混过关的企图，大陆方面看得十分清楚。1月21日晚，国台办发言人回应称，"九二共识"是两岸关系和平发展的政治基础，其核心意涵是两岸同属一个中国，只有继续坚持和维护好共同的政治基础，两岸关系和平发展才能行稳致远②。3月5日，中共中央总书记、国家主席、中央军委主席习近平参加十二届全国人大四次会议上海代表团审议时强调，"我们对台大政方针是明确的、一贯的，不会因台湾政局变化而变化。我们将坚持'九二共识'政治基础，继续推进两岸关系和平发展。'九二共识'明确界定了两岸关系性质，是确保两岸关系和平发展行稳致远的关键。承认'九二共识'的历史事实，认同其核心意涵，两岸双方就有了共同政治基础，就可以保持良性互动"③。习近平重要讲话清晰宣示了大陆方面坚定不移的严正立场，打掉了蔡英文认为"只要民进党赢得政权，大陆就会自然靠过来，不得不跟民进党打交道"的幻想④。大陆方面在明确宣示立场的同时，也对即将上台执政的民进党采取了一些警示措施。3月17日，我国外交部宣布与在2013年已和台湾断绝"邦交"关系的冈比亚恢复外交关系。

2016年5月20日，蔡英文就任台湾地区领导人，在"就职演说"中表示，"将依据'中华民国宪法'、'两岸人民关系条例'及其他相关法律处理两岸事务"⑤。同日，中共中央台办、国务院台办负责人就此发表谈话指出，"台湾当局新领导人在20日的讲话中，提到1992年两岸两会会谈和达成了若干共同认知，表示要依据现行规定和有关条例处理两岸关系事务，在既有政治基础上持续推动两岸关系和平稳定发展。但是，在两岸同胞最关切的两

---

① 《蔡英文以"九二会谈"为基础推动两岸关系》，http://www.chinanews.com/tw/2016/01-22/7727731.shtml。

② 《国台办：维护好"九二共识"政治基础 两岸关系才能行稳致远》，http://www.gov.cn/xinwen/2016-01/21/content_5035163.htm。

③ 《习近平参加上海代表团审议》，http://www.xinhuanet.com/politics/2016lh/2016-03/05/c_1118243972.htm。

④ 孙云：《蔡当局两岸政策出现四大误判》，http://epaper.rmzxb.com.cn/detail.aspx?id=425246。

⑤ 《蔡英文演说未提"九二共识"》，http://www.crntt.com/doc/1042/3/8/9/104238982_2.html?coluid=93&docid=104238982&kindid=4030&mdate=0520114711。

岸关系性质这一根本问题上采取模糊态度，没有明确承认'九二共识'和认同其核心意涵，没有提出确保两岸关系和平稳定发展的具体办法。这是一份没有完成的答卷"。①

蔡英文当局上台执政后，虽然口口声声称"维持两岸现状"，但实际上说一套做一套，采取和推行了一系列破坏两岸关系和平发展现状的政策措施，在错误道路上越走越远。主要表现在三个方面：

首先，在两岸关系上，蔡英文当局拒不承认一个中国原则和"九二共识"，破坏两岸关系和平发展政治基础，阻挠限缩两岸各领域交流合作，导致两岸关系和平发展遭受重大冲击。

2008年以来，两岸双方和国共两党在坚持体现一个中国原则的"九二共识"政治基础上，建立政治互信，保持良性互动，共同开辟了两岸关系和平发展道路，并取得丰硕成果。蔡英文上台后，顽固坚持"台独"立场，拒绝承认"九二共识"，单方面毁弃两岸关系和平发展的政治基础，导致两岸政治互信不复存在，两岸制度化交往机制也就难以为继。蔡英文5月20日"就职演说"回避了"九二共识"，7月22日接受美国《华盛顿邮报》专访时称，接受大陆所设定的"九二共识"的期限，可能性不大②。10月10日，蔡在"双十讲话"中抛出所谓"四不"，即"我们的承诺不会改变，我们的善意不会改变，我们也不会在压力下屈服，更不会走回对抗的老路"③。2017年9月26日，蔡英文任命的新任台湾地区行政机构负责人赖清德公然宣称自己是"主张台湾独立的政治工作者"。在2017年"双十讲话"中，蔡英文重弹"四不"老调，还企图推卸破坏两岸关系和平发展局面的责任。2018年，蔡英文顽固坚持既有立场，以维护所谓"台湾安全"为由，全面升高两岸对立，煽动"恐中""反中"的民粹情绪，如10月民进党在高雄举办"反并吞、护台湾"游行，鼓噪"台独"，将矛头指向大陆。

不仅如此，蔡英文当局还竭力阻挠限制两岸各领域交流合作，在两岸关系上开"倒车"。比如，阻挠刁难大陆有关部门和人员赴台交流，对台湾退

① 《中共中央台办、国务院台办负责人就当前两岸关系发表谈话》，新华网，http://www.xinhuanet.com//tw/2016-05/20/c_1118904201.htm。

② 《蔡英文回应为接受"九二共识"设期限：可能性不大》，http://www.chinanews.com/tw/2016/07-23/7949165.shtml。

③ 《蔡英文发表"双十演讲"再次声称"不会屈服于压力"》，http://news.ifeng.com/a/20161010/50078625_0.shtml。

役将领和公务人员来大陆交流设限设卡，加强对陆资赴台投资的限制，严禁台湾教师、科技人员到大陆任职，对大陆企业、台协、台企赴台招聘横加阻挠，对大陆在台企业和机构进行监控，对积极参与两岸交流的台湾学者进行限制等等。由于民进党当局的刻意干扰破坏，加之两岸关系氛围不佳，大陆居民赴台旅游意愿明显下降，台湾旅游景点游客骤减，旅游业者收入锐减、叫苦不迭，台湾媒体自嘲台湾"观光产业"变成了"关光惨业"[1]。出口大陆的农渔产品销路不畅，台湾中南部农民损失巨大。台湾多个民调显示，多数民众不满蔡当局的两岸政策表现[2]。

其次，在岛内施政上，蔡英文当局全方位推行切割两岸联结的政治、经济、社会、文化教育政策，力图改变两岸关系和平发展形成的紧密联系局面。

政治方面，极力打压主张"九二共识"、反对"台独"的国民党以及支持统一的新党等统派力量。民进党上台后，利用"全面执政"的机会，以所谓"转型正义"为名义，对国民党大肆进行政治清算。利用其掌控的"立法院"强行通过"不当党产处理条例"和"促进转型正义条例"，设立"不当党产处理委员会""促进转型正义委员会"，对国民党党产进行收缴，以所谓"清除威权象征及保存不义遗址""平复司法不法、还原历史真相"等借口，试图把国民党搞倒搞臭。利用手中掌握的司法工具，对马英九等国民党重要人士进行司法追杀，打压积极参与两岸交流的蓝营学者，上演了台大候选校长管中闵近半年不能上任的"卡管戏"。罗织罪名以涉嫌"共谍案"对新党青年军王炳忠等人强行搜查侦讯，制造"绿色恐怖""寒蝉效应"。此外，迎合"台独"势力要求，修改"公投法"，降低"公投"提案、联署等门槛，为伺机推动"台独公投"打开方便之门。纵容、放行"台独"势力发起所谓"2020年东京奥运台湾正名公投"。

经济方面，强力推动"新南向政策"以及所谓台湾经济发展新模式，试图削弱台湾经济与大陆的联系，降低对大陆经济依赖。蔡英文当局罔顾两岸经济密不可分的客观事实，企图将台湾企业对外经济发展中心向东南亚国家转移，推动所谓贸易多元化。蔡当局成立了专门的"新南向"办公室和工作

---

① 《台知名夜市接连倒闭 业者叹陆客不来观光变"关光"》，http://finance.people.com.cn/n1/2017/0530/c1004-29307579.html。

② 《多数民众不满蔡当局的两岸政策表现》，http://www.chinanews.com/tw/2017/05-18/8227427.shtml。

小组，并在各业务部门和执政县市中成立推动委员会，强制台公营企业和大企业、大台商配合其"新南向政策"。同时，还推出所谓"台商回流"政策，企图吸引、拉拢台商离开大陆回台投资，但效果并不明显。此外，蔡当局还积极寻求加强与美、日等国家的经贸关系，洽签双边自由贸易协定，谋求挤入跨太平洋伙伴关系协定（CPTPP）的第二轮谈判，试图把台湾经济与美日捆绑在一起，甚至不惜以牺牲台湾民众的利益为代价。

社会、文教方面，持续推动"去中国化""文化台独"政策，强化"台湾主体意识"，企图割裂台湾与大陆的历史文化联结，磨灭台湾同胞的中华民族意识。任用"台独"立场顽固的郑丽君、潘文忠分别担任台文化、教育事务主管部门负责人。停止马英九时期推动的"课纲微调"，恢复陈水扁时期的旧版"台独"课纲。修改历史教科书课纲，大幅减少高中语文课程中的文言文比例。2017年7月3日，民进党当局公布"十二年国教社会领域课纲草案"，延续民进党的"文化台独"路线。8月20日，台湾教育主管部门召开课程改革会议，提出议案皆与去除台湾高中语文课程中的传统经典有关，毫不掩盖"去中国化"的意图，如将高中语文古诗词的比例降至30%、不再以《四书》为价值基础等等。取消遥祭中山陵的仪式，降低纪念黄帝、郑成功等祭典规格，推动"去孙中山化"等。炮制并大肆宣扬所谓"原住民史观"，切割台湾少数民族同大陆的历史血缘联系，解构中国历史观。经过两年多的酝酿，2018年台湾教育部门课纲审议大会在争议中强行通过"12年'国教'高中历史课纲"，依据这个课纲，历史课本将分为台湾史、东亚史、世界史三个部分，中国史被纳入东亚史中。由此，中国史变成了"外国史"，两岸历史联结几近被割断。

最后，在对外关系上，蔡英文当局奉行"亲美日、远大陆"的战略，配合外部势力打"台湾牌"，主动充当美日遏华制华的"马前卒"和棋子，挟洋自重，图谋"联外抗中"。

蔡英文当局积极向美日靠拢，迎合美日对华战略需要，试图换取美日对其支持，以抗衡大陆。美日对中国愈益发展壮大不能接受并感到焦虑，出于遏制中国的需要，有意打"台湾牌"。两者互有需求，相互勾结。2016年12月2日，美国总统当选人特朗普与蔡英文通电话，打破了中美建交37年来的政治禁忌，严重违背了中美三个联合公报的精神。12月11日，特朗普接受采访时赤裸裸宣称"不知道为何不得不受一个中国政策的约束，除非我们与中国就许多事情达成交易，包括贸易"。特朗普正式上台后，视中国为主要的"战略竞争对手"，从各个方面包括利用台湾问题加大对中国遏制的力度，大打"台湾牌"，明显加紧唆使扶持台湾民进党当局与大陆对抗，达到1979年中美建交以来最严重的程度。[①]2017年1月，美国允许蔡英文过境并提高有关待遇。2月，美国首次允许台湾民意代表以访问团形式进入国务院。6月，美国宣布总价为14.2亿美元的对台军售。7月，美国国会众议院通过《2018年财政年度国防授权法案》，要求评估美台军舰互相泊靠的可能性。8月，美台先后举行"美台国防工业会议""美台国防检讨会谈"等军事交流。美国政府官员、国会议员频繁、高调造访台湾，层级有所提高。美国会亲台议员频频炮制涉台法案。不仅如此，美国还在台湾参与世界卫生大会等国际组织活动问题上为台撑腰打气，干预威胁他国不得与中国建交或复交。2018年3月，特朗普签署"与台湾交往法案"（又译"台湾旅行法案"），为美台双方高级别官员"互访"大开方便之门，可以说是美台"断交"以来继"与台湾关系法"后，美国又一项干涉中国台湾事务的重要法案。

此外，日本也积极提升与台湾关系，日台关系迅速升温。2016年5月，日本史无前例地派出250多人组成的最大规模代表团出席蔡英文就职典礼，人员层级也创下历史新高。2016年8月，台湾立法机构正副负责人苏嘉全、蔡其昌率领22名"立委"赴日活动。2017年1月，日本对台交往窗口单位"财团法人交流协会"更名为"日本台湾交流协会"。3月20日，台湾当局将对日交往窗口由"亚东关系协会"更名为"台湾日本交流协会"。2017年3月25日，日本内阁总务副大臣赤间二郎公开赴台活动，打破了1972年中日建交以来日本与台湾现任高级官员互动的层级限制。不仅如此，日本国会的亲台势力还频频鼓噪制定日本版的"与台湾关系法"。

针对蔡英文当局采取的种种包藏"台独"祸心、破坏两岸关系和平发展的倒行逆施，以及美、日等外部势力对台湾问题的介入，大陆方面坚持对台大政方针不动摇，采取了一系列有力应对措施，进行了坚决斗争，打击了"台独"势力的嚣张气焰。

一是，坚定维护一个中国原则和"九二共识"的政治基础。2016年7

---

① 孙亚夫：《美台军舰互泊台海风高浪急》，http://www.crntt.com/doc/1052/2/5/9/105225916.html?coluid=93&kindid=15733&docid=105225916&mdate=1024000800。

月 1 日，中共中央总书记、国家主席、中央军委主席习近平在庆祝中国共产党成立 95 周年大会发表重要讲话时重申，坚持"九二共识"、反对"台独"是两岸关系和平发展的政治基础。11 月 1 日，习近平会见来访的国民党主席洪秀柱时，强调要坚持体现一个中国原则的"九二共识"。"九二共识"的核心是一个中国原则，认同两岸同属一中。台湾政局变化改变不了"九二共识"的历史事实和核心意涵。承认不承认体现一个中国原则的"九二共识"，关系认定两岸是一个国家还是两个国家的根本问题。在这个大是大非问题上，我们的立场不可能有丝毫模糊和松动。由于蔡英文当局不承认"九二共识"，自 2016 年 5 月 20 日起，大陆方面坚决中断了国台办与台湾方面陆委会的常态化联系沟通机制、海协会与台湾海基会的制度化商谈机制。这两个机制都是建立在"九二共识"的基础上，民进党当局拒不承认体现一个中国原则的"九二共识"，没有了这一基础，这些机制也就难以为继。

二是，坚决反对和遏制任何形式的"台独"分裂行径。中共中央总书记习近平在多个场合郑重宣示决不容忍"台独"的坚定立场和鲜明意志。他强调，"我们将坚决遏制任何形式的'台独'分裂行径，维护国家主权和领土完整，绝不让国家分裂的历史悲剧重演。这是全体中华儿女的共同心愿和坚定意志，也是我们对历史对人民的庄严承诺和责任""任何政党、任何人、任何时候、以任何形式进行分裂国家活动，都将遭到全体中国人民坚决反对。我们有坚定的意志、充分的信心、足够的能力遏制'台独'"。人民解放军军机、军舰开展了一连串的"绕台巡航"行动，在台湾引发了强烈震撼，显示了台湾是中国的领土，展现了人民军队捍卫国家主权和领土完整的坚定决心和强大能力。大力揭批蔡英文当局推动形形色色的"去中国化""渐进台独"活动，重点打击推动"台湾国家正常化"、谋求"台湾法理独立"的活动。坚决惩处个别支持"台独"的艺人和台商，表明决不允许在大陆赚钱又回去支持"台独"的严正立场。

三是，继续加强同台湾岛内坚持"九二共识"、支持两岸关系和平发展的政党、县市和人士交流互动。国共两党高层继续保持良性互动、增进互信。2016 年 11 月 1 日，中共中央总书记习近平会见来访的国民党主席洪秀柱。12 月 23 日，国共两党在北京举行了两党党际对话交流活动，围绕两党和两岸关系有关议题交换意见。2017 年 5 月 20 日，习近平致电吴敦义，祝贺其当选中国国民党主席。同日，吴敦义复电习近平总书记表示感谢。吴敦义多次表态坚持"九二共识"、坚决反对"台独","一中各表"不会表成"两个中国"或"一中一台"①。台湾新北、新竹、苗栗、花莲、南投、台东、金门及"连江"等赞成"九二共识"的8个县市负责人组团访问大陆，加强与大陆有关省市的交流合作。2017年7月3日，中共中央台办、国务院台办主任张志军在上海会见了来沪出席上海—台北城市论坛的无党籍台北市长柯文哲。2018年7月，习近平会见国民党前主席率领的台湾各界人士参访团，希望两岸同胞共同努力，坚持体现一个中国原则的"九二共识"，坚决反对和遏制"台独"，扩大深化两岸各领域交流合作，增进同胞亲情福祉，在新时代携手同心书写中华民族伟大复兴新篇章。

四是，继续大力推动两岸各领域交流合作，积极为广大台胞谋福祉、办实事。秉持"两岸一家亲"理念，继续推动两岸民间经济文化交流，举办第八、九届海峡论坛、两岸企业家紫金山峰会年会、首届两岸和平发展论坛、首届海峡两岸学生棒球联赛等重大对台交流活动。积极安商稳商，助力台资企业在大陆深耕发展，坚定台资企业在大陆发展的信心。中共中央总书记、国家主席习近平专门致信祝贺全国台企联成立10周年，中共中央政治局常委、全国政协主席俞正声会见台企联代表，体现了大陆方面对大陆台企台商的高度重视。首次举办大陆台企产品展销会，推动"台商走电商"拓展内销市场，支持优质台企在A股上市等等。各地各部门积极为台湾青年来大陆实习就业创业提供机会和平台。积极为台胞来大陆学习、就业、生活创造便利条件。大陆方面30多个部门出台了20多项惠及台胞的政策措施，扩大台胞在大陆事业单位就业试点，扩大招收台湾学生来大陆学习规模，在火车站和民航机场增设卡式台胞证自动售取票设备，等等。2018年，大陆有关方面出台《关于促进两岸经济文化交流合作的若干措施》（简称"31条措施"），制发台湾居民居住证，取消台湾居民就业许可证，向金门供水等，受到台湾同胞热烈欢迎。这是继续推动两岸关系和平发展新的重要举措，也打开了推动两岸关系和平发展的新天地。在反"台独"斗争尖锐的时候，大陆方面继续团结广大台湾同胞开展两岸民间交流合作具有特别意义，即不论哪个党在台湾执政，大陆方面都为台湾同胞办好事、办实事，体现了大陆方面对广大

---

① 吴敦义：《"一中各表"不会表成"两个中国"或"一中一台"》，http://www.crntt.com/doc/1047/0/2/2/104702206.html?coluid=118&docid=104702206&kindid=3699。

台湾同胞一如既往的关心爱护。①

五是，持续巩固国际社会的一个中国格局。坚持按照一个中国原则处理台湾涉外事务，针对美国特朗普政府上台以来在台湾问题上的消极动向，中国政府进行了坚决有力的斗争。特朗普政府认识到了台湾问题在中美关系中的敏感性和重要性。2017 年 2 月 10 日，特朗普与国家主席习近平通话中表示，"充分理解美国政府奉行一个中国政策高度重要性，美政府将坚守一中政策"。美国国务卿也多次表示，中美三个联合公报等是美两岸政策的基础，坚持一个中国政策没有变。同时，中国政府就日本等国家与台湾发展实质关系进行了严正交涉。由于蔡英文当局拒绝接受一个中国原则，2008 年以来两岸在国际场合的"外交休兵"局面随之结束，两岸在一个中国原则下通过协商对台湾参与有关国际组织活动作出的安排也难以为继。2016 年 12 月 21 日，圣多美和普林西比宣布同台湾断绝"外交"关系。12 月 26 日，中国与圣多美和普林西比签署联合公报，恢复了中断近 20 年的大使级外交关系。2017 年 6 月 13 日，巴拿马宣布与台湾断绝"外交"关系，中国与巴拿马正式建交。巴拿马是台湾"邦交国"中建交时间最长、影响力最大的国家之一，是台在中美洲"邦交国"的龙头，具有重要指标意义。中巴建交沉重打击了蔡英文当局。2016 年 9 月，国际民航组织不再邀请台湾当局代表参加国际民航大会。2017 年 5 月，世界卫生大会也不再邀请台湾当局代表与会。2018 年，中国先后与多米尼加、布基纳法索、萨尔瓦多建交或复交，国际朋友圈进一步扩大，国际社会承认一个中国的格局进一步巩固，台湾的"国际空间"日渐缩小。

2018 年，台湾政治生态发生积极变化。在 11 月 24 日举行的台湾"九合一"选举中，民进党遭到重大挫败。在 22 个县市长中仅赢得 6 个，县市议员席次也大幅萎缩；国民党赢得包括新北、台中、高雄在内的 15 个县市，台湾县市政治版图发生重大变化。同日，"台独"势力推动的"东京奥运正名公投"也被否决。这一结果表明，台湾民众希望台海和平稳定，反对"台独"挑衅，期盼两岸关系改善发展。

2016 年 1 月至 2019 年 1 月，推动与破坏两岸关系和平发展的较量一直在进行，重点是坚持与冲撞一个中国原则、反对与图谋"台独"。这场较量

---

① 孙亚夫：《美台军舰互泊台海风高浪急》，http://www.crntt.com/doc/1052/2/5/9/105225916.html?coluid=93&kindid=15733&docid=105225916&mdate=1024000800。

还在进行，两岸关系将在冲破各种阻碍中朝着祖国完全统一的方向发展。

第二节　习近平总书记关于
对台工作的重要论述

中共十八大以来，习近平总书记站在实现"两个一百年"奋斗目标和中华民族伟大复兴的战略高度，统揽党和国家工作全局，准确把握两岸关系发展大势，就台湾问题和对台工作发表了一系列重要论述，提出了许多富有创见的新理念新战略新要求，丰富发展了中央对台方针政策，引领对台工作取得新的重要进展。

习近平总书记关于对台工作的重要论述，是中国共产党人思考解决台湾问题、推进祖国统一进程取得的最新理论成果，是习近平新时代中国特色社会主义思想及基本方略的"台湾篇"，是开展新时代对台工作的基本遵循和行动指南。其科学内涵主要包括以下八个方面。

一、坚持从中华民族整体利益的高度把握两岸关系大局，高举共圆中国梦的精神旗帜，团结台湾同胞共同致力于中华民族伟大复兴[①]。

实现中华民族伟大复兴中国梦，是习近平总书记提出的重大战略思想，是全国各族人民共同的奋斗目标，是团结凝聚海内外中华儿女的一面精神旗帜。[②]"两岸一家亲、共圆中国梦"是习近平总书记关于对台工作重要论述的一条主线，是中国梦向台湾的延伸。

习近平深刻揭示了民族复兴与台湾前途命运的内在联系。他指出，"台

[①]　中共中央台湾工作办公室理论学习中心组：《以习近平总书记对台工作重要思想引领新时代对台工作》，《求是》，2018 年，第 6 期。

[②]　中共中央台湾工作办公室、国务院台湾事务办公室编：《中国台湾问题：干部读本》，北京：九州出版社，2015 年。

湾的前途系于国家统一，台湾同胞的福祉离不开中华民族的强盛"，"中华民族伟大复兴与两岸同胞前途命运紧密相连"，"中国梦与台湾的前途是息息相关的"，"对台湾来说，这是福音、是历史机遇"。在中华民族发展史上，两岸同胞从来都是命运相连、荣辱与共。民族强盛是两岸同胞之福，民族弱乱是两岸同胞之祸。中华民族伟大复兴的进程，就是中华民族经济不断发展、民族实力不断增强、中国国际地位日益提高、人民生活更加幸福的过程。这不仅将造福大陆同胞，更将造福台湾同胞。作为一家人，我们愿意首先与台湾同胞分享大陆的发展机遇，愿意与台湾同胞共享中华民族的荣耀与自豪。①

习近平深刻阐明了国家统一与民族复兴之间的辩证关系。他指出，"国家统一是中华民族走向伟大复兴的历史必然"，"实现祖国完全统一，是实现中华民族伟大复兴的必然要求"，"统则强、分必乱，这是一条历史规律"。完成国家统一是实现民族复兴的应有之义和必然结果，实现民族复兴的进程，本身就是在为完成国家统一积蓄力量、创造条件。这就把完成祖国统一的历史使命同实现中华民族伟大复兴的宏伟目标紧密联系起来，赋予了国家统一新的时代内涵。

习近平恳切发出了两岸同胞共圆中国梦的伟大号召。他指出"中国梦是两岸同胞共同的梦，需要大家一起来圆梦"，"实现中华民族伟大复兴需要两岸同胞携起手来同心干"，"两岸同胞要相互扶持，不分党派，不分阶层，不分宗教，不分地域，都参与到民族复兴的进程中来"，"民族复兴道路上，台湾同胞不应该缺席，也一定不会缺席"。民族复兴是全体中华儿女的共同愿望和共同使命，两岸中国人要自觉成为民族复兴大业的参与者、推动者、贡献者。我们真诚希望台湾同胞认清并切实把握住发展机遇，把自身发展前途与中华民族伟大复兴的光明前景结合起来，在参与民族复兴的进程中，实现自身的人生理想和人生价值，过上更加幸福美好的生活。②

习近平深刻阐述了民族复兴与两岸青年的密切联系。他指出，"两岸青少年身上寄托两岸关系的未来。要多想些办法，多创造些条件，让他们多来往、多交流，感悟到两岸关系和平发展的潮流，感悟到中华民族伟大复兴的

---

① 《正确的道路方向 坚定的意志决心——对习近平总书记会见台湾和平统一团体谈话的理解》，人民网，http://politics.people.com.cn/n/2014/0929/c70731-25761442.html.

② 《正确的道路方向 坚定的意志决心——对习近平总书记会见台湾和平统一团体谈话的理解》，人民网，http://politics.people.com.cn/n/2014/0929/c70731-25761442.html.

趋势，以后能够担当起开拓两岸关系前景、实现民族伟大复兴的重任"，"使两岸基层民众尤其是青年一代成为推动两岸关系和平发展、实现民族振兴的重要力量"。青少年是民族的希望和两岸的未来，是实现中华民族伟大复兴、祖国完全统一的生力军和接班人，中华民族伟大复兴的中国梦终将在一代代青年的接续奋斗中实现。

习近平的重要论述，扎根于两岸同胞的血脉联系，揭示了两岸关系发展与民族兴衰的内在关系，顺应了民族伟大复兴的历史大势，昭示了两岸同胞共同的前途命运，指明了两岸同胞共同奋斗的目标，具有感召人心的强大精神力量。要从实现中华民族伟大复兴的高度思考和谋划对台工作，要始终高举"两岸一家亲、共圆中国梦"的精神旗帜，广泛团结台湾各界同胞，共组两岸"梦之队"，让两岸同胞都成为中国梦的参与者、书写者、圆梦人，为实现中华民族伟大复兴而携手同心奋斗①。

二、坚持在发展的基础上解决台湾问题，从党和国家工作全局谋划对台工作②

从党和国家工作全局谋划对台工作，是中央制定对台方针政策、推动对台工作的根本立足点。中国解决所有问题的关键在发展，台湾问题亦然。在发展的基础上解决台湾问题，既是对国家统一规律的科学把握，也是坚持从党和国家工作全局谋划对台工作的必然结论。

习近平深刻阐明了解决台湾问题与实现大陆自身发展进步、大陆自身发展与做好台湾工作的内在联系。一方面，习近平强调："从根本上说，决定两岸关系走向的关键因素是祖国大陆发展进步"。从历史上看，民族和国家的兴衰始终决定着台湾的前途命运，国家弱乱则台湾分离，国家强大则台湾回归。从国际上看，各国的统一，莫不是强统弱。从两岸看，大陆的发展进步决定了两岸关系基本格局和发展方向，是解决台湾问题、实现祖国统一的

---

① 中共中央台湾工作办公室、国务院台湾事务办公室编：《中国台湾问题：干部读本》，北京：九州出版社，2015 年。

② 中共中央台办理论学习中心组：《以习近平总书记对台工作重要思想引领新时代对台工作》，《求是》，2018 年，第 6 期。

雄厚基础和根本保障。这就把对台工作与国家全局工作、国家统一与国家发展有机联系起来，并且揭示了大陆在统一中的主导性、决定性作用。大陆持续发展进步，将不断扩大两岸实力对比"陆强台弱"的战略优势，不断增进和平统一对台湾同胞的感召力吸引力。另一方面，习近平也强调"我们要保持自身发展势头，同时采取正确措施做好台湾工作"，在强调"重点论"的同时又坚持了"两点论"。这就告诉人们，解决台湾问题既要立足于大陆自身发展，也要做好台湾的工作，两者不可或缺，要坚持"两点论"，不能只强调一点而忽略另一点，否则工作就会出现偏颇片面。但同时两者又不是等量齐观的，大陆自身的发展居于重要地位，是矛盾的主要方面，要坚持"重点论"，否则就抓不到解决台湾问题的要害。

习近平的重要论述，是在总结两岸关系发展经验基础上作出的科学论断，体现了唯物主义辩证法联系的观点、发展的观点。要坚持大局意识，把台湾问题放到党和国家工作全局中来思考谋划，为维护国家发展重要战略机遇期营造有利的台海环境，通过大陆全面发展进步为彻底解决台湾问题、最终实现完全统一奠定更坚实的基础、提供更充分的条件。要坚持发展的眼光，看到时和势都在我，看到统一是历史发展的必然，也是大陆发展的必然，增强统一的战略自信。

三、坚持"和平统一、一国两制"方针，促进两岸同胞心灵契合 ①

"和平统一、一国两制"方针是中国的一个伟大创举，为国际社会解决类似问题、为世界和平与发展贡献了中国智慧和中国方案。"和平统一、一国两制"方针的核心是国家统一，方式是和平谈判，关键是两制并存。香港、澳门回归祖国以来的成功实践充分证明，"一国两制"是行得通、搞得好的，具有强大生命力。"心灵契合"是习近平总书记率先提出的重要理念，是对和平统一目标的升华，把人心统一摆在了更加突出的位置。

① 中共中央台办理论学习中心组：《以习近平总书记对台工作重要思想引领新时代对台工作》，《求是》，2018 年，第 6 期。

习近平进一步阐明了和平统一的重大意义。他强调，"'和平统一、一国两制'是我们解决台湾问题的基本方针，也是实现国家统一的最佳方式"，"以和平的方式实现统一最符合包括台湾同胞在内的中华民族的整体利益"。用什么方式解决台湾问题、实现祖国完全统一，关乎中国和中华民族发展大计。在可能的条件下，是以和平解决、和平统一为好。① 和平统一可以避免中国历史上骨肉相残、兵戈相向的悲剧重演，最有利于两岸同胞整体利益和中华民族根本利益，最有利于实现"两个一百年"奋斗目标和中华民族伟大复兴，最有利于统一后台湾长治久安和人民安居乐业，是大陆方面着眼全局和长远作出的战略选择，不是一时的权宜之计。只要和平统一还有一线希望，就要尽百分之一百的努力去争取。

习近平进一步揭示了国家统一的深刻内涵。他首次提出，"我们所追求的国家统一不仅是形式上的统一，更重要的是两岸同胞的心灵契合"。这表明，实现和平统一不但要在制度安排上，对统一后的两岸政治、经济、社会关系等作出顶层设计，而且更重视台湾同胞心理感受，更重视两岸同胞心灵相融相通。② 民心是解决台湾问题的根本，是最大的政治，台湾民心争取过来了，统一就水到渠成。近百年来两岸同胞聚少离多，彼此之间对一些问题的理解看法不尽相同，存在一定的心理距离。促进同胞心灵契合，有利于做好争取台湾民心工作、实现和平统一，有利于国家统一后妥处两岸制度和意识形态差异，增强对统一的向心力和凝聚力，实现国家长治久安，既着眼于统一前，更着眼于统一后。总之，人心的契合，将使统一的基础更加牢不可破。

习近平进一步提出了统一后的制度安排。他指出，"'一国两制'在台湾的具体实现形式会充分考虑台湾现实情况，充分吸收两岸各界意见和建议，是能充分照顾到台湾同胞利益的安排"。这"三个充分"体现了尊重历史、尊重现实的实事求是精神和以人为本的价值取向，具有很大的善意和包容性。按照"一国两制"方式实现和平统一，台湾的特殊性将得到充分照顾，台湾各界的意见将得到充分尊重，台湾同胞将充分行使参与管理国家和社会事

---

① 孙亚夫：《对新时代坚持"和平统一、一国两制"方针的新理解》，《人民日报》海外版，2018 年 1 月 23 日。

② 《正确的道路方向 坚定的意志决心——对习近平总书记会见台湾和平统一团体谈话的理解》，人民网，http://politics.people.com.cn/n/2014/0929/c70731-25761442.html

务的权利，真正把命运掌握在自己手中。[①] 这就使得"一国两制"的安排更具开放性、包容性。"一国两制"自提出迄今，已经 30 多年了。30 多年来，台湾发生了很大变化，两岸关系也发生了很大变化；而且"一国两制"在香港已经过近 20 多年实践，在澳门经过近 20 年实践，提供了许多可资借鉴的成功经验。台湾的具体情况也不同于香港、澳门。"一国两制"的内涵将随着时代而丰富发展[②]。习近平关于统一后"一国两制"安排的重要论述，体现了把握台湾现实状况、尊重两岸各界意见、照顾台湾同胞利益的真诚态度，体现了实事求是的工作作风，有利于争取台湾同胞对"和平统一、一国两制"的认同和支持。

习近平的重要论述，站在国家、民族、人民的高度，表达了追求和平统一的坚定决心和历史担当，与时俱进，对和平统一的内涵、形式提出了新论述，牢牢把握了人心这个统一的关键因素，体现了对台工作以人为本的价值取向，标志着对统一的认识从物质层面上升到精神层面，从外在到内在的升华过程，丰富和发展了国家和平统一理论。要坚定不移继续以最大诚意、尽最大努力争取和平统一的前景，要牢牢把握住争取台湾民心、促进心灵契合这个关键，与时俱进创新发展"一国两制"的理论和实践，追求高水平、高质量的统一。

四、坚持一个中国原则和"九二共识"，坚定维护两岸关系和平发展的政治基础[③]

一个中国原则具有不可辩驳的事实和法理基础，是大陆方面长期以来在台湾问题上坚持的原则立场，也是国际社会公认的国际关系准则。体现一个中国原则的"九二共识"是两岸协商谈判的政治基础，也是两岸关系和平发

---

① 《正确的道路方向 坚定的意志决心——对习近平总书记会见台湾和平统一团体谈话的理解》，人民网，http://politics.people.com.cn/n/2014/0929/c70731-25761442.html。

② 孙亚夫：《对新时代坚持"和平统一、一国两制"方针的新理解》，《人民日报》海外版，2018 年 1 月 23 日。

③ 中共中央台办理论学习中心组：《以习近平总书记对台工作重要思想引领新时代对台工作》，《求是》，2018 年，第 6 期。

展的政治基础。

习近平深刻揭示了坚持一个中国原则的客观性。他指出，"大陆和台湾虽然尚未统一，但同属一个中国，是不可分割的整体"，"1949 年以来，虽然两岸迄今尚未统一，但中国的主权和领土完整从未分裂。两岸同属一个国家、两岸同胞同属一个民族，这一历史事实和法理基础从未改变，也不可能改变。两岸复归统一，是结束政治对立，不是领土和主权再造"。两岸同属一个中国，是客观事实，是两岸关系的政治现状，见诸两岸双方的有关规定，为国际社会所普遍承认。

习近平深刻阐明了坚持一个中国原则的重要性。他指出，"一个中国原则是两岸关系的政治基础。体现一个中国原则的'九二共识'明确界定了两岸关系的根本性质，是确保两岸关系和平发展的关键"，"这个基础是两岸关系之锚"，"关键在于双方确立了坚持'九二共识'、反对'台独'的共同政治基础。没有这个定海神针，和平发展之舟就会遭遇惊涛骇浪，甚至彻底倾覆"，"'九二共识'的核心是一个中国原则，认同两岸同属一中"。这是总结两岸关系发展历程得出的重要结论。坚持"九二共识"，两岸关系就能和平发展；背离"九二共识"，两岸关系就会紧张动荡。

习近平深刻阐述了坚持一个中国原则的一致性。他指出，"希望台湾各党派、各团体能正视'九二共识'。无论哪个党派、团体，无论其过去主张过什么，只要承认'九二共识'的历史事实，认同其核心意涵，我们都愿意同其交往"，"承认'九二共识'的历史事实，认同两岸同属一个中国，两岸双方就能开展对话，协商解决两岸同胞关心的问题，台湾任何政党和团体同大陆交往也不会存在障碍"。一个中国原则是大陆方面同台湾当局及各党派交往的政治基础，这个标准对台湾各政党都是一致的，没有对民进党提出更高的要求。

习近平一再宣示了坚持一个中国原则的坚定性。他指出，"承认不承认体现一个中国原则的'九二共识'，关系认定两岸是一个国家还是两个国家的根本问题。在这个大是大非问题上，我们的立场不可能有丝毫模糊和松动"。

习近平的重要论述，全面阐述了坚持一个中国原则的客观性、重要性、一致性、坚定性，树立了同台湾当局及各政党交往的政治标杆，进一步清晰化了"九二共识"的核心内涵，有助于在台湾树立正确鲜明的政治导向，广泛团结岛内积极力量共同推动两岸关系发展。要毫不动摇地坚持一个中国原则，继续加强同岛内坚持"九二共识"、反对"台独"的政党、团体和社会各界人士的联系交往，共同反对分裂祖国的活动，共同维护和推动两岸关系和平发展，共同推进祖国和平统一进程。

五、坚持两岸关系和平发展正确道路，扎实推进祖国和平统一进程 ①

推动两岸关系和平发展，是坚持和平统一方针的必然要求，是实现和平统一的必由之路，是实现中华民族伟大复兴的战略抉择。走两岸关系和平发展道路，顺应时代发展潮流，符合两岸关系发展规律，符合两岸同胞愿望和利益，经得起台海风浪的考验。

习近平深刻揭示了和平发展与和平统一的内在联系。他指出，"两岸关系和平发展是维护两岸和平、促进共同发展、造福两岸同胞的正确道路，也是通向和平统一的光明大道"。这为实现和平统一指明了道路。和平统一是目标追求，推动两岸关系和平发展是实现和平统一的必由之路。实现和平统一，首先要确保两岸关系和平发展，这是两岸关系发展的客观规律使然，也是对台工作实践中得出的重要论断。两岸关系和平发展有利于两岸协商谈判，解决分歧，积累共识；有利于两岸交流合作，增进共同利益，融洽同胞感情；有利于为和平统一创造和积累必要条件，是发展两岸关系、推进祖国和平统一的正确道路。② 两岸关系和平发展必须旗帜鲜明地坚持以和平统一为目标和导向，否则两岸关系和平发展就会变了味、偏了向。

习近平深刻揭示了两岸关系和平发展与两岸同胞的密切关系。他指出，"两岸关系和平发展是两岸同胞顺应历史潮流作出的共同选择"，"和平发展是两岸同胞的共同追求，两岸共享其利、同受其惠"，"走和平发展之路，谋互利双赢之道，利在两岸当下，功在民族千秋"，"两岸关系和平发展，要两

---

① 中共中央台办理论学习中心组：《以习近平总书记对台工作重要思想引领新时代对台工作》，《求是》，2018 年，第 6 期。
② 《正确的道路方向 坚定的意志决心——对习近平总书记会见台湾和平统一团体谈话的理解》，人民网，http://politics.people.com.cn/n/2014/0929/c70731-25761442.html。

岸同胞共同推动，靠两岸同胞共同维护，由两岸同胞共同分享"，"我们欢迎更多台湾同胞参与到推动两岸关系和平发展的行列中来"。两岸同胞是两岸关系的"主角"，是两岸关系和平发展的参与者、推动者和受益者，两岸关系和平发展与两岸同胞利益密切相关，两岸同胞要自觉维护、齐心推动两岸关系和平发展。

习近平的重要论述，把握了历史发展潮流和两岸民心所向，揭示了对台工作和两岸关系发展的阶段性目标和主要任务，明确了和平发展的方向和目标，实现了和平发展过程性与和平统一目的性的高度统一，体现了两岸关系中坚持以人民为中心的发展思想，反映了大陆方面坚定不移推动两岸关系和平发展的战略定力、战略自信。要坚定信心，排除干扰，坚定不移继续沿着两岸关系和平发展的正确道路走下去、走得更加宽广，扎实推进祖国和平统一进程。

六、坚持持续深化两岸经济社会融合发展，推动构建两岸命运共同体 [①]

两岸经济社会融合发展，是习近平提出的推进祖国和平统一进程的重大战略举措，是两岸各领域交流合作发展到一定阶段的必然要求，也是发展两岸关系的重要途径。两岸命运共同体，是对两岸同胞过去、现在和未来关系的精准概括，是穿越历史、跨越地域、超越政治的重要理念，是习近平人类命运共同体理念在两岸关系中的投射。两岸经济社会融合发展是建设两岸命运共同体的基础和主要路径，两岸命运共同体是两岸经济社会融合发展的目标。

习近平首先提出并深刻阐述了两岸命运共同体的理念。他指出，"大陆和台湾是休戚与共的命运共同体"，"台湾同胞始终与祖国大陆同呼吸、共命运"，"两岸同胞同根同源、同文同种，历来是命运与共的。在经济全球化深入发展、两岸联系日益密切的今天，两岸是割舍不断的命运共同体"，"透过历史风云变幻，可以深切体会到，两岸是不可分割的命运共同体"，"携手建

---

① 中共中央台办理论学习中心组：《以习近平总书记对台工作重要思想引领新时代对台工作》，《求是》，2018年，第6期。

设两岸命运共同体"。两岸命运共同体建立在共同的历史渊源、共同的现实利益以及共同的未来愿景之上，是从两岸关系的历史和现实得出的必然结论，是两岸同胞休戚与共的生动写照，也昭示了两岸关系的未来，回答了两岸同胞过去从哪里来、现在在哪里、将来往哪里去这些最基本的问题，有利于激发两岸同胞的集体认同，建设共同精神家园。

习近平首先提出并深刻阐述了两岸经济社会融合发展的主张。他指出，"两岸同胞同祖同根，血脉相连，文化相通，没有任何理由不携手发展、融合发展"，"我们将持续推进两岸各领域交流合作，深化两岸经济社会融合发展，增进同胞亲情和福祉，拉近同胞心灵距离，增强对命运共同体的认知"，"积极促进两岸同胞在厚植共同利益、弘扬中华文化的过程中，增进对两岸命运共同体的认知，增强民族自豪感，坚定振兴中华的共同信念"。这些论述回答了为什么要融合发展、怎么样去融合发展，原因是两岸是一家人，途径是扩大两岸经济文化交流合作，重点是厚植共同利益、共同弘扬中华文化，目的是增进对命运共同体的认知、坚定振兴中华的信念。两岸经济社会融合发展，既是"两岸一家亲"理念的重要体现，也是两岸命运共同体的生动实践。

习近平的重要论述，站在历史的高度，着眼两岸关系的现实和未来，顺应了两岸同胞交流合作的趋势，把握了两岸同胞的需求，表明了继续促进两岸各领域交流合作的积极态度，为深化两岸交流合作明确了新的努力目标和方向，对推进祖国和平统一大业具有重大意义。要持续深化两岸经济社会融合发展，通过利益融合、心灵契合，不断增进两岸命运共同体的认知，强化共同的国家、民族、文化认同，夯实和平统一的精神基础和民意基础。

七、坚持践行"两岸一家亲"理念，持之以恒做台湾人民工作 ①

"两岸一家亲"，是习近平以人民为中心的发展思想在对台工作领域的体现，是做台湾人民工作的重要指导理念，是两岸同胞交往、相处的基本准则，

---

① 中共中央台办理论学习中心组：《以习近平总书记对台工作重要思想引领新时代对台工作》，《求是》，2018 年，第 6 期。

更是两岸同胞携手同心推动两岸关系和平发展、实现中华民族伟大复兴的精神力量源泉，通俗易懂，生动形象，具有强大亲和力感召力，充分体现了习近平平实近人的语言风格。

习近平首先提出并深刻阐述了"两岸一家亲"的理念。他指出，"两岸同胞血脉相连，是一家人"，"广大台湾同胞都是我们的骨肉天亲"，"两岸同胞是一家人，有着共同的血脉、共同的文化、共同的连结、共同的愿景"，"大家同根同源、同文同宗，心之相系、情之相融，本是血脉相连的一家人"，"两岸同胞一家亲，根植于我们共同的血脉和精神，扎根于我们共同的历史和文化"。两岸一家亲与两岸一家人，是对同胞之爱、手足之情最生动的表达、最真情的流露、最准确的提炼，饱含着深情厚谊。

习近平深刻阐述了如何践行"两岸一家亲"理念。他指出，"只要我们都从两岸一家亲的理念出发，将心比心，以诚相待，就没有什么心结不能化解，没有什么困难不能克服"，"我们秉持两岸一家亲理念，尊重台湾现有的社会制度和台湾同胞生活方式"，"只要是有利于增进两岸同胞的亲情和福祉的事，只要是有利于推动两岸关系和平发展的事，只要是有利于维护中华民族整体利益的事，两岸双方都应该尽最大努力去做"，"希望本着两岸同胞一家人的理念促进两岸经济合作"，"我们将本着两岸一家亲的理念，同台湾同胞分享大陆发展机遇"。这些论述从五个方面阐述了如何在对台工作中践行两岸一家亲，明确了两岸一家亲的实践途径，为做台湾人民工作指明了具体的行动方向。

习近平的重要论述，具有深厚的历史情感、民族情感和人民情怀，设身处地考虑台湾同胞的心态和感受，体现了对台湾问题的历史和现实的深刻理解，展现了对台湾同胞的关心和爱护及为台湾同胞谋福祉的诚意和善意，丰富了做台湾人民工作的思想内涵。要秉持"两岸一家亲"理念，耐心细致、持之以恒地做台湾人民工作，持续扩大同胞交流，增进相互理解信任，始终信赖、爱护、团结台湾同胞，积极为台湾同胞解难事、办实事、做好事，使"两岸一家亲"理念深深扎根在两岸同胞心中，让两岸同胞越走越亲，让两岸关系越走越近。

八、坚持反对和遏制一切"台独"分裂行径，积极防范化解台海重大风险 [①]

捍卫国家主权和领土完整、坚决反对"台独"分裂，是大陆方面始终如一、毫不动摇的坚定立场。"台独"危害国家主权和领土完整，损害中华民族根本利益和长远利益，违背中华儿女的共同意愿，严重威胁台海和平稳定，是台海地区的主要风险源，必须高度警惕、强力遏止。

习近平深刻指明了"台独"的重大危害。他指出，"'台独'势力及其活动损害国家主权和领土完整，是两岸关系和平发展的最大障碍，是台海和平稳定的最大威胁，只会给两岸同胞带来深重祸害"，"对两岸关系和平发展的最大现实威胁是'台独'势力及其分裂活动"，"'台独'势力及其活动损害国家主权和领土完整，企图挑起两岸民众和社会对立、割断两岸同胞精神纽带，是两岸关系和平发展的最大障碍，是台海和平稳定的最大威胁"。"台独"危害国家主权和领土完整，损害中华民族根本利益和长远利益，违背中华儿女的共同意愿。无论从国家发展全局和中华民族整体利益考虑，还是从中华民族的感情来说，我们决不允许"台独"，决不允许台湾从中国分割出去。划出这条"红线"的，是不可撼动的民族意志。[②]

习近平严正宣示了反对和遏制"台独"的坚定信心和坚强决心。他指出，"确保国家主权和领土完整是国家核心利益，是一条不可逾越的红线"，"在维护国家主权和领土完整这一原则问题上，我们的意志坚如磐石，态度始终如一"，"绝不让国家分裂的历史悲剧重演。这是全体中华儿女的共同心愿和坚定意志，也是我们对历史对人民的庄严承诺和责任"，"中国人民有坚定的意志、充分的信心、足够的能力挫败一切分裂国家的活动"，"我们绝不允许任何人、任何组织、任何政党、在任何时候、以任何形式、把任何一块中国领土从中国分裂出去"，"我们伟大祖国的每一寸领土都绝对不能也绝对不可能从中国分割出去"，"历史已经并将继续证明'台独'之路走不通"。

习近平的重要论述，深刻揭示了"台独"势力及其分裂活动的现实危害，

---

① 中共中央台办理论学习中心组：《以习近平总书记对台工作重要思想引领新时代对台工作》，《求是》，2018年，第6期。

② 《正确的道路方向 坚定的意志决心——对习近平总书记会见台湾和平统一团体谈话的理解》，人民网，http://politics.people.com.cn/n/2014/0929/c70731-25761442.html。

明确宣示了中国政府和中国人民坚决反对"台独"的严正立场，展现了全体中华儿女不可撼动的意志和决心，在台湾问题上划出了不容踩踏和逾越的红线，向台湾社会及外部势力传递了清晰的政策信号。要坚持底线思维，增强忧患意识，保持高度警惕，积极防范和有效化解台海风险，坚决反对一切形式的"台独"分裂图谋和行径，牢牢守住国家主权和领土完整不容分裂的底线。

第三节　中共十九大关于
对台工作的主要精神

2017 年 10 月，中共十九大胜利召开。中共十九大报告充分肯定了过去 5 年对台工作取得的新进展，在深刻总结中共十八大以来对台工作理论和实践创新的基础上，确立了"坚持'一国两制'和推进祖国统一"作为新时代坚持和发展中国特色社会主义的十四条基本方略之一。这一方略指出，实现祖国完全统一，"是实现中华民族伟大复兴的必然要求"，明确了实现民族复兴必须实现祖国完全统一。提出"必须坚持一个中国原则，坚持'九二共识'，推动两岸关系和平发展，深化两岸经济合作和文化往来，推动两岸同胞共同反对一切分裂国家的活动，共同为实现中华民族伟大复兴而奋斗"，明确了对台工作必须坚持什么、推动什么、反对什么、实现什么，为做好新时代对台工作提供了根本遵循。这体现了中国共产党对对台工作的高度重视，体现了以习近平同志为核心的中共中央对对台工作规律的进一步深刻把握，是中央对台大政方针的进一步丰富和发展。

在此基础上，十九大报告就 2017 年之后 5 年的对台工作作出总体部署安排。其主要内容包括：

第一，揭示了对台工作的根本目标和主要任务①。报告强调，"解决台湾问题、实现祖国完全统一，是全体中华儿女共同愿望，是中华民族根本利益所在"。这一对台工作根本目标的重要宣示，体现了实现中华民族伟大复兴的必然要求，彰显了全体中华儿女追求祖国统一的坚定决心和不可撼动的民

---

① 张志军：《党的十九大报告为对台工作指明了方向》，http://www.xinhuanet.com/tw/2017-11/30/c_129753634.htm。

族意志，也紧扣了中共十九大"不忘初心、牢记使命"的主题。解决台湾问题、实现祖国统一，是中国共产党和中国政府承担的三大历史任务之一，报告最后号召全党全国各族人民为实现推进现代化建设、完成祖国统一、维护世界和平与促进共同发展三大历史任务而继续奋斗。这充分体现了中共对祖国统一大业的历史责任感和使命感，对在新时代激励全体中华儿女继续为祖国统一大业奋斗具有重要意义。

报告提出了未来一个时期对台工作的主要任务，"推动两岸关系和平发展，推进祖国和平统一进程"。对台工作是党和国家工作全局的一部分，必须服从服务于党和国家工作全局。党和国家工作的中心任务决定了现阶段对台工作主要任务。两岸关系和平发展，是2008年以来已为实践所证明的通向和平统一的正确道路。未来几年，我们要全面建成小康社会、实现第一个百年奋斗目标并向第二个百年奋斗目标迈进，在这一新时代、新特征、新方位的背景下，我们要努力维护和推动两岸关系和平发展，营造有利的台海环境。同时，维护和推动两岸关系和平发展，也有利于祖国大陆经济社会发展，为最终实现祖国统一创造和积累条件，而这本身就是在扎实推进祖国和平统一进程[1]。

第二，阐明了对台工作的基本方针[2]。报告强调，"必须继续坚持'和平统一、一国两制'方针"。"和平统一、一国两制"是我们解决台湾问题的基本方针，也是实现国家统一的最佳方式。我们要坚持和平统一大政方针，努力追求和平统一的前景。这首先是民族大义使然。以和平方式实现祖国完全统一的代价最小，最有利于两岸同胞整体利益和中华民族根本利益。和平统一是中国共产党和中国政府从全民族发展的高度出发提出的号召。即便是在2005年反"台独"的斗争尖锐激烈之际，全国人大通过的《反分裂国家法》仍然庄重宣示："以和平方式实现祖国统一，最符合台湾海峡两岸同胞的根本利益。国家以最大诚意，尽最大努力，实现和平统一。"其次是战略全局的要求。中共十九大确定了决胜全面建成小康社会、开启全面建设社会主义现代化国家新征程的目标。对台工作要服从、服务于实现"两个一百年"奋

---

① 张黎宏:《坚持"一国两制"推进祖国统一——学习领会党的十九大精神》，宣讲家网，http://www.71.cn/2017/1103/972157_3.shtml。

② 张志军:《党的十九大报告为对台工作指明了方向》，http://www.xinhuanet.com/tw/2017-11/30/c_129753634.htm。

斗目标，为此最主要的就是要坚持和平统一大政方针①。总之，"和平统一、一国两制"方针，建立在对中国国家利益历史性的深刻认识和战略全局的切实把握上②，不到万不得已绝不能轻易改变。这一重要宣示表明了中央对台大政方针不因台湾政局一时变化而改变的坚定态度，显示了大陆方面的战略定力和自信。

第三，明确了对台工作的基本原则③。报告指出，"一个中国原则是两岸关系的政治基础。体现一个中国原则的'九二共识'明确界定了两岸关系的根本性质，是确保两岸关系和平发展的关键。承认'九二共识'的历史事实，认同两岸同属一个中国，两岸双方就能开展对话，协商解决两岸同胞关心的问题，台湾任何政党和团体同大陆交往也不会存在障碍"。这是对多年来两岸关系发展经验的总结，也是两岸关系发展历史所证明了的真理，只要坚持体现一个中国原则的"九二共识"这一重要政治基础，两岸关系发展的形势就会好，反之就会遇到严重问题，甚至出现紧张动荡。这也表明了大陆方面在涉及两岸关系根本性质是一个国家还是"两个国家"这一大是大非问题上，任何时候都不会动摇、不会妥协的坚定态度。同时，也为破解民进党上台后的两岸政治僵局指明了出路。不管台湾哪个人、哪个政党在台上，只要其承认体现一个中国原则的"九二共识"，讲清楚大陆和台湾同属一个中国的基本立场，那么两岸双方就能展开正常的交流互动，就能协商谈判解决两岸关系发展中的各种问题，就能不断造福两岸同胞。此外，这也表明了大陆方面对于与台湾各党派交往的态度是开放的、标准是一致的，展现了最大善意。

第四，指出了对台工作的重要理念④。报告强调："两岸同胞是命运与共的骨肉兄弟，是血浓于水的一家人。我们秉持'两岸一家亲'理念，尊重台湾现有的社会制度和台湾同胞生活方式，愿意率先同台湾同胞分享大陆发展的机遇。""两岸一家亲"是习近平就对台工作提出的重要理念。由于历史和

① 孙亚夫：《对新时代坚持"和平统一、一国两制"方针的新理解》，《人民日报》海外版，2018年1月23日。

② 孙亚夫：《对新时代坚持"和平统一、一国两制"方针的新理解》，《人民日报》海外版，2018年1月23日。

③ 张志军：《党的十九大报告为对台工作指明了方向》，http://www.xinhuanet.com/tw/2017-11/30/c_129753634.htm。

④ 张志军：《党的十九大报告为对台工作指明了方向》，http://www.xinhuanet.com/tw/2017-11/30/c_129753634.htm。

现实等复杂原因，台湾同胞存在特定的心结，对祖国大陆存在隔阂，特别是在"台独"势力的操弄抹黑下，不少台湾同胞对大陆还有这样或者那样的误解甚至敌意。解决这些问题需要秉持"两岸一家亲"的理念，通过亲情、真情来加以包容、化解、消除，从而拉近两岸同胞的心理距离，实现两岸同胞心灵契合。大陆方面一直以来都是秉持这样的理念，处理两岸交流交往中的各种问题，而且还要长期坚持下去。

第五，提出了对台工作的主要措施①。报告指出，"我们将扩大两岸经济文化交流合作，实现互利互惠，逐步为台湾同胞在大陆学习、创业、就业、生活提供与大陆同胞同等的待遇，增进台湾同胞福祉"。深化两岸经济交流合作，是实现两岸经济共同发展繁荣的必由之路，也是两岸同胞的共同利益所在②。加强两岸文化交流合作，是增进两岸同胞亲情福祉的重要渠道，也是两岸同胞共同的愿望。很多台湾同胞在大陆学习、创业、就业和生活，对他们在大陆遇到的各种问题，要想方设法帮助解决，让台湾同胞更好地融入大陆经济社会发展进程，增加台湾同胞福祉，增强他们在大陆的满足感、获得感和归属感。这些政策举措，体现了习近平关于深化两岸经济社会融合发展的重要理念，反映了大陆方面为台湾同胞谋福祉、办实事，希望台湾同胞能搭上大陆发展快车、分享大陆发展机遇的诚意。这对增加两岸同胞亲情和福祉，增强对两岸命运共同体认知，形成共谋民族复兴合力具有重大意义。

第六，呼吁共同弘扬中华文化，促进心灵契合。报告强调，"我们将推动两岸同胞共同弘扬中华文化，促进心灵契合"。中华文化是两岸同胞的共同资产，是两岸中国人的"根"和"魂"，是联系两岸同胞重要的精神纽带，是两岸关系中最天然、最深层次也是最牢不可破的联结。两岸同胞要共同继承、共同弘扬中华文化，使其为世界文明发展作出更多更重要的贡献③。习近平强调，两岸同胞要不断增进民族认同、文化认同、国家认同。由于两岸曾经长期隔绝，两岸同胞生活方式不尽相同，特别是由于岛内"台独"分裂势力的灌输和打压，一些台湾同胞在民族、文化和国家认同上产生了偏差。

---

① 张志军：《党的十九大报告为对台工作指明了方向》，http://www.xinhuanet.com/tw/2017-11/30/c_129753634.htm。

② 刘结一：《推动两岸关系不断向前发展》，http://www.chinanews.com/tw/2017/11-08/8371606.shtml。

③ 张黎宏：《坚持"一国两制"推进祖国统一——学习领会党的十九大精神》，宣讲家网，http://www.71.cn/2017/1103/972157_3.shtml。

2016 年以来，台湾岛内"去中国化""渐进台独"等逆流再起，一些人企图削弱甚至割裂两岸的文化血脉联系，磨灭台湾同胞的中华民族意识[①]。在此背景下，弘扬中华文化具有重要特殊意义。

另外，还要通过推动两岸同胞共同弘扬中华文化，来促进心灵契合。文化在塑造认同中具有决定性作用。自 1895 年至 1945 年，台湾同胞遭受了日本殖民统治长达 50 年。1949 年新中国建立后，两岸关系又处于分隔对立的特殊状态。台湾所经历的历史遭遇，实行着与大陆不同的政治社会制度，在意识形态上对于一些问题也与大陆有着不同的看法。但是，两岸同胞都是中华儿女，精神上坚守的都是中华文化，中华文化是两岸同胞共通的心灵语言和价值理念。弘扬中华文化，对增进两岸同胞相互理解信任、增进台湾同胞对大陆的认同具有重要作用。所以，大陆方面强调要通过弘扬中华文化，促进两岸同胞心灵契合，进而增进台湾同胞对国家、对统一的认同。

第七，十九大报告表明了反对"台独"分裂图谋的坚定意志和鲜明态度。[②] 报告强调："我们坚决维护国家主权和领土完整，绝不容忍国家分裂的历史悲剧重演。一切分裂祖国的活动都必将遭到全体中国人坚决反对。我们有坚定的意志、充分的信心、足够的能力挫败任何形式的'台独'分裂图谋。我们绝不允许任何人、任何组织、任何政党、在任何时候、以任何形式、把任何一块中国领土从中国分裂出去！"

这短短几句话，清晰表明了全体中国人坚决反对"台独"等任何分裂图谋的决心和态度，强调了全体中国人不但有意志、有信心、更有足够的能力挫败"台独"等任何分裂图谋，特别是"六个任何"掷地有声、响亮鲜明，这是中国共产党和中国政府对历史、对人民的庄严承诺和责任，在关乎国家主权和领土完整的重大原则问题上再次划出了清晰的红线。

第八，发出了对包括台湾同胞在内全体中华儿女的殷切期望和伟大号召[③]。报告强调："实现中华民族伟大复兴，是全体中国人共同的梦想。我们坚信，只要包括港澳台同胞在内的全体中华儿女顺应历史大势、共担民族大

---

① 刘结一：《新时代两岸文化交流合作要有新作为》，http://www.taiwan.cn/xwzx/la/201712/t20171221_11881357.htm。

② 张志军：《党的十九大报告为对台工作指明了方向》，http://www.xinhuanet.com/tw/2017-11/30/c_129753634.htm。

③ 张志军：《党的十九大报告为对台工作指明了方向》，http://www.xinhuanet.com/tw/2017-11/30/c_129753634.htm。

义，把民族命运牢牢掌握在自己手中，就一定能够共创中华民族伟大复兴的美好未来！"实现中华民族伟大复兴的中国梦，是习近平提出的号召全体中华儿女为之奋斗的一个重要目标，也是指引中华民族前进的一面光辉旗帜。中共十八大以来，习近平发表的关于对台工作的重要讲话中，反复强调两岸同胞共圆中华民族伟大复兴中国梦。现在，中华民族伟大复兴正在越来越成为现实，中华民族比以往任何时候都更加接近实现这个伟大目标。实现民族复兴是两岸同胞也是全体中华儿女的共同责任、共同愿望，与两岸同胞的前途命运息息相关，台湾同胞应该参与到这个伟大进程中来。号召两岸同胞共圆中华民族伟大复兴的中国梦，有利于树立团结凝聚海内外中华儿女共同奋斗的精神旗帜，必将鼓舞和激励广大台湾同胞参与到推动祖国和平统一、实现中华民族伟大复兴的进程中来，也会增添两岸同胞共同推动两岸关系和平发展的磅礴伟力。

第四节　习近平总书记对台纲领性讲话指引新时代对台工作

1979 年 1 月 1 日，全国人大常委会发表《告台湾同胞书》，标志着争取祖国和平统一方针的正式提出，具有里程碑的重要意义。这份文献发表以来，两岸关系面貌发生了历史性变化，取得巨大进展，也面临挑战和风险。当今世界正经历百年之未有大变局，中华民族实现伟大复兴正处于关键时期，中国特色社会主义已进入新时代，综合实力和国际影响力愈益增强，推进祖国完全统一的条件更多、能力更强，全体中华儿女对完成祖国统一大业充满期待。面对内外形势变化，需要与时俱进的方针政策指导对台工作，需要向台湾及国际社会宣示中国共产党和中国政府的政策立场，需要回答如何在民族复兴伟大征程中推进祖国和平统一的时代命题，回应全体中华儿女的重大关切。

在《告台湾同胞书》发表 40 周年之际，2019 年 1 月 2 日，中共中央隆重举行《告台湾同胞书》发表 40 周年纪念会，中共中央总书记、国家主席、中央军委主席习近平在纪念会上发表了《为实现民族伟大复兴 推进祖国和平统一而共同奋斗》重要讲话。这篇讲话全面总结了 70 年两岸关系发展的历史性巨大成就，全面阐述了在民族复兴伟大征程中推进祖国和平统一的重大政策主张，是习近平总书记关于对台工作重要论述的新篇章，发展了中央对台工作大政方针，丰富了新时代坚持"一国两制"和推进祖国统一基本方略的重要内涵，是指引新时代对台工作的纲领性文献，是做好新时代对台工作的根本遵循和行动指南，对推动两岸关系和平发展、推进祖国和平统一进程产生重大而深远的影响，具有划时代意义。

一、讲话全面总结 70 年两岸关系发展的历史性巨大成就

习近平重要讲话指出："我们团结台湾同胞，推动台海形势从紧张对峙走向缓和改善、进而走上和平发展道路，两岸关系不断取得突破性进展。"[①]一是推动打破两岸隔绝状态，实现全面直接双向"三通"，开启两岸同胞大交流大交往大合作局面；二是推动两岸双方在一个中国原则基础上达成"九二共识"，开启两岸协商谈判，推进两岸政党党际交流，开辟两岸关系和平发展道路，实现两岸领导人历史性会晤；三是提出和平解决台湾问题的政策主张和"一国两制"科学构想，确立了"和平统一、一国两制"基本方针，进而形成了坚持"一国两制"和推进祖国统一基本方略；四是巩固国际社会坚持一个中国原则的格局，越来越多国家和人民理解和支持中国统一事业；五是坚决挫败各种制造"两个中国""一中一台""台湾独立"的图谋，取得一系列反"台独"、反分裂斗争的重大胜利。

讲话在总结 70 年两岸关系发展成就的基础上，提出了"两个无法改变""两个无法阻挡"的重大论断。"两个无法改变"是："台湾是中国一部分、两岸同属一个中国的历史和法理事实，是任何人任何势力都无法改变的！两岸同胞都是中国人，血浓于水、守望相助的天然情感和民族认同，是任何人任何势力都无法改变的！""两个无法阻挡"是："台海形势走向和平稳定、两岸关系向前发展的时代潮流，是任何人任何势力都无法阻挡的！国家强大、

---

① 习近平：《为实现民族伟大复兴 推进祖国和平统一而共同奋斗——在〈告台湾同胞书〉发表 40 周年纪念会上的讲话》，人民出版社，2019 年，第 2—4 页。

民族复兴、两岸统一的历史大势，更是任何人任何势力都无法阻挡的！"习近平指出："回顾历史，是为了启迪今天、昭示明天。祖国必须统一，也必然统一。这是 70 载两岸关系发展历程的历史定论，也是新时代中华民族伟大复兴的必然要求。"①

二、讲话郑重宣示追求国家完全统一的坚定决心和高度自信

习近平重要讲话指出："1949 年以来，中国共产党、中国政府、中国人民始终把解决台湾问题、实现祖国完全统一作为矢志不渝的历史任务。"以毛泽东为核心的第一代领导集体为解决台湾问题殚精竭虑，粉碎了台湾当局"反攻大陆"的图谋，挫败了美国制造"两个中国"的图谋，争取联合国恢复了中华人民共和国的席位和一切合法权利，促成了国际社会承认一个中国的良好局面，在国力尚弱的条件下为解决台湾问题作出了历史性贡献。以邓小平为核心的第二代中央领导集体确立了争取祖国和平统一的大政方针，创造性地提出"一国两制"的科学构想，逐步形成了"和平统一、一国两制"的基本方针，并推动打破两岸隔绝状态，开启两岸交流合作的大门。以江泽民为核心的第三代中央领导集体提出发展两岸关系、推进祖国和平统一进程的八项主张，推动实现两岸协商谈判，坚决进行反"台独"、反分裂斗争，挫败李登辉制造"两个中国"的图谋。以胡锦涛为总书记的中共中央面对严峻形势，推动制定《反分裂国家法》，挫败"法理台独"图谋，开创了两岸关系和平发展新局面。中共十八大以来，以习近平为核心的中共中央坚持实事求是，与时俱进，积极作为，牢牢把握两岸关系发展的主导权主动权，创造性地提出一系列新理念新思想新战略，推动对台工作取得重大实践创新和理论创新，引领两岸关系取得历史性进展。70 年来，无论遇到多少艰难险阻，大陆追求国家统一的坚定决心从来没有动摇，任何努力都没有放弃。

习近平讲话提出的"祖国必须统一、也必然统一"的重大论断，展现出对国家统一前景的高度自信。祖国必须统一，因为台湾是中国神圣领土的一

① 习近平：《为实现民族伟大复兴 推进祖国和平统一而共同奋斗——在〈告台湾同胞书〉发表 40 周年纪念会上的讲话》，人民出版社，2019 年，第 5 页。

部分，最终必须与大陆统一；因为解决台湾问题、实现国家统一是中国的核心利益，事关维护国家主权和领土完整，事关中国和中华民族的长远发展；因为解决台湾问题、实现国家统一事关中华民族伟大复兴，是实现中华民族伟大复兴的必然要求。祖国必然统一，因为这是全体中华儿女的神圣意志和职责，是中国人民的崇高愿望，是民族大义；因为这是大陆发展进步的必然结果，大陆不断发展进步必将为国家统一提供更加雄厚的实力基础，创造更加充分的内外条件；因为大陆对台方针政策实事求是、与时俱进，能够有效应对统一进程中的各种风险挑战。总之，实现国家完全统一是中国共产党、中国政府、中国人民无论如何都要完成的历史任务。

在中国特色社会主义进入新时代、迈向"两个一百年"奋斗目标新征程的宏阔背景下，以习近平为核心的中共中央展现出更加奋发有为的进取姿态和强烈的责任担当意识。习近平讲话指出，"民族复兴、国家统一是大势所趋、大义所在、民心所向"、"统一是历史大势，是正道"、"前进道路不可能一帆风顺，但只要我们和衷共济、共同奋斗，就一定能够共创中华民族伟大复兴美好未来，就一定能够完成祖国统一大业！"在中华民族大发展大作为的新时代，这些重大宣示强有力回应了全体中华儿女的重大关切和迫切愿望。

三、讲话重申争取实现祖国和平统一的意愿和目标

大陆方面认为，以和平方式实现祖国统一，最符合包括台湾同胞在内的中华民族的整体利益，也符合求和平、谋发展、促合作的时代潮流。自1979年《告台湾同胞书》宣示争取祖国和平统一的大政方针以来，大陆方面始终坚持和平统一的努力。大陆方面之所以坚持这么做，首先是出于民族大义，出于中国人不打中国人的民族情、同胞情，尽最大努力避免同胞之间兵戎相见；其次也是大陆发展战略全局的要求，无论是集中精力进行改革开放和现代化建设还是实现"两个一百年"奋斗目标，都需要一个和平的环境，包括国内环境和国际环境，也包括台海环境。大陆方面坚持和平统一努力40年来，有力地促进了两岸关系改善发展，增进了台湾同胞的利益福祉，也为改革开放和现代化建设创造了稳定的台海环境。两岸关系40年发展历

程表明，和平统一方针是正确的。中共十八大以来，以习近平为核心的中共中央高举和平统一旗帜，继续沿着和平统一的正确道路前进。

习近平重要讲话再度郑重宣示了和平统一的大政方针，通篇基调是和平统一。讲话提出的在民族复兴伟大征程中推进祖国和平统一的重大政策主张，无一不是立足于和平统一，无一不是围绕和平统一展开论述。这表明大陆方面坚持和平统一的方向目标没有改变，展现出强大的战略定力和政策稳定性，向台湾同胞释放出巨大诚意和善意，廓清了外界一些错误认识和理解偏差，在台湾岛内和国际社会产生了积极影响。祖国和平统一是一项前无古人的开创性伟业，其艰难度、复杂度超乎常人想象，但大陆有信心、有决心、有实力、有能力、有智慧，继续推动两岸关系和平发展、推进祖国和平统一进程。

四、讲话全面阐述在民族复兴伟大征程中推进祖国和平统一的重大政策主张

习近平重要讲话立足新时代，从民族和国家发展全局的高度，贯通历史、现实和未来，全面阐述了在民族复兴伟大征程中推进祖国和平统一的重大政策主张，为对台工作领航定向，是推动两岸关系克难前行、强化祖国和平统一大势的强大动力。

习近平重要讲话提出"携手推动民族复兴，实现和平统一目标"重大政策主张，强调"台湾前途在于国家统一，台湾同胞福祉系于民族复兴"，指出"台湾问题因民族弱乱而产生，必将随着民族复兴而终结"，对全体中华儿女推动两岸关系和平发展、共谋中华民族伟大复兴、实现祖国和平统一发出伟大号召、提出殷切期望；深刻揭示了台湾前途命运、台湾同胞福祉与中华民族伟大复兴的内在联系，强化了两岸同胞共谋民族复兴、共促祖国和平统一的历史责任。

习近平重要讲话提出"探索'两制'台湾方案，丰富和平统一实践"重大政策主张，指出"'和平统一、一国两制'是实现国家统一的最佳方式，体现了海纳百川、有容乃大的中华智慧，既充分考虑台湾现实情况，又有利于统一后台湾长治久安"，强调"和平统一，是平等协商、共议统一"，倡议

就两岸关系和民族未来开展广泛深入的民主协商，就推动两岸关系和平发展达成制度性安排。

习近平重要讲话提出"坚持一个中国原则，维护和平统一前景"重大政策主张，重申"一个中国原则是两岸关系的政治基础"，强调"绝不为各种形式的'台独'分裂活动留下任何空间"，"不容任何外来干涉"，向台湾和国际社会明确宣示我们维护国家主权和领土完整的坚定决心和坚强意志。

习近平重要讲话提出"深化两岸融合发展，夯实和平统一基础"重大政策主张，表示"中国人要帮中国人"，重申"我们对台湾同胞一视同仁"，充分体现对台湾同胞的殷切关怀；提出"打造两岸共同市场"，呼吁"两岸应通尽通"，指出了深化两岸融合发展的努力方向。

习近平重要讲话提出"实现同胞心灵契合，增进和平统一认同"，强调"中华文化是两岸同胞心灵的根脉和归属"，指出"不管遭遇多少干扰阻碍，两岸同胞交流合作不能停、不能断、不能少"，提出"两岸同胞要共同传承中华优秀传统文化，推动其实现创造性转化、创新性发展"，还要求"以正确的历史观、民族观、国家观化育后人，弘扬伟大民族精神"，为两岸同胞加强交流、实现心灵契合指明方向。

习近平全面阐述在民族复兴伟大征程中推进祖国和平统一的重大政策主张，是中国共产党人思考解决台湾问题、实现国家统一的理论新成果，科学回答了在新时代如何推进祖国和平统一的时代命题，指明了当前和今后一个时期对台工作的基本思路、重点任务和前进方向，是做好新时代对台工作的根本遵循和行动指南。

五、讲话提出一系列创新性论述和政策主张

习近平重要讲话在继承中央对台大政方针的同时，又与时俱进地丰富和发展了中央对台大政方针，提出一些创新性论述和政策主张。

一是首次提出"探索'两制'台湾方案"的重大主张，丰富了国家统一理论。习近平在提出"探索'两制'台湾方案"时，用"五个充分"概括了探索"一国两制"台湾方案的原则方向："'一国两制'在台湾的实现形式会

充分考虑台湾现实情况，会充分吸收两岸各界意见和建议，会充分照顾到台湾同胞利益和感情。在确保国家主权、安全、发展利益的前提下，和平统一后，台湾同胞的社会制度和生活方式等将得到充分尊重，台湾同胞的私人财产、宗教信仰、合法权益将得到充分保障。"① 这"五个充分"为探索"一国两制"台湾方案拓展了新空间，赋予"一国两制"新的时代内涵，展现出"一国两制"精神的包容性、开放性、发展性，是向台湾同胞释出巨大诚意善意的重要体现。

二是提出"争取早日解决政治对立"。习近平指出，"两岸长期存在的政治分歧问题是影响两岸关系行稳致远的总根子，总不能一代一代传下去。两岸双方应该本着对民族、对后世负责的态度，凝聚智慧，发挥创意，聚同化异，争取早日解决政治对立，实现台海持久和平，达成国家统一愿景"。② 中共十八大以来，以习近平同志为核心的中共中央锐意进取，提出解决两岸政治分歧的基本思路并作出积极探索。尤其是习近平勇于创新，果断决策，实现两岸领导人会晤，推动两岸关系取得历史性突破，为未来解决两岸政治对立树立了典范。

三是倡议开展两岸民主协商。习近平提出："我们郑重倡议，在坚持'九二共识'、反对'台独'的共同政治基础上，两岸各政党、各界别推举代表性人士，就两岸关系和民族未来开展广泛深入的民主协商，就推动两岸关系和平发展达成制度性安排。"③ 民主协商是中国特色社会主义政治制度的重要组成部分，体现了社会主义民主的优势和特点。开展两岸民主协商，既是推动两岸关系和平发展的现实需要，也是为日后争取开启两岸政治谈判创造条件的长远考虑。两岸民主协商不同于已有的两岸协商谈判机制和政党交流对话机制，而是一个新的协商渠道和平台。两岸民主协商的共同政治基础是坚持"九二共识"、反对"台独"；议题是广泛的，涉及"两岸关系和民族未来"的重要议题都可以谈，可以是政治的，也可以是经济、文化、社会等方面的；目标是"就推动两岸关系和平发展达成制度性安排"。两岸民主协商

① 习近平：《为实现民族伟大复兴 推进祖国和平统一而共同奋斗——在〈告台湾同胞书〉发表 40 周年纪念会上的讲话》，人民出版社，2019 年，第 6 页。
② 习近平：《为实现民族伟大复兴 推进祖国和平统一而共同奋斗——在〈告台湾同胞书〉发表 40 周年纪念会上的讲话》，人民出版社，2019 年，第 7 页。
③ 习近平：《为实现民族伟大复兴 推进祖国和平统一而共同奋斗——在〈告台湾同胞书〉发表 40 周年纪念会上的讲话》，人民出版社，2019 年，第 6 页。

创造了一种新的协商方式，丰富了大陆方面关于两岸协商谈判的政策主张。

四是提出"深化两岸融合发展"的理念和路径。深化两岸经济社会融合发展是习近平总书记对台工作重要论述的重大创见，丰富了推动两岸关系和平发展、推进祖国和平统一进程的政策内涵。习近平在这次讲话中提出深化两岸融合发展的基本理念："两岸同胞血脉相连。亲望亲好，中国人要帮中国人。我们对台湾同胞一视同仁，将继续率先同台湾同胞分享大陆发展机遇，让大家有更多获得感。"习近平还提出了深化两岸融合发展的基本路径："我们要积极推进两岸经济合作制度化，打造两岸共同市场，为发展添动力，为合作添活力，壮大中华民族经济"。"两岸要应通尽通，提升经贸合作畅通、基础设施联通、能源资源互通、行业标准共通"；"可以率先实现金门、马祖同福建沿海地区通水、通电、通气、通桥"；"要推动两岸文化教育、医疗卫生合作，社会保障和公共资源共享，支持两岸邻近或条件相当地区基本公共服务均等化、普惠化、便捷化"。[①] 努力实现这些政策主张，将大大深化两岸融合发展。

习近平对台纲领性讲话标志着祖国和平统一在新时代迈向新征程，极大地鼓舞全体中华儿女的昂扬斗志，汇聚起磅礴力量，扎实推动两岸关系和平发展，坚定推进祖国和平统一进程，为实现中华民族伟大复兴的中国梦不懈奋斗。

今后，台海形势复杂严峻的局面将持续一段时间，面临的挑战和风险会继续增大。民进党及其当局将继续坚持"台独"分裂立场，不会停止形形色色的"台独"分裂行径，甚至不排除激进"台独"势力进行"台独"冒险，外部势力会加大打"台湾牌"遏制中国，给两岸关系带来严重的不稳定甚至是紧张动荡的因素。面对台海复杂严峻的形势，大陆方面将继续牢牢把握两岸关系发展正确方向，坚持对台大政方针不动摇，坚持一个中国原则和"九二共识"，坚决反对"台独"，秉持"两岸一家亲"理念，推动两岸民间经济文化社会交流，为两岸同胞谋福祉。随着中国特色社会主义进入新时代，中国综合实力和国际影响力持续提升，两岸实力对比"陆强台弱"的态势持续拉大，在此基础上大陆方面完全有信心、有能力、有办法战胜一切风险挑战，制止"台独"图谋得逞，推动两岸关系和平发展，推进祖国和平统一进程。

---

① 习近平：《为实现民族伟大复兴 推进祖国和平统一而共同奋斗——在〈告台湾同胞书〉发表40周年纪念会上的讲话》，人民出版社，2019年，第10页。

下　篇

第七章
两岸政治关系

两岸政治关系是两岸政治行为主体之间的关系体系，是两岸关系中最重要、最核心、最敏感的部分。一般而言，政治行为主体是指公权力机构，但由于两岸关系的独特性，两岸政治行为主体除了两岸公权力机构外，还包括被授权的社会团体、政党等。因此，两岸政治关系，除了包括两岸公权力机构之间的关系，还包括被授权的社会团体之间、政党之间的关系。如，被授权社会团体（海协会和台湾海基会）虽然名义上不是公权力机构，但它们商谈的议题及发挥的作用，均是两岸公权力机构所要商谈和解决的问题，事实上发挥着两岸公权力机构的功能，无非是在两岸政治分歧一时无法突破的情势下，让它们来代行两岸公权力机构的某些权能。再者，政党是现代政治的重要参与主体，政党政治是现代政治的主要内容，故两岸政党之间的关系也被归入两岸政治关系的范畴。从现实内容来看，两岸政治关系主要涉及两岸之间的政治对抗（譬如统"独"对抗）、政治协商谈判、政治合作，以及政治互动的原则和基础（譬如一个中国原则）等客观存在的政治关系。

第一节　40年两岸政治关系的发展历程

自1979年1月至2019年1月，两岸政治关系经历了40年的发展历程，其间可以划分为以下五个阶段。

第一个阶段（1979—1987），两岸政治军事对峙与缓和时期。从台湾当局来看，早期为配合其"反攻大陆"的计划和目标，对大陆方面采取"汉贼不两立"的敌视与隔绝政策，其颁布了"动员戡乱时期台湾地区戒严令"，宣布台湾地区处于"战时动员状态"，实行军事管制，严禁台湾民众与大陆有任何形式的交往。从大陆方面来看，自1949年10月至1978年12月底，大陆方面提出解放台湾的统一政策。1979年1月1日，大陆方面发表《告台湾同胞书》，宣布实施和平统一政策，这成为两岸关系的新起点。此后，两岸在政治上、军事上的对立状态有所缓和，但蒋经国当局提出了"不接触、不谈判、不妥协"的"三不政策"。1980年6月，蒋经国因应两岸关系形势发生的新变化，提出了"三民主义统一中国"的口号。尽管此后台湾当局在不放弃"三不政策"的前提下，对其大陆政策的策略和具体做法有所调整，但调整的幅度不大，整个政策仍然非常僵硬。①总之，这一时期两岸由于政治、军事上的对峙仍处于隔绝状态，彼此之间几乎没有政治往来，但双方政治态度均有所缓和。

第二阶段（1987—1993），两岸政治对立松动与被授权社会团体互动开启时期。1987年11月台湾当局开放部分民众赴大陆探亲，长达38年之久的两岸隔绝状态被打破，为两岸社会交流打开了大门。随着两岸交往的发展，有了通过两岸协商解决交往中出现的问题的需要。由于两岸政治分歧的存在，双方都成立了授权进行接触、交往、商谈的民间团体，台湾当局成立了海峡交流基金会，大陆方面成立了海峡两岸关系协会。1992年2月，两岸两会开始就若干事务性问题展开磋商。同年11月，两会达成各自以口头方式表述"海峡两岸均坚持一个中国原则"的共识。1993年两会在新加坡实现首次"汪辜会谈"。在两岸协商快速推进的同时，干扰这种势头的负面因素开始出现，其中最重要的就是以李登辉为代表的分裂势力开始逐渐背离一个中国原则，"台独"活动趋于猖獗。这一阶段两岸政治关系的基本特点是：双方关系总体缓和，但台湾当局开始凸显"中华民国主体性"。两岸之间虽有分歧和对抗，但没有发展到公开摊牌的地步。

第三阶段（1994—2008），两岸政治对抗升级与政党互动开启时期。李登辉随着其地位的巩固，在"台独"道路上越走越远。1994年，台湾当局颁布"台海两岸关系说明书"，提出了"一个中国，两个对等政治实体"的说辞，其实质是在"一中"之下寻求台湾与大陆对等的政治实体地位，按两岸"分裂分治"。1995年，李登辉以所谓"私人名义"访问其美国母校康奈尔大学，使两岸关系骤然陷入紧张。1999年7月李登辉的"两国论"将两岸关系逼近军事冲突的边缘。2002年8月陈水扁抛出"一边一国论"，公开挑战一个中国原则，此后又推动制定"台湾新宪法"等"法理台独"的政策和行动。2004年陈水扁连任后，推动"宪政"改造活动，着手制定"台湾新宪法"，使两岸对抗进一步加剧。为应对复杂严峻的台海形势，全国人大于2005年3月通过了《反分裂国家法》，给"台独"势力划出红线。在此

---

① 中共中央台湾工作办公室、国务院台湾事务办公室:《中国台湾问题：干部读本》，北京：九洲图书出版社，1998年，第104—105页。

背景下，从 2005 年 4 月到 7 月，国民党、亲民党、新党领导人先后率团访问大陆，形成了中国共产党与泛蓝阵营共同坚持"九二共识"、反对"台独"的局面。陈水扁在其第二任期即将届满时，不遗余力地推动"入联公投"，使持续紧张的台海形势不断升级。这一阶段两岸政治关系的基本特点是，政治对抗持续加剧，曾一度滑向了冲突边缘。大陆方面在这一阶段既反"独"又促统，主要是反"独"。

第四阶段（2008—2016），两岸政治对立缓和与有限政治合作时期。2008 年 5 月，国民党重新执政后，国共两党在坚持"九二共识"、反对"台独"的政治基础上建立基本互信，共同开辟了两岸关系和平发展新局面。国共两党以党际互动为沟通平台，不断积累互信、凝聚共识；两会在各自公权力机构的授权下，展开协商谈判进程，先后签订了一系列协议；双方两岸事务主管部门的负责人建立起制度化的沟通机制，并于 2015 年 11 月实现两岸领导人历史性会晤。这一阶段是自 1949 年以来两岸政治关系发展最好的时期，基本特点是：双方政治关系总体趋于缓和，政治对抗程度明显减弱，政治互动面向扩大，合作程度加深，但两岸政治协商仍未开启。大陆方面在此阶段维护以"九二共识"为政治基础的两岸关系和平发展大局，通过不断拓展和深化两岸经济交流与合作，为将来两岸政治关系的突破创造条件和奠定基础。

第五阶段（2016—2019），政治对抗重新升级与官方互动中断时期。2016 年 5 月 20 日蔡英文上台后，因拒不接受"九二共识"，致使两岸政治关系陷入僵局和对抗。两岸两会协商机制、国台办与台湾方面陆委会沟通机制被迫中止运作。受两岸政治关系影响，大陆游客赴台数量下降，两岸民众对两岸政治关系的前景普遍表示担忧。总体上看，这一阶段两岸政治关系相较于 2008 年至 2015 年，出现了明显的整体性倒退，总体特点是："台独"与反"台独"斗争尖锐，政治对抗升级，台海形势日趋紧张。大陆方面坚决反对"台独"，不给"台独"留下任何空间，一方面尽最大努力维护台海和平，另一方面做好一切应急准备。

第二节　40 年两岸政治关系
基本特征

　　坚持一个中国原则是两岸关系发展的政治基础。反对"台独"分裂行径，是两岸关系发展的必然要求和必要条件。坚持与冲撞一个中国原则，反对与图谋"台独"，是两岸政治关系演进的两条脉络、主要内容和基本特征。40年来，两岸政治关系发展取得重大成就，同时也积累了丰富经验。

一、坚持与冲撞一个中国原则的较量

（一）大陆方面对一个中国原则的坚持

　　大陆方面坚持一个中国原则的根本立场始终如一，根据不同时期、不同领域的特点，贯穿于两岸关系、涉台事务、国际涉台问题各个方面。

　　20 世纪 90 年代末之前，大陆方面对坚持一个中国原则的基本表述是：世界上只有一个中国，台湾是中国神圣领土不可分割的一部分，中华人民共和国政府是代表全中国的唯一合法政府。20 世纪 50 年代初，大陆方面提出这一表述的背景：一是 1949 年以后有些西方国家在与新中国建交时，仍不愿意放弃与蒋介石政权过去的"邦交"关系，二是以美国为首的西方国家在国际社会制造"两个中国"。鉴于以上情况，大陆方面开始向国际社会不断重申世界上只有一个中国，以避免造成"两个中国"的事实。20 世纪六七十年代，是两岸在外交领域激烈斗争的重要时期，其中在联合国的中国代表权问题是斗争的焦点。美国先是竭力阻挠恢复中华人民共和国在联合国组织中的合法权利，后来随着两岸实力的消长和国际形势的变化，其对中华人民共和国要求恢复联合国席位的态度发生了变化，不再一味阻挠，而是提出了"双重代表权"方案，即在不得排除"中华民国"在联合国继续拥有席位的前提下，同意中华人民共和国参加联合国。在美国等西方国家的鼓动下，至20世纪60年代中期，联合国里弥漫着浓厚的"两个中国"气氛。对此，大陆方面反复重申世界上只有一个中国，中国就是中华人民共和国，台湾是中国领土不可分割的一部分，台湾是中国的一个省。"双重代表权"方案最终因两岸的一致反对而破产。以上史实表明，大陆方面这一时期反复强调"两岸同属于一个中国"，主要是为防止在国际社会造成"两个中国"的事实。

在历史上，国共两党对坚持一个中国有过共同的立场。大陆方面提出两岸双方对待一个中国原则的态度有一致性，始于1958年炮击金门。是年10月25日，毛泽东在其亲自撰写的《再告台湾同胞书》（以彭德怀名义发表）中指出："世界上只有一个中国，没有两个中国。这一点我们是一致的"。①1979年《告台湾同胞书》指出："台湾当局一贯坚持一个中国的立场，反对台湾独立。这就是我们共同的立场，合作的基础。"②此后，大陆方面一直争取国民党坚持一个中国立场、反对"台独"，共同发展两岸关系，实现两岸协商谈判直至和平统一谈判。

从20世纪90年代初开始，台湾岛内谋求"台独"和"两个中国"的分裂活动都有所加剧。民进党1986年成立后，伴随其"民主诉求"的达到，开始将政治诉求的重心转移到"主权诉求"上，1991年制定了"关于建立主权独立的台湾共和国基本纲领"（"台独党纲"）。在这个过程中，李登辉当局不仅放任民进党搞"台独"活动，而且自己也开始脱离一个中国立场，使得一个中国原则在岛内受到挑战。针对这些变化，大陆方面强调一个中国原则的力度加大。

1993年9月1日大陆方面发布《台湾问题与中国的统一》白皮书，其中指出："世界上只有一个中国，台湾是中国不可分割的一部分，中央政府在北京。这是举世公认的事实，也是和平解决台湾问题的前提。"③这份白皮书对坚持一个中国原则的论述在台湾遭到排斥和抵制。此后，一个中国原则在台湾逐渐被污名化，不仅被视同为"中华人民共和国"的同义词，而且被

---

① 中共中央台湾工作办公室、国务院台湾事务办公室编：《中国台湾问题：干部读本》，北京：九洲图书出版社，1998年，第101页。
② 全国人大常委会：《告台湾同胞书》，人民日报，1979年1月1日。
③ 中国社会科学院台湾研究所编：《新时期对台方针政策重要文献选编》（修订本），2009年（内部发行），第490—491页。

视为刻意矮化台湾的策略。[①]

90 年代中期台湾当局关于一个中国原则的立场发生了重大变化。在此之前，两岸均坚持一个中国原则，主张中国统一，分歧在于何者代表中国行使主权、何者主导中国统一的问题。因此两岸互不承认对方政权的合法性，均在国际社会上反对"双重承认"。然而，90 年代中期以后，李登辉当局已背离一个中国原则，并大力推动"台独"分裂活动。随着台湾当局在一个中国立场上出现的变化，大陆方面强调一个中国原则所针对的对象也发生了变化，即由早期主要针对美国等西方国家在国际社会制造"两个中国"（主要反对"台湾地位未定""双重代表权""双重承认"等企图和行径），变化为主要针对来自台湾岛内的分裂活动（主要反对"台湾独立""一中一台""两个中国""平行外交"等企图和行径）。基于以上变化，自 90 年代末期开始，大陆方面为了更有力地坚持一个中国原则，为了有利于争取台湾民众理解一个中国原则，也为了有利于争取国民党坚持一个中国立场，开始在两岸场合，提出坚持一个中国的新论述。1998 年 1 月 23 日，时任国务院副总理钱其琛在纪念江泽民八项主张三周年座谈会上说："在统一之前，在处理两岸关系中，特别是两岸谈判中，坚持一个中国原则，中国的主权和领土完整不能分割。"2000 年 8 月 24 日，钱其琛会见台湾联合报系访问团时表示："就两岸关系而言，我们主张的一个中国原则是：世界上只有一个中国，大陆和台湾同属一个中国，中国的主权和领土完整不容分割。"这一新论述也就是通常所说的从"老三句"到"新三句"的发展。"新三句"的提出较好地适应了两岸关系发展的需要，因而具有重要的政策和现实意义。"新三句"提出后，大陆方面关于坚持一个中国原则的论述具有新特点：其一，在统一之前，在两岸关系上，为拉住台湾方面坚持一个中国立场，强调大陆与台湾同属一个中国；强调一个中国原则的核心——中国的主权和领土完整不容分割，而不涉及双方对一个中国政治涵义分歧的问题。其二，表达坚持一个中国原则的态度出现内外两个版本，即在国际场合为"世界上只有一个中国，台湾是中国的一部分，中华人民共和国政府是代表中国的唯一合法政府"；而在两岸关系上为"世界上只有一个中国，大陆和台湾同属于一个中国，中国的主权

---

① 邵宗海：《新形势下的两岸政治关系》，台北：台湾五南图书出版股份有限公司，2011年，第 202 页。

和领土完整不容分割"。实践证明，后来两岸关系发展所取得的一系列成果，与"新三句"的提出密不可分。

回顾两岸政治关系发展历程可以发现，大陆方面关于一个中国原则的总体精神和基本立场一以贯之。概括起来，其基本要义包括以下五点：①世界上只有一个中国；②台湾是中国领土不可分割的一部分；③两岸尚未统一只是暂时现象，未来两岸必将统一；④反对任何形式的"台独"行径；⑤中华人民共和国政府是在国际社会代表全中国的唯一合法政府。

（二）台湾方面对一个中国原则态度的演变

1949 年以来，台湾当局对于一个中国原则的态度有一个变化的过程。

1. 两蒋时期对一个中国原则的坚守

20 世纪 50 至 80 年代末的两蒋时期，台湾当局出于不甘失败的心理和妄图"光复大陆"的目的，坚持一个中国立场，反对"两个中国"。50 年代中期，以美国为首的西方国家曾提出将台湾与大陆分隔开来的"划峡而治"方案，建议蒋介石放弃金门、马祖等沿海岛屿，以切断与大陆的连结。但蒋介石反对分裂中国，并认为金门为台湾门户，放弃金马，台湾本岛将朝夕不保。大陆方面从两岸统一的长远考虑，在 1958 年炮击金门时决定，将金马留在国民党手中。两岸在这个问题上长时间保持着默契，进行了长达二十多年的"金门炮战"。至六七十年代，蒋介石当局出于奉行"汉贼不两立"的一个中国政策，也反对美国等西方国家在恢复中华人民共和国在联合国合法代表权问题上提出的所谓"双重代表制"方案。

需要指出的是，两蒋时期的两岸之争是两个政权之间的"法统之争"，即中华人民共和国政府和"中华民国政府"谁有资格在国际社会代表中国的问题。台湾当局所坚持的一个中国是指"中华民国"，主张"中华民国代表全中国"。当时台湾当局坚持一个中国原则是出于与大陆争夺"法统"地位的需要，也是为了维持台湾政治社会稳定的需要。

2. 李登辉时期对一个中国原则的背离

李登辉主政之初，继续坚持两蒋时期延续下来的一个中国原则。然而，随着其政治地位的巩固，李登辉渐渐背离一个中国原则。1991 年 2 月"国统会"推出"国家统一纲领"说明，台湾当局的一个中国概念出现了变化。

该纲领虽未否定一个中国原则，但字里行间充斥着"两个对等政治实体"的观念，亦即要求"两岸互不否定对方为政治实体，在国际间相互尊重，互不排斥"。①

1992 年 7 月 31 日，台湾当局"行政院"颁布了"两岸人民关系条例"，将两岸界定为"中华民国"下辖的台湾地区和大陆地区，②并以国际私法上的"法律冲突"理论来处理两岸法律事务，将"一个中国、两个对等政治实体"的理念法律化。

1992 年 8 月台湾当局"国统会"第八次会议通过了"关于一个中国的涵义"的文件，对一个中国的界定是："海峡两岸均坚持'一个中国'之原则，但双方所赋予之涵义有所不同。……一个中国应指一九一二年成立迄今之'中华民国'，其主权及于整个中国，但目前之治权，则仅及于台澎金马。台湾固为中国的一部分，但大陆亦为中国之一部分"；"公元一九四九年起，中国处于暂时分裂之状态，由两个政治实体，分治海峡两岸。"③

1993 年 9 月 16 日，台湾当局发表"只有'中国问题'、没有台湾问题"的声明，旨在强调所谓两岸"分裂分治"的现状。自此之后，台湾当局对一个中国的涵义相继作出大幅调整，否定一个中国原则的目的更加显现。

1993 年 11 月 21 日，出席美国西雅图亚太经合组织会议的台当局"经济部长"江丙坤根据"外交部"提供的文件发表书面声明："中国为一个历史、地理及文化之中性名词。台湾固为中国的一部分，如同中国大陆也是中国的一部分，中国并不等于中华人民共和国，台湾也不是中华人民共和国的一部分或一个省。……中华民国及中华人民共和国实为历史、地理或文化含义的一个中国下，互不隶属的两个主权国家。"④

1994 年 7 月 5 日，台当局"陆委会"发布"台海两岸关系说明书"，强调"一个中国是指历史上、地理上、文化上、血缘上的中国"，⑤从而将"中国"虚体化。该说明书对一个中国的解释，显然与"国统会"在 1992 年对

---

① 姜殿铭：《台湾：一九九一》，北京：中国友谊出版社公司，1992 年，第 248—250 页。

② 陈志奇编：《台海两岸关系实录》（上册），台湾财团法人"国家"建设文教基金会台海两岸关系研究中心，1998 年，第 189 页。

③ 《国统会对一个中国的涵义做成的结论》，台湾《中央日报》，1992 年 8 月 2 日。

④ 《江丙坤谈"两个主权国家"讲话全文》，台湾《联合报》，1993 年 11 月 22 日。

⑤ 陈志奇编：《台海两岸关系实录》（上册），台湾财团法人"国家"建设文教基金会台海两岸关系研究中心，1998 年，第 360—361 页。

一个中国解释（一个中国应指 1912 年成立至今之"中华民国"，其"主权"及于整个中国）有很大偏离。台湾当局所讲的一个中国，从此开始由政治法律意涵上的中国演变为民族意涵上的中国。①

1997 年 2 月 22 日，台当局"行政院"发布"透视一个中国问题"的说帖，在有关一个中国问题上进一步提出："'中华民国'自一九一二年建国以来即为一个主权国家。而自一九四九年中共政权成立起，中国即处于分治的状态。其后由于台北与北京均未统治过对方，所以谁也不能代表对方，当然，谁也不能代表全中国，而只能代表各自有效统治的一部分。据此，我们认为，与其去说'一个中国'，不如说'一个分治的中国'(One Divided China)，就像现在的韩国、过去的德国或越南一样。"②

1999 年 7 月 9 日，李登辉在接受"德国之声"专访时抛出了"两国论"，即"1991 年修宪以来，已将两岸关系定位在国家与国家，至少是特殊的国与国关系，而非一合法政府、一叛乱团体，或一中央政府、一地方政府的'一个中国'内部关系"。③ 至此，李登辉完全背离一个中国原则，将两岸关系定位为"国与国关系"，两岸为两个相互不隶属的"主权独立国家"。

以上所述表明，李登辉当局对一个中国原则的态度，经历了一个模糊、回避和否定的过程。它把两蒋时期的现在式一个中国、一个中国就是"中华民国"的内涵逐渐蜕变为过去式的一个中国，并将一个中国的内涵蜕化为"历史上、地理上、文化上、血缘上的一个中国"，从而将一个中国虚化，直至 1999 年推出"两国论"分裂主张。

通过对上述台湾官方文件的梳理，可以清晰地看出李登辉当局对一个中国原则态度蜕变的轨迹，即"一国一府"→"一国两区"→"一国两体"→"国与国"。尽管李登辉时期对一个中国原则的态度前后有所不同，但从总体看，其"一个中国"政策可概括为以下三点：①一个中国指的是历史上、地理上、文化上、血缘上的中国，大陆和台湾都是此意义上中国的一部分；②"中华民国"和中华人民共和国都不等于中国，任何一方也不能代表全中国，台湾不是中华人民共和国的一部分或一个省；③两岸处于"分裂状态"，在大陆的中华人民共和国和在台湾的"中华民国"目前是两个互不

---

① 张亚中：《统合论》，香港：中国评论学术出版社，2014 年，第 325 页。
② 台当局"新闻局"：《透视一个中国问题》，台湾《中央日报》，1997 年 2 月 23 日。
③ 台湾《中国时报》，1999 年 7 月 9 日。

隶属的"主权国家"。①

与两蒋时期相比较，李登辉时期对一个中国态度的变化，主要体现在以下三个方面：其一，两蒋时期的台湾当局认为"中华民国是一个主权独立的国家"，其领土所辖范围包括大陆、外蒙古和台澎金马；李登辉当局虽然声称"中华民国为一个主权国家"，其领土范围涵盖外蒙古、大陆和台澎金马，但强调其治权范围仅限台澎金马，旨在凸显"台湾是一个主权国家"，只是没有直接说出来而已，这与蒋经国时期的"中华民国"概念有很大差异。其二，两蒋时期的台湾当局不承认中华人民共和国政府的合法性，并视其为"叛乱团体"，坚持"中华民国政府"是中国"唯一合法政府"；李登辉时期则提出了"一国两区""一国两府""一国两体（一个中国，两个对等政治实体）"等政治关系论述，主张"中华民国政府"与中华人民共和国政府"对等分治""互不隶属"。②其三，两蒋时期的台湾当局在处理国际社会涉及两岸关系事务时采用"零和"规则，以杜绝"两个中国"的出现；而李登辉则在国际社会谋求"双重承认"。

而从李登辉本人来说，他从90年代开始就对"中华民国"的涵义进行新的解释，"中华民国在台湾"，始终讲过一个中国。1993年12月，他说他主张"中华民国在台湾"的原因是，"中华民国目前统辖台湾、金、马，拥有绝对而且完整的主权和治权"。

3. 陈水扁时期对一个中国原则的顽抗

民进党1986年成立以后，很快就走上了谋求"台独"的道路。由于这一立场，民进党一直拒绝一个中国原则。20世纪80年代后期，民进党通过一系列决议，明确主张"台独"，要改变台湾是中国领土一部分的地位，并且要脱离一个中国的框架。1991年10月，民进党五大通过了"建立主权独立自主的台湾共和国基本纲领"（"台独党纲"）。为了缓解各方压力，也为了

---

① 台湾学者邵宗海教授将李登辉对一个中国的总体立场概括为以下几个要点："其一，一个中国中的'中国'是未来目标，但目前并不存在。其二，'中华民国'是'分治的中国'之下的一个'国家'。其三，倘若一个中国是指中华人民共和国，那它就不包括台湾在内。"参见邵宗海：《新形势下的两岸政治关系》，台北：台湾五南图书出版股份有限公司，2011年，第164页。

② 两蒋统治时期，台湾方面一直坚持一个中国原则，认为一个中国即"中华民国"，自己是包括台湾和大陆在内的全中国范围内的唯一合法政府，并一直宣称要收复大陆。此立场自李登辉时期开始渐渐发生变化，台湾当局不再否认大陆政权的合法性，并逐步放弃以武力收复大陆。不过，台湾当局并未通过修改"宪法"或"法律"的方式正式放弃对大陆地区的主权。

适应选举的需要，民进党在 90 年代中期编造了所谓"台湾事实上已经独立"的说法，进而在 1999 年 5 月党代会上通过"台湾前途决议文"，宣称"台湾是一主权独立国家"，并第一次把台湾与"中华民国"画上等号，称"台湾，固然依目前宪法称为中华民国，但与中华人民共和国互不隶属"。这种说法的实质是台湾是一个暂时名叫"中华民国"的国家，即借"中华民国"的名义称"台湾是主权独立的国家"。

2000 年 3 月，民进党赢得台湾地区领导人选举。陈水扁上台初始权力根基未稳，为避免过度刺激大陆，在就职演说中作出了"四不一没有"的承诺，但对一个中国原则采取回避、否认的态度，声称"在既有的基础上"，双方共同处理"未来一个中国"的问题，坚持认为一个中国是议题而非前提。陈水扁在其执政地位稳固后，再也按捺不住搞"台独"的狂躁，于 2002 年抛出"一边一国论"，声称"由于台湾主权独立，台湾和对岸的中国是一边一国"，并声称要以所谓"公民投票"的方式决定"台湾前途、命运和现状"。

陈水扁的"一边一国论"与李登辉的"两国论"本质是一样的，都是要把两岸关系说成是"国与国关系"，都是图谋要把台湾从中国分割出去。同时，这两种说法的非本质不同在于：一是两者的出发点有所不同，李登辉的"两国论"是从"中华民国"台湾化出发的，这就是他所说的 1991 年台湾"修宪"以来，"将两岸关系定位在国家与国家，至少是特殊的国与国关系"；而陈水扁的"一边一国论"是直接从"台湾主权独立""台湾是主权独立国家"出发，声称"台湾与中国是一边一国"。二是陈水扁的"一边一国论"将李登辉的"两国论"从"两个中国"拓展到"一中一台"。无论是"两个中国"，还是"一中一台"，都是分裂中国的主张。

此后，民进党进一步将台湾与"中华民国"绑定，不但企图"借壳上市"，而且力图改变"中华民国"的内涵。2004 年 10 月 10 日，陈水扁在"双十致辞"时说"中华民国就是台湾，台湾就是中华民国"。陈水扁的"台湾是中华民国、中华民国是台湾"比李登辉所主张的"中华民国在台湾"既有传承关系，又更进了一步，在改变"中华民国"内涵上更直接、更明确。2005 年 8 月 2 日，陈水扁抛出了"中华民国四阶段论"，即 1912 年至 1949 年是"中华民国在大陆"，1949 年至 1988 年蒋经国去世为止是"中华民国到台湾"，1988 年至 2000 年李登辉执政时是"中华民国在台湾"，到 2000 年民进党上台后"中华民国就是台湾"。这样，从李登辉到陈水扁，从"中华民国在台湾"到"中华民国是台湾"，完全改变了"中华民国"的内涵，使"中华民国"完全等同于台湾，这也使得"台独"势力可以用"中华民国"一词作为抵抗一个中国原则的工具。

尽管民进党提出了"台湾是一个叫作中华民国的主权独立国家""台湾是中华民国"的说法，但是他们知道这是无法自圆其说的，而且"中华民国"与"台湾国"之间在法理方面还是有区别的。因此，民进党又炮制了一个要使台湾成为"正常国家"的说法。2007年民进党制定了"正常国家决议文"，提出"虽然台湾已经独立"，但却是一个"国际关系不正常""宪政体制不正常""国家认同不正常"的"非正常国家"，只有完成实现"正常国家"的步骤，才能使台湾成为真正的"正常国家"，因此要早日"正名"（确定"新国号"）、要"制宪"（制定"新宪法"）、要修改领土范围，并且要"入联"（以台湾名义加入联合国等国际组织）。由此可见，民进党就是要通过这几个步骤，谋求"法理台独"，使台湾成为一个所谓"正常的国家"，即实现"台湾独立"的目标。这也说明民进党用"中华民国"的称呼只是一时的，最后还是要"台湾独立建国"。这份决议文是民进党成立以来制定的最为系统、最为完整的"台独"纲领。

民进党成立以来，一直坚持"台独"立场，不但拒绝一个中国原则，而且不断冲撞一个中国原则，对台湾社会、对两岸关系都造成了极其恶劣的影响。

4. 马英九时期对一个中国原则的有限复归

马英九当局坚持"九二共识"、反对"台独"，在此基础上与大陆方面建立基本互信，共同推动两岸关系和平发展。同时，马英九坚持维护"中华民国"的立场，坚持国民党对一个中国政治涵义的传统认知，称国民党所讲的一个中国是指"中华民国"，因此他讲一个中国必讲指"中华民国"，讲"九二共识"必讲"一中各表"。马英九坚持在"中华民国宪法"框架下处理两岸政治关系，在"中华民国宪法"基础上讲一个中国（"宪法一中"），认为"中华民国"疆界和主权范围并没有因为"政府迁台"而有所分割，仍包括"外蒙古、大陆地区、台澎金马地区"；认为"两岸关系是台湾地区与大陆地区的关系"，不过台湾与大陆是"中华民国作为主权国家"架构之下的两个地区，两岸关系是"非国与国的特殊关系"，[①]"主权互不承认，治权互不否认"。

马英九当局对一个中国的解释具有两面性，其政治宣示与现实操作存在巨大落差。其一方面在法理上坚持"大中国"意义上的一个中国，另一方面在现实中坚持"两岸对等""互不否认治权"等政治操作。倘若将马英九当局的一个中国立场与两蒋时期的一个中国立场相比较，可发现两者存有重大不同，具体表现在：其一，两蒋时期台湾当局主张统一，一个中国是其目标追求；而马英九当局则不同，其更多的是将一个中国作为工具或策略，"不统"是其大陆政策的重要内容。这是在两岸实力对比发生巨大变化后，处于弱势一方的台湾所作的消极因应。其二，两蒋时期的一个中国具有一面性，与"台独"没有融通的空间；而马英九时期的一个中国则带有某些两面性，这决定了其一个中国立场并非刚性且有些摇摆。

5. 蔡英文上台后对一个中国原则的破坏

蔡英文上台后，坚持"台独"立场特别是"台湾是主权独立国家"的主张，拒不承认一个中国原则和"九二共识"。蔡英文与陈水扁一样，均是在"台独"立场上构建出各种各样的论述，其核心理念是"台湾是一个主权独立国家"，只是为了遮人眼目或"借壳上市"，不得不强调"中华民国是一个主权独立的国家"。虽然她声称要"维持两岸现状"，但她所谓的"两岸现状"也是建立在"台湾是主权独立国家"的基础上。同时，她大力推行"去中国化"活动和"台独史观""台独文化"教育，竭力挖空刨除岛内的中国元素。虽然她称呼大陆为"中国大陆"，但其含义与马英九时期"中国大陆"并不相同。后者是与中国台湾相对应称谓，意即中国大陆和中国台湾分别是一个中国下面的两个地区；而前者则不同，是相对于"中华民国台湾"的称谓，其实质涵是"中国是大陆，中华民国是台湾"。其所谓建构两岸互动新模式，也是建立在"两岸主权对等"的基础之上。所以从本质上看，蔡英文与陈水扁的两岸政策并无二致，无非是在手法上更加隐晦一些而已。

---

① 邵宗海：《新形势下的两岸政治关系》，台北：台湾五南图书出版股份有限公司，2011年，第206页。

（三）两岸在对待一个中国原则上的分歧日趋扩大

两岸关于一个中国的共识与分歧主要是指大陆方面与国民党关于一个中国的论述而言的，由于双方均认同一个中国，所以才有一个中国政治涵义之争。倘若国民党像民进党一样不认同一个中国，那么也就无所谓与大陆方面的一个中国涵义之争了。

根据前面梳理，两岸之间对待一个中国原则态度的变化可以划分为以下两个阶段：

第一阶段，一个中国在两岸之间不是"问题"的阶段。如果没有美国等西方国家在国际社会制造"两个中国"问题，也就没有必要强调一个中国。台湾当局当年之所以采用一个中国的提法，也是出于同样的思维逻辑。[①] 尽管美国是"两个中国"的最早炮制者，但并未导致一个中国在两岸之间变成一个"问题"。总体上看，两蒋时期岛内基本上不存在"台独"问题，即使偶尔出现"台独"分子，也不足以挑战一个中国原则。在这种情况下，倘若承认对方政权的合法性，自然就意味着否定己方政权的合法性。所以，大陆方面一直不承认台湾当局的合法性，并且以解放台湾、消灭"残余政权"为政治和军事任务。当时两岸关于一个中国的意涵主要有以下三个要点：①均维护中国主权的完整性，强调一个中国；②均认为台湾是中国的一个省而非一个"主权国家"；③均认为在国际上只能有一个政府（且是己方政府）代表中国行使主权。[②]

第二阶段，一个中国在两岸之间成为"问题"的阶段。李登辉在台湾掌权后，开始推行"两个中国"政策，提出"分治的中国""阶段性两个中国"来定位两岸关系，并多次通过"修宪"实现"中华民国台湾化"，一个中国逐渐由"事实"变成"问题"。正是因为出现这种情况，20 世纪 90 年代后，大陆方面反复强调要坚持一个中国原则；否则就不用反复强调一个中国原则，就好像没有人提出"一个德国""一个越南"，更不可能有"一个美国"或"一个日本"的问题。[③]

① 黄嘉树：《大棋局》，香港：中国评论学术出版社，2013 年，第 202 页。

② 黄嘉树：《大棋局》，香港：中国评论学术出版社，2013 年，第 203 页。

③ 邵宗海：《两岸关系》，台北：台湾五南图书出版股份有限公司，2007 年，第 328—329 页。

通过以上分析，可以得出以下几个结论：

第一，台湾当局在一个中国立场上与大陆方面渐行渐远。具体说，大陆方面的一个中国原则在战略上始终没有任何改变，只是在论述上作了策略调整；而台湾当局在一个中国原则上的变化则是战略上的根本改变。这是两岸之间的最大不同。这个变化以 20 世纪 90 年代为分水岭，在此之前两岸均坚持一个中国，只是对一个中国是中华人民共和国抑或"中华民国"的问题存在分歧。两岸都主张中国应当统一，统一的标志是产生出一个两岸均服从的中央政府，至于何者有资格组织或主导这样的中央政府，双方存有争议。[①]90年代以后，随着大陆综合实力日渐壮大，台湾方面已丧失与大陆争夺中国代表权的实力。于是，台湾方面逐渐放弃与大陆争夺"法统"地位，因此对待一个中国原则的态度发生了战略性的蜕变。

第二，双方对两岸政治关系论述的主轴不同。具体说来，台湾方面两岸政治关系论述的主轴是，"中华民国"是一个与大陆对等、互不隶属的"主权国家或中央政府"；大陆方面两岸政治关系论述的主轴是台湾是中国的一部分。可见，两岸之间存在着很大政治分歧。台湾方面一个中国立场的变化，给"两个中国"或"一中一台"意识滋长留下空间，使台湾民众的一个中国认同逐渐下跌，这对大陆维护一个中国框架、推动两岸和平统一进程构成了严重的障碍和挑战。

回顾两岸关系曲折发展的历程，一个中国变成"问题"的过程就是对中国的国家认同在台湾被逐步解构的过程；而今后一个中国不再是"问题"（或"问题"严重性逐步减弱）的过程，就是"两岸同属一个中国"的国家认同逐步在台湾建立的过程，也是两岸逐步迈向统一的过程。

二、"台独"与反"台独"的斗争

自 1988 年蒋经国去世后，台湾社会出现"台独"思潮和运动。坚决反对"台独"也就成为大陆方面面临的新任务。20 世纪 80 年代末以来，"台独"与反"台独"的斗争一直很尖锐激烈。

---

① 黄嘉树：《大棋局》，香港：中国评论学术出版社，2013 年，第 202 页。

（一）双方在两岸场域围绕"台独"与反"台独"的较量

1. 李登辉时期（1988.1—2000.5）

20 世纪 80 年代末，李登辉继任台湾地区领导人之后，其"台独"思想逐渐暴露。他不仅试图通过"宪政改革"将台湾改造成一个"独立政治实体"，以适应制造"两个中国"的需要，而且改变过去国民党对"台独"的打压政策，纵容、扶持主张"台独"的政治势力及其活动；在思想文化领域，人为地抹杀台湾民众特别是年轻一代的中国人意识，制造台湾民众对大陆的敌意和疏离感，割断两岸思想和文化纽带。因此，李登辉主政地位巩固后，自 20 世纪 90 年代初，开始助推"台独"活动，致使岛内分离主义势力迅速发展，"台独"思潮迅速蔓延，给两岸关系带来巨大的冲击和破坏。概而言之，李登辉在多个领域大力推行"去中国化"的行动，旨在切断两岸历史连结，落实"台湾独立"；通过"宪改"使国民党政权迅速本土化，旨在为"台独"作法理铺垫。李登辉的"台独"言行，对两岸关系造成了巨大破坏。为此，对于以李登辉为代表的"台独"势力的种种分裂活动，大陆一直保持着高度的警惕。大陆通过对李登辉当局及民进党势力的"台独"言行进行坚决回击，有力地打击了"台独"势力的气焰，也迫使美国重申奉行一个中国政策。大陆的反"台独"行动进一步捍卫了中国的主权和领土完整。

2. 陈水扁时期（2000.5—2008.5）

民进党是不折不扣的"台独党"，早在 1991 年就通过了"台独党纲"，主张建立所谓"台湾共和国"；1999 年又通过"台湾前途决议文"，提出了"借壳上市"的"台独"主张。2000 年 5 月，台湾政党轮替，民进党首次上台执政，这是 1949 年以来台湾政局出现的最深刻变化。陈水扁上台之初，因羽翼未丰，作出所谓"四不一没有"的承诺，但很快就表示拒不接受一个中国原则，并以实际行动来推行"渐进式台独"路线。2002 年 8 月陈水扁抛出"一边一国论"，2003 年台湾当局通过了"公投法"，此后"台独"势力不断利用公投制度进行"台独"活动，尤其炮制出"催生台湾新宪法"的"台独时间表"，并加紧推动"正名""制宪""加入联合国"等活动。陈水扁当局大力推动"台独"活动升级，直至推动"法理台独"，构成了对台海和平的最大威胁。针对陈水扁当局的"台独"言行，大陆进行了坚决的反"台独"斗争。

3. 蔡英文时期（2016.5—2019.1）

2016 年 5 月 20 日，民进党再次上台执政。蔡英文就任台湾地区领导人后，拒不接受"九二共识"，在"维持现状"的幌子下大搞"去中国化""渐进台独"等"台独"活动。两岸又进入了"台独"与反"台独"的新一轮较量。

针对蔡英文当局的"台独"挑衅，大陆进行了针锋相对的斗争。大陆方面指出，"台独"是两岸关系和平发展的最大障碍，是台海和平稳定的最大威胁，号召两岸同胞要对"台独"势力保持高度警惕。2016 年 3 月，全国人大、政协会议期间，鉴于蔡英文即将就任台湾地区领导人，中共中央总书记习近平再次指出："我们将坚决遏制任何形式的"台独"分裂行径，维护国家主权和领土完整，绝不让国家分裂的历史悲剧重演。这是全体中华儿女的共同心愿和坚定意志，也是我们对历史对人民的庄严承诺和责任。"李克强总理在《政府工作报告》中对"台独"提出了警告：我们要继续坚持对台工作大政方针，坚持"九二共识"政治基础，坚决反对"台独"分裂活动，维护国家主权和领土完整，维护两岸关系和平发展和台海和平稳定。在蔡英文就职后，大陆方面保持对民进党"台独"势力的压力，对"台独"挑衅提出警告。事实表明，蔡英文自 2016 年 5 月上台以来，拒不接受"九二共识"，在"维持现状"的幌子下，一直进行"台独"活动，致使两岸关系陷入僵局。不难预料，蔡英文当局在未来一段时期内仍会继续从事"台独"活动，尤其是大搞"文化台独"，以进一步切断台湾与大陆的历史文化连结，以便坐实"台湾独立"。需要指出的是，这一时期激进"台独"势力也很猖獗，不断鼓吹"正名""制宪""入联"，推动"台湾国家正常化""法理台独"等活动。特别值得警惕的是，在中美战略对抗的状态下，美国和"台独"势力会相互利用，尤其美国会提升打"台湾牌"的力度，这无疑增加了台海地区的风险。未来一段时期内，遏制"台独"仍是大陆的一项艰巨任务。

（二）双方在国际场域围绕"台独"与反"台独"的斗争

不论李登辉时期、陈水扁时期，抑或蔡英文时期，为了凸显所谓的"台湾主体性"，均不遗余力地在国际社会进行以制造"两个中国"或"一中一台"为目标的拓展"国际空间"活动，不仅谋求发展与美、日等国的实质关系，而且积极推动加入或参与国际组织的活动，以提高台湾的"国际能见度"。大陆方面为捍卫一个中国原则，坚决遏制台湾拓展"国际空间"的活动。两岸在国际场域展开了"台独"与反"台独"的较量。

1. 台湾当局参与联合国的企图与失败

李登辉、陈水扁当局在其"国际活动空间"诉求中，最重要的目标是参与联合国。从1993年起，台湾当局使用各种手段，鼓动其"友邦"在联合国提案，要求讨论"台湾参与联合国"问题，挑起了两岸在台湾参与联合国问题上的冲突。自1993年第48届联大至2008年，台湾当局连续14次鼓动其"邦交国"在联合国炮制所谓让台湾参与联合国的提案，妄图"重返"或"加入"联合国，[①] 但均铩羽而归。

台湾地区自古以来是中国领土不可分割的一部分，不管是在历史上还是在现实的国际关系中，这一事实都得到了世界上绝大多数国家的承认。台湾不具备加入联合国的条件，也就不可能成为联合国会员国。台湾参与联合国问题不仅涉及一个中国，而且涉及谁代表这个"中国"的问题。1971年联合国大会通过的2758号决议已明确了这个问题，联合国只承认中华人民共和国政府为全中国的唯一合法代表。台湾方面无论是以"中华民国（台湾）"还是直接以"台湾"的名义参与联合国，也无论台湾企图谋求正式成员还是观察员的地位，均会挑战一个中国原则，带来严重的"一中一台"或"两个中国"问题。所以，在台湾加入联合国问题上，两岸之间没有任何商讨的余地。

2. 两岸双方在"邦交"问题上的矛盾与冲突

台湾问题产生的早期，台湾"邦交"问题是历史遗留问题，即1949年国民党统治集团败退台湾时还保持与一些国家的"邦交"关系，因此在两蒋时期，两岸之间就存在对"邦交"问题的矛盾，双方在国际社会上为中国代表权进行了长达30年的斗争。1988年之后，由于李登辉、陈水扁、蔡英文当局均奉行"台独"路线，这些"台独"势力将台湾的"邦交"问题用来佐证台湾是"一个主权独立国家"，这样，台湾的"邦交"问题就与"台独"问题相互交织。

20世纪50至70年代初，在美国为首的西方国家支持下，台湾当局延

---

① 台湾媒体认为，"参与"是可避免引起岛内争议的中性字眼，涵盖范围较广，凡参加联合国外围组织，成为观察员和成为正式会员国均可包括在内。这表明，台当局不使用"重返""加入"而使用"参与"，带有较强的策略动机。

续在大陆时期建立的"邦交"关系。1950年，中华人民共和国的建交国为17个，而台湾当局在美国的扶持下则维持着37个"邦交国"关系。1971年中华人民共和国恢复在联合国的合法席位后，许多国家纷纷与台湾当局"断交"，台湾当局的"邦交国"急剧减少，[①] 至1979年，其"邦交国"只剩下不足30个。

李登辉上台后，将对外政策进行了大幅调整，推行"务实外交"政策，而且利用台湾较为雄厚的经济实力和苏联、东欧剧变的国际环境，在20世纪90年代初期前后掀起了一波恢复或建立"邦交"关系的浪潮，尤其是利用非洲部分国家的经济困难，通过经济援助与多个非洲国家建立了"邦交"关系。2000年民进党执政后，台湾对外关系发生新的变化，与台湾当局"断交"的国家不断增多，先后有马其顿、利比里亚、多米尼克、瑙鲁（2005年5月又与台湾当局"复交"）、格林纳达、塞内加尔等国与台湾当局"断交"。截至2008年5月，台湾当局的"邦交国"降到23个。

1988年至2008年的20年间，由于李登辉、陈水扁主政的台湾当局实行"台独"路线，使得两岸之间在"邦交"问题上的斗争空前激烈。在这期间，台湾当局争取到20个国家（因为有多个国家与台湾当局"建交"后又"断交"，接着又"复交"以及"断交"）与它建立"邦交"关系，这20个国家中，除帕劳外，其余19个均是从大陆方面的建交国中"挖走"的。同一期间的，大陆方面也有19个建交国曾是台湾当局的"邦交国"。[②] 具体参见表7-1：

表7-1：1988年至2008年台湾"邦交国"数目变化表

年份	"邦交国"数目	"建交"国家	"断交"国家
1988	22	—	—
1989	26	巴哈马、伯利兹、格林纳达、利比里亚	—
1990	28	几内亚比绍、莱索托、尼加拉瓜	沙特阿拉伯

---

① 黄嘉树、林红：《两岸"外交战"——美国因素制约下的国际涉台问题研究》，北京：中国人民大学出版社，2007年，第119—120页。

② 邵宗海：《新形势下的两岸政治关系》，台北：台湾五南图书出版股份有限公司，2011年，第334—335页。

年份	"邦交国"数目	"建交"国家	"断交"国家
1991	29	中非	—
1992	29	尼日尔	韩国
1993	28	—	利比里亚（与中国建交，但台湾未撤离"大使馆"）
1994	28	布基纳法索	莱索托
1995	29	冈比亚	—
1996	29	塞内加尔	尼日尔
1997	29	圣多美和普林西比、乍得、利比里亚	巴哈马、圣卢西亚、南非
1998	27	马绍尔群岛	中非、汤加、几内亚比绍
1999	29	马其顿、帕劳、巴布亚新几内亚	巴布亚新几内亚
2000	29		
2001	28	—	马其顿
2002	27	—	瑙鲁
2003	27	基里巴斯	利比里亚
2004	26	瓦努阿图	多米尼克、瓦努阿图
2005	25	瑙鲁	塞内加尔、格林纳达
2006	24	—	乍得
2007	24	圣卢西亚	哥斯达黎加
2008	23	—	马拉维

图表来源：参照了黄嘉树、林红：《两岸"外交战"——美国因素制约下的国际涉台问题研究》，北京：中国人民大学出版社，2007年版，第126—127页；笔者略有增加。

　　国民党在台湾重新上台，国共两党、两岸双方在坚持"九二共识"、反对"台独"的共同政治基础上建立基本互信，推动两岸关系开创和平发展新局面。在这种情势下，大陆方面主动为两岸关系和平发展创造条件，在涉外事务上，在坚持一个中国原则的前提下，合情合理地考虑台湾方面的实际需求，包括没有"挖取"台湾的"邦交国"。同时，马英九实行"外交休兵"政策，包括不与大陆进行"邦交"争夺战。2013年11月，冈比亚与台湾当局"断交"，大陆方面直到2016年民进党即将上台时才与冈比亚建交。大陆方面在两岸关系和平发展背景下处理台湾"邦交"问题的做法，是基于以往对台工作经验而作出的选择，属于主动作为，这不仅有助于两岸在涉外事务中避免不必要的内耗，而且有助于增进中华民族的整体利益。马英九在台湾主政八年期间，除了冈比亚与台湾当局"断交"之外，台湾当局维持了22个"邦交国"。

2016年5月蔡英文上台以来，拒不接受"九二共识"，大力推行"台独"路线，在台湾"国际活动空间"问题上采取"单边冲撞"政策。对此，大陆方面坚决予以回击。大陆方面2016年12月同台湾当局的原非洲"邦交国"圣多美和普林西比建交，2017年6月同台湾当局的原拉美"邦交国"巴拿马建交。截至2019年1月，与台湾当局保持"邦交"关系的国家只有17个，且这些国家都是"小国"。台湾"邦交"问题高度敏感，其象征性远非一般领域（包括两岸之间）所能比拟，台湾当局之所以乐此不疲地争取，就是看中了这一特性，以此来凸显台湾是"主权独立国家"。大陆方面坚决遏制台湾当局拓展"国际空间"的做法，在国际社会有力地维护了一个中国原则。

三、40年两岸政治关系发展取得巨大成就

两岸政治关系发展所取得的成就，主要集中在1987年迄今的30余年。在这30余年的两岸政治互动中，双方既有斗争又有合作，既有交流又有竞争，但整体上说两岸政治关系发展取得丰硕成果。尤其2008年5月至2016年5月，两岸双方在坚持"九二共识"、反对"台独"的共同政治基础上建立基本互信，展开积极互动，推动了两岸政治关系发展。

（一）实现两岸公权力部门之间的有限合作

1987年后，随着两岸交流不断展开与扩大，两岸之间出现了诸多无法

仅凭社会力量能够解决的新问题，这亟待两岸公权力部门通过协商与合作来加以解决。为此，两岸公权力部门先后制定或调整涉及两岸事务的法律、法规、规章及其他规范性文件多达100余件，在立法、行政和司法等方面展开了互动。

第一，立法部门配合，为解决两岸冲突提供法律依据。从大陆方面来看，早在20世纪90年代便开启了致力于解决两岸法律规范冲突的单边立法进程。为此，大陆方面出台了一系列法律法规，譬如：《中华人民共和国台湾同胞投资保护法》（1994）、《中华人民共和国台湾同胞投资保护法实施细则》（1999）、《反分裂国家法》（2005）、《大陆企业赴台湾地区投资管理办法》（2010）、《台湾海峡两岸直航船舶监督管理暂行办法》（2008）、《关于审理涉台民商事案件法律适用问题的规定》（2010）等等。从台湾方面来看，马英九当局在2008年后颁布了一系列规范性文件，包括"大陆地区人民来台投资许可办法"（2009）、"大陆地区之营利事业在台设立分公司或办事处许可办法"（2009）、"大陆地区投资人来台从事证券投资及期货交易管理办法"（2009）、"大陆地区专业人士来台从事专业活动许可办法"（2009）、"关于修改'大陆居民赴台湾地区旅游管理办法'的决定"（2011）、"台湾投资者经第三地转投资认定暂行办法"（2013）、"关于进一步促进台湾海峡两岸海上直航发展政策措施的公告"（2013）、"关于网上办理台湾海峡两岸间海上运输许可的通知"（2014）等等。截至2019年1月，台湾当局在调整其与大陆之间区际法律冲突方面，已逐步形成以"台湾地区与大陆地区人民关系条例"及一系列配套实施细则为主体的法规体系，并通过继续修改、补充和完善原有的相关法律法规，以适应不断发展的两岸关系形势。

第二，行政部门合作，解决两岸互动衍生的问题。由于两岸关系发展的实际状况，两岸行政部门合作是通过执行双方分别授权的民间团体商签的协议来进行的。1990年，两岸红十字组织在金门商谈达成有关执行海上遣返的协议》（《金门协议》）。1992年双方分别授权的海协会与台湾海基会开始商谈后，1993年签署了《汪辜会谈共同协议》、《两会联系与会谈制度协议》、《两岸公证书使用查证协议》、《两岸挂号函件查询、补偿事宜协议》。2008年至2015年，两会又先后签署了《海峡两岸海运协议》（2008）、《海峡两岸邮政协议》（2008）、《海峡两岸食品安全协议》（2008）、《海峡两岸金融合作协议》（2009）、《海峡两岸农产品检疫检验合作协议》（2009）、《海峡两岸经济合作框架协议》（2010）、《海峡两岸知识产权保护合作协议》（2010）、《海峡两岸海关合作协议》（2012）、《海峡两岸投资保护和促进协议》（2012）、《海峡两岸服务贸易协议》（2013）、《海峡两岸气象合作协议》（2014）、《海峡两岸地震监测合作协议》（2014）、《海峡两岸避免双重课税及加强税务合作协议》（2015）、《海峡两岸民航飞行安全与适航合作协议》（2015）。随着以上协议的签署，两岸相关行政部门以对应方式展开了交流与合作，共同解决由制度差异所导致的各种问题，为两岸合作走向制度化奠定重要基础。

第三，司法部门协助，保障两岸人民合法权益。首先，两岸区际刑事司法协助取得显著成效。1987年后，台湾同胞来大陆探亲旅游人数日益增多，为了切实保障台胞权益，大陆方面先后出台了一系列办法。譬如，《最高人民法院、最高人民检察院关于不再追诉去台人员在中华人民共和国成立前的犯罪行为的公告》（1988）、《最高人民法院、最高人民检察院关于不再追诉去台人员在中华人民共和国成立后当地人民政权建立前的犯罪行为的公告》（1989）、《最高人民法院关于人民法院处理涉台民事案件的几个法律问题》（1988）等等。2009年4月，两岸两会在南京签署了《海峡两岸共同打击犯罪及司法互助协议》（以下简称《互助协议》），该协议对共同打击犯罪、送达文书、调查取证、移管（接返）被判刑人（受刑事裁判确定人）等事项做出了具体规定，不仅大大完善了两岸刑事司法协助的对象、方式和范围，而且较为详细地规定了两岸刑事司法协助的请求程序，使两岸司法界建立了合作关系。为进一步贯彻落实协议规定，推动两岸共同打击犯罪的司法合作，两岸司法机关还开展了一系列事务性工作商谈，确定了具体的合作架构、流程及实施细则。其次，两岸区际民商事司法协助取得积极进展。民商事司法协助主要涉及法律文书送达、调查取证以及裁判的承认与执行等方面。在《互助协议》签署之前，两岸之间的区际民商事司法协助活动一直以各自制定的政策和法律为依据，由于是单边立法，在实践中很容易产生矛盾和冲突，因此《互助协议》在送达义务等方面做了进一步完善，使得民商事互助更加广泛和便捷。除此之外，大陆方面还出台了送达司法文书、协助司法取证等方面的规范性文件，如《最高人民法院关于涉台民事诉讼文书送达的若干规定》（2008）、《最高人民法院关于审理涉台民商事案件法律适用问题的规定》（2010）、《最高人民法院关于人民法院办理海峡两岸送达文书和调查取证司法互助案件的规定》（2011）、《最高人民法院关于认可和执行台湾地区仲裁裁决的规定》（2015）、《最高人民法院关于认可和执行台湾地区民事判决的规定》（2015），等等。这些规范性文件有力地推动了两岸司法部门之间的互助与合作，更好地保障了两岸人民的合法权益。

（二）实现国共两党交流与对话的常态化、机制化

2005 年 4 月 29 日，中共中央总书记胡锦涛与中国国民党主席连战在北京举行会谈，这是 1945 年以来国共两党领导人的首次正式会谈。通过这次会谈，国共两党首次就坚持"九二共识"、反对"台独"、推动两岸关系发展等重大问题达成共识，并共同发表"两岸和平发展共同愿景"。此后，国共两党在交流与对话过程中实现了三大突破。

第一，实现两党领导人会晤常态化。为落实"两岸和平发展共同愿景"，自"胡连会"以来，国共两党领导人数次会晤，截至 2019 年 1 月，已会晤共计 20 余次。两党领导人会晤的常态化，不仅有助于双方加强沟通、增进了解，也有助于进一步推进两岸关系全面、稳定、可持续发展。

第二，搭建国共两党互动平台。"胡连会"后，国共两党搭建了以两岸经贸文化论坛为主体架构的互动平台。国共两党互动平台，2006 年首届称为"两岸经贸论坛"，同年第二届称为"两岸农业合作论坛"，2007 年第三届改称为"两岸经贸文化论坛"，此后论坛名称固定为"两岸经贸文化论坛"，每年召开一次。两岸经贸文化论坛是国共两党凝聚共识、交流互动的重要平台，主要体现在：其一，从发起和与会人员层级来看，论坛是在两党领导人倡议下设立的，且历届均有两党主要领导人参加，论坛层级较高。其二，从讨论主题和内容来看，论坛涉及经贸合作、文教交流等多个领域，涵盖范围广，影响面大，攸关两岸关系和平发展大局。其三，从发挥作用来看，论坛达成了一系列共识和政策建议，为两岸决策部门提供了重要参考，对推进两岸关系和平发展做出了积极贡献。

第三，确立两党、两岸互动的政治基础。2005 年国共两党就坚持"九二共识"、反对"台独"达成的共识，此已成为两党交往的重要政治基础。随着 2008 年 5 月国民党在台湾重新执政，两党共识日渐发展为两岸共识，进而成为两岸关系发展的政治基础，两岸双方秉持建立互信、搁置争议、求同存异、共创双赢的精神，采取积极的政策措施，按照先易后难、循序渐进

的思路，推动两岸关系不断向前发展。[①]

（三）实现两岸两会商谈机制化

尽管两岸之间存在政治分歧，但双方均有通过商谈解决事务性问题的需求，于是就产生了双方分别授权特定民间团体进行商谈的方式，即海协会与台湾海基会商谈的方式。两会于 1993 年进行了"汪辜会谈"。这次会谈是两岸自 1949 年以来民间团体高层人士的正式接触，是两岸关系发展的重要里程碑，标志着两岸关系发展迈出了历史性的重要一步。这次会谈确立了两岸制度化协商的机制，规划了经济、科技和文化交流议题的磋商，为解决两岸交往中衍生的具体问题、促进两岸交流合作开辟了道路，为双方加强合作、共谋发展进行了有益的探索，对促进两岸关系良性发展具有十分重要的积极意义。2008 年 5 月后，两岸关系和平发展的形势，为两会协商的重启和稳步推进创造了条件。2008 年 6 月，两会在"九二共识"的基础上恢复了中断近 9 年的协商。当年 11 月，海协会会长陈云林率团访台，在台北与海基会董事长江丙坤举行会谈。至此，两会制度化协商再次跨出历史性步伐。截至 2016 年 5 月，两会进行了 11 次领导人会谈，共签署 23 项协议，在协议所涉及的领域推出一系列利好两岸人民的举措，奠定了两岸关系和平发展的制度基础和基本框架。

（四）建立国台办与台湾方面陆委会联系沟通机制

2014 年 2 月 11 日，国台办主任张志军在南京与台湾方面大陆委员会负责人王郁琦举行了会面，这是自 1979 年以来双方两岸事务主管部门负责人首次正式会面。此次"张王会"的最重要意义在于开启两岸制度化联系沟通的管道。6 月底，张志军应邀成功访台，进行了第二次"张王会"。尽管这只限于双方两岸事务主管部门之间的联系沟通，但仍可被视为两岸政治交往水平的提升，对于两岸政治关系发展具有里程碑意义。从第一次"张王会"到 2016 年 5 月 20 日，双方两岸事务主管部门循此管道，多次就两岸之间的重大政策性问题直接进行联系沟通，不仅节省了处理问题的时间和成本，而

①　王毅：《十年来对台工作的实践成就和理论创新》，《求是》，2012 年，第 20 期。

且累积了两岸政治互信。双方两岸事务主管部门常态化联系沟通机制的建立，进一步全面开启了两岸政治关系向前发展的大门。需要指出的是，坚持"九二共识"是双方两岸事务主管部门常态化联系沟通机制的政治基础。如果失去了这个政治基础，双方两岸事务主管部门的联系沟通机制就会因无政治基础支撑而停摆。2016 年 5 月蔡英文上台，拒不接受"九二共识"，双方两岸事务主管部门的联系沟通机制即行中止。

（五）实现两岸领导人历史性会晤

2015 年 11 月 7 日，中共中央总书记、国家主席习近平同台湾方面领导人马英九会晤，实现了 1949 年以来两岸领导人首次会晤。这次会晤将两岸政治互动提高到新高度，书写了两岸关系历史性篇章，树立了两岸关系发展进程中重要的里程碑。"习马会"所体现出的政治意涵是：在一个中国框架内，两岸（国共）之间存在着一个中国涵义的分歧和争议，虽然一时尚不具备解决此争议的条件，但为了不因争议而影响两岸关系向前发展，可以在双方均坚持一个中国原则的前提下，采取暂时搁置争议的处理方式。正如时任国台办主任张志军所说，"习马会"是在两岸政治分歧尚未完全解决的情况下根据一个中国原则作出的务实安排，体现了搁置争议、相互尊重的精神。所以，"习马会"并不意味着两岸（国共）关于一个中国涵义之争已经得到解决，更不意味着大陆方面将要承认"一国两府"。两岸领导人互称"先生"，其目的在于体现平等互动的精神，但平等不同于对等，两岸关系不是国家与国家的关系，不能讲对等，只能讲平等。需要指出的是，两岸领导人会晤只能在两岸场合，不能在国际场合；双方以两岸领导人的名义进行互动，仅仅限于两岸场合，不能将这种名义无限制地向外扩展。

此次"习马会"是两岸政治关系发展最具标志性的重要里程碑，其意义和影响可概括为以下几个方面：巩固了"九二共识"的政治基础；开创了两岸领导人直接会晤的先河；提升了两岸交往的平台；为两岸关系发展注入了新的活力；为两岸政治关系发展提供了启示和借鉴。尽管尚不能称这次会晤为机制化平台，但却为逐步实现两岸领导人会晤的机制化创造了一个开端。这次会晤所创造的作法将对两岸关系发展产生深远而积极的影响，必将载入史册。不难想象，日后只要台湾地区领导人接受和坚持"九二共识"，两岸领导人会晤必将逐步机制化，成为两岸交流合作的最高平台。

四、两岸政治关系发展积累了丰富经验

两岸政治关系发展历程，虽然颇有曲折，但总体态势是前进的。总结推动两岸政治关系发展的经验，从中可以得到许多有益的启示。

（一）坚持一个中国原则的政治基础

大陆方面始终坚持从一个中国原则出发来发展两岸政治关系。尽管大陆和台湾尚未统一，但两岸同属一个中国的事实从未改变，也不容改变，是否承认这一事实，是检验台湾各种政治力量立场的试金石，也事关两岸关系性质的界定。坚持一个中国原则，是发展两岸政治关系的政治基础，动摇或偏离了这一基础，两岸关系发展就会受到冲击和挑战，进而直接影响到台海地区和平与稳定。实践表明，两岸政治互动所取得的积极成果，均是基于"九二共识"这一基础。什么时候坚持"九二共识"，两岸关系就发展；反之，两岸关系就会出现倒退。坚持"九二共识"、反对"台独"是大陆方面同台湾当局和各政党开展交往的基础和条件。只要承认"九二共识"的历史事实，认同两岸同属一个中国，台湾任何政党和团体同大陆交往都不会存在障碍。

（二）坚持先易后难、循序渐进的基本思路

推动两岸政治关系发展的思路，从理论上说，无非有"以上带下"和"以下促上"两种。在"以上带下"一时存在困难的情况下，"以下促上"也就成为发展两岸关系的选择。在两岸直接进行政治对话和谈判的时机尚未成熟的情势下，先鼓励不同形式的民间政治对话，有助于打破政治话语禁忌，降低政治议题在台湾的敏感度，为将来两岸正式启动政治对话减少疑虑和阻力，积聚正能量。具体而言，即：在交流性质上，先坚持民间交流、被授权民间团体交流、再逐步升格为公权力机构交流；在官方交流中，坚持从低层级到高层级的步骤；在议题上，坚持先易后难、先低敏度后高敏度的次序。

就两岸商谈而言，具体次序是：两岸民间交往—授权两岸两会商谈—国台办和陆委会联系沟通——"习马会"。这种先易后难、循序渐进的思路被实践证明是务实的、具有可操作性的。在化解两岸政治僵局的过程中，该思路和做法值得沿用，特别是在两岸政治互信不足、政治分歧严重、外国势力干涉，以及台湾民众对两岸政治对话与协商存有疑虑的情势下，遵循先民后官、先易后难、先低后高、先学后政的次序来推进两岸政治互动与对话，显得格外重要。

（三）坚持搁置争议、求同存异的基本策略

两岸政治分歧短期内难以化解，在此情况下，为推动两岸关系发展，需要在坚持一个中国原则的前提下采取搁置争议、求同存异的基本策略。在1993 年"汪辜会谈"中，双方在某些问题上存有严重分歧，但由于选择了搁置争议、求同存异的处理方法，使得会谈得以进行，并签署了四项协议。2008 年至 2015 年两岸商谈的成功举办表明，只要双方能够坚持一个中国原则，可以在求同存异的基础上进行协商。2015 年 11 月 7 日的"习马会"也是搁置争议、求同存异的成功范例，充分表明了海峡两岸的中国人完全有智慧、有能力在一个中国原则基础上找到平等对话和协商的方式。两岸在既往商谈中开创的相互尊重、平等协商的做法，为后续各领域协商谈判提供了可资借鉴的经验。可以说，在一个中国原则基础上求同存异已成为推动两岸政治关系发展的基本经验。

（四）坚持在发展基础上壮大自我实力的原则

坚持在发展的基础上解决台湾问题，是大陆实现国家完全统一的战略思路。中共中央总书记习近平强调："从根本上来说，决定两岸关系走向的关键因素是祖国大陆的发展进步。"正因如此，自 1978 年以来，大陆集中精力进行改革开放和经济建设，使得经济发展突飞猛进，综合实力和国际地位不断提高，为两岸政治关系发展奠定了坚实的物质基础，也使得大陆方面在处理两岸关系时更加自信从容。30 余年来，大陆之所以在反对"台独"方面取得积极成效，其所依靠的根本力量是自身实力的发展壮大。譬如，李登辉、陈水扁时期，台湾岛内分裂活动十分猖獗，先后在国际社会奉行冲撞式的"务

实外交"、"烽火外交"政策，收买少数国家不断向联合国大会提案，妄图"重返"或"加入"联合国。为此，大陆方面针锋相对、坚决遏制，不仅挫败了台湾当局的图谋，而且在国际社会巩固了一个中国框架。蔡英文上台后，也试图参与国际组织活动，但均铩羽而归。未来两岸之间的统"独"问题，虽然仍会受到台湾政治生态格局的影响，但在根本上取决于两岸实力对比和国际格局的变化，尤其大陆持续发展壮大将决定统一必将战胜分裂，实现两岸统一。

（五）坚持"政治问题政治解决"的根本路径

在发展两岸关系中，经济互动是推动政治互动的重要因素之一，而且较其他因素具有更为基础的作用。事实表明，几十年来经济互动对于大陆牵制"台独"、夯实两岸统一的经济基础发挥了重要功效，但在"促统"方面的功效并不明显，马英九当局坚持"只经不政"就是例证。随着两岸关系不断发展，"只经不政"已滞后于两岸互动的需要，已影响到两岸经济互动向更深更广层次推进，因此"由经入政"成为两岸关系继续向前发展的内在需求，过去"只经不政"的局面必须得到改变。实践证明，两岸经济互动是政治互动的必要条件，但非充分条件。具体言之，两岸经济互动可以为两岸政治互动创造条件、奠定基础，但它本身并非必然能推动两岸政治关系向前发展，因为两岸政治关系是一个相对独立的领域，有自己独特的发展逻辑和规律，倘若单纯依靠经济交流合作来推动两岸政治对话与协商，恐怕并不现实。如要在两岸政治互动方面取得突破，就要直面两岸政治分歧，并通过政治商谈来化解彼此分歧。简言之，两岸政治问题必须通过政治途径、手段和方法来解决。

（六）坚持多管齐下、综合应对的"反独"策略

20世纪90年代以来，针对"台独"分裂活动，大陆方面综合运用政治、经济、军事、外交、法律、文化和宣传等手段，全面开展反对和遏制"台独"的斗争。具体说来：其一，政治上，彻底揭露"台独"本质，指出"台独"的非法性、危害性与危险性，一方面让台湾民众认清"台独"的灾难性后果，另一方面对"台独"势力发出警告。其二，军事上，严厉警告"台独"势力，

倘若胆敢制造"台独"重大事变，大陆方面将不惜一切代价，坚决、彻底地粉碎"台独"分裂图谋；同时解放军的军事演习也起到了震慑"台独"势力和外国干预势力的效果。其三，外交上，针对"台独"势力在国际社会的肆意活动，大陆方面予以坚决遏制和围堵。尤其针对陈水扁当局于 2007 年发起"入联公投"，大陆方面不仅强烈表示反对，而且争取到美国、欧盟、俄罗斯、德国、英国、法国等主要大国的支持，最终挫败了这项公投。其四，法律上，为遏制"台独"，十届全国人大三次会议于 2005 年 3 月 14 日通过了《反分裂国家法》。该法将大陆解决台湾问题的大政方针法律化，为反对"台独"和实现国家完全统一确立了法律依据。其五，在舆论上，努力争取台湾民心，提出"寄希望于台湾人民""台湾同胞是我们的骨肉兄弟""两岸一家亲""两岸命运共同体""心灵契合"等一系列主张，大力宣传我惠台利民政策，充分体现对台湾同胞的关心和爱护。以上成功经验表明，反对"台独"需要综合施策，需要相关部门共同努力。

（七）坚持处理台湾参与国际组织活动的三原则

鉴于李登辉、陈水扁当局采取"单方面硬闯"的参与国际组织政策屡屡败北的现实，2008 年马英九上台后，有意在"九二共识"的政治基础上，通过与大陆方面协商来解决台湾参与国际组织的问题。对此，大陆方面探索出了一套处理台湾参与国际组织活动问题的成熟做法，主要体现在以下三个原则：其一，一个中国原则。台湾只有在坚持一个中国原则的前提下，才能根据相关国际组织的性质、章程规定和实际情况，以大陆同意和接受的某种方式适当参与国际组织活动。一个中国原则是台湾参与国际组织活动的政治基础和前提条件。其二，先两岸、后国际原则。台湾要参与国际组织活动，首先要跟大陆方面进行协商并达成具体方案，然后再向国际组织提出申请。换言之，台湾只能"从大陆走向世界"，而不能"从世界走向大陆"。那种期待通过某些外国向大陆施压，进而实现参与国际组织的路线是行不通的。其三，个案处理原则。不同国际组织接纳新成员的条件和程序是不一样的，不存在一个可以普遍适用于台湾的固定模式，国际组织的复杂情况决定了大陆方面在处理该问题时只能依循区别对待的个案处理原则。另外，在台湾实行政党竞争制度且存在"台独"活动的情况下，坚持个案处理原则有助于最大限度地减少政治风险。需要指出的是，台湾参与国际组织活动问题只能有条件、有限度地加以解决，台湾不可能像主权国家一样进行国际参与。[①]

第三节　两岸政治关系发展面临的主要问题

大陆为两岸关系和平发展所作的一切努力，都是为了最终实现两岸和平统一。在充分认识到两岸统一大势不可阻挡的同时，也要对统一道路上的困难和不确定因素有充分的预判和准备。概括起来，以下六个问题是影响或制约两岸政治关系向前发展的主要障碍。

一、两岸敌对状态是影响两岸政治互动发展的根本原因

1979 年以来，两岸关系取得长足发展，但两岸矛盾的性质在根本上并没有发生变化，两岸关系在法理上仍处于内战延续状态，敌对状态尚未结束。台湾当局一直将大陆作为最大的假想敌人，这是影响两岸政治关系向前发展的最大障碍。2008 年至 2015 年，两岸关系和平发展的局面使两岸之间的敌对关系在一定程度上被缓解，但两岸结构性矛盾并未随之得到解决；而且马英九当局始终拒绝与大陆方面通过商谈正式结束敌对状态，致使两岸敌对状态依然存在。2016 年蔡英文上任后，坚持"台独"立场，拒不接受"九二共识"，肆意挑衅大陆，加剧与大陆的对抗，升高对大陆的敌意。正因两岸关系的敌对性质从 1949 年一直延续至今，从未得到根本改变，故两岸政治互动也就很难在核心问题上迈出实质性步伐。在可预见的将来，两岸的敌对性质问题仍是制约两岸政治关系向前发展的根本因素。

---

① 王英津:《两岸政治关系定位研究》，北京：九州出版社，2016 年，第 340—343 页。

二、两岸政治分歧是制约两岸政治关系发展的核心问题

两岸之间存在着诸多政治分歧，其中最根本的分歧是"台湾当局政治定位"问题，亦即所谓的"中华民国"问题。在大陆方面看来，中华民国已于1949年被推翻，不存在所谓的"中华民国"问题，仅存在"台湾问题"。然而，台湾民众普遍认为"中华民国"是一个与中华人民共和国对等的政治实体。台湾方面不论蓝绿均要求大陆正视"中华民国"存在的"现实"，从短期来看，坚持"中华民国主体性"不仅是国民党的政治底线，也是民进党的政治底线，两党的区别无非是对"中华民国"意涵的界定和解释（譬如疆界范围等）有所不同而已。然而，大陆方面不可能承认"中华民国"仍然存在。众所周知，台湾当局政治定位问题极其复杂、盘根错节，是两岸政治关系定位所要解决的主要问题，其他问题都是由这一问题派生而来。不难预料，这一问题很难在短期内得到解决，故两岸关系也就很难会在短期内取得突破性进展。迄今两岸商谈多属于事务性商谈，基本不涉及一个中国的政治涵义。随着未来两岸关系向纵深发展，台湾当局的政治定位问题必会浮上台面，迫切需要两岸共同面对并加以协商解决。否则，这一问题对两岸政治互动的制约会愈来愈大，最后成为影响两岸和平统一的最大障碍。

三、国民党弱化一个中国立场增加了两岸政治关系发展的不确定性

"九二共识"是国共两党交往的政治基础，正是基于这一基础，国共两党自2005年以来就开启了党际交流和对话。2008年5月马英九上台后，"九二共识"由两党共识上升为两岸共识，并以此为基础开辟了两岸关系和平发展新局面。虽然国共两党及两岸双方在交流合作方面取得了丰硕成果，但自2014年以来，国民党内部也出现了一些歪曲"九二共识"的"杂音"，这些"杂音"虽然未达到动摇"九二共识"的程度，但对国共关系产生了消极影响。2016年吴敦义担任国民党主席后，将两岸关系和平发展的政治基础由

"九二共识"改为"九二共识、一中各表"或"一中各表的九二共识",其目的在于通过强调"各自表述"来维护"中华民国主体性",要求大陆正视"中华民国依然存在的现实"。尽管国民党仍然声称坚持"九二共识",但其意涵及两岸关系政策已经发生了偏移。这种"杂音"在国民党内部越来越大,这会对未来国共两党交流合作产生不可低估的负面影响。其实,这从一个侧面反映出国民党对"九二共识"态度的矛盾性和两面性:一方面试图通过接受"九二共识"来改善和稳定两岸关系,以便在选举中获得更多选票;另一方面又试图通过"各自表述"来捍卫"中华民国主体性",进而拒绝大陆的"和平统一、一国两制"政策。国民党在政治上所采取的这种保守和抵制政策,给两岸关系发展增添了更多不确定性。

四、"民主拒统"成为影响两岸政治关系发展的新隐患

随着中华民族伟大复兴的中国梦这一宏伟目标日益接近,大陆会加大和平统一力度,竭尽全力争取和平统一。然而,从台湾方面来看,"拒统"已成为台湾社会的主流想法。由于台湾实行与大陆不同的社会制度、具有不同的政治意识形态,大多数台湾民众易于从西方的政治价值观念特别是"民主"观念来看待大陆和大陆制度,不理解大陆的制度,同时将"民主"制度作为不愿统一的理由。他们形成了这样一些说法:其一,大陆先实行民主改革、再与台湾实现统一;其二,两岸统一是制度竞赛;其三,台湾2300万人决定台湾未来前途;其四,向大陆输出民主制度。这些说法反映了台湾民众对大陆制度抱有偏见。这些偏见又被台湾当局和"台独"势力所利用,动辄就将对抗大陆说成是"捍卫台湾民主",以制度差异作为抗拒统一的筹码。事实上,"一国两制"正是为解决统一后两种不同制度并存而提出的制度安排,但这种合情合理的制度安排在台湾也被污名化了。台湾"民主拒统"的实质是"民主割据",长期的"不统"其实就是一种变相的分离主义,是民主掩盖之下的"事实台独"。这是对民主本意的歪曲,不符合人民主权的逻辑。[①]"民主拒统"会使两岸和平统一的希望不断流失,进而对台海和平形成

---

① 王英津:《两岸政治关系定位研究》,北京:九州出版社,2016年,第386页。

挑战。面对这种局面，大陆如何通过自身的积极努力，转化台湾民众的错误认识，增进他们对大陆制度的全面了解和客观认知，乃至最后走向认同，是一项关系到未来和平统一顺利实现的重要任务。

五、"台独"是两岸政治关系出现倒退的"不定时炸弹"

1949 年国民党统治集团退踞台湾后，尽管主张一个中国，反对与打击"台独"活动，但强烈的"反共"意识与教育以及后期蒋经国的"本土化"政策，造就了日后台湾的"反华意识"或"反陆意识"，造成"中华民国台湾化"的政治危机。李登辉、陈水扁、蔡英文当局 30 多年的"去中国化"教育，进一步强化了台湾社会的"台独"意识，其间马英九上台后也并未拨乱反正。多年来，台湾内部两岸同属一个中国的认识逐步消失，"台湾主体意识"已经内化为台湾一般民众的政治共识，[①] 而"台湾主体意识"在很大程度上被操弄成了"台独意识"。可见，"台独"问题的出现有着复杂的背景因素和漫长的历史过程，未来其"消亡"也要经过一个过程。两岸统一前存在"台独"问题，统一过程中会存在"台独"问题，即便未来统一后也仍会存在"台独"问题，无非是那时"台独"问题被遏制在一定的秩序范围内，所以与"台独"势力作斗争将是一个长期的过程。"台独"问题是两岸政治关系发展中的"一颗不定时炸弹"，随着台湾政党轮替随时有可能被引爆，进而导致两岸政治关系出现倒退。

六、美国是阻碍两岸政治关系发展的最重要外部因素

台湾问题的形成与美国的介入直接相关，可以说，没有美国的介入，也就没有台湾问题。尽管中国一再强调台湾问题是中国内政，不容外部势力干涉，但事实上美国始终插手台湾问题，并对两岸关系产生破坏性影响。对

---

① 文久:《台湾蓝绿板块移动》载香港《广角镜》，2015 年 1 月号。

于美国来说，两岸"不统不独"符合其利益。所以，在李登辉、陈水扁大搞"台独"时，美国担心自己被卷入因"台独"而引起的战争，批评他们是"麻烦制造者"，对他们进行制约。马英九时期，尽管美国在公开场合一直声称其乐见两岸关系和平发展，也乐见两岸以和平方式在自愿的基础上实现统一，但在骨子里却不愿意看到两岸关系走近，故对发展势头迅猛的两岸关系表现出了强烈的担忧和警觉，从背后给马英九当局施加压力。长期以来，美国一直在两岸之间奉行"离岸平衡政策"，既反对大陆的"统"，也反对台湾的"独"。但是，随着中国的崛起，中国的国家统一大业是任何势力、任何人都无法阻挡的。2017年以来，美国特朗普政府已将中国界定为"战略竞争对手"，并奉行遏制政策。在这种情势下，美国会通过进一步打"台湾牌"来牵制中国，这势必会使本来就不确定的两岸关系更加难以把握。

第八章
两岸协商谈判

1979 年 1 月 1 日《告台湾同胞书》发表以后，两岸关系趋于缓和，为两岸协商谈判的开启创造了适宜的环境。为此，大陆方面逐步明确了"一国两制"的基本框架，丰富了两岸谈判的内涵，并积极促成两岸就谈判问题开展接触。1987 年两岸隔绝状态结束、两岸交往开启，不论是处理波及两岸的重大突发事件的需要，还是促进两岸交往的需要，都催生了两岸协商谈判。90 年代初，两岸双方相继成立了各自授权的民间团体海峡交流基金会和海峡两岸关系协会，形成了两岸制度化商谈平台。1992 年，双方达成了体现一个中国原则的"九二共识"，在此基础上，两岸商谈得以推进。然而由于台湾当局逐步背离一个中国原则，不断加剧"台独"分裂活动，使得两岸商谈发展曲折，至 1999 年全面中断，长期未能恢复。2008 年，两岸关系由紧张动荡走上和平发展的道路，双方在"九二共识"基础上恢复了制度化商谈，不仅在经济社会领域中取得丰硕成果，而且促成了双方两岸事务主管部门负责人会面和两部门建立联系沟通机制。然而 2016 年民进党在台湾上台后，拒绝接受"九二共识"及其核心意涵，致使两岸商谈再度停摆，两岸关系和平发展受到严重冲击。促使台湾当局在"九二共识"基础上恢复两岸商谈，开启两岸政治谈判，成为两岸商谈进程中的新挑战。

第一节　40 年两岸协商谈判的发展历程

一、两岸协商谈判的起步

1979 年 1 月 1 日，全国人大常委会发表《告台湾同胞书》，郑重宣示了争取祖国和平统一的大政方针，开启了两岸关系发展的新阶段。《告台湾同胞书》提出，首先应当通过中华人民共和国政府与台湾当局之间的商谈结束台湾海峡军事状态，以便为双方的任何一种范围的交往接触创造必要的前提和安全的环境。①1981 年 9 月 30 日，全国人大常委会委员长叶剑英向新华社记者发表谈话，提出台湾回归祖国、实现和平统一的九条方针政策（"叶九条"），其中表示，"为了尽早结束中华民族陷于分裂的不幸局面，我们建议举行中国共产党和中国国民党两党对等谈判，实行第三次合作，共同完成祖国统一大业"。② 首次公开提出国共两党对等谈判的主张。

1982 年 1 月 11 日，邓小平在会见美国华人协会主席李耀滋时将"叶九条"概括为"一个国家两种制度"，表示"九条方针是以叶副主席的名义提出来的，实际上就是一个国家两种制度。两种制度是可以允许的。他们不要破坏大陆的制度，我们也不破坏他们那个制度"。③ 1983 年 6 月 26 日，邓小平在会见美国西东大学教授杨力宇时进一步详述了"一国两制"统一中国的具体形式，其中实现统一的方式为国共"两党平等会谈"，邓小平在重申国共谈判主张之外更明确表示"不提中央与地方谈判"，体现了谈判的平等精神和中共推动谈判的诚意。而一旦台湾方面接受统一，中共承诺按照"一国两制"构想给予台湾相应待遇，包括继续维持现有制度，保持司法独立，保留军队，中央不干涉台湾党政军等事务，允许台湾当局的人员参与到中央政府当中。④

叶剑英的"九条方针"发布以后，大陆方面积极寻求通过"密使"、公开信等形式同台湾方面建立沟通管道，为两岸谈判铺路，但受制于台湾当局的"不接触、不谈判、不妥协"的"三不"政策，双方尽管实现了秘密往来，却未能就谈判问题进行有效沟通，导致两岸协商谈判迟迟无法实现。直到 1986 年，一起突发的"华航货机事件"为两岸接触商谈打开了一扇门。

当年 5 月 3 日，原籍四川的台湾中华航空公司飞行员王锡爵驾驶一架原定由曼谷飞往香港的华航货机降落在广州白云机场，要求回大陆定居。经过中国民用航空局一再向华航发电催促，一周后，台湾当局才同意华航派代表到香港进行商谈。经过为期四天的紧张磋商，就人、机和货物的交接问题达

---

① 《告台湾同胞书》，《人民日报》，1979 年 1 月 1 日。

② 《叶剑英：关于台湾回归祖国实现和平统一的方针政策》，《人民日报》，1981 年 10 月 1 日。

③ 中央文献研究室：《邓小平年谱（1975—1997）》（上），北京：中央文献出版社，2004 年，第 797 页。

④ 《中国大陆和台湾和平统一的设想》，《邓小平文选》第 3 卷，北京：人民出版社，1993 年，第 30—31 页。

成一致，签订了《两航会谈纪要》，完成了 1949 年以后两岸之间的首度公开接触商谈。

两岸隔绝状态结束以后，两岸各领域交流热络起来。1989 年，中华台北体育代表团首次前来北京参加亚洲青年体操锦标赛，两岸体育交流出现重大突破。1981 年以后，国际奥委会允许台湾地区以 "Chinese Taipei" 的名义参加国际体育活动，但两岸双方对其中文译名不同，大陆方面译作 "中国台北"，台湾方面则坚持译作 "中华台北"。当年 3、4 月间，中国奥委会与中国台北奥委会在香港就争议问题进行磋商，并达成一致。4 月 7 日，两岸奥委会在北京和台北同时召开记者会并发表协议文件，宣布 "台湾地区体育团队及体育组织赴大陆参加比赛、会议或活动，将按国际奥委会有关规定办理，大会（即主办单位）所编印之文件和手册、寄发之信函、制作之名牌，以及所做之广播等等，凡以中文指称台湾地区体育团队及体育组织时，均称之为'中华台北'"。[1] 通过此次谈判，两岸奥委会解决了台湾地区体育代表团在大陆参加体育比赛的名义问题，保证了两岸体育交流顺利开展。

1987 年两岸人员往来开始后遇到一个问题，由于两岸数十年的隔绝，许多民众与对岸亲友早已失去联系。对此，中国红十字会总会与台湾红十字组织便通过位于香港的红十字国际委员会驻东亚地区办事处查人转信。1990 年 5 月，台湾红十字组织负责人徐亨在得到台湾地区领导人李登辉首肯后，应邀率团赴北京访问。在京期间，两岸红十字组织副秘书长曲折与常松茂在北京进行了工作会谈，就查人转信、海难救助、在台继承遗产协助、探亲交流衍生问题的协助等问题达成了 5 项口头协议，取得圆满成果，"为以后两岸红十字组织有效的接触商谈奠定了基础"。[2] 6 月 20 日，台湾红十字组织负责人徐亨宣布，两岸红十字组织建立了直接的联络管道，不必再经由第三方中转。

两岸民间交往的开展，产生许多需要双方商谈解决的问题；如遇重大突发事件，更需要通过双方协商处理。1990 年 7 月和 8 月，台湾有关方面两度以极不人道的方式遣返大陆所谓 "越界" 渔民和私渡人员，相继造成两起惨剧。对此，两岸红十字组织再度取得联系，通过电话、传真商讨。经过紧

---

[1] 《台办就奥运期间台湾体育团队的称谓问题发表谈话》，新华社北京 2008 年 7 月 23 日电。

[2] 乐美真：《金门商谈漫记》，北京：九洲图书出版社，1998 年，第 41 页。

张的沟通，两岸红十字组织各自得到授权，于9月11日开始在金门协商解决违反有关规定进入对方地区的居民和刑事嫌疑犯或刑事犯的遣返问题，达成了"金门协议"。金门会谈标志着由官方授权民间组织进行商谈的方式进一步成熟。

1990年11月21日，台湾当局策划成立了海峡交流基金会（简称"海基会"），以民间机构的名义在台湾当局的指导和委托下与大陆方面联系和协商，办理两岸交往中涉及公权力的事务。

针对这一新情况，大陆方面在继续积极争取实现两岸政治谈判的同时，也对海基会的成立抱持乐观其成的态度。1990年11月27日，国务院台湾事务办公室副主任唐树备就海基会的成立发表意见称，"我们注意到有关成立海峡交流基金会的消息和报道。对于台湾省的任何团体和个人，只要是真正推动两岸关系的发展，促进直接'三通'和双向交流，我们都愿意与之接触，进行讨论。对两岸交往中的一些具体问题，我们认为可分别通过适当途径达成协议，求得妥善的解决"，同时也表示，"发展两岸关系的最终目的是实现祖国的和平统一。我们一贯主张中国共产党同中国国民党就统一问题和两岸其他重要问题进行谈判，同各党派、团体共商国是"。[①]

1991年春，海基会正式挂牌运作，接受陆委会委托，处理有关两岸谈判对话、文书查验证、民众探亲商务旅行往来纠纷调处等涉及公权力之相关业务，但也明确声明"不得从事任何政治性的谈判与接触"。

1991年4月，海基会为与国台办建立联系，由其副董事长兼秘书长陈长文率团前来北京，这是海基会第一次组团来访，也是1949年以来台湾当局第一次派出授权团组与大陆对台工作部门进行公开接触。为使即将开启的两岸商谈走在正确的轨道上，4月29日，唐树备在会见陈长文时提出了处理海峡两岸交往中具体问题应遵循的五项原则，[②]其中包括坚持一个中国的原则，这也成为日后达成"九二共识"的缘起。此外其中还提出了要把促进两岸人员往来、实现直接"三通"和双向交流作为两岸商谈的内容。

经过1991年4月、11月国务院台办与台湾海基会两次接触，大陆方面

---

① 《唐树备就台湾成立海峡交流基金会答记者问》，《人民日报》海外版，1990年11月27日。

② 《国务院台办副主任唐树备会见陈长文时的谈话》，《人民日报》海外版，1991年4月30日。

决定成立一个授权的民间团体与海基会打交道。1991 年 12 月 16 日，中共中央台办、国务院台办推动成立了民间团体海峡两岸关系协会（简称"海协会"），确立了与海基会接触商谈的渠道。

1992 年 3 月，海协会与台湾海基会开始第一次工作性接触，解决两岸公证书使用、开办两岸挂号函件遗失查询及补偿业务的问题。海协会主张一个中国原则是两会交往与商谈的基础，两岸交往中产生的具体问题是一个国家内部的特殊事务，应本着一个中国原则，通过协商加以妥善解决。但海基会却表示未被授权谈一个中国问题，但又在商谈中提出一些明显不符合一个中国原则的主张。两会对于基本的问题没有达成一致，在业务层面的意见也南辕北辙，导致两会工作性会谈复杂化。

对此，大陆方面表示在两岸事务性商谈中应表述坚持一个中国原则，但不涉及"一个中国"的政治含义，表述方式可以充分讨论。海协会的合理主张使台湾当局无法回避在商谈中表明对一个中国原则的态度问题，其内部也开始对"一个中国"的表述进行了讨论。8 月 1 日，台"国统会"作出关于一个中国涵义的结论。这份结论反映了当时国民党的一个中国主张，一方面表明了"坚持一个中国之原则""台湾是中国一部分"的态度，另一方面也鼓吹"两岸分裂分治"。海协会本着既定的"只要表明坚持一个中国原则的态度，可以不涉及一个中国政治涵义"的主张，抓住这份结论已表明"海峡两岸都坚持一个中国之原则"的态度推进两会商谈。[①]

10 月 28 日至 30 日，两会在香港重开工作性商谈，此次商谈议题是"海峡两岸公证书使用"，双方继续讨论 3 月份北京商谈未尽事宜。在这次商谈中，业务性问题协商形成了多项共识，但有关一个中国原则的表述仍是双方争论的焦点，双方分别提出了 5 种文字表述方案，但未能达成一致。随后，海基会代表又口头提出了 3 种表述方案，由海协会代表现场记录，并得到海基会代表确认。其中最后一种表述方案（第 8 案）的内容是："在海峡两岸共同努力谋求国家统一的过程中，双方虽均坚持一个中国的原则，但对于一个中国的涵义，认知各有不同。"[②] 海协会认为双方可以把共识的部分写上，

① 《海协会负责人就台湾当局关于两岸事务性商谈中"一个中国"涵义的文件发表谈话》，许世铨、杨开煌：《"九二共识"文集》，北京：九州出版社，2013 年，第 37 页。

② 《海协会及海基会在香港工作性商谈中就坚持一个中国原则所提表述方案》，许世铨、杨开煌：《"九二共识"文集》，北京：九州出版社，2013 年，第 41 页。

关于"认知各有不同"的部分由台湾方面自行处理。对此海基会并不同意，但提出双方可以用口头声明的方式各自表述一个中国原则。在分歧一时无法解决的情况下，预定的商谈时间已到，海协会代表返回北京。11 月 1 日，海基会代表发出声明表示，有关事务性商谈中一个中国原则的表述，"建议在彼此可以接受的范围内，各自以口头方式说明立场"。①

两会香港工作性商谈后，海协会研究了海基会提出的第 8 案，认为这个方案表明台湾方面谋求国家统一、坚持一个中国原则的态度；虽然它表示"对一个中国的涵义认知各有不同"，但没有具体论述台湾方面的看法，因此可以针对第 8 案提出自己的对应案，以此与海基会各自以口头方式表达坚持一个中国原则的态度。在这样做之前，海协会先要海基会确认其最后的正式态度。11 月 3 日，海协会副秘书长孙亚夫致电海基会秘书长陈荣杰表示，"尊重并接受"两会各自以口头声明方式表述一个中国原则的建议，并请海基会确认这是台湾方面的正式意见；同时孙亚夫还表示"口头表述的具体内容另行协商"。② 当天深夜，海基会发布新闻稿并传给海协会，其中表示："本会经征得主管机关同意，以口头声明方式各自表达，可以接受。"

11 月 16 日，海协会致函海基会，指出海基会在香港商谈中就表述坚持一个中国原则的态度"提出了具体表述内容，其中明确了海峡两岸均坚持一个中国的原则（附后）"；同时提出了海协会口头表述的要点："海峡两岸都坚持一个中国的原则，努力谋求国家的统一。但在海峡两岸事务性商谈中，不涉及一个中国的政治含义。"③ 海协会函件附上了海基会的第 8 案，意在表示海协会认可的"各自表述"是这一案。12 月 3 日，海基会回函中对此没有表示任何异议。至此，双方都认为经过协商达成了共识。这一共识后来被称为"九二共识"。

"九二共识"的要义是"海峡两岸同属一个中国，共同努力谋求国家统一"，表述共识的方式是各自口头表述，内容是上述两段经过协商、相互认可的具体文字，即海协会 11 月 16 日提出的口头表述要点、海基会在香港会

① 中共中央台湾工作办公室、国务院台湾事务办公室编：《中国台湾问题：干部读本》（修订版），北京：九州出版社，2015 年，第 137 页。

② 《孙亚夫电话通知海基会的内容》，许世铨、杨开煌：《"九二共识"文集》，北京：九州出版社，2013 年，第 38 页。

③ 中共中央台湾工作办公室、国务院台湾事务办公室编：《中国台湾问题：干部读本》（修订版），北京：九州出版社，2015 年，第 137—138 页。

谈中提出的最后表述方案（第8案）。共识中，两会都表明了海峡两岸都坚持一个中国原则，努力谋求国家统一的基本态度，对于一个中国的政治含义，海基会认为双方"认知各有不同"，海协会表示"在事务性商谈中不涉及"，作了求同存异的处理。

"九二共识"的达成为实现"汪辜会谈"创造了必要条件。两会于1993年3月重启事务性商谈，由于商谈的政治基础已经确立，困扰双方长达一年之久的文书使用和挂号函件业务两项具体问题迎刃而解，为两会领导人会谈营造了良好氛围。

为了保障两会领导人首次会谈顺利进行，海协会常务副会长唐树备和海基会副董事长兼秘书长邱进益于4月8日至11日在北京进行了预备性磋商，确定会谈的性质是"民间性的、经济性的、事务性的、功能性的会谈"，确定会谈的议题为两岸经济合作、科技和文化交流、两会会务。对于会谈的地点，海协会考虑到辜振甫受台湾当局有关规定限制，尊重辜振甫提议在新加坡举行。这次磋商期间还草签了关于公证书、挂号函件的两项协议。

4月27日上午，"汪辜会谈"在新加坡海皇大厦举行。在会谈中，汪道涵就两岸经济、科技、文化等领域交流合作以及两会会务问题提出了具体意见，尤其是积极主张加强两岸经济合作，提出当前应把两岸经济交流合作放在两岸关系的首要位置，政治上的分歧不应当妨碍经济合作；还提出应把两岸直接"三通"摆上议事日程。辜振甫只谈到台商权益保护、合作开发能源资源、开放两岸工商企业界人士互访，没有对汪道涵所提的其他意见给予回应。

尽管"汪辜会谈"气氛融洽，但邱进益却于当天下午发表声明，称汪道涵提出"三通"和劳务合作议题有违预备性磋商共识，台陆委会晚间也责难汪道涵讲话"掺杂政治性议题、议题超出范围、忽视现存问题、将问题归责台方、对台湾了解不够"。海协会则召开记者会阐述加强两岸经济合作的重要性，呼吁台方不要从预备性磋商的立场倒退，让会谈有更多成果。27日下午，唐树备和邱进益会谈，双方在会谈共同文件名称、大陆经贸人士赴台交流和台商投资保障等若干问题上出现较大分歧。至28日凌晨，这些分歧仍未能通过两会人员后续商谈得到解决。

4月28日上午，汪道涵和辜振甫进行第二轮会谈。汪道涵表示，两岸隔绝40多年，对许多问题的讨论是需要时间的；这次会谈能解决分歧当然好，如有分歧一时不能解决，完全可以本着求同存异的精神，从长计议，并建议会谈共同文件以"共同协议"命名。[①]

4月29日上午，汪道涵和辜振甫签署了《汪辜会谈共同协议》《两会联系与会谈制度协议》《两岸公证书使用查证协议》和《两岸挂号函件查询、补偿事宜协议》等4项协议。在《汪辜会谈共同协议》中，海协会经努力，写进双方认为"两岸应加强经济交流，互补互利；双方确定下一步将协商的事务性议题，商谈台商投资权益保护及相关问题、能源与资源开发与交流；双方同意开展两岸新闻、文教、青年、科技等交流"。《两会联系与会谈制度协议》商定了海协会与海基会各层级负责人的定时会谈与机制。《两岸公证书使用查证协议》《两岸挂号函件查询、补偿事宜协议》则解决了两岸公证、使用查证、两岸挂号函件查询补偿问题。

二、两岸协商谈判的曲折

"汪辜会谈"为两岸协商谈判开创了新局面。从1993年8月到1995年1月，两会共举行了7次副秘书长级工作商谈和3次负责人（副会长、副董事长）级会谈，议题大多按照《汪辜会谈共同协议》的规划进行，此外也因应实际需要有所补充。

1993年下半年，两会先后在北京、厦门和台北进行了三次副秘书长级工作商谈。在台北的第三次商谈，是海协会人员第一次赴台商谈。在三次商谈中，双方讨论了"两岸劫机犯遣返""海上渔事纠纷""违反有关规定进入对方地区人员遣返及相关事宜"等议题。尽管各项商谈都有进展，但由于台湾方面拖延商谈进度，要求先解决事务性议题之后再就经济、科技等议题进行协商，同时又在事务性议题中掺入政治问题，谋求达到制造"两岸分裂分治""两岸为两个对等政治实体"的政治目的，使得两会商谈难有突破。

为了解决两会商谈遇到的问题，1994年2月，唐树备和海基会副董事长焦仁和在北京进行了首次会谈。在会谈中，唐树备建议坚持两会商谈的民

---

① 范丽青：《汪辜会谈》，北京：华艺出版社，2013年，第178—179页。

间性，回避政治敏感问题，并提出了海协会对发展两会合作的基本主张。[①]
对此焦仁和表示赞同。会后双方以新闻稿形式宣布了会谈达成的五点共识。[②]

　　3月底，两会在北京进行第四次副秘书长级工作商谈，但由于海基会改变"唐焦会谈"共识，谈判未能取得成果。8月，海协会代表应邀前往台北与海基会进行第五次副秘书长级商谈和第二次负责人会谈（"唐焦会谈"）。这次"唐焦会谈"，是海协会负责人第一次赴台协商，这次负责人会谈取得突破性进展，唐树备和焦仁和就"两岸劫机犯遣返"等纠缠两会近一年之久的问题达成文字共识，发表了共同新闻稿，但在此后的第六次副秘书长级工作商谈中，海基会再度要求对前次"唐焦会谈"的共识进行修改，阻碍了商谈进展，最终双方仅就一项新增议题"增加寄送四种公证书副本"达成书面共识，其余议题仍无成果。1995年1月22日，第七次副秘书长级工作性商谈与第三次"唐焦会谈"在北京同时举行，双方终于就"两岸劫机犯遣返"和"违反有关规定进入对方地区人员遣返"两项议题达成了一致，但对"海上渔事纠纷"仍无定案。这时，台湾方面为迫使海协会让步，要求三项协议一揽子签署，致使两项已达成一致的协议未能签署。

　　由于两会事务性商谈举步维艰，经济议题迟迟无法开议，大陆方面开始考虑以两会领导人"政策性对话"的方式，解决无法通过事务性商谈解决的棘手问题。在1994年8月两会负责人台北会谈中，唐树备提出了"在两会领导人之间开展政策性对话"的主张，认为"凡是不直接讨论和平统一，而是涉及两岸同胞切身利益，需要两岸相互合作、配合的重大问题，都可以作为政策性问题加以讨论"，并就此呼吁应尽快进行第二次汪辜会谈。[③]8月10日，国台办主任王兆国也表示，"支持海协与海基会多层次沟通"，"不但要继续进行事务性商谈，更要加强高层负责人多形式的接触商谈，进行政策性对话，共同协商解决两岸同胞最关心的问题。比如两岸经济界都很关心的投资保护、知识产权保护、经贸纠纷处理等问题。我们希望及早在双方商定的

　　① 《唐树备常务副会长在两会负责人北京会谈中的讲话》，《海峡两岸关系协会一九九四年重要文件选编》，海峡两岸关系协会，1995年，第140页。
　　② 《唐树备先生与焦仁和先生北京会谈共同新闻稿》，《海峡两岸关系协会一九九四年重要文件选编》，海峡两岸关系协会，1995年，第157页。
　　③ 《唐树备常务副会长在台北会谈中的谈话提纲》，《海峡两岸关系协会一九九四年重要文件选编》，海峡两岸关系协会，1995年，第25—26页。

时间内举行第二次汪辜会谈，进一步发展两岸关系"。① 大陆方面推动"政策性对话"，主要是为了打开两岸商谈面临的僵局，这一主张后来发展为"政治对话"，成为大陆方面构想推动两岸政治谈判的环节。

1987 年台湾实行西方式政党政治后，国民党自称自己已不能代表台湾，以此拒绝举行国共两党谈判。对此，中共中央丰富了国共谈判的主张。1990 年 6 月 11 日，中共中央总书记江泽民在全国统战工作会议上说："我们主张由中国共产党和中国国民党两党对等商谈。这是从两党目前的地位、作用等现实情况出发的，也是为了避开台湾方面感到不方便的问题。同时，我们也一贯重视两岸其他党派、团体和各界人士在实现祖国统一大业中的作用。在两党商谈之前，同各个党派、团体切磋议案，共商国是；在商谈之中，及时通报情况，交换意见；甚至在参加会谈的代表中，也可以吸收其他党派、团体有代表性的人士。"② 可见大陆方面此时已将其他党派、团体纳入国共谈判中来，并将其视为重要的组成部分。针对"谈什么"的问题，大陆方面丰富了谈判内容。1991 年 6 月 7 日，中共中央台办负责人在受权声明中建议："中国共产党和中国国民党派出代表进行接触，以便创造条件，就正式结束两岸敌对状态、逐步实现和平统一进行谈判。还可以在坚持一个中国原则的前提下，讨论台湾当局关心的其他问题。"③ 这是大陆方面第一次提出"就正式结束两岸敌对状态、逐步实现和平统一进行谈判"的建议。这说明大陆方面认识到正式结束两岸敌对状态是两岸关系发展中十分重要的一个环节，而和平统一可以是个逐步的过程。

海协会与台湾海基会协商谈判开始后，大陆方面积极推进两会商谈，同时继续争取两岸政治谈判，不断丰富和发展两岸协商谈判的主张。1995 年 1 月 30 日，江泽民发表题为《为促进祖国统一大业的完成而继续奋斗》的重要讲话，就发展两岸关系、推进祖国和平统一进程提出八项主张，其中论述和发展了关于两岸协商谈判的主张。在谈判性质与基础层面，将坚持一个中国原则提升到新高度。江泽民表示，"坚持一个中国原则，是实现和平统一

---

① 《王兆国主任就两会负责人台北会谈发表谈话》，《海峡两岸关系协会一九九四年重要文件选编》，海峡两岸关系协会，1995 年，第 4 页。

② 《努力发展最广泛的爱国统一战线》，《十三大以来重要文献选编》，北京：人民出版社，1991 年，第 1138 页。

③ 《中共中央台办负责人受权就海峡两岸关系与和平统一问题提出三点建议》，《人民日报》，1991 年 6 月 8 日。

的基础和前提"；"在一个中国的前提下，什么问题都可以谈"，一方面坚持两岸关系的底线，一方面为双方在此基础上更加务实地协商创造了条件。

在谈判方式层面，明确提出"海峡两岸和平统一谈判"的概念。针对1987年后台湾政党政治的变化，江泽民将国共谈判发展为包容性更广的"两岸和平统一谈判"，强调"在和平统一谈判的过程中，可以吸收两岸各党派、团体有代表性的人士参加"。

在谈判内容层面，提出了分步骤谈判的主张。江泽民重申就"正式结束两岸敌对状态、逐步实现和平统一"进行谈判，创造性地提议，"作为第一步，双方可先就'在一个中国的原则下，正式结束两岸敌对状态'进行谈判，并达成协议。在此基础上，共同承担义务，维护中国的主权和领土完整，并对今后两岸关系的发展进行规划"。这是大陆方面第一次主张分步骤谈判。

在谈判具体操作层面，江泽民表示，"至于政治谈判的名义、地点、方式等问题，只要早日进行平等协商，总可找出双方都可以接受的解决办法"。

江泽民发表八项主张后，海协会为推动两岸商谈进程、打破《汪辜会谈共同协议》无法落实的僵局，并为政治谈判创造条件，倡议举行第二次"汪辜会谈"。为此，1995年5月，唐树备应邀赴台，与台湾海基会进行预备性磋商。这次磋商就第二次"汪辜会谈"程序问题达成共识，双方商定当年7月在北京举行，并确定了会谈议题。然而就在会谈前夕，6月，李登辉以所谓"私人名义"窜访美国康奈尔大学，鼓吹"中华民国在台湾"，这一举动严重动摇了两岸互信基础，导致第二次"汪辜会谈"不能如期举行，两会事务性商谈也被迫全面中断。

针对李登辉背弃一个中国原则、"台独"活动猖獗及李登辉"美国之行"的严重危害性，大陆方面开展了反分裂反"台独"的斗争，取得了重要成果。1996年3月这场斗争结束后，大陆方面着手恢复两岸协商谈判，要求台湾当局回到一个中国的立场上来，但李登辉予以拒绝，使两会商谈无法恢复。这时，大陆方面认为应通过两岸政治谈判解决政治分歧问题。

1996年9月，唐树备在访美期间提出"把政治谈判提到议事日程上来"。他表示，"当务之急是举行'在一个中国原则下正式结束两岸敌对状态'这样的政治性谈判，以此带动其他方面的谈判"。[1] 他还表示，"海协作为与台

---

① 《唐树备常务副会长访美期间与美国有关人士座谈时的发言》，《海峡两岸关系协会一九九六年重要文件选编》，海峡两岸关系协会，1996年，第102—103页。

湾方面联系、沟通的一个受权民间团体，如果得到授权，愿意在具有适当政治气氛的情况下，为两岸的政治商谈做出程序性安排，包括就政治商谈的议题、商谈方式以及时间、地点等具体事宜进行讨论，找到双方均可接受的办法"。① 1997 年 9 月，江泽民在中共十五大报告中重申了两岸分步骤谈判的主张，并呼吁"希望台湾当局认真回应我们的建议和主张，及早同我们进行政治谈判"。② 1998 年 1 月 26 日，国务院副总理钱其琛在纪念江泽民八项主张发表三周年座谈会上重申了两岸政治谈判的重要性和步骤，表示"当前，首先要就上述政治谈判的程序性商谈作出安排，通过程序性商谈就政治谈判的议题、代表名义、方式等问题达成双方可以接受的协议"，"海协与台湾的海基会应当扩大交流和接触，为及早实现两岸政治谈判的程序性商谈寻求共识、创造条件"。③ 2 月 24 日，海协会向海基会发函，提出"我会愿意接受有关方面授权，与贵会协商两岸政治谈判的程序性事宜，并随之着手安排重开经济性、事务性议题商谈"，并"欢迎辜振甫先生在适当时候来访"。④

为了落实两岸政治谈判程序性商谈，大陆方面开始寻求首先在两会之间进行政治对话。1998 年 8 月 24 日，中共中央台办、国务院台办负责人发表谈话，指出，"为了有利于增进了解、寻求共识，海协正扩大与海基会的接触与交流，也愿意和海基会进行一切有利于和平统一、有利于发展两岸关系的政治对话"。⑤ 据此海协会于 9 月 14 日致函海基会，"希望贵我两会尽早进行政治对话，为两岸政治谈判的程序性商谈预作准备"。⑥ 政治对话的主要目的在于找到双方在两岸谈判问题上的共同立场，以利于政治谈判的启动。正如唐树备所指出的，"政治对话没有议题，所有有利于发展两岸关系，有利

① 《唐树备常务副会长在中国驻美使馆举办的侨界座谈会上的讲演》，《海峡两岸关系协会一九九六年重要文件选编》，海峡两岸关系协会，1996 年，第 126 页。

② 《江泽民在中国共产党第十五次全国代表大会上的报告》，中国共产党历次全国代表大会数据库，http://cpc.people.com.cn/GB/64162/64168/64568/65445/4526285.html。

③ 《钱其琛在纪念江泽民主席〈为促进祖国统一大业的完成而继续奋斗〉重要讲话发表三周年座谈会上的讲话》，《海峡两岸关系协会一九九八年重要文件选编》，海峡两岸关系协会，1998 年，第 21—22 页。

④ 《海协关于两会商谈与交流事函》，《海峡两岸关系协会一九九八年重要文件选编》，海峡两岸关系协会，1998 年，第 178 页。

⑤ 《中共中央台办、国务院台办负责人就进行两岸政治谈判发表谈话》，《人民日报》海外版，1998 年 8 月 25 日。

⑥ 《海协关于建议两会进行政治对话事函》，《海峡两岸关系协会一九九八年重要文件选编》，海峡两岸关系协会，1998 年，第 207 页。

于祖国和平统一的都可以提出来讨论，这样可以为各方所接受"。[1]

1998年10月，辜振甫率海基会参访团到访大陆，在上海时与汪道涵会晤。在此次会晤中，汪道涵除了重申应先行启动政治谈判及其程序性商谈以外，鉴于"台湾方面现在开始政治谈判程序性商谈还有困难"，还进一步将两会政治对话主张发展为包括政治对话在内的"一切有利于和平统一、有利于发展两岸关系的对话"。[2] 通过此次会晤，双方就两会开启包括政治、经济等各方面内容的对话，加强多层次交流互访和个案协助，以及汪道涵在适当时候访问台湾等达成共识。

1999年3月、6月，海协会与台湾海基会副秘书长先后在台北、北京就汪道涵访台和两会对话安排事宜交换意见，原则确定汪道涵于当年秋天访问台湾，并妥善准备和安排汪道涵访台和对话事宜。然而，正当海内外翘首以盼汪辜再度握手为两岸关系开创新局的时候，李登辉却于7月9日公然抛出"两国论"，彻底暴露了其"台独"面目。随后辜振甫将两岸谈判定位为"国与国谈判"，严重违背了一个中国原则，破坏了两会商谈的政治基础。7月30日，海协会将海基会来函所附的"辜董事长谈话稿"退回，两会接触商谈再次中断。

三、两岸协商谈判的困境与突破

2000年陈水扁上台后，坚持"台独"立场，推动"台独"活动升级，使两岸关系深陷于紧张动荡状态，两会商谈无法恢复。

为此，大陆方面加强反对和遏制"台独"活动，同时坚持两岸协商谈判的主张，丰富谈判议题，敦促台湾当局承认"九二共识"，争取重启协商谈判。如2004年5月17日，中台办、国台办受权发表声明表示："恢复两岸对话与谈判，平等协商，正式结束敌对状态，建立军事互信机制，共同构造两岸关系和平稳定发展的框架。""以适当方式保持两岸密切联系，及时磋商

---

① 《唐树备谈两会政治对话》，海峡两岸关系协会：《两岸对话与谈判重要文献选编》，北京：九州出版社，2004年，第403页。

② 《汪道涵会见辜振甫谈话提纲》，《海峡两岸关系协会一九九八年重要文件选编》，海峡两岸关系协会，1998年，第149—150页。

解决两岸关系中的衍生问题。""通过协商，妥善解决台湾地区在国际上与其身份相适应的活动空间问题，共享中华民族的尊严。"①这是大陆方面首次将"建立军事互信机制""解决台湾地区在国际上与其身份相适应的活动空间问题"纳入谈判议题。2005年3月4日，中共中央总书记胡锦涛在全国政协十届三次会议民革、台盟、台联委员联组会时提出了新形势下发展两岸关系的四点意见，其中重申了大陆方面的谈判主张，表示"只要台湾当局承认'九二共识'，两岸对话和谈判即可恢复，而且什么问题都可以谈。不仅可以谈我们已经提出的正式结束两岸敌对状态和建立军事互信、台湾地区在国际上与其身份相适应的活动空间、台湾当局的政治地位、两岸关系和平稳定发展的框架等议题，也可以谈在实现和平统一过程中需要解决的所有问题。"②

2005年3月14日，十届全国人大三次会议表决通过《反分裂国家法》，将大陆方面解决台湾问题的大政方针法律化，其中包含大陆方面关于两岸协商谈判的主张。《反分裂国家法》第七条载明："国家主张通过台湾海峡两岸平等的协商和谈判，实现和平统一。协商和谈判可以有步骤、分阶段进行，方式可以灵活多样。台湾海峡两岸可以就下列事项进行协商和谈判：（一）正式结束两岸敌对状态；（二）发展两岸关系的规划；（三）和平统一的步骤和安排；（四）台湾当局的政治地位；（五）台湾地区在国际上与其地位相适应的活动空间；（六）与实现和平统一有关的其他任何问题。"《反分裂国家法》囊括了90年代中期以来大陆方面关于两岸协商谈判的主张，尤其是议题设计上的创新，体现了大陆方面关于两岸协商谈判政策主张的新进展。

大陆方面坚持"九二共识"、反对"台独"，促进恢复两岸商谈的努力得到了台湾相关党派、人士的响应。2005年4月底，国民党主席连战应中共中央和总书记胡锦涛的邀请率团访问大陆，双方在北京举行会谈，会后共同发布了《两岸和平发展共同愿景》，奠定了国共两党坚持"九二共识"、反对"台独"的共同政治基础，并宣示共同促进五项工作。这五项工作中大多涉及两岸商谈：如第一项，促进尽速恢复两岸谈判，共谋两岸人民福祉。促进两岸在"九二共识"的基础上尽速恢复平等协商，就双方共同关心和各自关

---

① 《中共中央台湾事务办公室、国务院台湾事务办公室受权就当前两岸关系问题发表声明》，《人民日报》，2004年5月17日。

② 《胡锦涛就新形势下发展两岸关系提四点意见》，《人民日报》海外版，2005年3月5日。

心的问题进行讨论，推进两岸关系良性健康发展。如第二项，促进终止敌对状态，达成和平协议。促进正式结束两岸敌对状态，达成和平协议，建构两岸关系和平稳定发展的架构，包括建立军事互信机制，避免两岸军事冲突。如第三项，促进两岸经济全面交流，建立两岸经济合作机制。……并促进恢复两岸协商后优先讨论两岸共同市场问题。如第四项，促进协商台湾民众关心的参与国际活动的问题。促进恢复两岸协商后，讨论台湾民众关心的参与国际活动的问题，包括优先讨论参与世界卫生组织活动的问题。双方共同努力，创造条件，逐步寻求最终解决办法。[①]《两岸和平发展共同愿景》在两岸协商谈判进程中具有重要意义，它体现了中共方面的谈判主张已经在很大程度上得到了国民党方面的接受，明确了两岸协商恢复后的议题。

民进党当局上台以后，拒不开放两岸直接"三通"，又想缓解来自大陆和台湾内部的舆论压力，遂于 2000 年 12 月通过"试办金门马祖与大陆地区通航实施办法"，宣布从 2001 年起开放金门、马祖与大陆福建沿海之间人民直接通航，这就是所谓的"小三通"。大陆方面了解"小三通"实为台湾当局应付两岸直接"三通"压力的产物，但其事关台湾民众切身利益，并对扩大两岸同胞往来与交流具有正面效果，因此一方面继续呼吁两岸直接"三通"，另一方面也授权福建民间团体以"民间对民间、行业对行业、公司对公司"的方式与台湾有关方面就"小三通"等事宜进行技术性、业务性商谈。2001 年 1 月 22 日，钱其琛在纪念江泽民八项主张发表六周年座谈会上说，"只要把两岸'三通'看作为一个国家内部的事务，即可以用民间对民间、行业对行业、公司对公司协商的办法，尽快地通起来"。[②]一个星期后，1 月 28 日，福州市以马尾经济文化交流中心名义与马祖代表人士在福州就渔事、渔业、文化、贸易、旅游、医疗等七个方面的交流合作进行商谈，签订了《福州马尾—马祖关于加强民间交流与合作的协议》（简称"两马协议"）。3月 2 日，金门代表人士以金马地区两岸交流协会的名义赴厦门与厦门市两岸交流协会就"小三通"事宜达成《关于加强金门与厦门民间交流合作协议》

---

① 《中国共产党总书记胡锦涛与中国国民党主席连战会谈新闻公报》，《人民日报》，2005 年 4 月 30 日。

② 《早日完成祖国统一大业，实现中华民族伟大复兴——在江泽民主席〈为促进祖国统一大业的完成而继续奋斗〉重要讲话发表六周年座谈会上的讲话》，《海峡两岸关系协会二〇〇一年重要文件选编》，海峡两岸关系协会，2002 年，第 45 页。

（简称"两门协议"）。福州、厦门与金门、马祖之间开通了客运船班，并向定期化、频密化和便捷化方向发展。从 2001 年 7 月开始，厦门国贸集团股份有限公司多次派代表赴金门，"与金门的公司洽谈建材、农副产品等领域的贸易事宜，并与金门商家首次签下了货贸协议"。[①] 最终促成了 2002 年 2 月 27 日厦门和金门之间半个多世纪以来双方船只首宗直接货物贸易往来，标志着"小三通"货运直航也开始起步。2004 年、2005 年，福建省旅游局多次带领省内旅行社赴金门、马祖考察，与当地旅游业者就福建省居民赴当地旅游事宜进行沟通与协商，2004 年 12 月、2005 年 3 月，金门、马祖相继向福建省游客开放。

2002 年 10 月，台湾有关人士提出了"台商春节包机返乡直航"的倡议，得到了大陆方面的积极回应。在各界压力下，台湾当局勉强接受了春节包机的主张，却处处设限，提出诸多不合理要求。尽管如此，大陆方面仍以"个案处理，特事特办"的方式，通过民航总局、相关航空公司和旅行社与台湾各航空公司就具体业务问题进行商谈，保障了 2003 年首次春节包机的实现。然而由于台湾当局仍坚持不合理的限制，2004 年的两岸春节包机计划未能落实，引起舆论不满。在 2005 年春节临近之际，陈水扁不得不宣布按照"双向、双飞、中途不落地"的原则办理春节包机，对此大陆方面表现出正面态度。2005 年 1 月 2 日，国台办发言人建议继续"由两岸航空公司就春节包机有关技术性、业务性安排直接沟通，达成共识，作出安排，各自执行"，并表示欢迎台湾民意代表、航空业者来大陆就相关事宜进行沟通。[②] 随后，中国民航协会海峡两岸航空运输交流委员会副理事长浦照洲和台北市航空运输商业同业公会理事长乐大信在澳门进行磋商，确定 2005 年春节包机将实现"双向、对飞、多点、不落地"。

2006 年，在春节包机的基础上，又增加了清明、中秋、端午的"节日包机"及货运、医疗专案包机。两岸包机在惠及台湾同胞的同时，也为 2008 年以后实现常态化的两岸空中直航打下基础。

---

① 《厦门国贸开展货物直航业务》，2002 年 2 月 28 日，网易，http://money.163.com/editor/020228/020228_81206.html。

② 《国台办发言人就 2005 年台商春节包机发表谈话》，《人民日报》，2005 年 1 月 3 日。

四、两岸协商谈判的进展与挑战

2008 年 3 月，国民党候选人马英九当选台湾地区新一任领导人，两岸关系从紧张动荡开始走向和平发展。5 月 20 日，马英九在就职演说中表示，"将继续在'九二共识'基础上尽早恢复协商"。6 天后，国民党当局改组了海基会。同日，海基会致函海协会表示："期望贵我两会在'九二共识'基础上，尽早恢复制度化协商。"[1]5 月 28 日，胡锦涛会见国民党主席吴伯雄时表示，"我们应该在'九二共识'基础上尽快恢复海协会和海基会的交往协商，通过平等协商务实解决两岸间的有关问题"。[2]次日，海协会致函台湾海基会表示，"同意贵会意见，尽速在'九二共识'基础上恢复两会联系往来与协商谈判"，并邀请海基会新任董事长江丙坤率团访问北京。[3]

6 月 3 日，海协会召开会议，组建新一届理事会。中共中央政治局常委、全国政协主席贾庆林在会见会议代表时表示，海协会要坚持在"九二共识"基础上与海基会进行商谈，秉持"建立互信、搁置争议、求同存异、共创双赢"的精神，先易后难，先经济后政治，循序渐进，务实解决两岸同胞关心的问题，推动两岸协商谈判不断取得进展。[4]

6 月 12 日，海协会会长陈云林和海基会董事长江丙坤如约在北京举行会谈，标志两会恢复了中断 9 年之久的商谈。双方在会谈中重申坚持"九二共识"是恢复协商的基础，商定本着"先经后政、先易后难、循序渐进"的精神推进协商，并就两岸包机、大陆居民赴台旅游进行商谈，并签署了这两项协议。

11 月 3 日至 7 日，陈云林率海协会代表团赴台北与海基会进行商谈。这是海协会成立 17 年来会长首次赴台商谈，实现了两岸商谈的重要突破。这

---

① 《2008 年 5 月两会复谈函电》，许世铨、杨开煌：《"九二共识"文集》，北京：九州出版社，2013 年，第 49 页。

② 《胡锦涛同中国国民党主席吴伯雄举行会谈》，《人民日报》，2008 年 5 月 29 日。

③ 《海协会就恢复两会商谈及邀请台湾海基会负责人访问北京事函复海基会》，《海峡两岸关系协会二〇〇八年重要文件选编》，海峡两岸关系协会，2009 年，第 323 页。

④ 《贾庆林：两会商谈要先易后难、先经济后政治（2008.06.03）》，2008 年 6 月 4 日，中国台湾网，http://www.taiwan.cn/wxzl/zhyyl/jql/200806/t20080604_655749.htm。

次会谈签署了《海峡两岸空运协议》《海峡两岸食品安全协议》《海峡两岸邮政协议》和《海峡两岸海运协议》，标志着两岸直接通航、通邮即将成为现实，两岸民众期盼已久的"三通"取得了重大进展。

从 2008 年 6 月开始，海协会与台湾海基会商谈持续进行，每年举行一到两次领导人会谈（2010 年以前每年两次，2011 年以后每年一次），在两岸轮流举行。2009 年的两次会谈相继在南京和台中举行，双方陆续签署了《海峡两岸空运补充协议》《海峡两岸金融合作协议》《海峡两岸共同打击犯罪及司法互助协议》《海峡两岸渔船船员劳务合作协议》《海峡两岸农产品检疫检验合作协议》《海峡两岸标准计量检验认证合作协议》等六项协议，就大陆资本赴台投资事宜达成共识。从此，两岸空运实现了从包机到定期航班的跨越，两岸经济往来从单向投资发展到双向投资，两岸经济合作从实体经济扩展到金融领域，两岸在社会、民生、司法等领域的协调互助也紧锣密鼓地开展起来。2010 年 4 月，继实现两岸直接全面双向"三通"以后，两会商谈再次取得重要成果。在重庆举行的第五次会谈中，双方签署了《海峡两岸经济合作框架协议》（ECFA），标志着两岸经济合作迈上了一个新台阶。从 2010 年到 2012 年，两会领导人还签署了《海峡两岸知识产权保护合作协议》《海峡两岸医药卫生合作协议》《海峡两岸核电安全合作协议》《海峡两岸投资保护和促进协议》《海峡两岸海关合作协议》。这些协议推进了两岸经济、科技等领域的交流与合作。伴随着两会商谈取得成果，两岸关系前所未有地密切起来。

2012 年 9 月，林中森接任台湾海基会董事长。2013 年 4 月，陈德铭接任海协会会长。2013 年 6 月、2014 年 2 月，两会在上海、台北举行第九次、第十次领导人会谈，在两次会谈中分别签署了《海峡两岸服务贸易协议》《海峡两岸气象合作协议》《海峡两岸地震监测合作协议》，尤其是服贸协议的签订是 ECFA 后续协商的阶段性成果。

2012 年以后，民进党继续诋毁大陆，煽动"恐中""仇中""拒中"情绪，攻击两会商谈是"黑箱作业"，污蔑两岸经济合作"被权贵垄断""为财团图利""扩大贫富差距"，对台湾社会尤其是年轻世代产生了十分恶劣的影响。2014 年 3 月，台湾部分团体和学生掀起"反服贸"风潮，将对台湾当局不满的矛头指向两岸服务贸易协议，提出要退回服贸协议、对服贸协议进行逐条审查等要求，最后酿成"太阳花学运"。这一事件冲击了国民党的执政，也对推进两岸协商产生了不利影响。

在台湾局势变化的情况下，两会坚持商谈，2015 年 8 月在福州举行了第十一次领导人会谈，签署了《海峡两岸避免双重课税及加强税务合作协议》《海峡两岸民航飞行安全与适航合作协议》。

从 2008 年 6 月起到 2015 年 8 月，海协会与台湾海基会共签署 23 项协议，达成了多项共识，对协议和共识范围内的交往与合作作出了制度化安排。主要是：促成两岸全面直接双向"三通"，实现两岸同胞为之努力了 30 年之久的愿望；促成大陆居民赴台旅游，实现两岸人员往来的重大突破；推动两岸经济合作制度化，促成了两岸经济关系正常化进程，明确了两岸贸易自由化目标，构建了两岸经济合作机制化平台；建立两岸经济、社会、民生等领域交流合作的规范，丰富了两岸交往的内涵；实现两岸共同打击犯罪及司法互助，维护两岸交往秩序和两岸同胞权益。

2008 年 5 月以后，大陆方面在积极推进两会商谈的同时，继续深化两岸政治谈判的主张。2008 年 12 月 31 日，胡锦涛在纪念《告台湾同胞书》发表 30 周年座谈会上发表了题为《携手推动两岸关系和平发展 同心实现中华民族伟大复兴》的重要讲话，全面系统地阐述了两岸关系和平发展重要思想，提出了推动两岸关系和平发展的六点意见。六点意见提出一系列两岸协商谈判的主张，在经济、文教方面提出"签定综合性经济合作协议"，"协商两岸文化教育交流协议"；在政治、军事、涉外事务方面提出"就国家尚未统一的特殊情况下的政治关系展开务实探讨"，"探讨建立军事安全互信机制问题"，"在一个中国原则的基础上，协商正式结束两岸敌对状态，达成和平协议，构建两岸关系和平发展框架"，并共同"维护国家主权，协商涉外事务"，"对于台湾同外国开展民间性经济文化往来的前景，可以视需要进一步协商。对于台湾参与国际组织活动问题，在不造成'两个中国''一中一台'的前提下，可以通过两岸务实协商作出合情合理安排"。[①]

2009 年 5 月 26 日，胡锦涛在北京会见到访的国民党主席吴伯雄时，向国民党方面表达了开启政治谈判的愿望，称"促进正式结束两岸敌对状态、达成和平协议，是'两岸和平发展共同愿景'提出的目标，已经成为两岸双

---

① 《胡锦涛：携手推动两岸关系和平发展 同心实现中华民族伟大复兴——在纪念〈告台湾同胞书〉发表 30 周年座谈会上的讲话》，《人民日报》，2009 年 1 月 1 日。

方的重要主张。我们提出，两岸可以就国家尚未统一的特殊情况下的政治关系问题、建立两岸军事安全互信机制问题进行务实探讨，表明了我们解决问题的积极思考。两岸协商总体上还是要先易后难、先经后政、把握节奏、循序渐进，但双方要为解决这些问题进行准备、创造条件。双方可以先由初级形式开始接触，积累经验，以逐步破解难题"。① 由此可见，大陆方面在坚持以"先易后难、先经后政、把握节奏、循序渐进"精神推进两岸商谈的同时，也向台湾方面提出"由初级形式开始接触"的建议，以期拉开政治谈判的序幕。

2012 年 11 月，中共十八大报告概括了四年来关于两岸政治谈判的主张，向台湾当局呼吁"探讨国家尚未统一特殊情况下的两岸政治关系，作出合情合理安排；商谈建立两岸军事安全互信机制，稳定台海局势；协商达成两岸和平协议，开创两岸关系和平发展新前景"。② 2013 年 10 月 6 日，习近平在印度尼西亚巴厘岛会见台湾两岸共同市场基金会荣誉董事长萧万长一行时指出，"增进两岸政治互信，夯实共同政治基础，是确保两岸关系和平发展的关键。着眼长远，两岸长期存在的政治分歧问题终归要逐步解决，总不能将这些问题一代一代传下去。我们已经多次表示，愿意在一个中国框架内就两岸政治问题同台湾方面进行平等协商，作出合情合理安排。"③

但是，马英九实行在"中华民国宪法"架构下维持两岸"不统不独不武"现状的基本政策。在这一基本政策下，马英九既不会与大陆方面协商统一，也不搞"两个中国""一中一台""台湾独立"；既有意愿改善两岸关系，又希望两岸"分治"，也无与大陆方面进行政治谈判的积极意愿。马英九在 2008 年就职演说中曾经承诺要与大陆就"两岸和平协议进行协商"，但此后却屡屡推脱；2011 年他对洽签"两岸和平协议"提出了所谓的"十大保证"，甚至宣称须先付诸"公投"。他 2012 年连任后仍表示"台湾与对岸的政治对话时机仍不成熟"，表明了在第二任期内不会进行两岸政治谈判的态度。④ 台

---

① 《胡锦涛与中国国民党主席吴伯雄举行会谈》，新华社北京 2009 年 5 月 26 日电。

② 《胡锦涛在中国共产党第十八次全国代表大会上的报告》，2012 年 11 月 8 日，人民网，http://cpc.people.com.cn/n/2012/1118/c64094-19612151-10.html。

③ 《习近平会见萧万长一行 强调两岸应加强交流合作》，新华社印度尼西亚巴厘岛 2013 年 10 月 6 日电。

④ 《两岸政治对话 马：何必急》，2013 年 4 月 21 日，《中国时报》（台湾），https://www.chinatimes.com/newspapers/20130421000324-260102。

湾当局百般设限导致两岸政治谈判长期窒碍难行。

除了积极推动两岸经济性、事务性商谈，丰富和发展政治谈判主张以外，大陆方面还创新接触商谈方式，积极促成两岸事务主管部门负责人会面，实现主管部门直接交往，增进两岸政治互信。2013 年 10 月 6 日，习近平在印度尼西亚巴厘岛会见萧万长一行时指出，"对两岸关系中需要处理的事务，双方主管部门负责人也可以见面交换意见"。[1] 随后，陪同习近平会见萧万长的国台办主任张志军与担任台湾代表团顾问的台湾方面大陆事务主管部门负责人王郁琦自然互动、简短寒暄，在媒体记者面前互以"主任""主委"相称，并透露两部门将建立常态性沟通机制。[2] 2014 年 2 月 11 日，国台办主任张志军在南京会见台湾方面陆委会主委王郁琦，双方在互称职务的基础上进一步互称部门名称，实现了双方主管部门负责人首次直接会面。在此次会面中，张志军和王郁琦就 ECFA 后续协议的商谈、两岸经济和文教科技交流合作、两会互设办事机构以及两部门建立常态化联系沟通机制等问题深入交换了意见。这种意见交换，是为了推动妥善处理两岸交往中遇到的突出问题，实际上是一种商谈方式，但它不取代海协会与台湾海基会事务性商谈及签署协议的功能。

对于"张王会"的成功举行，习近平给予了高度评价。他指出，"双方两岸事务主管部门负责人会面，达成积极共识，对推动两岸关系全面发展具有积极意义。至于两岸之间长期存在的政治分歧问题，我们愿在一个中国框架内，同台湾方面进行平等协商，作出合情合理安排。我相信，两岸中国人有智慧找出解决问题的钥匙来"。[3]

2014 年 6 月，张志军首次造访台湾，与王郁琦第二次会面。随着双方互访的完成，两部门间的联系沟通机制得以建立。2015 年 2 月，夏立言接任台湾方面陆委会主委，此后张志军与夏立言于当年 5 月和 10 月分别在金门、广州两次会面。在第二次"张夏会"中，双方就两岸领导人会晤事宜进行了沟通，最终促成了"习马会"的实现。

---

① 《习近平会见萧万长一行 强调两岸应加强交流合作》，新华社印度尼西亚巴厘岛 2013 年 10 月 6 日电。

② 林秀芹：《张志军与王郁琦 APEC 上寒暄 以彼此官衔互称对方》，凤凰卫视，2013 年 10 月 6 日。

③ 《习近平：两岸同胞要携手同心共圆中国梦》，新华网北京 2014 年 2 月 18 日电。

在两岸领导人会晤中，马英九提议在陆委会、国台办首长之间设立热线，以处理紧急与重要问题。① 习近平也表示"设立两岸热线，有助于双方及时沟通，避免误判，处理紧急问题。双方两岸事务主管部门负责人可以先建立起来"。② 两岸领导人就国台办和陆委会之间设立热线问题达成共识，促进了双方两岸事务主管部门联系沟通机制在双方制度化会面基础上的完善。

面对民进党很可能于 2016 年重返执政的情况，大陆方面为争取保持 2016 年以后两岸关系和平发展的势头，反复强调坚持"九二共识"对于两岸关系和平发展的重要性，反复强调坚持"九二共识"是两岸协商谈判的基础。

蔡英文力图维持两岸协商谈判成果及机制，但始终不承认"九二共识"、不认同两岸同属一个中国。她在 2016 年 1 月当选后，将她所主张的"推动两岸关系和平稳定与发展"的既有政治基础概括为 4 个元素：一是 1992 年两岸两会会谈的历史事实和求同存异的共同认知；二是"中华民国现行宪政体制"；三是两岸过去 20 多年来协商和交流互动的成果；四是台湾民主原则及普遍民意。5 月 20 日，蔡英文就职演说中关于两岸关系的内容，延续了她两岸政策的基调，同时表示"会依据中华民国宪法、两岸人民关系条例及其他相关法律处理两岸事务"。当日，中台办、国台办负责人就两岸关系发表谈话，指出蔡英文这次讲话"是一份没有完成的答卷"，并且指出，"国台办与台湾陆委会的联系沟通机制和海协会与台湾海基会的协商谈判机制，均建立在'九二共识'政治基础之上。只有确认体现一个中国原则的政治基础，两岸制度化交往才能得以延续"。③ 第二天，海协会负责人也表示，"两会协商和联系机制是建立在'九二共识'共同政治基础上的，是得到两岸双方正式授权的……只要海基会得到授权，向海协会确认坚持'九二共识'这一体现一个中国原则的政治基础，两会受权协商和联系机制就能得以维系"。④

民进党当局拒绝承认"九二共识"及其核心意涵，破坏了两岸关系和平发展的政治基础，导致两岸协商谈判停摆。9 月 12 日，台湾海基会致函海

① 《习马会，见证历史的 150 分钟（全程记录）》，2015 年 11 月 7 日，人民网，http://politics.people.com.cn/n/2015/1107/c1001-27789252-4.html。

② 《习近平同马英九会面》，新华网新加坡 2015 年 11 月 7 日电。

③ 《中共中央台办、国务院台办负责人就当前两岸关系发表谈话》，新华社北京 2016 年 5 月 20 日电。

④ 《海协会负责人就今后两会受权协商和联系机制表明态度》，中国台湾网 2016 年 5 月 21 日北京讯。

协会，告知田弘茂接任其董事长，并提出期望"尽速就两岸协商事宜进行沟通联系"，但函中并未提及"九二共识"。当日，海协会会长陈德铭表示，"关于两会联系互动问题，我已经讲过很多次了，那就是只有海基会得到授权，向海协会确认坚持'九二共识'这一体现一个中国原则的共同政治基础，两会受权协商和联系机制才能得以延续"，[①] 拒绝了海基会的要求。

在台湾当局拒绝承认"九二共识"，导致两岸商谈无法进行的情况下，大陆方面仍然坚持主张推动两岸协商谈判，并进一步发展了商谈政策。2017年10月，习近平在中国共产党第十九次全国代表大会报告中明确指出，"承认'九二共识'的历史事实，认同两岸同属一个中国，两岸双方就能开展对话，协商解决两岸同胞关心的问题，台湾任何政党和团体同大陆交往也不会存在障碍"。2019年1月，习近平在《告台湾同胞书》发表40周年纪念会上郑重倡议，"在坚持'九二共识'、反对'台独'的共同政治基础上，两岸各政党、各界别推举代表性人士，就两岸关系和民族未来开展广泛深入的民主协商，就推动两岸关系和平发展达成制度性安排"。开展两岸民主协商的主张是新时代大陆对台工作方针政策的新发展，是大陆方面继续推进两岸协商谈判的政策创新。

第二节　40 年两岸协商谈判的基本特征

一、两岸协商谈判走势跌宕起伏

两岸协商谈判是两岸关系的重要组成部分，两岸商谈的发展状况反映了40 年来两岸关系整体的变化趋势。

在两岸隔绝状态结束以前，关于协商谈判的主张已经出现。大陆方面提

---

① 《海协会会长陈德铭谈两岸两会交往基础》，中国台湾网 2016 年 9 月 12 日北京讯。

出通过谈判和平解决台湾问题、实现和平统一，解决了"谈什么"的问题；提出了国共两党平等谈判的主张，解决了"怎么谈"的问题。然而台湾方面对两岸协商谈判态度消极，除了通过"密使"与大陆方面进行过几次秘密接触以外，没有提出两岸协商谈判的主张，于80年代还提出了"三不政策"。直到1986年，才因一起"华航货机事件"开始了首次接触商谈。

80年代中后期，两岸在协商解决两岸往来的具体问题过程中形成了各自授权民间组织进行商谈的方式。这种方式解决了在两岸政治分歧一时解决不了的情况下进行商谈的难题，为此后的两岸协商谈判创下先例。

90年代初期两岸两会成立以后，两岸协商谈判平台搭建起来，拉开了在一个中国原则基础上进行商谈的序幕。1992年，两岸两会达成"九二共识"，确立了两岸商谈的政治基础，使两岸商谈在一个中国原则基础上得以发展。

"九二共识"的达成为实现"汪辜会谈"创造了必要条件。作为两岸高层人士首度公开进行的最高层次的会谈，"汪辜会谈"树立了在一个中国原则基础上进行平等协商的典范，"标志着海峡两岸关系发展迈出了历史性的重要一步"。①

"汪辜会谈"以后，两岸商谈在各项事务性议题上取得不同程度的进展，但台湾方面为谈判制造难题的做法严重阻碍了事务性商谈的推进和经济性商谈的开启，为此大陆方面积极推动两会领导人之间的"政策性对话"，着力深化两岸商谈。

与此同时，大陆方面也继续争取实现政治谈判，并实质性地发展了两岸谈判主张，最主要的是：在谈判基础的问题上，提出以坚持一个中国原则为共同政治基础；在"怎么谈"的问题上，明确提出了"海峡两岸和平统一谈判"，表示"在和平统一谈判的过程中，可以吸收两岸各党派、团体有代表性的人士参加"；在"谈什么"的问题上，建议就"正式结束敌对状态、逐步实现和平统一"进行谈判，第一步先就"在一个中国原则下正式结束两岸敌对状态"进行谈判；此外，还表示政治谈判的名义、地点、方式等问题可以协商。相关内容集中体现在江泽民就发展两岸关系、推进祖国和平统一进程所提出的八项主张之中。

---

① 《江泽民关于汪辜会谈的重要讲话》，《人民日报》海外版，1993年5月7日。

1995 年 6 月，李登辉窜访美国，大肆挑衅一个中国原则，导致两会事务性商谈被迫全面中断。为此，大陆方面从此前的商谈经验和两岸关系实际情况出发，主张双方先启动两岸政治谈判，再恢复两会事务性商谈。为此积极推动两岸政治对话，希望以此导入政治谈判程序性商谈。1998 年汪道涵和辜振甫实现了第二次握手，正式会谈也成局在即，但李登辉却在此时公然抛出"两国论"，导致两岸接触商谈再次陷于全面停摆。

2000 年上台的民进党当局拒绝一个中国原则，公然进行"台独"冒险，导致台海形势紧张动荡，两岸商谈长期中断。大陆方面在坚决反对"台独"活动的同时从未放弃恢复两岸商谈的努力，通过 2004 年的"517 声明"、2005 年胡锦涛提出的新形势下发展两岸关系的四点意见、《反分裂国家法》等一系列文件列举了政治谈判包含的具体内容，进一步明确了"谈什么"的问题。而 2005 年国共两党领导人会谈奠定了两党坚持"九二共识"、反对"台独"的共同政治基础，为未来两党共同推动两岸协商谈判的恢复与发展创造了必要的条件。

民进党当局拒不接受"九二共识"，导致海协会与台湾海基会商谈无法恢复。但在事关台湾民众日常生活切身利益、十分紧迫的问题上，大陆方面在坚持一个中国原则的前提下，还是想方设法采取务实的民间性磋商办法予以解决。在 2000 年至 2008 年期间，出现了关于"小三通"，福建居民赴金门、马祖旅游，以及两岸包机直航的民间技术性、业务性磋商。

2008 年两岸关系出现重大转折，走上了和平发展道路，两岸双方在"九二共识"基础上恢复中断已久的协商谈判。在"先易后难、先经后政、循序渐进"策略的指导下，双方就包括两岸"三通"在内的多项经济、社会议题达成协商成果，大大促进了两岸交流合作，推动了两岸关系和平发展。

"先经后政"并不意味着"只经不政"，大陆方面在积极推动两岸经济性、事务性商谈的同时，也在争取实现两岸政治谈判，并且丰富和发展了有关主张。然而台湾方面对此反应消极，导致政治谈判未能实现。

2012 年以后，两岸政治交往取得重要突破，出现了双方两岸事务主管部门负责人交换意见这一新的商谈方式，两部门建立联系沟通机制，实现了两部门交往，对推动两岸关系实现突破有着重要意义。至此，两岸协商谈判出现两种方式：一种是以民间名义进行的两岸两会商谈；一种是双方两岸事务主管部门负责人交换意见。

2016 年以后，重返执政的民进党及其当局坚持"台独"立场，拒不承认"九二共识"、拒不认同两岸同属一个中国，严重冲击了两岸关系和平发展的势头，使两岸协商谈判中断。大陆方面坚持一个中国原则和"九二共识"，坚决反对和遏制"台独"活动，坚持在"九二共识"基础上恢复两岸协商谈判。

从 40 年来两岸商谈所经历的酝酿、开启、中断、恢复、发展等一系列变化可以看出，每当台湾当局破坏一个中国原则，导致两岸关系紧张动荡时，两岸商谈就会中断；而当一个中国原则得到巩固，两岸关系稳定发展，两岸商谈也相应顺利推进。两岸商谈是两岸关系的"温度计"，两岸协商谈判进程中的起伏反映着两岸关系形势的冷暖变化。

二、大陆方面努力推进两岸协商谈判，丰富发展商谈主张

为达成实现祖国完全统一这一崇高使命，大陆方面为推进两岸商谈付出了艰辛努力，不断丰富和发展商谈主张。

1979 年，大陆方面发表《告台湾同胞书》，指出"应当通过中华人民共和国政府与台湾当局之间的商谈结束台湾海峡军事状态"。1981 年，全国人大常委会委员长叶剑英公开提出了国共两党对等谈判的建议。此后，邓小平在阐述"一国两制"构想时不仅重申了国共两党平等会谈主张，还设计了与台湾方面谈判统一的方案。与此同时，大陆方面曾尝试与台湾方面就谈判问题进行接触，但受制于台湾当局的"三不"政策，这些努力未能取得成效。

1987 年两岸隔绝状态结束前后，大陆方面授权民间组织就两岸往来的具体问题进行商谈。1991 年成立了民间团体海峡两岸关系协会，确立了与台湾方面的海峡交流基金会接触商谈的渠道，两岸协商谈判平台由此形成。1992 年两岸两会达成了"九二共识"，确立了两岸商谈的政治基础，使两岸商谈得以在一个中国原则基础上得以深化和发展。

"九二共识"的达成为两岸两会领导人会谈创造了必要条件，1993 年的"汪辜会谈"是两岸高层人士首度公开进行的最高层次的会谈。此后，海协会着力贯彻"汪辜会谈"所达成的各项协议，与台湾海基会就两岸交往中产生的事务性问题进行商谈。然而台湾方面为谈判制造难题的做法严重阻碍了

商谈进程，为此，大陆方面积极推动两会领导人之间的"政策性对话"，以探讨事务性谈判中无法解决的问题。1995 年，江泽民发表题为《为促进祖国统一大业的完成而继续奋斗》的重要讲话，就发展两岸关系、推进祖国和平统一进程提出八项主张，发展了两岸谈判思想。此后，大陆方面在与台湾当局"台独"活动进行斗争的过程中提出了先启动两岸政治谈判，再恢复两会事务性商谈主张，积极推动两岸对话，为政治谈判程序性商谈创造条件，促成了汪道涵和辜振甫的第二次握手，两岸两会领导人第二次正式会谈即将实现。1999 年 7 月李登辉抛出"两国论"，导致两岸接触商谈全面停摆。

2000 年民进党上台，拒绝接受一个中国原则，加剧"台独"活动，两岸关系出现紧张动荡。在这种情况下，大陆方面继续高举两岸协商谈判旗帜，不仅通过 2004 年的"517 声明"、2005 年胡锦涛提出的新形势下发展两岸关系的四点意见、《反分裂国家法》等一系列文件进一步明确了"谈什么"的问题，还通过国共两党领导人会谈奠定了两党坚持"九二共识"、反对"台独"的共同政治基础，为未来两党共同推动两岸协商谈判的恢复与发展创造了必要的条件；此外，大陆方面还积极支持两岸民间技术性、业务性磋商，保障民众的切身利益。

2008 年两岸关系走上和平发展道路，大陆方面推动海协会与台湾海基会重启制度化商谈，在经济、社会等领域取得一系列重要成果；进一步丰富和发展政治谈判主张，并创制了双方两岸事务主管部门负责人交换意见的商谈方式。2016 年，民进党第二次上台，拒绝承认"九二共识"及其核心意涵，破坏了两岸关系和平发展的政治基础，导致两岸协商谈判再度停摆。为此，大陆方面多次表达了坚持在一个中国原则基础上恢复两岸协商谈判的态度，还提出开展两岸民主协商的主张。

在推进两岸协商谈判的过程中，大陆方面形成了一系列政策主张，可以概括为以下几个方面：

在谈判原则方面，大陆方面明确提出，"对话谈判要有个基础，就是首先必须承认一个中国的原则。在这个前提下，什么都可以谈"。在牢牢守住底线的同时，也为两岸商谈赋予灵活性。

在政治议题方面，大陆方面先后提出许多议题，主要有：（1）正式结束两岸敌对状态；（2）发展两岸关系的规划；（3）台湾当局的政治地位；（4）探讨国家尚未统一特殊情况下的两岸政治关系；（5）探讨建立两岸军事安全机制；（6）在一个中国原则的前提下，通过两岸协商对台湾参与国际组织活动作出合情合理安排；（7）台湾地区在国际上与其地位相适应的活动空间；（8）两岸和平协议；（9）与实现和平统一有关的其他任何问题。

在经济议题方面，大陆方面提出了一系列议题，包括投资、贸易、交通、邮政、金融、产业、经济合作等领域，而且完成了大多数商谈，实现了两岸全面直接双向"三通"，保障了两岸经济往来，促进了两岸经济合作。

在文化议题方面，大陆方面提出"协商两岸文化教育交流协议"的主张，为两岸文化议题商谈指明了方向。

在社会议题方面，大陆方面同台湾方面积极协商，在社会、民生、共同打击犯罪、司法互助、非传统安全、医药卫生、急难救助、灾害互助等领域取得成果，丰富了两岸交往的内涵。

由此可见，在两岸协商谈判方面，大陆方面坚定不移地维护一个中国原则，坚持包括商谈性质、基础在内的既定主张，同时坚持实事求是的科学精神，从实际出发，循序渐进地丰富和发展具体政策，使得关于商谈的政策主张一脉相承、与时俱进，推进了两岸协商谈判。

三、一个中国原则是两岸协商谈判的政治基础

一个中国原则是两岸协商谈判的政治基础。虽然海峡两岸尚未统一，但是大陆和台湾同属一个中国的事实从未改变，两岸交往中的具体问题自然是中国的内部事务，应本着一个中国原则协商解决。一个中国原则明确了两岸商谈的性质既不是"两个中国"的谈判，也不是"一中一台"的谈判。坚持一个中国原则，就是坚持世界上只有一个中国，大陆和台湾同属一个中国，中国的主权和领土完整不容分割。只要表明坚持一个中国的基本态度，商谈就能够沿着正确的方向不断向前推进。

早在两岸商谈实践之初，双方就已经明确了一个中国原则的地位。体现一个中国原则的"九二共识"明确界定了两岸关系的根本性质，成为两岸协商谈判的基石。

正是在"九二共识"的基础上，两岸实现了高层人士首次公开会谈，随

后事务性商谈也得以推进。2008年两岸关系走上和平发展道路，两岸共同确认"九二共识"政治基础，两会得以恢复中断多年的制度化商谈。

另一方面，无论是李登辉鼓吹"中华民国在台湾"、公然提出"两国论"分裂主张，还是民进党两度上台，拒绝接受"九二共识"，执意进行"台独"冒险，均导致了两岸协商谈判中断，两岸关系陷入紧张动荡的局面。

即便在商谈的具体过程中，一个中国原则也起着关键作用。譬如在1992年到1995年的两会事务性商谈中，台湾海基会一再掺入政治问题，达到谋求"两岸分裂分治""对等政治实体"等违背一个中国原则的政治目的，如比照国家间驻外使领馆认证的做法办理大陆公证书在台湾使用，援引国家间通邮的做法开办两岸挂号邮件业务，照搬国家间引渡制度的规定处理大陆劫机犯遣返的问题，要求在处理两岸海上海事纠纷问题中明确划分双方管辖海域范围和管辖权限，等等。海协会反对海基会这些意见，并依据一个中国原则提出合理的意见，妥善解决了有关问题。海协会还依据一个中国原则，处理了海基会签署协议的纪年等问题。而在2008年到2015年两会商谈期间，双方在"九二共识"的基础上搁置争议，又使得商谈不断取得突破性成果。

习近平在中共十九大报告中指出，"承认'九二共识'的历史事实，认同两岸同属一个中国，两岸双方就能开展对话，协商解决两岸同胞关心的问题，台湾任何政党和团体同大陆交往也不会存在障碍"。习近平也强调，"我们有坚定的意志、充分的信心、足够的能力挫败任何形式的'台独'分裂图谋"。只要台湾当局接受"九二共识"、认同一个中国原则，确立两岸交往的共同政治基础，两岸协商谈判就可以重新恢复，两岸关系也将重新回到和平发展的正确道路上来。

四、两岸协商谈判取得丰富成果

两岸协商谈判是两岸关系的"推进剂"，协商成果有效推动了两岸关系发展。

首先，两岸协商谈判多次促使政治领域实现重要突破。如1986年举行的两航谈判开启了两岸公开接触与商谈的序幕，标志着两岸恢复往来已是不可逆转的历史趋势。1992 年两岸两会在香港会谈及其后续沟通中达成"九二共识",为两岸关系发展确立了共同政治基础,是保证两岸关系和平发展的关键。2014 年开始的双方两岸事务主管部门负责人会面开启了这两个部门直接交往,意味着两岸政治互信达到新高度,为两岸政治关系发展创造了有利条件。在 2015 年举行的双方两岸事务主管部门负责人第四次会面中,国台办主任张志军和台湾方面陆委会主委夏立言就"习马会"事宜进行了沟通,促成了 1949 年以来两岸领导人首次会面,为两岸关系翻开了历史性的一页。

其次,两岸协商谈判促成了两岸全面直接双向"三通"。在 1993 年的"汪辜会谈"上,两岸两会签订了《两岸挂号函件查询、补偿事宜协议》,两岸邮政部门开始互办挂号函件业务。两会商谈中断以后,两岸民间业者通过商谈促成了"包机直航",福州、厦门有关方面和马祖、金门相关代表人士也就贸易往来达成协议,福建省和金门、马祖实现"小三通"。2008 年两会复谈以后,双方首要讨论解决"三通"问题,相继签订了《海峡两岸包机会谈纪要》《海峡两岸海运协议》《海峡两岸空运协议》《海峡两岸邮政协议》和《海峡两岸空运补充协议》,促成了两岸同胞期盼已久的全面直接双向"三通"。

再次,两岸协商谈判保障和推动了社会交往。在两岸隔绝状态被打破前后的几年间,双方通过授权的民间商谈和两会事务性商谈解决了两岸交流开启初期所遇到的若干具体问题,有效保障了隔绝状态结束初期两岸民间交往的发展。即便是两会制度化商谈中断以后,福建省和金门、马祖仍就特定社会性议题举行过数次小范围的民间商谈,促成了渔事、渔业、文化、旅游、医疗等多领域的交流合作。2008 年两岸两会恢复协商谈判以后,两岸社会性议题商谈蓬勃开展,双方就大陆居民赴台旅游、食品安全、共同打击犯罪及司法互助、渔船船员劳务、农产品检疫检验、标准计量检验认证、知识产权保护、医药卫生、核电安全、气象、地震监测、民航飞行安全与适航等问题上达成合作协议,丰富了两岸交往内涵。

最后,两岸协商谈判在经济领域取得了令人瞩目的成绩,造福了两岸民生。两岸隔绝状态被打破以后,越来越多的台商到大陆投资,两岸经济关系日益密切,经济性议题的商谈被提上日程。然而台湾方面在谈判中要求先完成事务性商谈再进行经济性商谈,导致经济性议题商谈迟迟无法进行,以至于在 2008 年以前，仅有福州、厦门有关方面和马祖、金门相关代表人士通过民间商谈就贸易往来达成过一些协议。2008 年两会商谈恢复以后，双方陆续就金融合作、经济合作、海关合作、投资保护和促进、服务贸易、避免双重课税及加强税务合作等议题签署协议，极大便利了两岸经济往来，扩大和深化两岸经济交流合作。

第三节　两岸协商谈判中的几个问题

一、两岸协商谈判的制约因素

由于多方面因素的制约，两岸协商谈判的发展过程相当波折，其原因主要有如下五点：

第一，台湾国民党当局害怕统一，对两岸协商谈判态度消极，致使商谈难以深化。早在 1955 年，大陆方面就提出了和平解放台湾的主张，随后发出了"第三次国共合作"的倡议，希望通过国共谈判实现和平统一，并提出了谈判的具体主张。1960 年，周恩来将相关主张概括为"一纲四目"。但是蒋介石拒绝和谈统一，使得国共谈判没有实现。20 世纪 80 年代，邓小平提出了"一国两制"构想，这是大陆方面关于台湾与大陆统一后制度安排的基本框架，但台湾当局仍然拒绝与大陆方面通过谈判实现和平统一，蒋经国甚至提出了"不接触、不谈判、不妥协"的"三不政策"。两会商谈开启以后，台湾当局仍不授权海基会谈政治议题，力图将商谈范围限缩在事务性问题上。即便是曾经承诺要与中共就"两岸和平协议进行协商"的马英九，其在任职期间也对两岸洽签和平协议进行了多重限制，导致两岸商谈迟迟无法深入政治领域。

第二，"台独"分裂活动严重，影响商谈的延续性。20 世纪 90 年代，两岸商谈在"九二共识"的基础上开展起来，但此后李登辉逐渐背弃一个中国原则，鼓吹"中华民国在台湾"、公然提出"两国论"分裂主张；2000 年民进党的陈水扁上台，不承认"九二共识"，不接受一个中国原则，持续进行"台独"冒险，先后两次导致两岸商谈长期中断。尽管 2008 年以后两会复谈，取得了丰硕的成果，但 2016 年民进党再次执政，仍然拒绝承认"九二共识"、不接受两岸同属一个中国，不仅导致协商再度中断，包括《海峡两岸服务贸易协议》在内的重要协商成果也被迫束之高阁。由此可见，体现一个中国原则的"九二共识"是两岸商谈的基础，在此基础上可以保持商谈的延续性，但"台独"分裂活动使两岸商谈的政治基础屡遭破坏，影响了商谈的延续性。

第三，两岸对一个中国政治含义等政治问题长期存在分歧，导致商谈进展不顺。1992 年 3 月两岸两会第一次工作性商谈因双方对一个中国原则相关问题有所分歧而未能取得成果。在这种情况下，大陆方面提出了在两岸事务性商谈中应表述坚持一个中国原则的态度，但不涉及一个中国的政治含义，表述方式可以充分讨论的意见。台湾方面于当年 8 月 1 日发布关于一个中国涵义的结论，一方面表明了"坚持一个中国之原则""台湾是中国一部分"的态度，另一方面也鼓吹"两岸分裂分治"。此后，两岸两会通过香港会谈及后续函电往来达成"九二共识"。在"九二共识"的基础上，两会实现了领导人会谈及多次事务性商谈，两岸商谈取得了长足进展。但是，国民党当局将"九二共识"片面概括为"一中各表"，与"九二共识"的原意不符，不利于两岸商谈政治基础的巩固。在商谈过程中，政治分歧问题也往往成为障碍。正如唐树备所发现的，"过去几年两会协商中多次引起争议的突出问题，是所谓两岸'管辖权'的问题。应当说，这是属于两岸关系中政治范畴的问题，是与实现统一相联系的"。[①] 尽管大陆方面多次强调两会在商谈中可以"不涉及一个中国的政治含义"，海基会也表示未被授权谈政治问题，但在两会商谈实践中，台湾方面常常在事务性议题中掺入政治问题，谋求达到"两岸分裂分治""两岸为两个对等政治实体"的政治目的。上述两岸之间长期存在的政治分歧问题严重阻碍了商谈的进展。

第四，台湾民众的疑虑情绪为商谈增加了障碍。受长期的"反共"和"去中国化"教育影响，加之岛内一些不负责任媒体的推波助澜，部分台湾

---

① 《唐树备常务副会长访美期间与美国有关人士座谈时的发言》，《海峡两岸关系协会一九九六年重要文件选编》，海峡两岸关系协会，1996 年，第 102—103 页。

第八章　两岸协商谈判　　231

民众对大陆抱持疏离与疑惧心态，担心大陆"吃掉"台湾，在一定程度上形成了不利于商谈的"民意"。在这种情况下，不仅是政治议题，即便经济议题的商谈也常常受到不合理的指责，尤其是本世纪以来台湾经济下行，不同世代、阶层和地域之间贫富差距扩大，部分台湾民众在民进党绿色媒体挑动下，将不满的矛头指向了两岸商谈及其成果。如 2014 年爆发的"太阳花风潮"，导致两岸服务贸易协议未能生效。

第五，美国的干预对商谈产生了负面作用。1979 年中美建交后，美国继续向台湾提供所谓"安全保护"，是国民党能够不与大陆方面进行和平统一谈判的最大依靠，也是民进党不放弃"台独"立场的最大保护伞。对于 20 世纪 90 年代开始的两岸协商谈判，美国一方面声称"鼓励"两岸对话，一方面却认为两岸协商谈判不应预设前提，实际上否认了一个中国原则在两岸商谈中的基础地位，使得台湾当局挑战一个中国原则有所倚恃，对两岸商谈造成消极影响。另外，美国并不像其所声称的那样"不介入"两岸商谈，而是采取多种手段干预商谈进程，如通过对大陆打"民主牌"、对台军售等行为为台湾当局提供支持，[1] 利用学者放话释放信息，[2] 甚至直接对台湾方面就谈判议程"下指导棋"。[3] 两岸商谈是中国人自己的事，但美国为了自身利益插手其中，对商谈的进展产生了负面作用。

二、实现两岸政治商谈是两岸关系全面发展的需要

两岸之间重大的政治分歧主要表现在政治关系、军事安全、涉外事务等方面。解决两岸政治分歧离不开政治商谈，然而政治商谈迄今仍未实现。事

---

① 郭拥军：《浅析两岸协商谈判中的美国因素》，《现代国际关系》2012 年第 9 期，第 26—27 页。

② 李鹏：《剖析美国对两岸协商谈判的政策立场》，《国际问题研究》2011 年第 2 期，第 36—37 页。

③ 如 2008 年 3 月 29 日，美国在台协会理事主席薄瑞光向台立法机构负责人王金平透露，他在与马英九会面时提到，两岸对话可分三阶段发展，第一阶段先处理包机议题，第二阶段在经济、贸易、投资等经贸合作事项更开放，第三阶段再触及两岸和平协议、减少军事威胁与参与国际组织等敏感议题。参见陈新一：《美国对两岸外交休兵的看法与反应》，林碧炤主编：《两岸外交休兵新思维》，台北：财团法人两岸交流远景基金会，2008 年，第 177 页。

实上，两岸政治、经济、社会等议题相互关联、不可偏废，否则两岸关系和平发展局面将难以持续。两岸关系和平发展是两岸同胞的共同心愿，只有通过政治商谈解决长期存在的两岸政治分歧，完成国家统一，才能从根本上确保台海和平稳定，实现两岸同胞心灵契合。

为了实现完成国家统一的庄严承诺，大陆方面长期追求通过谈判实现和平统一，为此多次重申政治商谈主张，不断对政治商谈主张进行丰富和系统化，不仅提出两岸可由初级形式开始接触，为破解政治难题积累经验，更以实际行动增进两岸政治互信，积极为和平统一谈判创造条件。正如习近平所强调的，解决两岸间长期存在的政治分歧和难题，关键是要"虑善以动，动惟厥时"，① 即从长考虑，抓紧有利时机，从维护两岸关系和平发展成果，避免台海形势出现紧张动荡的大局出发，不断深化两岸商谈，尽早让政治谈判构想付诸实践。

但是，台湾的国民党不愿谈统一，民进党更图谋"台湾独立"，导致两岸政治谈判始终未能实现。然而台湾内外环境皆处于变动当中，一旦两岸政治互信的积累跟不上形势的变迁，极有可能导致和平统一的可能性完全丧失，两岸之间的政治分歧被迫以非和平的方式解决。更为关键的是，随着两岸实力对比不断向大陆倾斜，台湾在谈判中可用的筹码也不断流失。可以说政治谈判的长期拖延不仅挑战着大陆的底线，也有损于台湾的实际利益，是两岸和平的潜在威胁。由此可见，两岸应当尽早开启政治商谈，切实解决两岸政治分歧问题，实现两岸关系全面发展。

三、两岸协商谈判的启示

第一，推进两岸协商谈判应有相向而行的政治互信。两岸协商谈判是实现两岸和平统一的必由之路，但必须以一个中国原则为基础，以追求国家统一为指向。在两岸固有政治分歧一时难以解决的情况下，以"海峡两岸同属一个中国，共同努力谋求国家统一"为要义的"九二共识"，建构了两岸最基本的政治互信，体现了搁置争议、以利协商的政治智慧。惟有回到"九二

---

① 《习近平总书记会见中国国民党主席朱立伦》，新华社北京 2015 年 5 月 4 日电。

共识"的政治基础，保有相向而行的互信，两岸协商谈判才能得以恢复并推进。

第二，推进两岸协商谈判应有实事求是的科学态度。在特定历史条件下，先易后难、先经后政、循序渐进是推进两岸协商谈判不断取得成果的有效途径。但两岸长期存在的政治分歧问题是影响两岸关系发展的总根子，总不能一代一代传下去。固本浚源，方能行稳致远。多年以来，大陆方面不断探索、发展、完善政治商谈主张，从由谁谈到谈什么再到怎么谈，形成了比较完备的体系。惟有台湾方面也能本着对民族、对后世负责的态度，根据两岸关系发展的实际水平和内在要求，正视问题而不回避问题、解决问题而不激化问题，才能跳脱两岸政治分歧的制约与瓶颈，早日达到解决两岸政治对立、实现台海和平、达成国家统一愿景。

第三，推进两岸协商谈判应有互惠双赢的人本理念。两岸协商谈判是两岸中国人之间的平等协商，与国与国谈判有着本质区别。两岸同胞是血脉相连的一家人，是命运与共的共同体。一家人之间，不应有锱铢必较的讨价还价；共同体之内，不应带你输我赢的零和思维。惟有心系两岸同胞民生福祉，胸怀中华民族整体利益，两岸协商谈判才能够相互理解，相互尊重，相互体谅，相互支持，始终保持旺盛的生命力；也才能着眼互惠互利，善于通达平衡，追求共创双赢，始终得到两岸同胞的欢迎和支持。

第九章
两岸经济关系

两岸经济关系是指人员、机构、货物、服务、资金等要素在中国大陆与台湾地区之间的流动过程以及在此过程中相互作用形成的一种联结状态。两岸经济关系既是一个动态的发展过程，又是一种静态的发展结果。1979 年至 2019 年两岸经济关系的历程，反映出两岸经济关系发展的复杂性和运行特性，在此基础上显现出两岸经济关系发展主要特征，从中也可以看到今后两岸经济关系进一步发展会面临或需要慎重解决的几个重要问题。

第一节　40 年两岸经济关系发展历程回顾

从 1979 年到 2019 年，两岸经济关系经过了恢复联系、波动发展、密切联系、制度化合作以及结构性转换五个阶段。

一、恢复联系阶段（1979—1986）

1949 年至 1987 年，国民党当局在台湾实施"惩治叛乱条例"和"戒严令"，同时颁布一系列禁止两岸经济往来的规定，严禁台湾人民与大陆有任何形式交往，两岸经济关系基本处于隔绝状态。特别是 1979 年以前，两岸经济交往基本中断，仅有少量大陆中药材等几种台湾不可替代或无法生产的必需品经香港转口到台湾。1979 年元旦，全国人大常委会发表《告台湾同胞书》，呼吁两岸"三通四流"，使两岸经济关系得以重新起步，两岸经香港的转口贸易逐步发展，少量台商开始经香港等地转往大陆投资。然而，直至 1987 年台湾"解严"之前，两岸转口贸易规模偏小，台商投资零星有限。

表 9-1：1979—1986 年两岸贸易往来情况

单位：亿美元；%

年份	贸易总额		大陆对台出口额		大陆自台进口额	
	金额	同比	金额	同比	金额	同比
1979 年	0.77	67.4	0.56	21.7	0.21	—
1980 年	3.11	303.9	0.75	35.7	2.35	1019.1

1981 年	4.59	47.6	0.75	−1.3	3.84	63.4
1982 年	2.78	−39.4	0.84	12.0	1.94	− 49.5
1983 年	2.48	−10.8	0.90	7.1	1.58	−18.6
1984 年	5.53	123.0	1.28	42.2	4.25	169.0
1985 年	11.01	99.1	1.18	-9.4	9.85	131.8
1986 年	9.55	−13.3	1.44	24.1	8.11	−17.7

说明：（1）数据来源于商务部网站：历年两岸贸易统计表，该统计表的原始数据出处是海关总署；（2）以下两岸贸易统计数据若没有特别注明出处，其来源与此处相同。

二、波动发展阶段（1987—2000）

（一）快速发展阶段（1987—1994）

1987 年 11 月两岸隔绝状态结束后，两岸人民往来和经济文化等方面交流随之发展起来。1988 年 5 月，外经贸部对台贸易相关办法修订，放宽对台出口经营权，各外贸进出口公司可按照对台贸易规定，在批准经营范围内开展对台出口业务。1988 年 7 月 6 日，国务院颁布《关于鼓励台湾同胞投资的若干规定》（简称"22 条"）[1]，这是大陆方面首个系统、规范的关于台湾同胞对大陆投资的法规，规定中明确了对投资大陆台商合法权益的保护，简化了投资审批手续，并在税收等方面提出了一系列优惠政策。大陆方面鼓励台商投资的政策推动了台湾民间投资"大陆热"的兴起。仅 1988 年，台湾工商界前往大陆的考察团就多达 50 多个，台胞开始通过第三地对大陆进行试探性投资，投资区域集中于福建、广东等沿海地区，约占全部投资协议金额的 80%。1992 年春，邓小平南方讲话推动了改革开放的新浪潮；同年 10

---

[1] 中华人民共和国中央人民政府国务院：《国务院关于施行〈鼓励台湾同胞投资的规定〉若干问题的通知》，国发（1988）41 号，1988 年 7 月 3 日，http://www.gov.cn/zhengce/content/2012-04/20/content_5101.htm。

月，中共十四大提出建立社会主义市场经济体制，使台商投资大陆的积极性更为提高，台商对大陆的投资从试探逐步趋于稳定。大陆对外开放以前所未有的规模扩大，东部地区形成月牙形面向太平洋辐射，中西部腹地和内陆边疆地区形成对外开放地带，开放范围开始由沿海扩大到沿江（长江流域）、沿边（西北、东北、西南等边疆）和沿路（陇海铁路—兰新铁路—北疆铁路）。大陆全面开放的态势为两岸经济关系营造出空前良好的氛围，对台商具有极大的吸引力，掀起了台商的第二波投资"大陆热"[①]。

面对大陆全面开放的态势、台商投资"大陆热"的升温，台湾当局不得不调整对大陆经济政策。1988 年 7 月，国民党第 13 次代表大会通过"现阶段大陆政策"，解除对大陆生产的碳、棉花、钢铁等 20 种原材料和工业制品经由第三地进口的禁令；同年 8 月，制定"大陆产品间接输入处理原则"，开放 50 种农工原料间接进口；1989 年 6 月，台湾当局开放大陆制品间接进口；1990 年 4 月许可因商业目的前往大陆；1990 年 8 月，开放台湾企业对大陆的间接出口；1990 年 10 月，台湾陆委会发表"对大陆地区从事间接投资或技术合作管理办法"，承认间接投资或是技术合作；1991 年 5 月，台湾当局宣布结束"动员勘乱时期"、废除"动员勘乱时期临时条款"，意味着台湾民间与大陆经济交往进一步取得合法地位。在贸易方面，1992 年 10 月 13 日，台湾"经济部"发布公告，在原已开放的 296 项物品间接从大陆进口的基础上，增加 23 种大陆物品间接进口；同年 11 月 24 日，台湾"经济部国贸局"宣布增加 8 种大陆商品进口。在投资方面，1992 年 10 月，台湾有关部门已批准包括批发、零售、仓储、通讯、金融、保险、餐旅、娱乐、法律、会计、广告、设计、咨询等 158 项服务业向大陆间接投资。由此，台湾对大陆间接投资项目扩展至服务业。

随着两岸经济往来热络，大陆方面采取了进一步推动两岸经济关系发展的措施。1994 年 3 月 5 日，全国人大常委会通过《中华人民共和国台湾同胞投资保护法》[②]，这部法律的通过和实施使保护台商投资正当权益走上法制化道路，使大陆吸引台资工作形成由人大立法、国务院法规以及可参照执行

[①] 刘相平：《1993 年台商赴大陆投资"井喷性"增长之原因探析》，《当代中国史研究》，2009, 16(02)。

[②] 全国人民代表大会：《中华人民共和国台湾同胞投资保护法》，中国人大网，2016 年 9 月，http://www.npc.gov.cn/npc/xinwen/2016-09/06/content_1997111.htm。

的国家有关经济法律法规组成的完整法律体系，为台胞在大陆投资享受公平和公正的待遇提供了法律保障，台资企业在税收、进出口经营管理等方面与港澳同胞、海外侨胞和外国投资者在大陆投资兴办的企业一样，享有充分的法律保护。同年4月，国务院召开对台经济工作会议，提出对台商投资领域、项目、方式采取"同等优先、适当放宽"的政策。同年，台湾当局也拟就具体方案，开放600多项技术层次相对较高的产品项目，准许台商对大陆投资。

在大陆方面政策吸引和台湾当局政策放宽的背景下，两岸经济往来获得快速发展，具体表现在：

首先，贸易方面，两岸经香港的转口贸易逐年增长，且增幅巨大。据海关统计（表9-2），两岸贸易总额从1987年的15.2亿美元增加到1994年的163.2亿美元，其中大陆对台湾的出口额从2.9亿美元增加到22.4亿美元，大陆自台湾的进口额从12.3亿美元增加到140.8亿美元，可以看出大陆自台湾的进口规模、增速均明显高于大陆对台湾的出口规模、增速，因此两岸贸易规模不断扩大的同时，大陆对台湾的贸易逆差也逐渐增大；贸易结构发生变化，加工贸易的兴起使得一般贸易在大陆对台湾贸易中的比重快速降低，1990年加工贸易占比47.7%，首次超过了一般贸易[①]；此时期福建、广东两地在两岸贸易中占据绝对的区位优势。

表9-2：1987—1994年两岸贸易统计情况

单位：亿美元；%

年份	贸易总额		大陆对台出口额		大陆自台进口额	
	金额	同比	金额	同比	金额	同比
1987年	15.16	58.7	2.89	100.7	12.27	51.3
1988年	27.21	79.5	4.79	65.7	22.42	82.7
1989年	34.84	28	5.87	22.5	28.97	29.2
1990年	40.43	16.1	7.65	30.4	32.78	13.2
1991年	57.93	43.3	11.26	47.1	46.67	42.4
1992年	74.1	23.9	11.2	-0.6	62.9	34.7
1993年	143.95	94.3	14.62	30.5	129.33	105.6
1994年	163.2	13.4	22.4	53.2	140.8	8.9

---

① 赵伟超：《改革开放40年两岸贸易分析与展望》，《海关与经贸研究》，2019, 40(01)。

其次，投资方面，台商对赴大陆投资一开始持有"试探性"的态度，呈现出投资金额不大、投资项目不多、实际资金到位率不高的特点。随着大陆坚持改革开放、经济体制不断调整完善，台资流入大陆逐渐趋于稳定并快速发展。据商务部统计（表9-3），台商对大陆投资项目从1989年539个增加到1994年6247个，1993年甚至高达10948个，实际台资投资金额从1.6亿美元增加到33.9亿美元；此时期台商在大陆投资以装配加工和劳动密集型产业为主，技术层次较低，主要是电机、自行车、制鞋、塑料制品、纺织、金属、体育用品及制衣等台湾的传统产业；投资区域集中在福建、广东等沿海省份，投资主体是一些中小型企业，单件投资项目的规模偏小。

表9-3：1989—1994年台湾企业投资大陆统计情况

单位：亿美元；%

年份	项目个数			实际台资		
	个数	同比	占当年总数比重	金额	同比	占当年总额比重
1989年	540	—	9.3	1.55	—	4.7
1990年	1103	104.6	15.2	2.22	44.2	6.3
1991年	1735	57.3	13.4	4.66	109.9	10.8
1992年	6430	270.6	13.2	10.5	125.3	9.5
1993年	10948	70.3	13.1	31.39	199.0	11.4
1994年	6247	-42.9	13.1	33.91	8	10.0

说明：（1）数据来源于国务院台办网站：台湾企业投资大陆统计表，该统计表的原始数据出处是商务部；（2）以下台湾企业投资大陆的统计数据若没有特别注明出处，其来源与此处相同。

最后，两岸产业分工明显，表现为互补性的垂直分工关系。台湾转移到大陆的产业以劳动密集型产业为主，在台湾岛内属于"夕阳产业"，但转移到大陆后重焕生机，在台商获得经济利益的同时，为大陆创造了大量就业机会，在一定程度上缓解了大陆的就业压力，也为台湾进行产业结构升级、发展资本和技术密集型产业提供了空间。

（二）波动调整阶段（1995—2000）

1995年以后，李登辉、民进党等"台独"势力冲撞一个中国原则、阻挠两岸关系发展的行为加剧，同时出台"戒急用忍""西进暂缓"等意在削弱两岸经贸联系的经济政策，严格限制台商赴大陆投资，干扰了此后几年两岸经济交流与合作。台湾当局以政治利益为优先考量，不惜损害、牺牲台湾民众和台湾企业的经济利益，直接导致了台湾经济增速自 1996 年开始下降，2000 年后困境加深，陷入长达 20 多年的常态性低增长，台湾民众福祉受到严重伤害。[①]

即使台湾当局阻挠两岸经济关系发展，大陆方面仍然坚持推动两岸经济关系向前发展。1995 年 1 月，中共中央总书记江泽民发表题为《为促进祖国统一大业的完成而继续奋斗》的重要讲话，[②] 提出发展两岸关系、推进祖国和平统一进程的八项主张。他在阐述两岸经济交流合作时表示，"要大力发展两岸经济交流与合作，以利于两岸经济共同繁荣，造福整个中华民族。我们主张不以政治分歧去影响、干扰两岸经济合作"；"不论在什么情况下，我们都将切实维护台商的一切正当权益"；"完全应当采取实际步骤加速实现直接'三通'"。这一讲话对于坚定台商投资大陆的信心、促进两岸经济合作发展，起到了重要作用。

根据表 9-4 的数据可以看到：从 1995 年到 2000 年，两岸贸易呈现持续增长态势，1995—1998 年受两岸政治关系恶化、东南亚金融危机的影响，两岸贸易不可避免地受到了一定冲击，增速有所回落。不过台湾当局的政治意图并不能阻挡两岸经济关系不断向前的步伐，也无法改变两岸经贸联系日益密切的趋势和发展事实。从表 9-5 可以看出，两岸经济关系依存度也不断提高，台湾对大陆的出口依存度明显高于进口依存度，相应地，大陆对台湾的进口依存度明显高于出口依存度。

表 9-4：1995—2000 年两岸贸易统计情况

单位：亿美元；%

年份	贸易总额		大陆对台出口额		大陆自台进口额	
	金额	同比	金额	同比	金额	同比
1995 年	178.8	9.5	31.0	38.4	147.8	5.0

① 林毅夫、易秋霖：《海峡两岸经济发展与经贸合作趋势》，《国际贸易问题》，2006(02)。
② 中共中央台湾工作办公室、国务院台湾事务办公室：《中国台湾问题：干部读本》，北京：九州出版社，2015 年，第 43—45 页。

年份	贸易总额		大陆对台出口额		大陆自台进口额	
	金额	同比	金额	同比	金额	同比
1996 年	189.8	6.1	28.0	-9.6	161.8	9.5
1997 年	198.4	4.5	34.0	21.2	164.4	1.6
1998 年	205.0	3.3	38.7	13.9	166.3	1.1
1999 年	234.8	14.5	39.5	2.1	195.3	17.4
2000 年	305.3	31.1	50.4	27.6	254.9	30.6

表 9-5：两岸贸易依存度演变概况（1990—2001 年）

单位：%

年份 \ 类别	台湾对大陆依存度			大陆对台湾依存度		
	出口依存	进口依存	贸易依存	出口依存	进口依存	贸易依存
1990	6.54	1.40	4.23	1.23	8.24	4.47
1991	9.84	1.79	6.20	1.57	11.75	6.35
1992	12.95	1.55	7.60	1.32	13.09	7.05
1993	16.47	1.43	9.32	1.20	13.46	7.71
1994	17.22	2.18	10.02	1.54	13.85	7.55
1995	17.40	2.98	10.46	2.08	14.71	8.02
1996	17.87	3.02	10.95	2.03	14.93	8.21
1997	18.39	3.42	11.15	2.14	15.77	8.11
1998	17.94	3.93	11.13	2.24	14.16	7.39
1999	17.52	4.09	11.12	2.32	12.86	7.16
2000	16.87	4.44	10.84	2.49	11.18	6.60
2001	17.86	5.50	12.10	2.22	9.01	5.46

资料来源：台湾陆委会，两岸经济统计月报，2004 年 5 月。

这一时期台商投资大陆受到比较明显影响，不管从项目个数还是投资金额来看，都出现下滑态势（见表 9-6）。但此时期台商投资出现与以往不同的特点：首先，投资规模和数额扩大，投资期限延长。台商由单项小规模投资转为台、港、澳与大陆联合或大型企业联合的大规模投资，大中型企业和大项目成为主流。单项投资数额由原来的数十万美元增加至上千万美元，投资期限由原先的 3—10 年增加至 50—70 年；其次，投资技术结构向较高层次发展，形成了以电子信息产业为主的台商投资第三波"大陆热"。台商由原来集中于服装、玩具、制鞋等劳动密集型产业转向石化、塑胶、汽车、钢铁、电子、电脑、土地开发、房地产等资本、技术密集型产业，如厦门、福州出现台商连片开发的电子工业区和高科技园区；再次，投资目标转换。台商由原先利用大陆较为廉价的劳动力、土地与对原料等资源进行粗加工，然后把半成品或初级产品运回台湾进行深加工后出售，普遍发展为从台湾接受订单，在大陆设厂加工生产，由香港转口销售。同时，有更多富有远见的台商投资意图不仅瞄准大陆市场，而且借助大陆的国际地位和缔结的各种国际性经济协定，增加产业权益，将大陆作为产品外销基地和跳板；最后，投资区域延伸，由福建、广东拓展至上海浦东开发区、长江流域、环渤海湾及东北、内蒙古、新疆等地区。

表 9-6：1995—2000 年台湾企业投资大陆统计情况

单位：亿美元；%

年份	项目个数			实际台资		
	个数	同比	占当年总数比重	金额	同比	占当年总额比重
1995 年	4847	−22.4	13.1	31.6	−6.8	8.4
1996 年	3184	−34.3	13.0	34.7	10.2	8.3
1997 年	3014	−5.3	14.4	32.9	−5.5	7.3
1998 年	2970	−2.6	15.0	29.2	−7.4	6.4
1999 年	2499	−14.1	14.8	26.0	−13.8	6.4
2000 年	3108	22.2	13.9	23.0	−9.4	5.6

资料来源：商务部网站。

两岸产业合作日益呈现"竞争合作"的态势，在部分领域由原来的垂直分工出现垂直与水平分工并存。一方面大陆制品在国际上的市场占有率逐年攀升，与台湾的制造业呈现"此消彼长"的趋势；另一方面，大陆在某些台湾曾极具竞争力的产业上开始追赶上台湾。台湾以电子信息产业为代表的高新技术产业开始向大陆转移就是鲜明的例子。只是此阶段转移的台湾信息产业以键盘、鼠标等中上游产业为主，这些在整个信息产业中属于技术要求和附加价值都相对较低的环节。

三、密切联系阶段（2001—2008）

2001 年 1 月，台湾当局为了摆脱在大陆政策上的困境，也为了缓解台湾民众对其阻挠两岸直接"三通"的批评，实施"小三通"。在当时的时空背景下，"小三通"虽无助于解决两岸政治上的分歧，但在两岸实现"三通"之前，在推进两岸经贸往来尤其是小额贸易和民间人员流动上扮演了重要角色。如表 9-7、9-8 所示：

表 9-7："小三通"货船往返航次统计

单位：往返算一航次

年份	台湾船舶		大陆船舶	
	金门—厦门、泉州	马祖—福州、黄岐	厦门、泉州—金门	福州、黄岐—马祖
2001	2	2	22	9
2002	55	88	76	41
2003	25	173	182	35
2004	47	133	448	593
2005	260	111	580	1214
2006	161	73	294	494
2007	221	246	365	179
2008	1558	549	399	145
2009	2287	887	396	153
2010	2215	706	416	148
2011	2290	921	533	136
2012	2382	813	685	263
2013	2120	716	587	133
2014	1786	326	632	141
2015	1189	479	719	120
2016	1445	396	468	96
2017	1490	420	398	108

年份	台湾船舶		大陆船舶	
	金门—厦门、泉州	马祖—福州、黄岐	厦门、泉州—金门	福州、黄岐—马祖
2018	1571	277	422	148
小计	21104	7316	7622	4156
合计	28420		11778	
总航次	40198			

数据来源：台湾"交通部"航港局。

表9-8：金马地区历年"小三通"人数统计

单位：人次

期间	入境人数				出境人数				入出境人数合计
	台湾地区人民	大陆人民	外国人民	总人数	台湾地区人民	大陆人民	外国人民	总人数	
2001—2008	1,674,872	176,140	2,089	1,853,101	1,697,316	174,133	2,528	1,873,977	3,727,078
2009	565,529	108,067	10,419	684,015	568,724	109,358	10,308	688,390	1,372,405
2010	531,439	174,533	12,533	718,505	531,002	180,703	12,360	724,065	1,442,570
2011	539,200	199,801	15,735	754,736	538,781	204,847	15,654	759,282	1,514,018
2012	524,957	197,485	16,750	739,192	519,036	218,467	16,753	754,256	1,493,448
2013	509,706	163,867	18,284	691,857	500,369	187,823	17,965	706,157	1,398,014
2014	522,084	230,458	21,946	774,488	511,124	250,770	21,520	783,414	1,557,902
2015	527,826	351,170	19,939	898,935	517,847	371,105	19,488	908,440	1,807,375
2016	520,835	364,380	20,528	905,743	510,009	375,436	20,134	905,579	1,811,322
2017	521,171	365,390	21,470	908,031	515,896	366,722	21,450	904,068	1,812,099
2018	550,216	410,237	23,084	983,537	548,038	411,652	22,810	982,500	1,966,037

数据来源：台湾地区"内政部移民署"。这里的"入境""出境"是指入境或出境台湾当局实际管辖的金门县、马祖地区。

2001年底、2002年初，大陆、台湾地区相继加入世界贸易组织（WTO），为两岸参与经济全球化和有效利用世界资源、市场、资金、人力提供了重大机遇。同时，跨国公司的战略调整迫使台湾电子产业包括笔记本电脑、封装技术等不断向大陆转移，台商投资大陆呈现以电子行业大企业、大项目带动的热潮。2002 年大陆实际利用台资增加 33%，台资项目和协议金额大幅度增加。在投资积极带动下，两岸贸易规模迅速扩张，2002、2003、2004 年连续 3 年两岸贸易增长高达 30% 以上；贸易结构发生变化，台湾输往大陆的产品逐渐由劳动密集型产品转为塑胶原料、电子器材、机器设备等，大陆输往台湾的产品也由农工原料、土特产品逐渐向高附加值产品过渡。台湾成为大陆第五大贸易伙伴、第二大进口市场，大陆成为台湾最大的贸易伙伴和出口市场，以及最大的贸易顺差来源地，双边贸易持续扩大，台湾对大陆市场的依存度进一步提高。[①]

表 9-9：2001—2008 年两岸贸易统计情况

单位：亿美元；%

年份	贸易总额		大陆对台出口额		大陆自台进口额	
	金额	同比	金额	同比	金额	同比
2001 年	323.4	5.9	50	−0.8	273.4	7.2
2002 年	446.2	38.1	65.9	31.7	380.3	39.3
2003 年	583.7	30.7	90	36.7	493.7	29.7
2004 年	783.0	34.2	135.5	50.4	647.8	31.3
2005 年	912.3	16.5	165.5	22.2	746.8	15.3
2006 年	1078.4	18.2	207.4	25.3	871.1	16.6
2007 年	1244.8	15.4	234.6	13.1	1010.2	16.0
2008 年	1292.2	3.8	258.8	10.3	1033.4	2.3

2003 年至 2005 年，台商实际投资大陆金额分别下降 15%、8%、31%，项目个数分别减少 7.4%、11%、2.4%。同时，台商合同投资额仍然增加，表明台商仍有投资大陆的强烈欲望，但受制于台湾当局的投资限制政策而导致实际投资额不足。2003 年后，平均每个台商投资项目的投资额大幅上升，从 2003 年每件投资额 1.90 百万美元上升至 2004 年的 2.33 百万美元，上升幅度为 22.7%。同年，台商在大陆累计投资达 396.23 亿美元，成为大陆第六位的海外投资来源地。[②]

---

① 刘兵、李非：《台湾入世对岛内经济及两岸经济关系的影响》，《南开经济研究》，2002(04)。

② 林毅夫、易秋霖：《海峡两岸经济发展与经贸合作趋势》，《国际贸易问题》，2006(02)。

表 9-10：2001—2008 年台湾企业投资大陆统计情况

单位：亿美元；%

年份	项目个数			实际台资		
	个数	同比	占当年总数比重	金额	同比	占当年总额比重
2001	4214	36.2	16.1	29.8	32.8	6.4
2002	4853	15.2	14.2	39.7	33.2	7.5
2003	4495	−7.4	10.9	33.8	−14.9	6.3
2004	4002	−11	9.2	31.2	−7.7	5.1
2005	3907	−2.4	8.9	21.6	−31	3.6
2006	3752	−4.0	9.0	21.4	−0.5	3.4
2007	3299	−12.1	8.7	17.7	−20.4	2.4
2008	2360	−28.5	8.6	19	7	2.0

2005 年，台湾当局对大陆经济政策从原先的"积极开放、有效管理"转到"积极管理、有效开放"，对两岸经济关系产生了消极影响。事实上，90 年代中期开始台湾政治斗争以及"台独"势力错误对待两岸经济合作，导致 2000 年之后台湾经济增速持续下滑。大陆方面给予台商各种优惠政策，保持全面开放态度，但是台湾对大陆入台的商品和投资严格限制，两岸经济关系没有实现正常化。据商务部统计，2005 年，大陆批准台资项目 3907 项，合同利用台资 103.6 亿美元，实际利用台资 21.6 亿美元。据台湾"经济部投审会"统计，同年，大陆实际利用台资下降 3.94%。即使考虑到两岸经济关系此时仍处于间接状态和台商经由第三地转资的因素，台商赴大陆投资也已开始出现减缓态势。

2005 年至 2008 年，两岸贸易保持增长态势。2005 年，两岸贸易额达 912 亿美元，同比增长 13.5%，其中，大陆自台湾进口 746.8 亿美元，同比增长 15.3%，对台湾出口 165.5 亿美元，同比增长 22.1%，两岸贸易逆差扩大至 581.3 亿美元，同比增长 13.47%。[①] 2006 年两岸贸易额突破 1000 亿美元。与此同时，两岸贸易增长率放缓，反映出台商投资大陆金额下降，对贸易的带动能力减弱。从产品结构上看，同期两岸贸易和大陆对台贸易逆差仍集中于机电产品、机械器具及其零部件、精密仪器、塑胶及其制品、钢铁

① 中共中央台办网站：《历年两岸贸易统计表》，2018 年 5 月，http://www.gwytb.gov.cn/lajm/lajm/201805/t20180524_11958201.htm。

和有机化学品等 6 类商品。2005 年，这 6 类商品贸易额占两岸贸易总额的 81%，这 6 类商品的贸易逆差占两岸贸易逆差的 88.8%。由此说明两岸产业内生产分工程度提高，尤其是在集成电路、印刷电路板等高阶零组件上贸易逆差巨大，进一步表明同期在电子电器、精密仪器产业内，台湾生产高阶零部件，大陆生产一般零部件和进行组装生产的垂直分工现象仍然突出。

这一阶段，台湾经济增速放缓，台湾当局对大陆经济政策在 2005 年发生转变，但大陆方面积极推动两岸经济交流合作的立场始终没有动摇。台资企业对大陆投资策略发生调整，但两岸贸易仍呈快速增长态势，台湾对大陆的经济依存度不断上升，两岸经济关系日趋密切。这主要归因于强大的经济利益驱动、不可违背的市场规律以及大陆方面坚定的对台经济政策。

四、制度化合作阶段（2008—2015）

2005 年 4 月至 5 月，中共中央和总书记胡锦涛邀请国民党主席连战、亲民党主席宋楚瑜先后来访，与他们进行历史性会谈。"胡连会"在推动两岸经济交流合作发展上达成一系列共识，提出要"建立两岸经济合作机制"。

2008 年 5 月，国民党在台湾重新执政，两岸关系由紧张动荡走向和平发展，两岸双方在坚持"九二共识"、反对"台独"的共同基础上建立互信，为两岸经济关系发展营造良好的宏观环境。12 月 31 日，中共中央总书记胡锦涛发表纪念《告台湾同胞书》发表 30 周年的重要讲话，全面系统阐述了两岸关系和平发展重要思想，提出了推动两岸关系和平发展的 6 点意见。在这 6 点意见中，提出了"推进经济合作，促进共同发展"的主张："两岸同胞要开展经济大合作，扩大两岸直接'三通'，厚植共同利益，形成紧密联系，实现互利双赢。我们继续欢迎并支持台湾企业到大陆经营发展，鼓励和支持有条件的大陆企业到台湾投资兴业。我们期待实现两岸经济关系正常化，推动经济合作制度化，为两岸关系和平发展奠定更为扎实的物质基础，提供更为强大的经济动力。两岸可以为此签订综合性经济合作协议，建立具有两岸特色的经济合作机制，以最大限度实现优势互补、互惠互利。建立更加紧密的两岸经济合作机制进程，有利于台湾经济提升竞争力和扩大发展空间，有利于两岸经济共同发展，有利于探讨两岸经济共同发展同亚太区域经济合作机制相衔接的可行途径。"①同时，台湾当局也放宽对两岸双向投资、金融往来等方面的限制，促进两岸经济合作。两岸经济交流与合作由原来大陆积极主动、台湾消极接受的旧局面，转变为两岸良性互动、友好磋商的新局面，②取得一系列突破性重要进展。

从 2008 年 5 月至 2015 年，两岸经济交流合作开始了制度化的进程。海协会与台湾海基会 2008 年 6 月在"九二共识"基础上恢复商谈后达成了一系列推动两岸经济合作的协议和共识尤其是《海峡两岸经济合作框架协议》(ECFA)，促成了两岸全面直接双向"三通"，促进了两岸经济合作制度化建设，使两岸首度共同搭建起两岸经济合作制度化框架，两岸经济合作机制初步建立，为推动两岸要素流动无障碍化进程、为两岸经济在更高水平上的进一步合作奠定了初步的制度基础。可惜的是，2014 年 3 月台湾爆发"太阳花风潮"，有利于台湾经济发展和民众福祉的《海峡两岸服务贸易协议》遭遇非理性反对与阻挠，最终没能实施。

这一阶段两岸贸易由大幅衰退转为恢复性增长。2009 年，在国际金融危机蔓延全球的背景下，大陆和台湾均面临外部需求严重萎缩的现实，各自的对外贸易均受到明显冲击，两岸贸易出现两位数负增长，呈大幅衰退态势。根据表 9-11，2009 年两岸贸易总额为 1062.3 亿美元，同比下降 17.8%，其中，大陆对台湾出口额为 205.1 亿美元，同比下降 20.8%；大陆自台湾进口 857.2 亿美元，同比下降 17%。2010 年以后，由于大陆扩大内需方案的实施与总额达 4 万亿元人民币投资计划逐步见效，大陆对台湾产品需求增加，尤其是对台湾产品大量专项采购，台湾对大陆出口率先走出低谷。两岸贸易出现恢复性增长，台湾产品在大陆市场占有率反弹回升。据台湾"经济部"调查，自台湾外贸协会于 2009 年 6 月开始推动大陆经贸团组赴台采购以来，累计采购金额达 132 亿美元，增加了台湾对大陆的出口，提高了台湾产品在大陆市场占有率。2014 年，台湾对大陆的出口占台湾出口总额的比例为26.5%。（该数据不包含台湾对香港地区的出口。数据来源：台湾陆委会《两

---

① 引自：胡锦涛《携手推动两岸关系和平发展 同心实现中华民族伟大复兴——在纪念〈告台湾同胞书〉发表 30 周年座谈会上的讲话（2008 年 12 月 31 日）》，华夏经纬网，http://www.huaxia.com/ssj/wxzl/2012/03/2766805.html。

② 白艳、姜泽华：《海峡两岸经贸关系的演变历程与前瞻》，《经济纵横》，2010(12)。

岸统计月报 318》)。

表 9-11：2009—2015 年两岸贸易统计情况

单位：亿美元；%

年份	贸易总额		大陆对台出口额		大陆自台进口额	
	金额	同比	金额	同比	金额	同比
2009 年	1062.3	−17.8	205.1	−20.8	857.2	−17
2010 年	1453.7	36.9	296.8	44.8	1156.9	35
2011 年	1600.3	10.1	351.1	18.3	1249.2	7.9
2012 年	1689.6	5.6	367.8	4.8	1321.8	5.8
2013 年	1972.8	16.7	406.4	10.5	1566.4	18.5
2014 年	1983.1	0.6	462.8	13.9	1520.3	−2.8
2015 年	1885.6	−4.9	449	−3	1436.6	−5.5

这一时期两岸投资格局出现新变化，主要表现在以下两个方面：

第一，大陆台商返台投资与回台上市步伐加快，台商对大陆投资明显下降。为扭转台商外流、产业和人才日趋"空洞化"的状况，台湾当局积极吸引台商回流。台湾"经济部"先后成立"促进台商回台湾投资专案小组""台商回台投资服务办公室"，专门协助有意回台投资的台商协调资源、寻找厂房、介绍投资机会及提供投资优惠方案与升级转型的咨询辅导等。在土地方面，台湾当局实施"006688"优惠方案，即对在特定工业区投资的台商或企业，投资前两年零租金，第 3、4 年租金打 6 折，第 5、6 年租金打 8 折；与这个方案并行的还有部分工业区土地打折出售。此外，台湾当局还释放公有企业台糖公司的土地给返台投资的企业，租用公有土地投资建厂租金实施"四免六减半"。在资金方面，提供政策性专案优惠款，如台湾"经济部"专门提供 2000 亿元新台币的"台商回台投资优惠专案"，"国发基金"也拨款 100 亿元新台币投资中小企业。从表 9-12 可以看到，除了 2010 年台湾企业对大陆实际投资项目和金额增加外，其他年份实际台资金额均减少。2009 年 4 月 28 日，知名台资企业旺旺控股公司在台发行台湾存托凭证 (TDR)，正式回台上市挂牌，成为第一家回台上市的企业。2009 年以来，不仅台资企业纷纷返台上市筹资，而且积极返台入股、收购、兼并与扩大在台投资。大陆实际利用的台商投资减少，一方面是大陆在国际金融危机之后，面对外部环境的变化积极调整经济发展策略，对台商投资提出了新的课题，台商需要转型升级才能在大陆激烈竞争的市场中拥有立足之地；另一方面经过 30 多年发展，大陆企业打造的产业链日趋完整，与台资企业在国际市场、大陆市场上都变成既竞争又合作的关系。[1]

表 9-12：2009—2015 年台湾企业投资大陆统计情况

单位：亿美元；%

年份	项目个数			实际台资		
	个数	同比	占当年总数比重	金额	同比	占当年总额比重
2009 年	2555	8.3	10.9	18.8	−1	2.05
2010 年	3072	20.2	11.2	24.8	31.7	2.28
2011 年	2639	−14.1	9.52	21.8	−11.81	1.88
2012 年	2229	−15.5	8.94	28.5	30.4	2.55
2013 年	2017	−9.5	8.86	20.9	−26.7	1.78
2014 年	2318	14.9	10.88	20.2	−3.3	1.90
2015 年	2962	27.78	11.1	15.4	−23.84	1.22

第二，大陆企业赴台投资先增后减。自 2009 年，两岸投资结束了长期以来单向投资的局面，双向投资开始成形。从表 9-13 可以看到，2009 年到 2013 年陆资赴台逐年增加，但 2014 年开始，陆资赴台明显下降，这主要是台湾当局对于陆资的严格限制政策，加之台湾经济不景气，市场规模偏小，缺乏对陆资的吸引力。

表 9-13：陆资赴台投资统计

年份	金额（千美元）
2009	37,486
2010	94,345
2011	51,625
2012	331,583
2013	349,479

---

① 苏美祥：《近 40 年来两岸经贸关系发展：多维观察与前景展望》，《现代台湾研究》，2018(04)。

年份	金额（千美元）
2014	334,631
2015	244,067
2016	247,628
2017	265,705
2018	231,242
2019（截至10月）	90,562

数据来源：台湾"经济部投资审议委员会"。

两岸产业合作也搭建起了制度化平台，两岸举办产业合作论坛和数十场的产业搭桥活动，深入讨论若干产业的合作问题。

这一阶段两岸经济关系由"间接""单向"转为"直接""双向"，由过去的功能性合作转向制度性合作，开启了两岸经济关系新局面。

五、结构性转换阶段（2016—2019）

2016年5月民进党重新上台执政，蔡英文当局不承认"九二共识"、不认同两岸同属一个中国，严重冲击了两岸关系和平发展的政治基础，导致两岸协商谈判、联系沟通全部中断。蔡英文当局此后又推出一系列意图脱离对大陆经济依赖的政策，比如提出经济发展新模式，强调"三条腿"走路：一条是在台湾推动"5+2"产业，两条是"外销"，分别是"新南向政策"和努力加入CPTPP。面对这种形势，大陆方面坚持一个中国原则，坚决反对和遏制"台独"活动，同时秉持"两岸一家亲"理念，推动两岸民间交流合作。2018年2月28日，国务院台办、国家发展改革委经商中央组织部等29个部门，发布实施《关于促进两岸经济文化交流合作的若干措施》（"31条措施"），为台湾同胞在大陆学习、创业、就业、生活提供与大陆同胞同等待遇。各地区结合本地实际，陆续推出具体政策，并积极推进政策落地实施。2018年8月，大陆有关方面又推出台湾居民申领居住证的措施，以便利台胞在大陆生活。这些新措施反映大陆方面积极创造条件，让台湾同胞分享大陆发展成果，促进两岸经济社会融合发展。面对大陆方面出台新的政策措施，蔡英文当局倍感压力，他们不仅恶意曲解大陆对台湾民众释放的善意，而且限缩台湾民众与大陆交往。在这样的背景下，两岸经济关系进入了"结构性转换"阶段。

从表 9-14 可以看到，2016 年，两岸贸易总额为 1796 亿美元，同比下降 4.5%，其中，大陆对台湾出口为 403.7 亿美元，同比下降 10.1%；自台湾进口为 1392.3 亿美元，同比下降 2.8%。到了 2017 年，在全球经济复苏、外需增加的影响下，加上大陆经济稳步增长的拉动，两岸贸易迅速回温。2017年、2018 年两岸贸易额分别为 1993.9 亿美元、2262.5 亿美元，同比增长11.3%、13.2%。大陆对台贸易逆差继续扩大，两岸贸易中加工贸易比重大幅下降，一般贸易比重攀升。两岸贸易的商品结构逐渐呈现出产业内贸易的特点，[①] 贸易商品以机电设备为主。根据台湾"行政院主计总处"数据，2019年台湾对大陆及香港出口减少 4.1%，对美国和日本出口规模则双创历年新高，分别增长 17.2%、2.1%。

表 9-14：2016—2018 年两岸贸易统计情况

单位：亿美元；%

年份	贸易总额		大陆对台出口额		大陆自台进口额	
	金额	同比	金额	同比	金额	同比
2016 年	1796.0	-4.5	403.7	-10.1	1392.3	-2.8
2017 年	1993.9	11.3	439.9	9.3	1554.0	11.9
2018 年	2262.5	13.2	486.5	10.6	1776	13.9

台商对大陆投资的总体数额较高，但增速下滑。据商务部统计，截至2018 年，大陆累计批准台资项目 107190 个，实际使用台资 678.1 亿美元。按实际使用外资统计，台资占大陆累计实际吸收境外投资总额的 3.4%。若加上台商经第三地的转投资，大陆累计实际使用台资约 1300 多亿美元。台湾已是大陆第二大外资来源地，而大陆成为台湾最大的岛外投资目的地。但2017 年和 2018 年，大陆实际利用台资的金额均呈下降态势。据台湾"经济部投审会"统计，2016 年、2017 年、2018 年，台湾核准对大陆投资的金额逐年减少，从图 9-1 可以明显看出，2018 年以来，中美经贸摩擦加剧，蔡

---

① 苏美祥、李晓宇：《2017 年两岸经贸关系发展回顾与展望》，《现代台湾研究》，2018(01)。

英文当局趁机推出"欢迎台商回台投资行动方案"，在金融贷款、外劳增聘、用地需求、水电供应、税收服务等方面提供一系列优惠。从目前来看，虽然在两岸政治关系严峻和台湾岛内整体投资环境没有好转的情况下，台商撤离大陆回流台湾非常有限，但台商在大陆的产业和空间布局进入了结构性调整阶段。在大陆企业向台湾投资方面，由于台湾当局对投资人资格、投资数量、投资业别、投资条件等限制，严重制约了陆资入台意愿，使得陆资入台投资规模不足，投资金额持续下降（具体参看表9-13）。

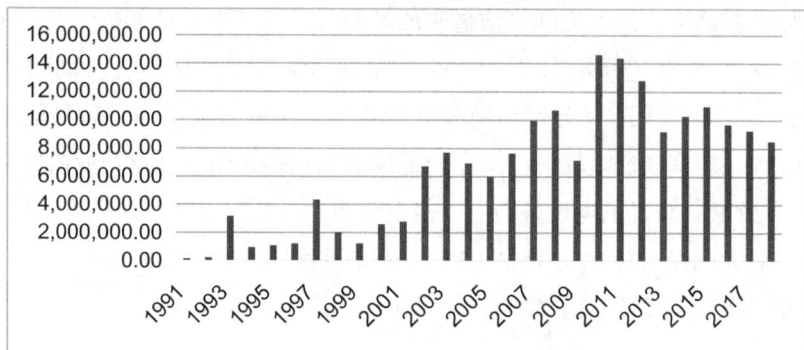

图9-1：台湾"投审会"历年核准对大陆的投资金额变动情况

表9-15：2016—2018年台湾企业投资大陆统计情况

单位：亿美元；%

年份	项目个数			实际台资		
	个数	同比	占当年总数比重	金额	同比	占当年总额比重
2016年	3517	18.7	12.6	19.6	27.7	1.56
2017年	3464	-1.5	9.7	17.7	-9.7	1.35
2018年	4911	41.8	8.1	13.9	-21.5	1.02

两岸产业合作方面，局部性竞争态势越发明显。2018年中美贸易冲突以来，特朗普政府一连串滥用贸易保护主义的行径对两岸产业价值链造成一定冲击，加上大陆自身产业链和供应链日臻完善，两岸产业传统合作领域内竞争日趋激烈，垂直分工与水平分工并存的产业合作模式面临挑战，两岸产业关联度降低。据上海社科院与台湾《经济日报》联合发布的《两岸产业关

联指数（2018）》显示，两岸产业关联度跌至 2012 年的水平。[1]

这一阶段受国际经济环境波动、全球贸易保护主义升级、两岸政治关系趋冷以及大陆经济结构调整的影响，两岸经济关系制度化进程受阻，两岸贸易、投资和产业合作受到不同程度的冲击。然而，两岸经济关系仍在困难中前行，开始走向以民间交流为主的新方向，尤其是在大陆方面持续向台湾民众释放善意后，台湾民众到大陆求学、就业、创业、观光的人次日渐增多，两岸经济关系开始走向结构性转换阶段。

六、40 年两岸经济关系发展的意涵

1979 年至 2019 年两岸经济关系发展具有深刻的意涵，具体表现如下：

首先，40 年两岸经济关系发展遭遇许多困难，尤其是在李登辉时期和民进党执政时期，受到他们限制两岸经济交流合作政策的影响，也受到他们造成两岸关系不稳定甚至紧张动荡的影响，时有波动和曲折，但始终朝着正确的方向发展。这表明两岸经济在资源、技术、市场、人才等方面存在互补关系，具有经济交流合作的便利条件、深厚基础和切实需求；也表明两岸经济关系发展遵循客观的经济运行规律，大陆方面坚定的政策鼓励、市场本身的发育、两岸人民对美好生活的追求等因素，都使得台湾当局无法阻止两岸经济合作的深化和两岸经济融合发展。

其次，两岸经济关系发展体现了互利互惠。20 世纪 80 年代中后期，台湾经济出现泡沫，土地、劳动力等生产要素价格急剧上升，传统意义上的劳动密集型产业发展受阻，台湾经济迈向转型期。在此形势下，台湾传统加工出口企业开始不断向外转移。大陆与台湾同根同源和地缘相近，又拥有较为廉价的土地和劳动力成本，逐步成为台湾传统产业向外转移的主要目的地。与改革开放不断深化和经济持续快速稳定增长同步的是，台资企业在大陆发展和壮大。可以说，改革开放早期经济发展一定程度上得益于台商和台资企业的资金、管理与技术，而大陆承接台湾"夕阳产业"的转移，为台资企业重新焕发生机提供了空间，也有助于台湾产业转型升级。

---

① 赵伟超：《改革开放 40 年两岸贸易分析与展望》，《海关与经贸研究》，2019,40(01)。

再次，两岸经济关系不可避免地受国际经济形势影响，从两岸贸易投资数据可以看到，20世纪90年代中期东南亚金融危机、21世纪初互联网科技泡沫、2008年全球金融海啸以及后续的欧债危机都对两岸经济关系产生不小的冲击，这与两岸经济均是外向型发展模式息息相关。大陆方面近些年积极调整经济发展策略，供给侧结构性改革和内需市场的培养双管齐下，对世界市场的依赖程度趋于下降；但台湾地区内需市场规模有限，浅碟形、出口导向、高贸易依赖度的经济结构很难改变，台湾当局在面对复杂多变的国际经济形势时总显心有余而力不足。在全球贸易保护主义抬头和大陆持续深化改革开放的背景下，两岸经济关系实有继续向合作双赢、互利互惠方向发展的必要性和可行性。

最后，两岸经济关系发展有助于推动两岸关系和平发展，尤其是有助于反对和遏制"台独"。两岸经济关系是两岸关系的重要组成部分，两岸经济交流合作是推动两岸关系发展的重要动力。40年间，两岸经济交流合作持续发展，对两岸关系发展发挥了不可替代的重要作用。两岸经济交流合作扩大了两岸同胞共同的经济利益，密切了两岸经济联系，有利于两岸同胞共同反对和遏制"台独"。

第二节　40年两岸经济关系主要特征

1979年到2019年两岸经济关系40年发展历程呈现出主要特征：

一、两岸经济合作从功能性转向制度性

1979年两岸经济联系恢复以来，经济合作更多是停留在功能性层面。2008年以前，基本都是大陆方面出台各项对台优惠政策，鼓励两岸贸易，为台商赴大陆投资提供土地、税收等优惠条件，并从法律上保护台商合法权

益，从而逐步推进两岸经济合作。台湾当局从一开始拒绝往来到基于大陆开放态势和台资企业压力而逐步开放，而到李登辉时期又实行"戒急用忍"政策，陈水扁时期从"积极开放、有效管理"转到"积极管理、有效开放"，这种阻挠两岸经济合作的做法，使两岸经济关系一直无法在制度层面实现合作。2008年5月两岸关系开创和平发展新局面以后，在两岸民间经济合作继续推进的同时，两岸经济制度化合作取得了良好成效。

2008年12月15日，两会领导人签署两岸空运直航、海运直航、直接通邮三项协议，标志着两岸"三通"进入全面直接双向时代。2009年6月，两会领导人签署了《海峡两岸空运补充协议》，于当年8月底开始正式实施定期直航航班，在两岸常态包机基础上迈上了一个新台阶，实现了真正意义的两岸航空客货运输。全面"三通"的实现大大降低了两岸人员流动的通勤时间和货物往来的交易成本，促进了两岸贸易规模的扩大，加快了两岸经济关系正常化的步伐。

表9-16：两岸航空直航客运量及货运量

年份	旅客人数（人次）	起降架次（架次）	货物吨数（公吨）
2008	418,689	2,279	1,517
2009	3,116,101	17,741	66,274
2010	5,845,306	33,823	146,240
2011	7,173,692	44,562	156,826
2012	8,961,516	58,513	171,423
2013	9,220,485	60,673	176,789
2014	11,295,096	72,500	200,816
2015	11,821,354	77,069	201,580
2016	11,255,632	74,159	218,706
2017	10,441,464	66,509	236,195
2018	10,740,213	69,999	234,166

数据来源：台湾"交通部"。

表9-17：两岸海运直航船舶概况

单位：艘次

年份	总计	基隆港	高雄港	台中港	花莲港	苏澳港	台北港	安平港	马祖港	金门港	澎湖港
2004	5,076	0	0	0	0	0	0	0	1,594	3,482	0
2005	8,594	0	0	0	0	0	0	0	3,248	5,346	0
2006	8,940	0	0	0	0	0	0	0	1,848	7,086	6
2007	11,079	0	0	0	0	0	0	0	1,730	9,200	149
2008	16,212	0	0	0	0	0	0	0	2,798	12,924	490
2009	32,695	2,796	4,462	3,114	80	105	898	583	3,252	16,812	588
2010	36,239	3,418	5,557	3,753	191	206	904	117	3,034	18,479	580
2011	39,027	3,271	6,417	3,806	236	245	1,295	151	3,226	19,765	615
2012	39,592	3,494	6,299	4,536	236	273	1,322	192	2,680	19,908	652
2013	40,486	3,481	6,783	4,852	324	215	1,775	211	2,260	20,006	579
2014	41,064	3,589	7,654	5,069	280	269	2,142	215	1,650	19,682	514
2015	40,606	3,836	7,519	5,340	293	248	2,159	199	1,948	18,582	482
2016	40,821	3,725	7,591	5,166	234	184	1,983	210	3,042	18,195	491
2017	40,854	3,586	7,496	4,788	189	186	1,768	174	2,938	19,477	252
2018	40,559	3,540	7,384	4,810	143	191	2,042	201	2,650	19,329	269

说明：(1)数据来源：台湾"交通部"；(2)台湾布袋港的数据历年均为0，因此不在表中呈现。

表9-18：两岸海运直航旅客概况

单位：人次

年份	总计	基隆港	高雄港	台中港	花莲港	台北港	马祖港	金门港	澎湖港
2004	427,201	0	0	0	0	0	21,651	405,550	0
2005	555,273	0	0	0	0	0	36,554	518,719	0
2006	669,939	0	0	749	0	0	45,896	623,030	264
2007	778,665	0	0	0	0	0	53,569	725,096	0
2008	1,046,003	0	0	0	0	0	72,734	973,269	0
2009	1,465,675	29,437	974	27,172	27,046	0	90,853	1,283,540	5,906
2010	1,530,758	44,700	2,906	39,436	0	0	59,155	1,379,605	4,956
2011	1,620,379	73,788	64	25,838	4,693	0	39,559	1,474,784	1,653
2012	1,670,935	51,409	0	122,150	2,263	0	35,781	1,458,231	1,101

2013	1,715,792	108,514	11,579	152,500	41,776	5,549	41,183	1,353,359	0
2014	1,851,217	93,211	15,268	97,876	12,566	74,258	43,945	1,514,093	0
2015	2,150,428	98,460	25,830	87,454	15,853	87,274	44,193	1,762,411	28,953
2016	1,959,086	21,759	0	34,632	1,192	71,410	69,109	1,741,973	19,011
2017	1,968,668	29,476	0	47,931	2,883	77,389	61,168	1,749,821	0
2018	2,166,402	36,275	0	69,362	2,260	92,434	58,079	1,907,992	0

说明：（1）数据来源：台湾"交通部"；（2）台湾苏澳港2009年有319人次，布袋港2009年有428人次，安平港2013年有1332人次，三个港口的其他年份均为0，因此不在表中列出。

表9-19：两岸邮件往返

单位：件

年份	两岸函件			两岸包裹			两岸快捷邮件		
	总计	台湾寄大陆	大陆寄台湾	总计	台湾寄大陆	大陆寄台湾	总计	台湾寄大陆	大陆寄台湾
1988	3,951,148	1,916,164	2,034,984	0	0	0	0	0	0
1989	10,681,100	4,553,936	6,127,164	0	0	0	0	0	0
1990	12,812,781	5,668,610	7,144,171	0	0	0	0	0	0
1991	15,197,609	6,109,466	9,088,143	0	0	0	0	0	0
1992	16,848,576	6,383,427	10,465,149	0	0	0	0	0	0
1993	17,732,161	7,104,266	10,627,895	0	0	0	0	0	0
1994	19,111,657	6,887,026	12,224,631	0	0	0	0	0	0
1995	17,658,398	6,714,489	10,943,909	0	0	0	0	0	0
1996	18,042,925	6,532,580	11,510,345	0	0	0	0	0	0
1997	16,301,746	6,018,077	10,283,669	0	0	0	0	0	0
1998	14,681,935	5,751,680	8,930,255	0	0	0	0	0	0
1999	13,523,907	5,031,834	8,492,073	0	0	0	0	0	0
2000	13,987,115	5,409,559	8,577,556	0	0	0	0	0	0
2001	12,630,660	5,004,283	7,626,377	0	0	0	0	0	0
2002	16,270,458	9,224,488	7,045,970	0	0	0	0	0	0
2003	16,836,146	10,268,325	6,567,821	0	0	0	0	0	0
2004	16,187,030	9,280,017	6,907,013	0	0	0	0	0	0
2005	16,168,114	9,398,239	6,769,875	0	0	0	0	0	0

年份	两岸函件			两岸包裹			两岸快捷邮件		
	总计	台湾寄大陆	大陆寄台湾	总计	台湾寄大陆	大陆寄台湾	总计	台湾寄大陆	大陆寄台湾
2006	12,486,723	5,985,106	6,501,617	0	0	0	0	0	0
2007	11,595,145	5,263,948	6,331,197	0	0	0	0	0	0
2008	10,201,026	4,638,916	5,562,110	4,202	2,856	1,346	15,001	9,139	5,862
2009	8,764,597	3,814,799	4,949,798	88,982	62,568	26,414	347,352	180,145	167,207
2010	8,331,250	3,518,056	4,813,194	95,884	70,403	25,481	395,494	221,784	173,710
2011	8,575,531	3,597,429	4,978,102	104,539	76,790	27,749	439,940	258,518	181,422
2012	8,479,704	4,030,086	4,449,618	110,221	82,884	27,337	471,587	293,797	177,790
2013	8,582,875	4,181,431	4,401,444	102,010	74,961	27,049	523,842	349,821	174,021
2014	8,692,880	4,643,922	4,048,958	104,180	77,424	26,756	563,114	404,095	159,019
2015	7,719,788	4,248,171	3,471,617	135,584	108,122	27,462	720,859	546,964	173,895
2016	6,851,716	3,699,181	3,152,535	117,197	91,024	26,173	691,842	507,556	184,286
2017	6,203,437	3,245,651	2,957,786	97,839	74,989	22,850	560,454	376,698	183,756
2018	5,019,817	2,976,347	2,043,470	91,294	67,159	24,135	535,886	349,179	186,707

数据来源：台湾"交通部"。

2010 年 6 月 29 日，两会领导人签署了《海峡两岸经济合作框架协议》(ECFA) 和《海峡两岸知识产权保护合作协议》(IPR)，标志着两岸经济关系进入了制度化合作阶段。ECFA 早收清单中货物贸易早期收获计划于 2011 年 1 月 1 日起实施降税，2013 年 1 月 1 日起早期收获计划全部产品降为零关税。从表 9-20、表 9-21 可以看出，2011—2018 年台湾货物出口到大陆累计减免关税金额高达 63.06 亿美元，且台湾享受减免关税金额保持逐年增长的态势，而台湾自大陆进口货物累计减免关税金额仅 5.55 亿美元，可见 ECFA 货物贸易早期收获计划执行效果明显对台湾利多。

表 9-20：台湾对大陆出口

单位：亿美元；%

时间 项目	全部货品		早期收获货品		
	出口值	成长率	出口值	成长率	减免关税金额
2011	852.44	9.36	179.92	18.18	1.34

项目 \ 时间	全部货品		早期收获货品		
	出口值	成长率	出口值	成长率	减免关税金额
2012	826.67	-3.02	185.78	3.26	5.70
2013	841.22	1.76	205.52	10.60	7.18
2014	847.38	0.73	210.66	2.50	8.28
2015	734.10	-13.37	190.10	-9.76	8.37
2016	739.00	0.67	191.25	0.60	9.23
2017	889.81	20.41	227.41	18.73	11.16
2018	967.58	8.74	236.29	3.90	11.80
累积减免关税金额					63.06

数据来源：台湾"财政部"关务署。

表9-21：台湾自大陆进口

单位：亿美元；%

项目 \ 时间	全部货品		早期收获货品		
	出口值	成长率	出口值	成长率	减免关税金额
2011	440.95	21.62	50.54	27.95	0.23
2012	414.31	-6.04	48.92	-3.21	0.54
2013	433.45	4.62	49.77	1.74	0.64
2014	492.54	13.63	54.51	9.52	0.82
2015	452.66	-8.10	52.93	-2.90	0.84
2016	439.98	-2.80	47.48	-10.27	0.76
2017	500.41	13.74	53.87	12.89	0.81
2018	537.86	7.48	59.08	9.66	0.91
累积减免关税金额					5.55

数据来源：台湾"财政部"关务署。

2009年4月26日两会签署了《海峡两岸金融合作协议》，在该协议框架下，2009年11月两会又签署了《海峡两岸银行业监督管理合作谅解备忘录》《海峡两岸证券及期货监督管理合作谅解备忘录》《海峡两岸保险业监督管理合作谅解备忘录》，为两岸金融合作奠定了良好基础。2011 年 10 月 20 日两会签署了《海协会与海基会关于加强两岸产业合作的共同意见》，选定 LED 照明、无线城市、冷链物流、显示、汽车、纺织、医药产业以及电子商务产业等八项合作产业。2012 年 8 月 9 日两会签署了《海峡两岸投资保障和促进协议》和《海峡两岸海关合作协议》，前者规定了减少限制双方投资的原则和方向，丰富了一般投资保护所具有的要素和内容，后者积极推动两岸互相承认 AEO 企业、协调贸易统计差异、协助调查走私案件等方面的合作。[①]2013 年 6 月 21 日，两会签署了《海峡两岸服务贸易协议》，旨在推动两岸服务贸易正常化和自由化进程。ECFA 的签署拉开了两岸经济制度化合作的大幕，ECFA 后续协议的签署丰富了两岸经济制度化合作的内容，它们共同建立了两岸经济合作的制度框架，促成了两岸经济合作从功能性转向制度性、从正常化走向制度化。[②]

二、两岸经济关系从单向转为双向

两岸经济合作从单向转为双向，投资、金融的双向合作展开并取得一定进展。

（一）投资方面

20 世纪 90 年代，台商掀起了赴大陆投资的热潮，大陆成为台资最集中的投资目的地。但台湾当局出于政治考量，一直不允许大陆企业赴台投资，两岸投资长期处于只有台资流向大陆而没有陆资入台的单向状态。[③]2008 年 12 月、2009 年 5 月，大陆有关方面先后公布两个关于大陆企业赴台投资的政策规范与办理程序，鼓励大陆企业有序赴台投资经商。2009 年 4 月 26 日，

① 王媛媛：《2008 年以来两岸制度化经济合作：成效检讨与前瞻》，《亚太经济》，2015.6。

② 黄燕萍、郭国兴、邓利娟：《海峡两岸经济合作发展研究：2008—2013》，《亚太经济》，2014.6。

③ 陈恩、王方方、谭小平：《陆资赴台的过程、现状、作用和障碍探析》，《产经评论》，2010.3。

两会在南京举行会谈，双方就大陆资本赴台投资事宜达成原则共识："目前两岸关系面临难得的历史机遇，为促进两岸双向直接投资创造了良好的环境，尤其是面对国际金融危机对两岸经济的影响和冲击，双方应秉持优势互补、互利双赢的原则，积极鼓励并推动大陆企业赴台考察、投资，以利于加强和深化两岸产业合作，实现两岸经贸关系正常化和制度化。"6月底，台湾相关经济部门公布"大陆地区人民来台投资许可办法"及"大陆地区之营利事业在台设立分公司或办事处许可办法"，并于同年7月1日起办理大陆企业赴台投资申请，正式揭开大陆企业赴台投资的序幕。

台湾当局以"正面表列"方式（仅开放列入表单的投资项目）开放大陆企业赴台投资。第一批公布的开放项目包括3大类192项，其中制造业计64项，主要包括电子零组件、电脑电子及光学制造、电力设备、汽车及零件制造、机械、纺织成衣、橡胶、家具等；服务业计117项，主要为运输、旅游观光、餐饮及日用品批发零售、第二类电信、研发服务与工商服务等；公共基础建设计11项，主要为机场、港口及旅游设施等。2011年4月，台湾方面又开放陆资赴台投资项目55个。2012年3月，台湾当局正式公布并实施第三阶段开放大陆资金赴台投资的相关规定，在此前已开放247项的基础上，新增开放161个产业项目，其中制造业115项、服务业23项、公共基础建设23项，使台湾对大陆开放项目占总投资项目比重提高至67%。[①] 大陆企业赴台投资，打破了长期以来两岸资金单向流动的局面。

台湾当局为防止大陆资金通过第三地赴台投资及规避监管，对陆资进行了严格界定，即：大陆投资人所投资事业股份或出资额合计超过投资企业股份总数或资本总额1/3以上者，以及大陆投资企业转投资事业均认定为陆资。大陆企业在第三地投资的公司股份或出资总额超过30%，或对第三地区公司具有控制能力者也视为陆资。同时对大陆企业赴台投资采取"事先许可制"，即陆资公司在台设立分公司、子公司、独资或合伙经营事业，均须向台湾"经济部投审会"申请并获许可后，方可向"经济部商业司"申请办理许可登记。大陆营利事业在台设立办事处也须向"经济部投审会"申请许可后，再向主管机关申报备查。只有经第三地间接投资、陆资股份不超过30%

---

① 黄燕萍、郭国兴、邓利娟：《海峡两岸经济合作发展研究：2008—2013》，《亚太经济》，2014.6.

或不具实质影响力的企业，可视同一般外资，直接向"经济部商业司"办理公司许可登记。

由于台湾当局政策限制颇多及台湾市场规模有限，大陆企业赴台投资不如预期。据台湾"经济部"统计，2009年6月30日到2015年底，台湾共批准大陆企业赴台投资项目789件，投资金额合计14.42亿美元[①]。其中，投资最大的行业是批发及零售业，占大陆在台投资总额的30.64%；其次是银行业、电子零组件业，分别占大陆在台投资总额的13.96%、10.50%。赴台投资的企业有国航、南航、东航等运输企业，有中行、交行、建行等金融企业，以及俏江南、海底捞等餐饮服务业。

表9-22：大陆企业赴台湾投资概况（2009—2017）

年份	件数（件）	增长率（%）	投资额（亿美元）	增长率（%）
2009	23	—	0.37	—
2010	79	243.48	0.94	154.05
2011	105	32.91	0.52	−55.32
2012	138	31.43	3.32	538.46
2013	138	0	3.49	5.12
2014	136	−2.45	3.35	−4.01
2015	170	25	2.44	−27.16
2016	158	−7.06	2.48	1.64
2017	140	−11.39	2.66	7.26

资料来源：台湾"经济部投资审议委员会"，2018年9月。

（二）金融领域

两岸金融业交流迈上了新台阶。首先是两岸金融监管合作机制得以建立健全。两会于2009年4月签署并于6月生效了《海峡两岸金融合作协议》，这是两岸金融合作制度化的重要标志。2009年11月两会签署了《海峡两岸银行业监督管理合作谅解备忘录》《海峡两岸证券及期货监督管理合作谅解备忘录》《海峡两岸保险业监督管理合作谅解备忘录》，形成了"一个协议三

---

① 台湾"经济部研究发展委员会"："国内外经济情势分析"，2018.9。

个备忘录"的两岸金融合作机制框架。

其次是货币清算机制。随着 1987 年后两岸民众交往日益密切，新台币在大陆沿海一些地方得以局部使用与流通，台商之间时常以新台币作为支付手段。2008 年台湾当局开放人民币在岛内的兑换业务。[1] 两岸民众的货币往来需求虽然得到部分满足，但此时两岸各银行进口的人民币现钞几乎都靠香港汇丰和美国银行专案进口，不能完全保证人民币供应量。从通汇角度看，由于人民币和新台币未建立清算机制，后端的汇款及清算作业仍须取道外商银行，借用美元清算。大陆对新台币的管理与外汇不同，仅将其视为表外记货币，不公开挂牌兑换，价格缺乏弹性。[2] 2012 年 8 月 31 日，两岸货币管理机构签署了《海峡两岸货币清算合作备忘录》，两岸货币清算的基本框架得以建立。台湾方面选定了台湾银行上海分行为台湾在大陆的货币清算行，大陆方面选定中国银行台北分行为大陆在台湾的人民币清算行。2013 年 2 月 6 日，台湾银行将 2500 万元新台币新钞运抵上海，这是首次无需经第三地银行而"直航登陆"的新台币现钞。大陆新台币的双向兑换和银联卡在台湾的使用范围也进一步扩展，为两岸同胞货币兑换和大陆居民在台湾消费提供了更多便利。[3]

再次是两岸金融机构互设分支机构及开展业务。2001 年 6 月，台湾相关经济部门修正"台湾地区与大陆地区金融业务往来许可办法"，正式开放台湾银行赴大陆设立代表处。2006 年 11 月台湾当局解除台湾银行业与相关金融机构投资大陆限制，规定经"金管会"许可，台湾金融机构可以与大陆地区事业单位直接业务往来。2010 年，台湾当局正式开放大陆合格境内投资者（QDII）投资台湾证券及期货市场。2010 年 3 月及 2011 年 6 月台湾两次放宽台资银行进入大陆市场的主体、经营形态和金融业务范围。两岸金融机构和金融业务的具体合作如下：银行业部分，截至 2019 年 8 月，台湾"金管会"已核准 16 家台湾银行赴大陆设立分（支）行及子行，其中 24 家分行已开业，4 家银行设有代表人办事处；大陆银行在台设立 3 家分行（中国银行、交通银行及中国建设银行台北分行）及 2 家办事处（招商银行及中国

---

① 朱磊：《台湾产业与金融研究》，北京：九州出版社，2012，第 325—333 页。

② 朱磊、蔡礼辉、陈锦涵、史杰：《试析两岸金融交流合作现状与前景》，《台湾研究》，2018.2。

③ 朱磊：《两岸金融合作新进展与前瞻》，《台湾研究》，2013.3。

农业银行）；证券业部分，台湾"金管会"已核准 4 家台湾投信事业赴大陆参股设立基金管理公司并已营业，1 家台湾投信事业于大陆设立办事处，另并有 8 家证券商赴大陆设立 11 处办事处。有 20 家台湾投信事业及 1 家证券商获陆方证券监理机构核准 QFII 资格，其中 20 家投信事业已取得投资额度合计 57.01 亿美元，1 家证券商取得投资额度 0.8 亿美元；另有 9 家台湾保险业获陆方证券监理机构核准 QFII 资格并取得投资额度合计 47 亿美元，以及 6 家台湾银行业者获陆方核准 QFII 资格并取得投资额度合计 3.8 亿美元；2010 年 9 月 8 日，首家在台湾上市的大陆企业——扬子江船业台湾存托凭证（TDR）正式在台湾证交所上市挂牌。保险业部分，台湾"金管会"已核准 12 家台湾保险公司及 2 家保经代公司赴大陆地区参股投资，其中有 7 家保险公司及 2 家保经代公司已分别参股投资大陆地区 7 家保险公司、1 家保险经纪人公司及 2 家保险代理人公司，另有 4 件因交易对象异动撤销及 1 件"金管会"已核准但尚未向大陆监理机构递件申请；计有 12 家保险公司于大陆地区设有 13 处办事处。

两岸建立金融监管合作机制和货币清算机制，相互开放各自的资本市场，两岸金融机构之间开展业务合作，两岸银行互设分行或办事机构，为两岸经济交流提供了极大便利，也初步形成了两岸金融双向交流的局面。

三、台商投资大陆的产业和空间都发生了变化

首先，从产业来看，台商从投资制造业为主转到投资制造业、服务业并重。2002 年以前，台商每年对大陆的投资额超过 90% 都集中于制造业，2003 年首次低于 90%。由表 9-23 可以看出，台商在大陆投资的制造业占比从 1995 年的 91.4% 先小幅下降至 2005 年的 87.9%，2013 年再大幅下降至 55.7%，虽然此后几年有所上升，但整体仍处于下降趋势。反之，台商对大陆服务业的投资占大陆市场投资的比重则由 1995 年的 7.6% 大幅提升，并在 2013 年达到历史最高点 43.3%，可以明显看出，台商对大陆的投资由最初的制造业占绝对优势逐渐转到制造业、服务业齐头并进的局面。但近两年台商对大陆服务业的投资占比有所下降，2016 年和 2017 年分别为 24.8%、

29.3%。主要的原因是台湾的服务业规模相对偏小，随着大陆服务业竞争力的提升，台湾服务业的竞争优势逐渐下降。加之近些年大陆产业结构性调整和经济增长下行压力增大，台商投资大陆服务业的风险有所增加。

表 9-23：台商在大陆投资的产业类别变化

单位：千美元；%

	合计	农林牧渔矿	占比	制造业	占比	营造业	占比	服务业	占比
1991	174,158	900	0.5%	173,058	99.4%	0	0.0%	200	0.1%
1995	1,092,713	5,393	0.5%	998,576	91.4%	5,456	0.5%	83,288	7.6%
2000	2,607,142	5,902	0.2%	2,384,246	91.5%	21,380	0.8%	195,614	7.5%
2005	6,006,953	40,439	0.7%	5,281,921	87.9%	33,068	0.6%	651,525	10.8%
2010	14,617,872	21,999	0.2%	10,840,822	74.2%	119,741	0.8%	3,635,310	24.9%
2011	14,376,624	18,101	0.1%	10,375,391	72.2%	109,978	0.8%	3,873,154	26.9%
2012	12,792,077	17,334	0.1%	7,518,803	58.8%	64,908	0.5%	5,191,032	40.6%
2013	9,190,090	33,977	0.4%	5,120,523	55.7%	57,074	0.6%	3,978,516	43.3%
2014	10,276,570	20,605	0.2%	6,579,158	64.0%	65,986	0.6%	3,610,821	35.1%
2015	10,965,485	23,739	0.2%	6,485,575	59.1%	44,952	0.4%	4,411,219	40.2%
2016	9,670,732	17,210	0.2%	7,112,219	73.5%	143,249	1.5%	2,398,053	24.8%
2017	9,248,862	39,518	0.4%	6,435,556	69.6%	65,074	0.7%	2,708,715	29.3%

资料来源：作者根据台湾"经济部投审会"数据整理。

其次，从空间上看，台商投资区域从以沿海为主逐渐向内陆布局。40年来，台商投资大陆区域分布以东部沿海为重心，逐步向北、向西转移。一是投资重心从闽粤两省扩大到华东地区。在赴大陆投资初期，台商主要集中在闽粤两省，后拓展到江苏、上海、浙江等东部沿海省市。1981—1989年，大陆吸引台资10672项，合同金额10.57亿美元，其中福建居首位，占38.5%；广东次之，占28%。1990—2003年，台商投资开始向东部沿海地区转移，形成闽粤与苏沪浙两大核心区，占台商对大陆投资总额的七成左右。其中，江苏、广东、福建居前三位，分别占22.2%、21.5%和12.9%，上海、浙江占7.2%和6.4%。2003—2008年，大陆共吸引台资21815项，合同金额144.7亿美元，台商投资仍以华东地区为主。2009年以来，随着两岸经济合作转型升级，台商投资转向以高科技产业和现代服务业为主，长三角地区凭借雄厚的产业基础、技术力量和广阔的经济腹地，汇聚了大量台资，尤其是江苏和上海利用台资金额长期名列前茅，台商金融业投资的 80% 以上集聚在这两个省市。二是投资区域由东部沿海向西北地区延伸。国家实施西部开发、中部崛起战略后，台商投资加快北上和向西拓展，环渤海经济区因人口众多、市场广阔、科技文教发达、智力密集度高，逐步成为台商投资重点区域。2014 年，四川吸引台资跻身大陆各省市前 5（居江苏、福建、上海和广东之后）；2015 年，北京居江苏、广东之后列第 3，山东位列第 5；2016 年，河南吸引台资金额 16.4 亿美元，占大陆台资 17%，仅次于江苏，领先上海、福建和广东；2017 年，山东吸引台资 5.6 亿美元，位居江苏、广东、上海、福建、浙江之后。近年来，由于中西部地区投资政策优惠，且拥有自然资源、廉价土地和劳动力成本等优势，成都、重庆、桂林、南宁、北海、西安和乌鲁木齐等西部经济相对发达城市，已成为台商投资布局的热门区域。[①]

表 9-24：2017 年台商对大陆投资分地区统计

区域	件数	金额（亿美元）	占总金额比重（%）
江苏省	135	23.3	25.1
广东省	111	11.1	12
上海市	127	10.4	11.2
福建省	52	10.1	10.9
浙江省	37	6.8	7.3
山东省	11	5.6	6.1
安徽省	19	3.8	4.1
河南市	8	3.7	4
北京市	21	3.2	3.4
四川省	10	3.1	3.3
广西壮族自治区	0	2.4	2.6
重庆市	7	2.0	2.1
其他地区	42	7.1	7.7
合计	580	92.5	100

数据来源：台湾陆委会《两岸经济统计月报》NO.298.

---

① 苏美祥：《近 40 年来两岸经贸关系发展：多维观察与前景展望》，《现代台湾研究》，2018.4。

四、两岸经济关系的主体从以台商为主扩大到基层民众

早期大陆对台经济政策主要集中于"招商引资"，相继出台了一系列针对台商投资大陆的优惠政策，而较少有政策涉及基层民众。2015 年 10 月 29 日，中共十八届五中全会公报中提出"以互利共赢方式深化两岸经济合作，让更多台湾普通民众、青少年和中小企业受益"，即要求对台经济交流合作要照顾到在台湾处于相对弱势地位的群体，使台湾中小企业、中南部、中低收入、青年人（在台湾被称为"三中一青"）有获得感。2018 年 2 月 28 日，国务院台办、国家发展改革委经商中央组织部等 29 个部门，发布实施《关于促进两岸经济文化交流合作的若干措施》（"31 条措施"），为台湾同胞在大陆学习、创业、就业、生活提供与大陆同胞同等待遇。各地区根据"31 条措施"，结合本地实际，陆续推出具体政策，并积极推进政策落地实施。2018 年 8 月，大陆方面又推出台湾居民申领居住证的措施，以便利台胞在大陆生活。"31 条措施"、台湾居民申领居住证等政策都反映大陆方面积极创造条件，让更多的台湾同胞尤其是基层民众有机会参与两岸经济交流合作，并分享大陆经济发展的成果和两岸关系和平发展的红利。因此，两岸经济关系主体从以台商为主扩大到基层民众。

台湾基层民众如何参与或以何种方式参与到两岸经济交流中来？以台湾青年参与为例，大陆各地纷纷设立海峡两岸青年就业创业基地和示范点，以帮助台湾青年来大陆发展。国台办本着"两岸一家亲"理念，鼓励和支持有关方面搭建平台、探索经验。近年来，各地涌现出一大批服务台湾青年的就业创业平台。自 2015 年起，国台办先后在北京、天津、辽宁等 12 个省市授牌设立了 53 个海峡两岸青年就业创业基地和示范点。2018 年又新设 22 个，总共是 75 个。据统计，截至 2017 年底，这些创业基地和示范点共入驻或服务台资企业及团队约 1900 家，实习就业创业台湾青年近 9000 人（次），累计 5 万余人（次）参与基地和示范点开展的交流活动，已逐步成为两岸青年交流的桥梁和台湾青年来大陆实习就业创业的重要载体。这些基地和示范点各具特色，有的着力为台湾青年来大陆实习就业提供平台，有的在台湾青年就业创业培训方面进行探索和创新，努力为台湾青年来大陆交流、培训、实

习、就业、创业提供服务，营造更好的发展环境。[1]

此外，海峡两岸举办各种展览或博览会，比如海峡两岸经贸交易会、海峡两岸食品展、电脑展、自行车展、工具机展、数控装备暨制造技术展、照明科技展、茶博会、花卉博览会、林业博览会、机械产业博览会等等，这些展览或博览会主题多样、针对性强、涉及产业面广、参与门槛低，有助于参与主体的多元化和广覆盖面，为两岸企业和基层民众提供了丰富的经贸资讯和建立经济联系的机会。

五、两岸经济关系的发展动力从要素驱动转到创新驱动

自 20 世纪 70 年代末两岸经济关系恢复以来，在经济全球化进程加快、两岸生产要素与经济结构互补的市场驱动下，两岸经济关系持续快速发展，并成为两岸关系中最积极最活跃的因素。90 年代前期两岸产业结构比较优势明显，台湾重化工业和高科技产业迅速发展，而大陆仍处于纺织轻工等消费品制造的劳动密集型产业发展阶段。两岸经济发展水平、产业结构、生产要素禀赋等互补，尤其大陆廉价的土地与人力资源和台湾的资本、管理经验与技术优势高度互补，两岸经济交流的市场动能十分强劲，台湾制造业梯次向大陆规模性转移，进而带动两岸贸易快速增长。90 年代中后期，随着大陆经济发展水平的提升，两岸产业合作领域逐步向资本和技术密集型转变，台湾的重化工业、机械、电子等企业开始布局大陆。进入新世纪后，随着两岸相继加入 WTO 和跨国公司的战略调整，台商加快对大陆的深度布局，产业合作以电子科技、半导体、电脑、通信设备等高科技领域为主，合作模式也由单纯的委托加工变为联合相关企业配套共同参与。[2]2008 年国际金融危机发生后，全球经济再平衡导致的外需动能相对减弱，更使"台湾接单、大陆生产、出口欧美"的三角贸易动能趋弱，两岸投资也出现明显的趋缓态势。

随着全球经济及国际产业分工发生深刻变革，两岸经济关系发展中基于

---

[1] 引自：国台办新闻发布会辑录（2018-05-16），http://www.gwytb.gov.cn/m/speech/201805/t20180516_11955431.htm。

[2] 王媛媛：《当前两岸经济合作及产业竞合关系探析》，《亚太经济》，2018.2。

传统要素价格和产业结构差别的要素驱动逐渐减弱。而新一轮技术革命和大陆新经济兴起，使创新驱动成为两岸经济关系发展的新动能。近年来，在新技术革命带动下，大陆物联网、人工智能、大数据、智能制造、新能源汽车等新经济迅速发展，并带动共享经济、电子商务、金融科技等新经济业态崛起，为两岸经济关系带来的新发展动能，创新驱动对两岸经济关系的拉动明显增强。[①]2017年，在两岸政治对抗加剧、台湾当局全力推动"新南向政策"和紧缩两岸经济政策等背景下，两岸贸易反而快速增长，主要动能即来自大陆新经济发展。据海关统计，2017年大陆进口台湾集成电路产品5480.7亿人民币，占自台进口商品总额的52.1%，台湾也成为大陆集成电路进口的第一大地区。根据台湾方面统计，2017年台湾对外总出口增长13.2%，对大陆（含香港）出口增长达16%，高出对其他地区出口。其中得益于大陆面板生产扩张和企业"机器换人"需求，台湾机械产品对大陆出口增长率达43%，以半导体产业为主的电子零组件出口增长17%。从台商大陆投资看，近年来一方面随着大陆生产要素价格的提升等因素，部分劳动密集型传统产业及中低阶信息电子产业向东南亚等地转移，台商赴大陆投资增长趋缓；但另一方面，在大陆新经济增长拉动下，台湾包括半导体在内的电子零组件产业加快赴大陆投资，2017年占台商大陆投资的20.7%，2018年1—5月又上升为24.2%，跃升为台商对大陆投资第一大产业[②]。由此可见，两岸经济关系发展已从要素驱动逐步转向创新驱动。

---

① 张冠华：《新时代两岸经济关系发展：从要素驱动到创新驱动》，《台湾研究》，2018.6。
② 台湾陆委会：《两岸经济统计月报》，2018年3月，陆委会网站，www.mac.gov.tw。

第三节　两岸经济关系发展中的
几个问题

一、大陆对台贸易逆差问题

自两岸经济关系恢复以来，大陆对台贸易长期处于逆差状态，且逆差金额呈逐年增加趋势（见图 9-2）。根据表 9-25 的数据，到 2018 年，大陆对台贸易逆差高达 1290 亿美元，对台湾当年 GDP 的贡献超过 20%。

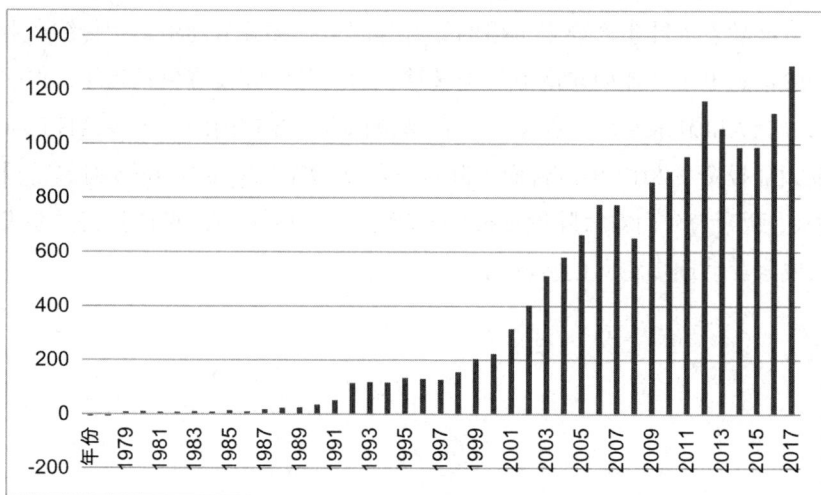

图 9-2：1979-2018 年大陆对台湾贸易逆差变化趋势

表 9-25：两岸贸易对台湾 GDP 的贡献率（大陆海关统计）

单位：亿美元；%

年份	大陆对台出口额	大陆自台进口额	台湾对大陆顺差	台湾历年GDP	顺差对台湾GDP 的贡献率
1979	0.6	0.2	-0.4		

年份	大陆对台出口额	大陆自台进口额	台湾对大陆顺差	台湾历年GDP	顺差对台湾GDP的贡献率
1980	0.8	2.4	1.6		
1981	0.8	3.8	3.0		
1982	0.8	1.9	1.1		
1983	0.9	1.6	0.7		
1984	1.3	4.3	3.0		
1985	1.2	9.9	8.7		
1986	1.4	8.1	6.7		
1987	2.9	12.3	9.4	1049.6	0.9%
1988	4.8	22.4	17.6	1263.7	1.4%
1989	5.9	29.0	23.1	1527.1	1.5%
1990	7.7	32.8	25.1	1666.2	1.5%
1991	11.3	46.7	35.4	1873.1	1.9%
1992	11.2	62.9	51.7	2231.6	2.3%
1993	14.6	129.3	114.7	2351.4	4.9%
1994	22.4	140.8	118.4	2564.0	4.6%
1995	31.0	147.8	116.8	2792.2	4.2%
1996	28.0	161.8	133.8	2926.7	4.6%
1997	34.0	164.4	130.4	3037.4	4.3%
1998	38.7	166.3	127.6	2803.7	4.6%
1999	39.5	195.3	155.8	3041.7	5.1%
2000	50.4	254.9	204.5	3314.5	6.2%
2001	50.0	273.4	223.4	3004.5	7.4%
2002	65.9	380.3	314.4	3088.8	10.2%
2003	90.0	493.7	403.7	3185.9	12.7%
2004	135.5	647.8	512.3	3484.8	14.7%
2005	165.5	746.8	581.3	3757.7	15.5%
2006	207.4	871.1	663.7	3885.9	17.1%
2007	234.6	1010.2	775.6	4082.5	19.0%

年份	大陆对台出口额	大陆自台进口额	台湾对大陆顺差	台湾历年GDP	顺差对台湾GDP的贡献率
2008	258.8	1033.4	774.6	4169.6	18.6%
2009	205.1	857.2	652.1	3920.7	16.6%
2010	296.8	1156.9	860.1	4461.1	19.3%
2011	351.1	1249.2	898.1	4856.5	18.5%
2012	367.8	1321.8	954.0	4958.5	19.2%
2013	406.4	1566.4	1160.0	5116.1	22.7%
2014	462.8	1520.3	1057.5	5305.2	19.9%
2015	449.0	1436.6	987.6	5255.6	18.8%
2016	403.7	1392.3	988.6	5312.8	18.6%
2017	439.9	1554.0	1114.1	5749.4	19.4%
2018	486.5	1776.0	1289.5	5900.0	21.9%

造成大陆对台长期巨额贸易逆差的原因是多方面的：

首先，两岸经济处于不同发展阶段，对进口贸易的需求不同。自改革开放以来，大陆经济高速增长长达30年，近10年即使经济增长面临下行压力，仍保持6%—8%的中速增长，持续稳定的经济发展催生出巨大的进口需求。而台湾出口的中间产品、原材料、机器设备等符合大陆企业的需求。同时期，台湾自80年代中后期转型发展以来，增速持续下滑，2000年之后更是进入了常态性低增长的困境，民众的实际薪资水平停滞不前，实际购买力下降，对进口产品的需求相对经济增长黄金时期自然萎缩。加之产业结构调整，进口需求结构发生了相应的变化，自大陆的进口贸易增长有限。

其次，台资企业对两岸贸易的投资拉动作用。在大陆投资生产的台资企业在较长一段时间内将大陆当作"飞地"，其生产所需的机器设备大多仍从台湾原有生产线上转移过来，台资中下游企业也一直沿用岛内中上游企业提供的生产原材料和零组件，而其生产的产品直接从大陆销往欧美地区，使得大陆对台湾的进口贸易和对欧美的出口贸易同步增加。

再次，两岸双方对贸易的不同政策。大陆方面在两岸贸易间接、单向开放的情况下，实行积极开放的优惠政策，对台贸易的便利化、自由化程度不断提升。而台湾对大陆实行限制性政策，对两岸贸易一直都是"宽出严进"，大陆货物入台在商品项目方面受到较大的政策阻碍。比如台湾对大陆开放的产品主要是大陆竞争力不强或者台湾本地需求不大的产品，或者对进口商品的数量和范围进行限制。

最后，转口贸易形态及两岸统计差异。从理论上讲，大陆自台湾的进口额应该等于台湾对大陆的出口额，大陆对台湾的出口额应该等于台湾自大陆的进口额，但比较双方海关的统计数据，发现二者之间存在较大差异，这与两岸贸易方式从过去的间接转口贸易转向直接贸易有关。另一方面，传统的出口核算方法存在大量重复计算，不能真实反映一个经济体的贸易收支情况，往往高估了一个经济体的贸易量，运用增加值核算方法可以发现传统统计口径下的两岸贸易差额有明显高估的情形。

二、"红色供应链"问题

詹文男 (2015) 一文引用英国《金融时报》2013 年 9 月的一篇报道，称该报道指出，中国大陆企业正逐渐取代台商，成为苹果精密零部件供应商，并非只是为组装这些高科技装置提供廉价劳动力。供应苹果 iPhone、iPad 等零部件的中国大陆企业已从 2011 年的 8 家，倍增至 2013 年的 16 家，中国大陆企业技术升级直接威胁到当前主导全球电子产品供应链的中国台湾、日本和韩国企业。[1] 苏美祥（2018）对照这篇《金融时报》报道发现，台湾岛内在引用该报道时存在多处错误：一是原文的中英文版均找不到"红色"二字；二是原文没有直接表述"中国大陆企业正逐渐取代台商，成为苹果精密零部件供应商"；三是原文数据口径被篡改，2013 年来自中国大陆的苹果供应商有 331 家，其中向苹果供应电池等元件的中国大陆企业从 2011 年的 8 家增至 2013 年的 16 家。"红色供应链"真正第一次使用始于 2013 年 10 月台湾《天下》杂志一篇文章[2]。该文以考察、探访深圳电子产业为基础，结合对一些厂商的访谈，并引用上述《金融时报》报道的部分内容，认为"红

---

[1]　詹文男：《"红色供应链"崛起成因暨因应》，《经济前瞻》，第 161 期，2015 年 9 月 12 日。

[2]　熊毅晰：《"红色供应链"风暴 台湾如何迎战？》，台湾《天下杂志》，第 534 期，2013 年 10 月 29 日。

色供应链"靠山寨起身，向台湾厂商"偷学技术"，且背后有雄厚资金支持，专搞低价竞争，对台湾科技业的未来将产生冲击。这篇文章被台湾多家网站转载，媒体纷纷跟进，"红色供应链"很快引起台湾各界关注。2015 年 9、10 月，台湾《经济前瞻》和《台湾经济月刊》分别连续两期开辟专栏，刊登"红色供应链"相关系列文章。随后，媒体又对学者的观点进行报道、解读，在台湾掀起讨论热潮。经过媒体极力炒作和渲染，"红色供应链"逐渐从经济领域向外延伸，渗透到社会、政治领域。[①]"红色供应链"威胁论扭曲了两岸产业正常合作的事实，成为激化台湾部分民众"恐中""反中"情绪的原因之一，严重影响两岸交流合作。

自 2008 年两岸关系发生积极变化以来，两岸经济合作持续发展。据台湾方面统计，2014 年台湾对大陆出口的前五类商品分别是机械及电机设备（占台湾对大陆出口总额的比重为 45.3%，下同），精密仪器、钟表、乐器（16.3%），化学品（12.6%），塑料、橡胶及其制品（10.2%），基本金属及其制品（6.1%），这五大类商品合计占台湾对大陆出口总额的 90.5%。如果大陆已经建立起"红色供应链"，那么对上述产品的进口应不断下降甚至无需进口。但据大陆海关统计显示，2005 年以来，大陆对上述产品的总体进口金额均呈现上升态势，2014 年上述产品进口金额较 2005 年分别增长了 1.23 倍、1.14 倍、1.49 倍、1.38 倍和 0.8 倍[②]。这显示大陆对上述商品的市场需求持续扩大，也表明大陆并不存在取代上述产品进口的"红色供应链"。

另据大陆海关统计，从 2005—2014 年，台湾对大陆出口的前五大类产品中，机械及电机设备占大陆市场份额一直处于上升趋势，显示其具有较强的竞争优势。而其余四大类产品在大陆市场份额则处于下滑趋势。2014 年与 2005 年相比，台湾具有传统比较优势的基本金属、化学品、塑料及其制品、光学设备等中间产品在大陆市场份额分别下降了 7.43、2.26、6.16、6.98 个百分点。但是，台湾上述产品在大陆市场份额下降的同时，其他国家或地区的同类产品在大陆的市场份额则有不同程度的提升。[③]大陆对这些产品整体进口金额增加，台湾所占市场份额持续下降表明，并不是所谓大陆"红色供应链"导致台湾市场份额减少，而是台湾经济和产业竞争力下降使得其对

---

① 苏美祥：《台湾岛内"红色供应链"论的政治经济分析》，《台湾研究》，2018.2。
② 刘雪琴、白光裕：《"红色供应链"质疑及解析》，《两岸关系》，2015.11。
③ 刘雪琴、白光裕：《"红色供应链"质疑及解析》，《两岸关系》，2015.11。

大陆的出口市场份额被其他国家和地区所替代。

当然，经过 40 年的发展，大陆经济实力和产业竞争力已不可同日而语，在多数初级产品的生产、中间产品包括精密机器设备的改进甚至是高精尖产业的创新突破，多数已超越台湾，两岸经济实力和产业竞争力此消彼长、大陆越来越有能力打造自身完整的产业链是不争的事实，这也是一个经济体发展的必然结果，台湾自 20 世纪 50 年代到 80 年代也同样经历过类似的产业变迁，台湾应客观理性地正视大陆的发展进步，而不应该跟随西方国家起舞，将大陆正常的经济发展政治化操弄为"大陆威胁论"，更不应该将台湾经济长期萎靡不振归咎于大陆对台湾的磁吸效应，而应正视台湾政治因素对经济发展的"绑架"和对投资环境的破坏，反思产业结构单一性和脆弱性问题长期存在难以解决的根源所在。

三、两岸经济融合发展问题

2014 年政府工作报告第一次提出促进两岸"经济融合"的主张。2014 年 4 月 10 日，国务院总理李克强在博鳌论坛会见台湾两岸共同市场基金会荣誉董事长萧万长时提出，"两岸进一步扩大经济合作，促进经济融合"。2014 年 5 月 7 日，中共中央总书记习近平会见亲民党主席宋楚瑜时指出："经济融合有利两岸互利双赢，任何时候都不应受到干扰。"2016 年 3 月 5 日，习近平在全国"两会"期间参加上海代表团审议时指出："我们将持续推进两岸各领域交流合作，深化两岸经济社会融合发展，增进同胞亲情和福祉，拉近同胞心灵距离，增强对命运共同体的认知。"可以看到，在这次讲话中，习近平将"两岸经济融合"扩展到"两岸经济社会融合发展"。2016 年 11 月 1 日，习近平会见国民党主席洪秀柱时指出："秉持互利双赢，促进两岸经济社会融合发展，符合两岸同胞共同利益。"2019 年 1 月 2 日习近平发表纪念《告台湾同胞书》发表 40 周年重要讲话时，用一个部分论述了"深化两岸融合发展，夯实和平统一基础"。从"两岸经济融合"到"两岸经济社会融合发展"再到"两岸融合发展"，这一主张的内涵不断丰富和深入。两岸融合发展是总目标，两岸经济融合发展是重要方面，扩大和深化两岸经济交流合作是实现途径。要想方设法在新的国际经济形势下，在大陆经济转型期，努力实现两岸经济融合发展。

首先，要推进两岸经济合作制度化，打造两岸共同市场。两岸经济融合发展过程中产生的新约束和新问题，要靠持续深化合作才能逐步解决。比如，两岸经济关系发展动力从要素驱动转向创新驱动，需要加强两岸产业创新合作的规划指导与政策支持，加强两岸工业基础能力建设的整合；再如，两岸局部产业竞争性问题，需要建构两岸产业政策沟通、协调机制与互动平台，加强双方宏观政策、产业政策的调和，减少和避免重复建设和恶性竞争；又如，要让更多的基层民众分享两岸经济合作的红利，需要 ECFA 后续协议的商谈，尤其是要深化两岸服务业合作，增进社会公平分配。

其次，两岸要应通尽通。努力实现习近平提出的"提升经贸合作畅通、基础设施联通、能源资源互通、行业标准共通"以及"率先实现金门、马祖同福建沿海地区通水、通电、通气、通桥"，将大大促进两岸经济融合发展。

第三，要创新两岸产业合作方式，共同应对新一轮产业技术变革。两岸应鼓励重点创新产业与项目开展合作，加强两岸智能制造重点领域的合理分工布局，发挥互补优势，减少低水平重复建设；加强两岸服务业合作，重点开展两岸信息技术、电子商务、科技服务、现代物流、研发设计等生产性服务业合作，让更多的小微企业参与到两岸经济合作中来。

最后，充分把握和利用大陆发展机会。大陆推动的"中国制造 2025"是未来两岸经济融合发展的重要着力点。"台湾生产力 4.0"中的诸多"领航产业"与"中国制造 2025"计划推动的十大重点突破领域有内容相近之处，意味着两岸既有重要的合作机遇，又存在竞争性发展的挑战。若台湾能够好好把握，将有助于其摆脱产业升级困难、产业结构单一、经济增长缺乏持续支撑力的困境。

第十章
两岸文教交流

两岸文化同根同源，同文同种，中华文化是台湾文化的根基和主流，台湾文化是中华文化的一部分，是中华文化的延续、丰富和发展。但在两岸特殊的历史境遇中，在两岸尚未统一的现实状态下，台湾地区正在形成和发展的文化教育，不管是内涵、理念、制度、发展模式、表现方式等都与中国大陆存在一定差异，逐渐发展起独具特色的文化内涵和外延。两岸文教交流正是在这种环境中进行的。但是，从本质上看，两岸文教交流是在同一国家之内，在同一民族即中华民族内部，两个不同地区间即中国大陆与台湾地区之间的交流。

1995年1月30日，中共中央总书记江泽民发表题为《为促进祖国统一大业的完成而继续奋斗》的讲话中提出："中华各族儿女共同创造的五千年灿烂文化，始终是维系全体中国人的精神纽带，也是实现和平统一的一个重要基础。两岸同胞要共同继承和发扬中华文化的优秀传统。"[1]2009年5月26日，中共中央总书记胡锦涛在同中国国民党主席吴伯雄会谈时表示："新形势下，开展两岸文化教育交流，既有巨大需求和潜力，也显得更为重要。我们要比以往更加努力地开展两岸文化教育交流，共同传承和弘扬中华文化，增强文化认同、中华民族认同。"[2]

2015年5月5日，中共中央总书记习近平会见中国国民党主席朱立伦时提出："中华文化是两岸同胞共同的精神财富，也是两岸同胞血脉相连的精神纽带。两岸同胞要加强文化交流，发挥各自优势，共同传承中华文化优秀传统，建设共同精神家园，实现心灵契合。"[3]可见，两岸文教交流的重要使命是共同传承和发展中华文化。更进一步说，推进两岸文教交流，对于弘扬中华文化，融洽两岸同胞内在情感、推动两岸关系和平发展乃至实现祖国和平统一，都具有非常重要的意义。

① 中共中央台湾工作办公室、国务院台湾事务办公室：《中国台湾问题：干部读本》，北京：九洲图书出版社，1998年9月，第234页。

② 《中共中央总书记胡锦涛同中国国民党主席吴伯雄举行会谈》，中国台湾网，2009年6月2日，http://www.taiwan.cn/wxzl/zywxj/wxnd/web111/200906/t20090602_911441.htm，查阅日期：2018年5月20日。

③ 《携手建设两岸命运共同体》，《人民日报》海外版，2015年5月5日，第01版。

第一节　40 年两岸文教交流的发展历程

40 年来，两岸文教交流从最初的单向推动，到双向互动开启，文教交流走过了从简单到多元、从小规模到多领域、从大陆单方面推动到两岸双向交流的渐进式发展过程，有效推进了两岸教育、文学艺术、历史、学术、影视传媒、新闻出版、科技文化等领域的互动，搭建了文化节、艺术展、学术研讨会、联欢节、交流基地等多元互动和展示平台，促进了中华文化以及两岸地域文化的交流和发展。

一、单向推动阶段（1979—1986）

1979 年 1 月，全国人大常委会发表《告台湾同胞书》，宣示了争取祖国和平统一的大政方针，提出了推动两岸关系发展的政策主张，包括"进行学术文化体育工艺观摩"。[①] 1981 年 9 月，全国人大常委会委员长叶剑英向新华社记者发表的讲话中，提到"我们建议双方共同为通邮、通商、通航、探亲、旅游以及开展学术、文化、体育交流提供方便，达成有关协议"。[②] 同年，教育部、国务院侨办发出通知，欢迎华侨和港澳台青年回内地参加高考，根据"来去自由"的政策，毕业后可以回原住地就业，愿意留在内地的由国家统一分配工作。1985 年，教育部批准北京大学、清华大学、复旦大学、厦门大学、中山大学、华南理工大学等 7 所高校，联合招收华侨、港、澳、台学生。1985 年，大陆开播对台节目《海峡同乐晚会》。"空中广播""电视传媒"与"戏曲音像制品"成为这时期两岸戏曲的交流渠道。[③] 两岸创作的

---

① 中共中央台湾工作办公室、国务院台湾事务办公室：《中国台湾问题：干部读本》，北京：九洲图书出版社，1998 年，第 228 页。

② 中共中央台湾工作办公室、国务院台湾事务办公室：《中国台湾问题：干部读本》，北京：九洲图书出版社，1998 年，第 229 页。

③ 蔡欣欣：《当代两岸戏曲交流的回顾与研析》，《人文与社会科学简讯》，2014 年 3 月，第 15 卷 2 期，第 151—152 页。

小说、诗歌、散文、报告文学等作品的交流，势不可挡。台湾作家琼瑶、三毛等的作品在大陆陆续出版，一度掀起热浪。[①] 1980 年，来自两岸的田径选手在美国圣安东尼皇家学院进行了两岸隔绝 30 多年后的第一次同场竞赛，实现了两岸体育交往"零"的突破。[②] 如上由大陆单方率先推动的文教交流为之后两岸文教互动关系的发展创造了先期条件。

二、双向互动开启阶段（1987—1993）

1987 年 11 月，由于大陆方面长期的努力和台湾当局解除禁止台湾民众往来大陆的政策，两岸关系长达近 40 年的"冰河期"成为历史，两岸隔绝状态结束，民间往来开启，其中也包括文教领域的互动往来。这一时期大陆方面积极出台各类有利于台湾民众赴大陆探亲、投资、就业、就学、旅游等政策，有力推动了两岸民众往来和文教关系发展。譬如，国家教育委员会于 1987 年颁布《关于对台湾进行教育交流的若干规定》，为台湾民众到大陆从事教育交流提供依据，并鼓励两岸轮流举办单边或多边学术研讨会。

这时期，台湾当局也颁布了一些促进两岸文教交流的措施。譬如 1988 年，台湾当局公布了"大陆杰出人士、海外学人及留学生来台参观访问审查原则"，首度开放大陆学者等赴台参访。1990 年 7 月，台湾当局出台"现阶段大陆人士来台参观访问申请作业要点"，凡有专业造诣者可以申请到台湾参观访问。1992 年，台湾当局批准公立大学校长及公务员到大陆从事文教活动，并通过"两岸学生交流作业要点"。随后，台湾当局又通过了"大陆地区专业人士来台讲学审查要点"。[③]

久别重逢带来的喜悦在台湾民众心中掀起一股"大陆热"，台湾民众对于扩大文化教育领域交流往来的诉求与日俱增。从某种意义上说，这一时期开始，两岸文教互动关系真正得以建立起来，两岸文教交流的范围较之前扩

---

① 张亚：《1978 年以来海峡两岸文化交流的历史进程和思考》，中共中央党校硕士学位论文，2005 年，第 5—7 页。

② 兰自力、谢军、骆英、魏宁：《海峡两岸体育交流与合作的历史回顾与前景展望》，《天津体育学院学报》，2002 年第 3 期，第 6 页。

③ 肖真美：《海峡两岸教育界之交流》，《中国大陆研究》，1998 年第 3 期，第 70—71 页。

大、层次更高、影响更大。

在教育与学术交流领域，两岸学者到对岸从事短期讲学或研究，两岸高校互办学术研讨会，两岸高教界人士组团互访，是这时期交流的主要形式。文学艺术方面，开始由台湾通俗音乐占交流主导地位扩大到民乐、京剧等方面，杨丽萍等大陆艺术家赴台湾演出；1992 年 5 月，中央民族歌舞团 3 名舞蹈家应邀赴台湾演出，是大陆第一个 3 人以上的文艺团组赴台湾进行有偿演出。[①] 同时，台湾来大陆的文艺团体也接踵而至。新闻媒体方面，1987年，台湾《自立晚报》开交流之先河，两名记者经由日本到大陆旅游并采访；1991 年，大陆记者郭伟峰、范丽青获准抵达台湾，打开大陆记者赴台采访的大门。影视制作方面，1987 年，台湾影视制片人首赴大陆拍摄电视片《八千里路云和月》，[②] 把祖国大陆的大好山河、风土人情生动形象地展示给台湾民众。科研学术方面，1989 年 6 月，中科院地理所研究员赵松乔首次实现大陆人员赴台交流；[③]1992 年 5 月上旬，中国社科院近代史所副所长张海鹏等 3 人赴台交流，是为大陆社科界首次；5 月中旬，分别具有全国人大代表、全国政协委员身份的张存浩、吴阶平等著名科学家应邀赴台交流，突破了台湾当局对大陆赴台人员实行歧视性身份限制的政策。体育方面，交流日趋频繁，1990 年 3 月，台湾体育代表团参加北京亚运会；1992 年 5 月，两岸联合举办台北—上海—北京接力长跑活动；[④]1992 年 9 月，大陆围棋手聂卫平应邀到台北进行表演赛[⑤]；1993 年 2 月，辽宁男篮和河北女篮前往台湾比赛[⑥]。

---

① 中共中央台湾工作办公室、国务院台湾事务办公室：《中国台湾问题：干部读本》，北京：九洲图书出版社，1998 年，第 147 页。

② 中共中央台湾工作办公室、国务院台湾事务办公室：《中国台湾问题：干部读本》，北京：九洲图书出版社，1998 年，第 147 页。

③ 国务院台湾事务办公室：《中国台湾问题外事人员读本》，北京：九州出版社，2006年，第 66 页。

④ 兰自力、谢军、骆映、魏宁：《海峡两岸体育交流与合作的历史回顾与前景展望》，《天津体育学院学报》，2002 年第 17 卷第 3 期。

⑤ 张亚：《1978 年以来海峡两岸文化交流的历史进程和思考》，中共中央党校硕士学位论文，2005 年第 12—17 页。

⑥ 林致诚、郭琼珠：《海峡两岸体育交流及其影响探析》，《台湾研究集刊》，2002 年第 2期，第 87 页。

10-1：1988—1993 年大陆应邀赴台交流项目数分类统计

单位：项

	文学艺术	学术	教育	科技	新闻出版	体育
1988—1990	—	—	—	—	—	—
1991	—	—	—	—	—	—
1992	60	11	19	38	2	8
1993	201	47	53	70	23	22

资料来源：国台办网站，转引自张亚：《1978 年以来海峡两岸文化交流的历史进程和思考》，中共中央党校硕士学位论文，2005 年第 17 页。

注：1988、1989、1990、1991 年缺乏相应统计数据。

由于这一时期两岸文化教育交流尚处于起步阶段，因此交流数量还相对较少，尤其是 1987 年至 1991 年，台湾当局仅批准 40 余名大陆人士赴台交流。[①]1992 年及 1993 年，大陆应邀赴台人员及交流项目才逐渐增多（见表 10-1）。整体而言，这时期多数交流活动都以人员往来、一般性参访、展演和赛事为主，增进两岸民众对彼岸文化教育发展现状的认识和了解、促进民间人士和专业人士的往来是交流的主要目的和任务。

三、双向互动推进阶段（1994—1999）

两岸文化教育交流发展之路并非一帆风顺。1993 年之后，两岸关系发展跌宕起伏，文教交流随之受到影响。1993 年 4 月，"汪辜会谈"举行，标志着两岸关系发展迈出了历史性的重要一步。与此同时，李登辉却背离一个中国原则，"台独"面目逐渐显现出来，两岸关系发展面临严重挑战。对此，1995 年 1 月 30 日，中共中央总书记江泽民发表题为《为促进祖国统一大业的完成而继续奋斗》的重要讲话，对过去十几年来两岸人员往来和经济、文化、学术、体育等各领域的交流合作给予充分肯定，同时指出坚决反对"台

---

① 中共中央台湾工作办公室、国务院台湾事务办公室：《中国台湾问题：干部读本》，北京：九洲图书出版社，1998 年，第 147 页。

湾独立"的言论和行动，"反对台湾以搞'两个中国''一中一台'为目的的所谓'扩大国际生存空间'的活动"，① 提出发展两岸关系、推进祖国和平统一进程的八项主张。

但是，李登辉分裂祖国的言行非但未收敛，反而反复鼓吹"中华民国在台湾"，"台湾是一个主权独立的国家"。1996 年起，台湾当局开始实行所谓"戒急用忍"的大陆政策。1997 年 2 月，由台湾编译馆编写的《认识台湾》教科书公然向台湾青少年灌输"脱中国化"的意识，"台独"活动愈演愈烈，台湾岛内以"反中国文化"为诉求的文化"本土化思潮"逐渐抬头，两岸关系发展面临新的变局。

反观两岸文教交流，则在两岸主流民意推动下继续向前发展。宗教交流领域，据统计，1993 年，大陆宗教人士赴台 71 人，至 2000 年达到 236 人。② 1994 年起，两岸文学艺术领域交流，从文学、影视到戏剧、音乐、舞蹈等，都出现了新一轮的交流热潮，③ 中央芭蕾舞团、上海昆剧团、云南歌舞团、中央少儿合唱团、中国京剧院、北京京剧院、中央乐团的赴台演出，在台湾产生了极大反响。④ 两岸民间戏曲等也不断加大交流步伐。新闻传媒及影视方面，台湾记者赴大陆采访的人数逐年增加，据统计，1991 年 8 月至 1997 年 12 月，大陆新闻工作者有 200 多人次赴台湾采访，⑤ 但期间受台湾当局背离一个中国原则的影响，大陆赴台湾采访的记者人数呈现不稳定且逐步减少的状况。⑥ 出版领域，大陆出版了大量的台湾图书，大陆图书也纷纷到台湾出版发行。同期，两岸影视界人士合作拍摄了许多电视连续剧。体育交流方面，除常规性体育赛事之外，两岸奥委会的交流接触堪称突破。

两岸教育交流合作更加活跃。两岸部分高校建立了稳定的校际合作关系；

① 中共中央台湾工作办公室、国务院台湾事务办公室：《中国台湾问题：干部读本》，北京：九洲图书出版社，1998 年，第 233 页。

② 黄宝英：《两岸宗教交流模式之研究（1987—2008）——以政教关系论述》，台湾师范大学博士学位论文，2009 年第 69—79 页。

③ 张亚：《1978 年以来海峡两岸文化交流的历史进程和思考》，中共中央党校硕士学位论文，2005 年第 20 页。

④ 中共中央台湾工作办公室、国务院台湾事务办公室：《中国台湾问题：干部读本》，北京：九洲图书出版社，1998 年，第 233 页。

⑤ 中共中央台湾工作办公室、国务院台湾事务办公室：《中国台湾问题：干部读本》，北京：九洲图书出版社，1998 年，第 151 页。

⑥ 韦奇宏：《两岸新闻采访交流的结构与变迁（1979—2001）——新制度论的分析》，台湾政治大学硕士学位论文，2002 年第 90—95 页。

两岸青年学生通过展演、参观访问、夏令营、学术研讨、各类赛事等多元形式开展交流。随着大陆高校招收台生政策优惠力度的持续加大，台湾地区赴大陆高校就读的台生增加快速，从 1994 年的 120 人增加到 2000 年的 816 人。[①] 两岸高校之间、不同学科专业之间学术交流更加频繁。

表 10-2：1994—2000 年大陆应邀赴台交流项目数分类统计

单位：项

年份	文学艺术	学术	教育	科技	新闻出版	体育
1994	198	30	73	110	28	23
1995	226	46	148	128	29	38
1996	225	32	185	139	22	36
1997	251	32	228	109	40	53
1998	352	39	327	121	40	53
1999	349	45	287	117	49	56
2000	282	69	313	126	37	38

资料来源：国台办网站，转引自张亚：《1978 年以来海峡两岸文化交流的历史进程和思考》，中共中央党校硕士学位论文，2005 年第 24、34 页。

从表 10-2 可以看出，1994 年至 2000 年，大陆教育界应邀赴台交流项目数从 73 项增加到 313 项，增加了约 3 倍，成为两岸文教交流最热门的领域。文学艺术领域，从 198 项增加到 282 项，增长了 42.4%。此外，学术、科技、新闻出版、体育等赴台交流项目数也都有所增加。与前一个阶段相比，两岸文教交流规模逐步扩大，内容更加丰富，渠道持续拓宽。

但由于两岸关系起伏多变，尤其是 20 世纪 90 年代末期，李登辉当局企图通过阻止两岸民间交流来切割两岸关系实现其"台独"目的，两岸文教交流不可避免地受到牵制和影响。以两岸高校学历互认为例，台湾当局于 1997 年研拟的"大陆地区学历检核及采认办法"刚颁布不久，随着台湾当局"戒急用忍"政策的推行，1998 年 6 月，大陆高校学历认可政策暂停，台湾教育主管部门以"两岸敌意仍浓、相关配套措施不够周延等理由，将

---

① 张宝蓉：《两岸教育交流与青年发展研究》，北京：九州出版社，2017 年，第 106 页。

相关办法退回专案小组，无限期继续研议"，^①使得这一办法一再延宕而无法执行。

四、双向互动发展阶段（2000—2008）

2000 年 3 月，民进党籍候选人陈水扁赢得台湾地区领导人选举，民进党在台湾上台执政。陈水扁坚持"台独"立场，拒不接受一个中国原则和"九二共识"使得两岸政治关系陷入紧张状态，两岸文教交流合作遇到新的挑战。

陈水扁于 2000 年 5 月担任台湾地区领导人之后，开始以权力绑架文化教育，"以制造模糊空间方式，着墨在民族、文化上的'两国论'"，^②不遗余力推行"台独"文化政策，文化"去中国化"现象在岛内社会文化教育等场域广为蔓延，以"台湾为主、台湾优先"的"台湾意识"逐渐取代"中国意识"成为台湾社会的主流"国家认同论述"。台湾高中教科书明确将"台湾史"单独成册，并与中国史、世界史并行，教科书中处处凸显"台湾"字眼，强调台湾的重要性，弱化中华传统文化对台湾文化教育发展的主导地位，文言文在语文教学中的重要性渐降。以强调台湾"本土文化"为依归的各类教学研究机构在高校中纷纷设立。闽南语、客家语、少数民族语言和汉语一同被确定为"母语"，汉语沦为"母语"的一环而非主体。新闻媒体则视闽南语、客家语为时尚。台湾青少年国族观念日渐削弱，以"中华民族"为核心的民族建构被"多元族群意识"悄然取代。公共文化场馆、公共语言领域和社会基层组织，更是掀起了一股"去中""脱中""反中"逆流，言必称"台湾"。

"台独"文化政策同样染指两岸文化教育互动领域。为切断两岸文教互动纽带，达到其"远中""去中"的险恶目的，陈水扁及台湾文化教育主管部门在两岸文教交流上采取了保守甚至是抵制的态度，使得两岸文教交流

<hr>

① 曾文昌：《台湾当前大陆教育政策之研究》，台湾政治大学博士学位论文，2007 年，第 107 页。

② 王植忠：《陈水扁执政时期大陆政策之研究（2000—2008）》，台湾淡江大学中国大陆研究所硕士学位论文，2012 年，第 50 页。

受到严重影响。譬如，2003 年底，台"立法院教育及文化委员会"在审查 2004 年度教育经费时，全数删除大陆学历认证工作预算。[①]2003 年 12 月 17 日，陈水扁声称："任内不会承认大陆大学学历，一切以台湾优先"。[②] 2007 年 7 月，陈水扁再次表示任内不采认大陆高校学历，不开放台湾高校到大陆招生。可以说，在两岸教育交流领域，除了 2004 年台湾教育主管部门出台 "各级学校与大陆学校缔结联盟或为书面约定之合作行为审查要点"，对与大陆学校签署校际协议等进行规定外，就没有其他积极措施出台。另一方面，台湾当局及部分人士视大陆所有对台文教交流活动和项目为"统战"，呼吁参与交流的台湾民众要"建立民众的主体意识和敌我意识"，[③] 为两岸文教交流贴上外在符号和政治标签。

但是，面对台湾局势的变化，大陆方面坚持大政方针，坚持一个中国原则，坚决反对和遏制"台独"活动，同时一如既往地推动两岸民间交流合作，强调鼓励和推动两岸文教交流的重要性。2005 年 3 月 14 日十届全国人大三次会议表决通过的《反分裂国家法》规定："鼓励和推动两岸教育、科技、文化、卫生、体育交流，共同弘扬中华文化的优秀传统。"[④] 同年 4 月 29 日，胡锦涛与连战会谈后发表的《两岸和平发展共同愿景》提出："促进两岸同胞的交流与往来，共同发扬中华文化，有助于消弭隔阂，增进互信，累积共识。"[⑤]2007 年 10 月，中共十七大报告提出："两岸同胞要加强交往，加强经济文化交流，继续拓展领域、提高层次，推动直接'三通'，使彼此感情更融洽、合作更深化。"[⑥] 显然，以更加积极主动、开放包容的态度促进两岸文教交流发展，进一步夯实两岸民众交流交往的基础，依然是大陆对台工作主轴之一。

为此，大陆有关方面一方面出台各类旨在加强两岸文教交流的优惠措施；

---

① 《台湾立报》综合报道：《近 3 月大陆学历认证相关大事纪》，《台湾立报》，2003-12-18。

② 纪文礼等：《扁：任内不会承认大陆学历》，《联合报》，2003-12-18。

③ 陈美春：《胡锦涛时期中共对台文化战略与作为研究》，台湾淡江大学国际事务与战略研究所硕士学位论文，2007 年，第 50 页。

④ 中共中央台湾工作办公室、国务院台湾事务办公室：《中国台湾问题：干部读本》，北京：九州出版社，2015 年，第 50 页。

⑤ 《国共两党历史性握手》，《环球时报》，2005 年 5 月 2 日，第 1 版。

⑥ 中国共产党新闻网：《胡锦涛在中国共产党第十七次全国代表大会上的报告》http://cpc.people.com.cn/GB/64093/67507/6429854.html，查阅时间：2018 年 5 月 3 日。

另一方面大力协助民间、高校、文化机构、组织和个人开展多种方式的对台文化教育交流与合作活动。譬如，2005 年 5 月 13 日，中共中央台办主任陈云林在北京宣布，"对在大陆高校就读台湾学生按照大陆学生标准同等收费"，可"享受国家财政补贴和台湾大学生奖学金""放宽台胞在大陆就业的条件，在大陆高校毕业的台湾学生，可以与大陆毕业生一样在大陆就业。"[1]2006 年 4 月 15 日，陈云林在首届两岸经贸文化论坛上受权宣布"认可台湾教育主管部门核准的台湾高等学校学历"。[2]2007 年 4 月 29 日，教育部、人事部、民航总局等负责人在第三届两岸经贸文化论坛宣布"欢迎台湾地区高等院校招收大陆学生""继续向台湾居民开放 15 类专业技术人员资格考试""欢迎台湾学生报考大陆民航院校"等优惠措施。[3]在两岸文教交流活动方面，台湾文化机构、高校、个人、相关中介机构对与大陆文化教育界互动的热情空前高涨，加强与大陆文教交流合作成为台湾文化教育领域一股不可逆转的潮流。

据台湾相关统计数据，自 2001 年起，大陆人士赴台从事文教交流人数持续增加，以台湾当局核准的赴台人次看，从 2001 年的 17434 人次增加到 2007 年的 26642 人次，增加了 52.81%（见表 10-3）。

表 10-3：2001—2007 年大陆人士赴台从事文教交流核准数

单位：人次

项目	2001	2002	2003	2004	2005	2006	2007
文教活动	10446	14270	8723	10938	12315	14775	16226
大众传播	2516	3392	2345	2396	1688	1692	1583
学术科技活动	580	1528	779	685	900	1006	1153
学术科技研究	246	249	176	1084	873	1892	147
产业交流	16	219	350	408	162	153	91
传习民族艺术及民俗技艺	59	37	90	45	58	235	5

---

① 《两岸关系》杂志社:《中台办、国台办负责人宣布 3 项惠及台湾同胞的政策措施》，《大陆惠台政策汇编 2005—2009》，第 5—6 页。

② 《两岸关系》杂志社:《中台办、国台办负责人宣布 3 项惠及台湾同胞的政策措施》，《大陆惠台政策汇编 2005—2009》，第 6 页。

③ 《两岸关系》杂志社:《中台办、国台办负责人宣布 3 项惠及台湾同胞的政策措施》，《大陆惠台政策汇编 2005—2009》，第 17—18 页。

项目	2001	2002	2003	2004	2005	2006	2007
宗教活动	427	681	379	582	512	1154	856
卫生活动	1418	2103	1129	1509	1641	1781	3346
法律活动	141	81	149	79	191	191	202
地政活动	343	708	489	216	124	167	113
营建活动	338	814	659	748	506	673	690
公共工程活动	17	46	30	18	13	133	125
消防活动	30	139	128	157	162	228	113
体育活动	857	971	593	865	1085	1071	1163
社福活动	—	—	72	242	242	439	829

资料来源：台湾"行政院大陆委员会"网站。

注：目前该网站只提供 2001 年以后的相关数据。

这一时期两岸文艺界往来日益密切，力图寻找两岸文化领域交流合作的新突破。两岸艺术交流更加深入，内容更丰富，形式更多样，大陆方面既有国家级大型的文艺团体赴台交流，更有民间社团或组织举办的、地方特色鲜明的文艺团体赴台展演，有力地推进中华传统民间艺术在台湾的传承和发展。其中，尤以闽台特有的民间区域文化艺术交流最为亮眼，仅 2001 年 4 月至 11 月间，福建厦门、泉州等地就有 5 个民间艺术团体赴金门演出，[①] 深受闽南乡亲喜爱的高甲戏、梨园戏、布袋戏、木偶戏等剧种也纷纷应邀赴台。

两岸文学互动领域，除了两岸学者个体交流外，组团赴对岸参访、文学研讨会、文学座谈会、诗歌会、签名会或演讲会等形式陆续出现，两岸文人"以文会友，以诗传情"，共同谱写出新世纪的精彩篇章。两岸体育交流方面，除参访、比赛、担任裁判、举办学术研讨会之外，相互担任教练、讲学、移地训练等方式也逐渐发展起来，[②] 其中，尤需提及的是两岸围绕 2008 年北京奥运会展开的双向交流。2001 年初，中国奥委会主席袁伟民率团访问台湾，

---

① 黄翔：《台海观澜：民间艺术成两岸文化交流的重要桥梁》，中国网，2004 年 5 月 28 日，查阅日期：2018 年 10 月 8 日。

② 陈美春：《胡锦涛时期中共对台文化战略与作为研究》，台湾淡江大学国际事务与战略研究所硕士学位论文，2007 年，第 112 页。

就北京申奥等问题和中国台北奥委会高层人士进行了广泛接触。① 随后两岸围绕奥运这一主题展开的赛事、参访、座谈、志工招募等活动日益增加，还有部分台商紧抓奥运商机到大陆进行体育产业投资。两岸新闻传播领域，越来越多的台湾媒体赴北京、上海、广州等地驻点采访，新华社、人民日报、中央电视台、中央人民广播电台、中新社等也相继获得台湾当局核准在台湾驻点。两岸新闻研讨会、联合采访活动、大学生新闻营活动以及新闻机构之间的业务往来等促使两岸新闻传播交流合作愈加密切。

学校教育方面，随着大陆系列台生优惠政策的出台，来大陆就读的台生日益增多。截至 2007 年 2 月，大陆各级各类高校招收台生 2 万多人，仅 2007 年在大陆就读的台生近 5000 人。② 另有台湾学生以旁听、插班、进修等方式到大陆求学。这其中，大陆高校人文、法律、经贸和中医等专业颇受台生青睐。随着台湾高等教育对大陆开放步伐的加大，大陆高校赴台短期研修的学生逐渐增加，据统计，"2002 年至 2006 年 4 月底，大陆学生赴台进修人数达到 637 人"。③ 以两岸青年为主体的短期交流活动空前热络，2003 年起，由原"闽台大学生辩论赛"更名而来的"海峡两岸大学生辩论赛"连续成功举办；2004 年起，由全国台联主办的"龙脉相传青春中华"千人夏令营成为两岸青年交流的重要平台，2006 年该单位又牵头主办"台湾少数民族青年学生冬令营"。厦门大学举办的"两岸大学生闽南文化研习夏令营"、吉林大学举办的"台湾学生北国风情冬令营"，以及各类青年联欢节、体育赛事等层出不穷，参与人数越来越多，类型更加多样。

以高校教师为主体的两岸教育人士互访频繁。据统计，2001 年至 2005 年间，大陆教育系统赴台交流人数从 3388 人增加到 5696 人；交流项目从 473 个扩大到 743 个，分别增长 68.12% 和 57.08%。其中，高等教育领域赴台交流所占的项目数及人员占了绝大多数。④ 随着对台教育交流局面逐步打开，越来越多的大陆高校与台湾高校建立了较为稳定的校际合作关系，两岸

---

① 兰自力、谢军、骆映、魏宁：《海峡两岸体育交流与合作的历史回顾与前景展望》，《天津体育学院学报》，2002 年第 17 卷第 3 期。

② 崔萍：《两岸教育交流的现状及前景分析》，《统一论坛》，2007 年第 5 期。

③ 曾文昌：《台湾当前大陆教育政策之研究》，台湾政治大学博士学位论文，2007 年第 48 页。

④ 曾文昌：《台湾当前大陆教育政策之研究》，台湾政治大学博士学位论文，2007 年第 48 页。

高等教育交流长效机制初步确立。两岸学术交流合作从以往的经济、法律、文化、历史扩展到人口、环境保护、税收、珠算等多个领域。两岸科技交流合作的技术层次明显提升，台湾科技产业在大陆投资中抢占市场型的投资明显增多。[①]

这一时期，两岸文教交流呈现出"官冷民热"的特点。究其"民热"的原因有二：其一，两岸民众对于文教交流的强烈诉求势不可挡。经过十几年两岸文教互动往来，两岸语言、艺术、民俗、族谱、教育、新闻传播等领域交流已经累积了很好的基础。累积在一定数量基础之上的两岸文教交流之旅，似一场"寻根"之旅，将原本根植于两岸民众心中的中华优秀传统文化从沉睡中唤醒，促使更多民众投入两岸交流大潮中。其二，大陆方面始终秉持主动积极的态度，出台各类鼓励性政策，有效推动了两岸文教交流合作进程。

同时，这一时期两岸文教交流合作一直受到民进党当局鼓吹"台独"和推动"去中国化"活动的影响，发展环境受到"台湾主体意识"的挤压，导致其步伐逐渐滞后于两岸经济交流合作。

五、双向互动快速发展阶段（2008—2015）

2008 年 5 月，台湾政局发生积极变化，陈水扁谋求"法理台独"彻底失败，国民党在台湾重新上台执政，两岸政治互动进入前所未有的新阶段，国共两党、两岸双方在坚持"九二共识"、反对"台独"的共同基础上开创了两岸关系和平发展的新局面。国民党在竞选台湾地区领导人的"政策白皮书"中表示，"将借由扩大两岸学术及教育交流，展布新局，凝聚共识"，表明国民党及其当局对大陆文化教育政策开始朝向松绑、开放的方向发展。

大陆方面，2008 年 12 月 31 日，中共中央总书记胡锦涛在纪念《告台湾同胞书》发表 30 周年座谈会上发表题为《携手推动两岸关系和平发展，同心实现中华民族伟大复兴》的重要讲话，全面系统阐述了两岸关系和平发展重要思想，提出了推动两岸关系和平发展的六点意见，首次提出："我们

---

① 张亚:《1978 年以来海峡两岸文化交流的历史进程和思考》，中共中央党校硕士学位论文，2005 年第 29—33 页。

将继续采取积极措施，包括愿意协商两岸文化教育交流协议，推动两岸文化教育交流合作迈上范围更广、层次更高的新台阶。"①2012年11月，中共十八大报告明确指出："我们要继续推进两岸交流合作。深化经济合作，厚植共同利益。扩大文化交流，增强民族认同。"②

中共十八大以来，习近平总书记在确保对台工作大政方针连续性基础上，准确把握两岸关系发展大趋势，提出了许多更富有创见的对台文教交流新主张和新要求。2015年3月4日，习近平总书记在看望出席全国政协十二届三次会议的民革、台盟、台联委员时强调指出："大陆去台的以闽南地区为主，讲的就是闽南话。血缘相亲，文缘相承。闽南文化作为两岸文化交流的重要部分，大有文章可做。"③习近平总书记的系列讲话深化了两岸文教交流的内涵，强调两岸文化内在的本质联系是无法切断的，是"两岸一家亲"的内在根基，中华文化是两岸共同的财富，两岸都有责任和义务将中华优秀文化传统代代传承下去。

在已有基础上，如何加强两岸文教交流制度化建设成为这时期的重点议题之一。譬如2012年7月第八届两岸经贸文化论坛提出关于加强两岸人文交流、研究两岸文化交流相关协议、营造两岸文化交流政策环境、促进商签两岸教育交流合作协议、深化两岸出版交流合作、加强两岸广播电视领域的机制化交流等共同建议，都与"深化交流、制度保障"密切相关。这些年中，两岸专家、学者在各类学术研讨会或其他公开场合纷纷表达推动签署"两岸文化交流协议"的客观诉求；各界人士在两岸政党交流、政治对话、高层互访、两岸经贸文化论坛等重要活动中，亦广泛和深入地探讨该议题。这些研究和探讨为两岸文教交流的理论与实践营造出良好舆论氛围，国共两党在论坛上形成的有关共识为两岸文教交流实践打下有利基础。

出台更多有利于两岸文教交流的单边政策是实现两岸文教交流制度化建设的重要举措。以教育领域为例，两岸教育主管部门更加积极研拟出台系列规范性和鼓励性政策，加强对两岸青年学生交流合作项目的政策引导与规范

① 胡锦涛：《携手推动两岸关系和平发展 同心实现中华民族伟大复兴——在纪念〈告台湾同胞书〉发表30周年座谈会上的讲话》，《人民日报》，2009年1月1日，第2版。

② 胡锦涛：《坚定不移沿着中国特色社会主义道路前进 为全面建成小康社会而奋斗》，《人民日报》海外版，2012年11月19日，第2版。

③ 王振峰：《以创新思维增强两岸人文交流 厚实两岸发展根基》，http://www.chinanews.com/tw/2015/03-10/7115666.shtml，查阅时间：2018年11月20日。

管理。譬如，教育部发布的《关于内地（大陆）高等学校招收港澳台学生备案工作相关事宜的通知》（2013年4月）、《关于继续做好依据台湾地区大学入学考试学科能力测验成绩招收台湾高中毕业生工作的通知》（2014年5月）以及福建省出台的《关于进一步加强高校学生赴台学习交流管理工作的通知》（2014年4月）等对陆生和台生的培养管理、招生宣传工作等进行了明确的规定。台湾教育主管部门亦出台相关政策对陆生赴台就学的权益、限制等进行说明。海峡两岸所出台的政策和举措对于促进两岸青年学生交流朝向机制化、规范化和常态化方向发展具有积极的正向作用。[①]

在两岸关系朝着积极向好趋势发展的大背景下，在两岸文教交流内在机制化建设推动下，两岸民众、高校、学生及民间团体等对扩大两岸文教交流合作的诉求进一步提升，加之受国际或区域性跨境文化教育发展趋势及两岸文化教育内部改革与发展的影响，两岸文教交流合作持续升温，进入近半个多世纪以来最紧密的时期。据不完全统计，2011年仅经大陆审批的两岸文化交流项目就达到2900起，11000人次。[②]据台湾相关部门统计，2013年经台湾行政主管部门批准的赴台从事文教交流的大陆人士总计高达99124人次（见表10-4）。[③]2015年，以"宗教教义研修""教育讲学""学术科技研究""艺文传习""协助体育国家代表队培训""驻点采访""研修生"等名称申请，并获台湾当局批准赴台从事文教交流的大陆人员数量达到34316人次。[④]

表10-4：2008—2013年大陆人士赴台从事文教交流核准数

单位：人次

项目	2008	2009	2010	2011	2012	2013	合计
文教活动	19946	31894	56420	64091	62200	59168	293719
大众传播	2540	4281	7736	7062	10384	17635	49638
学术科技活动	956	1250	2617	1481	1544	2043	9891

① 张宝蓉、韩晓燕：《2008年以来两岸高校青年学生交流的发展与前瞻——兼对厦门大学两岸青年学生交流的探讨》，《台湾研究集刊》，2015年第6期。

② 李徽：《文化部：文化交流是两岸关系持续发展的重要动力》，中国台湾网，http://www.chinataiwan.org/jl/wh/201210/t20121011_3164075.htm，查阅时间：2012年10月11日。

③ "台湾行政院大陆委员会文教处"：《大陆人士来台从事文教交流核准数》，"台湾行政院大陆委员会"网站，http://www.mac.gov.tw，查阅时间：2013年12月1日。

④ 该数据是指不但获得台湾当局批准而且确实入境的人数。数据引自台湾"行政院"大陆委员会网站。

项目	2008	2009	2010	2011	2012	2013	合计
学术科技研究	162	317	606	376	311	319	2091
产业交流	136	285	261	237	—	—	919
传习民族艺术及民俗技艺	40	113	221	20	2	0	396
宗教活动	1249	2164	4386	2798	1663	1921	14181
卫生活动	5771	11644	14548	16139	13375	9044	70521
法律活动	357	677	1927	1443	1617	1194	7215
地政活动	271	221	465	361	515	476	2309
营建活动	803	2733	7399	4722	—	—	15657
公共工程活动	85	158	208	490	163	10	1114
消防活动	229	244	639	646	772	702	3232
体育活动	1353	1880	2593	3067	2515	2738	14146
社福活动	845	1673	6862	4445	3002	3176	2003
文教项目许可	—	348	237	515	67	128	1295
侨务专业活动	—	—	—	—	111	171	282
藏传佛教活动	—	—	—	—	34	32	66
警政专业活动	—	—	—	—	229	319	548
核能科技及核能学术	—	—	—	—	54	48	102
总计	34743	59882	107125	107893	98558	99124	507325

资料来源：台湾"行政院"大陆委员会网站。

注：因2014、2015年的统计项目分类方式与2013年前不同，故未将相关数据纳入此表格。

两岸教育交流合作方面，学前、初级、中等到高等、职业技术培训等领域交流活跃，除人员往来、团队互访、参赛联谊、缔结姊妹校、学术交流、艺文活动等一般性交流合作方式之外，人才培养、科研合作、校企合作、合作办学等深层次交流合作正在如火如荼地展开，常态化、规模化、制度化、全方位、多层次的多元互动格局逐渐形成。中小学领域，在"欢迎就读、一视同仁、就近入学、适当照顾"政策引导下，大陆各地实施灵活多样的就学模式，构建台商子女入学绿色通道；两岸中小学学术论坛或校长论坛，如"海峡两岸中小学教育学术研讨会""海峡两岸百名中小学校长论坛"成为推进两岸中小学教育教学深度研讨的重要平台。职业教育领域，深度合作如校校合作、校企合作、教师培训、学生交换、专业人才委培、专业技能大赛等项目得到很好的培育和发展，福建和广东两省凭借其便利区位、学术传统、优惠政策、项目创新等条件逐渐成为对台职业教育交流合作先行先试区域，累积了较为丰富、可资借鉴的对台交流合作经验。两岸高等教育领域交流内容丰富，涵盖大陆高校招收台生和向台生推广特色教育；两岸高校学历互认；欢迎台湾高校向大陆招生；促进两岸高校学生赴对岸短期交流交换；推动两岸高校建立稳定校际合作关系；扩大两岸学术交流和教师往来；加强科研创新和课题联合攻关；开展两岸青年学生交流活动等方面。

两岸文化产业交流合作成为新亮点。2011年在台湾举办的"富春山居图"两岸合璧展标志着两岸文化产业双向对接的全面展开，遍及旅游、出版、影视、文博、演艺、动漫、会展、创意产业等领域。[①] 这股热潮既为两岸文化发展带来新契机，丰富了两岸文化的功能和内涵，也为两岸同胞尤其是青年朋友开辟了新的交流合作平台。

两岸文教交流形成品牌。譬如2006年以来两岸隔年轮流举办的"海峡两岸大学校长论坛"、2009年以来开展的"两岸非物质文化遗产月"、2010年两岸启动的"中华语文工具书合作编纂"大型项目、2010年以来两岸高校相互承认学历和招生项目等日渐制度化和品牌化。

两岸文教交流合作因素逐渐融入两岸其他合作领域。这一时期两岸文教交流已经不是一个孤立的领域，而是广泛地融入两岸青年交流、经济合作、企业发展、农业政策、就业创业、社区发展、社团组织、公共服务等领域中。[②]

① 胡惠林：《两岸文化产业合作发展报告（2013）》，北京：社会科学文献出版社，2013年，第16页。
② 张宝蓉：《关于"两岸文化交流协议"的若干问题分析》，《台湾研究》，2014年第1期。

六、双向互动不确定阶段（2016 年以来）

2016 年 1 月，民进党赢得台湾地区新一届领导人和立法机构选举，民进党主席蔡英文当选为台湾地区领导人。民进党及其当局上台后，坚持"台独"立场，拒不承认"九二共识"，不认同两岸同属一个中国，严重冲击了两岸关系和平发展的局面。同时，他们在台湾推动"渐进式台独"活动，利用各种"台独"势力鼓噪"台独文化"，使得台湾文化教育领域"去中国化"进一步升级。譬如，台湾当局推动"新南向"政策时，加强与东南亚、南亚地区文化教育合作，企图淡化、削弱两岸文教交流；通过 12 年"国民"教育高中历史课纲，将原先台湾史、中国史及世界史的分野改为台湾史、东亚史及世界史三大部分，中国历史被全面弱化和边缘化；通过强调台湾"本土"语言、东南亚语言和英语的学习，降低高中语文中的文言文比例等，进一步削弱"国语"地位；撤除台北故宫博物院南院十二兽首陈列，拆除台湾抗战纪念碑等等。蔡英文当局推动"文化台独"活动，矛头直接指向中华文化认同，对中华文化在台湾延续和传承造成不可估量的破坏性影响，对两岸文教交流带来极大破坏，进一步撕裂了两岸文化认同和两岸民众的感情。台湾局势变化致使两岸关系再次陷入紧张状态，两岸文教领域的部分交流活动甚至被迫停止和中断。

面对台湾局势变化，大陆方面坚持一个中国原则，坚持"九二共识"不动摇的同时，坚决反对和遏制"台独"活动，打击台湾方面"去中国化"、鼓吹"台独文化""台独史观"的做法；同时继续秉持"两岸一家亲"理念，推进两岸民间各领域交流合作，包括大力开展两岸民间文化教育交流合作活动。

2017 年 10 月，中共十九大报告强调："两岸同胞是命运与共的骨肉兄弟，是血浓于水的一家人。我们秉持'两岸一家亲'理念，尊重台湾现有的社会制度和台湾同胞生活方式，愿意率先同台湾同胞分享大陆发展的机遇。我们将扩大两岸经济文化交流合作，实现互利互惠，逐步为台湾同胞在大陆学习、创业、就业、生活提供与大陆同胞同等的待遇，增进台湾同胞福祉。我们将推动两岸同胞共同弘扬中华文化，促进心灵契合"。① 习近平总书记的重要论述再次表明中国共产党和中国政府对台湾同胞的关怀和爱护，对两岸同胞交往的高度重视，对继续推动两岸文教交流合作的重视，希望两岸同胞共同弘扬中华文化、促进心灵契合。大陆方面坚定不移推动两岸文教交流合作，在于为台湾同胞谋福祉、办实事，是希望台湾同胞能搭上大陆社会经济发展快车、分享大陆发展机遇的重要体现。

在中央高位引领下，大陆各地各部门继续出台与文教有关的优惠政策，积极开展两岸文教交流活动。两岸学校教育领域，切实保障台生就学权益、促进台生个体成长成为大陆惠台政策重点之一。教育部等六部门于 2016 年 12 月颁布的《普通高等学校招收和培养香港特别行政区、澳门特别行政区及台湾地区学生的规定》中要求：高校应对港澳台学生开展入学教育，帮助其适应生活环境和学业要求；要为港澳台学生适应学业安排课业辅导。同时强调高校要进一步规范招收、培养、管理台生的规章制度，明确要求招收台生的高校应按时为台生注册学籍、统一管理学籍；要为台生建立档案，解决台生毕业后留在大陆工作时的档案管理和使用问题。② 国台办于 2017 年 6 月 14 日举办的新闻发布会上宣布，从 2017 年秋季学期开始，财政部和教育部将为在大陆就读的台生增设具有较高荣誉性质的奖学金项目。③2017 年 10 月起，台湾高中生参加"学测"成绩达到均标级即可免试入读大陆高校。这些政策的出台，在台湾岛内引发一股赴陆求学新高潮，越来越多台湾高中生选择西进大陆就读。同时，在物质激励力度持续加大的惠台青年就业创业政策吸引下，2016 年以来越来越多台生毕业后选择留在大陆发展。同时，大陆高校继续搭建各种对台青年学生交流合作平台，组织学生赴台湾高校短期研修、驻点研究、参访交流，也积极吸引台湾青年学生赴大陆交流参访。

两岸文学艺术领域，2016 年 7 月，两岸首部由戏迷表演的高清实景歌

① 《决胜全面建设小康社会 夺取新时代中国特色社会主义伟大胜利》，《党的十九大文件汇编》，北京：党建读物出版社，2017 年，第 38—39 页。

② 内地（祖国大陆）高校面向港澳台招生信息网：《教育部等六部门关于印发〈普通高等学校招收和培养香港特别行政区、澳门特别行政区及台湾地区学生的规定〉的通知》，http://www.gatzs.com.cn/gatzs/pz/zcfg/201701/20170109/1578637873.html，查阅时间：2017 年 3 月 15 日。

③ 刘洁研等：《在大陆就业台湾居民将享有住房公积金、社保等权利》，http://news.youth.cn/gn/201706/t20170614_10067326.htm，查阅时间：2017 年 6 月 30 日。

仔戏连续剧《望春风》在厦门开机;[①] 两岸音乐人共同创作、演唱的《中华大花园》正式上线,为"海峡组合"曲库再添新作;[②] 两岸艺术家作品展、少儿美术作品展、青年艺术展、书画作品展、诗歌节、文学研讨会、朱子文化节等纷纷登场。新闻传播领域,两岸媒体和新闻界人士更加积极作为,在努力营造反对"台独"舆论氛围同时,对新媒体领域互动进行有效探讨和尝试,并在两岸新闻人才联合培养方面做出努力。

受到台湾局势及台湾当局的干扰,这一时期的两岸文教交流,两岸有关方面互动与民间互动非均衡性加剧,表现为大陆方面更加积极主动,台湾当局消极防堵,入岛交流受阻。

第二节　40 年两岸文教交流发展的基本特征

40 年来两岸文教互动经历了从艰难起步到双向交流,从跌宕前行再到冲破重重阻力向前发展的过程,而且受文化自身以及两岸关系变化等多重因素影响,有时甚至陷入迂回、反复的困境中,但终能在 2008 年之后顺应两岸大交流趋势,朝着积极向好的方向发展。2008 年至 2015 年间,随着两岸关系和平发展进程的推进,两岸文教交流与合作的程度、范围、领域、层次等明显扩大,进入半个多世纪以来最快速、最热络、最紧密的时期。但是随着 2016 年民进党在台湾重新执政,两岸关系再次面临挑战和风险,两岸文教交流遇到新的阻碍和困难。在这种变局中,大陆方面坚定不移地推动两岸文教交流合作,两岸同胞正在争取文教交流合作取得新成果。

两岸文教交流内容广泛,形式多样,各领域都取得丰硕的成果,对发扬光大中华文化起到积极促进作用,在增强台湾民众的中华文化认同、凝聚两岸民众情感、增进两岸民众互信等方面的效用更是不容忽视。具体而言,两岸文教交流发展呈现出如下特征。

---

① 国台办:《两岸戏迷福建厦门开机　合拍实景歌仔戏》,http://www.gwytb.gov.cn/lajlwl/lawhjl/201608/t20160815_11538060.htm,查阅时间: 2018 年 5 月 3 日。

② 国台办:《两岸音乐人携手歌唱中华大花园》http://www.gwytb.gov.cn/lajlwl/lawhjl/201607/t20160715_11510519.htm,查阅时间: 2018 年 5 月 3 日。

一、两岸文教交流发展势头强劲

40 年来，两岸文教交流合作如同一道"润滑剂"，在两岸关系从紧张对峙到缓和改善，至和平发展过程中起到重要的调节和促进作用，并成为两岸关系发展的重要组成部分。在很多关键的历史时刻，两岸文教交流甚至扮演着极为重要的"排头兵"角色，率先拉开两岸交流中的一扇门，为新一阶段两岸关系发展注入新鲜活力。譬如，1987 年之后短短几年掀起的两岸交流热潮，都与"台生赴大陆求学""大陆记者赴台采访""台湾体育人员赴大陆参访"等文教交流议题密不可分。2008 年以来，随着两岸高校学历互认和相互招生进程的开启，越来越多青年学生投身到两岸交流热潮中，成为两岸关系和平发展的生力军。2016 年以来，两岸文教交流在复杂政治形势下奋力前行，既是维系两岸同胞友好往来的重要载体之一，更是台湾同胞洞察中国大陆新时期快速发展的重要窗口，其发展势头依旧迅猛。

两岸文教交流的强劲发展与其坚实的社会支持基础密不可分，也与其在两岸关系和平发展中的重要地位和作用密切关联。多个调查数据显示，两岸民众对于文教交流的正向评价不容忽视。譬如张宝蓉及其课题组于 2013 年作了一次"当前台湾民众对于开展两岸文教交流的意愿与满意度"的电话民调，结果显示，将近 80% 的受访者认为两岸文教交流合作对两岸关系和平稳定发展有所帮助，因而赞同加强两岸文化教育领域的交流合作。2012、2013 年，张宝蓉连续开展的"在台湾高校就读陆生学习状况"问卷调查亦发现，有 40.78% 和 46.74% 的大陆学生认为他们赴台交流学习能对两岸关系发展产生"积极影响"和"一定的正面影响"。可见，作为继台商、大陆配偶、大陆游客之后的两岸交流新兴群体——陆生对文教交流促进两岸关系和平发展前景普遍抱持着积极乐观的态度。张宝蓉于 2015 年至 2016 年在台湾岛内开展的一项调查结果再度显示，多达 64.27% 的被调查者即台湾青年亦认为加强与大陆交流合作对两岸关系和平发展具有"积极影响"和"一定正面影响"。[①]

---

① 张宝蓉:《两岸教育交流与青年发展研究》，北京：九州出版社，2017 年，第 210 页。

二、两岸文教交流保持传承和弘扬中华文化的主线

两岸文教交流为传播和弘扬中华传统文化，遏制台湾岛内"台独"文化蔓延起到积极作用。中华文化是两岸同胞共同的宝贵财富，是维系两岸同胞民族感情的重要纽带。在不同政治生态和社会制度中发展起来的两岸文化，虽然内涵及表现形式等存在差异，但都不离中华文化这一根本，是中华文化在不同时代、地区的具体丰富和发展，是中国人依靠勤劳、智慧等传统美德创造出来的物质产品和精神产品的集中体现。大陆方面在推动两岸文教交流中一贯坚持以传承和弘扬中华文化为两岸文教交流的主线。

两岸文教交流40年，所覆盖到的中华文化内容丰富，既有历史文化也有两岸现当代文化；既有两岸文化，也有海外华人文化；既包括基础层次的文化，也包括制度和精神价值观层面的文化。40年来，两岸文化在互通有无、取长补短基础上，明确将传承弘扬和发展中华文化尤其是中华传统文化作为重中之重，通过交流，促使两岸物质文化遗产和非物质文化遗产、工艺美术、书法艺术、文学经典、中医中药、中华传统节庆文化，宗亲文化、宗教民俗、体育运动等中华传统文化在现当代继续扎根、生长，让越来越多两岸民众尤其是青年朋友认识和了解中华传统文化精髓，并在交流合作中催生出新的适合时代发展潮流的文化创意产品。同时，鼓励台湾同胞积极参加"中华文化走出去"计划，为在世界舞台上弘扬和传播中华文化积蓄力量。正所谓"生生不息，以至无穷"。同时，两岸文教交流对维护台湾同胞的中华民族认同、中华文化认同，为台湾民众反对和遏制"台独"势力、"台独文化"、"台独史观"和"去中国化"发挥不可替代的作用。

三、两岸文教交流是两岸民众增进相互了解、拉近心理距离的载体

两岸文教交流始终是两岸交流中的一股"热流"，是两岸民间社会交流的重要组成部分。两岸同胞同属中华民族，都受中华文化哺育，都传承着中华文化，都有着开展两岸文教交流的需求。因此，从1979年以来的40年中，

虽然两岸关系跌宕起伏，但两岸文教交往始终持续进行，覆盖衣食住行、文学艺术、科技学术、学校教育等领域，在两岸民间社会交往中发挥的效益倍加彰显，对于增进两岸民众相互了解、消弭隔阂、化除偏见、增进感情起到重要作用。以两岸青年学生为例，自两岸青年学生交往以来，越来越多的青年学生到对岸读书或求学，实习或就业，恋爱或结婚，社会实践或服务，甚或长期生活与定居，用青春与热情谱写出一个个扣人心弦的故事，用特有的风情和亚文化样态画就了两岸关系中一道道亮丽的风景线，已经成为两岸民间社会交往中一股不可或缺的新生力量。两岸宗教民俗、族谱对接、宗教文化交流往来更是化解宗教隔阂、维系两岸民众亲情、祖源的重要平台。

从学理角度看，两岸越来越多的专家学者通过质性或量化研究方法对参与两岸文教交流的特定群体展开研究，证明"适当的人际交流与接触，确为降低偏见、化解刻板印象的重要关键"，[①]"交流有助于化解群际刻板印象或不友好态度，并建立双方友好新关系"，[②]"两岸民众因为接触，缩短其社会距离，使得共同工作及通婚的意愿更高"。[③]可见，交流是弥合误解、消除偏见的良方，合作是化"干戈为玉帛"、实现两岸民众共荣发展的关键，唯有交流合作，方能实现"心灵契合"。

四、两岸文教交流中的经济功能日趋彰显

两岸文教交流为两岸经济互动往来增添多元动力。随着两岸文教交流的不断深化发展，文化的产业属性和经济功能日趋彰显，尤其是影视制作、图书出版、体育文化、艺术展演、娱乐休闲、文化创意、网络文化等逐渐成为两岸文教交流新的增长点。这些领域的交流合作为两岸民众提供了多元丰富的文化产品和服务，也为探索文化产业的区域联动发展打下基础。影视制作

---

① 耿曙、曾于蓁：《中共邀访台湾青年政策的政治影响》，《问题与研究》，2010年第49卷第3期。

② 周祝瑛、刘豫敏、胡祝惠：《两岸大学生交流之回顾：1992—2012》，《教育资料与研究》，第110期。

③ 杨开煌、刘祥得：《社会接触及政治态度影响台湾民众对大陆印象、认知、政策评估之影响》，《远景基金会季刊》，2011年第12卷第3期。

方面，近十几年来，随着大陆电视剧产业的繁荣发展，大陆电视剧大批量进入台湾，这些电视剧为台湾民众带来丰富视觉享受的同时，更为版权引进方创下丰厚的广告收入。一批又一批台湾影视演艺人员来大陆发展，真正分享到大陆广阔市场带来的红利。体育文化产业是台商来大陆投资的重要领域，包括体育场馆建设、体育用品、运动健身器械、时尚运动、体育休闲旅游、体育培训服务等方面。譬如，曾任国际奥委会资深委员的吴经国先生在支持北京申奥成功之后，于 2004 年 9 月 8 日投资兴建"厦门国际网球中心"。[①]随着科技的发展，两岸文创产业的合作势头越来越好，市场资源整合能力越来越强。

此外，两岸文教交流不断催生两岸新兴流动群体，为两岸关系发展及文教交流经济功能的彰显提供源源不断的人力支持。多年来，两岸文教交流持续发展，但也存在"重参访联谊、轻人才培养""重短期效益、轻长远效应""重项目落实、轻制度建构""重经验介绍推广、轻资源共建共享"等问题。2008 年以后，两岸文教领域在继续已有交流合作方式的基础上，大幅度转变观念，努力寻找新的互动空间以克服路径依赖带来的局限性，解决存在的问题，逐渐把互动重心转移到重人才培养、重长远效应、重制度建构、重资源共建共享上来。由此，也逐渐催生出一些新兴的两岸文化流动群体，譬如，台生、陆生、创客、青年台商等。这些群体中多数是既掌握特定专业知识又熟悉两岸社会的人才，他们终将成为两岸文教关系持续发展及制度化的重要人力资源和智力支持。

五、两岸文教交流在发展中走向制度化

在特定条件下尤其是 2008 年至 2015 年，在国共两党与两岸有关部门共同推动下，两岸文教交流中大陆"单方面开放"的非均衡互动局面逐步被打破，两岸文教交流合作制度化发展迈入新阶段。两岸各级文化教育主管部门之间开始以适当名义和身份开展定期或不定期协商会议，双方就两岸文教互

① 陈少坚、谢军、林晓英：《闽台两地体育文化及其交流现状和发展前瞻》，《体育科学》，2006 年第 26 卷第 7 期。

动中存在的各类事务和特定议题展开探讨。两岸专家学者及社会各界在两岸政党交流、海协会与台湾海基会协商、高层互访中，在两岸经贸文化论坛、海峡论坛、两岸文化论坛、两岸大学校长论坛、两岸中小学校长论坛以及其他专题研讨会中，就两岸文化教育互动中的一些重要或紧迫的议题展开讨论，为两岸文教制度化进程提供智力支持。

这时期海峡两岸尤其是大陆搭建了各种各样的两岸文教交流基地、中心或平台，为两岸文教交流制度化发展提供了前提保障。这些基地、中心或平台涉及文化创意产业、非物质文化传承发展、书画创作、戏曲艺术、档案史料、宗教民俗、宗亲族谱、体育文化、学校教育、影视传媒等多个文化领域，成为推动两岸文教交流常态化和制度化交流的重要支点。同时，两岸相关部门也积极出台各类有关文化教育交流合作的法规性或指导性文件，为双方制度性互动往来奠定良好政策基础。以两岸学校教育交流、两岸高校学历互认和相互招生为例，大陆方面出台的政策已涉及对台招生、学历认可、奖助学金、台生就学成本、台生就业、陆生赴台、高考成绩认定、台生健保等。台湾当局在两岸高校学历互认、招收陆生、短期交流、学生互换、合作办学、奖助学金等方面的政策制定也有突破性进展。再比如两岸新闻驻点、联合采访、新闻采风等方面的相互开放政策，两岸图书、出版交流政策，两岸文艺展演、文创赛事等交流政策，两岸影视制作、综艺节目交流等政策，都取得了很大进展。

上述政策为推动两岸文教交流起到了重要作用。虽然这些政策都是单边政策，缺少双边沟通和协商，但是就客观的效果而言，为两岸文教交流制度化发展打开了重要窗口，尤其是大陆方面秉持积极主动态度之下出台的惠台文教交流政策，更是为两岸文教交流发展提供了积极的政策支持。

2016年之后，虽然台湾当局恶意阻挠和干预，但大陆方面积极为两岸民众做实事、谋福祉的初衷不受动摇，持续加大两岸文教交流力度，搭建更加多样的交流合作平台，出台更加普惠性的惠台文教交流政策，使得两岸文教交流制度化发展得以继续前行。

第三节　两岸文教交流中的几个问题

在两岸关系发展进程中，文化教育始终扮演着重要的角色。两岸文教交流合作是两岸关系的重要组成部分，对台湾民众的中华文化认知、历史认同、两岸政治认知等产生重要影响。但在各种内外部因素的综合作用下，持续深化两岸文教交流尚存在诸多困难，将来也面临几大重点建设任务。

一、持续推动两岸文教交流的困难所在

台湾政治生态文化、两岸文教交流功能定位不明、两岸文教交流主体的差异化诉求、文化自身的复杂性和多功能性、两岸文教交流协议面临的困难等，是持续推进两岸文教交流的主要障碍。

首先，民进党当局推行两岸文化分离政策对两岸文教交流造成严重损害。民进党两次执政都奉"台独"立场为圭臬，以此作为制定文化教育政策的准绳，伙同各种"台独"势力鼓噪"台独文化"和"台独史观"，推行文化"去中国化"活动，企图磨灭台湾民众的中国意识和中华民族认同、中华文化认同，割裂两岸同胞的历史联系和文化纽带，竭尽所能培植"台独"思潮及其社会基础。2016年5月蔡英文就任台湾地区领导人之后，民进党当局延续着陈水扁时期的文化教育政策，在岛内持续推动两岸文化分离意识，面对台湾民众尤其是年轻世代赴大陆求学、就业创业和交流意愿的持续增强，不惜祭出"四个方向八大战略"的"反制"措施，其中"优化就学就业强化留才揽才""强化文化影视产业""提升学研人才奖励""提升国际能见度与加强发展影视产业"等"反制"措施都直接指向两岸文教交流领域，试图以此阻止两岸交流热潮。民进党持续推行两岸文化分离政策，导致两岸文教交流合作很难取得新进展，两岸文教交流制度化进程直接受阻，陈水扁执政时期的"官冷民热"现象重新上演。两岸关系再度紧张使得部分文教交流活动被迫中断，文教往来甚至陷入"迂回停滞"的困境。长此以往，势必会对数十年来两岸

建构的多元互动格局造成极大负面影响，对两岸文教关系发展造成严重损害。

其次，台湾民众的两岸文化关系认知变化对两岸文教交流影响加剧。中华文化在台湾枝繁叶茂，台湾文化是中华文化的延续发展和具体体现，是中华文化的组成部分。1945 年台湾光复后，国民党恢复并强化中华文化认同建构，将原本根植于台湾民众心中的中华文化印记如血缘、语言、观念及行之已久的风俗习惯等从沉睡中唤醒。但是，20 世纪 80 年代"本土化"浪潮的兴起，以及 20 世纪 90 年代之后，李登辉、陈水扁推行"去中国化"，使得长期以来台湾民众以中华文化为主体的认同秩序逐渐崩塌，"台湾文化是一种多元的海洋文化，中华文化是台湾文化中的一部分"这一命题逐渐被广大台湾民众尤其是台湾青年一代所接受，并认为这是理所当然的。台湾学者陈陆辉以定群追踪的方式，针对台湾地区的大学生进行随机抽样的调查研究结果显示，受访者在 2012 年回答何谓"我们的文化"各选项比例，与时隔三年即 2015 年的调查结果差异不大，高达 86% 的被调查者认为"我们的文化"指"台湾文化"，认为"我们的文化"是"大陆加台湾文化"的仅为 12%，认为"我们的文化"是"大陆文化"或"中华文化"的都不足 1%。[1]显然在他们的意识中，两岸文教交流是"两种独立文化形态"之间的互动往来。台湾民众对两岸文化关系认知发生扭曲的情况下，两岸文教交流无可避免地显得更加敏感，会遇到很多内在的困难。

再次，两岸文教交流容易被台湾某些政党及政治人物操弄成政治化议题。以两岸高校学历互认为例，1997 年的"大陆地区学历检核及采认办法"因"戒急用忍"政策的推行而延宕。2008 年以后两岸重启高校学历互认一事再度沦为岛内不同政党处理两岸错综复杂政治关系的角力场，最终以"三限六不"政策作为政治妥协的结果。2016 年之后，民进党当局将文教交流作为处理两岸关系的筹码，视大陆方面出台的惠台政策为"统战""挖墙脚"，对台生赴大陆求学、大陆学者赴台湾交流等采取防备措施，负面回应和掣肘大陆方面所颁布的惠台政策。

此外，两岸双方的文教政策缺乏相互的认可和协调是制约深化两岸文教关系的重要因素。两岸对文教交流功能的定位有共同点，也有不同点，而且

---

[1] 陈陆辉：《"我国"大学生政治社会化的定群追踪研究 I》，2014 年，第 58 页，https://srda.sinica.edu.tw/srda_freedownload.php?recid=2264&fileid，查阅时间：2019 年 5 月 2 日。

文化在一定程度上也是一种意识形态，属于上层建筑范畴，较之经济基础，受政治影响更大。在两岸尚未统一、两岸政治分歧问题大多尚未得到解决的情况下，两岸双方的文教交流政策多是单方面的。

2008 年 12 月，大陆方面表示愿意协商两岸文化教育交流协议。此后，大陆有关方面一再呼吁这一协商。而且随着两岸文教交流快速发展，两岸文化界、教育界推动商签文化教育交流协议的呼声不绝于耳。但是台湾当局始终不愿意启动两岸文化教育交流协议的商谈。2016 年民进党上台以来，台湾当局拒不承认"九二共识"，不认同两岸同属一个中国的做法，破坏了两岸商谈的政治基础，导致两岸商谈中断，就更谈不上商签两岸文化教育交流协议了。

当然，文化自身的复杂性与多功能性也是造成两岸文教交流无法深度开展的原因之一。文化内涵和外延相当丰富和复杂，两岸不同文化领域进展水平、互动情况不一，对于推动两岸交流合作的迫切性要求不同。同时，文化是一个多功能的体系，具有传播、教化、认知、创造等功能，文化自身的多功能性，[①] 将使两岸文教交流发展更加复杂，充满更多挑战。此外，文化自身的复杂性与多样性、两岸对于交流诉求的差异性也在一定程度上导致两岸文教交流的非均衡性。

二、推动两岸文教交流的重点任务与具体内容

虽然两岸关系错综复杂，台湾政党多次更迭，两岸文教交流发展进程面临着内外部环境的诸多挑战，但是大陆方面以及广大两岸同胞，将会继续坚定不移推动两岸文教交流合作。这样做是增强两岸文化教育融合发展的内在诉求，是确保两岸关系和平发展方向的客观要求，是在两岸互动中各自建构积极的文化身份、增强对两岸文教发展及彼此关系理性认识和把握的必然路径，是营造两岸民众"零距离沟通"和"面对面生活"的全新文化教育生态环境的最佳选择。

---

① 张宝蓉:《关于"两岸文化交流协议"的若干问题分析》,《台湾研究》,2014 年第 1 期。

正是因为继续推动两岸文教交流具有如此的重要性，大陆方面就不会因为台湾政治生态变化、两岸文教交流中出现一些问题，就否定两岸文教交流发展的大方向，而会尽量为两岸文教交流提供稳步推进、良性互动的两岸关系发展大环境。具体而言，当前及今后一段时间持续推动两岸文教交流包括如下重点任务和具体内容。

首先，弘扬中华传统文化，坚决遏制和反对"台独"，始终是重中之重。在今后两岸文教交流中，应始终将反对和遏制"台独"，批驳"台独史观""台独文化"和"去中国化"作为重点任务之一；要在两岸文教交流过程中强调台湾是中国固有的领土，阐释中华文化是台湾文化的母体，台湾文化是中华文化的丰富发展，台湾历史是中国历史的一部分，强调台湾与大陆同属一个中国的历史和现实；更要突出坚持中华民族情怀，坚持传承和弘扬中华文化的主线，阐释两岸同胞同属中华民族、都是中华文化的传人，阐释"两岸一家亲"，共同为推动两岸关系和平发展而努力。

其次，创新两岸文教交流合作内容和形式，提升中华文化的显示度和竞争力，是两岸文教关系发展之主线。对于已有的两岸共同文化内核要在互动中不断提升其品质、丰富其内涵，并在国际舞台上加以联合推广，提升显示度和竞争力。同时，积极鼓励两岸民众尤其是青年群体不断开发、创新新的文化元素，尤其是贴近两岸地域特色、民众心理诉求和文化审美情趣的文化产品，增强嵌入式交流和体验，以丰富两岸文化教育发展之内容。在形式上，还要突破传统实体性、面对面的交流合作方式，建立线上和线下联动、境内和境外互动的多维交流合作空间，实现两岸文教交流合作的广覆盖和可持续。

第三，在两岸交流合作中推动文化自觉和文化自信，探寻两岸文教关系发展内在规律。文化自觉是指人们"在对自身文化有'自知之明'的基础上，要充分了解其他文化及其与自身文化的关系"，以"中华民族多元一体格局"来建立"和而不同"的文化关系和文化自信。[①] 文化自觉是文化自信的前提，文化自信是文化自觉的必然结果。对于两岸文教关系的发展而言，文化自觉意味着两岸文教交流合作要遵循文化教育自身发展规律，以"求真""求善""求美"为旨趣，以中华文化本源为依归，共同探寻和了解中华文化之于

---

① 费孝通：《文化自觉 和而不同——在"二十一世纪人类的生存与发展国际人类学学术研讨会"上的演讲》，《民俗研究》，2000年第3期，第12—13页。

其他文化的相对独立性和自主性。文化自觉也意味着两岸文教交流要始终秉持相互理解和包容、尊重差异的态度，营造和而不同、美美与共的和谐发展图景，持续扩大交流合作广度和深度，在实现两岸民众文化寻根之旅上、在增进两岸民众文化认同乃至祖国和平统一大业上做出应有贡献。

第四，持续丰富两岸不同文化教育领域的交流合作内容。在语言文字领域，持续加强两岸汉语言文字的交流合作，重视两岸汉语言文字表述中的共同点和差异之处，在两岸联合编著《中华语文大辞典》基础上，紧跟语言文字发言新趋势，共编两岸常用语或生活用语对照工具书；推进两岸闽方言（闽南语、客家话）的研究和普及，联合收集和整理闽方言相关资料文献，设立闽方言知识信息资料库，并与台湾相关专家学者共同编写乡土语言教材，推动闽台民众共同语言文化认知和历史记忆的形成。

在文学艺术领域，提倡通过工作坊等方式加强两岸现当代文学作品的专题性研究，活跃两岸作家尤其是青年作家的互动往来，加大两岸文学作品的联合推广和布展；加强两岸艺术教育交流，联合培养具备创新思维和跨文化视野的艺术人才，共创富含中华传统文化特色且具备高度国际竞争力的艺术精品。

在新闻出版领域，持续加大两岸新闻媒体的交流合作，优化媒体环境，去芜存菁，真正发挥传统媒体对于社会舆论的正向导引作用；将新媒体合作作为两岸文教交流的全新突破口之一，加强微视频、微电影、网络直播、在线问答等新媒体形式在两岸交流中的运用，加强两岸新媒体从业者的交流互动力度。

在体育文化领域，将体育竞技和交流作为增强两岸同胞情感和提升中华民族凝聚力的桥梁和纽带，维持两岸体育界的团结、和谐、稳定，联合抵制"台独"势力以任何理由和借口干预体育交流，加大两岸体育产业如体育服务业、体育文化产品、体育产业冠名与赞助、体育产业融投资等方面的交流合作，共创互利双赢新格局。

在文化创意产业领域，大陆要充分发挥市场潜力大、文化资源丰富等优势，加大与台湾文化创意产业的交流合作，吸收台湾文化创意产业发展经验和注重文化创意产品创新性、生活性、品牌性等优点，与台湾文创人才共同开发富有中华文化特色和民族精神的文创作品，将闽南文化、客家文化、移民文化、乡土文化等作为两岸文创作品重要创作元素，促进具有核心竞争力的文化企业集团和知名品牌的建立。

在学校教育领域，持续加强两岸各级各类学校教育交流合作，拓展两岸社会教育、家庭教育等交流合作渠道，实现两岸教育共荣发展。将中小学教育交流合作作为重点之一，推动两岸中小学语文、历史和社会教科书、中华经典教育教材（如《两岸中小学国学简义》）、祖地文化教材（如《图说闽台文化》）等的编写和出版；加强两岸中小学教师课堂教学观摩和教学教法研讨，组织两岸中小学师生共同参与到两地的教育实践或综合社会实践活动中，搭建形式多样的涉台中小学教育基地，使两岸社会经济发展的最新信息、两岸关系和平发展的成果能在最大程度上被两岸中小学生了解和认可，尽最大可能减弱、消除"去中国化"对台湾青少年的危害。面对当前台湾中小学语文和社会教科书与课纲的"去中国化"问题和"台独史观""台独文化"造成的严重危害事实，要想方设法予以反对、批驳和抵制，尤其要有针对性地加强两岸中小学教师的深度交流，鼓励更多的大陆中小学和台湾中小学"结对子"，建立合作伙伴关系，在交流中深化对中华文化的认识和弘扬。持续加强两岸职业教育交流合作，加强闽台职业证照考试与检定制度的沟通、借鉴与对接，实现两岸职业院校的联合办学，搭建多元的职业教育实习实训基地，建立两岸区域性职业教育合作联盟，为地方经济发展提供强有力的技术人力支持。充分发挥高等教育在两岸教育交流合作中的引领作用，积极调动青年学生尤其是陆生和台生在两岸关系和平发展进程中的"正能量"功效，切实关心他们的个人发展，为他们的求学、就业创业等提供更好的政策便利条件，同时，鼓励他们实现利益共享，让两岸青年因共同的旨趣联接在一起，在交流合作中培植共同价值理念，从而提升交流的成效。重视两岸海外华文教育的合作交流，推进海外汉语教学，联手建立全球华文教育信息平台，联合培养中华传统文化教育和传播的人才，联合举办"汉语周"，搭建各类汉语教育线上线下平台，协同开发适合海外使用的华文教材和工具书等。

在商签两岸文教交流协议受阻的情况下，可以由大陆有关方面研拟"两岸文教交流合作行动计划"，提出两岸文教交流应遵循的基本原则、合作目标、交流功能、合作措施、管理机构设置、主要合作内容和领域、争议解决与内容变化等基础性问题的意见，为两岸文教交流提供方向。

在已有两岸文教交流基础上，在两岸民众的合力推动下，两岸文教交流必将带动两岸同胞携手弘扬中华文化，共同助推中华文化发展繁荣和中华民族伟大复兴。

第十一章
两岸社会交往

两岸社会交往，主要是指两岸民众直接往来和以社会界别出现的交往活动。两岸社会交往是两岸关系中最有活力的部分，它既为两岸关系发展起到探路、突破的作用，又直接而强烈地受到两岸关系起伏的影响。两岸社会交往是由每个个体之间互动构成的，是一个日常生活的领域，是一个微观的世界。当两岸关系越走越近的时候，两岸社会交往构成的微观世界就融进两岸各自的社会生活中，发挥深刻的渗透力、影响力。两岸社会交往是两岸关系的重要组成部分，是两岸关系发展的重要桥梁和纽带，对化解两岸同胞认知差异、增进互信和融洽感情具有不可替代的作用，是夯实两岸关系发展社会基础的重要支撑，是推动两岸关系发展的重要途径。

第一节　两岸社会交往发展历程

一、两岸社会交往从隔绝到互动（1979—1986）

从 1949 年到 1979 年，海峡两岸处于隔绝状态，人民没有往来，双方音讯不通，亲人不得团聚。早日打破隔绝的藩篱，实现人民团圆，是两岸同胞共同的愿望、热烈的期盼。

1979 年 1 月 1 日，全国人大常委会发表《告台湾同胞书》，郑重宣示了争取祖国和平统一的大政方针，提出各方面积极措施，推动两岸关系发展。其中包括"希望双方尽快实现通邮通航，以利双方同胞直接接触，互通讯息，探亲访友，旅游参观，进行学术文化体育工艺观摩。"[①] 这时台海地区紧张形势开始逐渐趋向缓和，但是由于台湾当局实行"不接触、不谈判、不妥协"的"三不政策"，仍然禁止台湾民众与大陆交往。这种逆时势而动的政策割不断两岸同胞的亲情，两岸社会交往还是以间接的、迂回的方式发展起来。1984 年的下半年，多家台湾主要报纸报道了大陆经济体制改革的情况，虽然毁誉参半，但都承认大陆农村改革的成功、人民生活水平的提高、城市改革也正在开始。1984 年，有台湾学者在台湾媒体上发表专栏文章，直指

---

① 《中华人民共和国全国人民代表大会常务委员会告台湾同胞书》，《人民日报》，1979年1月1日，第1版。

两岸往来的议题："(大陆)各省市普遍设有专门工作机构，提倡通信、通邮。亲眷会面不论是从台湾经海外到大陆，或是由大陆到海外与亲人会晤，均给予特殊方便。……所以近几年来，'三通'不断扩大，亲眷海外会面，由台秘返大陆探亲后再返来，遂不断增加"。①

1985 年之后，冲破台湾当局禁令到大陆探亲的台湾民众越来越多。1986 年，台湾著名话剧导演赖声川的经典作品《暗恋桃花源》在台北上演，这出直接反映外省人特别是 1949 年随蒋介石到台湾的国民党老兵飘零故事的作品引起轰动。随后，部分国民党老兵走向街头，发起了老兵返乡探亲运动。1986 年 5 月 3 日，台湾中华航空公司 B198 号货机机长王锡爵，驾机由曼谷飞往香港途中，转而在广州白云机场降落，震惊海内外。只为回家的王锡爵在北京对记者说："希望海峡两岸今后常往来，可以回来看看自己的亲人。"1987 年中央电视台春节联欢晚会上，费翔演唱了一首《冬天里的一把火》。他因此成了首位回到大陆并上了央视春晚的台湾歌手。虽然在大陆一夕成名，但在当时台湾的政治氛围下，费翔此举却被视为"叛逃"。1987 年 9 月，台湾《自立晚报》记者李永得、徐璐突破台湾当局禁令绕道来大陆采访。大陆方面也在 1987 年初，特地为"偷跑"回乡探亲的台胞提供各项服务。2 月 26 日，北京市台湾同胞接待办公室问讯处开始办公。次日，上海台湾同胞接待站建成。

台湾民众和社会各界要求回大陆探亲、旅游和与大陆开展经济文化交往的呼声越来越高，强烈要求台湾当局改变政策，对大陆开放。台湾一些民众已经冲破台湾当局限制，通过各种途径回到大陆探亲访友。从 1979 年大陆方面实行和平统一政策到 1987 年台湾当局开放台湾民众来大陆探亲前，台湾同胞来大陆累计 4 万人次。这些都表明，打破两岸隔绝状态、开启两岸交往已成大势所趋。

① 《1987，两岸开放元年》，中国网，http://www.china.com.cn/overseas/txt/2007-11/13/content_9221959_2.htm，2007 年 11 月 13 日。

二、两岸社会交往在隔绝状态结束的新起点上逐步发展 (1987—1999)

1987 年 10 月 15 日，台湾当局宣布开放部分台湾居民到大陆探亲，规定除"现役军人及现任公职人员外，凡在大陆有血亲、姻亲、三亲等以内的亲属者，得登记赴大陆探亲"。①10 月 16 日，国务院办公厅发布《关于台湾同胞来祖国大陆探亲旅游接待办法的通知》。11 月 7 日，"台胞探亲第一人"周纯娟女士在上海虹桥机场落地，然后再回到她阔别多年的家乡江苏常州。至此，自 1949 年以来长达 38 年之久的两岸隔绝状态结束了，两岸民间交往开展起来。

就在台湾当局宣布开放探亲的三天后，回乡心切的人潮把原本冷冷清清的台湾红十字组织挤得水泄不通。10 月 17 日当天，3000 多张寻人表格和 3000 多张通信表格几乎被索取一空。两岸媒体也为探亲潮推波助澜。10 月 20 日，台湾《民生报》以"大陆亲人在找你"为题，首次刊出了 100 名大陆同胞的寻亲启事。11 月 2 日，《人民日报》海外版开辟《寻亲人》专栏；为台胞到大陆探亲旅游服务的《探亲与旅游》节目，在"海峡之声"广播电台开播。11 月 16 日，"第一个公开回大陆探亲的台胞"周纯娟女士，走进了江苏常州婆罗巷 17 号的一个普通院子，离家时只有 17 岁的她，一别家乡已经 40 年。从此，台湾民众到大陆探亲、旅游、求学、经商、工作与居住，两岸社会交往也从泛泛游览逐渐发展为各种交流活动，规模不断扩大，层次和范畴都有所拓展。进入 90 年代后，在台湾民众进一步呼吁及大陆方面敦促下，台湾当局再次放宽限制，扩大范围，简化手续，台胞赴大陆的"探亲热""旅游热""投资经商热"有增无减，各种考察团、观光团、访问团络绎不绝。

台湾当局在开放台湾居民赴大陆探亲后，也逐步允许大陆居民赴台探亲和参加一些交流活动，但速度很慢，对范围也有很多限制。台湾当局 1988 年首次开放大陆民众赴台探病、奔丧，1989 年开放"海外杰出人士"赴台，随后陆续开放大陆民众赴台探亲和科技及其他人员赴台。1992 年 7 月，台

---

① 《国民党中常会已通过有关方案 同意开放台湾居民到大陆探亲》，《人民日报》，1987 年 10 月 15 日，第 1 版。

湾当局制定"台湾地区与大陆地区人民关系条例"（"两岸人民关系条例"），规范台湾与大陆人民经济、文化等往来，并处理衍生之法律事件。该条例与"台湾地区与大陆地区人民关系条例施行细则""大陆地区人民来台从事商务活动许可办法""大陆地区人民来台从事观光活动许可办法"等，构成台湾当局处理两岸往来事务的法规体系。台湾当局还以所谓的"国家安全"为由，对两岸交往作了许多限制，对两岸关系发展产生恶劣影响。1993 年初，台陆委会通过"大陆地区人民进入台湾地区许可办法"和"大陆地区人民在台湾地区定居或居留许可办法"及其数额表。新规定对大陆人员赴台除原有探病、奔丧和探亲外，还包括赴台参加国际性会议或活动及台湾有关主管部门举办的两岸交流会议、参观访问、采访、拍片、制作节目、文教交流，运回骸骨、人道主义探视以及诉讼等活动。台湾当局逐步放宽对大陆居民赴台限制，两岸交往由单向逐步发展为双向。

但是，台湾当局迟迟拖延开放大陆居民赴台旅游，使得大陆人员赴台人数很有限，也使两岸人员交往极度不平衡。例如，大陆人员赴台 1988 年不到 1000 人次，1990 年达 5000 人次，1992 年超过 1 万人次，1994 年累计有 7 万余人次。同期，台湾赴大陆人员 1988 年 45 万人次，1990 年达 89 万人次，1992 年 131 万人次，1994 年累计 115 万人次。

两岸社会交往开始后，扩大了两岸人民往来规模，促进了两岸经济文化交流，同时也产生了大量事务性问题。各种民事行为大量出现，例如婚姻、遗产继承、收养、捐赠、购建房屋、社会保险等。大量台湾居民来大陆，衍生出治安、殡葬或求学、定居、就业等事务。对此，大陆有关方面做了大量工作，维护和促进两岸社会交往。公安、海关等部门先后制定了一系列关于出入境、边防、海关监督、卫生检疫等规定。旅游、交通、民航、铁路、卫生、财政、商业、物价等部门分别制定了接待台湾同胞的服务措施和优惠政策。针对涉台婚姻、涉台遗产继承和台胞购建房屋、捐赠、定居、丧葬等，各有关部门也先后制定了管理政策和规定。许多地方建立了台湾同胞接待站，许多沿海地区也建立了台湾渔民接待站，为台湾同胞提供服务。虽然台湾当局禁止大陆居民赴台旅游，但大陆旅游界也积极开展工作，为台湾居民来大陆旅游提供更好服务，同时也加强与台湾旅游界的沟通。1996 年底，中国旅游协会成功地对台湾进行了访问，与台湾旅游、交通、航空、景区等业界人士接触，深化两岸旅游发展的共识。从 1997 年起，每年都有大陆十多个省区市旅游协会应邀前往台湾进行交流访问，开展市场推介、产品营销等一系列活动。特别是自 1998 年起，每年年初中国旅游协会联合台湾六大行业协会，分别在大陆一些旅游城市共同主办海峡两岸旅行同业联谊会，成为两岸旅游业界规模最大、影响最为广泛的盛会，为两岸旅游业界提供了交流机会，直接推动了双向业务合作。[①]

从 90 年代初开始，台湾当局领导人李登辉逐步背弃一个中国原则，进行制造"两个中国"的分裂活动，使两岸关系骤然紧张。1995 年，美国政府不顾中国政府反对，同意李登辉以所谓"私人身份"访问美国康奈尔大学，李登辉借机散布"两个中国"的分裂言论，致使两岸关系出现严重危机。1999 年 7 月，李登辉公开抛出"两国论"分裂主张，再次使两岸关系陷入严重危机，两岸社会交往有所紧缩。

三、两岸社会交往在两岸关系紧张动荡中开辟前进道路 （2000—2007）

2000 年，台湾首次政党轮替，民进党上台执政。民进党当局坚持"台独"立场、拒不接受一个中国原则和"九二共识"，导致两岸商谈中断，台海形势紧张动荡，两岸关系发展经历严峻考验。在两岸社会交往方面，民进党当局多次炒作所谓大陆清查"绿色台商"和"绿色艺人"事件，打压有志于推动两岸交往的台湾有识之士，一直以种种借口阻挠两岸直接"三通"，限制两岸各领域交流合作。陈水扁于 2002 年提出"一边一国论"分裂主张后，严重危害两岸关系发展，阻碍了祖国和平统一进程，同时加剧了台海形势紧张动荡，影响了两岸各领域交流合作的宏观环境。大陆方面对"台独"逆流进行了坚决斗争，并取得重大成果；同时提出新的主张，力促两岸关系继续发展。

中共十六大召开以后，随着对台湾情况的认识逐步深入，大陆方面更加重视两岸民众对经济文化社会交往的需求，全力推动两岸各项交流，进一步为两岸同胞交往提供方便，依法保护台湾同胞一切正当权益，努力帮助台湾

---

① 曾志兰：《海峡两岸旅游交流：进程、瓶颈与展望》，《亚太经济》，2007 年，第 2 期。

同胞解决在大陆投资经商、就业就学以及生活中的困难。特别是，针对两岸交流出现的新情况新问题，出台相关灵活、务实的政策，而且更多关注台湾民众切身利益。一系列惠台政策涉及投资、贸易、农业、旅游、港航经济等多个领域，受益面从大企业集团到中小企业、农渔业者乃至个体工商业者，几乎涵盖台湾各阶层群体。除了经济领域，大陆方面在推进两岸社会文化交流方面也出台了很多利好政策，包括针对台商眷属、台生、台湾人才赴大陆求职就业等，并设立海峡西岸经济区及厦门、平潭实验区，发挥对台交流合作的先行先试作用。

由于两岸直接"三通"尚未实现、两岸之间无法空中直航，台商和一些台湾知名人士提出两岸春节包机构想，期望以此缓解大陆台商春节返乡一票难求、辗转周折的困难。大陆方面考虑到广大台商的切身利益，以特事特办方式促成 2003 年首次两岸春节包机实施。但是，由于民进党当局限制，当年两岸春节包机须中停港澳，并只允许台湾航空业者单飞和单向载客，大陆航点仅上海一地。2003 年 1 月 26 日清晨，台湾中华航空公司客机从台湾起飞，中途经停香港，于上午降落上海浦东机场，随后接载 222 名返乡台商及眷属经香港国际机场返抵台湾。这次包机是 54 年来台湾航机首次合法在中国大陆机场降落和起飞。从 1 月 26 日开始到 2 月 10 日止，六家台湾航空公司共计 16 架次飞机执行了台商春节包机。

随着 2003 年台商春节包机完成，两岸有关方面继续商谈于 2004 年春节再办包机直航的可能性。但由于民进党当局阻挠，2004 年春节包机未能成行。2005 年 1 月 15 日，两岸有关方面同意以"双向对飞、多点、不中停第三地"的方式实施春节包机，两岸航线第一次实现双向飞航，成为两岸往来的一个突破。

这一时期虽然两岸民间交往已 20 年，但由于民进党当局阻挠，却仍停留在自发、零散的阶段；在人员交往数量上，仍有三分之二即 1500 万台湾民众从未到过大陆，而去过台湾的大陆民众在总人口中所占比重更是少之又少。

四、两岸社会交往开启新局面（2008—2016）

2008 年 3 月，大陆方面取得反对"台独"斗争的阶段性胜利，国民党赢得新一届台湾地区领导人选举，台湾局势发生积极变化，两岸关系迎来从长期紧张动荡走向和平发展的转折点。大陆方面从全局和战略高度把握台海形势，作出一系列重大决策部署，争取开创两岸关系和平发展新局面。国民党当局也有意改善和发展两岸关系。国共两党、两岸双方坚持在"九二共识"、反对"台独"的共同政治基础上建立互信，共同推动两岸关系和平发展。这一时期，两岸交往蓬勃发展，形成了全方位、宽领域、多层次的格局和形式多样、内容丰富、参与广泛的大交流态势。

2008 年 6 月 12 日，海协会与台湾海基会在"九二共识"基础上恢复了中断 9 年之久的制度性协商。两会人员围绕两岸周末包机、大陆居民赴台旅游进行平等协商并达成共识。13 日上午，两会签署《海峡两岸关于大陆居民赴台湾旅游协议》和《海峡两岸包机会谈纪要》。这两份协议促成了大陆居民赴台旅游，推动了两岸空运直航，为推进两岸社会交往发挥了重要作用。

两会签署大陆居民赴台旅游协议，双方正式实施大陆居民赴台旅游，是两岸隔绝状态结束以来，两岸人员往来的又一重大突破，从此开启了真正意义上的两岸人民双向往来。此后，两会通过换文，确认大陆居民赴台旅游由最初首批开放的 13 个省，逐步扩大到所有省、自治区、直辖市；降低旅游团人数下限，增加在台湾停留时间；将每日旅游配额上限由 3000 人逐步提升为 4000 人、5000 人；2011 年 6 月起开放大陆居民赴台个人游。

在两岸空运通航方面，两会签署两岸包机会谈纪要后，于 2008 年 11 月 4 日签署了《海峡两岸空运协议》《海峡两岸海运协议》。2009 年 4 月 26 日，签署了《海峡两岸空运补充协议》。在此期间，两岸之间开通周末包机之后，再扩大为平日包机，后转换为空中定期航班，实现了两岸航空运输业务正常化，大大方便了两岸民众往来，也大大促进了两岸人民交往。

自 2008 年 7 月开放大陆居民赴台旅游以来，大陆居民赴台旅游呈直线增长态势，特别是 2011 年 6 月 28 日启动赴台个人游，进一步助推大陆民众赴台旅游热情。大陆居民赴台旅游人数从 2008 年的 5.5 万人次增加到 2015

年的 350.15 万人次，稳居台湾入境旅游市场第一位，成为台湾入境旅游首次突破 1000 万人次大关的最大动力。两岸直航自 2008 年 7 月实施。直航之初，确定了北京、上海（浦东）、广州、厦门等 16 个客运包机航点和台湾桃园、高雄、台中、台北等 8 个航点，且双方每周七天共飞不超过 108 个往返班次，每方各飞不超过 54 个往返班次。随着两岸经济和文化交流的不断增多，台湾飞大陆直航航点也在不断增加。例如，2013 年 3 月后两岸直航班次将从每周 558 班增至 616 班，且台湾飞航大陆航点将从 41 个增加到 54 个，超越香港的 40 个航点，成为亚太地区进入大陆的重要门户。同时，两岸各方每月有 30 班不定期旅客包机，每周有 20 班季节性不定期旅客包机。到 2015 年每周两岸航班达到 890 班。为两岸民众交流提供了极大的便利。

两岸人员往来常态化是两岸关系和平发展的基本要求，也是两岸关系保持稳定发展的动力所在。推动两岸社会交往有利于促进两岸同胞开展多层次、多领域的合作与交流，打开心结，化解隔阂，增进认同，共同推进两岸关系和平发展。

五、两岸社会交往进入紧缩期（2016—2019）

2016 年 5 月蔡英文就任台湾当局领导人，执政后不仅拒绝确认"九二共识"这一体现一个中国原则的共同政治基础，而且以各种方式推进所谓"国家正常化"，使得两岸联系沟通机制停摆，两岸关系在多个领域呈现对抗发展。

在政治上，民进党当局一再冲击两岸关系和平发展的底线，蔡英文在各种场合宣称台湾"是一个'国家'，一个'民主国家'"[①]、强调"台湾绝不会接受一国两制"[②]，甚至指责大陆"加剧军事紧张局势，恶化台湾'国际空

---

① 2016 年 7 月，蔡英文接受《华盛顿邮报》专访时明确声称"台湾'政府'不太可能违反民意，去接受对方设的（承认'九二共识'的）期限。"批评美国政府自 1979 年后"不公平地"将台湾定义为"政治实体"，宣称台湾"是一个'国家'，一个'民主国家'"。
② 陶本和:《蔡英文 1169 字回应习近平：拒不接受九二共识》，ETtoday 新闻云，2019 年 1 月 2 日，https://www.ettoday.net/news/20190102/1637422.htm。

间'"①。台陆委会发文污蔑"一国两制"和"九二共识"是"毒药",宣称大陆惠台政策是糖衣炮弹。高雄市长韩国瑜访问大陆,竟被陆委会负责人陈明通批为"只要温饱跟猪狗禽兽没差别"。

在两岸社会交往上,民进党当局更是"罚、查、限"各种手段并用,从各个方面阻挠和收缩两岸交流。2016年蔡英文上台以来,已向从事两岸交流交往的台湾居民开出多张罚单:2017年5月,台"金融监督管理委员会"声称台湾永丰金控旗下香港子公司等因"违法"接受陆资委托下单投资大同企业股份,且涉入大同经营权,限期陆资6个月出清大同股份并开罚60万元新台币;2017年11月,注销中国共产党十九大台籍代表卢丽安及其家人户籍;2018年9月1日起大陆开放申办"港澳台居民居住证",台陆委会表示,将推动修订"台湾地区与大陆地区人民关系条例",规定领有居住证人民需向主管机关申报,未申报者计划将罚款;2018年12月30日,台"内政部"指在厦门海沧区社区工作的几位台胞违反"两岸人民关系条例",处10万新台币罚款。

蔡英文执政后,两岸关系和平发展受到严重破坏,两岸社会交往遭受"寒冬"。两岸交流人数,特别是大陆赴台交流人数大幅下滑。如,文教交流总人数每年不过2万—3万人次,其中2016年入境数33885人次,2017年为27168人次,2018年21938人次,2018年比2016年减少约11000人次,平均每年减少5500人次,降幅比例在20%左右。在文教交流中,艺文传习、协助体育(中华台北)代表培训、教育讲学三项内容几乎停滞没有交流。

尽管民进党当局祭出各种"绿色恐怖"措施,短期也许会起到寒蝉效应,让一些台湾民众退缩前行,但它阻止不了两岸交往的大势。高雄市长韩国瑜发出"我没在怕"的吼声,新党新媒体群召集人苏恒批民进党为了一己之私,不惜将台湾人民困死在台湾,用法律机器来整肃异己。台湾高校师生赴大陆交流的热情没有因这些困顿而熄灭,不少人以社团的身份申请来大陆交流,不少热心两岸交流的人士在自媒体平台宣传大陆高校招生、青创、文创的信息。从事两岸交流的人数越来越多,赴大陆就学的年轻人越来越多,愿意担任大陆政协委员、参与大陆地方建设的人数越来越多,这说明民进党当局借修订"两岸人民关系条例"处罚台湾民众、阻挡两岸交流是不得人心的。

---

① 陶本和:《蔡英文华府智库演说全文》,ETtoday新闻云,2019年03月28日。

1979 年到 2019 年 40 年间，两岸社会交往形成了全方位、宽领域、多层次的格局。两岸社会交往的 40 年，是两岸同胞风雨同舟、携手共进的 40 年，是两岸同胞共同利益扩大、亲情日趋浓厚、"两岸一家亲"理念深化的 40 年，也是两岸同胞不断共同推进两岸关系的 40 年。尽管有起起伏伏，有潮起潮落，尽管处在短暂的低潮期，处在一时的困顿中，但是两岸社会交往的大势已形成，是任何力量都阻挡不了的。

第二节　40 年两岸社会交往的主要特征

一、两岸人员往来规模持续扩大

两岸人员往来是经济、文化、社会交流的载体，而两岸经济、文化、社会交流又扩大了人员往来的规模。从 1979 年到 2019 年，两岸人员往来规模呈直线增长。特别是 2008 年至 2015 年间，两岸双方在坚持"九二共识"、反对"台独"的共同政治基础上推动两岸关系和平发展，形成两岸大交流的新格局后，两岸人员往来呈现规模扩大、层级提高、渠道拓展、快速平稳的发展态势，不论是规模之大还是领域之宽都是世界上少见的。从 1987 年两岸隔绝状态结束至 2019 年，两岸人员往来总数达到 13514.16 万人次，其中台湾居民来大陆 10539.32 万人次，大陆居民赴台湾 2974.84 万人次。两岸社会大交流新局面的形成，发挥了融洽同胞感情的积极作用。

表 11-1：两岸人员往来一览表

年份	台胞来大陆（人次）	增长率（%）	大陆居民赴台（人次）	增长率（%）
1987 年	46679	—	—	—
1988 年	446000	863.8	8545	—
1989 年	551800	20.4	—	—

年份	台胞来大陆（人次）	增长率（%）	大陆居民赴台（人次）	增长率（%）
1990 年	890500	66.8	—	—
1991 年	946632	4.8	9005	—
1992 年	1317770	39.2	10904	21.1
1993 年	1526969	15.9	14615	34
1994 年	1390215	−9	17583	20.3
1995 年	1532309	10.2	42180	139.9
1996 年	1733897	13.2	65205	54.6
1997 年	2117576	22.1	56570	−13.2
1998 年	2174602	3.7	78423	38.6
1999 年	2584648	18.9	103977	32.6
2000 年	3108643	20.3	102933	−1
2001 年	3440306	10.7	122198	18.7
2002 年	3660565	6.4	138981	13.7
2003 年	2730891	−25.4	124616	−10.3
2004 年	3685250	34.9	144526	14.2
2005 年	4109188	11.45	159938	10.58
2006 年	4413238	7.4	207650	29.8
2007 年	4627881	4.86	229877	10.7
2008 年	4367594	−5.6	278712	21.2
2009 年	4483865	2.66	935505	235.7
2010 年	5140554	14.65	1661877	77.64
2011 年	5263014	2.38	1844980	11.02
2012 年	5340194	1.47	2630212	42.56
2013 年	5161290	−3.31	2915093	10.86
2014 年	5365882	3.96	4045048	38.76
2015 年	5498615	2.47	4357469	7.72
2016 年	5747652	4.53	3646150	−16.3
2017 年	5872723	2.49	2909690	−20.2

年份	台胞来大陆	增长率	大陆居民赴台	增长率
	（人次）	(%)	（人次）	(%)
2018 年	6136084	4.58	2918973	0.51
累计	105393230		29748402	

数据来源：国台办网站[①]

自 1987 年两岸隔绝状态结束、两岸交流开启以后，台湾居民回大陆探亲数量逐步增多，1988 年 44.6 万人次，1992 年两岸交流由单向发展为双向时达 131 万人次，2007 年达到 462 万人次，20 年间增长了 10 倍。2008 年 5 月国民党重新上台执政后，两岸双方在"九二共识"基础上重启协商，海协会与台湾海基会于 6 月进行重启协商后的第一次会谈，签署协议，开启了两岸包机直航和大陆居民赴台旅游。此后，两岸人员往来数量增长更为迅猛。

随着 2008 年 7 月大陆居民开始赴台旅游、2008 年 12 月两岸空运直航启动，大陆赴台旅游人数涨势迅猛。2011 年 6 月大陆方面启动赴台个人游后，据台湾有关部门统计，2011 年大陆游客总共约 130 万人，自由行（个人游）比率占约 6.9%。随着大陆经济不断发展，人民收入水平提高，成为大陆居民赴台旅游人数不断增加的关键因素。

2008 年两岸人员往来总量 464.7 万人次，2014 年达到 941.1 万人次，较 2013 年同比增加 16.52%，再创历史新高，其中台湾居民来大陆 536.6 万人次，大陆居民赴台 404.6 万人次，大陆居民赴台旅游达到 322 万人次，同比增加 47%。两岸人员往来和经济文化等领域交流不断深入，两岸人员往来总数由 2008 年前的 464.7 万人次增至 2015 年的 985.6 万人次，大陆赴台人数由近 27.9 万人次升至 435.7 万人次；台湾居民来大陆每年 400 万人次以上。

2016 年民进党在台湾上台执政后，拒不承认"九二共识"、不认同两岸同属一个中国，破坏了两岸关系和平发展的政治基础，也恶化了两岸关系气氛，大陆居民赴台旅游人数减少。据统计，2016 年，大陆居民赴台 364.62 万人次，比 2015 年减少 71.13 万人次，其中大陆居民赴台旅游人数首次出现下降；台湾居民来大陆 573 万人次，比 2015 年增加 30 万人次。2017 年

---

① 国台办网站 ,http://www.gwytb.gov.cn/lajlwl/rywltj/201805/t20180524_11958157.htm

大陆赴台旅游人次为 291 万，跌破 300 万大关，跌幅高达 20.2%，跌至 2013 年的水平。而 2018 年赴台旅游的大陆游客为 291.9 万人次，与上一年度基本持平。民进党当局一系列挑动两岸对立的言行，导致两岸交流气氛持续恶化，影响了大陆游客赴台旅游的意愿。

尽管民进党当局和"急独"势力蓄意制造敌意对抗、阻挠两岸民间交往，但台湾同胞来大陆发展热情依旧。习近平总书记在《告台湾同胞书》发表 40 周年纪念会上指出要"深化融合发展"，充分展示新形势下扩大两岸民间交流、深化融合发展具有强劲动力。两岸人员往来，有利于两岸同胞增进了解、减少隔膜、融洽感情，有利于争取台湾民众对两岸关系和平发展的认同与支持，有利于凝聚"两岸一家亲"意识、强化台湾同胞的中华民族认同。

二、两岸社会各界广泛深入交往

自 1979 年两岸关系解冻，特别是 1987 年两岸交往开始以来，两岸人员往来和经济文化等领域交流合作逐年增多、日趋活跃，交流形式日渐多样，交流渠道不断拓展，从中形成了特色鲜明的社会各界交往。

（一）两岸工会交往

两岸职工和工会组织是推动两岸关系发展的重要力量，也是两岸关系发展的受益者。不断巩固和发展两岸关系成果，特别是推动两岸经济合作，促进两岸经济共同繁荣，符合两岸职工切身利益，是两岸职工和工会的共同期盼。和谐的劳动关系是发展两岸经济合作的必要条件，是经济发展的内生动力，也是职工群众共享经济发展成果的重要保障。共同推动构建和谐劳动关系，促进两岸经济繁荣发展，造福两岸职工，是两岸职工和工会共同的责任。在两岸交流合作潮流中，两岸职工和工会交流应运而生。

海峡两岸工会论坛自 2006 年开始举办，以促进两岸工会交流合作为出发点，成为两岸工会交往的有效机制。两岸工会围绕"和平、发展、工人权益""三通与工会作用""国际金融危机与工会作用"以及"两岸经济合作与工会作用"等主题，进行广泛交流和深入研讨，使两岸职工和工会交流合作跨上了新台阶。在此基础上，两岸工会创新交流形式，打造海峡职工论坛、两岸青年工会干部联谊会等交流平台，建立海峡两岸职工交流基地，举办海峡两岸工会干部研讨会等，进一步推动两岸基层职工大交流。

2008 年 5 月以后，在两岸关系和平发展的局面下，在海峡两岸工会论坛和海峡职工论坛的推动下，两岸职工和工会交流合作蓬勃展开。两岸工会和职工往来多达近千个团队、2 万余人次，通过举办展览、研讨、文体交流、技术比赛等活动，有效增进了两岸职工感情，推动了职工共享经济社会发展成果。以 2011 年为例，大陆各级工会有 110 个团队、共计 1612 人次赴台交流访问；台湾也有 30 多个团队、1500 多人次赴大陆参访。2017 年海峡职工论坛的台湾青年职工占比 30%，基层职工占比 83%。

多年来，两岸工会界秉持"两岸一家亲，造福两岸职工"的理念，取得了许多实质性的交流合作成果。2009 年 2 月，福建省工会代表团与台湾总工会签署交流协议书，正式建立两会之间的交流合作关系。福建省 9 个市、县总工会与台湾市县总工会建立了常态交流机制，实现闽台工会人员往来交流常态化；连续成功举办五届海峡职工论坛和八届"6·18"海峡两岸职工创新成果展，以及两岸职工文化节、职工书画展、职工闹元宵等活动，既加强了闽台工会和职工的感情交流，也推动了两岸经济社会发展。2016 年 3 月 1 日，福建平潭两岸职工交流中心在平潭综合实验区揭牌，这是两岸工会和职工深化合作的又一实质成果，也是扩大交流的又一平台。2012 以来，来闽参访交流的台湾工会界、劳工界代表共 79 批次、3110 人次，福建各级工会组织赴台参访交流 49 批次，1046 人次。

两岸职工文化体育交流日益发展。两岸文化界围绕闽南文化开展了广泛而深入的文化交流活动，成为增进两岸文化认同的重要手段。2006 年以来，在香港、台湾、厦门举办数场"同根海峡情深"音乐会，得到业界的积极评价。厦门市总工会发出倡议，台湾的工会组织组织队伍前来参加一年一度的国际马拉松赛事；两岸职工信鸽比赛开展了二十余年。厦门卫视、"闽南之声"、《台海》杂志等媒体经常报道两岸工会及职工交流的情况，甚至对重大活动同步直播。"海峡职工论坛""海峡两岸职工创新成果展""平潭两岸职工自行车赛""闽港澳台职工书画摄影联展"等已成为两岸工会交流的品牌。这些文化交流活动，增进了两岸文化同根同源的广泛认同，丰富了两岸职工文化娱乐生活，增进了两岸职工情谊。

两岸工会在交流中互相学习、取长补短，发挥了保障职工权利的作用。例如，台湾面临长期照护问题，大陆面临养老问题，两岸工会交流就注重借鉴彼此先进经验和有益做法，加强这方面的交流。再例如，2016 年，台湾总工会来大陆交流的重点是职业训练，他们针对大陆一些地方女职工没到退休年龄就下岗的情况组织培训，教她们一技之长。

两岸工会在维护职工合法权益方面取得积极成效。2009 年，厦门市总工会开风气之先，正式吸收台资企业飞鹏公司 12 名台籍员工加入工会，改变了长期以来在大陆工作的台籍员工无法参加台湾工会组织也不能参加大陆工会组织的状况。在此基础上，厦门市总工会通过飞鹏企业工会等试点运作，积极探索台资企业工会主席直选模式。全市有数名台企工会主席当选市总工会委员。同时，首次将台籍人士纳入五一劳动奖章评选表彰范围，5 名台籍人士获得市五一劳动奖章光荣称号。2018 年 2 月，国台办、国家发改委等 29 个部门联合出台《关于促进两岸经济文化交流合作的若干措施》，明确台湾同胞可报名参加 53 项专业技术人员职业资格考试和 81 项技能人员职业资格考试，为台湾职工开启到大陆就业的便利管道，为台湾同胞在大陆工作提供权益保障。

（二）两岸青年交往

随着两岸隔绝状态被打破，教育领域交流的开展，两岸青年交流即开展起来，并且不断扩大管道与规模，拓展层次和范畴。大陆各级青联组织与数十家台湾青年社团、学校建立了交流合作关系，开展了富有成效的交流活动。[①] 两岸青年交流大致有论坛对话型、交换学生型、旅游参访型、特殊主题型以及网络论坛互动。许多校际之间举办了各种夏令营、冬令营和比赛活动，前者例如著名的东亚研究型大学协会学生夏令营、全国台联台胞青年千人夏令营等等，后者有各种两岸知识竞赛和项目众多的体育比赛。此外，台湾少数高校也逐步在暑期大批量地将学生送到大陆高校进行小学期（暑期学校）的学习活动。[②] 从 2000 年开始，海协会、台联、台盟、宋庆龄基金会以

---

① 《邓亚萍：两岸发展新进程为青年交流提供难得机遇》，中国台湾网，http://www.chinataiwan.org/xwzx/bwkx/201006/t20100620_1419150.htm，2010 年 10 月 6 日。

② 夏雯震：《浅谈海峡两岸青年交流现况》，青年文化评论，http://m.ycreview.com/node/216，2013 年 12 月 10 日。

及各个综合大学多管道地推动台湾大学生来大陆参访、交流、联谊，取得相当大的进展。2010 年 6 月，第八届海峡青年论坛在厦门举行，两岸青年欢聚一堂，把两岸青年交流推向新高潮。两岸 21 家青联社团负责人签署了 10 个交流项目，涉及大陆 11 个省市和台湾 10 家青联社团。2011 年 7 月 12 日，中共中央总书记胡锦涛在北京人民大会堂参加两岸万名青年大交流主题联欢活动，亲切看望两岸青年朋友，与大家共同领略中华传统文化魅力，共同展望两岸关系和平发展前景。2015 年 8 月在福州举办的第二届海峡青年节，吸引两岸 1800 多名青年参加。大陆高校招收台湾学生实现成倍增长，提高了台湾学生奖学金的金额和获奖比例，2018 年有近 3 千名在大陆高校就读的台湾学生获得奖学金，占在校台生总数的四分之一。2019 年，招收台湾学生的高校新增 20 所，为台湾学生到大陆读书提供了更多机会。

从 2015 年开始，大陆有关方面相继出台了一系列支持和鼓励台湾青年来大陆就业创业的政策措施，搭建一批有特色、条件相对成熟的两岸青年创业就业平台，陆续建设了 20 多个两岸青年创业基地。如福建自贸试验区厦门片区的两岸青年创业创新创客基地、深圳中芬设计园的海峡两岸青年创业基地、上海（金山）的台湾中小企业产业园暨海峡两岸青年创业基地、温州的海峡两岸青年创业基地、福州的海峡两岸青年创业孵化中心等。目前已经设立 70 多个海峡两岸青年就业创业基地和示范点，为台湾青年创业创新提供辅导培训、融资支持、资源对接等专业服务。[1] 这些基地允许台湾青年创业者以个体工商户身份且无需外资备案进驻；对办公场所、创客空间等的装修改造给予补助，并从开办补助、住房补贴、租金补贴、贷款担保补贴等方面予以支持；创业基地叠加国家、省及当地对台扶持政策，有力地吸引台湾青年到大陆创业，分享大陆广阔市场。同时，各地方还相继针对台湾青年出台了一系列优惠和鼓励政策。

两岸青年交流实现了多次跨越，呈现出加速发展的态势。一是交流面向宽。以前大多是台湾学生来大陆参加交流活动，2008 年两岸关系走向和平发展之后，大量大陆青年也赴台参加交流活动。两岸高校之间签订交流协议，以及台湾"陆生三法"的通过，都表明两岸青年交流实现了从单向走向双向

---

① 《刘结一主任在 2019 两岸青年交流合作北京峰会开幕式上的致辞》，国台办网站，2019 年 5 月 5 日，http://www.gwytb.gov.cn/wyly/201905/t20190505_12162002.htm。

的发展。二是主题多样。两岸青年交流从零散交流到定期互访再到品牌活动，运作已经项目化、机制化、常态化，为两岸青年提供了丰富的活动产品。三是规模不断扩大。从华东、华北到西北，从东南沿海发达地区的厦门、杭州，到中原大地的河南，再到西南边疆的云南、贵州等省市，两岸青年交流的足迹遍布祖国大江南北，遍地开花。两岸青年交流涵盖经济、文化、工作、创业等方面。两岸青年交流，增进了彼此友谊，增强了台湾青年对中华文化的认同感，产生了积极作用。

（三）两岸妇女交往

两岸妇女界交流从 20 世纪 90 年代初即已开始。自从 1997 年大陆第一个妇女代表团访问台湾以后，两岸妇女交往管道更加通畅，形式也愈加多样化。多年来，全国妇联和大陆各地妇联组织以中华文化为纽带，以亲情、友情、姐妹情凝聚人心，不断扩大与台湾妇女团体和各界妇女交往，联系越来越紧密，往来越来越频繁，合作越来越广泛，使两岸妇女交流蓬勃发展。2006 年 9 月，来自台湾 21 个市（县）的 700 余名妇女到大陆参加全国妇联组织的海峡两岸妇女系列交流活动，在北京、上海、福建、四川、广东、陕西等地开展主题参观和联谊活动。其中，140 多位台湾知名妇女人士和妇女团体代表还在上海亲历了一次"东方明珠之旅"。

2008 年以来，北京市妇联组织赴台妇女代表团共 24 个，出访人数约 247 人次。接待台湾地区来访团组共 26 个，473 人次，始终保持较为密切联系的女性组织 13 个。同时，还与台湾地区的重要妇女组织建立往来长效机制。与台湾知名儿童教育机构功文文教基金会保持了 16 年的友好往来，每年互访并共同举办了 24 届"海峡两岸家庭建设和亲职教育学术研讨会"。

上海市台联与台湾妇女精英联盟及其他民间妇女组织长期合作，从 90 年代开始每年都在上海举办台湾大学生夏令营，并逐步邀请中小学生参加，规模从几十人发展到一二百人。自 2010 年起创设"沪台妇女文化周"，每年在两地轮流举办。此外，还多次组织摄影作品展、沪台女创客专题论坛、家庭变迁专题论坛、沪台女校长专题论坛等。2011 年在台北国际花博会期间，上海市妇联与台湾妇女会联合举办了"花开台北·海派女性风采展"，即第一届沪台妇女文化周。第六届沪台妇女文化周 2016 年 9 月 6 日在上海举办。

文化周以传承、弘扬中华文化为基础，以亲情、友情、姐妹情为纽带，通过多层次交流活动，推动两地各领域、各群体女性交往，成为两岸妇女交流合作的成功典范。在首度举办的沪台女校长论坛上，沪台女校长沙龙揭牌为两岸女校长之间搭建联络互动、增进情谊的平台，从而推动两岸校际交流合作。在"沪台女创客论坛"上，"上海女性创新创业空间"揭牌成立。最近几年，上海各区县妇联与台湾市县妇女组织、专业群体的对口合作项目正在拓展，妇女儿童维权、对特殊妇女儿童和家庭的帮扶项目正在研究中深入。在多年交流中，双方逐步形成了一些比较好的机制，比如互访机制，女企业家、女农民等交流机制，大陆配偶、沪台大学招学和毕业生等特殊人群关心机制等。① 针对"31 条措施"，上海还把在沪生活工作的优秀台籍女同胞纳入三八红旗手等评选范畴，在 2017—2018 年度上海市三八红旗手评选中有 4 名台籍女同胞入选。

福建省妇联自 1998 年首次组团赴台开启闽台妇女交流大门以后，发挥福建与台湾的"五缘"优势，依托海峡妇女论坛、两岸家庭联谊等载体，与台湾中华妇联、中华妇女会总会等数十个妇女团体建立了密切联系。2014 年，福建省妇联与省发改委、省台办联合制定《巾帼圆梦行动——福建省妇联对台工作五年计划》，提出做优海峡妇女联谊、家庭联谊和儿童联谊"三大品牌"，做实妇女组织、产业、团组和乡镇"四项对接"，做好闽女台胞、涉台婚姻家庭和女台胞参与社会管理"三个服务"，创建 50 个闽台妇女合作发展基地、50 个海峡儿童联谊交流基地等目标任务。经过 5 年的持续努力，全省妇联系统共促成 389 对闽台家庭和 68 对闽台基层妇联组织结对，104 家协会和企业签约，创建了 51 个闽台妇女合作发展基地、57 个海峡儿童联谊交流基地，邀请台湾各界妇女 146 批 3628 人次来闽交流，组织各界优秀妇女 45 批 219 人次赴台交流访问。②

作为大陆台商投资企业最密集、吸引台资最多的城市之一，苏州与台湾妇女的交流与合作非常密切。2017 年 3 月，吴中区妇联在苏州两岸青年创业园中成立妇联组织。同年 6 月，在台湾设立苏州两岸青年创业园台北妇联

① 《第六届沪台妇女文化周启幕 两岸姐妹上海真诚话合作》，中国新闻网，2016 年 9 月 6 日，http://www.chinanews.com/tw/2016/09-06/7996078.shtml

② 《福建成为两岸姐妹交流交往的"先行者"》，台海网，2019 年 1 月 4 日，http://www.taihainet.com/news/twnews/bilateral/2019-01-04/2221518.html。

驿站。昆山市启动实施"鹿丽同行"昆台妇儿成长服务支持计划，联系服务在昆台籍女性及台商太太，依托妇女儿童活动中心、鹿丽创梦空间女性创业孵化基地等载体开展共建交流活动。在东莞，有 6 名女台胞担任东莞市妇联第十四届妇女代表，2 名女台胞担任东莞市妇联第十四届执委。

据统计，远嫁台湾的湖北籍新娘共有 1.44 万名之多。2016 年 11 月，湖北省妇联、省台办在武汉联合举办台湾湖北籍大陆新娘家乡参访联谊活动。16 位远嫁到台湾的湖北籍大陆新娘与荆楚"最美家庭"代表一同交流家庭建设、子女教育和自我发展的心得。

学术交流是两岸妇女交流的重要构成部分。从 1993 年开始，全国妇联举办海峡两岸妇女发展交流研讨会。2006 年 9 月，第三届海峡两岸妇女发展交流研讨会通过"妇女创业与经济发展""女性教育与性别平等""妇女读物与妇女形象"和"家庭教育与儿童发展"等四个专题论坛，就两岸妇女发展问题进行探讨，吸引了 7 百多名台湾知名妇女人士和妇女团体代表及近百名港澳妇女代表参加。多年来，闽台共同研讨性别文化与教育、家庭暴力防治、儿童发展、台商眷属、两岸婚姻等课题，联合开展科学研究与教学活动。2008 年 9 月，厦门大学成立了大陆首家海峡两岸性别研究与教学中心，与台湾大学、（台湾）交通大学、成功大学等台湾高校联合开展学术研讨活动。2016 年 10 月，以"两岸科技女性携手，促进科技创新发展"为主题的"两岸女科学家跨学科学术论坛"在福建农林大学举办，来自两岸高校、科研院所的 130 多位女专家学者齐聚一堂，共同交流、商讨新形势下跨学科建设的基础性、综合性和战略性，探索学科发展和合作的新方法、新途径和新模式。

两岸妇女以推进性别平等为己任，携手共促妇女发展，拓展有利于维护妇女权益与福祉的议题，如推动以"家庭"为核心的两岸妇女交流合作计划，包括对于幼儿托育、长期照顾等议题及发展相互协助平台；加强两岸妇女经济合作，持续推动两岸妇女公益活动等。

（四）两岸少数民族交往

随着两岸交流合作加深，两岸少数民族交往也日益频繁，交流活动日益丰富，增进了相互了解和彼此情谊。1995 年 6 月，中央民族大学藏学研究所、台湾政治大学民族研究所联合举办"海峡两岸中国少数民族研究与教学研讨会"，拉开了两岸少数民族交往与研讨的帷幕。大陆方面为促进两岸少数民族交流和团结做了许多工作，从中也更加深入和全面地了解了台湾少数民族现状和历史文化传承。

一是大力开展两岸少数民族文化研讨会。这类文化交流活动的开展，更加证明了两岸少数民族血脉相连、同根同源。2011 年 5 月 1 日至 8 日，第五届"民族风·两岸情"海峡两岸少数民族青年交流活动在台湾举行。在两岸各地召开的海峡两岸少数民族交流座谈会等，就进一步深化两岸少数民族经济、文化交流与合作，促进海峡两岸少数民族交往交流交融，开展热烈讨论，积极策划活动。形式多样的交流，促进了两岸少数民族之间的相互了解，有利于两岸少数民族文化艺术的交流与互动。

二是积极举办各类两岸少数民族文化交流活动。两岸少数民族举办了传统运动会、台湾少数民族文化展、联合庆丰年等一系列活动。2011 年，台湾少数民族 14 位长老前后两次来大陆交流，一直为台湾少数民族所津津乐道：即使是在台湾 14 个族群的长老也很难凑到一起参加同一活动，此时"在台湾没有实现的 14 个族群长老聚会，在大陆、在北京实现了"。海南保亭黎族苗族自治县是国务院台办批准设立的首个以少数民族文化为主题的交流基地，浙江苍南县、浙江景宁县等都是两岸少数民族交流与合作基地。2016年云南德宏自治州被国家民委、国台办授予"海峡两岸少数民族交流与合作基地"，成为全国唯一一个地州级"海峡两岸少数民族交流基地"。保亭以中国（海南）七仙温泉嬉水节和七仙形象小姐选拔赛为平台，连续举办了 20 多次两岸少数民族交流活动，直接参与的两岸同胞达到数万人次。自 2006 年以来，西南民族大学少数民族师生代表团曾 3 次赴台访问交流，为台湾同胞带去了大陆少数民族音乐、舞蹈。台湾少数民族青年学生代表团在 2007 至2009 年曾 3 次赴大陆，与大陆少数民族学生进行交流和联谊。2013 年 8 月，"濠情牵两岸"两岸各民族中秋联欢连南分会场活动在连南举行，台湾少数民族代表团参观考察了南岗千年瑶寨、连水墩龙瑶寨、广东瑶族博物馆、高寒山区移民新村、民族小学，在南岗千年瑶寨与瑶族同胞进行了互动表演。在 2014 年桂台少数民族交流周期间，台湾花莲县、苗栗县少数民族参访团走进广西隆安县那桐村开展交流活动，那桐村人山人海，四面八方的乡邻自发前来，当地艺术团表演展示了壮族"那"文化的神韵，台湾少数民族艺术团体表演展示了阿美、泰雅的文化风采。农历三月三是中华民族人文始祖黄帝的诞辰，是包括台湾少数民族在内的南方一些少数民族的传统节日。2015年4月21日，两岸200余名少数民族同胞在贵州省惠水县与当地布依族民众共同欢庆"三月三"，两岸各民族同胞的歌舞大联欢给恬静的村庄带来了欢乐。2016年9月3日，广西民族村热闹非凡，邕宁八音队、嘹啰山歌队等农民表演团体，与前来参加邕台少数民族民俗文化交流周的台湾花莲县参访团、澎湖地区里长干部参访团、台湾广西新桂联盟的80名台湾同胞联谊交流，上演了一场"乡土味十足"的"最炫民族风"。2017年12月，首届海峡两岸少数民族青年创新创业交流活动在连江县举办。由国家民委、国务院台办发起和指导的"中华一家亲"两岸各民族交流系列活动，自2002年举办以来，已成为海峡两岸少数民族交往交流的重要平台，为增进两岸各民族交流合作起到了积极推动作用。

三是大陆实行爱护和照顾台湾少数民族的政策。在文教方面，广东、福建、北京等省市的一些学校对台湾少数民族学生采取倾斜措施，帮助培养人才。在经济方面，大陆有关方面努力使台湾少数民族获益。台湾少数民族社团、民族聚居地方多次组团到大陆参访，就两岸少数民族学术、艺术、文化及经济产业合作等开展交流。此外，台湾省代表们还在全国两会上提出祖国大陆应该对台湾少数民族部落的经济和文化发展给予关心和帮助，并提出了具体建议，受到中央高度重视。

（五）两岸宗教界交往与民间信仰交流

两岸民间信仰交流对打破两岸隔绝发挥了先导作用。从20世纪80年代初到1986年，一些台湾信众不顾台湾当局的阻挠秘密绕道回闽谒祖拜庙，暗中掀起一波又一波的热潮。1987年10月，大甲镇澜宫组团绕道日本，经上海、福州、泉州到达湄洲岛，参加妈祖成道千年祭典，并迎接祖庙妈祖分身返抵台湾。

自1987年两岸交往开启以来，两岸宗教界交往与民间信仰交流逐年增多、日趋活跃，形式日渐多样，渠道不断拓展，成为两岸社会交往的组成部分。两岸宗教界交往与民间信仰交流呈现几个特点：

一是从单向交流到双向交流。1980年代，两岸宗教交流以个人、分散、探亲、旅游及小团组朝山等形式为主要特点。1992年4月，福建晋江深沪宝泉庵一行 3 人入台，突破了台湾当局对大陆宗教界人士赴台的限制，并经台湾媒体公开报道，促使台湾当局开放了这一禁令。随着两岸交流发展，特别是大陆方面鼓励民间对台交流，两岸宗教界开始双向交流。1995 年 1 月，福建省基督教牧师访问团赴台访问，首开大陆基督教团体赴台访问的先河。1997 年 1 月 24 日至 5 月 6 日，福建莆田湄洲祖庙妈祖金身应邀赴台巡游102 天，游历 19 个市县，驻跸 35 个妈祖庙，接受台湾妈祖信众 100 万人次的朝拜，台胞称之为"千年走一回"的世纪之行，台湾媒体以"十里长街迎妈祖，火树银花不夜天"来描绘巡游场面。这次妈祖金身巡游台湾活动创下了规模最大、影响最广的妈祖文化入岛记录。1997 年，福建省道教协会应台湾道教总庙三清宫的邀请组团赴台，进行道教科仪交流活动，首开福建道教界访台之先河。2002 年 2 月，台湾佛教界联合迎请陕西法门寺佛指舍利赴台供奉 37 天，400 余万台湾信众瞻仰朝拜，在岛内引起轰动。2002 年 10月，福建接待了由台湾法鼓山圣严法师率领大陆佛教圣迹巡礼团一行 503 人。巡礼团人数之多，规模之大，在福建省宗教交流活动中实属空前。2006 年 5月，福州鼓山涌泉寺举办海峡两岸和平祈福法会，是半个世纪来规模最大、代表性最广的两岸佛教交流盛会，来自台湾 25 个县市的 500 多佛教界人士回山礼祖，双方共同签署了《促进两岸佛教文化交流福州倡议书》。2006 年9 月，台湾妈祖联谊会和大甲镇澜宫组织 7000 多名台胞赴湄洲岛谒祖进香，成为迄今为止人数最多、规模最大的两岸民间信仰交流活动。2007 年 9 月，福建省佛教协会举办"慈航菩萨圣像回归祖庭暨海峡两岸和平发展"祈福大法会，是首个以"回归"为主题的两岸大型宗教活动，台湾佛教界组成 260多人的慈航菩萨圣像护送团回闽，在海内外产生了广泛影响。[①]2013 年海峡论坛期间，举办了海峡两岸关帝文化旅游节、妈祖文化周、陈靖姑文化节、郑成功文化节、闽台佛教文化交流周等一系列活动。其间，台南郑成功祖庙建庙 350 周年，主办单位邀请厦门延平郡王祠组团前去会香，167 位厦门信徒包机赴台南，郑成功塑像也搭机赴台，开启首次两岸民间宗教直航。2015年"两岸关公文化巡礼"等民间文化交流盛会在台湾引发重大反响。2016年 9 月，台湾台中梧棲朝元宫与福建晋江金井下丙霞里宫共同举办妈祖巡游

---

① 廖凯、吴巍巍：《浅谈维护两岸关系和平发展的社会路径——以闽台宗教文化交流为视角》，《现代台湾研究》，2017 年，第 1 期。

仪式，这是 500 多年来，台湾梧栖朝元宫与霞里宫妈祖首次携手巡游。2018年 9 月，享有"北庭天妃"之誉的山东烟台长岛显应宫千年妈祖赴湄洲祖庙省亲，随后绕行台湾友好宫庙结缘会亲。台湾清水祖师文化交流协会组织台湾分炉分庙的 20 尊清水祖师，回"娘家"——福建安溪清水岩祖殿谒祖叙缘。每年的海峡两岸（厦门海沧）保生慈济文化旅游节上，海峡两岸的信众聚首海沧青礁慈济宫祖庙，共同祭拜保生大帝。这些活动在台湾掀起大陆寻根文化热潮。近年来，两岸道教团体互访频繁，共同探讨合作编纂《中华续道藏》，为道教文化的传承弘扬和两岸关系和平发展而努力。2016 年，两岸妈祖文化交流协会在厦门成立，以妈祖信仰为纽带，推进两岸文化交流。

二是从单一朝拜到产业化发展。两岸宗教和民间信仰交流之初，多是以"进香"名义个别、零星地进行。随着两岸宗教和民间信仰交流规模扩大，交流领域延伸，交流品位提高，逐渐从单一的朝拜走向产业化、品牌化。两岸民间信仰交流以同根同源的文化为核心，以民俗文化、旅游文化、文化创意产业交流为基础，延伸至文化学术研讨、经济交流、旅游推介、合拍电视剧等，提升了交流的广度和深度。

三是从区域化影响到两岸影响。以寻根访祖、文化学术、慈善与公益捐助为代表的两岸民间信仰交流，体现着传统文化中根与叶、源与流的密切关系，体现着中华文化的历史同一性和不可分割性。其草根性贴近基层民众，表现信众的内心世界。从这个层面讲，民间信仰的交流已超越其本身的涵义，反映了台湾民众对中华传统文化的认同。通过宗教信仰交往，台湾宗教界人士把亲身感受到的祖国文化和大陆面貌，客观地告诉广大台湾信众，使他们大大改变了原来对大陆的片面认识，增加了他们对大陆的了解，增进了对祖国的认同感，增强了对中华民族的热爱与凝聚力，产生了十分积极的效果。"不管受到什么因素的影响，深自于两岸百姓内心这种信仰，其实就是对我们文化的认同、血缘的认同。这样的活动，对于强化两岸的民间来往很有好处，也很自然。"①2008 年"5·12"汶川大地震，台湾宗教团体积极来大陆展开救灾活动，得到各方面好评。台湾国际佛光会、台湾法鼓山慈善基金会和台湾慈济慈善基金会不仅捐助巨款，还派出救援队伍深入灾区从事医疗、搜

---

① 钟岷源：《闽台民间信仰的推动力有多大》，《南风窗》，2011 年，第 14 期。

救、心理抚助等。①

对于两岸宗教界交往与民间信仰交流，民进党和蔡英文当局出于政治利益考虑，不时进行政治操作甚至打压。如，"两岸宫庙叙缘交流会"过去都在大陆举办，2018 年首度在台湾举行，得到五百多家两岸宫庙响应，大陆有 200 多家庙宇有意赴台交流。但民进党蔡英文当局以"大陆方面刻意与台民间团体合作，借机进行政治操作"为由否决申请，致使最终只有 20 多家大陆宫庙代表赴台，且原本安排的团体入台临时被改为个人游。开幕式上，台湾宫庙代表对民进党当局的打压进行了声讨，对两岸交流给予了展望。

（六）两岸县市乡镇和基层民众交往

两岸县市乡镇和基层民众交流是两岸社会各界交往的重要组成部分。两岸民间交流合作的重要根基和主要动力来源于基层民众，需要基层民众参与和支持。两岸县市交流，起步于 2001 年，2008 年至 2015 年期间快速发展，形成全覆盖、多层次、多面向的格局。同期，两岸基层民众交往迅速广泛开展，遍及城市社区、乡镇村社、工厂学校，越来越多的台湾乡镇市民代表、村里长、农渔民、中小企业负责人、中小学教师等基层民众到大陆参访交流。这种交流直接深入两岸社会，增进两岸民众相互了解和彼此感情，有利于增强两岸关系和平发展的社会基础。

2005 年 7 月，两岸县市乡镇和基层民众交往开创了新形式——以两岸基层民意代表为主体的两岸县市"双百论坛"在南京举办。台湾 100 名县市议员和江苏、上海、浙江、福建的 100 名县市区人大代表参加，就两岸县市经济交流合作、文化交流、市政建设交流等议题进行探讨。这是大陆首次集中邀请台湾县市议员来大陆参加交流活动。2008 年 7 月，第二届两岸县市"双百论坛"又聚青岛，台湾 19 个县市 100 多名议员和山东、江苏、上海、浙江、福建的 100 名县市区人大代表出席。2009 年 7 月，应福建省文化经济交流中心邀请，台湾乡镇市民代表会联合总会组织台北、高雄、屏东、彰化、南投、云林等 6 个县 10 个乡镇的 60 名基层骨干，走访考察福州长乐琴江镇、莆田湄洲镇、漳州南靖南坑镇等乡镇，就乡镇建设和管理经验进行

---

① 甘满堂：《台湾宗教团体公益慈善事业概况及其对两岸宗教交流的影响》，《宗教与世界》，2010 年，第 6 期。

交流。2012年8月，第三届两岸县市"双百论坛"在四川成都举行。近400名两岸基层民意代表围绕"聚焦民意、服务民生"的主题，就两岸县市文化经贸交流合作、基层民意代表履职、基层建设管理、市政建设等展开热议。

从2009年开始，国务院台办、福建省人民政府推动两岸数十家机构和民间团体共同主办海峡论坛。论坛是专门为两岸基层民众交流而打造的平台，以"扩大民间交流、深化融合发展"为主题，突出"民间性、草根性、广泛性"，台湾22个县市每年都有约万人参加，参与者主要是两岸各行各业的基层民众，如学生、农民、职工、商人等，论坛活动的内容涵盖了经济、文化、教育、民俗、传统技艺、妇女、青年、乡土文化等，基层民众通过讨论、聊天、表演、庙会、餐饮等形式，平等参与和互动，始终贯穿着浓浓的亲情和友情。海峡论坛已经成为两岸基层民众互动的重要平台。从2010年开始，每年海峡论坛期间都举办特色乡镇交流对接活动，包括两岸特色乡镇代表联谊餐叙、两岸乡村网开通仪式、两岸特色乡镇推介展示走廊宣传、两岸乡镇特产展示展销、两岸渔业特色乡镇产业对接专场活动。来自台北、台南、高雄、新北等特色乡镇市长、乡镇市民代表会主席、村里长，乡镇农会、渔会、农田水利会，行业协会和企业负责人等基层人士出席活动。由各设区市和台湾农民创业园组织遴选的特色乡镇、生态农业有关企业、协会、合作社对接项目，在活动期间签订对接交流协议。2011年的两岸特色乡镇交流对接活动中，80%的民众来自基层，其中包括台湾22个县市分别来自工会、青年、妇女、文化、体育、工商、农业和旅游等领域的6000多名各界代表，覆盖面广泛。2016年6月，在台湾南投县举行的两岸特色乡镇交流大会上，闽台两地许多同名乡镇同台交流，如福建云霄县和平乡与台湾台中县和平乡，福建平和县大溪镇和台湾桃园县大溪镇……实际上，台湾移用自福建地名的例子不胜枚举。据专家考证，在台湾新旧地名中仅移用漳州的府、县、乡、村的就有近千个之多。小小的地名，记下了漳州先民筚路蓝缕的艰辛和他们对家乡的思念，印证了两岸割舍不断的血脉亲情。两岸县市乡镇交流直至"结对子"，建立定期和常态化联系，使相互的交流可长可久，从而创造双赢。例如，福建与台湾已有百家乡镇根据自己的特色产业进行合作。福鼎市店下镇与台南县玉井乡因芒果而结缘，店下镇引进玉井乡的上乘芒果，带动当地果农致富。苗栗县三义乡木雕全台出名，而莆田市黄石镇也以木雕闻名，两地对接，共同做大木雕产业。

在城市交流方面，形式多样，成果丰硕，促进了区域合作，为推进两岸关系和平发展，促进两岸同胞福祉过程中发挥了重要作用。2010年上海与台北两市开始举办"双城论坛"，取得积极效果，产生较大影响。迄今8届论坛期间两市签署了30项协议暨合作备忘录。由于台北市在台湾的地位独特，因此它与上海交流在两岸城市交流中具有指标意义，不仅在两岸城市交流中发挥了典范作用，而且具有政治意涵。上海与台北的"双城论坛"促进了两市交流合作的深化发展。台北市举办2011年花博会前，曾派出市府人员进驻上海，向上海市政府学习大型活动的组织经验。台北市在当地古迹重建时，也向上海学习了"整旧如旧"的经验。而上海启用市民热线电话"12345"也是向台北市取经。2016年9月，由新北市、新竹县、苗栗县、南投县、花莲县、台东县、金门县、"连江县"等8县市负责人组成的参访团，赴北京展开参访，中共中央台办、国务院台办主任张志军在会见参访团时表示，"两岸县市交往在为推进两岸关系和平发展，促进两岸同胞福祉过程中发挥了重要作用"，"大陆将持续推动包括两岸县市长交流在内的各领域交流合作"。

在民进党当局拒不承认"九二共识"、限缩和阻挠两岸交流的背景下，台湾县市加强了与大陆的交流活动。特别是2018年台湾地区"九合一"选举，台湾民众用选票表达了渴望继续分享两岸关系和平发展"红利"、改善经济民生的强烈愿望。选后，台湾许多县市加快与大陆城市交流合作的步伐。

三、两岸社会交往中的特殊群体：通婚家庭与大陆台商

（一）两岸婚姻

1987年台湾当局开放部分台湾民众回大陆探亲后，一些国民党老兵迎娶了大陆新娘。首例涉台婚姻1987年出现在厦门，此后20多年，两岸婚姻已成为普遍现象。在过去30多年时间里，两岸婚姻走过了一段苦涩的路程，大陆新娘在台湾曾饱受歧视和诸多不公正待遇。2008年两岸关系开创和平发展新局面后，台湾当局放宽了不合理限制，使两岸配偶及其亲人的合法权

益保障得到改善。

两岸婚姻呈现几个特点：一是数量不断增加。据统计，1988年两岸通婚人数为100对左右，1994年为5492对，1997年增加至12408对，平均年增长率超过40%。截至2018年底，在大陆办理结婚登记的两岸夫妻约有38.9万对。二是范围不断扩大。从1993年起，福建省成为与台湾通婚人数最多的省份，1997年后更是拉开与其他省份的差距。随着两岸人员往来向内陆省份扩展，除福建、广东等与台湾相近的沿海省份外，湖南、四川、广西也成为涉台婚姻大省。北京、黑龙江和吉林省两岸婚姻也逐年增加。三是发生途径多样化。两岸婚姻最初，大多数是家人、亲戚介绍。随着两岸人员往来和各领域交流日趋密切，特别是2008年两岸直接通航后，高校间学生互换交流，致使两岸婚姻从"父母之命、媒妁之言"变成自由恋爱。旅行、学习、网络、婚恋介绍等途径，为两岸青年交流提供了便捷，使两岸婚姻发生的途径更加多样。越来越多的台湾同胞在大陆找到真爱，促使两岸婚姻由过去的单向性、"功利性"转变为双向性，并回归婚姻选择的理性诉求。

近年来，两岸婚姻基本延续了发展趋势，主要体现在以下方面：一是新增登记数量稳中有降。2003年两岸通婚达34109对，是有官方统计以来数量最多的一年。但在同一年，台当局建立两岸通婚"面谈机制"，以过滤"假结婚"等情况，2004年两岸通婚数骤降到11886对，自2006年以来，两岸居民结婚登记量每年都维持在一万对左右，2014年跌破"1万对大关"为9944对，2018年降到6811对，创下有统计以来的最少纪录。[1] 而根据台当局内部事务主管部门的数据，2016年在台登记的大陆配偶有8673人，2017年为7634人，2018年就只剩6944人。2017年登记的大陆配偶第一次比东南亚地区籍的配偶要少。[2] 从2003年到2018年15年间，两岸通婚锐减八成，出现"大退潮"的趋势。两岸婚姻登记数量的走势，是两岸社会经济水平差距缩小、两岸婚姻逐渐恢复理性的一个重要表现。二是嫁娶结构更加合理。2015年新登记的两岸婚姻中，尽管仍以大陆女性嫁给台湾男性为主，但大陆男性娶台湾女性的比例明显提高。例如，在北京市办理的两岸婚姻中，大

---

[1] 张云峰：《台调查称两岸婚姻15年来大退潮，岛内有人这样解释原因》，《环球时报》，2019年10月8日，https://taiwan.huanqiu.com/article/9CaKrnKn9JV。

[2] 《两岸婚姻 看得见的多重"逆转"》，2019年5月24日，海峡两岸婚姻家庭服务网，http://c-smf.mca.gov.cn/article/zxzx/lash/201905/20190500017484.shtml。

陆男性娶台湾女性的比例 2013 年时为 16.5%，2015 年增至 37.1%。三是自然结识比例明显增加。尽管部分两岸配偶属于熟人介绍相识成婚，但通过读书、就业、经商、旅游等方式自然相识已经逐渐成为主流方式，相应的当事人层次也更加多元。两岸婚姻开始真正成为联系两岸社会的强韧纽带，在增进两岸同胞了解中发挥了积极作用。①

在两岸婚姻数量增加、范围扩大的同时，大陆配偶问题仍不容忽视。1988 年两岸通婚前期，凭婚姻迁移入台者以女性为多，她们被台湾民众称为"大陆新娘"。由于该称谓存在歧视性，台湾方面后来统一称为"大陆配偶"（简称陆配）。1992 年台湾"两岸人民关系条例"中对大陆配偶的入台程序进行规范，每年开放 240 名大陆配偶申请入台居留或定居的名额，后逐年提高配额。从 2002 年起，台湾当局将原本的"配额制"调整为"双轨制"，一方面保留原本 3600 名的配额，一方面则允许等待配额超过四年，且在台湾居留时间超过两年的大陆配偶直接取得居留权。2003 年 12 月起台湾当局开始对申请去台的大陆配偶进行面谈以做筛检，该面谈制度在一定程度上抑制了台湾陆配规模的增长。

由于台湾当局的不合理甚至歧视性政策，大陆配偶受到诸多限制。例如，取得台湾身份方面，大陆配偶在结婚时即可以申请赴台"依亲居留"，但 4 年后方可申请长期居留，此后需再等两年才能申请定居。因此，大陆配偶获得台湾身份证的最短时限为 6 年，但外籍配偶获得台湾身份证的最短时限仅为 4 年。大陆配偶取得居留、定居身份时还需要额外经过面谈制度筛选，一旦被判定为存在"假结婚"的可能，就会被废止居留，甚至被强制出境。如果在台逾期停留超过半年，大陆配偶往往会被强制出境，而外籍配偶仅做罚款处分。就业方面，由于两岸关系夹杂许多政治因素，大陆配偶对台湾的认同与忠诚备受质疑。这在台湾当局针对大陆配偶制定的就业政策上有所体现。总体上看，大陆配偶在台湾核准就业的门槛高，就业范围窄。大陆配偶中从事工作的人占总体的 63.8%，超过半数的人平均月收入低于台湾最低收入标准，有四成人因为薪资太低或工作时间太长而对工作不满意。② 此外，外来者的身份、迥异的生活习惯、语言上的障碍、封闭的生活环境，以及匮乏的

---

① 《大陆权威部门负责人谈两岸婚姻发展趋势》，中国新闻网，2016 年 04 月 18 日，http://www.chinanews.com/tw/2016/04-18/7838844.shtml。

② 台湾"内政部户政司"：《九十八外籍与大陆配偶生活状况调查报告》，2009 年。

资源，使得大陆配偶在台湾的人际交往范围十分狭隘。她们多与自己的家人、同乡和邻居交往，与其他台湾居民的交往并不深入。一些大陆配偶认为台湾人与之交往心存芥蒂，在面临困难时也难以寻求到帮助。同时，就业和考学方面的限制也进一步妨碍了大陆配偶社交范围的扩大。这些困境相互交叠和积累，造成了台湾大陆配偶的弱势地位。但随着两岸婚姻商品化性质的削弱、通婚模式的多元化，台湾当局和一般民众对大陆配偶的认知也逐渐产生正向转变，特别是近年来许多两岸明星诸如高圆圆与赵又廷、大S（徐熙媛）与汪小菲、刘诗诗与吴奇隆、陈晓与陈妍希、伊能静与秦昊等几对艺人结为夫妻，产生一定的示范效应，带动越来越多两岸联姻。

（二）大陆台商群体

自两岸交往开启以来，两岸经济交流合作总体保持发展势头。随着两岸经济交流合作发展，台商持续在大陆投资经营，带来一大批台湾管理人员、技术人员和职工，久而久之，在大陆形成了一个有 100 万之众的台商群体。台商是两岸经济交流合作重要的参与者、推动者，也成为两岸经济交流合作的直接和最大的受益者，是一个在大陆有着广泛利益联系、在两岸都具有社会影响力的社会群体。

台商群体在大陆的分布受投资、贸易活动的拉动，范围逐步扩大。刚开始时，因为地缘关系，集中在广东珠三角一带；第二波因台湾 75% 的居民祖籍来自福建漳州、泉州，而集中在福建一带；第三波向上海、江苏一带扩展，长三角成为第三个集中区域，昆山是其中最典型的例子；第四波延伸到环渤海区域，其中山东最多。台资企业的分布大致与台商的分布一致。大陆共有 103 个台企协会，其中广东 19 个，为各省最多；江苏 18 个，福建 10 个，浙江、山东各有 9 个。

台商群体与两岸社会同时保持密切的联系，自然成为两岸社会交往乃至两岸关系中的重要角色。台商来到大陆之初，经历了因民俗、思维、观念不同造成的沟通等方面的误解和障碍，如今他们已渐渐融入大陆社会，并在推动两岸社会交往和两岸关系发展中发挥重要作用。

一是台商群体在两岸民间交流中扮演着重要角色。即使是 20 世纪六七十年代，两岸关系紧张的时候，闽台沿海渔民仍在一个海面、渔场生产作业，闽台渔民之间存在频繁的小额贸易。1978 年改革开放以后，平潭县成为全省四个台胞接待站之一，也是唯一一个为台胞介绍贸易伙伴、开展经贸合作的县。① 随着两岸交往深入，台商与大陆社会的交往涉及两岸关系从宏观到微观的各个层面，使两岸交流深入到日常生活中去，是两岸民间交流的推动者，是两岸社会融合发展的先行者，在两岸关系中起着重要的连缀作用。

二是台商群体是两岸认同的建设者。两岸同胞同属中华民族，是血脉相连的命运共同体，但由于两岸过去长时间隔绝，加之李登辉、陈水扁时期推动"台独"，造成两岸认同的裂痕与损伤。台商在大陆社会的适应与融入，是两岸间弥补历史造成的隔阂的重要途径。台商在大陆获得经济上的成功，不仅可以使他们适应大陆社会，而且在与当地民众长期的交往中逐步实现了平等交往、和谐共处。最重要的是，台商与大陆民众共同的日常生活与相处，能在思想感情上融入当地社会，把当地社会当成第二故乡，有利于两岸民众相互理解，建立起一种新型的两岸认同。

三是以台商群体为主体产生大批"两岸族"。过去受台湾当局限制，大陆民众赴台交流不便，"两岸族"更多是指代那些居留大陆的台湾同胞群体（台湾"两岸族"），由台湾来到大陆并具有较长期生涯规划或居留经验的台商、台干、台生、台眷构成。随着台湾当局开放大陆企业赴台投资和台湾高校招收大陆学生，陆生、陆商、陆干、陆眷等正在成为新的"两岸族"（大陆"两岸族"）。与台湾"两岸族"一样，他们作为跨越两岸的群体，对两岸社会融合发展发挥独特的作用。两岸社会关系中，特别是 2008 年以来，"两岸族"规模迅速扩张，他们频繁往来于两岸社会，能够深入到对方社会日常生活中，与对方社会产生互动，成为联结两岸社会的连缀社群。

2007 年 4 月，大陆有关方面批准建立了全国台湾同胞投资企业联谊会（简称台企联）。台企联是由各地台湾同胞投资企业协会为主体自愿组成的联合性非营利性的社会团体。台企联成立 10 年来，会员由最初的 233 家增加到 286 家，其中台协会员 143 家、企业会员 143 家、功能委员会 12 个。台企联成立十年来，坚持"九二共识"、反对"台独"，积极发展和大陆各方面合作，为促进在大陆台资企业发展做了很多卓有成效的工作。台企联一直发

① 严志兰：《大陆台商对于两岸民间交流的联结与助推》，《福建行政学院学报》，2013 年第 3 期。

挥"维护权益、共享经验、反映诉求、共谋发展"的桥梁和窗口作用，为服务广大台资企业扎根大陆、共同发展作出贡献，为台资企业与政府部门、各台资企业之间搭建了沟通交流平台，致力于深化两岸交流合作，维护和推动两岸关系和平发展。

2017年5月，在全国台企联成立10周年之际，中共中央总书记习近平发来贺信，向全国台湾同胞投资企业联谊会全体会员和广大台商表示热烈祝贺和诚挚问候，并希望全国台企联再接再厉，坚持一个中国原则，广泛团结台湾同胞，共同开拓进取，为维护两岸关系和平发展、实现中华民族伟大复兴作出新的贡献。中共中央政治局常委、全国政协主席俞正声会见了参加在北京召开的全国台企联成立10周年庆祝大会的台商代表并讲话。俞正声指出，希望全国台企联和广大台商按照习近平总书记要求，发扬敢为人先、勇于担当的精神，坚持一个中国原则，广泛团结台湾同胞，为维护和推动两岸关系和平发展、促进两岸经济社会融合发展、实现中华民族伟大复兴作出更大的贡献。

在大陆方面的大力推动下，台商积极参与两岸经贸交流合作，两岸企业家紫金山峰会等多次成功举办，两岸知名企业家、工商团体负责人、中小企业和青年创业者、专家学者与会，参会人数屡创历史新高。两岸企业在农业、能源、电子、医药、金融、智能制造、文创及服务业、中小企业等领域达成多项合作协议。这充分表明，两岸各界扩大深化交流合作，任何力量也都阻挡不了。

以台商群体为主要参与对象的两岸经贸交流在推动两岸关系和平发展中发挥着重要作用，是两岸关系的"压舱石""助推器"。2019年1月2日，习近平总书记在纪念《告台湾同胞书》发表40周年大会上，发表重要讲话，提出要"应通尽通"和推进两岸经济合作制度化，体现了大陆保障台商台胞合法权益，促进台商台胞利益提升的极大善意。正如台湾媒体指出的，尽管当前外部经贸环境及岛内政治环境发生变化，但大陆承诺"两岸经济合作稳定发展大势没有变、两岸经济优势互补大格局没有变、对台商提供良好服务没有变"，给台商吃下"定心丸"。①

---

① 崇珅：《大陆释放重大政策信号后 岛内这个群体集体鼓掌》，《参考消息》，2019年1月3日。

第三节　两岸交往中的几个问题

　　两岸社会交往总体上是发展的，具有广泛性、群众性和社会性，同时也印证了两岸社会融合的趋势。虽然两岸社会交往是中国内部两个子系统在社会领域的互动，具有共同的中华文化背景和经济、文化、社会交流合作的需求，但是因为两岸尚未统一，两岸社会制度、政治意识形态、生活方式不同，加之两岸敌对状态还没有正式结束，双方民众对彼此的认知、对两岸关系中许多问题的看法存在差异，以及台湾各种分裂势力离间两岸同胞感情、制造两岸社会对立，使两岸社会交往面临种种问题。

一、台湾分裂势力阻碍两岸社会交往

　　两岸社会交往发展历程表明，台湾分裂势力倒行逆施是两岸社会交往的最大障碍。90年代中期后，在李登辉、陈水扁任期内，他们屡屡制造两岸关系紧张动荡，影响了两岸社会交往。特别是主张"台独"的民进党执政，其无意推动两岸各领域交流合作，害怕两岸走得太近，通过执政权将他们的政策、主张渗透到涉及两岸交往的制度安排和公共政策中，使得两岸社会交往障碍重重。民进党2016年在台湾重新执政后，钳制两岸关系的能量增强，拒绝承认一个中国原则和"九二共识"，破坏两岸关系和平发展的政治基础，致使两岸社会交往的难度增大，成本和代价增大。

二、认同差异给两岸社会交往带来障碍

　　由于两岸曾经过几十年隔绝，加上李登辉、陈水扁将近20年的"去中

国化"教育，不少台湾民众形成了较为独特的自我认同意识。特别是台湾青年对大陆的认知和认同感与中老年人有明显的世代差异。他们相较于老一代尤其是"外省"第一代而言，缺乏原乡记忆、原乡经验的联系，对大陆有强烈的疏离感。由于对大陆发展现状认知有限，对大陆不信任，台湾民众对大陆的资讯往往"负面选择"。台湾民众不易甚至无法体会大陆同胞对中华民族近代遭受外国列强侵略欺压、民族自尊荡然无存的悲愤心情，以及他们极欲重新恢复民族尊严、重新在国际上受到重视的强烈的民族使命感；同样的，大陆民众也不易甚至无法体会台湾人民自甲午战争后如何在夹缝中求生存、如何在国家认同错乱中寻找自己未来的心情。这种对于历史和现状的不同认知给两岸民众特别是青年交往带来一定障碍。究其原因，源自李登辉、陈水扁执政期间，台湾各种分裂势力一直推行"文化台独"，从历史观、文化观、民族观等各方面割断两岸历史联系、精神联系与民族认同，淡化中国文化对台湾民众的影响，培植所谓"台湾主体意识"，对台湾民众的思想意识、价值观念、精神追求、民族认同等造成极大混乱。因此，在两岸关系发展过程中，观念与认同的作用越来越突显。

三、民间社会的作用发挥不够

在两岸社会交往中，需要运用公权力予以推动，同时也需要发挥社会各界的作用。两岸关系和平发展在社会层面上就是"如何解决与两岸民众生活密切相关的经济、社会和文化发展的问题"，[1]增进两岸同胞福祉。为此，首先要了解台湾民众的需要，这就决定了要发挥民间社会交往的作用。如果忽视了能深入并长久地影响台湾民众对大陆的感性认知和认同度的民间社会力量，就会影响推动两岸社会交往的效果。目前两岸民间自发的交往仍不够多，尤其是缺乏从社团出发的自发的民间交往，这样就无法有效地催生出两岸交往的社会资本。

---

① 刘国深：《两岸关系和平发展新课题浅析》，《台湾研究集刊》，2008 年，第 4 期。

四、交流保障措施不对等

大陆在两岸关系缓和之初就开始考虑台湾同胞同等待遇问题，特别是随着近年来两岸交往深入，密集出台多项举措，做好台湾同胞社会保障工作。2003 年教育部、国台办发布通知，鼓励台湾地区学生在其就读的大陆地区高校所在地就近购买医疗等保险。[①] 2013 年教育部、人社部等五部门发布通知，将在大陆各类全日制普通高等学校（包括民办高校）、科研院所接受普通高等学历教育的全日制台湾学生（含本、专科生及硕士、博士研究生）纳入大陆城镇居民基本医疗保险范围。[②]

十九大报告提出"逐步为台湾同胞在大陆学习、创业、就业、生活提供与大陆同胞同等的待遇"。2018 年 2 月，国务院台办、国家发改委经商中央组织部等 29 个部门发布实施《关于促进两岸经济文化交流合作的若干措施》，加快给予台资企业与大陆企业同等待遇，逐步为台湾居民在大陆学习、创业、就业、生活提供与大陆居民同等待遇。

相对于大陆方面对台湾同胞的同等甚至"超国民"待遇，台湾方面对在台大陆民众社会保障和同等待遇方面有着巨大差距。如，对在台湾高校就读的大陆学生在"健保"方面持绝对否定和歧视态度，[③] 大陆学生不被纳入"健保"范围，在台湾地区就医需要全额支付昂贵的医疗费用；而与之相较，在台湾地区就读的"外地生"（包括侨生、外籍生）都早已被纳入"健保"，唯独大陆学生未被纳入"健保"。此外，对于赴台大陆民众甚至大陆配偶在教育、社会保障、就业、医疗等基本权益方面，都没有落实同等待遇，这些严

---

① 2003 年 11 月 7 日教育部、国台办公布《教育部、国务院台办关于做好在祖国大陆高校学习的台湾学生教育和管理工作的通知》（教外港〔2003〕72 号）具体工作要求第 10 条规定："鼓励台湾学生在学校所在地购买医疗等保险。"

② 教育部、财政部、人力资源社会保障部、国务院港澳事务办公室、国务院台湾事务办公室 2013 年 10 月 10 日发布《教育部等五部门关于将在内地（大陆）就读的港澳台大学生纳入城镇居民基本医疗保险范围的通知》，www.gwytb.gov.cn。

③ "大陆地区文教专业人士及学生来台从事文教活动审查要点"第 11 条规定："依本办法第十二条第三项邀请大陆地区文教人士来台研修，且停留时间逾六个月者，邀请单位应协助安排宿舍、办理疾病意外事故保险、指定专责辅导人员、建立生活辅导措施及发生事故或违反规定情事时之通报机制。"此处所提及的"疾病意外事故保险"指商业保险，需要大陆学生支付较高的费用，其并不属于"全民健保"的范围。

重影响了两岸社会交往的广度和深度。

五、交流效果有待提高

两岸社会交往有助于台湾民众改善对大陆的印象。据台湾海基会 2010 年 12 月一份民意调查显示：到过大陆的民众对大陆有正面观感者约 47%，比未曾来过大陆的高出约 20%；有家人在大陆投资、工作或居住者，或是受访者本人或家人曾在大陆居住超过 3 个月者，正面观感则达到 53%。各方面情况表明，开展两岸交往活动必然产生积极效果。但另一方面，也有一些台湾民众近距离接触大陆后，对大陆产生了负面印象。例如，一些台湾民众看到在大陆火车站有人随地吐痰、插队买票、大声喧闹，就认为大陆在环境、人文素质等方面与台湾相比有差距。再例如，在某些两岸社会交往活动中，一些主办单位过分追求规模，只重视参加活动的人数、团体数量；或追求"新闻效应"和媒体曝光度，而忽视交流主题；或事前没有很好地策划活动的目的、主题和形式。这些问题都在一定程度上削弱了交流的效果。

1979 年大陆方面实行和平统一的大政方针，两岸关系趋于缓和。30 年前的台北街头，一群五六十岁的老兵穿着写有"想家"字样的上衣，奔走呼号，泣述"我想老娘"的心声，发出"我要回家"的呐喊。

40 年后的今天，两岸人员往来累计达 1.35 亿人次。仅 2018 年一年，两岸人员往来即达 905.5 万人次。其中，台胞来大陆已达 613.6 万人次，大陆居民赴台达 291.9 万人次。"涓流虽寡，浸成江河；爝火虽微，卒能燎原"，两岸交流闸门一经打开，同胞往来热潮就奔流不息。

40 年来，两岸交流从无到有、从少到多、从间接到直接、从单向到双向，不断扩大深化，形成全方位、多层次的局面，两岸人员往来和经济、文化、社会联系达到前所未有的水平，为两岸关系和平发展奠定了深厚基础、提供了强劲动力。40 年两岸社会交往历史，让我们看到：

——两岸关系向前发展是大势所趋。40 年两岸社会交往的实践证明，两岸交流合作是不可阻挡的时代潮流。两岸同胞的亲情是任何力量都拆不散也割不断的，两岸关系"和则两立、分则两伤"，两岸和平统一是大势所趋、人心所向。

——两岸社会交往是两岸关系前行的巨大推力。40 年来，正是两岸千千万万的普通民众，用他们的信念、亲情、参与、奉献，推动两岸关系不断前行。无论台海形势如何变化，大陆从"寄希望于台湾人民"的方针、践行"两岸一家亲"理念、厚植"反独促统"民意基础、推进国家统一进程的战略高度，坚定不移地支持、鼓励两岸社会交往。中共十九大报告郑重强调"秉持'两岸一家亲'理念"，"愿意率先同台湾同胞分享大陆发展机遇"。

——坚持"九二共识"是两岸社会交往的政治基础。40 年来，两岸交流是在分裂与反分裂、"台独"与反"台独"的激烈斗争中进行的。40 年交流经验表明，"九二共识"是稳定两岸关系的定海神针，也是开展两岸社会交往的政治基础，必须倍加珍惜和维护。

盘点过去 40 年，两岸关系发展尽管历经风云变幻、遭遇种种曲折，历史大势奔涌向前，浩浩荡荡，势不可挡。今天，两岸交往领域之广、社会联系之密、利益联结之深、情感交融之诚，前所未有。面对当前两岸关系和平发展受到严重冲击、遭遇新的风险和挑战，两岸同胞共同推进两岸社会交往、深化两岸经济社会融合发展、推动两岸关系和平发展的决心和态度没有改变。

2019 年 1 月 2 日，中共中央总书记习近平在《告台湾同胞书》发表 40 周年纪念会上发表的重要讲话中，进一步提出了"深化两岸融合发展""实现同胞心灵契合"的新主张、新要求。

习近平说："两岸同胞要交流互鉴、对话包容，推己及人、将心比心，加深互相理解，增进互信认同。"在广泛、深入、持续的两岸社会交往中，文化根脉在同胞中薪火相传，共同家园在同胞手中建设，促进两岸同胞继续携手共圆中华民族伟大复兴的中国梦。

第十二章
涉台法律事务

大陆方面确立和平统一方针后，更加注重以法律方式维护和增进台湾同胞的合法权益，规范两岸人员往来和各项交流活动。台湾有关方面也先后出台系列专门处置大陆事务的规定。两岸交流的扩大引发了大量的涉台法律问题，既涉及历史遗留问题，如 1949 年去台人员与大陆配偶的婚姻关系问题及与大陆亲属相互间遗产继承问题，也包括开始交往后产生的新问题，如两岸人民跨境探亲、旅游、投资、经商、就学、就业等事务的管理以及两岸民众纠纷裁决、跨境犯罪等问题；既牵涉到两岸关系中的政治问题，如公权力认定、法律效力认可等问题，也有与两岸民众个体利益相关的行政管理等事项。两岸之间经历了长期隔绝，以及台湾地区作为一个中国内部的特殊"法域"而存在，加之政治分歧问题的存在和影响，使得涉台法律问题的解决成为两岸关系中的重要事务。涉台法律事务是中国国内的特殊法律事务，而不是国际法意义上的、国家间的涉外法律事务。[1] 涉台法律事务关系到两岸民生福祉与两岸交往秩序，既涉及双方各自内部对相关事务的规范与行动，也逐渐拓展到两岸之间的区际法律冲突、协调与合作，主要包括各自制定或共同签署的涉及两岸关系发展的重要法律文件、实施情况以及一个中国内部两个不同"法域"之间的区际法律问题等。

第一节 40 年涉台法律事务的发展历程

一、涉台法律事务的萌发起步

1979—1987 年间两岸基本处于政治对立状态，两岸均以处理各自内部涉及对方的相关法律问题为主。

1949 年以后的大陆涉台法律事务以维持被分隔的两岸民众原有民事关系、去台人员在大陆的民事权益为主，因为台湾被视为待解放的地区，相关

---

① 张万明：《涉台法律问题总论》（第二版），北京：法律出版社，2009 年，第 5 页。

法律事务也就被视为临时性问题。去台人员在大陆的民事关系和权益等成为涉台法律事务的焦点，其中去台人员的离婚案件则是主要内容。对于大陆人民与去台人员的离婚案件，最高人民法院于1951年、1954年、1965年多次作出"关于离婚案件被告一方在台湾待解放地区（指一般人民）无法传讯应如何处理问题"的批复，确立了基本处理原则。对此类案件，由法院根据实际情况作适当处理，将台湾视为待解放区，因此尽量维护去台居民的知情权和同意权。规定如果被告仅因交通障碍不能即归，又不能由原告确认其有正当理由不堪再行同居者，可即说服原告撤回或驳回起诉；在说服无效并不能径予驳回时，亦适用公示程序宽定期限命原告将公示原文登报，使被告有应诉或提出书面答复的机会，或者原告给被告去信说明要离婚的意思，待对方表示意见后，再详细查明事实予以处理为妥。并明确涉台婚姻案件不能作为涉外案件处理，除有重大影响的特殊情况外，一般的涉台婚姻案件应当由要求离婚的一方所在地县（市）法院作一审受理。发往台湾的审判文书，必须经上一级法院审查。与此同时，去台人员在大陆的正当权益也被认可。1956年9月司法部在《关于遗嘱继承问题的综合批复》中指出，对于是否剥夺逃亡台湾的继承人的继承权问题，依照婚姻法规定，父母子女有相互继承遗产的权利，因此以不剥夺其继承权为宜。

1979年元旦全国人大常委会发布《告台湾同胞书》，郑重宣示了争取祖国和平统一的大政方针，两岸关系发展由此揭开了新的历史篇章。1982年12月全国人大通过《中华人民共和国宪法》明确规定，"国家在必要时得设立特别行政区，在特别行政区内实行的制度按照具体情况由全国人民代表大会规定"，为"一国两制"构想提供了法律依据。为了有利于祖国统一大业，大陆涉台法律事务充分考虑了两岸长期隔绝的事实和后果，基本认可了台湾同胞在台湾的民事关系和权益，并切实保护台湾同胞在大陆的婚姻权、财产权、继承权等民事权利。

1981年、1982年最高人民法院《关于去台人员婚姻的批复》特别强调要审查属实并严守法定程序，承认去台人员在台婚姻关系，而对于历史原因造成的一夫多妻等特殊情况也予以妥善处理。1984年7月最高人民法院《关于在台湾的合法继承人其继承权应受到保护问题的批复》确认了台湾同胞在大陆的合法继承权应受到保护。1985年8月，最高人民法院《关于台湾同胞为追索建国前公民之间债务的起诉，人民法院是否受理问题的批复》指出，由于台湾同大陆长期隔绝，台湾同胞无法行使诉权，为维护其权益，对他们追索 1949 年以前公民之间债务的起诉，应予受理。而对于去台人员要求回大陆定居的，1981 年 10 月《公安部、粮食部转发广东省公安厅、粮食厅关于台湾回归定居人员户口和粮食供应问题的通知》，落实台湾同胞定居大陆的待遇高于大陆居民。中共中央办公厅于 1986 年 9 月转发中央书记处同意的中央统战部《关于进一步做好台湾同胞来大陆定居工作的意见》，要求统战部、公安部做好定居审批工作。1985 年 4 月外交部领事司经商司法部公证律师司，认可台湾居民在台办理的转让、赠与及委托代管大陆房产的公证书，台湾居民还可在香港或中国驻外使馆申办公证，也更加方便去台居民在大陆的产权保护。

1949 年后的台湾当局继续以中国"正统政府"自居，仍然宣称其相关规定"适用领域及于整个中国"，并继续施行 1948 年 5 月颁布的"动员戡乱时期临时条款"，而且将其适用范围涵盖两岸人民关系，把中华人民共和国政府定义为"伪政权""叛乱团体"，在"戡平中共叛乱"为口号的"动员戡乱法制"下对两岸关系事务严格管控，禁绝两岸人员、经济、文化往来。这一时期台湾大陆法律事务立法是以制定刑事规范禁止两岸往来为中心[1]。

"动员戡乱法制"的相关规定包括"非常时期农矿工商管理条例""惩治叛乱条例""取缔匪伪物品办法"等，首要功能是禁绝两岸之间贸易往来。"惩治叛乱条例"规定，"为叛徒征募财务或供给金钱资产者"，将处以死刑、无期徒刑或 10 年以上有期徒刑。1950 年 4 月，台湾地区立法机构"立法院"通过"惩治叛乱条例"修正案，强调从重从严处罚"叛徒"，以阻吓两岸人民之间的接触和往来。为了进一步隔绝两岸经贸活动，台湾当局还出台各种政策规定，命令禁止并严惩大陆货物走私台湾，其中 1966 年 11 月颁布的以"加强对匪经济作战，禁止匪伪物品进口"为立法目的的"取缔匪伪物品办法"，是台湾当局有关所谓禁止大陆货物走私行为最重要的相关规定，而所谓"匪伪物品，指匪伪生产、制造、加工等物品，有匪伪标志（文字或图案），或虽无匪伪标志而经鉴定确系匪伪之物品"。"取缔匪伪物品办法"制定后历经 1974 年、1975 年、1976 年、1977 年、1980 年、1984 年多次修订。

---

[1] 彭莉：《政治与经济的角力：台湾当局两岸经贸关系"立法"之演进分析》，《台湾研究》，2009 年第 2 期。

在两岸处于军事对峙和政治对立状态下，台湾当局的大陆事务立法主要以防范、禁止为目的，借助于刑事规范使得两岸交流处于"法律上的不可能"状态下，两岸人民交往被视为有"匪谍"嫌疑，物资交流则有"资匪""走私"之嫌，[①] 严重阻碍了两岸同胞交流往来，也并不以保障两岸人民权益为主要目的。

二、涉台法律事务的破旧立新

1987 年 11 月，两岸隔绝状态结束、民间交往开启，两岸关系进入新阶段。为因应这一新形势，两岸则以不同方式系统解决历史遗留问题、规范两岸人民往来事务，其中大陆方面以积极制定"新规"为主，而台湾方面则以被动废除"旧法"为主。

为促进两岸民间交流与人民往来，大陆有关方面制定系列规章条例。1987 年 10 月国务院办公厅《关于台湾同胞来祖国大陆探亲旅游接待办法的通知》、1987 年 12 月公安部《关于做好来大陆探亲旅游台湾同胞的边防管理工作的通知》、1987 年 12 月商业部《关于台胞来祖国大陆探亲、旅游期间粮油供应办法的通知》、1988 年 3 月海关总署《关于验放台湾邮递物品的通知》等，为台湾同胞来大陆探亲旅游提供了便利。1989 年 12 月劳动部、人事部、财政部、公安部、司法部、国家外汇管理局《关于台胞、台属赴台湾地区定居有关待遇等问题的规定》妥善解决了赴台湾地区定居的国营企业、集体所有制企业、事业单位和党政机关、人民团体的台胞、台属职工的有关待遇。

为及时公正解决历史遗留问题和两岸交往中出现的各类纠纷，最高人民法院、司法部 1988 年对审理两岸的婚姻、夫妻共同财产、抚养、赡养、收养、继承、房产、债务等涉台案件中有关民事法律问题作出系列司法解释与批复，建立了相关的民事法律规范。1988 年 3 月，最高人民法院与最高人民检察院共同发布了《关于不再追诉去台人员在中华人民共和国成立前的犯

---

① 彭莉:《政治与经济的角力：台湾当局两岸经贸关系"立法"之演进分析》,《台湾研究》, 2009 年第 2 期。

罪行为的公告》。1989 年 9 月又共同发布了《关于不再追诉去台人员在中华人民共和国成立后当地人民政权建立前的犯罪行为的公告》。1989 年 1 月，民政部、公安部、财政部、总政治部印发《关于我军被俘去台人员要求回大陆定居问题的处理意见》，解决了去台人员的历史政治问题。1989 年司法部、建设部、外交部、国务院侨办联合发布了《关于办理华侨、港澳同胞、台湾同胞以及外国人房屋产权事宜中如何确认公证文书效力的通知》，1991 年中共中央办公厅、国务院办公厅发布了《关于处理原去台人员房产问题的通知》，1990 年司法部转发了国务院台湾事务办公室《关于去台人员回大陆挖掘隐（埋）藏物品的处理意见》，进一步确认了去台人员在大陆的产权保护。1988 年国务院发布《关于鼓励台湾同胞投资的规定》及施行通知，以及 1990 年国务院发布了《关于加强对台经贸工作的通知》，积极鼓励台胞向大陆投资和两岸经贸交流。这些法律工作初步解决了开展两岸交往的一些基础性法律问题，推动了两岸人民往来。

1980 年代后期，台湾当局对于两岸之间的间接贸易行为开始采取消极默许态度。台湾当局在 1987 年开放部分台湾居民回大陆探亲后，政策层面的松动带来了法规方面的相应调整，这一时期的"立法"在一定程度上由刑事规定逐步向行政规定转换，开始以"权宜性"行政命令应对两岸人员和经济往来衍生的法律问题。这一时期台湾当局处理大陆法律事务呈现从宽趋势，一方面废除不合时宜的禁止两岸往来的旧法规，台湾当局"取缔匪伪物品办法"既不符合经济发展需求，也被认为缺乏法律正当性，最终在 1989 年 7 月被废除。而对于台湾商人与大陆贸易行为是否构成"惩治叛乱条例"所称"资匪罪"，以及是否要加以严惩，也成为当时的法律争议问题，台湾地区司法机构决议最后认为纯贸易行为不构成"资匪罪"；另一方面开始制定新规范来管制两岸往来，出台了一些"权宜性"行政命令以管制两岸经贸往来。1989 年 6 月公布的"大陆地区物品管理办法"，正式开放经台湾相关部门核准的大陆地区物品间接输入台湾。1990 年 8 月的"对大陆地区间接输出货品管理办法"，允许间接贸易成为两岸货物往来的渠道。1990 年 10 月的"对大陆地区从事间接投资或技术合作管理办法"确立了"原则禁止、例外许可"的台商大陆投资原则，规定台湾方面可经第三地间接对大陆进行投资或技术合作。

三、涉台法律事务的规范建构

随着改革开放的深化，越来越多的台湾同胞赴大陆投资兴业，民间交流与人员往来日益增长成为两岸关系常态，两岸之间也就一些共同事务展开协商谈判，并达成了"九二共识"。这一时期，两岸均开始各自构建法规体系去规范两岸交流往来事务。

大陆涉台法律的重点内容是吸引与保障台湾同胞投资、规范对台经贸交流秩序。1994年3月，全国人大常委会第六次会议通过《中华人民共和国台湾同胞投资保护法》。这是首次以专门立法的形式保护和鼓励台湾同胞向大陆投资，标志着在台胞投资方面由全国人大常委会专门立法，国务院单项行政法规和可参照执行的有关经济法律、法规以及地方性法规组成的法律框架体系初步成形，台湾同胞投资大陆有了比较充分的法律保障。[①] 该法共15条，对立法目的、适用范围、权益保护、对台胞投资不实行国有化和征收、台胞投资工具和投资形式、台胞投资程序、台胞投资企业的权利义务、台胞投资企业享受优惠待遇、台胞委托投资代理人、台胞投资企业协会的成立与活动以及台胞投资争议处理等事项均有相应规定。该法在大陆既有鼓励台胞投资的法律性文件基础上，进一步完善了台胞投资的法律环境。为了让《台湾同胞投资保护法》更具可操作性，也为了应对台胞投资过程中出现的新情况，在广泛征求意见、多次修改草案后，国务院于1999年12月公布实施了《中华人民共和国台湾同胞投资保护法实施细则》，以母法为基础，增加了解决台商关心的热点问题的内容，强化了对当事人合法权益的保护，是针对台胞投资制定的又一部重要的配套行政法规。《实施细则》共31条，细化了《台湾同胞投资保护法》的条文，增列了投资形式、征收补偿等新内容，可操作性更强；对台商关心的审批程序、投资环境、台商权益等问题制定了较详细的解决方案；同时也明确了各级政府及台办在台胞投资方面的相关职责。

为了更好地保障台胞投资企业的合法权益，促进两岸经济交流合作，各部门及地方还创建了相应的部门性或地方性规范性文件，如国务院台办1996年印发了《台商投诉协调工作办法》，促成了保护台商合法权益的投诉

---

① 张万明：《涉台法律问题总论》（第二版），北京：法律出版社，2009年，第46页。

受理网络；多个省市也先后出台了台湾同胞权益保障的地方性条例和规定，如，1992年2月浙江省政府出台《浙江省关于鼓励台湾同胞投资的规定》、1995年4月四川省人大常委会通过《四川省实施〈中华人民共和国台湾同胞投资保护法〉办法》、1995年8年江西省人大常委会通过《江西省实施〈中华人民共和国台湾同胞投资保护法〉办法》、1995年11月海南省政府出台《关于在琼台湾同胞待遇的若干规定》、1997年7月广东省人大常委会通过了《广东省实施〈中华人民共和国台湾同胞投资保护法〉》、1997年6月浙江省人大通过《浙江省台湾同胞投资保障条例》等。

规范两岸人民交往、保障台湾同胞权益、增进台湾同胞待遇也是这一时期大陆涉台法律事务的重要工作。1992年5月开始施行的国务院《中国公民往来台湾地区管理办法》，则标志对两岸人民往来事务的管理进入法制化轨道。1996年8月，交通部发布《台湾海峡两岸间航运管理办法》，根据"一个中国、双向直航、互惠互利"原则管理两岸海上直达客货运输。1998年12月，民政部出台了《大陆居民与台湾居民婚姻登记管理暂行办法》，保障婚姻当事人合法权益。1999年4月，教育部、国务院台办、公安部等联合公布了《关于普通高等学校招收和培养香港特别行政区、澳门地区及台湾省学生的暂行规定》，坚持以"保证质量、一视同仁、适当照顾"原则招收和培养台港澳学生。对于涉台司法问题，1998年1月最高人民法院通过《关于人民法院认可台湾地区有关法院民事判决的规定》，规定当事人可以向人民法院申请认可和执行台湾地区有关法院民事判决。1999年4月、2001年4月最高人民法院公告，关于认定和执行台湾地区有关法院民事调解书或调解协议书及支付命令等事项也均参照此规定受理。针对香港、澳门回归后的新情况，国务院1995年6月宣布《中央人民政府处理"九七"后香港涉台问题的基本原则和政策》，1999年1月宣布《中央人民政府处理"九九"后澳门涉台问题的基本原则和政策》，规范港台、澳台同胞交往权益，增进共同繁荣，促进两岸关系。

随着两岸关系发展，台湾当局权宜性的行政命令已经难以全面规范日益繁杂的两岸事务，这一时期台湾方面的立法基本设定了其未来处理大陆事务的机制与路径，其中出于政治考虑，对两岸交流设定了诸多限制。1991年2月，台湾当局"国家统一委员会第三次全体会议"通过了第一份系统的大陆政策文件——"国家统一纲领"。同年4月，台湾当局宣告"动员戡乱时期"

终止，废除"动员戡乱时期临时条款"，终结了禁绝两岸交往的依据，并即行废止与"动员戡乱"相关的规定。5月，台湾地区公布了"为因应国家统一前之需要"而通过的"宪法增修条文"。"宪法增修条文"规定："自由地区与大陆地区间人民权利义务关系及其他事务之处理，得以法律为特别之规定"，将两岸关系定位为"一国两区"，并正视两岸人民往来关系。7月，台湾当局将"动员戡乱时期国家安全法"修正为"国家安全法"。这些调整客观上有利于两岸交流和人员往来，开启了台湾当局就大陆事务进行系统化立法的进程。

按照"宪法增修条文"的规定，1992年7月，台湾地区立法机关三读通过了酝酿四年之久的"台湾地区与大陆地区人民关系条例"（简称"两岸关系条例"）。这份条例第1条规定："国家统一前，为确保台湾地区安全及民众福祉，规范台湾地区与大陆地区人民之往来，并处理衍生之法律事件，特制定本条例。""两岸关系条例"是一部全面规范两岸民众交往中出现的民事、刑事、行政等法律问题的综合性立法，也是台湾方面调整两岸关系的"母法"。[1] 同期还制定了配套的"台湾地区与大陆地区人民关系条例施行细则"。"两岸关系条例"自1992年正式施行以来，随着两岸交流深化不断被修正。其中仅1997年，李登辉当局为了落实"戒急用忍"政策，就进行了5条增订和20条修正，强化了对委托机构与大陆签订协议的控制，加强了对大陆民众赴台交流定居及两岸海空交通与投资合作的管制，并对两岸交流衍生的继承、许可、仲裁、违法等问题作出了比较详尽的规定。

作为概括性综合规定，大量的"授权立法"或"委任立法"是"两岸关系条例"的一大特色，尤其是在经济交流事务上最为显著。1992年以来，台湾方面陆续出台了大量有关赴大陆投资、贸易、金融以及人员往来等方面的配套法令，例如"台湾地区与大陆地区贸易许可办法""在大陆地区从事投资及技术合作许可办法""台湾地区与大陆地区金融业务往来许可办法"以及各类大陆专业人士来台从事相关活动许可办法和各种台湾人士赴大陆探亲访问等作业要点，初步构建了相对严密的两岸民间往来规定体系。

---

[1] 彭莉：《两岸互涉性经济立法：演进路径、框架构成及待遇问题》，《当代亚太》，2008年第4期。

四、涉台法律事务的起伏动荡

2000 年后，随着两岸民间交流的深化以及台湾内部"台独"分裂活动不断升级，这一时期的涉台法律事务一方面继续围绕两岸民间往来相关事务深化推进，另一方面则是"台独"升级与反对"台独"的斗争。

台湾内部"台独"分裂活动升级，尤其是陈水扁当局鼓吹"宪政改造""正名制宪"等，并企图为分裂国家的行为提供"法律"支撑，严重威胁中国主权和领土完整，严重破坏台海和平稳定。为了反对和遏制"台独"分裂势力分裂国家的企图，促进祖国和平统一，维护台湾海峡地区和平稳定，维护国家主权和领土完整，维护中华民族根本利益，大陆方面作出重要部署，以法律手段遏制"台独"。2004 年 12 月，全国人大常委会启动了《反分裂国家法》的立法程序。2005 年 3 月 14 日，第十届全国人大第三次会议通过了《反分裂国家法》。《反分裂国家法》共 10 条，内容涉及立法宗旨与适用范围、台湾问题的性质和解决台湾问题的基本原则、以和平方式实现国家统一、以非和平方式制止"台独"分裂势力分裂国家等几个方面，明确规定台湾是中国的一部分，界定台湾问题是中国内战的遗留问题，指出完成统一祖国的大业是包括台湾同胞在内的全中国人民的神圣职责，提出发展两岸关系的系列举措，主张通过协商谈判实现和平统一，列举了国家可以采取非和平方式的三种情形。《反分裂国家法》将大陆方面关于解决台湾问题的大政方针法律化，充分体现了大陆方面以最大诚意、尽最大努力争取和平统一的一贯主张，同时表明了全中国人民维护国家主权和领土完整、绝不允许"台独"分裂势力以任何名义和任何方式把台湾从中国分裂出去的共同意志和坚定决心。这部法律是震慑"台独"尤其是"法理台独"最有力、最有效的法律武器，成为维护台海形势稳定、促进两岸关系发展最重要的法律工具，成为大陆方面成功运用依法治国方略的生动典范。[①]

与此同时，大陆方面还为台湾同胞在大陆学习、就业、创业、生活、定居等的便利和待遇提供了更多法制保障。2005 年 10 月施行的《台湾香港澳门居民在内地就业管理规定》，明确了台湾居民在大陆就业受法律保护。

---

① 张万明：《涉台法律问题总论》（第二版），北京：法律出版社，2009 年，第 170 页。

2006 年 12 月人事部、建设部、国台办《关于允许台湾地区居民取得注册建筑师资格有关问题的通知》，赋予了台湾居民在建筑师行业的从业资格，规定了相应待遇。各省区市也相应出台了大量关于台湾同胞权益保障的地方性法规、规章，使得大陆涉台立法呈现出中央与地方并举的特征。

陈水扁 2000 年上台后，逐步推动"台独"活动升级，引起两岸关系趋于紧张。特别是他 2004 年连任后谋求"法理台独"，更是将两岸关系推向危局。但是，由于大陆方面积极推动两岸经济、文化、社会交流合作的政策，大陆市场不断发育扩大，两岸民众对经济、文化、社会交往的需求持续增加，两岸交往尤其是经济交流合作仍然持续扩大深化。对此，台湾当局相应调整了与两岸经济政策相关的规定。台湾当局就两岸事务尤其是经济事务进行"修法""立法"是这一时期的重点内容，但它对相关法律事务的处理一直受到所谓"国家安全""台独"意识的影响。

2000 年 12 月、2002 年 4 月、2003 年 10 月、2006 年 7 月，台湾地区立法机关对"两岸关系条例"先后进行了多次修订。在两岸经贸方面，开放了两岸直接贸易、台商对大陆投资，放宽了两岸金融交往和人员往来限制，以许可制开放陆资赴台投资不动产，解决大陆投资盈余重复课税、维持直航许可制、适度开放大陆人民经许可在台湾从事投资行为、增订境外航运中心与"小三通"法源依据等。2003 年的修正共增订 37 条、修正 55 条，占全部 133 项条文的 70%，[①] 为最大幅度的修正。这次修正以"原则开放、必要管制"为指导，出台了方便台湾民众赴大陆探亲旅游的措施，增加了大陆民众在台居留、大陆机构赴台招生及设立办事处、两岸直航、人民币进出台湾的弹性，明订两岸事务协商仍采"复委托"机制，但同时也强化了对许多纯经济和民间事务的管理，尤其是对大陆配偶的管理查核机制，以及禁止台湾民众在大陆担任党务、军事、行政等职务，禁止台湾民众在大陆设立户籍或领用护照，否则将丧失台湾地区人民身份及其在台湾地区的相关权利，并注销其台湾地区户籍。相应地，根据"两岸关系条例"的修订，台湾方面也就配套子法进行了频繁修订，如修订"在大陆地区从事投资及技术合作许可办法"共计 4 次、"台湾地区与大陆地区贸易许可办法" 6 次、"台湾地区与大

---

① 刘世洋：《修正"两岸人民关系条例"与两岸交流合作的法制化》，载周志怀：《两岸经济关系与政治关系的互动路径》，北京：九州出版社，2014 年，第 336 页。

陆地区金融往来许可办法"6次、"台湾地区与大陆地区证券及期货业务往来许可办法"4次、"台湾地区与大陆地区保险业务往来许可办法"4次。

陈水扁在其任内顽固坚持"台独"立场,全方位推动"去中国化"等"渐进台独"活动,并把推动"宪政改造"作为谋求"法理台独"的重要手段。陈水扁在2003年9月提出要"催生台湾新宪法",要在2004年实施首次"公民投票"、2006年"公投制宪"、2008年正式实施"台湾新宪法"。在民进党操弄下,2003年11月,台湾地区立法机关通过"公民投票法",为分裂势力借助"公投"进行"台独"活动提供了条件;但投票人数达台湾选举人数二分之一以及有效赞成票达投票人二分之一时方为通过的高门槛也使得"公投案"难以通过。在陈水扁推动下,2004年3月20日,依照"公民投票法"的"防御性公投"条款提出的所谓"强化国防"与"对等谈判"两项公投案举行,因投票人数未达到二分之一门槛而遭否决。陈水扁连任后,按照其"台独"时间表,通过推动"宪政改造"进行"法理台独"活动。2005年6月,台湾地区"任务型国代"完成了包括"废除国民大会""公投入宪"等重大事项在内的第七次"修宪",其中"公投入宪"事实上为"法理台独"作了法理上的铺垫。第七次"修宪"完成后,陈水扁宣布要"激活第二阶段宪改"工程。2006年2月,陈水扁宣布终止"国统纲领"适用和"国统会"工作。此后,陈水扁不断推动所谓"宪改""入联公投"等"台独"活动。陈水扁推动"台独"活动升级,危害国家主权和领土完整,危害台海和平稳定,也危害台湾民众福祉。2008年3月,陈水扁推动的"入联公投案"被否决,陈水扁当局"台独"图谋遭遇挫败;民进党在台湾地区领导人竞选中失败,台湾局势发生重大的积极变化。

五、涉台法律事务的协调共进

2008年后,随着两岸关系在坚持"九二共识"、反对"台独"的共同基础上开创和平发展新局面,两岸也在各自法规体系内继续调整和深化法制建设以适应两岸关系新形势,而两岸公权力机关也逐步在系列共同事务上达成相关协议,开启两岸共同处理法律问题的新局面。

大陆方面为了便捷台湾同胞往来大陆以及在大陆发展，各主管部委及省市等纷纷出台系列规定。2009 年 3 月卫生部《台湾地区医师在大陆短期行医管理规定》，2008 年 6 月司法部《台湾居民参加国家司法考试若干规定》等法规，都基本赋予了台湾居民在这些行业的从业资格，规定了相应待遇。2010 年，最高人民法院发布《关于审理涉台民商事案件法律适用问题的规定》，明确涉台民商事案件的法律适用规范。2013 年 6 月，人社部、国台办发布《关于继续向台湾居民开放部分专业技术人员资格考试有关问题的通知》，又继续向台湾居民开放 10 类（项）专业技术人员资格考试。此外，人社部还开放福建、江苏、天津、上海、浙江、湖北等省市为台湾居民在大陆事业单位就业试点地区。针对台湾居民在大陆创业，2011 年 12 月，国务院台办、国家工商行政管理总局、公安部等发布《关于开放台湾居民申请设立个体工商户的通知》，开放了台湾居民可在北京、上海、江苏、浙江、福建、湖北、广东、重庆、四川等省市无需经过外资审批即可申请登记为个体工商户。2015 年 12 月，国台办、中宣部、发改委等发布《关于扩大开放台湾居民在大陆申请设立个体工商户的通知》，将范围扩大到 26 个省市。为了鼓励和吸引台湾学生来大陆就学，2011 年 4 月教育部发布了《关于普通高等学校依据台湾地区大学入学考试学科能力测验成绩招收台湾高中毕业生的通知》，此后还调整招收标准，方便了更多台湾学生来大陆就学。为便捷台湾同胞往返大陆，2015 年 6 月，国务院作出《关于修改〈中国公民往来台湾地区管理办法〉的决定》，简化台湾居民申请来往大陆的手续，实行免予签注和卡式台胞证等办法。

各省区市相继出台了大量关于台湾同胞权益保障的地方性法规、规章，使大陆涉台立法在地方层面继续深化与细化。如，2010 年 9 月、2016 年 2 月天津市人大常委会两度修正通过《天津市实施〈中华人民共和国台湾同胞投资保护法〉办法》，2010 年 11 月湖南省人大常委会通过《湖南省实施〈中华人民共和国台湾同胞投资保护法〉办法》，2010 年 11 月福建省人大常委会通过《福建省实施〈中华人民共和国台湾同胞投资保护法〉办法》，2012 年 9 月江苏省人大常委会通过《江苏省保护和促进台湾同胞投资条例》，2015 年 9 月上海市人大常委会通过《上海市台湾同胞投资权益保护规定》，2015 年 11 月安徽省人大常委会通过《安徽省保护和促进台湾同胞投资条例》等。

台湾方面在大陆事务立法上以松绑、开放为主轴，对"两岸关系条例"

等进行较为密集的修订，以便捷两岸经济文教交流与人员往来。如，台湾地区立法机构2008年6月通过第38条、92条等修正案，为开放人民币兑换提供法律依据；2009年7月修正公布第17、17-1、18、57、67条，删除第12条，放宽了大陆民众申请赴台居留的限制，并加强了保险、工作、继承等权益保障；2010年6月增订公布第29-1条，为解决两岸海运空运业者面临的双重课税问题提供依据；2010年9月修正公布第22条，删除第22-1条；2013年增订公布第80-1条；2012年3月发布第80条之1条文；2015年修正公布第80-1条，2015年6月修正公布第18条，增订第18-1、18-2、87-1条；2014年12月还对"两岸关系条例施行细则"进行修正，并发布第12、18、21、22、26、37、40、47、65条，内容涉及两岸人民入出境管理、旅游探亲定居、文教交流、投资、金融合作、技术引进等方面。"条例"还有限度地承认大陆学历、允许大陆学生来台就学、放宽大陆配偶继承权限制、赋予陆配工作权等，一定程度上缓解了原先大陆人民权益所受的限制。

同时，台湾当局还对相关配套的法规命令等进行了大量调整。在两岸经贸管理方面，2008年、2010年8月、2013年1月多次修订了"在大陆地区从事投资或技术合作许可办法""在大陆地区从事投资或技术合作审查原则"等，大幅松绑了台商向大陆投资的资金与技术限制；2009年7月、2010年3月、2011年9月多次修订了"台湾地区与大陆地区金融业务往来及投资许可管理办法"，配合松绑台企赴大陆投资的金融限制。其他如"台湾地区与大陆地区贸易许可办法""在大陆地区从事商业行为许可办法""台湾地区与大陆地区证券期货业务往来及投资许可管理办法"等都历经多次修正。台湾地区经济事务主管部门等还制定了系列新办法，如2009年7月的"大陆人民来台投资许可办法"与"大陆地区之营利事业在台设立分公司或办事处许可办法"，2012年4月的"大陆地区经贸事务非营利法人、团体或其他机构来台设立办事处许可办法"，为大陆企业对台投资提供了依据。在两岸人员往来方面，台湾当局逐步放宽了限制，如，2008年6月修正发布了"大陆地区人民来台从事观光活动许可办法"，大幅放宽大陆民众赴台观光的各种资格及限制；2008年四度修正发布了"试办金门马祖澎湖与大陆地区通航实施办法"，全面开放"小三通"；还多次对"大陆地区人民在台湾地区依亲居留长期居留或定居许可办法""大陆地区人民进入台湾地区许可办法""台湾地区公务员及特定身份人员进入大陆地区许可办法"等进行修订。

在文教交流方面，台湾当局开放了大陆学生赴台就学，制定或修订了大陆影视、文物、专业人士赴台交流许可办法和作业要点。

在两岸关系开创和平发展新局面的形势下，海峡两岸对于共同打击犯罪、司法互助以及两岸交流过程中相关法律问题开展平等协商，签订了《海峡两岸共同打击犯罪及司法互助协议》(简称"南京协议")等系列协议，为两岸之间共同处理相关法律问题提供了框架及范例，两岸相对应的公权力机关之间也在此架构下进行业务对接与合作。

六、涉台法律事务的曲折前行

2016 年后，大陆积极推动两岸经济社会融合发展，而台湾当局则拒绝接受一个中国原则，涉台法律事务的发展态势也相对复杂。大陆方面继续保障两岸人民合法权益，坚定维护一个中国原则，加强单边法治活动，而台湾方面则不断修订相关规定以吓阻两岸民间往来，两岸之间缺乏共同政治基础也导致两岸共同处理法律问题的机制受阻。

大陆方面继续增进台湾同胞福祉，推进融合发展。2017 年 5 月，国务院台办新闻发言人集中介绍了有关措施，一是大陆铁路和民航部门宣布改造自助服务设备，实现台胞自助购、取票和值机。二是教育部等部门修改完善台生在大陆学习的有关规定，解决台生在大陆高校就读和毕业后就业所遇到的实际问题。三是开放在大陆工作的台湾研究人员申请国家社科基金。四是人社部扩大台胞在大陆事业单位就业试点地域。人力资源和社会保障部决定在已开放福建、江苏、天津、上海、浙江、湖北 6 省市的基础上，新增北京、河北、山东、广东、广西、海南 6 省区市为开放台湾居民在大陆事业单位就业试点地区。台湾居民可在试点地区高校、公立医院等事业单位就业。五是司法部决定进一步扩大法律服务对台开放。台湾律师事务所在大陆设立代表处的地域范围，由福建省福州市、厦门市扩大到福建全省、上海市、江苏省、浙江省和广东省；允许已在大陆设立代表机构且该代表机构已成立满 3 年的台湾律师事务所，在其代表机构所在的福建省、上海市、江苏省、浙江省、广东省与大陆律师事务所联营；允许上述省市的律师事务所聘用台湾执业律师担任律师事务所法律顾问，提供台湾地区法律的咨询服务。进一步落实中共十九大报告提出的"逐步为台湾同胞在大陆学习、创业、就业、生活提供与大陆同胞同等的待遇"，一方面继续深化和完善既往的涉台法律法规体系，包括各省市继续修正台胞投资保护办法和条例，另一方面着重落实台湾同胞在大陆地区学习、创业、就业与生活的同等待遇，2018 年发布的《关于促进两岸经济文化交流合作的若干措施》（简称"惠台 31 条"）全面覆盖了台资、台商、台生等台湾同胞权益的各个方面，而且地方政府也纷纷因地制宜地出台相应的配套措施和实施细则，从立法和行政管理等方面为台湾同胞的融入和两岸融合提供了充分保障。2018 年 8 月，国务院办公厅印发《港澳台居民居住证申领发放办法》，申领居住证的港澳台居民在内地（大陆）参加社会保险、劳动就业、就学、就医等方面，可以享受 3 项权利、6 项基本公共服务和 9 项便利。

2016 年 5 月蔡英文上台执政后，民进党及其当局坚持"台独"立场、拒绝接受一个中国原则和"九二共识"，延续其一贯将"开放交流"与"国家安全"对立的思维，认为与大陆过于紧密的经济交流合作及人员往来会危害到台湾所谓"国家安全"，因此仍将涉大陆法律事务中的所谓"政治安全"考虑放在首位，缩限两岸交流空间。台湾地区内务部门于 2016 年 11 月大幅修正发布了"大陆地区人民及香港澳门居民强制出境处理办法"，强化并细化了对于大陆居民及船舶等强制出境的规定；2017 年 11 月修正发布"大陆地区人民及香港澳门居民收容管理办法"。2017 年 12 月，台湾地区立法机构通过所谓的"公民投票法"修正案，"公投"提案、联署及通过等各项门槛大幅降低，提案门槛从台湾地区选举人总数 0.05% 调降到 0.001%，联署门槛则从 5% 降到 1.5%，并且增加电子连署方式；"公投"通过门槛降为选举人总数 25%，且有效同意票超过不同意票。此外，全台性"公投"可以采不在籍投票；废除"行政院""公民投票审议委员会"，"公投"年龄由 20 岁降为 18 岁。虽然"领土变更""旗号变更""修宪"和"制宪"等未被纳入"公投"适用范围，但"公民投票法"修正案为"台独"分裂势力打擦边球冲撞两岸关系底线降低了门槛，"台独"势力以"公投"谋求"法理台独"的风险进一步提高。

第二节　40年涉台法律事务的主要特点

一、两岸规制逐渐丰富

　　与两岸关系从隔绝对立到交流交往的发展历程相适应，在两岸政治对立基本架构下，两岸均采取内部立法的方式规范内部涉及对方事务以及两岸交流中的己方事务。随着两岸人民交往日益频繁，运用法治思维、法治方式和法律手段处理涉台事务，各自丰富对两岸事务的法制体系，对于构建两岸交往秩序、处理法律问题起到了一定的正面作用。

　　长期以来，大陆方面不断推进对台方针政策法制化进程。构建并保障两岸交往秩序，维护台湾同胞合法权益，推动两岸关系和平发展，推进祖国和平统一进程，逐渐成为对台工作的重要内容。大陆方面高度重视涉台法治工作，注重发挥法治的引领和规范作用。以《宪法》为统帅，以《反分裂国家法》《台湾同胞投资保护法》《中国公民往来台湾地区管理办法》等为主干的涉台法律规范体系初步形成，成为中国特色社会主义法律体系的重要组成部分。[①] 涉台法律规范体系以《中华人民共和国宪法》《反分裂国家法》为基础，建立以《中华人民共和国台湾同胞投资保护法》为主体的台胞权益保护制度体系，包括国务院发布的《中华人民共和国台湾同胞投资保护法实施细则》《国务院关于鼓励台湾同胞投资的规定》等行政法规，以及国务院各部委办发布的有关规范两岸交往的行政规章和规范性文件，还有最高人民法院公布的关于认可台湾地区民事判决、仲裁判决、民事调解书以及适用台湾地区法律的系列司法解释、规定与批复等。此外，各省区市出台了大量关于落

---

　　① 张志军:《运用法治方式扎实推进两岸关系和平发展》,《人民日报》,2015年3月13日。

实台湾同胞权益保障的规章、条例等，还陆续发布大量的惠台政策，因地制宜地补充了涉台法规的具体执行办法。台胞在大陆生活、就学、就业、经商、交流等领域的权益保障都有了充分的法律依据。中央与地方各级政府依法推进对台工作，捍卫了一个中国原则，推动了两岸经济社会融合发展，维护了两岸关系和平发展，促进了祖国和平统一。

台湾地区涉及大陆事务或两岸关系的法律基本维持了"一国两区"架构，但也存在着逐步"虚化"一个中国的态势。台湾地区的大陆事务法规比较体系化，大致分为三大部分。其中，调整两岸关系的基础法规，包括"中华民国宪法暨增修条文"与"台湾地区与大陆地区人民关系条例"，确立了"国家统一前"的两岸"一国两区"的法律框架。其中"中华民国宪法"第四条规定，"中华民国领土，依其固有之疆域，非经国民大会之决议，不得变更之"，而"增修条文"第一条与第十二条则规定，台湾地区选举人可以在"立法院"提出"宪法修正案""领土变更案"，经民意代表四分之一提议，经四分之三出席，及出席委员四分之三决议通过，经公告半年后，在三个月内经选举人投票复决，有效同意票超过选举人总额半数即可通过，不适用于"宪法"第四条、第一百七十四条之规定，"增修条文"将修改"中华民国宪法"的权力主体变更为台湾地区人民，同时还将"中华民国宪法"实施范围缩限在台湾地区。与此同时，"增修条文"第十一条则规定，"自由地区与大陆地区间人民权利义务关系及其他事务之处理，得以法律为特别之规定"，为"台湾地区与大陆地区人民关系条例"提供了依据。台湾当局根据两岸关系形势变化，多次对"台湾地区与大陆地区人民关系条例"加以修订，把对两岸交流的规范从"原则禁止，例外许可"逐步调整为"原则许可，例外禁止"，成为台湾当局处理两岸交流事务"最重要的法律依据"，也是其大陆政策法制化基本完成的标志。[①]与该条例相补充的"两岸关系条例实施细则"也经多次修正。

台湾地区"行政部门"制定的法规、命令、办法等相关规范性文件，包含机构建设、人员往来、文化交流、经济交流、婚姻家庭、继承、司法协助等方面，具体规定了相关大陆事务的主管机关、管理办法等。如"台湾地区人民进入大陆地区许可办法""大陆地区人民进入台湾地区许可办法""大

---

① 杜力夫：《法治视野下的两岸关系》，北京：九州出版社，2015年，第105页。

陆地区专业人士来台从事专业活动许可办法""大陆地区人民来台从事商务活动许可办法""跨国企业内部调动之大陆地区人民申请来台服务许可办法""机关学校团体派员赴大陆地区从事文教活动作业规定""机关宗教团体派员赴大陆地区从事宗教活动作业规定""大陆地区学历检核或技术合作许可办法""台商赴大陆投资新审查办法""台湾地区与大陆地区贸易许可办法""在大陆地区从事商业行为许可办法""台湾地区与大陆地区金融业务往来许可办法""试办金门马祖与大陆地区通航实施办法""试办金门马祖与大陆地区通航人员出入境作业规定""大陆地区人民进入金门马祖数额"等，集中于对两岸人员往来与经济、文教等交流进行许可和管制，总体上侧重于限制大陆人员赴台投资和其他各项交流等。此外，台湾当局将香港、澳门定位为有别于大陆其他地区的特别区域，为了规范及促进与香港、澳门的经济、文化及其他关系，还出台制定了"香港澳门关系条例"。行政部门的"法规命令"在台湾地区大陆法规体系中占有重要地位，依据"两岸关系条例"授权而制定的条令在很大程度上支配着两岸交流往来的管理。

台湾地区所谓"司法院大法官"对两岸关系的司法解释文件也是台湾方面处理两岸关系与大陆事务的重要依据。台湾地区所谓"大法官"解释大致涉及几个关键问题：有关两岸关系及台湾当局定位的，如释字第 31 号、85 号、117 号、150 号和 261 号等；有关两岸人民权利的，如释字第 242 号、265 号、475 号、479 号、497 号、558 号、618 号、710 号、712 号等；以及台湾地区政治制度运行中有关两岸关系问题的，如释字 328 号、329 号、467 号、481 号等。[①]

二、两岸司法互助机制初见端倪

1987 年以来两岸各领域交往日益频繁，形成了新的交往秩序，同时衍生出许多具体问题，包括跨两岸区域犯罪、互涉区域犯罪，如劫机、走私、偷渡、毒品、诈骗、绑架等犯罪，以及犯罪后逃往对岸等情形，还包括两岸之间各种民事纠纷，如渔事或经贸纠纷、各类民事诉讼、文书查证与送达、

---

① 周叶中:《两岸关系的法学思考》，北京：九州出版社，2014 年，第 492—493 页。

财产继承和婚姻关系纠纷等具体事项，以及对于对方法院判决或行政裁定的认可等涉及两岸交往秩序的问题。两岸之间展开协商谈判，签订相应协议，成为两岸司法互助机制的重要构成部分。

1. 达成"金门协议"

20 世纪 80、90 年代，大陆东南沿海主要是福建地区出现一些居民为了打工私自渡海去台的现象。这种"私渡"情况较为复杂，但其中多数并不涉及犯罪，而台湾军警对大陆私渡人员采取"并船遣返"的做法，造成遣返过程中时有人身伤亡事件发生。在 1990 年 7 月 21 日、8 月 13 日的"闽平渔"事件中，分别有 25 名被遣返人员窒息死亡和 21 人落水遇难，引发两岸社会谴责。为解决大陆居民私渡去台问题，也为了避免再次出现死伤惨剧，1990 年 9 月，两岸红十字组织代表韩长林与陈长文在金门进行商谈，就解决违反有关规定进入对方地区居民（即私渡人员）和刑事嫌疑犯或刑事犯的遣返问题进行协商。双方本着解决问题的务实精神，于 1990 年 9 月 12 日签订协议（即"金门协议"），规定了遣返原则、遣返对象、遣返程序和交接地点等事宜。

"金门协议"是 1949 年以来两岸双方分别授权的民间团体签订的第一份书面协议，体现了两岸务实解决涉台法律事务的智慧。

2. 签署"南京协议"

2009 年 4 月 26 日，在两岸关系开创和平发展新局面的形势下，海峡两岸关系协会与台湾海峡交流基金会经过平等协商，在南京签署《海峡两岸共同打击犯罪及司法互助协议》（简称"南京协议"）。这份协议共有 24 条，分 5 章，规范了两岸之间共同打击犯罪以及刑事民事司法互助事宜，具体涉及共同打击犯罪的范围、司法互助事项及司法互助程序等几方面内容。

整体上，"南京协议"不仅继承了"金门协议"确定的刑事司法互助的主要形式，肯定了既有的互助合作形式，还拓展涉及刑事诉讼程序和刑罚执行诸多新形式，并显著扩展了两岸共同事务合作的范围。[①]"南京协议"以海协会和台湾海基会为签订方，约定由两岸相应的公权力部门具体联系负责相关的共同法律事务，成为两岸共同法制建设中最重要的成果。

---

① 赵秉志、黄晓亮：《论中国区际刑事司法合作法律机制的构建》，《江海学刊》，2011 年第 10 期。

3. 签署其他协议

海协会与台湾海基会签订的其他协议涉及两岸交往众多领域，其中部分内容涉及涉台法律事务以及各自内部规章制度调整。如《海峡两岸经济合作框架协议》要求"考量双方的经济条件，逐步减少或消除彼此间的贸易和投资障碍，创造公平的贸易与投资环境"，并"建立有利于两岸经济繁荣与发展的合作机制"。两会还在某些具体法律事项上形成共识，完善法律事务合作机制，如在两岸人民人身安全保障上，2012 年 8 月由两会公布了《海协会与海基会有关〈海峡两岸投资保护和促进协议〉人身自由与安全保护共识》，加强对两岸投资者及相关人员人身自由与安全保护，双方将依据各自规定，对另一方投资者及相关人员，自限制人身自由时起 24 小时内通知；同时依据《海峡两岸共同打击犯罪及司法互助协议》建立的联系机制，及时通报对方指定的业务部门，并尽量缩短通报时间，尽快回复对方查询要求。

为配合执行两岸协议，两岸双方各自在其法律体系内对两岸协议进行确认和接受，使其能够规范各自的行为。大陆方面在相关法律事务中进行了相应调整，直接以两岸协议为依据进行立法活动，共制定了 10 余件法律规范与部门规章；司法机关通过司法解释对两岸协议予以转化；审判机关直接以两岸协议为依据进行司法裁判活动；行政部门则以两岸协议为依据调整相应政策。台湾方面在两岸协议涉及"修法"或"制定新法律"时，由"行政院"核转"立法院"审议通过后生效；不涉及"修法"或"制定新法律"时，则由"行政院"核定后，送"立法院"备查即告生效。[①]

三、两岸共同打击犯罪及司法互助卓有成效

两岸在各自相关规范内处理两岸事务的基础上，也因维护两岸人民权益、打击跨境犯罪、便捷两岸交流往来等而就两岸之间的法律事务进行相互接触与合作，两岸之间基础性的法律秩序得以确立起来，两岸民间交往、人民往来、经贸文化交流等基本上"有章可循"。

1. 遣返私渡人员及逃犯

---

① 周叶中、段磊：《论两岸协议的接受》，《法学评论》，2014 年第 4 期。

在两岸交往开始后，常有在台湾犯罪的刑事嫌疑犯或被告潜逃到大陆躲避制裁，或是某些大陆民众私自渡海去台，使得两岸不得不通过某些方式来解决此类问题，而两岸接触谈判开启也与此相关。

1989 年 3 月大陆警方抓获被台湾通缉的杀人嫌疑犯杨明宗，公安部刑侦局曾试图与台湾警方联系，由于台湾坚持不与大陆官方接触，大陆警方的努力未能成功。之后大陆警方考虑到杨明宗还犯有伪造新加坡护照罪，于 4 月 21 日将其押送到新加坡，再由台湾警方将其押回台湾受审。在此过程中，大陆方面积极主动处理两岸共同事务并对台湾方面释出善意，而台湾当局也感受到两岸共同解决事务性、功能性问题的迫切压力。台湾方面从 1989 年 8 月开始考虑筹划设立由公权力授权的民间中介团体，作为与大陆方面进行接触的渠道与方式，处理两岸共同事务。

"金门协议"签订后，双方于 1990 年 10 月 8 日进行了第一次海上遣返工作，首批 55 名私自渡海去台的大陆居民从马祖回到了福州马尾港。协议签署一个月后，台湾警方将在北京盗窃 334 万美元汇票后潜逃至台湾的吴大鹏遣返大陆。同年 12 月，大陆警方将叶振嘉等 6 名台湾刑事犯遣返台湾。1996 年，厦门市检察院依据"金门协议"请求台湾检方将在逃的贪污犯王某遣返回大陆。双方相互遣返私渡人员与刑事犯进入常态化。1997 年后，两岸有关方面以个案方式相互遣返劫机犯，有效地遏止了涉及两岸的劫机犯罪。20 世纪 80 年代后期，不断发生飞往台湾的劫机犯罪，其中仅 1993 年一年就达 10 起，劫机犯绝大多数是在大陆犯有刑事罪行，或是身负债务，全为个人目的而劫机去台，造成了严重的伤亡事件和恶劣影响。海协会多次与台湾海基会就遣返劫机犯进行协商，但台湾方面出于政治考虑，提出种种不合理要求，使协商未能达成协议。同时，台湾当局拒不按照"金门协议"遣返劫机犯，反而采用"人机分离"的做法将劫机犯留在台湾，客观上助长了劫机犯罪的滋生，使台湾成为大陆劫机犯的"天堂"。1997 年 3 月 10 日，台湾远东航空公司台北至高雄 128 航班被台湾居民刘善忠劫持，于当日降落厦门机场，机上有旅客 150 人，机组人员 8 名。事发后，劫机犯罪嫌疑人刘善忠即被厦门市公安机关拘留；被劫飞机经加油加水后，于当日返回台湾。5 月 14 日，大陆有关方面对刘进行必要审查后，依照"金门协议"将其遣返回台湾。1998 年 10 月 28 日，中国国际航空公司一架客机在飞往缅甸仰光途中被机长袁斌劫持，改道飞往台湾，机上有乘客 95 名，机组人员 9 名，袁斌的妻子徐梅以乘客身份乘坐此机。事件发生后，海协会与台湾海基会进行了长达 6 个多小时的联系和交涉，该机由副驾驶架机返回厦门，劫机犯袁斌及其妻子徐梅被台湾警方带走。此后，围绕遣返袁斌以及其他大陆全部劫机犯的问题，双方进行了长达 3 年的交涉，最终于 2001 年 6 月 28 日，经由两岸红十字组织联系，经马祖—马尾渠道，台湾有关方面将袁斌、徐梅及此前劫持大陆客机去台湾的张文龙、师月波、祁大全、韩书学、张海、高军等 8 名劫机犯罪嫌疑人遣返回大陆。此案之后，涉及两岸的劫机犯罪才绝迹。

2009 年 2 月 11 日，国台办发言人范丽青指出，据不完全统计，自 1990 年 9 月"金门协议"签署至 2009 年 1 月，两岸红十字组织共同实施双向遣返作业 212 批，双向遣返 38936 人，其中大陆接回私渡人员 38570 人，大陆向台方遣返非法入境人员、刑事犯、刑事嫌疑人 91 批 366 人，完成接收大陆劫机犯罪嫌疑人 5 批 18 人，向台湾遣返劫机犯罪嫌疑人 1 批 1 人。据两岸红十字组织统计，1990 年"金门协议"签订至 2014 年 9 月，两岸红十字组织共同实施双向遣返作业 227 批，总人数 39035 人。

两岸双方在遣返嫌犯方面还采取过"澳门模式"，即两岸打击犯罪实务机关在查缉到嫌犯后，不经由两岸红十字组织或两会渠道，而是在核查身份无误后，将其驱逐至澳门，由澳门警方协助押解，并移交给对方警方押送归案受审。大陆公安机关曾于 1999 年 4 月、2000 年 12 月两度逮捕台湾通缉犯"四海帮"帮主杨光南，将其列为"不受欢迎人士"，在与台湾方面刑事警察局协调下，将杨光南押解到澳门，由台湾刑事警察局派人赴澳门接回移送法办，成为两岸合作打击黑道罪犯、押解帮派首恶的第一宗成功案例。2002 年 4 月，依循此模式，大陆公安机关将台湾"十大枪击要犯"之一詹龙栏逮捕驱逐至澳门，由台湾警方从澳门押解回台。

随着 2009 年 4 月 26 日《海峡两岸共同打击犯罪及司法互助协议》（"南京协议"）的签署，两岸双方在"金门协议"的基础上，建立起更为完整的遣返制度。两岸间人员遣返的方式发生变化，两岸刑事犯和刑事嫌疑犯的遣返主要按照"南京协议"执行，违反出入境管制、无合法手续进入对方区域的私渡人员的遣返主要按照"金门协议"执行。依照"南京协议"的遣返可以通过海运或空运直航方式，而且所有海、空运航点都可以作为遣返交接点。2009 年 4 月 30 日，台湾刑事警察局和大陆公安机关合作将"毒贩教父"黄上丰押解回台受审，成为"南京协议"签署后首位被遣返的要犯。2010 年

4月15日，两岸有关方面实现首例直航遣返刑事通缉犯，将枪炮毒品通缉犯吴华龙经南京至台北直航押解至台湾。2010年11月10日，福建公安机关通过台北至福州直航班机押回潜逃台湾的大陆犯罪嫌疑人钱建南，这是自"南京协议"签订后，台湾警方首次应大陆公安机关要求，协助缉捕并遣返大陆犯罪嫌疑人。从"南京协议"签订至2018年12月底，大陆方面共计遣返台湾刑事犯及刑事嫌疑犯487人，台湾方面遣返15人至大陆。[①]

2.共同打击跨境犯罪

两岸交往开始以来，早期跨境犯罪主要是劫机犯罪，21世纪后，一些台湾与大陆的不法分子相互勾结，铤而走险，跨境犯罪活动形式多样，呈现出组织化、专业化甚至涉外化的趋势，跨境诈骗、贩毒、走私、伪造货币等犯罪呈高发态势，尤其是电信诈骗犯罪极为猖獗，给两岸社会治安和人民财产生命安全带来严重危害。[②]多年来，大陆司法机关积极推动两岸共同打击犯罪，两岸双方通过多种方式开展合作和互助。早期借助于"金门协议"，两岸司法、执法部门初步开展了犯罪情报交换和刑事侦查等协作。2009年4月"南京协议"的签订使得两岸双方在以往合作打击犯罪的基础上，持续扩大合作，明确并完善了合作范围、方式与途径等，尤其是将跨境毒品犯罪、电信网络诈骗犯罪、危害食品药品安全犯罪以及人口贩运案件等列为重点合作打击对象，加强犯罪信息交换、协助缉捕、侦查以及共同侦办案件，使得两岸共同打击犯罪进入快车道。

对于打击毒品犯罪，两岸警方交流渠道较为畅通，缉毒情报交流和执法办案协作也渐趋完善。例如，2006年2月3日，经过长期缜密侦查，在国家禁毒委、公安部、海关总署统一指挥协调下，昆明海关缉私局联合泰国警方、台湾地区警方彻底铲除了以台湾人钟万亿为首的特大国际贩毒集团，缴获高纯度海洛因57.4公斤，市值2亿多人民币，为多年来查获的台湾地区最大一宗货柜走私海洛因案，是两岸警方开展打击毒品走私犯罪全面协助的范例。2007年度台湾"法务部调查局"与大陆缉毒单位合作侦破3案，逮

---

① 大陆委员会：《两岸协议执行成效专区》，https://www.mac.gov.tw/cp.aspx?n=3788E6E04BC17563&s=CF85AFF04D9EB245，2019年1月。

② 张淑平：《纵论海峡两岸刑事司法互助之"罪赃移交"》，载海峡两岸关系法学研究会：《海峡两岸关系法学研究（第四辑）——两岸协议落实与两岸关系》，北京：九州出版社，2014年，第200页。

捕嫌犯 43 人，缉获毒品海洛因 12.18 公斤，安非他命成品 66 公斤、半成品 897 公斤、原料 1850 公斤等。2007 年台湾刑事警察局与大陆公安单位破获张某等人涉嫌安非他命制毒工厂。两岸共同打击毒品犯罪成效显著。据台湾方面统计，从 2009 年 6 月至 2018 年 12 月间，双方相关机关合作破获毒品案件 83 件，逮捕 588 人，查获各种毒品及原料共计 16 余吨。①

对于打击电信及网络诈骗犯罪，两岸治安机关合作办理了许多大案要案。例如，2010 年 8 月 25 日，两岸警方组成项目组合作办案，同步执行代号"0810"的大规模查缉诈骗集团行动。大陆 7 省区市公安机关派出近 3000 名警力对 44 个电话诈骗窝点进行围捕，台湾警方动用 548 名警力对岛内 80 余处诈骗窝点和地下钱庄展开抓捕，共抓获犯罪嫌疑人 451 名，其中台湾 186 人，大陆 264 人，香港 1 人，成功摧毁一个特大跨两岸电信诈骗犯罪网络群。针对电信诈骗集团转移到东南亚及非洲等国家的新情况，两岸警方展开了国际跨境打击行动。例如，2010 年 12 月 27 日，根据公安部"11·30"专案指挥部统一协调，北京等 9 省区公安机关联手台湾、菲律宾警方展开同步打击行动，成功摧毁一个由台湾人组织操控的跨国、跨两岸的特大电信诈骗犯罪集团。2011 年，在"0310"项目行动中，两岸警方与柬埔寨、印度尼西亚、马来西亚、泰国警方合作，逮捕到案嫌疑人多达 598 人，其中台湾嫌犯 410 人、大陆嫌犯 181 人、泰国嫌犯 3 人、韩国嫌犯 2 人、越南与柬埔寨各 1 人。2011 年两岸警方联手执行"0928 专案"，在两岸及东南亚 7 国等 9 地共抓捕嫌犯 827 人到案，其中大陆 493 人、台湾 322 人、其他东南亚各国 12 人，合计动员 2000 多名警力，搜索 166 处据点，在大陆查获 322 人、台湾地区 123 人、柬埔寨 60 人、印度尼西亚 50 人、马来西亚 4 人、越南 76 人、菲律宾 93 人、泰国 27 人、老挝 72 人。据统计，台湾电信诈骗数量下降超过 40%，大陆电信诈骗案也大幅下降。

据台湾方面统计数据，从 2009 年 6 月至 2018 年 12 月底，两岸双方合作破获诈骗、勒索、毒品、强盗等案件 220 案，逮捕犯罪嫌疑人 9330 人，其中诈欺犯罪 106 案 7261 人。大陆向台湾通报人身自由受限案件 5961 件，台湾向大陆通报 6130 件，涉案多以诈骗、走私、危险驾驶、毒品及交通肇

---

① 大陆委员会：《两岸协议执行成效专区》，https://www.mac.gov.tw/cp.aspx?n=3788E6E04BC17563&s=CF85AFF04D9EB245，2019 年 1 月。

事为主。①

3. 两岸司法互助

随着两岸交往频繁和扩大，两岸间文书查证与送达、民事判决与仲裁等认可与执行以及调查取证、罪犯接返、罪赃追偿、人身自由受限通报、非病死及可疑非病死通报、人道探视等方面的事务日益增加，司法互助实践也从无到有、由少到多、由个案处理到逐步机制化。

1993年4月海协会与台湾海基会签署《两岸公证书使用查证协议》，就相互寄送涉及继承、收养、婚姻、出生、死亡、委托、学历、定居、扶养亲属及财产权利证明公证书副本以及其他文书等事宜达成共识，保证了公证书效力的实现，促进了两岸民众联系交往，维护了两岸人民正当权益。而对于民事诉讼、判决与仲裁等司法文书的送达、认可与执行，台湾地区的法院长期以来对于大陆地方法院出具的民事判决却多以不符台湾方面规定为由不予承认。在实践中，两岸有关方面多是依据各自的司法协助规定的办法来解决相关问题，例如，最高人民法院于1998年公布了《最高人民法院关于认可台湾地区有关法院民事判决的规定》、2008年出台了《关于涉台民事诉讼文书送达的若干规定》，2015年出台了《最高人民法院关于认可和执行台湾地区法院民事判决的规定》与《最高人民法院关于认可和执行台湾地区仲裁裁决的规定》等。这一状况随着两岸关系发展以及"南京协议"签署而得以改观，两岸共同处理文书送达、调查取证、罪赃移交、裁判认可、罪犯移管（接返）及人道探视等刑事与民事司法互助事务逐渐正规化、法制化。大陆公、检、法等机关以及台湾法务、法院、检察、警察等部门作为联系主体，开展了在具体司法事项上的合作。

两岸文书送达及调查取证关系到两岸各自司法诉讼程序等能否有效进行。从2009年6月至2018年12月，两岸双方审判和检察机关相互提出司法文书送达请求已达9万多件，其中台湾请求63904件、大陆完成54255件，大陆请求20603件、台湾完成19315件。两岸调查取证方面，台湾请求1726件、大陆完成1035件，大陆请求1336件、台湾完成1281件。② 这有

---

① 大陆委员会：《两岸协议执行成效专区》，https://www.mac.gov.tw/cp.aspx?n=3788E6E04BC17563&s=CF85AFF04D9EB245，2019年1月。

② 大陆委员会：《两岸协议执行成效专区》，https://www.mac.gov.tw/cp.aspx?n=3788E6E04BC17563&s=CF85AFF04D9EB245，2019年1月。

效保障了应受送达人的合法权益，也促进了两岸司法及仲裁程序顺利开展。

在认可及执行民事裁判与仲裁裁决方面，两岸各自确立了有关认可对方判决的规定，也约定了相互认可及执行判决事宜。台湾地区"两岸关系条例"第 74 条规定，"在大陆地区作成之民事确定裁判、民事仲裁判断，不违背台湾地区公共秩序或善良风俗者，得声请法院裁定认可"，"前项经法院裁定认可之裁判或判断，以给付为内容者，得为执行名义"，为台湾地区法院认可大陆法院民事判决的法律效力提供了依据。最高人民法院先后通过的法释〔1998〕11 号、法释〔1999〕10 号、法释〔2001〕13 号、法释〔2009〕4 号、法释〔2015〕13 号及法释〔2015〕14 号系列规定，确立并完善了台湾法院民事判决在大陆申请认可与执行的程序，台湾地区法院民事判决的当事人可以作为申请人向人民法院申请认可和执行台湾地区法院作出的生效民事判决、裁定、和解笔录、调解笔录、支付命令、仲裁判断、仲裁和解和仲裁调解等，经大陆法院裁定认可后的民事判决与仲裁裁决与大陆人民法院作出的生效判决具同等效力。但是，台湾方面却对大陆法院判决在台湾地区的认可与执行设置一些限制，甚至从根本上否定大陆判决的既判力，导致大陆法院判决在台湾的认可与执行仍有困难，不仅给两岸当事人平添了诉累，而且也对两岸交流产生负面影响。2009 年两岸两会签订的"南京协议"第 10 条规定，"双方同意基于互惠原则，于不违反公共秩序或善良风俗之情况下，相互认可及执行民事确定裁判及仲裁裁决（仲裁判断）"，改善了先前两岸相互认可与执行民事判决和裁决制度，明确了互惠原则及公共秩序保留原则，取消了台湾地区先前要求的民间机构验证前置环节，便捷申请人申请对岸法院承认与执行判决与裁决的行为。[①]

对于两岸间"罪赃追偿移交"问题，"南京协议"第 9 条"罪赃移交"规定："双方同意在不违反己方规定范围内，就犯罪所得移交或变价移交事宜给予协助。"最高人民法院与台湾有关方面合作，自 2009 年以来已经完成多次赃款移交，如 2013 年 6 月，大陆警方将电信诈骗案赃款新台币 1100 余万元返还给台湾 17 名受害人；2014 年 4 月，台湾方面按比例向大陆被害人返还新台币 62 万余元。在两岸间罪赃追偿移交方面，双方仍需要进一步合

---

① 郑清贤：《涉台法律研究与海峡西岸经济区建设研讨会综述》，《海峡法学》，2010 年第 1 期。

作。据国台办发言人安峰山在 2016 年 4 月 13 日新闻发布会上公布的初步统计数据，每年有上百亿元人民币的电信诈骗犯罪赃款被从大陆卷到台湾，但被追缴回来的只有 20 万元人民币。

对于两岸间罪犯移管问题，"南京协议"第 3 章第 11 条规定了"罪犯移管（接返）"事项，确立了两岸被判刑人移管制度。考虑到一些在大陆犯罪被判刑的台湾居民希望回台湾服刑的愿望，大陆方面积极与台方沟通，基于人道主义原因而优先处理其中重病患者回台湾的问题。2009 年 3 月，台湾居民冯立信在大陆触犯走私、运输毒品罪被大陆法院判处重刑，台湾地区法务部门受家属请求启动两岸司法互助机制，向大陆方面提出移管请求，2010 年 4 月 21 日，福建省公安机关在厦门将身患重病的冯立信移交台湾警方，实现两岸首例罪犯移管，标志着两岸移管被判刑人制度开始实施。第二次移管于 2011 年实施，5 名在福建省监狱服刑和 1 名在广东省保外就医的被判刑人被移管回台湾服刑。第三次于 2012 年实施，在福建省监狱服刑的 6 名被判刑人移管回台湾服刑。2013 年初，台湾地区立法机构通过了"跨国移交受刑人法"，根据第 23 条规定，台湾地区与大陆地区之间的受刑人移交，准用该规定，不受"两岸关系条例"第 75 条规定的限制。截至 2018 年 12 月，大陆方面已经向台湾移管 19 名病重等受刑人。[①]

两岸有关方面也充分照顾受刑人、犯罪嫌疑人及其家属的关切。大陆方面重视切实保障台方家属探视、聘请律师、假释、保外就医等权益，海协会和办案单位多次协助安排台湾家属对在押人员进行人道探视。两岸有关方面还加强了非病死及可疑非病死通报制度，从 2009 年 6 月至 2018 年 12 月，大陆方面共计向台湾方面通报 870 件，台湾方面共计向大陆方面通报 186 件。[②]

① 大陆委员会：《两岸协议执行成效专区》，https://www.mac.gov.tw/cp.aspx?n=3788E6E04BC17563&s=CF85AFF04D9EB245，2019 年 1 月。

② 大陆委员会：《两岸协议执行成效专区》，https://www.mac.gov.tw/cp.aspx?n=3788E6E04BC17563&s=CF85AFF04D9EB245，2019 年 1 月。

第三节　涉台法律事务中的几个问题

两岸交往开始以来，两岸各领域交流合作不断推进，形成日益绵密的经济文化社会联结。在国家尚未统一的特殊情况下，两岸之间的政治分歧不应成为两岸人民交往的障碍，海峡不应该是阻碍打击犯罪的天然屏障。两岸各自依规定管理和规范两岸交往，通过双边机制来共同处理相关事务，逐步构建了两岸共同打击犯罪和司法互助合作机制，取得了丰硕成果，积累了实践经验，未来应在一个中国原则的基础上，继续消除阻碍两岸交往的规章制度，建构促进两岸经济社会融合发展的法律体系。但与此同时，受两岸政治分歧以及台湾内部政治生态变迁的影响，建构促进两岸经济社会融合发展、全面保障两岸人民权益的两岸法律秩序也面临一些挑战。

一、台湾"一国两区"制度架构弱化

台湾方面对于两岸之间的法律事务的处理既受其既有规定等规范性文件的约束，也受到内部两岸政治主张变迁的影响，相关规范和管理措施的基本架构也在逐步调整，基本上形成了相对稳固的"一国两区"制度架构，但也存在着"一国"虚化与弱化、"两区"实化与强化的风险及态势。

台湾地区现行宪制性规定及其"增修条文"、处理两岸事务的基本规定（"两岸人民关系条例"）以及被终止适用的"国家统一纲领"是台湾方面处理两岸事务的最直接、最基本的规范性文本，均以两岸同属一个国家为原则，把大陆地区和台湾地区均作为"固有疆域"，将两岸关系定位为"一个中国、两个地区"的关系（即"中华民国"台湾地区与大陆地区的关系），将两岸关系界定为"国家统一前"的临时状态，默认台湾方面的法规适用范围包括大陆地区。"中华民国宪法"约定"固有之疆域"非经程序不得变更，"增修条文"则体现"国家统一前"的"中华民国主权及于整个中国，治权限于台澎金马"的两岸关系定位，还约定了变更"固有疆域"的程序与条件，明确两岸是"自由地区与大陆地区"的定位。"两岸人民关系条例"是依据"增修条文"第十一条所制定的"特别之规定",将"大陆地区"定位为"台湾地区以外之中华民国领土","大陆地区人民"则明定为"指在大陆地区设有户籍之人民",是对"中华民国宪法增修条文"所确定的"一国两区"规范的具体体现。在此规范下,台湾方面处理两岸事务的立法、执法与司法的规范和实践在法律属性上不同于涉外法律事务,两岸在法律事务上的合作也不属于国际司法互助,两岸法律冲突的处置也基本不适用一般性的区际法律冲突理论与实践。涉及两岸人民往来的民事、刑事与行政法律的立法基本上以"两岸人民关系条例"作为母法;在涉及两岸事务的执法如大陆人民入境、居留等事项上进行特殊处理,不同于外国民众;在涉及两岸政治与法律关系的"大法官解释"和司法判决中,大多数案件依据"中华民国""疆域"的法律适用范围及于大陆的基本规范进行裁决,"一国两区"的法律实践占据主流。

然而,随着"台独"势力的政治操弄以及"台湾主体性"的塑造,"一国两区"中的"一个中国"的制度性、组织性、实践性载体也遭受冲击,"一国两区"中的"一个中国"法律架构遭到弱化。在涉及两岸事务的相关规定中,一些体现"两岸同属一个中国"的法规或条款逐渐被废除、终止、冻结和弱化,如具有象征性意义的"国民大会"条款被废止、"国统纲领"被"终止适用"、"国家统一前"的规范性被忽视等;多次"修宪"已经将体现"一个中国"的政治架构"本土化",法律架构从原来的"以中国为主体"演变为"以台湾为中心";弱化"一国"、强化两岸"两区"差异、区隔两岸的法规或条款有所增加,如在某些具体事务上将大陆地区人民视为外国人民、所谓的"国安"条款等将大陆与外国等同处理、通过设立严苛的条款吓阻两岸民间交流、设置超高的门槛阻扰两岸沟通协商;在执法和管理过程中将大陆人民按照外国人同等对待等。在涉及两岸事务的组织建设上,逐渐以台湾为主体、解构中国本位,相关具有"一个中国"属性的组织也被相继废止或中止,以及专责两岸事务的组织被调整或并入其他部门,如"国统会"、台湾省及福建省建置和"蒙藏委员会"的废止等。在涉及两岸事务的"大法官解释"和司法判决中,就涉及"固有疆域""两岸协议性质""台湾省地位""福建省地位""大陆地区地位""大陆人民法律地位及权益"等事项上，"一个中国"的两岸政治定位观有所弱化，[①] 不依循或是否认"一个中国"的裁决有所增加。"一国两区"法律架构的弱化将会从根本上逐渐改变台湾方面处理两岸事务的法理逻辑和实践机制，也进一步会影响到两岸在司法等事务合作上的性质。与大陆主动推进两岸经济社会融合发展、积极落实台湾居民的同等待遇以及促进祖国和平统一相比，台湾方面通过强化"两区"、区隔两岸的法律手段在实质上阻碍着两岸进一步的交流交往，也将使得涉台法律事务的实践与深化面临着更多的障碍与风险。

二、涉台法律事务合作政治基础不稳

中国大陆一如既往坚持在两岸同属一个中国原则下探讨两岸之间的合情合理安排，强调运用法治方式扎实推进两岸关系和平发展，并在此政治基础上通过两岸关系法制化的途径去增进合作、协商与谈判，进而将"一个中国"的法理框架逐步加以实化和强化。台湾方面"一个中国"的政法架构遭遇"本土化"，相应的法律实践从"一个中国"为主轴逐渐过渡到"一国两区"以及"以台湾为主体"，在处理互涉事务的"法源"选择和实务操作上比较容易受到政治因素的影响，而台湾方面在两岸关系和政治定位上的政治立场和政策主张也常常处于变动之中，这也就成为影响双方在相关领域合作的最大变量。事实上，涉台法律事务的规范与合作也确实在两岸同属一个中国的政治基础上取得了一系列成就。而当两岸之间无法在此政治基础问题上达成一致时，两岸关系就会产生波折，相关领域合作也往往会陷入低谷。回顾和总结两岸关系发展的历史与经验，可以发现台湾内部政局变动、自我政治定位主张以及"一个中国"法理和政治架构的弱化都成为影响两岸关系深入发展的重要变量。两岸自开放交流以来就曾经开展了个案性质的司法合作，如早期的劫机犯等罪犯经新加坡遣返等，以及后来陈水扁执政时期两岸实务部门创设澳门模式以变通方式去交接罪犯

---

① 彭莉、马密：《台湾地区司法判决中的两岸政治定位——以台湾地区"宪法"第四条的援用为中心》，《台湾研究集刊》，2016 年第 6 期。

第十二章 涉台法律事务 379

等，但这些合作案例多是在两岸缺乏共同政治基础共识阶段的权宜举措，既难以从根本上解决两岸交流过程中的相关司法问题，也不具有可持续性和示范性。自两岸红十字组织签订"金门协议"后，两岸制度化的遣返法律事务合作逐步开启，而后续两岸之间"九二共识"的达成也基本保障了这一机制的延续，当然"金门协议"之所以能够持续发挥作用也与其所处理的相关事务并不具有高度的政治争议性相关。而 2008—2016 年间，两岸双方在坚持"九二共识"基础上增进了政治互信，具备了进一步深化两岸关系的共同政治基础，两岸也在"九二共识"基础上达成了系列协议去规范和促进两岸交流与合作，而且其中涉及共同打击犯罪与司法互助的协议及相关条款推进了双方合作的制度化和交往秩序的扩展。在民进党执政期间，由于其固有的"一中一台"立场以及对于"台独"的推动使得两岸缺乏良性互动的政治基础。陈水扁执政时期宣扬"一边一国""修宪制宪"等，使两岸政治关系急转直下，双方司法领域合作难以取得实质性进展。而蔡英文当局拒不承认"九二共识"并借助司法手段大肆阻碍两岸交流后，此前双方合作良性发展的趋势被打断，合作层次、规模与质量均大为下降，以往相对稳定的两岸合作机制陷入停滞，两岸主要以单边法制体系去规范和管理相关事务。

涉台法律事务的特殊属性也使得双方维护共同政治基础至关重要。两岸在一个中国原则下竞争代表权和主导权时期，基本上能够以"搁置争议""求同存异"的精神有效推动相关领域事务合作。但当两岸在两岸同属一个中国这一根本原则存在争议尤其是陷入统"独"争议时，两岸已经无法按照既定模式来处理某些共同法律事务。尤其是台湾方面企图借助法律事务合作彰显和偷换其"一边一国"定位、台湾"主权独立"、"维持现状"等主张的情况下，一些具有高阶政治属性的法律事务的合作必然难以为继。因为涉台法律事务存在着不同的层次，如遣返私渡人员、文书公证、两岸婚姻等并不具有高阶政治属性，较少受到两岸政治基础波动的影响。而某些法律事务如刑事权、对外司法协助等往往具有较高的政治属性，而且台湾方面的自我定位也不断强调这种属性，如台方所谓"最高法院"判决认为"刑事司法权之行使，乃为国家主权内容之一，维护司法权之完整，不受外国政府干涉，并系国家主权独立之重要表征"。① 因此，对于此类事项，两岸在缺乏共同政治基础的情况下，中国大陆必然从维护主权领土完整的大局出发，台湾也刻意在此类事项上借机彰显其所谓"主权独立"的主张，或是以避免所谓"被打压""被吞并"为借口去阻挠两岸交流与法律事务合作，在此背景下，两岸在这些类型的法律事务上的交流合作也就自然难以维持。综合而言，政治基础的不稳固使得两岸之间原本较为脆弱的法律事务合作机制更加难以发挥应有的效用。

三、两岸涉外法律事务竞合实践复杂

全球化背景下的跨境流动和跨域犯罪变得日益普遍，保障人民境外权益、解决民商事纠纷和打击防治犯罪也成为涉台法律事务的重要部分。事实上，两岸涉外法律事务也是国家尚未统一特殊状态下的衍生性问题，因两岸司法管辖权竞合以及政府承认效力等因素的综合作用而产生诸多纷争。从中国大陆的立场而言，中华人民共和国政府是代表中国的唯一合法政府，拥有对台湾地区及台湾人民应然性的司法权利；而选择与中华人民共和国建交的各国政府也都秉持一个中国原则或政策，按照国际法的一般原则和惯例，承认和尊重中华人民共和国政府的主权以及对涉台法律事务的管辖权，与台湾在法律事务上的互动基于所谓相互尊重、互惠和共同利益的原则而展开，具有特殊性和个案性的特点。在台湾看来，其有效管辖自身法律事务，应该独立处理对外法律事务，而且开展和寻求对外法律事务合作的动机和目标是多方面的，既存在政治层面扩展所谓台湾的"国际活动空间"、追求"国际能见度"的企图，刻意凸显或建构所谓的台湾"主体性"和"独立性"，也包括一些涉及台湾人民切身福祉的合理现实需求。也由于台湾地位的特殊性和司法互助本身的属性，相关各方的行为、意图和依据也各不相同，不同法系、不同国家、不同法庭对于多边法律事务、台湾司法管辖的解释与定性也存在差异。在此背景下，两岸涉外法律事务合作

---

① 杨婉莉：《初探跨境案件之境外羁押折抵刑期——以最高法院裁判为中心（上）》，《月旦裁判时报》，第 43 期，2016 年 1 月。

与外交承认、一个中国原则及司法管辖权竞合的关系、实践及其影响错综复杂。

四、涉台法律事务合作内在机制不足

涉台法律事务经历了从个案式到规模化、从民间形式到官方协助、从突发事件到常态机制、从单边立法到双边协议的变迁发展过程，合作机制建设也经历了一个从无到有的过程。两岸单边法制体系在两岸隔绝时期基本可以规范各自内部相关的两岸事务，但不足以解决之后两岸交流交往中衍生的系列法律问题，这也就催生了两岸在共同法律事务上的合作。然而，两岸相关领域合作明显滞后于两岸关系发展，同时还受到台湾内部政局变动尤其是"台独"操弄的影响，既有机制也难以满足构建两岸交往秩序的需求。随着两岸关系从和平发展跨入融合发展阶段，两岸之间也将需要更为绵密的法律事务合作机制。

如前所述，在台湾方面"一个中国"的政治与法理架构弱化，两岸政治分歧一时难以解决，尤其是蔡英文当局拒不承认"九二共识"、刻意阻挠两岸交流交往深化的情况下，两岸关系面临停滞和倒退的风险，两岸相关领域合作机制也难以取得较大进展。长期以来，台湾方面担忧所谓"政治安全"受到两岸交流合作的影响，对于两岸交流交往及法律事务合作往往抱持疑虑心态，尤其是民进党当局接连修订"两岸人民关系条例""刑法""国安法""反渗透法"等相关条款，严格限制两岸民众交流，设定签署两岸协议的高门槛，甚至禁止台湾民众参与两岸民主协商等，使得两岸交流交往和共同事务呈现缩减态势。与此同时，台湾方面极力回避两岸政治议题协商，力图将双方协商与合作限定在事务性、功能性层次，防堵两岸事务性合作扩展到更高的层级和更广的范围。在此背景下，虽然大陆方面大力倡导在两岸同属一个中国的基础上展开对话协商，但两岸司法及相关领域合作机制建设缺乏更为深入的动机和动力。

立足于既有两岸合作机制的深化与优化也面临一些困难。两岸之间的司法互助机制已经初见成效，相关的合作协议可以让两岸有关部门建立起联系等工作制度，并为进一步的协商合作奠定基础，但既有机制与协议执行效率又容易受到台湾执政党变动的影响。如 2016 年民进党上台后拒不承认"九二共识"，使两岸有关部门联系机制陷于停滞，并使两岸共同打击犯罪和司法互助事务相对放缓。

第十三章
两岸涉外事务

习近平总书记在《告台湾同胞书》发表 40 周年纪念会上发表重要讲话指出，"中国人的事要由中国人来决定。台湾问题是中国的内政，事关中国核心利益和中国人民民族感情，不容任何外来干涉。"① 台湾问题从产生开始就有着复杂的国际背景。1949 年以来，海峡两岸在涉外领域的斗争和交涉从未停止。1949 年国民党当局败退台湾之初，依然同很多国家保留着"邦交"关系，依然是很多国际组织的成员，声称自己为"代表中国的唯一合法政府"。与此同时，中国大陆方面实行"另起炉灶"和"打扫干净屋子再请客"的外交方针，对国民党当局同各国建立的旧的外交关系一律不承认。1949 年通过的《中国人民政治协商会议共同纲领》规定，"凡与国民党反动派断绝关系，并对中华人民共和国采取友好态度的外国政府，中华人民共和国中央人民政府可在平等、互利及互相尊重领土主权的基础上，与之谈判，建立外交关系"。当时双方在外交和各种国际组织、会议中，都实行"有你无我、有我无你"的政策，在"国号、国旗、合法政府"等问题上完全没有任何妥协的余地。

60 年代末 70 年代初，随着国际形势发展和中国国际地位的提高，台湾方面在两岸涉外斗争中越来越处于劣势，越来越多的国家同中华人民共和国建立外交关系而与台湾当局"断交"，特别是 1971 年中华人民共和国在联合国的合法席位得到恢复，中国大陆在国际组织中的作用也越来越大。与此同时，中美关系也开始出现缓和与突破的迹象，1972 年 9 月中日关系实现正常化，1979 年 1 月 1 日中国和美国正式建交。同日，全国人大常委会发表《告台湾同胞书》，宣示了祖国大陆争取和平统一的大政方针，两岸关系掀开新的篇章。在《告台湾同胞书》中就明确指出"世界上普遍承认只有一个中国，承认中华人民共和国政府是中国唯一合法的政府。《中日和平友好条约》的签定，和中美两国关系正常化的实现，更可见潮流所至，实非任何人所得而阻止"。② 在改革开放、中美建交、大陆提出和平统一大政方针的背景下，两岸在涉外领域的斗争也进入新的时期。

---

① 习近平：《为实现民族伟大复兴 推进祖国和平统一而共同奋斗》，《人民日报》，2019 年 1 月 3 日。

② 《告台湾同胞书》，《人民日报》，1979 年 1 月 1 日。

第一节　40 年两岸涉外事务发展历程

1979 年以后的 40 年里，两岸关系从隔绝走向交流，从紧张到缓和再到紧张，可谓跌宕起伏。在涉外领域，两岸也经历了中美建交后两岸涉外领域较量和对抗的延续，李登辉和陈水扁当局背离一个中国原则和进行"台独"分裂活动导致两岸涉外领域激烈斗争时期，以及马英九当局时期的两岸在涉外领域的良性互动时期。2016 年 5 月，蔡英文上台后，拒不接受体现一个中国原则的"九二共识"，两岸在涉外领域再次回归斗争。

一、中美建交后两岸隔绝中涉外对抗的延续

1979 年中美正式建立外交关系，美国承认中华人民共和国政府是中国的唯一合法政府，并履行"断交、撤军、废约"三原则，美台之间的"共同防御条约"被废弃，迫使当时的蒋经国当局不得不考虑进一步调整对外政策。其实早在 1971 年联合国大会通过了恢复中华人民共和国在联合国的一切合法权利，并立即把国民党集团的代表从联合国及其一切机构驱逐出去的提案，而且中国政府和美国开始接近之时，台湾当局就已经着手调整对外政策。1972 年 6 月，蒋经国出任台湾当局的"行政院长"。面对剧烈变化的国际形势，蒋经国意识到台湾已经难以继续依靠美国来提供安全保障和"外交"支持，于是提出了"总体外交"的基本构想，蒋经国表示台湾当局对外政策的基本方向应该"本着独立自主与平等互惠原则，谋取总体外交的全面开展"。[①]"总体外交"的提出，表明了台湾当局在判断国际形势可能会朝着不利方向发展的情况下，开始改变仅仅依靠"邦交关系"来开展"外交"活动的传统作法，转而重视动用全社会的力量，采取多种方式，通过多种渠道全方位地开展对外工作。

---

① 《"中华民国外交"年鉴》，台湾当局"外交部"，1972 年版，第 150—172 页。

1979 年中美建交后，蒋经国对"总体外交"进一步进行调整，原来"一个中国、一个政府"的政策开始出现松动，放弃了对大陆绝对排斥的态度，采取了在官方关系上力争"对等地位"，在民间关系上采取"不退让、不回避"态度，一改原来被动防守的状态，采取"务实、灵活、主动进取"的作法，不再强调依靠美国的保护和国际上的反共势力，而主张依靠自己的力量进行"多方位外交"。[①] 这时候，台湾当局认识到国际形势和美台关系已经发生不可逆转的变化，以往的"外交模式"已经无法适应新的情势，于是蒋经国强调所谓的"外交新观念"，要确立台湾对外关系新的方针，充实发展对外关系的能力。这一新观念要求台湾当局在对外关系中不仅努力同尽可能多的国家维护和发展正式的"邦交关系"，还将发展新"邦交关系"的重点放在南太平洋和非洲一些新独立和经济困难的国家，力图以建交国家的数量来弥补断交国家的数量。同时，台湾当局开始重点发展与"无邦交国"，特别是有重要影响的国家如美国和日本的实质关系，并且采取措施逐步缓和与苏联东欧等共产党国家的关系。1986 年，台湾当局提出要使双边关系"制度化"和"合法化"的要求，声称实质关系的最终目的是"建立或重建双边的政治关系"，设立办事机构则以官方或半官方的地位为优先。1979 年至 1986 年，"外交承认"在台湾当局对外关系中不再占据主要地位，1986 年与台湾当局保持"实质关系"的国家达 168 个。[②] 截至 1986 年 3 月，台湾当局在"非邦交国"设立的文化、商务、贸易等各种代表处和办事机构达 60 多个，其中 23 个国家在台湾设的同类机构也有 30 多个。[③]

　　在同日本、美国"断交"后，台湾当局都曾做过努力恢复官方关系，力争美台、日台实质关系具有官方地位，但均遭失败。随着中美 1979 年建交，台湾当局和美国的关系面临着重新定位。为此，美国和台湾方面进行了多轮谈判，台湾方面最初一直强调与美国的关系必须是官方的，因为美方已经在建交公报中对中方作出承诺，所以只能坚持美台之间可以维持"非官方"关系。但实际上美国一直希望能够通过一定的形式与台湾保持"准官方"关系，美国国会于 1979 年 3 月通过了"与台湾关系法"，卡特总统于 4 月 10 日正

---

　　① 范希周：《1979 年以来台湾"总体外交"政策分析》，《当代台湾政治研究》，厦门大学出版社，1990 年版，第 265—279 页。

　　② 台湾《青年日报》，1986 年 7 月 25 日。

　　③ 台湾《中央日报》，1986 年 3 月 31 日。

式签字批准了该法。"与台湾关系法"也被一些人视为是等于确立了美台之间具有官方色彩的"非官方"关系。① 1980 年，美国总统候选人里根在竞选中声称要恢复与台湾的"邦交"关系，台湾当局对此也非常积极，四处活动，再次给刚刚建交后的中美关系投下变数。对此，中国政府与美国就"与台湾关系法"和此后里根的言论进行了严正交涉和坚决斗争，迫使里根政府不得不放弃与台湾恢复官方关系的打算，挫败了台湾当局的图谋。

在参与国际组织的问题上，台湾当局采取"不退让、不回避"的立场，鼓励参加民间国际组织及其活动。1979 年 10 月，国际奥委会在日本名古屋召开执委会通过恢复中华人民共和国在奥委会权利的决议。台湾地区奥委会将在"中国台北奥委会"名称下继续参加奥运会，但不得使用以前使用的"中华民国""国旗"与"国歌"。台湾当局最初拒绝接受。1981 年，国际奥委会与台北的奥委会在瑞士洛桑举行会议，并正式签订协议，台北的奥委会正式改称"中国台北奥委会"，确定了"中国台北奥委会"的会旗、会歌。"奥运模式"后，台湾当局越来越多地用"名称归名称、参加归参加"的务实方式参与国际组织活动，并声称要谋求"对等地位"。

应该说，从 1979 年全国人大常委会发表《告台湾同胞书》到 1987 年 11 月两岸隔绝状态结束，两岸在涉外领域的斗争依然比较激烈，但由于这一时期两岸依然处于隔绝时期，这种涉外斗争"隔空交火"的意味更为浓厚，一些"外交战场"都在外国或者国际组织，两岸面对面直接斗争还很少。1987 年两岸交流开始后，两岸在涉外领域的斗争和互动也出现了新情况。

二、李登辉时期两岸展开分裂与反"分裂"涉外斗争

李登辉 1988 年初继任台湾当局领导人不久，就开始逐步背弃一个中国原则，反映在对外政策上就是打破两蒋时期"汉贼不两立"的观念，推行所谓的"务实外交"。1988 年 2 月 23 日，李登辉在上台后的首次记者招待会上就表现出对外政策观念已经开始出现新的变化。李登辉在回答记者提问时虽然表示"中华民国的国策就是一个中国的政策，而没有两个中国的政策"，

---

① 苏格：《美国对华政策与台湾问题》，世界知识出版社，1998 年版，第 480 页。

但没有再提"反共复国的基本国策"和"三不政策"，而是强调要以"新观念、新作法"用"更灵活、更富弹性的态度处理对外关系"，以所谓的"国家利益"来决定对外政策。他多次表示将力促台湾"重返国际社会"，"决不划地自限"，而要在国际上"全面出击、重点突破"，特别是"升高并突破目前以实质关系为主的外交关系"，"对于第一线的国际组织，我们能维持国家利益的话，我们可以参加"。[①] 1989 年 3 月，李登辉访问新加坡后宣称，今后台湾的"外交"要"重利轻名""舍名求实"，提出要突破一个中国的框架，声称台湾当局过去的对外政策妨碍了台湾对外关系的发展，使台湾处于不利的地位。1990 年，台湾当局明确宣称"外交"上"汉贼不两立"的时代已经过去，今后在国际上要与大陆"和平竞争、平等共处"。1990 年 6 月，李登辉正式提出"全方位务实外交"的主张，声称"冷战结束后，中华民国要赶快走出去，占一个有利位子"，"要有尊严、有国格地走进国际社会，否则会困死在这个小岛上"。[②] 从这个时候开始，"务实外交"正式成为李登辉当局主要的对外政策理念和策略并全面推行。

"务实外交"将"中华民国是一个主权独立的国家"作为前提，声称要让国际社会认识"中华民国在台湾的存在"，维护台湾作为"政治实体"的地位，拓展"国际生存空间"，实际上是要在国际上逐渐背弃一个中国原则，制造"两个中国""一中一台"。1991 年 2 月，台湾当局制定"国家统一纲领"，要求两岸"在互惠中不否定对方为政治实体"，"并在国际间互相尊重，互不排斥"，应"协力互助，参加国际组织与活动"等。同年 7 月，台湾"行政院新闻局"在美国《纽约时报》刊登广告，首次提出台湾"愿意接受其他国家暂时性的双重承认"。1993 年 11 月，台湾当局提出"以一个中国为指向的阶段性两个中国政策"。次年台湾当局声称在发展与其他国家关系或国际活动中，"已不再考虑中共因素"，今后如果有国家愿意与其"建交"或"复交"，将不再要求以与中国断交为前提，如能相互承认，即使不"建交"也可以，如果其"邦交国"与中国建交，台湾当局将予以承认。1994 年 7 月，台湾当局在其发表"海峡两岸关系说明书"中，声称台湾参与联合国不挑战中国在联合国的代表权，声称台湾和大陆应该像东西德一样都参加联

① 台湾《中央日报》，1988 年 1 月 30 日、1988 年 7 月 8 日。

② 转引自中共中央台湾工作办公室、国务院台湾事务办公室：《中国台湾问题：干部读本》，九洲图书出版社，1998 年版，第 187 页。

国，提出在与外国关系上搞"双重承认"，在国际组织中搞"一国两席"和"双重代表制"。

在推行"务实外交"的策略和做法上，李登辉当局将巩固已有的"邦交国"作为推行"务实外交"的基本依靠力量，将扩大与"非邦交国"的"实质关系"作为"务实外交"的工作重点，同时不遗余力地鼓噪参与联合国和其他国际组织。针对李登辉当局花样翻新、手法多样、策略灵活的"务实外交"种种做法，大陆方面始终保持高度警惕，进行了坚决反击和斗争，以实际行动坚定维护国际社会承认"一个中国"的格局，不断挫败李登辉当局利用各种机会在国际社会制造"两个中国""一中一台"的图谋。

与大陆争夺"邦交国"、谋求"双重承认"，是李登辉当局"务实外交"的重要内容。为此，李登辉当局以度假、旅游、过境、私人访问、非正式访问等名义，窜访"邦交国"，绞尽脑汁企图过境"非邦交国"，大搞"元首外交"，并不惜花大量的资金和资源进行"金钱外交"。1989 年 7 月，台湾当局宣布同与大陆建交的格林纳达建立"邦交关系"，企图以制造"双重承认"的"格林纳达模式"向国际社会推广。但大陆方面立即宣布与格林纳达中止外交关系，首次粉碎了台湾当局制造"双重承认"的图谋。此后，台湾当局在争夺与利比里亚、尼加拉瓜、伯利兹、南非等国家"建交"的过程中，"双重承认"的图谋一次次落空。虽然李登辉当局以各种手段收买拉拢一些国家与其"建交""复交"，但由于中国政府在国际上的影响力越来越大，越来越多的国家希望与中国建交，使得台湾当局与大陆争夺"邦交国"的图谋也未能得逞。在李登辉当政期间，中国与沙特阿拉伯、韩国、印尼、新加坡、南非、中非、几内亚比绍等国家建交或者复交，到 2000 年 5 月李登辉下台时，与台湾保持"邦交"关系的国家只有 29 个。

针对台湾当局在国际上不断背离一个中国原则的活动，中国大陆一方面进行针锋相对的斗争，另一方面也不断根据海峡两岸关系发展变化的现实情况及国际形势的基本特点，提出新的政策主张。1995 年 1 月 30 日，江泽民总书记发表《为促进祖国统一大业的完成而继续奋斗》的讲话，全面阐述了祖国大陆对台湾参与国际组织和发展对外关系的政策。对于台湾当局进行的所谓"扩大国际空间"的活动，江泽民总书记表示，"我们反对台湾以搞'两个中国''一中一台'为目的所谓'扩大国际生存空间'的活动。一切爱国的台湾同胞和有识之士都会认识到，进行这类活动并不能解决问题，反而会使'台独'势力更加肆无忌惮地破坏和平统一的进程。只有实现和平统一后，台湾同胞才能与全国各族人民一道，真正充分地共享伟大祖国在国际上的尊严与荣誉"。①

1995年6月，美国突然允许李登辉"以私人名义"到其母校康奈尔大学访问，李登辉在康奈尔大学发表"中华民国未获国际社会应有外交承认"、要"尽力向不可能的事务挑战"等分裂言论。对此，中国政府在政治上、外交上、军事上进行了一系列反分裂反"台独"的斗争，打击了李登辉当局的嚣张气焰，也让世界上绝大多数国家认识到中国政府维护一个中国原则的决心，美国政府也不得不重申执行一个中国政策并作出对台"三不支持"的承诺。

李登辉当局对参与国际组织和国际活动表现出浓厚的兴趣。1988年2月，李登辉刚上台便提出设立100亿美元的"海外经济合作发展基金"，将依靠经贸实力重返国际组织作为扩大国际参与的主要途径。他不仅一改过去不与大陆同时参与政府间国际组织的先例，提出要务实参与经贸性、功能性、区域性国际组织，而且以"个案处理""适当名义"甚至"民间团体"的方式参与在大陆举行的国际会议。对于台湾当局参与国际组织活动，江泽民总书记在《为促进祖国统一大业的完成而继续奋斗》的讲话中表示，"对于台湾同外国发展民间性经济文化关系，我们不持异议。在一个中国的原则下，并依据有关国际组织的章程，台湾已经以'中国台北'名义参加亚洲开发银行、亚太经济合作会议等经济性国际组织"。② 在诸多国际组织中，台湾当局的"尽速重返联合国"被列为其"外交"工作的首要目标。它不仅攻击联合国第2758号决议是"冷战时期的产物"，而且从1993年起还每年鼓噪其"邦交国"向联合国大会提案，要求将台湾"参与联合国"问题列入联大议程。大陆方面对台湾当局参与政府间国际组织和重返联合国的企图进行了坚决斗争，使台湾当局的图谋一次次遭到挫败，连美国政府都明确表示"不支持台湾加入需要主权国家身份的国际组织"。

---

① 江泽民:《为促进祖国统一大业的完成而继续奋斗》,《人民日报》,1995年1月31日。
② 江泽民:《为促进祖国统一大业的完成而继续奋斗》,《人民日报》,1995年1月31日。

三、陈水扁时期两岸展开"台独"与反"台独"涉外斗争

2000 年 3 月，民进党候选人陈水扁赢得台湾地区领导人选举，在台湾执政半个世纪的国民党沦为在野党，台湾当局的内外政策面临重新调整。陈水扁在竞选期间抛出"跨世纪外交政策白皮书"，揭示三条"外交"政策原则：以"新国际主义"为主轴的台湾国际新角色，以"主权独立"为优先、"国家安全与经济安全"为共同核心的正常化"外交关系"，以"多元外交"为全面参与国际社会的起点。民进党上台之初，依然将"中华民国是一个主权独立的国家"作为其开展对外关系的前提，将"维护中华民国的主权与尊严，确保国家的生存与发展，保障国人在国际社会应享有之安全与福祉"作为其对外政策目标，表示台湾"不能作外交孤岛，苦守'中华民国的世界'，而必须走出去，作'世界的中华民国'"，认为凭借台湾的"政治民主"和"经济发展"，"理应在国际社会与其它国家建立正常的外交关系，加入各类国际组织，广泛参与各项国际活动"。这些都与李登辉的对外政策理念如出一辙。但是，为了表现出与前政权的区别，民进党对其政策理念也进行了一定程度的修改和发展。民进党当局认为后冷战时期的国际环境"不论在政治、经济、军事、意识形态各方面均呈现结构性的变革"，台湾"所面临的外交课题既有改变，在策略上亦须做若干必要的调整"。特别是随着陈水扁当局抛出"一边一国"的"台独"主张，大搞"正名制宪""加入联合国"等"台独"活动，两岸关系严重恶化并走到危险的边缘，两岸在涉外领域的斗争也越来越激烈。

整体来说，陈水扁当政时期的对外政策有以下主要特征：第一，对外政策服务于"台独"目标，民进党当局将"和平、安全外交"作为谋求"台独"的重要途径，认为"台海问题必须和平解决已经成为国际社会之共同主张"，台湾"在东亚的战略安全地位，是国际安全合作和建构亚太区域和平不可缺少的一环"，因此台湾可以借助国际社会的力量来对抗大陆，实现"台独"目标。第二，民进党当局将"民主、人权外交"位列对外政策"三大原则"和"三大主轴"之首，企图利用"人权与民主"作为借口与美日等西方国家套近乎，换取他们对"台独"活动的理解和支持。第三，推行"务实外

交"的势头更凶猛，手段更灵活，方式也更隐蔽。陈水扁上台后，"经济共荣外交""金钱外交""元首外交"等国民党当局推行的"务实外交"方式不仅没有改变反而变本加厉，甚至还推行"烽火外交"，继续与大陆进行"邦交国"的争夺，继续推动参与联合国及其附属机构等国际组织。第四，大搞"全民外交""多元外交"，企图"整合民间资源参与外交工作"，利用台湾参与国际活动问题煽动民粹。民进党上台后，面对以官方名义进行的"政府外交"屡遭挫败，认为更有必要最大限度地"整合民间资源"，与国际公民社会相结合，"鼓励民间力量参与外交"，并"促进政府与民间的通力合作"，建立"政府与民间的新伙伴关系"，以求透过"政府和民间的总体力量"，开展"政府、企业、民间"和"行政、外交、国会"多部门多面向的"多元外交"，共同"为台湾争取生存和发展空间"，凸显所谓"主权独立国家"地位。

针对陈水扁当局"台独"色彩更为明显、挑衅意味更为浓厚的"务实外交"，大陆进行了针锋相对的斗争。陈水扁当政期间，在国际上大搞"正名"运动，在"中华民国护照"上加注"Taiwan"，修订台湾参与国际组织的名称，明确规定在国际上接受的名称顺序为："ROC""Taiwan""Taiwan，ROC""Taiwan（ROC）""台澎金马"等，而绝不接受"Taiwan，China""Taipei，China"等。台湾当局驻外机构也纷纷改名为类似"台湾代表处"的名称。陈水扁当局种种作为就是要在国际上凸显"台湾是台湾，中国是中国""台湾是主权独立国家"，企图挑战和改变国际社会普遍认同的一个中国框架。但是，由于中国大陆在国际上的压倒性影响，陈水扁当局的上述做法并没有得到国际社会的支持。"正名"变成台湾当局"自娱自乐、自我安慰"的把戏，台湾当局在国际组织"正名"的图谋更是无法得逞。

2002年以后，陈水扁当局的"台独"本性彻底暴露，不仅抛出"一边一国论"，还声称要进行"公投制宪"，搞"防御性公投"，2004年连任后更是与大陆全面对抗，变本加厉地进行激进"台独"活动，不仅终止"国统会"和"国统纲领"，还大肆叫嚣要在国际上进行"烽火外交"，继续推动以"台湾"名义申请加入世界卫生组织和联合国，推动"入联公投"。

大陆方面针对陈水扁当局肆无忌惮的"台独"挑衅，一方面进行反对和遏制"台独"的斗争，全力阻止陈水扁当局和"台独"势力通过"宪改""公投"等方式谋求"法理台独"；另一方面与相关国家积极沟通，在国际上充分揭露陈水扁当局"台独"本质，阐述"台独"挑衅对台海地区和平稳定的巨大威胁。在中国政府的努力下，国际社会对陈水扁当局的"台独"纷纷表示反对。2003年，国务院总理温家宝访问美国期间，美国总统布什明确表示，"美国方面理解中方的关切，美国政府坚持一个中国政策，恪守美中三个联合公报，反对台湾独立，这一政策不会改变。最近从台湾传出一些试图改变现状的信息，令人不安，美方不赞成，我们反对单方面试图改变台湾现状的做法"。①

陈水扁当政期间，还企图在"邦交国"上实现"外交突围"，声称"不放弃任何拓展邦交的机会"。在"非邦交国"的问题上，陈水扁当局将发展和提升"实质关系"作为重点，尤其是发展与美日欧的"实质关系"。在参与国际组织的问题上，陈水扁当局每年都鼓动"邦交国"提案，支持台湾参加世界卫生组织和加入联合国。陈水扁当局还利用非典疫情煽动台湾民众对大陆的敌意，企图以此给大陆施加压力，博取国际社会同情，为参加世界卫生组织造势。但是，由于中国大陆在国际上的地位日益加强，在国际组织的影响力也与日俱增，先后有多米尼加、格林纳达、塞内加尔等国家与中华人民共和国建复交，陈水扁当局不仅未能拓展"邦交"，反而使"邦交国"数量减为23个。由于陈水扁当局的"台独"挑衅严重威胁到台海地区和平稳定，美日欧等国家也都明确表示不支持"台独"，美国还对陈水扁划下"红线"进行约束。台湾当局参加世界卫生组织和加入联合国更是年年碰壁。事实上，陈水扁执政时期在岛内和国际社会的"台独"活动，大大压缩了台湾的"国际空间"，限制了台湾"参与国际活动"。

四、马英九时期两岸涉外良性互动

2008年3月马英九获得台湾地区领导人选举的胜利，台湾局势发生重大积极变化，两岸关系实现历史性转折。国共两党、两岸双方在坚持"九二共识"、反对"台独"的政治基础上建立互信，两岸关系开创了和平发展新局面，两岸在涉外领域也迎来前所未有的机遇。随着两岸关系改善，大陆方面着眼两岸关系和平发展大局，更为务实地处理台湾参与国际活动问题。

---

① 《布什与温家宝会谈，明确表明反对台湾独立》，《中国日报》，2003年12月10日。

2008 年 12 月 31 日，胡锦涛总书记在纪念《告台湾同胞书》发表 30 周年座谈会上发表讲话，首次提出"维护国家主权，协商涉外事务"的主张。除了重申"解决台湾问题、实现国家完全统一是中国内部事务，不受任何外国势力干涉"以外，胡锦涛总书记也强调，"我们了解台湾同胞对参与国际活动问题的感受，重视解决与之相关的问题。两岸在涉外事务中避免不必要的内耗，有利于增进中华民族整体利益。对于台湾同外国开展民间性经济文化往来的前景，可以视需要进一步协商。对于台湾参与国际组织活动问题，在不造成'两个中国''一中一台'的前提下，可以通过两岸务实协商作出合情合理安排"。①

在台湾方面，马英九上台伊始就提出"外交休兵"的主张。因此，他主张"尊严、务实、灵活"地"为'中华民国'在国际间找到一条新的出路"，目的旨在"维护台湾国际尊严""确保台湾国际参与"。②马英九当局在对外活动中也采取了灵活做法，愿意在一个中国框架内与大陆方面协商解决台湾参与对外活动的问题，这使得两岸过去在涉外领域针锋相对的"烽火外交"得以暂时停息，过去"零和"斗争局面也在很大程度上得以改观。因此，有学者认为，马英九的基本构想就是"将两岸关系的和解休兵，两岸之间达成的互信延伸、扩大到对外关系上"。③

马英九执政时期，两岸在"九二共识"的基础上恢复了协商对话，在台湾参与国际活动问题上也建立起了一定形式的沟通管道，就相关问题进行了建设性协商，有效减少和避免了意外突发事件的发生和升级，没有在国际上和台湾岛内造成舆论上的负面影响。在这一时期，两岸在国际社会的摩擦和冲突明显减少，特别是在处理台湾当局"邦交国"的问题上，两岸没有再出现"零和"与内耗。除了 2013 年 11 月冈比亚单方面宣布与台湾当局"断交"以外，马英九当政期间台湾"邦交国"数量没有再减少。而中国大陆也是等到 2016 年台湾地区领导人选举结束后才与冈比亚复交。

由于两岸关系缓和与改善，很多国家在不违背一个中国原则的前提下与

---

① 胡锦涛：《携手推动两岸关系和平发展 同心实现中华民族伟大复兴》，新华社，北京 2008 年 12 月 31 日电。

② 《终结对抗'外交'双赢 马英九：两岸议定国际参与暂行架构》，（台湾）《中央日报》，2006 年 3 月 23 日。

③ 修春萍：《马英九当局"活路外交"问题探析》，《台湾研究》，2012 年第 4 期。

台湾进行经济文化交往，客观上为台湾对外活动带来较为宽松的环境。台湾与美国、日本等国和欧洲、东南亚地区和国家的非官方关系得以发展。

在一个中国原则的基础上，2009年，经过两岸协商和大陆与相关国际组织沟通，台湾首次以"中华台北"名义和观察员身份参加第62届世界卫生大会（WHA），此后台湾方面每年都受邀参加世界卫生大会，直到民进党上台后的2017年。2013年台湾首次以"中华台北"的名义、国际民航组织（ICAO）理事会主席客人的身份获邀参加国际民航组织大会。马英九当政期间，台湾作为亚太经合组织（APEC）及世界贸易组织（WTO）成员，每年都参与其中多项活动，两岸在这些组织中互动良好，没有出现冲突。此外，台湾还以适当身份参加了另外一些地区和国际组织的活动，如2014年成为亚太区追讨犯罪所得机构网络会员，2015年以"捕鱼实体"身份和"中华台北"名称，成为北太平洋渔业委员会会员。

两岸关系改善与缓和取得新进展，国际社会对两岸关系和平发展普遍表示欢迎和肯定，涉台外交强化和巩固了国际社会一个中国的格局。解决了台湾以适当名义和方式参与WHA、ICAO、APEC等会议的问题，也就在一定程度上解决了台湾民众关心的问题。两岸在涉外领域的互动客观上压缩了民进党和其他"台独"势力恶意炒作"国际空间"议题的空间，也压缩了某些外国势力插手台湾问题的空间和机会。

五、蔡英文上台后两岸涉外斗争

2016年3月蔡英文当选为台湾地区领导人。她虽然提出了要"维持现状"和"踏实外交"的主张，但拒绝承认一个中国原则和"九二共识"，不愿意在国际上维护一个中国框架。大陆方面对蔡英文当局"台独"活动理所当然反制。

蔡英文上台后，虽然全力"固邦"，但依然无法阻止其"邦交国"与大陆建复交的势头。2016年12月21日，圣多美和普林西比民主共和国宣布与台湾当局"断交"，并与中华人民共和国建立外交关系，成了蔡英文上台之后第一个与中国建交的所谓台湾"邦交国"。2017年6月12日，被台湾当局认为在中美洲最重要的"友邦"巴拿马宣告与中华人民共和国建交，同时宣布与台湾方面断绝"外交关系"，结束与台湾的"所有关系与官方联系"。国务委员兼外交部长王毅表示，巴拿马的这一重要政治决断，完全符合巴拿马国家和民族的根本利益，完全符合时代发展进步的潮流，完全符合国际社会形成的一个中国格局。①2018年5月1日，中华人民共和国与多米尼加宣布建立大使级外交关系。2018年8月21日，萨尔瓦多宣布同中华人民共和国建交，成为4个月内第3个与台湾当局"断交"的国家。台湾的"邦交国"与其"断交"的趋势还在持续中。与此同时，台湾方面以适当名义、适当身份参与国际组织活动也出现新的变化。2016年9月，台湾方面未获邀参加在加拿大蒙特利尔举行的国际民航组织大会。2017年5月，台湾方面在2009年后首次未受邀参加世界卫生大会。这些都重挫蔡英文当局扩大"国际空间"的图谋。

蔡英文当局为了实现"外交突破"，加大了投靠美国和加强与日欧关系的力度，并提出针对东南亚和南亚的"新南向政策"。2016年12月，在蔡英文当局的运作下，美国候任总统特朗普与她通电话，特朗普公开称呼蔡为"台湾总统"，并在推特上发表对一个中国政策的挑衅言论，给特朗普上台后的中美关系蒙上阴影。2017年2月10日，特朗普在同习近平主席通电话时强调，"我充分理解美国政府奉行一个中国政策的高度重要性。美国政府坚持奉行一个中国政策"②。同年11月，美国总统特朗普应邀访问中国，习近平主席在会谈中强调，台湾问题是中美关系中最重要、最敏感的核心问题，也事关中美关系的政治基础。希望美方继续恪守一个中国原则，防止中美关系大局受到干扰。③特朗普总统表示，美国政府坚持奉行一个中国政策。2017年底以来，美国将中国定位为"战略竞争对手"，中美贸易争端升级，战略博弈态势明显。蔡英文当局认为有机可乘，执行全面亲美、全面配合美国遏制中国的战略，给台海地区和平稳定带来重大风险。蔡英文当局还大力加强与日本的关系，企图与日本一起合力"抗衡"中国，台日之间各种层次的互

---

① 《王毅谈中国同巴拿马建立外交关系》，中华人民共和国外交部网站，https://www.fmprc.gov.cn/web/gjhdq_676201/gj_676203/bmz_679954/1206_680080/xgxw_680086/t1469761.shtml。

② 《习近平同美国总统特朗普通电话》，新华社，北京，2017年2月10日电。

③ 《习近平同美国总统特朗普举行会谈》，中华人民共和国外交部网站，https://www.fmprc.gov.cn/web/zyxw/t1509099.shtml。

访频繁，台日机构也实现"更名"。但台湾当局与日本关系在经历了所谓"蜜月期"的快速发展后，逐渐因现实利益冲突进入复杂化的阶段。双方在冲之鸟礁海域渔业纠纷、福岛五县食品解禁及经贸合作等方面矛盾难以调和，关系发展受阻。[①] 无论台美关系、台日关系如何发展，都无法突破中美关系和中日关系的大框架，无论蔡英文当局如何"突破"，都无法摆脱只是被美日利用的"棋子"的地位。

第二节　40 年两岸涉外事务的主要特征

在 1979 年以来两岸关系的 40 年历程中，除了马英九执政八年，两岸在涉外领域的某些方面出现短暂的良性互动外，多数时候"台独"与反"台独"斗争激烈。40 年两岸在涉外领域的斗争和互动，基本上可以总结出以下主要特征和启示。

第一，两岸涉外事务与两岸关系发展具有显著的联动效应。

两岸在涉外领域的斗争和互动与两岸关系和台海形势有着密切联系。一方面，两岸关系的好坏会影响到两岸对涉外事务的处理。两岸关系紧张动荡期间，两岸在涉外领域的斗争往往比较激烈；两岸关系缓和与改善时期，两岸在涉外领域往往会比较克制，甚至还出现良性互动的态势。在李登辉、陈水扁、蔡英文执政时期，他们发表"台独"言论，提出"台独"主张，进行"台独"活动，迫使大陆方面不得不在国际上加大限缩"台独国际空间"的力度。而在马英九执政期间，两岸关系和平发展，两岸在涉外事务中就能够实现良性互动。

另一方面，两岸在涉外问题上的斗争，有时候也会对两岸关系发展产生影响。两岸关系对台湾发展有着无法回避的重大影响，在台湾，无论哪个政党和哪位领导人当政，都必须思考两岸关系和对外关系孰轻孰重、孰先孰后的问题。涉台外交是中国外交战略的一个重要组成部分，在处理涉台外交问

---

① 童立群：《2017 年台湾对外关系综述》，《现代台湾研究》，2018 年第 1 期。

题时，必须考虑服从和服务于国家整体主权、安全、发展利益的需要，和对两岸关系的影响。

两岸围绕涉外事务的斗争和互动是结构性政治难题之一，在两岸政治问题解决前难以在短时间内得到完全解决。从某种意义上说，两岸在涉外领域的斗争和互动是两岸政治关系定位等历史遗留的政治难题的延伸。台湾当局在国际社会的活动在很长一段时期内主要是为了凸显其所谓"独立政治实体"地位，民进党当局执政期间更是为了凸显"主权独立国家"，谋求国际社会对"中华民国"或"台湾"某种程度的"法理承认"，本质上是谋"独"。大陆方面一贯坚持一个中国原则，"世界上只有一个中国，台湾和大陆同属一个中国"，强调在国际社会中"中华人民共和国政府是代表全中国的唯一合法政府"。20世纪90年代以来两岸之间的实力差距不断扩大，大陆在国际社会的影响与日俱增，台湾当局拓展"国际空间"的现实和"法理"基础越来越弱，"台独"在国际上更加没有市场。

第二，两岸涉外事务斗争的核心问题和主要内容是维护国际社会一个中国的格局。

40年两岸在涉外领域的斗争和互动，说到底是围绕着维护还是破坏、巩固还是动摇国际社会公认的一个中国框架展开的。一个中国是国际社会的普遍共识，不仅是世界上所有国家或地区与中国打交道的基本原则，也已经成为国际法准则。但是，从李登辉到陈水扁再到蔡英文，他们都企图挑战这一原则，在国际上从事制造"两个中国""一中一台"的活动，这不仅无法被全体中国人民所接受，也难以得到世界上绝大多数国家的支持。

20世纪90年代以来，李登辉、陈水扁等"台独"势力极力在国际上推行所谓"务实外交""烽火外交"，扩大所谓"国际空间"，其实质是制造"两个中国""一中一台"，蓄意破坏一个中国原则，妄图将台湾从中国分裂出去。对此，中国政府展开了多次声势浩大的反分裂、反"台独"斗争，对台湾当局在国际上以搞"台独"为目的的所谓扩大"国际空间"的活动、从事制造"两个中国""一中一台"的各种分裂行径进行了坚决的斗争，坚定地维护一个中国原则。马英九上台后，台湾参与国际组织活动问题得到部分解决，一个很重要的原因在于两岸在坚持"九二共识"、反对"台独"的政治基础上建立和积累互信，推动两岸关系和平发展，加上两岸沟通、协商管道建立，确保了国际社会承认一个中国的格局稳固。

国际社会承认一个中国的现实，也决定了台湾当局试图通过"弹性外交""务实外交""踏实外交"突破中国政府涉台外交的底线是不可能的。中国政府对台湾对外活动一直保持着高度警惕和制约，对台湾当局制造"两个中国""一中一台"的行径"零容忍"。在中国外交活动中，在发展和处理与其他国家关系的过程中，始终将台湾问题作为一个大是大非的问题来处理，一贯地、坚定地、明确地坚持一个中国原则。世界上所有的国家在与中国发展关系时，都必须要考虑到中国政府在台湾问题上的立场与坚持。即便在经济社会领域，"考虑到台湾经济社会发展的需要和台湾同胞的实际利益，中国政府对台湾同外国进行民间性质的经济、文化往来不持异议；并在一个中国前提下，采取了许多灵活措施，为台湾同外国的经贸、文化往来提供方便。"[1] 但台湾当局同外国进行民间交往并非没有前提，只有在不违反一个中国原则的前提下才能正常进行。如果台湾当局以"全民外交""民间交往""国会外交"的名义，进行实质上的官方活动，中国政府必然会向有关国家提出严正交涉，从而使台湾当局的图谋破产。1999年当李登辉抛出"两国论"时，国务院副总理钱其琛就表示，"没有一个国家支持、附和所谓的'两国论'，世界上大多数国家重申坚持一个中国政策。李登辉抛出的'两国论'不仅推翻不了一个中国原则，反而使自己成为国际社会的'麻烦制造者'"。[2] 后来陈水扁抛出"一边一国论"，鼓噪"公投制宪"，推动"入联公投"，最后都面临的是一样的结局。

第三，在承认一个中国原则基础上协商谈判是实现两岸涉外领域良性互动的最佳路径。

李登辉、陈水扁和蔡英文执政时期，两岸在涉外事务中以斗争为主线，无法找到解决问题的办法，一个很重要的原因在于台湾当局不承认一个中国、破坏两岸协商谈判的政治基础，使得两岸无法进行协商谈判。实际上，两岸过去在台湾参加亚洲开发银行、世界贸易组织、亚太经合组织等问题上作出的安排，都是经过反复磋商才取得的结果。台湾方面想跳过大陆，不经过两岸磋商就解决台湾参与国际问题，实际上是无法做到的。如前所述，台湾参

---

① 转引自中共中央台湾工作办公室、国务院台湾事务办公室：《中国台湾问题：干部读本》，九洲图书出版社，1998年版，第192页。

② 《钱其琛在纪念江泽民八项主张发表五周年座谈会上的讲话》，海峡两岸关系协会编：《两岸对话与谈判重要文献选编》，九州出版社，2008年，第33页。

与国际活动问题是两岸之间结构性政治难题之一，既是历史遗留问题，也具有相当现实复杂性，只能阶段性、权宜性适度解决，无法一揽子解决，台湾在什么原则下可以参与国际活动、可以参与哪些国际活动，都不是台湾单方面所能够决定的，必须在承认一个中国原则基础上通过两岸协商的方式来逐步解决。

2008 年至 2016 年 5 月期间，两岸关系进入和平发展的新阶段，虽然两岸就台湾参与国际活动问题的政治谈判尚未开启，但国共两党、两岸双方之间的各种沟通管道已经建立，这些沟通管道对解决两岸在涉外互动中的问题也起到了重要作用。"两岸关系深入发展、双方互信的逐步积累，以及两岸沟通、协商管道的建立等，不仅为台湾扩大国际参与问题的逐步解决不断培育基础，而且也确保了一个中国框架的稳固。"① 除此之外，对于两岸在国际社会发生的某些突发事件，都能够在两岸有效沟通和协商下得到妥善解决，没有在台湾岛内发酵成为影响两岸关系和平发展的重大负面事件。

第四，外部干涉和"挟洋自重"无助于解决台湾参与国际活动问题。

台湾问题是中国的内部事务，不容外来干涉。但是，台湾问题之所以长期存在且迄今尚未解决的一个重要因素，是美国等外部势力插手台湾问题，干涉中国内政，阻碍中国统一。② 即便在中美建交以后，美国、日本等国家依然通过各种方式表达对台湾当局的支持，试图影响两岸关系，破坏台海地区和平稳定。美国等外部势力干涉台湾问题与台湾当局"挟洋自重"经常是一拍即合。美国与台湾当局之间在历史上就有着很长时间的勾结，美国和台湾之间的民主价值观和意识形态接近，容易形成共同的利益和"伙伴关系"，而台湾当局也借民主议题拉近与美国的情感距离；美国和台湾在遏制中国大陆发展问题上的共同战略考虑和需求，美国希望能够"以台制华"，而台湾当局希望借助美国平衡大陆在军事、政治和外交上对台湾形成的压力。在这样的考虑下，美国等西方国家经常对台湾参与国际活动表示同情和支持，不仅在国内通过支持台湾参加国际活动的议案，在国际场合也经常帮助台湾"发声"。虽然这些动作最后都无法帮助台湾实现真正的"突破"，也无助于台湾"国际空间"的扩大，但却给台湾发出了错误信息，在国际社会造成了

---

① 修春萍：《2010 年台湾对外关系回顾与展望》，《两岸关系》，2011 年第 2 期。

② 中共中央台湾工作办公室、国务院台湾事务办公室：《中国台湾问题：干部读本》，九洲图书出版社，1998 年，第 41 页。

恶劣影响。

2008年至2015年期间，由于两岸之间能够直接沟通协商台湾参与国际活动问题，两岸在涉外领域的冲突大大减少，客观上降低了美日等外国势力插手的机会和借口。当时美国学者就多次提到非常乐见当前台湾问题不再是中美关系议程中的优先问题，希望中美能够用更多的精力来处理其他的双边和多边问题。可见，两岸关系发展有助于减少或降低中美两国在台湾问题上的摩擦，而中美关系发展则能够为两岸关系提供一个有利的外部环境。对台湾来说，依靠外力支持并非解决台湾参与国际活动问题的正确道路。蔡英文上台后，即便美国对台湾巩固所谓"邦交国"和台湾参与国际组织公开力挺，但最终依然无法阻止台湾的"邦交国"同大陆建交和台湾当局无法参加国际组织互动的现实。因此，只有通过在一个中国原则基础上与大陆协商谈判，才有可能真正解决两岸在涉外事务中的冲突和斗争问题。

第三节　两岸涉外事务中的几个问题

两岸涉外斗争30年过程中，有一些长期存在的问题，对两岸关系和台海地区和平稳定都产生重要影响。这些问题主要是中华人民共和国政府与台湾当局"邦交国"关系、台湾参与国际组织活动、中美关系中的台湾问题等三个问题。

一、中华人民共和国政府与台湾当局"邦交国"关系问题

台湾当局所谓的"邦交国"是台湾对外关系中非常敏感的问题之一。随着中国大陆经济社会发展和国际地位提高，中华人民共和国政府与世界上绝大多数国家建立了外交关系，台湾"邦交国"数量越来越少，已经成为大势所趋。数十年来，中华人民共和国政府在与其他国家建交的问题上，已经形

成了一整套基本原则和成熟的规范。

1949 年以来，尽管大陆与台湾尚未统一，但两岸同属一个中国的事实从未改变。所以，凡是同中华人民共和国建交的国家，都须遵照国际法和一个中国原则，与中华人民共和国政府就台湾问题达成正式协议或谅解，承认中华人民共和国政府在台湾问题上的原则立场，在相互尊重、平等互利的基础上建立正常的外交关系。因为按照国际法，一个主权国家只能有一个中央政府代表这个国家。中华人民共和国政府是代表全中国的唯一合法政府。台湾作为中国的一部分，在国际上无权代表中国，不能与外国建立"外交"关系和发展具有官方性质的关系。[1] 在与外国政府建交的过程中，中国政府在不同的历史阶段，针对不同的国家，采取不同的方式。在与绝大部分外国政府的"联合声明""建交公报"中，他们都会以"承认""接受""认知""尊重"等方式来表述他们对中国政府立场特别是一个中国原则的态度。之所以有不同的表述方式，是根据不同建交国家情况的区别对待和策略上的灵活运用，并不影响到中国政府对"双重承认"的反对和与台湾断绝一切官方往来的坚定立场。[2]

1949 年中华人民共和国中央人民政府成立后，毛泽东主席就确定了"另起炉灶""打扫干净屋子再请客""一边倒"的三项外交方针。其中"另起炉灶"就是不承认国民党时代的任何外国外交机关和外交人员的合法地位，不承认国民党时代的一切卖国条约的继续存在。在 1949 年制定的具有临时宪法性质的《中国人民政治协商会议共同纲领》中明确规定"凡与国民党反动派断绝关系、并对中华人民共和国采取友好态度的外国政府，中华人民共和国中央人民政府可在平等、互利及互相尊重领土主权的基础上，与之谈判，建立外交关系"。当时苏联、东欧、蒙古、越南等社会主义国家在台湾问题上立场鲜明，主动承认中华人民共和国政府，主动宣布断绝与国民党当局的外交关系，对这些国家中国采取了直接建交的模式。印度是与新中国进行建交谈判的第一个国家。在建交谈判中，印度对国民党当局的态度是重点议题之一，"中华人民共和国希望印度政府将其对于现在印度之国民党反动残余之各种机构及中国的一切资财所持的态度如何，明确告知"，包括印度为什

---

① 中共中央台湾工作办公室、国务院台湾事务办公室：《中国台湾问题：干部读本》，北京：九洲图书出版社，1998 年，第 199—200 页。

② 卢晓衡：《中国对外关系中的台湾问题》，台北：海峡学术出版社，2003 年，第 17 页。

么在联合国表决国民党集团代表权时投弃权票，当时也要求印度进行澄清。因此，在新中国成立后的很长一段时间，台湾是中国一部分并不成为问题，两岸在国际上进行的是"中国代表权"之争，中华人民共和国政府在与外国建交过程中重点关注的是其他国家要撤销对国民党政权的承认，断绝与国民党当局的"邦交关系"。

但是，以美国为首的某些西方国家却试图通过炮制"双重承认"来制造"两个中国""一中一台"，冲击到中华人民共和国政府在建交问题上的原则立场。1964年，在中法建交谈判的过程中，由于法国总统戴高乐表示不想伤害"老朋友"，坚持不要在"中法建交公报"中写上与国民党当局"断交"的内容，也不愿意提及"台湾是中国一部分"等原则。中国政府在坚持反对"两个中国"的原则立场的同时，对建交的具体步骤采取灵活态度，在中法双方就"法国承认中华人民共和国是中国的唯一合法政府达成默契"的情况下，同意法国提出的中法先宣布建交从而导致法国同台湾"断交"的方案。此后在中国与西方国家建交谈判中，中国政府明确要求加入"台湾是中国一部分"的相关表述。如1970年中国与加拿大的建交公报中，就明确写入"中国政府重申：台湾是中华人民共和国领土不可分割的一部分。加拿大政府注意到中国政府的这一立场。加拿大政府承认中华人民共和国政府为中国的唯一合法政府"的条款。在1972年与英国的建交公报中，也明确写入"联合王国政府承认中国政府关于台湾是中华人民共和国的一个省的立场，决定于一九七二年三月十三日撤销其在台湾的官方代表机构。联合王国政府承认中华人民共和国政府是中国的唯一合法政府。"在建交公报中明确承诺承认中国政府关于"台湾是中国一部分"的立场，承认"中华人民共和国政府是中国的唯一合法政府"因此成为惯例和基本国际法准则。

所有与中国建交的国家，都必须切实履行建交公报的承诺或与中国政府在台湾问题上达成的谅解，不与台湾发展官方关系和政治关系，将与台湾的关系限制在非官方、非政治的范围，不与台湾互设官方性质的机构、进行任何官方性质的往来和签订官方协议等文件。[①] 李登辉当政时期，曾经想在"邦交国"的问题上搞"两个中国""一中一台"的"双重承认"，但是在大

---

① 中共中央台湾工作办公室、国务院台湾事务办公室：《中国台湾问题：干部读本》，2015年，第168页。

陆方面坚决反对下，这些图谋都没有能够得逞。一直到今天，两岸在"邦交国"的问题上，都维持着"有你无我"的"零和"做法，凡是与中国建交的国家，都必须与台湾当局"断交"。每当"邦交国"生变成为现实时，台湾当局也不得不主动宣布与这些国家"断交"。"'邦交国'问题不但涉及到一个中国的原则，而且涉及到谁代表这个中国；在两岸达成统一框架之前，这个问题没有妥协的余地，只能是'非此即彼'"。[①] 随着中国大陆国力的提升和国际影响的扩大，越来越多的台湾"邦交国"会顺应潮流，主动要求与大陆建交，特别是在民进党当局执政时期，这些国家的意愿会更加强烈。蔡英文上台后，已经有若干个台湾的"邦交国"与中华人民共和国建交，充分说明了国际社会的大势所趋。但是，由于各种历史和现实原因，加上美国的介入，使这一问题仍然存在高度复杂性，解决这一问题也具有长期性。

二、台湾参与国际组织活动问题

在台湾参与国际组织活动的问题上，大陆方面的立场非常明确。早在上个世纪 50 年代，周恩来总理明确表示"任何国际组织、国际会议、国际活动中，如果出现'两个中国'，即在中华人民共和国之外出现其他'中国'，不论是用'中华民国'、'台湾中国'还是'台湾政府'、'台湾当局'或其他名义出现，我们宁可不参加。[②] 但因为国际组织本身就非常复杂，不同的组织性质不同、功能不同、章程不同，对于哪些组织台湾可以以适当名义参与，哪些台湾不具备参与的基本资格，都需要进行认真甄别。但有一个基本前提是，台湾当局参与任何国际组织都不能违背一个中国原则，不能在国际组织中造成"两个中国""一中一台"。

企图以各种方式参与国际组织活动，特别是联合国及其下属的国际组织，是台湾当局长期的诉求。1993 年以后，李登辉当局以"联合国 2758 号决议只是解决了"中国代表权"问题，而没有解决所谓"台湾代表权"问题为理

① 许世诠：《两岸关系中的台湾"国际空间"问题》，载周志怀主编：《新时期对台政策与两岸关系和平发展》，北京：华艺出版社，2009 年，第 190 页。

② 周恩来：《新中国坚决反对制造"两个中国"》，《周恩来外交文选》，北京：中央文献出版社，1990 年。

由，几乎每年都向联合国大会总务委员会提交"重返联合国"的提案。2000年以后，陈水扁当政期间，民进党当局还提出"加入联合国"的提案，进行"入联公投"。蔡英文当局上台后，继续挑战联大第 2758 号决议严肃性，妄称决议只解决"中国代表权问题"，"未赋予中华人民共和国在联合国及其专门机构代表台湾人民的权力"，不涉及由谁在联合国代表台湾，企图藉此凸显台湾是"主权独立国家"，进行"一中一台"的"台独"分裂活动。

实际上，联合国大会的 2758 号决议，无论从其文字措辞、磋商过程还是国际实践看，不仅解决了中国在联合国的代表权问题，而且事实上承认了台湾是中国的一部分，中华人民共和国政府是代表全中国的唯一合法政府，所谓"台湾代表权"问题并不存在。首先，2758 号决议明确载明"恢复中华人民共和国的一切权利，承认它的政府的代表为中国在联合国组织的唯一合法代表"，将"蒋介石的代表"从联合国席位上驱逐出去。而当时无论是大陆政府还是国民党当局，都认为台湾是中国的一个省，国民党当局一直声称其代表包括台湾省在内的全中国，决议显然是把蒋介石集团窃据的"中国代表权"赋予中华人民共和国政府，这里面自然包括台湾省。其次，在中国为恢复联合国合法席位斗争的过程中，多次挫败美国等国家企图搞"双重承认"、图谋制造"两个中国"的提案；在 2758 号决议磋商的过程中，提案国之一阿尔巴尼亚代表作解释性发言表示，恢复中华人民共和国合法权利和驱逐台湾当局是一个单一问题，没有理由或根据可将它一分为二；另一提案国阿尔及利亚也表示，不能因为蒋介石集团盘踞在台湾，"就同意割裂中国的领土"。[①] 最后，在中华人民共和国政府恢复在联合国的合法席位后，在联合国的外交实践中一直代表包括台湾在内的全中国，坚持台湾问题是中国的内部事务，无论是台湾当局还是联合国安理会常任理事国还是其他绝大多数国家，并没有对此提出异议。由此可见，2758 号决议从政治、法律、程序上彻底解决了中国在联合国的代表权问题，充分体现了联合国所坚持的一个中国原则。世界上只有一个中国，台湾是中国的一部分，根本不存在台湾加入

---

① 傅铸:《所谓"台湾在国际组织代表权"问题早有定论》，环球网，2020 年 5 月 21 日，https://opinion.huanqiu.com/article/3yKO5IB4Ynj。

联合国的问题。①

　　台湾当局企图以"公共卫生事件"为突破口加入联合国下属的世界卫生组织，同样要受到2758号决议精神的规范。从1997年到2008年，台湾当局以"不加入世界卫生组织影响台湾人民的医疗卫生权益，既不能从中获益，也不能善尽国际义务"为借口，每年鼓动其"邦交国"向世卫组织秘书处递交邀请台湾参加世卫大会的提案，企图参加世界卫生组织。马英九上台后，因为两岸双方在坚持"九二共识"、反对"台独"的政治基础上建立互信，推动两岸关系和平发展，经由两岸在一个中国原则基础上进行协商，台湾以"中华台北"名义、观察员身份出席世卫大会，以"中华台北"名义、国际民航组织理事会主席客人身份出席该组织大会。马英九执政期间，台湾方面能够以适当名义和身份参加世卫大会和国际民航组织大会，是在"两岸关系和平发展的背景下，经过两岸协商，并参照有关国际组织实践做出的特殊安排。这一安排，符合世界卫生组织和国际民航组织有关规定，也符合国际社会普遍认同的一个中国原则"②。民进党重新上台执政之后，顽固坚持"台独"立场，拒不承认"九二共识"，单方面破坏了两岸协商政治基础，导致台湾地区自2017年之后无法再参加世界卫生大会。

　　对于某些除主权国家参加以外，也允许地区参与的政府间国际组织，中国政府同样在坚持一个中国原则的前提下，根据相关国际组织的章程和现实情况，以中国政府同意和接受的特殊的方式、适当的名义妥善处理台湾的参与问题。比如台湾以"台澎金马单独关税区"的名义参与世界贸易组织，以"中国台北"的名义加入亚太经合组织等，都是在特别情况下作出的特殊安排。对于台湾参与非政府间的国际组织活动，也必须遵循一个中国原则，以灵活务实的方式进行解决。对于国际组织已经针对台湾的参与作出的特殊安排，不能允许台湾当局做出违背一个中国原则的单方面修改。

---

　　① 《民进党当局称联合国2758号决议与台湾无关，要求全面参与世卫，国台办：铁的事实不容置疑》，环球网，2020年5月7日，https://baijiahao.baidu.com/s?id=1666031439546367991&wfr=spider&for=pc。

　　② 中共中央台湾工作办公室、国务院台湾事务办公室：《中国台湾问题：干部读本》，北京：九州出版社，2015年，第169—170页。

三、中美关系中的台湾问题

美国一直以来是影响台湾问题解决的最大外部因素。中国政府一贯强调，台湾问题是中美关系中最重要最敏感的核心问题。台湾当局将发展与美国的关系视为台湾对外关系中"最重要的一环"。在中国政府的涉台外交活动中，与美国就台湾问题进行交涉也占据了很大的比重。从 1979 年中美建交以来，美国一直在台湾问题上搞"模糊政策""平衡策略"和"双向遏制"。美国一方面不断重申坚持一个中国政策，遵守美中三个联合公报，但与此同时又声称要根据与"台湾关系法"履行对台湾的所谓"义务"和"承诺"；一方面声称"不支持台独"，另一方面却不断向台湾当局和"台独"势力发出错误信号，发展与台湾的"实质关系"，提升美台关系的层级，不断向台湾出售先进的武器装备，不时对中美关系发展和台海和平稳定造成负面影响。因此有学者认为，1979 年以来，美国一直与台湾维持着一种"半官方、实质性"的政治、经济和军事关系：一方面宣称实行一个中国政策，另一方面又不愿意承认台湾问题纯属中国的内政问题，其政策底线是台湾问题必须由海峡两岸和平解决。[①]

众所周知，一个中国原则是中美关系的政治基础，中美建交以来美国历届政府都表示坚持一个中国政策。但是，对一个中国政策的具体内涵，对一个中国政策如何落实到具体行动中，美国却保持了刻意模糊，经常会出现一些看似矛盾的举动。可以说，美国如何对待一个中国政策，与中美关系大背景和台海形势发展变化密切相关。

美国的对台政策受到国际形势和美国国内政治的影响明显。1979 年以来的 40 年时间内，美国对台政策历次调整都与此有关。20 世纪 80 年代末90 年代初，国际格局发生剧烈变化，苏联解体，冷战结束，原有的美苏两极格局不再存在。美国一度认为他们不再需要中国一起抗衡苏联，并试图对中国进行"和平演变"，对台政策也开始转向台湾。1995 年美国允许李登辉访美，严重违背一个中国原则，致使台海地区出现危机，中美关系也出现大

---

① 林冈：《美国因素在两岸关系和平发展进程中的影响》，《台湾研究集刊》，2008 年第 3期。

倒退。这场危机后，美国开始意识到在台湾问题上与中国可能会出现直接军事对抗的危险性。1998 年美国总统克林顿访华期间，公开重申美国"不支持台湾独立，不支持'两个中国''一中一台'，不支持台湾加入必须由主权国家才能参加的国际组织"[①]。2001 年小布什上台之初，一度表示美国将"竭尽所能协防台湾"，并出现了迅速提升美台关系的动向。2001 年 9 月 11 日美国发生的"9·11 事件"开启了美国在全球范围内反对恐怖主义的政策，美国在联合国等国际组织、在地区反恐事务中都需要得到中国的支持和帮助。美国在台湾问题上也有所收敛。2003 年陈水扁当局的"法理台独"活动升级，小布什总统明确表示"不支持台湾独立"，反对任何单方面改变现状的做法。马英九当政期间，由于两岸关系改善和发展，台湾问题没有成为中美双方需要优先和主要处理的问题。虽然奥巴马政府提出了"亚太再平衡"战略，但由于马英九当局不谋求在美国的"亚太再平衡"战略中扮演遏制大陆的角色，美国也没有公开利用台湾牵制中国大陆，所以无论是两岸关系还是中美关系，都没有因为台湾问题而发生激烈碰撞。[②]

近年来，美国的一个中国政策出现了"说一套、做一套"的空心化迹象，同样与美国对华战略调整有关。特朗普上台以后不久，就将中国定位为"战略竞争对手"，提出"印太战略"，中美在一系列领域展开战略博弈。随着中美贸易争端的升级和在科技、人文、安全等领域战略博弈的加剧，在台海形势更加复杂严峻的背景下，美国国内企图利用台湾问题遏制中国崛起，迫使中国在贸易和其他问题上让步的声音高涨，美国公开表态将台湾纳入其"印太战略"。2017 年以来，美国国会和行政部门在台湾问题上动作频频，蔡英文当局也迫不及待地配合美国遏制中国的战略，不遗余力地提升与美国在各方面的关系。美国国会通过了"与台湾交往法案""台北法案"一系列涉台法案，并在 2018 和 2019 年的"国防授权法"中公然要求提升与台湾在政治、军事、经济等各方面的关系。2018 年以来，美台官员互访层级提高，美国公开制止和威胁要与大陆建交的台湾"邦交国"，美国立法和行政部门多次公开表态力挺台湾参与国际组织活动，美国对台军售频率和金额增加，美国军舰穿越台湾海峡越来越频繁，这些都使得台湾问题成为中美关系中最具潜

---

① 《克林顿公开重申对台"三不"承诺》，《人民日报》，1998 年 7 月 1 日。
② 中共中央台湾工作办公室信息中心：《美国涉台政策研究》，九州出版社，2015 年版，第 100 页。

在风险的问题之一。

习近平总书记在《告台湾同胞书》发表 40 周年纪念会上的讲话表示，"中国的统一，不会损害任何国家的正当利益包括其在台湾的经济利益，只会给各国带来更多发展机遇，只会给亚太地区和世界繁荣稳定注入更多正能量，只会为构建人类命运共同体、为世界和平发展和人类进步事业作出更大贡献"。① 美国将台湾作为牵制中国发展和遏制中国崛起的"棋子"，不断向台湾岛内"台独"分裂势力发出错误信号，不合时宜地声称履行对台湾的"安全承诺"，不仅会给两岸关系和台海局势带来新的风险，也会损坏美国的利益和台湾民众的福祉，还会破坏亚太地区的和平稳定。

---

① 习近平：《为实现民族伟大复兴 推进祖国和平统一而共同奋斗》，《人民日报》，2019年 1 月 3 日。

第十四章
台海军事安全

台海军事安全是两岸关系的重要组成部分，是两岸关系走向的"晴雨表"。由于台湾问题是 20 世纪国共内战遗留并延续的问题，因而两岸之间长时间存在着军事对抗。尽管 70 年来台海军事安全态势的对抗性已经逐渐降低，但是两岸之间敌对状态并未正式结束，这使得两岸军事对抗仍长期存在。加之台湾独特的地缘政治位置，台海军事安全态势往往受到东亚、亚太地区军事安全态势的影响，尤其受到美国和日本因素的强烈干扰，进一步增加了复杂性。

第一节　40 年台海军事安全态势演进脉络

1949 年国民党统治集团败退台湾后，两岸存在严重的军事对抗。从 1949 年至 2019 年，两岸军事安全态势演进可以划分为三个阶段。第一阶段，1949 年至 1978 年。这一阶段 50—60 年代，两岸爆发了多次军事冲突，其中双方围绕争夺大陆东南沿海岛屿发生了多次较大规模的战斗。第二阶段，1979 年至 1987 年。1979 年大陆方面开始实行争取祖国和平统一的大政方针，台海形势趋于缓和，两岸军事安全态势紧张程度下降。第三阶段，1988 年至 2019 年。1987 年，由于大陆方面实行和平统一政策多年来的努力争取，以及台湾当局允许部分民众来大陆探亲，长达 38 年之久的两岸隔绝状态结束，两岸人员往来和经济文化等方面的交流开展起来，此后台海局势较为稳定。尽管这一时期两岸关系多次出现危机，但台海局势总体可控。这一阶段两岸军事对抗的实质转变为"台独"与"反台独"的斗争。

一、1949 年至 1978 年间台海军事安全态势演变脉络

国民党统治集团于 1946 年 6 月发动全面内战，但很快就在政治、军事、经济等方面遭受重大失败。1948 年底至 1949 年初，中国人民解放军取得辽沈、淮海、平津三大战役胜利，国民党在大陆失败已成定局，遂将最后的立

足点放在台湾。解放军 1949 年 4 月解放南京，1949 年 7 月上旬，解放军第三野战军第十兵团进入福建，准备解放台湾。解放军 10 月 17 日解放厦门，10 月 24 日发起金门战役。然而由于轻敌和受不擅长渡海登岛作战等因素影响，金门战役失利，损失 9000 余人。同年 11 月解放军发起登步岛战役，由于后续支撑不足失利。金门战役和登步岛战役，为解放军渡海登岛作战积累了宝贵经验。解放军持续加强解放台湾的准备，待机进兵。1949 年 12 月 31 日，中共中央发出《告前线将士和全国同胞书》，指出"解放台湾、海南岛和西藏……完成统一中国的事业"[1]是中国人民的光荣任务。

1950 年 6 月，朝鲜战争爆发，美国派第七舰队侵入台湾海峡，阻止解放军解放台湾，由此产生台湾问题，并导致台海军事安全态势发生重大变化。1954 年 12 月 2 日，美国政府与台湾当局签订了"共同防御条约"，规定的防御范围包括台湾和澎湖列岛，也适用于双方互相同意的其他领域，这意味着美国将台湾置于其"保护伞"之下。对此，中共中央认为解放台湾是既定方针，但斗争是长期的，需要时间建设强大的海军、空军；并决定解放台湾应分两个步骤，第一步是解放沿海岛屿，第二步是解放台湾。

国民党统治集团败退台湾后，还控制浙江、福建、广东等地部分沿海岛屿。在整个 50 年代，两岸对于大陆沿海岛屿的争夺非常激烈。一方面，解放军于 1950 年解放海南岛、舟山群岛，1955 年发起一江山岛战役，攻占一江山岛，并进而解放大陈岛等浙东岛屿。至此，台湾当局控制的地区只剩下台湾、澎湖、金门、马祖等岛屿。另一方面，国民党军队加强了对大陆沿海地区的偷袭。1953 年国民党军队偷袭福建沿海东山岛，是其 1949 年后发动的规模最大的"反攻大陆"军事行动。解放军取得了东山岛保卫战的胜利，使台湾当局"反攻大陆"的"桥头阵地计划"成为泡影。

50 年代，两岸对于大陆沿海岛屿争夺最为激烈的在金门地区。1954 年 9 月，为表示反对美台签订"共同防御条约"，宣示一定要解放台湾的明确决心，解放军对金门进行了较大规模的惩罚性炮击，这就是"九三炮战"。1958 年夏天，美国、英国挑起中东紧张局势，台湾当局大肆对大陆进行军事挑衅。为教训台湾当局，也为了牵动国际战略格局，解放军于 8 月 23 日开始对金门进行了史无前例的大规模炮击，切断了金门与台湾之间的海上联

---

① 《告前线将士和全国同胞书》，《人民日报》，1950 年 1 月 1 日，第 1 版。

系。这时美国方面要求台湾当局从金门、马祖撤军，图谋两岸"划峡而治"、制造"两个中国"，美台双方在是否从金、马撤军的问题上矛盾公开化。大陆方面为挫败美国的图谋，决定暂停对金门的炮击，让国民党军队继续留在金、马。这一决策意味着大陆方面将原定的先解放金、马再解放台湾的"两步走"，调整为"一揽子解决"台、澎、金、马问题。这次炮击金门创造了世界军事史上的奇迹，既沉重打击了台湾当局对大陆沿海地区肆意挑衅的嚣张气焰，又挫败了美国"划峡而治"、制造"两个中国"的图谋。此后炮战逐渐成为象征性的交火，炮击几乎都是有意识打在对方空旷无人地带、滩头或者无工事的山头，尽量不造成人员伤亡，而到炮战末期则逐渐变为打宣传弹。

60 年代，蒋介石制定了"反攻大陆"的秘密作战计划，即"国光计划"。尽管"国光计划"最终未能实行，[①] 但在这份计划指导下，台湾当局掀起了小股武装窜扰大陆的高潮。1965 年是两岸军事冲突比较集中与激烈的一年，解放军与国民党军队先后发生了东引海战、"八·六海战"、乌丘屿海战，结果均以国民党军的失败告终，国民党海军遭到重创。1967 年两岸爆发"一·一三"空战，是至今为止台海地区发生的最后一次空中战斗。在此之后，两岸海上、空中武装冲突日益减少。在整个 50、60 年代，台湾当局在金门的驻军一直维持在 10 万人左右，最多时达 12 万之众。

70 年代，美国总统安全事务助理基辛格、总统尼克松先后访华，中美关系改善。随着国际格局与中美关系改变，蒋介石认识到"反攻大陆"已无任何希望，台湾当局最终放弃了"反攻大陆"的军事行动。与此同时，台湾当局调整了军事战略，将原先的"攻势战略"逐渐调整为"攻守一体"战略，并加强了对台澎地区的军事防御部署。

二、1979 年到 1987 年间台海军事安全态势演变脉络

1978 年 12 月，党的十一届三中全会作出将党和国家工作重心转移到经济建设上来，实行改革开放的历史性决策。为有利于经济建设和改革开放，

---

① 1972 年 7 月 20 日，台湾方面正式宣告终止"国光计划"。

大陆方面努力营造必需的外部环境。同月，中华人民共和国和美国发表联合公报，宣布自 1979 年 1 月 1 日起相互承认并建立外交关系。同时，根据中美建交谈判时达成的协议，美国宣布与台湾当局结束"外交关系"，终止美台"共同防御条约"，并从台湾撤军。中美建交大幅改善了两国关系，也改变了台海形势。尤其是美国终止与台湾当局的"共同防御条约"、从台湾撤军，大大降低了台海军事紧张态势。在这样的时代条件下，邓小平作出了争取祖国和平统一的战略决策，提出了后来被概括为"一国两制"的主张。根据邓小平的决策和主张，1979 年 1 月 1 日，全国人大常委会发表《告台湾同胞书》，宣布了争取祖国和平统一的大政方针并提出有关主张，明确指出："台湾海峡目前存在着双方的军事对峙，这只能制造人为的紧张。我们认为，首先应当通过中华人民共和国政府和台湾当局之间的商谈结束这种军事对峙状态，以便为双方的任何一种范围的交往接触创造必要的前提和安全的环境。"[①] 同日，国防部长徐向前发表了《停止炮击大、小金门等岛屿的声明》，至此，两岸直接军事冲突基本结束。大陆方面开始实行争取祖国和平统一的大政方针，这是台海军事态势变化的重要转折点。此后，台湾当局将其军事战略由"攻守一体"调整为"守势防卫"，将兵力逐渐向本岛收缩，相应采取了一些缓和台海军事紧张的措施，并且不再提军事"反攻大陆"。自此，台海形势总体趋向缓和。

尽管美国终止与台湾当局的"共同防御条约"并从台湾撤军，但仍不愿意放弃对台湾问题的干预，其通过制定"与台湾关系法"，为继续介入台湾问题制造依据。该法案规定美国将继续向台湾提供"防御性武器"，承诺继续向台湾提供所谓"安全保障"，这严重侵犯了中国主权，也使台湾方面能够在美国支持下继续抗拒通过谈判实现两岸和平统一。

美国向台湾出售武器的问题，在中美两国建交谈判中没有得到解决。1981 年 1 月，里根政府上台后，美国对台军售成为影响中美关系最严重的问题。中国坚决反对美国对台军售，并与美方就美国停止售台武器进行谈判。1982 年 8 月 17 日，中美两国政府发表联合公报（"八·一七公报"）。美国在公报中声明："它不追求执行一项长期向台湾出售武器的政策，它向台湾出

[①] 《中华人民共和国全国人大常委会〈告台湾同胞书〉》，《人民日报》，1979 年 1 月 1 日，第 1 版。

售的武器在性能和质量上将不超过中美建交后近几年供应的水平，它准备逐步减少它对台湾的武器出售，并经过一段时间导致最后的解决。"① 美国的承诺使其对台军售问题有了解决的希望，但美方从来没有履行这一承诺，反而变本加厉地加强对台军售，使之成为间歇性地影响中美关系、两岸关系，尤其是台海军事安全态势的重要因素。

三、1988 年至 2019 年间台海军事安全态势演变脉络

1987 年 11 月，由于大陆方面实行和平统一大政方针以来的努力和台湾当局允许部分台湾民众赴大陆探亲，长达 38 年之久的两岸隔绝状态结束，两岸人员往来和经济文化交流逐步发展起来，并且催生了两岸双方以民间名义交往的看法。这种局面的出现，有助于维续两岸趋于缓和的军事对峙状态。同期，台湾政治朝着西方式政党政治转型，各种分裂势力开始走上政治舞台。民进党 1986 年成立后很快走上"台独"道路，90 年代初期李登辉开始制造"两个中国"，这引起两岸关系紧张，也冲击了台海军事安全。

1988 年至 2019 年台海军事安全态势的主要特点表现为稳定与紧张相交织，其变化主线是"台独"与反"台独"的较量。这一时期两岸军事安全态势演变分为三个阶段。

（一）由缓趋紧期：1988 年至 2008 年

李登辉执政之后的 1988 年至 2008 年国民党重新执政前，伴随着两岸政治关系跌宕起伏，两岸军事关系紧张大于缓和。

1. 李登辉时期的两岸军事对抗

1988 年李登辉上台后，表面上坚持一个中国立场，于 1990 年 10 月成立"国统会"、1991 年 2 月制定"国统纲领"，并于 1991 年 5 月结束"动员戡乱时期"、废除"动员戡乱时期临时条款"，不再将中共视为"叛乱团体"。但在其稳固其执政地位后，逐渐背弃一个中国原则，制造"两个中国"，暴

---

① 《中美联合公报》（节录），载中共中央台湾工作办公室、国务院台湾事务办公室：《中国台湾问题（干部读本）配套资料》，北京：九州出版社，2015 年，第 262 页。

露了"台独"的真实面目。1995 年 6 月李登辉以私人名义窜访美国康奈尔大学,公开鼓吹"中华民国在台湾",这直接导致了两岸军事态势对抗性升级。为了打击"台独"分裂势力的气焰,大陆方面开展了反分裂反"台独"斗争,解放军于 1995 年 7 月、8 月、11 月和 1996 年 3 月在台湾附近海域举行了 4 次军事演习,内容包含地对地导弹发射训练以及三军联合作战演习等。特别是 1996 年 3 月的大规模联合作战演习,展示了人民解放军维护国家主权和领土完整的坚强决心,台湾岛内舆论评论这是 1958 年来"中共对台湾采取的最激烈的军事行动"。[①]

在解放军进行军事演习之时,美方的举动加剧了台海形势动荡。1995 年 11 月,解放军军事演习结束之后,美国"尼米兹号"航空母舰战斗群于 12 月驶过台湾海峡,"这是中美建交后美国航母第一次通过这个海域"。[②] 此后,1996 年 2 月,又有 3 艘美国军舰驶经台湾海峡。1996 年 3 月,在解放军进行大规模军事演习之际,美国从波斯湾加派"尼米兹号"航空母舰战斗群前往台湾附近水域,与"独立号"航母战斗群会合,并在台湾附近水域游弋,解放军海军潜艇也紧急开展海上警戒,台海情势急剧升温。

大陆方面这次反分裂反"台独"斗争产生了重大深远的战略性影响。当时,民进党主席施明德不得不表示:"一旦民进党执政,没有必要,也不会宣布台湾独立。"[③] 世界上绝大多数国家表示坚持一个中国政策。美国政府也公开表示不支持"台湾独立"、不支持"两个中国"或"一中一台"、不支持台湾加入联合国及其他由主权国家组成的国际组织。

李登辉冲撞一个中国原则的举动受到沉重打击后没有改弦更张,继续炮制"两国论"分裂主张。1999 年 7 月 9 日,李登辉在接受"德国之声"电台专访时提出"两国论"分裂主张,并且伙同民进党,力图将"两国论"主张"法律化"("两国论入宪"),使得两岸关系再次陷入紧张。在此情况下,大陆方面果断开展了反对"两国论"的斗争,这其中包括采取了战略导弹试验、反潜演习、联合渡海登陆作战实兵演习等措施在内的军事斗争措施。特

---

① 国务院台湾事务办公室:《中国台湾问题外事人员读本》,北京:九州出版社,2007年,第 129 页。

② 吴心伯:《反应与调整:1996 年台海危机与美国对台政策》,《复旦学报(社会科学版)》,2004 年,第 2 期。

③ 中共中央台湾工作办公室、国务院台湾事务办公室:《中国台湾问题:干部读本》,北京:九州出版社,2015 年,第 77 页。

别是 1999 年 9 月上旬，解放军南京军区、广州军区陆海空三军、第二炮兵和民兵预备役部队在浙江东部、广东南部沿海举行大规模诸军兵种联合渡海登陆实兵演习，展示了人民解放军维护祖国统一的强大实力。[①] 在大陆方面坚决反对"两国论"的情况下，李登辉"两国论入宪"的图谋最终破产。

在此时期，李登辉也对台军的军事战略构想进行了调整，提出了"防卫固守，有效吓阻"的军事战略，并实行"精实案"对其组织结构进行调整。同时在此时期，美国向台湾出售以 F-16A/B 为代表的高性能武器装备，台军"二代兵力"整建基本完成，这也加剧了台海的紧张局势。

2. 陈水扁执政时期的台海军事态势

陈水扁执政的 8 年是两岸政治对立加深的 8 年，也是台海形势逐步进入高危期的 8 年。在此时期内，台湾当局一方面宣称要与大陆建立军事互信，另一方面坚持"台独"立场，拒绝接受"九二共识"，不断挑衅大陆，直至谋求"法理台独"，造成台海形势紧张升级。

在陈水扁执政之后，其一直鼓吹建立两岸军事互信机制。2000 年 5 月，陈水扁就职演说时作出"四不一没有"的承诺，在同年公布的台湾地区"国防报告书"中指出："循序渐进逐步推动两岸间制度化的军事互信机制。"[②]此后，2002 年台湾方面公布的"国防报告书"在第六篇第六章"军事交流"中，以专门章节论述两岸军事互信机制，并将两岸互信机制作为"国防政策"和"国防重要施政"提出。但陈水扁拒绝承认一个中国原则和"九二共识"，使因李登辉抛出"两国论"而中断的两岸商谈无法恢复，以致双方根本无法商谈建立两岸军事安全互信机制的问题。

2002 年 8 月，随着陈水扁抛出"一边一国论"，两岸关系再次陷入紧张，同时，随着陈水扁"台独"分裂举动的节节升级，台海军事态势日趋紧张。在军事战略上，台湾当局改变了李登辉时期"防卫固守，有效吓阻"的战略思想，提出了"有效吓阻，防卫固守"的战略思想，并提出"决战境外"的战略理念，企图发展不对称武器，"吓阻"大陆对台采取军事行动。为此，台湾当局制定了针对大陆的"毒蝎作战计划"，将第一轮攻击中的目标锁定为：大陆沿海和长江与珠三角的经济发达、人口集中城市以及大陆具有象征

---

① 国务院台湾事务办公室：《中国台湾问题外事人员读本》，2007 年，第 132 页。
② "国防部国防报告书编撰委员会"：《2000 年"国防"报告书》，台北："国防部"，2000年，第 66 页。

意义的政治、军事指挥中心；大陆腹地的重要民生设施；重要的军事目标；网络、通信中心等。①

对于陈水扁的分裂举动，中国政府进行了坚决斗争。在陈水扁抛出"一边一国论"后，2002年12月9日，国务院新闻办发表《2002年中国的国防》白皮书，强调决不放弃使用武力的原则。2004年陈水扁连任后，按照其选前提出的"催生台湾新宪法"的主张开始推动"宪政改造"，谋求"法理台独"；同时又打着保障台海永久和平的幌子，提出建立两岸军事互信措施、海峡行为准则等欺骗性主张。12月13日，台湾有关方面公布"国防报告书"，继续鼓噪大陆对台湾的威胁，并将陈水扁有关"海峡行为准则"等两岸军事互信机制的内容列入其中。12月27日，国务院新闻办发表《2004年中国的国防》白皮书，强调只要台湾当局接受一个中国原则，停止"台独"分裂活动，两岸双方随时可以就正式结束敌对状态包括建立军事互信机制进行谈判。针对台湾当局谋求"法理台独"，"台独"现实危险性上升，2005年3月4日，第十届全国人大第三次会议表决通过《反分裂国家法》，其中第八条规定："'台独'分裂势力以任何名义、任何方式造成台湾从中国分裂出去的事实，或者发生将会导致台湾从中国分裂出去的重大事变，或者和平统一的可能性完全丧失，国家得采取非和平方式及其他必要措施，捍卫国家主权和领土完整。"②这为大陆对台采取非和平方式必要措施划定了底线。

此后，民进党当局继续推动"公投制宪""入联公投"分裂活动，使两岸关系进入高危期，也使两岸关系处于高度对抗之中。在此期间，解放军加紧进行反"台独"军事斗争准备，开展了一系列大规模、针对性强的演习，如"'蛟龙－2004'两栖登陆作战演习、'北剑－2005'军演、2006南海军演等等"③，随时准备粉碎"台独"重大事变。

① 《台"毒蝎作战计划"锁定大陆五类目标》，人民网，http://tw.people.com.cn/GB/14812/14874/2560501.html，2009年6月10日。

② 《反分裂国家法》，载中共中央台湾工作办公室、国务院台湾事务办公室：《中国台湾问题（干部读本）配套资料》，北京：九州出版社，2015年，第7页。

③ 王博洋：《改革开放后我军对台军事斗争准备的历史演进》，《军事历史》，2018年第6期。

（二）缓和期：2008 年至 2015 年

2008 年 5 月，马英九就任台湾地区领导人之后，国共两党、两岸双方在坚持"九二共识"、反对"台独"的共同政治基础上建立基本互信，推动两岸关系开创了和平发展新局面。在这一背景下，台海军事安全态势也得到一定程度缓和，两岸军事关系有所改善，但仍处于对峙之中。这一时期两岸军事安全态势缓和表现在双方的政策表述、军事部署与行动以及非战争军事行动等方面。

在政策论述上，台湾当局表示了有意建立两岸军事互信机制，降低对大陆的敌对态度。马英九在 2008 年"大选"中提出了两岸军事互信的政见，在 2008 年 5 月就职演说中表示要致力于推动两岸建立军事互信机制。6 月 3 日，台湾防务主管部门负责人陈肇敏表示，关于建立两岸军事互信机制，台湾军方已订出政策纲领草案。[①] 与此同时，马英九参加"陆军官校"84 周年校庆时表示，将以"吓阻任何侵略的国防力量"取代过去的"大陆假想敌"。[②] 2008 年 12 月 12 日，马英九在《华盛顿邮报》发表专文，建议为了奠定两岸和平的稳固基础，两岸应发展军事安全互信机制的建立。[③] 在 2009 年 3 月公布的"四年期国防总检讨"中，为了配合台湾当局的两岸政策，台湾防务部门首度把"推动两岸军事互信机制"的文字纳入报告书；在 2009 年 10 月公布的"国防报告书"中也写入了推动两岸军事互信机制的内容。

大陆方面抓住两岸关系开创和平发展新局面的有利时机，积极争取通过协商建立两岸军事安全互信机制。例如，2008 年 12 月 31 日，中共中央总书记胡锦涛在纪念《告台湾同胞书》发表 30 周年的讲话中提出："为有利于稳定台海局势，减轻军事安全顾虑，两岸可以适时就军事问题进行接触交流，探讨建立军事安全互信机制问题。"[④] 随后，大陆有关方面一再呼吁商谈建立两岸军事安全互信机制，争取就军事问题进行交流。2010 年，国新办发表

---

① 《马英九促两岸军事互信》，凤凰网，http://news.ifeng.com/taiwan/5/detail_2008_06/24/1014830_0.shtml，2008 年 6 月 24 日。

② 《2008 年台湾军事情况回顾》，华夏经纬网，http://www.huaxia.com/zt/rdzz/08-061/1270708.html?olc，2008 年 12 月 25 日。

③ 《香港商报：台湾学者吁速建两岸军事安全互信机制》，中国新闻网，http://www.chinanews.com/hb/news/2009/10-28/1935675.shtml，2009 年 10 月 28 日。

④ 胡锦涛：《携手推动两岸关系和平发展 同心实现中华民族伟大复兴——在纪念〈告台湾同胞书〉发表 30 周年座谈会上的讲话》，《人民日报》，2009 年 1 月 1 日，第 2 版。

《2010 年中国的国防》白皮书，首次加入建立两岸军事安全互信机制的内容，指出两岸可以适时就军事问题进行接触交流，探讨建立军事安全互信机制问题，以利于共同采取进一步稳定台海局势，减轻军事安全顾虑的措施。2012年 11 月，中共十八大报告提出："商谈建立两岸军事安全互信机制，稳定台海局势，协商达成和平协议，开创两岸关系和平发展新前景。"[①]

在军事部署与行动上，由于两岸关系趋于稳定，台海军事安全态势有所缓和，台湾当局逐渐调整了其战略构想。马英九上任后，将陈水扁时期所提出的"有效吓阻、防卫固守"的军事战略构想再次调整为"防卫固守、有效吓阻"，强调"守势防卫"，"决不轻启战端"。例如，台湾当局于 2009 年将"汉光"实兵演习改为两年一次。又如台湾当局逐渐减少在金门岛上的驻军，2014 年 11 月 1 日台湾军方再次完成裁军后，金门驻军仅剩 4000 人。[②] 此外，2014 年原为军事禁区的大担岛和二担岛移交金门县政府，规划进行观光。这均反映出了此时期台海军事态势的缓和。

在军事交流和非传统安全协作上，由于大陆方面的推动，两岸军事交流和非传统安全合作有所增加。在交流方面，台湾军队预备役和退役将领来大陆交流频繁。例如，2014 年 11 月，21 位台军少将以上的预备役将军参加第10 届珠海航空展，这是 1949 年后首次有台湾预备役将军组团参观大陆航展。此外，大陆方面组织了许多两岸退役将领学术文化交流活动，使两岸退役将领交流常态化。在非传统安全合作上，2010 年以后，两岸多次进行海上联合搜救演练。

但是，台湾当局无意进行两岸政治商谈，并仍然视大陆为"威胁"，使两岸军事关系发展依然存在障碍。

一方面，台湾当局对建立两岸军事互信机制实际作为消极。马英九对军事互信机制商谈增设许多前提条件，致使商谈无法举行。例如，2009 年3 月，台防务部门负责人陈肇敏在台立法机构就两岸军事交流接受质询时表示，交流的前提，必然包括大陆先放弃对台动武、撤除对台飞弹、去除"一

[①] 《中国共产党第十八次全国代表大会报告（节录）》，载中共中央台湾工作办公室、国务院台湾事务办公室：《中国台湾问题（干部读本）配套资料》，北京：九州出版社，2015 年，第 129 页。

[②] 李炜娜、孙立极：《台湾离岛，因神秘而更美丽》，《人民日报》（海外版），2014 年 11月 17 日，第 3 版。

中"框架等三要素。^①台湾防务部门2009年10月公布的"国防报告书",指责大陆仍未调整对台部署,也未改变《反分裂国家法》采取"非和平方式"处理两岸问题的条文。2010年5月12日,马英九接受日本《经济新闻》专访时表示,与大陆建立军事互信机制及签订和平协定,不是目前最优先的课题。^②2012年,马英九连任之后,对待建立两岸军事互信机制的态度更为消极。在中共十八大提出建立两岸军事安全互信机制的主张后,台湾防务部门发言人罗绍和当日即表示,两岸建立军事互信机制的主客观条件还不成熟,也还不到推动时机。^③2013年10月24日,马英九在接受《华盛顿邮报》专访时表示,军事互信机制议题具有敏感性,目前台湾内部还没有共识。^④

另一方面,台军仍视大陆军队为主要对手。马英九任内公布的4份"国防报告书"都用大篇幅强调大陆的军事威胁,强调要建构"不对称"战力。在台军最大规模的"汉光演习"中,台军仍将大陆视为假想敌。在金门,台湾防务部门仍然部署几千人规模的军队,在小金门仍然部署多门口径240毫米重炮,火力涵盖整个厦门。同时,台湾当局继续对美军购,企图提升自身战力。

(三) 重趋紧张期:2016年至今

2016年,民进党重新上台执政。台湾当局坚持"台独"立场、拒绝接受"九二共识",导致两岸互信基础丧失,两岸政治互动陷入僵局,两岸军事紧张状态有所上升。在蔡英文接任台湾地区领导人后不久,2016年7月1日,台1艘军舰向台湾海峡方向"误射""雄风Ⅲ"反舰导弹。对此,国台办主任张志军当天在接受媒体采访时表示:"发生这样的事态,影响是非常严重的,需要台湾方面作出负责任说明。"^⑤此后,随着蔡英文"台独"举动

① 《台新防务战略软中带硬 不放弃对大陆2次反击》,凤凰网,http://news.ifeng.com/mil/taiwan/detail_2009_03/20/483758_1.shtml。2009年3月20日。

② 《马英九:台海已不是火药库 盼6月签ECFA》,台海网,http://www.taihainet.com/news/twnews/bilateral/2010-05-13/529596.html,2010年5月13日。

③ 《两岸军事互信机制 台军方:时机未到》,中评社,http://www.crntt.com/crn-webapp/doc/docDetailCreate.jsp?coluid=93&kindid=2910&docid=102297433,2012年11月8日。

④ 《马英九:不会推动"两个中国"或"一中一台"》,环球网,https://taiwan.huanqiu.com/article/9CaKrnJCQeG,2013年10月25日。

⑤ 赵博:《张志军谈"飞弹误射":台湾方面需作出负责任说明》,国台办 http://www.gwytb.gov.cn/wyly/201607/t20160701_11497397.htm,2016年7月1日。

节节升级，台湾当局军事上不断推出破坏两岸关系和平发展的举动，两岸军事安全态势日益紧张。

在此时期，台湾当局改变了马英九时期"防卫固守，有效吓阻"的军事战略，提出"防卫固守，重层吓阻"的军事战略，日益强调"不对称"作战思维。在此军事战略的指导下，台军对其组织体制进行调整，于 2017 年 7 月 1 日成立"资通电军指挥部"，意图提升台网络作战能力；于 2017 年 9 月 1 日将原"防空炮兵指挥部"与"防空飞弹指挥部"合并为"空军防空暨飞弹指挥部"，意图提升其联合防空能力；2017 年 12 月 1 日，台"P-3C 反潜机"正式成军，意在提升其反潜能力，应对大陆"威胁"。同时，蔡英文加强了对美军购，并启动"潜舰国造""国机国造"等计划，企图提升台军武器装备实力，提升其"以武拒统"的能力。

面对蔡英文的"台独"分裂举动，中国政府也在军事上进行了坚决的斗争。一方面，解放军加强了演习训练的力度，并通过航母编队绕岛巡航、出动多批次飞机绕岛巡航等方式，加大对"台独"分裂势力的震慑；另一方面，解放军高级将领在不同场合表达了捍卫国家主权和领土完整的坚强决心。例如，国防部长魏凤和于 2018 年 11 月 9 日下午与美国国防部长马蒂斯举行会谈，明确表示："中国军队坚决反对任何分裂国家的行径，将不惜一切代价维护国家主权、安全和领土完整。"[1] 又如，2019 年 1 月 15 日，军委联合参谋部参谋长李作成在会见美国海军作战部长约翰·理查德森时表示："如果有人要将台湾从中国分裂出去，中国军队将不惜一切代价维护祖国统一，捍卫国家主权和领土完整。"[2]

总体而言，蔡英文上任后两岸军事对抗性增加，但由于大陆军事实力已经远远超越台湾，因而台海军事态势总体可控。

---

① 刘阳:《魏凤和与美国国防部长马蒂斯举行会谈》,《解放军报》, 2018 年 11 月 11 日, 第 1 版。

② 《李作成会见美国海军作战部长》, 中国军网, http://www.81.cn/jwzb/2019-01/15/ content_9405261.htm, 2019 年 1 月 15 日。

第二节　40年两岸军事对抗
与安全态势基本特点

40年间尽管两岸安全态势由对抗逐渐走向缓和，但两岸军事对抗性依旧凸显，双方安全上的结构性矛盾并未解决。40年来，大陆方面牢牢掌握着台海军事对抗的主导权，台海安全态势逐渐向有利于大陆方面的形势转变，两岸军事对抗的不对称性日益显现，但与此同时，美、日等外部势力的干预依然是台海安全态势演变的重大影响因素。总体上看，40年来台海两岸军事对抗与安全态势具有下列基本特点。

一、双方结构性矛盾导致对抗性突出

两岸结构性矛盾是导致两岸长时间处于敌对状态、至今无法达成军事安全互信的根本原因。两岸结构性矛盾是：台湾方面始终抗拒大陆方面的统一诉求，而大陆方面希望能够实现两岸统一。两岸在这个问题上的矛盾始终存在，无论是国民党执政，还是民进党执政，都没有改变。

蒋介石败退台湾之后，台湾当局一直图谋"反攻大陆"，并将此作为维护其在台湾统治的政治口号，在台湾地区实行"戒严"，全面隔绝两岸交往。大陆方面1979年开始实行和平统一的大政方针，争取用"一国两制"方式，通过谈判实现和平统一。但台湾当局无意与大陆方面和谈统一，并采取"不接触、不谈判、不妥协"的政策，这使得两岸军事领域的对抗一直存在。在蒋介石、蒋经国时期，由于其"反攻大陆"的图谋逐步破灭，其军事战略由"攻势战略"转向"攻守一体"再转向"守势防卫"。

李登辉时期，台湾军事战略完全转型为"守势防卫"，同时两岸军事斗争的本质转变为"台独"与反"台独"的斗争。在目标设定上，台湾当局将目标确定为防范大陆武力"进犯"。例如，台湾防务部门1992年"国防报告书"称："中共武力侵犯是危害我们'国家'生存最直接之威胁，而抗拒此一威胁，保障国家安全为此一时期国防最重要课题"；^① 在 1993—1994 年版"国防报告书"中指出其面临的威胁为"中共侵犯、国土分裂、区域冲突。"^②1996 版"国防报告书"中指出其面临的威胁为"中共武力侵犯、国土分裂、区域冲突。"^③ 在军事战略上，台湾当局实行"守势战略"，并逐步收缩台军防御范围，明确为固守"台澎金马"。1996 年台湾防务部门公布的"国防报告书"首次明确以"防卫"为目的。至此之后，"防卫固守，有效吓阻"成为台湾军事战略的主导方针。面对李登辉在"台独"道路上渐行渐远，大陆方面为了遏制"台独"分裂势力，分别在 1995—1996 年、1999—2000 年先后在台湾海峡附近进行了大规模的军事演习，并加强反"台独"军事斗争准备。

陈水扁时期，台湾当局加速推动"台独"活动，使两岸关系紧张动荡，两岸军事对抗更为明显。一方面，陈水扁继续将大陆视为头号威胁，其任内的所有"国防报告书"均突出强调大陆对台军事压力。例如，2004 年公布的"国防报告书"称："关于对台湾的外部威胁，'中国'至今仍不放弃以武力犯台，并极力在国际上扼杀'我国'生存空间，这一直是'我国'最大的安全威胁。"^④ 另一方面，陈水扁对军事战略进行了重大调整，提出了"决战境外"的思想，并将军事战略调整为"有效吓阻、防卫固守"。为了贯彻该军事战略，台湾当局大力发展"不对称"作战力量，提高电子战、反潜、反舰等能力，为"吓阻"提供物质基础。陈水扁在 2000 年"陆军军官学校"建校 76 周年的讲话中提出了"决战境外"的构想，指出"决战要在'作战地境之外'"，"要达成拒敌彼岸，击敌海上、毁敌水陆、歼敌滩头的用兵目标"。^⑤ 为了贯彻这一目标，台防务部门 2002 年公布的"国防报告书"中将原先的战略构想由"制空、制海、反登陆"改为"制空、制海、地面防卫"，

---

① "国防部国防报告书撰写小组"：《1992 年"国防"报告书》，台北：黎明文化股份有限公司，1992 年，第 41 页。

② "国防部国防报告书撰写小组"：《1993—1994 年"国防"报告书》，台北：黎明文化股份有限公司，1994 年，第 59 页。

③ "国防部国防报告书撰写小组"：《1996 年"国防"报告书》，台北：黎明文化股份有限公司，1996 年，第 57 页。

④ "国防部国防报告书编撰委员会"：《2004 年"国防"报告书》，台北："国防部"，2004 年，第 13 页。

⑤ 姜廷玉：《台湾地区五十年军事史（1949—2006）》，北京：解放军出版社，2013 年，第 226 页。

进攻性明显增强。"决战境外"的实质"就是发展战略进攻力量，确保具备摧毁大陆重要军事目标的能力，以'恐怖平衡'达到遏制和打赢战争的目的"。①

面对民进党当局的挑衅，大陆方面坚决地开展反对"台独"的斗争，并加紧进行反"台独"军事斗争准备。2002年12月9日，国务院新闻办公室发表《2002年中国的国防》白皮书，指出大陆以最大诚意、尽最大努力争取和平统一的前景，但决不承诺放弃使用武力，同时大陆的武装力量有决心、有能力制止任何分裂行径。②2004年7月31日，国防部长曹刚川在解放军建军77周年纪念酒会上表示，"台独"没有和平，分裂没有稳定，将继续坚持"和平统一、一国两制"基本方针。如果"台独"分裂势力一意孤行，解放军有决心、有能力，坚决粉碎任何"台独"分裂图谋。③2005年3月14日，十届全国人大三次会议通过《反分裂国家法》。这部法律充分体现大陆方面以最大的诚意、尽最大的努力争取和平统一的一贯立场，表明全中国人民维护国家主权和领土完整、绝不允许"台独"分裂势力以任何名义任何方式把台湾从中国分割出去的共同意志和坚定决心。④

马英九时期，两岸关系有了很大改善与发展，台湾当局也将台湾军事战略改回"防卫固守，有效吓阻"，台海军事紧张情势有所降低，但两岸军事安全互信进展缓慢。台湾当局仍将大陆视为"主要威胁"。台湾防务部门2009年、2011年、2013年、2015年"国防报告书"都强调大陆的军事威胁。例如，2009年"国防报告书"认为："国军建军备战的工作，不应也不会因两岸关系的和缓而有所松懈，国军必须时时保持最佳状态、最高战力，决不会片刻忘记中共军事威胁的存在，持续在和平中保持警觉。"⑤2013年"国防

---

① 姜廷玉：《台湾地区五十年军事史（1949—2006）》，北京：解放军出版社，2013年，第226页。

② 中华人民共和国国务院新闻办公室：《2002年中国的国防》白皮书，国防部，http://www.mod.gov.cn/regulatory/2011-01/06/content_4617806_2.htm，2002年12月9日。

③《中央军委副主席、国务委员兼国防部长曹刚川在建军77周年庆祝酒会致辞时谈台湾问题》，华夏经纬网，http://www.huaxia.com/lasd/stfzzc/zggc/2005/09/474619.html，2005年9月4日。

④《温家宝：一个中国原则上恢复两岸平等协商谈判》，人民网，http://politics.people.com.cn/GB/1026/3221024.html，2005年3月5日。

⑤ "国防部国防报告书编撰委员会"：《2009年"国防"报告书》，台北："国防部"，2009年，第44页。

报告书"认为："两岸政经关系目前呈现相对稳定状态，惟中共迄今未放弃对台动武，仍为影响亚太区域稳定及我国未来发展之重大威胁。"①2015年马英九任内最后一份"国防报告书"与其上任第一年对比，不变的依然是把大陆认为是台湾最大的安全挑战，指出："中共此项现代化，以及'一带一路'外交与经济战略，并扩大在东海与南海的影响力度，仍是左右亚太区域安全稳定及影响'我国'生存发展之主要威胁"。②

2008年5月两岸关系开创和平发展新局面后，大陆方面努力创造两岸关系和平发展的客观环境，争取降低两岸敌对状态，维护台海和平稳定。《2008年中国的国防》白皮书指出："'台独'分裂势力谋求'台湾法理独立'的图谋遭到挫败，台海局势发生重大积极变化，两岸双方在'九二共识'共同政治基础上恢复协商并取得进展，两岸关系得到改善和发展。"③同时，大陆方面不放松对"台独"势力的警惕。国防部新闻发言人胡昌明在《2008年中国的国防》白皮书新闻发布会上表示："台湾问题涉及到民族根本利益和国家核心利益。我们进行有限的军事部署，完全是根据国家的安全利益，维护民族根本利益、国家核心利益的需要。"④《2010年中国的国防》白皮书指出："中国政府制定并实施新形势下推动两岸关系和平发展的方针政策，促进台海局势保持和平稳定，两岸关系取得重大积极进展。"⑤2014年台湾爆发"太阳花学运"后，台湾局势发生明显不利于国民党的变化。2015年5月国新办发布《中国的军事战略》白皮书，再次对"台独"势力发出警告，指出："近年来两岸关系保持和平发展良好势头，但影响台海局势稳定的根源并未消除，'台独'分裂势力及其分裂活动仍然是两岸关系和平发展的最大威胁。"⑥

---

① "国防部国防报告书编撰委员会"：《2013年"国防"报告书》，台北："国防部"，2013年，第25页。

② "国防部国防报告书编撰委员会"：《2015年"国防"报告书》，台北："国防部"，2015年，第27页。

③ 中华人民共和国国务院新闻办公室：《2008年中国的国防》白皮书，国防部，http://www.mod.gov.cn/regulatory/2011-01/06/content_4617809.htm，2009年1月20日。

④ 《国防部就大陆是否调整对台军事部署问题答记者问》，中新网，2009年1月20日，http://www.chinanews.com/gn/news/2009/01-20/1534914.shtml。

⑤ 中华人民共和国国务院新闻办公室：《2010年中国的国防》白皮书，国防部，http://www.mod.gov.cn/regulatory/2011-03/31/content_4617810.htm，2011年3月11日。

⑥ 中华人民共和国国务院新闻办公室：《中国的军事战略》，国防部，http://www.mod.gov.cn/regulatory/2015-05/26/content_4617812_2.htm，2015年5月26日。

2016 年 5 月，民进党在台湾重新执政。蔡英文上台后坚持"台独"立场、拒不接受"九二共识"及其一个中国的核心意涵，严重冲击了两岸关系和平发展局面，两岸军事对抗性也再次凸显，"台独"与反"台独"的斗争再次成为两岸军事对抗的主轴。蔡英文提出"防卫固守，重层吓阻"的军事战略，大力强化对美军购与武器自制，进一步恶化了台海局势。

总体上看，尽管 40 年来两岸局势得以改变，确立了两岸关系和平发展的局面，但是两岸安全态势上的对抗性并未消失，其突出表现在以下方面。

1. 在指导思想上，无论是国民党还是民进党，都不断强调大陆的军事威胁。马英九执政时期公布的"国防报告书"中，"中国军事扩张"是重要组成部分。民进党 2013—2015 年间公布的数份"国防政策蓝皮书"以及其 2016 年执政后公布的"国防报告书"中，更是直指大陆对台湾的"安全威胁"。

2. 在整军备战上，台湾一直将大陆视为作战对手。在演习上，台军举行的最高层级演习"汉光演习"的假想敌直指大陆，一直没有改变。2017 年"汉光演习"设定背景更是大陆 2025 年前后攻台。在武器装备采购上，台军一直试图购入 F-16C/D 等先进战斗机，购买或者自制潜艇等攻击性武器以应对大陆，同时还大量研发以"雄风Ⅲ型"导弹为代表的"非对称作战"武器。

3. 从实战角度看，台军对于通过台湾海峡或者对于远航执行任务的解放军战机、舰艇进行跟踪监视。

4. 从建构两岸军事安全互信机制的角度看，台湾当局对于建构两岸军事安全互信机制态度反复无常。

总之，两岸关系脱胎于国共内战，两岸敌对状态至今尚未正式结束，这是两岸军事对抗性长期存在的根源。特别是大陆方面追求国家统一与国民党拒绝统一、民进党谋求"台独"是结构性矛盾，这直接导致台海长期存在军事对抗局面。

二、40 年来双方实力对比非对称性日益突出

在 1949 年新中国诞生后的相当长一段时间内，大陆拥有强大的陆军，但是受多方面因素影响，海军、空军装备质量与台湾海、空军存在一定差

距。1978 年我国改革开放以来，随着综合实力的提高，军事实力也不断提升，特别是随着近年来军队改革的全面推进，解放军质量建设全面跃升，武器装备日益先进，联合作战能力大大提升，台湾对于大陆的部分军事优势不仅不复存在，而且落后于大陆。因此，李登辉制造"两个中国"、陈水扁谋求"法理台独"，都面临着巨大的军事压力。2016 年民进党重返执政之后实施各种"台独"政策，但不敢触碰大陆的红线，其根本原因也是在于大陆强大的实力，尤其是双方军事实力的不对称性。诚如习主席在纪念中国人民解放军建军 90 周年大会上讲话所指出的："我们捍卫和平、维护安全、慑止战争的手段和选择有多种多样，但军事手段始终是保底手段。"①

当前两岸之间军事实力的不对称性体现在军队编成、武器装备质量及数量等方面。在军队编成上，近年来我国国防和军队现代化建设不断深入，在顶层设计上形成了军委管总、战区主战、军种主建的格局，对军委机关进行调整组建，并设立五大战区，成立陆军领导机构、火箭军以及战略支援部队，联合作战能力得到进一步提升。在武器装备水平上，解放军武器装备水平日益提升，众多高精尖武器投入使用，尤其是"辽宁"号航空母舰逐渐形成战斗力、052D 新型驱逐舰、歼-10、空警-2000 和空警-500 等先进武器装备投入使用，大幅提高了解放军对海、对空作战能力。反观台湾军队建设水平提升有限。尽管从李登辉时期开始，台军先后实行"精实案""精进案""精粹案"等兵力结构调整案，压缩台军员额，并实行"国防二法"，改革"国防体制"，但是台军仍然面临着训练水平有限、内部管理混乱等问题。在武器装备上，尽管美国持续对台军售，但是台军武器更新升级速度缓慢，武器装备老旧，特别是在先进战斗机、先进水面舰艇以及潜艇等核心能力上与大陆差距拉大。对于台海军事态势的不对称性，台湾当局也有清醒认知，因而提出"维持基本战力，重点发展不对称战力"的主张，大力发展反舰导弹等"不对称"武器，试图反制大陆。但从总体上看，解放军的实力已远超台军，台海军事态势不对称性持续加深。

---

① 习近平：《在纪念中国人民解放军建军 90 周年大会上的讲话》，新华网，http://news.xinhuanet.com/politics/2017-08/01/c_1121416045.htm，2017 年 8 月 1 日。

三、外部势力持续干预，加剧对抗性

长期以来，外部势力始终以各种方式介入台湾问题。这不但使两岸和平统一的难度增大，而且使台湾当局"以武拒统"的能力增强。在外部势力介入中，美、日是典型代表。正是由于美、日不断介入台湾问题，也使台海军事态势复杂性加剧。美国对台湾问题的最大介入，就是向台湾提供所谓的"安全保护"。

（一）美国介入台湾问题

以美国为首的外部势力介入，尤其是军事介入，是台海军事态势的又一突出特点。台湾问题之所以迟迟无法解决，最大的障碍就是以美国为首的外部势力的介入，这大大增加了两岸统一的难度与阻力。

在新中国成立后的很长一段时期内，以美国为代表的外部势力对台湾问题的军事介入突出表现为直接的军事介入。1950 年 6 月 7 日杜鲁门声明发表后，美国第七舰队侵入台湾海峡，阻挠中国人民解放军解放台湾。此后，美国开始不断为台湾提供先进战机、导弹、舰艇等武器装备，并向台湾派出军事顾问，帮助台军整建兵力。在美国的纵容和支持下，台湾当局不仅仅多次窜犯和袭扰我沿海地区，并派出 U-2 高空侦察机对我内陆地区进行侦察，加剧了台海军事紧张情势。1979 年以后，随着国际格局和中美关系的变化，美国断绝了与台湾当局的"外交"关系，但仍然以"与台湾关系法"为依据向台湾提供武器。

近年来，随着中国综合国力提升，中美关系出现新的形势和特点，美国对台湾当局的军事支持力度逐渐加大。同时，美国政府不愿被动地卷入因"台独"而引起的台海军事冲突。美国之所以不愿直接卷入台海军事冲突，根本原因在于大陆军事实力的强大使得美军在台海军事冲突中并无必胜把握。

根据美国兰德公司发布的《中美军事记分卡：兵力、地理以及不断变化的力量平衡》，到 2017 年，在台海冲突的背景下，美国并未取得绝对的海空优势，双方势均力敌。① 在此情况下，美国卷入台海冲突会使其付出较为高昂的代价。

近期，随着特朗普的执政以及美国"印太战略"的实施，美国加强了对中国的遏制，美台安全联系也不断加深，美国军舰多次穿越台湾海峡，同时，美国通过多项涉台法案，企图提高美台官员交流级别、提升美台之间的军事联系。例如《2019 年美国国防授权法案》突出强调要提升台湾不对称作战能力。总体来看，未来一段时期内，美国的军事干预依然是我方解决台湾问题中面临的重大现实问题。

（二）日本对台政策

日本对台政策依附于美国对台政策，在冷战后日本加强了与台湾之间的关系，美、日联合军事干预台湾问题的可能性增大。1995 年 11 月，日本国会通过《国家防卫计划大纲》，强调在日本周边区域若发生冲突时，日本将向美军提供后勤支援。1996 年 4 月 17 日，美日签署《美日安全保障联合宣言》，从法律上完成了对日美安保体制的重新确认，强调美日将"就日本周边地区可能发生的事态对日本的和平与安全产生重要影响时的美日合作问题进行研究"。②《安保条约》的再定义，使日本在台湾问题上的作用发生了重大变化，日本已经不单纯只为美国提供军事基地，而是为美国军事行动提供支援。一旦台海有事，日本会正面驰援美国。此后，1997 年日美公布《日美防卫合作指针》，日本于 1999 年通过了《周边事态法案》等与《日美防卫合作指针》有关的配套法案。《日美防卫合作指针》和相关法案，将"周边事态"解释为"是对日本和平与安全造成重要影响的事态，它不是地理概念，而是着眼于事态的性质"，同时规定一旦发生战事或危机，自卫队可以对作战的美军进行"后方支援"。这实际上是对日美安保体制的重大修改，为日本干涉台湾问题预留了空间。

进入 21 世纪后，日本还透过美日"2+2"会议干预台湾问题。2005 年 2 月召开的美日安全磋商委员会会议（简称"2+2"会议），将台湾问题列入

---

① 美国兰德公司：《中美军事记分卡：兵力、地理以及不断变化的力量平衡（内容摘要）》，第 13 页，https://www.rand.org/content/dam/rand/pubs/research_reports/RR300/RR392/RAND_RR392z1.zhs.pdf，2015 年。

② 郭建平：《冷战后美日欧盟与台湾关系研究》，北京：九州出版社，2009 年，第 371 页。

"共同战略目标"。2011 年 6 月 21 日，美日"2+2"会议制定了新的美日共同战略目标，突出共同应对所谓"中国威胁"，讨论了加强美日同盟的新措施并达成协议，并将台湾问题纳入其中讨论。而这也意味着一旦"台湾海峡有事"，日本可能配合美国武力介入。[①]

正是由于外部势力长期介入台湾问题，加上"台独"势力刻意炒作，大部分台湾民众认为如果台湾遭受大陆攻击，美国一定会保护台湾。也就是说，美国等外部势力的介入，不但强化了台湾当局"以武拒统"的能力，而且也对台湾民众产生错误影响。

第三节　台海军事安全中的几个问题

一、台海军事力量对比问题

1949 年以来，台海军事力量对比经历了一个动态变化的过程。50—60年代，在两岸军事实力对比上，台湾在海、空军装备质量上略占优势，其余全面处于下风。70—80 年代，随着台湾"经济起飞"，台湾当局对军事的投入不断加大，台湾军力取得一定发展。而当时中国大陆由于尚处于"文革"后期与改革开放初期，与台湾在常规军力上互有优势。进入 90 年代，随着美国对台军售级别提高，台湾从美国采购了 150 架"F-16"战斗机，引进"佩里"级导弹护卫舰制造技术以及从法国采购"幻影 -2000"战斗机、"拉法叶"舰等大批先进武器，台湾在海军、空军方面有一些质量优势。进入21 世纪以来，大陆军事实力不断跃升，特别是最近十年内一大批先进武器先后列装，大陆对台湾军事优势不断扩大。

军事力量包括常规军事力量和核军事力量。在核军事力量方面，大陆早已拥有核武器，台湾则没有核武器。在常规军事力量方面，大陆也具有明显的军事优势。[②] 特别是进入 21 世纪以来，随着大陆加大国防投入，

---

① 中共中央台湾工作办公室、国务院台湾事务办公室：《中国台湾问题：干部读本》，北京：九州出版社，2015 年，第 184 页。
② 由于资料的敏感性，要准确掌握两岸军事实力对比不易，但可以从大陆、台湾及外国媒体、智库、研究机构等公布的数据进行总体分析。

军事发展日新月异，两岸差距不断拉大。

（一）20 世纪 90 年代两岸军事实力对比

根据台湾防务部门 1996 年公布的"国防报告书"，当时解放军兵力规模如下：在武器装备上，拥有自行研发的"90 Ⅱ式"坦克、指挥自动化系统、密集防空系统、"M-9"战术导弹、"旅沪级"导弹驱逐舰、"江沪级"导弹护卫舰、"039 型"潜艇等二代潜艇、"歼轰 7"战机等常规武器以及陆基型"东风三十一号"、潜射"巨浪二型"、"东风十一号"、"东风十五号"等导弹。[①] 在兵力规模与部署上，陆军 200 余万人，主要战斗部队有 80 余个步兵师、20 余个坦克师（旅）、30 余个炮兵师（旅）及其他战斗支援和勤务支援部队；海军 30 余万人，编成东海、南海、北海 3 个舰队及潜舰、岸防、海航等单位；空军 30 余万人，编成约 40 个飞行战斗师（团），其中以歼击师为主；第二炮兵 10 余万人主要装备有"东风 5 号"、"东风 4 号"洲际弹道导弹，"东风 3 号"长程弹道导弹等各型导弹约 100 枚。[②]

当时台军力量配比如下：陆军占 51.8%，海军占 14.35%，空军占 14.15%，联勤占 2.05%，军管部占 5.39%，"宪兵"占 4.4%。[③] 武器装备方面，很大程度依赖对外采购，拥有"M60A3"战车、远洋扫雷舰、"E-2T"空中预警机等装备。[④] 武器研发方面，研发了"经国号"战斗机，"天剑Ⅰ型""天剑Ⅱ型"飞弹；配备"天弓"防空导弹系统；自行生产了"郑和"号、"成功"号、"岳飞"号、"继光"号、"锦江"号等舰艇；完成了"雄风Ⅰ型"导弹的生产与部署，"雄风Ⅱ型"导弹正陆续生产部署中。

通过以上比较可以发现，在 90 年代中期，两岸海军、空军力量较为接近，大陆在数量上有优势，但是台湾依托美国支持，在战机和舰艇质量上拥有一定优势。

---

① "国防部国防报告书撰写小组"：《1996 年"国防"报告书》，台北：黎明文化股份有限公司，1996 年，第 38 页。

② "国防部国防报告书撰写小组"：《1996 年"国防"报告书》，台北：黎明文化股份有限公司，1996 年，第 40—41 页。

③ "国防部国防报告书撰写小组"：《1996 年"国防"报告书》，台北：黎明文化股份有限公司，1996 年，第 80 页。

④ "国防部国防报告书撰写小组"：《1996 年"国防"报告书》，台北：黎明文化股份有限公司，1996 年，第 92 页。

（二）当前两岸军事实力对比

进入 21 世纪，随着大陆军事现代化向前推进，两岸军事实力对比不断拉大。美国国会下属的美中经济与安全评估委员会 2007 年曾就两岸军事力量对比公布了一份报告，尽管该报告有意渲染中国"军力威胁"，但首次明确指出，解放军海军实力已远超台湾。[①]2007 年《汉和防务评论》杂志 5 月号文章称，从 1999 年李登辉提出"两国论"到 2007 年，仅仅几年时间，台海两岸海空军、战役战术导弹力量对比发生了急剧变化，总体上的战力正在向大陆急剧倾斜。[②]台湾防务部门公布的"国防报告书"也指出，两岸军事实力的差距正快速拉大。当前，两岸军力对比可参照表 14-1。

表 14-1 台海两岸军力对比 [③]

		解放军	台军
总兵力		约 230 万人	约 22 万人
陆地战斗力	陆地兵力	约 160 万人	约 13 万人
	战车等	99/A 型、98/A 型、96/A 型、88A/B 型 约 7200 辆	M60A、M48A/H 约 1200 辆
海上战斗力	舰艇	约 880 艘 150.2 万吨	约 390 艘 21 万吨
	航空母舰 驱逐舰 护卫舰	约 70 艘	约 30 艘
	潜艇	约 60 艘	4 艘
	海军陆战队	约 1 万人	约 1 万人
空中战斗力	作战飞机	约 2720 架	约 510 架
	现代化战斗机	歼 10 347 架 苏-27/歼-11 352 架 苏 30 97 架 歼 15 14 架 （第四代战斗机合计 810 架）	幻影 2000 56 架 F-16 145 架 经国号 128 架 （第四代战斗机合计 329 架）

---

① 石江月：《2007：台海两岸军力对比》，http://mil.sohu.com/20070607/n250440230.shiml，2007 年 6 月 7 日。

② 李睿嘉：《汉和：台海军事力量已发生严重倾斜》，台海网，http://www.taihainet.com/news/twnews/thdx/2007-04-21/117569.html，2007 年 4 月 21 日。

③ 日本防卫省防卫研究所编：《中国安全战略报告 2017》，第 14 页，http://101.96.10.63/www.nids.mod.go.jp/publication/chinareport/pdf/china_report_CN_web_2017_A01.pdf，2017 年 2 月。

在军事支出和投入上，两岸差距也日益拉大，特别是在 1999 年之后，两岸之间的军费支出差距迅速拉大。从表 14-2 以及图 14-1、图 14-2、图 14-3 可见，1989 年以来尽管大陆的军费不断增长，但是无论是军费支出在总支出中的比重亦或军费支出占 GDP 的比重均基本呈现降低趋势，保持在较低水平。2019 年《新时代的中国国防》白皮书公布的数据显示："国防费占国内生产总值（GDP）比重从 1979 年最高的 5.43% 下降到 2017 年的 1.26%，近 30 年一直保持在 2% 以内。1979 年国防费占国家财政支出比重为 17.37%，2017 年为 5.14%，下降超过 12 个百分点。"[1] 大陆军费的增加是近年来大陆军事实力迅速提升的重要因素之一，但大陆军费的增加是基于大陆迅速发展的经济，而非基于投入比例的上升。

而台湾方面则相反，由于台湾地区经济发展的放缓，台湾方面军费支出的增长幅度和速度尽管较缓，但是其军费支出在其总支出中的比重长期保持在 16% 以上，在其 GDP 中的比重长期保持在 2% 以上，这均高于大陆。台湾经济发展的速度和潜力直接影响了台湾的军费开支，进而影响了台湾方面的军事能力建设，成为台湾军事能力发展的瓶颈之一。尽管蔡英文上任之后，不断调增台湾防务预算，但限制于台湾总体经济发展水平，台湾军费支出依然面临障碍，台湾当局无法在军费支出上与大陆相抗衡，而这也势必拉大两岸之间的军事实力差距。

表 14-2　1989 年以来两岸军事支出情况 [2]

项目	军事支出 （百万／美元）		军事支出占 GDP 百分比		军事支出占财政 百分比	
年份	大陆	台湾	大陆	台湾	大陆	台湾
1989	11403.45302	8142.201835	2.48%	5.28%	13.38%	16.20%
1990	10085.08157	8701.148998	2.49%	5.22%	13.97%	18.41%
1991	9953.641758	9304.493753	2.35%	4.97%	14.47%	16.48%

---

① 　中华人民共和国国务院新闻办公室：《新时代的中国国防》白皮书，国防部，http://www.mod.gov.cn/regulatory/2019-07/24/content_4846424_2.htm，2019 年 7 月 24 日。

② 　由于两岸之间数据单位的差异，故本文采用斯德哥尔摩国际和平研究所军事支出数据库中的数据（https://www.sipri.org/databases/milex），双方军事支出均以美元表示，且按给定年份汇率计算。但此份数据库中的具体数额与两岸有关部门公布数据略有差异，尤其是大陆部分的军事开支数据高于大陆官方公布的数据，但这无碍体现两岸军事支出差距拉大的事实。

项目	军事支出 （百万/美元）		军事支出占 GDP 百分比		军事支出占财政 百分比	
年份	大陆	台湾	大陆	台湾	大陆	台湾
1992	12420.30087	10071.09005	2.48%	4.69%	17.11%	16.08%
1993	12577.16593	11653.46572	1.96%	4.96%	15.06%	17.17%
1994	10050.58656	11953.35828	1.72%	4.66%	14.35%	16.45%
1995	12606.2296	11470.21068	1.72%	4.11%	15.43%	14.76%
1996	14563.24039	11765.24146	1.69%	4.02%	15.25%	14.84%
1997	16104.91523	11325.09943	1.67%	3.72%	14.46%	13.78%
1998	17527.98987	9231.574226	1.70%	3.29%	13.44%	12.14%
1999	21027.34124	9568.896052	1.92%	3.15%	12.86%	13.82%
2000	22929.76461	8800.640512	1.89%	2.65%	11.69%	8.24%
2001	27875.38728	7982.248521	2.07%	2.66%	11.98%	10.95%
2002	32137.73565	7531.453362	2.18%	2.44%	11.87%	11.10%
2003	35126.30661	7472.833982	2.10%	2.35%	11.63%	10.62%
2004	40352.71314	7833.163784	2.05%	2.25%	11.58%	10.62%
2005	45918.88161	8011.315945	1.99%	2.13%	10.98%	10.23%
2006	55337.48767	7645.015524	1.99%	1.97%	10.96%	10.14%
2007	68011.56223	8157.237683	1.90%	2.00%	10.54%	10.54%
2008	86362.09911	8960.243678	1.88%	2.15%	8.38%	10.90%
2009	105644.2145	9122.817634	2.06%	2.33%	8.09%	10.34%
2010	115711.7811	9092.345617	1.91%	2.04%	7.64%	10.16%
2011	137967.3043	9998.235134	1.83%	2.06%	6.79%	10.22%
2012	157390.3772	10496.82583	1.84%	2.12%	6.55%	10.52%
2013	179880.4514	9964.304957	1.87%	1.94%	6.54%	10.02%
2014	200772.2038	9802.436615	1.91%	1.85%	6.58%	10.10%
2015	214093.0699	9803.31217	1.91%	1.87%	6.09%	10.57%
2016	216031.2801	9663.668976	1.92%	1.82%	6.03%	10.16%
2017	227829.4179	10479.97635	1.90%	1.82%	5.88%	10.29%
2018	249996.9006	10713.6776	1.87%	1.78%	5.49%	10.27%

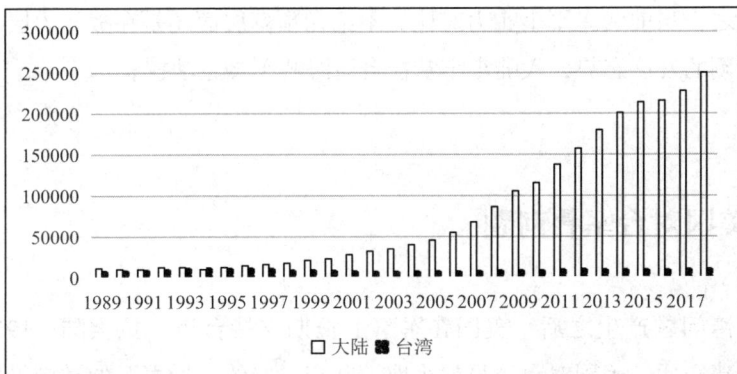

图 14-1　1989 年以来两岸军费支出对比图（单位：百万 / 美元）①

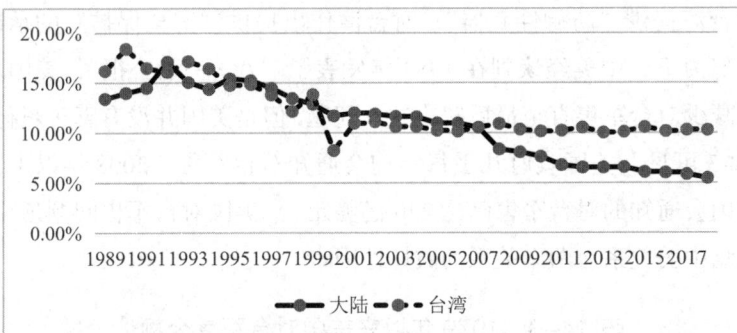

图 14-2　1989 年以来大陆与台湾军费支出占总支出比重②

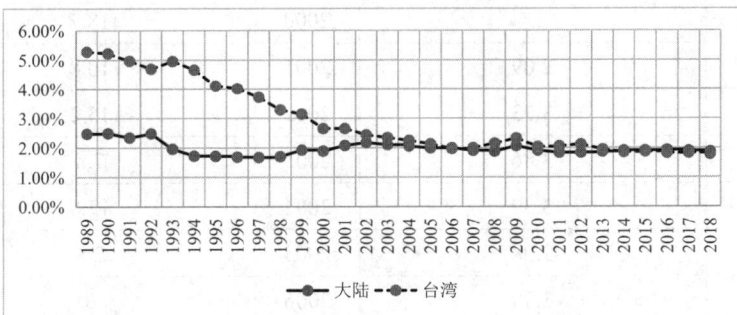

图 14-3　1989 年以来大陆与台湾军费支出占 GDP 比重③

①　来源于斯德哥尔摩国际和平研究所军事支出数据库中的数据，https://www.sipri.org/databases/milex.

②　来源于斯德哥尔摩国际和平研究所军事支出数据库中的数据，https://www.sipri.org/databases/milex.

③　来源于斯德哥尔摩国际和平研究所军事支出数据库中的数据，https://www.sipri.org/databases/milex.

总之，当前两岸军事实力对比，不论在预算层面还是在战斗力层面都呈现一边倒的发展态势，大陆牢牢掌控台湾海峡军事主动权。

二、美国对台军售问题

台湾问题产生之后，美国在军事上长期支持台湾对抗大陆。1979年1月中美建交后，美国对台湾虽然采取"断交、废约、撤军"的举措，但并不代表美国甘心放弃台湾。4个月后，美国通过了"与台湾关系法"，强调要继续为台湾提供"防御性武器"，对台湾作出提供"安全保护"的承诺。在中方的努力下，中美经谈判在1982年发表了"八·一七公报"，美国才承诺会逐渐减少对台军售直至最后解决这一问题，但是美国并没有真正履行承诺，从表14-3可见，美国政府几乎每年均会通知对台军售。2008年以来，美国政府向国会通知的对台军售已达220亿美元。[1] 美国对台军售问题延续至今，成为影响中美关系、两岸关系的破坏性因素。

表 14-3 1979 年以来美国对台军售金额[2]

年份	金额（亿美元）	年份	金额（亿美元）
1979	2.4	2000	18.7
1980	2.09	2001	10.8
1981	3.73	2002	15.2
1982	3.86	2003	7.8
1983	3.89	2004	17.8
1984	2.98	2005	2.8
1985	3.38	2006	0

---

[1] US Office of the Secretary of Defense,Indo-Pacific Strategy Report: Preparedness, Partnerships, and Promoting a Networked Region , June1,2019, P32.

[2] 1979 年以及 1990—2018 年的数据为美国政府通知国会的对台军售金额及额度，其中，1979 年数据来源于梅孜：《美台关系重要资料选编》，北京：时事出版社，1997 年。1990—2018 年数据来源 http://www.ustaiwandefense.com/。1980—1989 年的数额为美国对台军售交运额，来源张清敏：《美国对台军售政策研究——决策的视角》，北京：世界知识出版社,2006 年，第 439 页。

年份	金额（亿美元）	年份	金额（亿美元）
1986	2.435	2007	37.2
1987	3.68	2008	64.6
1988	4.84	2009	0
1989	3.53	2010	63.9
1990	1.5	2011	58.5
1991	3.7	2012	0
1992	77.1	2013	0
1993	21.8	2014	0
1994	1.7	2015	17.2
1995	2.7	2016	0
1996	10.3	2017	13.6
1997	12.5	2018	3.3
1998	13		
1999	6.4	合计	518.915

　　美国对台军售除直接售卖武器和有关军事装备外，还进行技术转移，或支持台湾向其他国家购买武器。例如，李登辉时期"天弓"防空导弹与"经国号"战机等都得到美国协助。随着民进党在台湾地区重新执政，特别是在大陆实力显著上升、台湾实力相对下降，以及中美战略对抗程度增强的情况下，美国强化了对台湾扶持的力度，美台在军事领域的合作明显升温。特朗普上任以来，不断加强美国对台军售，其在出售武器的数量、频次和质量上已经逐渐超越奥巴马时期。

　　长期以来，大陆方面坚决反对美国对台军售，大陆方面历年发布的国防白皮书均阐明了这一立场。《2000年中国的国防》白皮书指出："美国不断向台湾出售先进的武器装备，其国内有人企图推动国会通过所谓《加强台湾安全法》，还有人企图将台湾纳入战区导弹防御系统；日美修订的防卫合作新指针，始终不明确承诺不把台湾划入其欲军事介入的'周边安全事态'范围。这些行为助长了台湾分裂势力的气焰，严重损害了中国的主权和安全，危害了亚太地区的和平与稳定。"①《2002年中国的国防》白皮书指出:"极少数国家在台湾问题上干涉中国内政,继续售台武器装备,提升与台关系,助长了台湾分裂势力的气焰,损害了中国的和平统一进程。"②《2004年中国的国防》白皮书指出:"美国多次重申坚持一个中国政策、遵守三个联合公报、反对'台独'的立场。但是,美国继续提升售台武器的数量和质量,向台湾当局发出错误信号,不利于台海局势的稳定。"③《2006年中国的国防》白皮书指出:"美国多次重申坚持一个中国政策、遵守中美三个联合公报、反对'台独'的立场,但是美国继续向台湾出售先进军事装备,并与台湾加强军事联系和往来。少数国家炒作'中国威胁论',加强对中国的战略防范与牵制。周边复杂而敏感的历史和现实问题,仍对中国的安全环境产生影响。"④《2008年中国的国防》白皮书指出:"美国违反中美三个联合公报原则,继续向台湾出售武器,严重损害中美关系和台海地区和平稳定。"⑤《2010年中国的国防》白皮书指出:"美国违反中美三个联合公报原则,继续向台湾出售武器,严重损害中美关系和两岸关系和平发展。"⑥针对蔡英文上台后美台军事合作的升温势头,2017年6月,中国国防部表示,中方一贯坚持反对美台进行任何形式的官方往来和军事联系,要求美方恪守在台湾问题上向中方做出的承诺,停止美台军事联系,以免给两国两军关系和台海和平稳定造成损害。总体上,美国将继续对台军售,甚至强化对台湾军事力量的支持,这是由美国的对台政策所决定的。在当前中美关系的背景下,在未来一段时间内美国可能继续强化对台军事支持。

---

① 中华人民共和国国务院新闻办公室:《2000年中国的国防》,国防部,http://www.mod. gov.cn/regulatory/2011-01/07/content_4617805.htm,2000年10月16日。

② 中华人民共和国国务院新闻办公室:《2002年中国的国防》,国防部,http://www.mod. gov.cn/regulatory/2011-01/06/content_4617806.htm,2002年12月9日。

③ 中华人民共和国国务院新闻办公室:《2004年中国的国防》,国防部,http://www.mod. gov.cn/affair/2011-01/06/content_4249947.htm,2004年12月27日。

④ 中华人民共和国国务院新闻办公室:《2006年中国的国防》,国防部,http://www.mod. gov.cn/regulatory/2011-01/06/content_4617808.htm,2006年12月29日。

⑤ 中华人民共和国国务院新闻办公室:《2008年中国的国防》,国防部,http://www.mod. gov.cn/regulatory/2011-01/06/content_4617809.htm,2009年1月20日。

⑥ 中华人民共和国国务院新闻办公室:《2010年中国的国防》,国防部,http://www.mod. gov.cn/regulatory/2011-03/31/content_4617810.htm,2011年3月11日。

第十五章
40 年两岸关系主要特征和重要启示

1979 年至 2019 年，两岸关系跌宕起伏、风云变幻，政治、经济、文化、社会、军事、涉外事务等各方面都发生了巨大变化，既取得历史性巨大进展，展现出明显的发展趋势；也遇到重重阻碍，呈现出各种问题。无论是发展还是阻碍，都呈现出一系列明显特征，具有规律性特点，给人重要的启示。

第一节　40 年两岸关系主要特征

第一，大陆发展不断改变决定台海形势基本格局的力量对比态势。

台湾问题产生后，围绕这个问题，中国大陆、台湾、美国三者之间的力量对比、政策运用及其相互影响，形成了台海形势的基本格局。70 年间，这一基本格局的内涵发生了很大变化，尤其是台海力量对比发生了历史性巨大变化。这种变化主要来自我国改革开放以来经济建设取得巨大成就，经济总量 2010 年以来稳居世界第二位，由此推动科技实力、军事实力、综合实力进入世界前列，也由此不断改变着决定台海形势基本格局的力量对比态势。从经济总量看，大陆方面开始实行争取祖国和平统一大政方针的 1979 年，大陆 1781.81 亿美元，台湾 338.78 亿美元，美国 26321.43 亿美元，大陆约是台湾的 5 倍，约是美国的 7%；两岸隔绝状态结束的 1987 年，大陆 2719.73 亿美元，台湾 1049.56 亿美元，美国 48702.17 亿美元，大陆约是台湾的 3 倍，约是美国的 5%；2018 年，大陆 131186.9 亿美元，台湾 5894 亿美元，美国 201999.5 亿美元，大陆约是台湾的 22 倍，约是美国的 65%。[1]2018 年，大陆 7 个省份的经济总量已分别超过台湾。[2]概括地说，大陆已绝对地、不可逆转地拉开了与台湾的力量对比，也大大拉近了与美国的力量对比。这样的发展，决定大陆在台海形势基本格局中所处位置越来越有利、份量越来越重、作用越来越大；决定大陆制止"台独"分裂图谋的能力越来越强，推动两岸关系发展的能力越来越强，对台湾的积极影响越来越大。

---

[1] 上述 3 组数据，大陆数据出自国家统计局数据库，台湾数据出自统计资讯网，美国数据出自美国商务部经济分析局。

[2] 国家统计局数据库。

正是在这个基础上，40年里，大陆挫败了李登辉制造"两个中国"、陈水扁进行"台独"冒险图谋，巩固和扩大了国际社会承认一个中国的格局，保持两岸关系发展大局基本稳定；同时推动两岸投资贸易增长，增强大陆对台湾民众的吸引力，有更多资源用于促进两岸交流合作、实施惠及台湾民众的措施。而且，大陆发展的前景也是清晰的。大陆继续不断发展进步，还将不断改变台海力量对比态势。

第二，大陆方面对台工作大政方针一脉相承又与时俱进。

40年里，两岸关系发生了巨大变化，大陆方面因时应势，陆续出台关于对台工作的新思想、新论述、新主张、新政策、新措施，最主要的是邓小平作出和平统一的战略决策和提出"一国两制"的构想，1995年江泽民提出发展两岸关系、推进祖国和平统一进程的八项主张，2008年胡锦涛提出两岸关系和平发展重要思想，2012年中共十八大后习近平作出关于对台工作的重要论述，2017年中共十九大确立了坚持"一国两制"和推进祖国统一的基本方略，2019年习近平全面阐述在新时代中华民族伟大复兴征程中推进祖国和平统一的重大政策主张。大陆方面在40年里不同时期出台的对台方针政策，其根本目标、基本方针、主要原则一脉相承，这就是始终坚持祖国统一目标，贯彻"和平统一、一国两制"基本方针，坚持一个中国原则，坚决反对"两个中国""一中一台""台湾独立"等分裂图谋，坚决反对外国势力干涉；同时始终坚持实事求是，从两岸关系发展的实际情况出发，与时俱进，丰富发展推进两岸交流合作、协商谈判、团结台湾同胞的政策和策略。大陆方面对台工作大政方针一脉相承又与时俱进，既维护了民族根本利益和国家核心利益，又适应形势发展变化，产生了推动两岸关系发展的重大作用。

第三，两岸关系发展大局的稳定系于政治基础的巩固。

台湾是中国的领土。1949年以来，虽然台湾与大陆还未统一，但中国领土没有分裂、主权没有分割，仍然同属一个中国。这是两岸关系最基本的事实，是认识两岸关系最基本的出发点。因此坚持一个中国原则和体现一个中国原则的"九二共识"是两岸关系发展的政治基础。40年里，当这个基础得到维护和巩固的时候，两岸关系就发展；当这个基础受到冲击和破坏的时候，两岸关系就停滞倒退甚至紧张动荡。李登辉制造"两个中国"，陈水扁进行"台独"冒险，蔡英文坚持"台独"立场、不接受"九二共识"，破坏了两岸关系发展的政治基础，引起两岸关系紧张动荡，导致两岸协商中断或无法恢复，也限缩了两岸交流合作的空间。2008 年 5 月到 2016 年 5 月，国共两党、两岸双方恪守坚持"九二共识"、反对"台独"的共同立场，两岸关系和平发展的政治基础得以确立，两岸关系发展大局就稳定，两岸协商就恢复和推进，两岸交流合作也就有了好的环境。

第四，两岸民间交流合作始终保持发展势头。

40 年里两岸民间经济文化社会交流合作遇到许多困难，1979 年之初仍被台湾当局所禁止，1987 年后受到台湾当局政策的限制，90 年代中期以后尤其受到李登辉、陈水扁的破坏，2016 年后又受到蔡英文当局的阻挠。但是，40 年里，两岸民间经济文化社会交流合作始终表现出强劲的发展动力，冲破了台湾当局设置的障碍，保持了发展势头。这主要是因为：一是大陆方面始终鼓励两岸民间交流合作，从政策引导、法律保障、实际措施等方面予以推动。二是改革开放以来大陆经济快速发展，社会全面进步，市场不断扩大，为两岸民间交流合作提供了广阔空间和发展前景。三是两岸民众具有进行经济文化社会交流合作的需求，台湾民众千方百计寻求与大陆进行交流合作。四是两岸民间交流合作形成了相当的规模，蓄积了很大能量，也促进了自身扩大深化。两岸民间交流合作发挥了推动两岸关系发展、遏制"台独"的重要作用。

第五，民进党顽固坚持"台独"立场造成严重危害。

民进党 1986 年成立，不久即走上了主张"台独"的道路，1991 年制定了"台独党纲"，声称要"建立主权独立的台湾共和国"，成为主张"台独"的党，也使"台独"势力成为有组织的力量。因受各种反"台独"力量、两岸关系发展和国际社会承认一个中国的制约，也为了适应参加选举的需要，民进党对其某些主张和论述作了策略性调整和包装，炮制了新的"台独"主张和论述，如编造出"台湾事实上已经独立""台湾是个主权独立国家"的说法；1999 年 5 月制定"台湾前途决议文"，声称"台湾是一主权独立国家，依目前宪法称为中华民国"；[①]2007 年 4 月制定"正常国家决议文"，声称要通过"正名""制宪""入联"实现台湾"国家正常化"。[②]这些调整的共同特点是将"台湾独立建国"转移到"台湾是主权独立国家"上来，并且暂时借

①《"台湾前途决议文"》，《民主进步党两岸政策重要文献汇编》，第 88 页。
② http://www.dpp.org.tw/news/content/15

用所谓"中华民国"名号宣传"台湾是中华民国",最终还要通过"国家正常化"实现"台独"目标。

民进党为上台执政,在台湾地区领导人竞选期间有时会声称有稳定两岸关系的愿望,如陈水扁 2000 年上台前声称要走"新中间路线",[①] 上台后作出"四不一没有"承诺;[②] 蔡英文 2015 年竞选时和上台后表示她会"维持两岸关系现状"。[③] 但民进党所作的这种表态,是建立在"台湾是主权独立国家"主张的基础上,从不承认"九二共识"、不认同两岸同属一个中国。

民进党成立以来,一直坚持"台独"立场尤其是"台湾是主权独立国家"的主张,阻挠两岸关系发展,破坏祖国和平统一进程。它极力丑化、污蔑大陆,诽谤、抹黑两岸经济文化社会交流合作,煽动"恐中""反中"情绪。它进行"去中国化"活动,鼓吹"台湾人不是中国人",培植"台湾国家"认同,磨灭台湾民众的中华民族认同、中华文化认同、中国认同,割断两岸历史、文化纽带,培植"台独"的思想和社会基础。尤其是它两次上台执政,都利用手中的权力推动"台独"活动、阻挠两岸经济文化社会交流合作;不接受"九二共识",导致两岸协商机制两次中断;极力向美国求购先进武器,拉紧与美国、日本的军事联系,加紧整军备战;甚至推动"宪政改造""入联公投"等"法理台独"活动,制造"台独"重大事变,引起两岸关系高度紧张动荡。民进党"台独"行径是对国家主权和领土完整的现实威胁,是对国家统一的最大威胁。

第六,国共两党既有交往合作条件又存在严重而深刻矛盾。

中国共产党和中国国民党关系长久。两岸关系从国共内战脱胎而来,国共两党关系是两岸关系的重要方面。国共两党(国民党在李登辉掌权的中后期除外)都有国家统一的目标和一个中国的立场,这使双方可以交往和进行一定程度的合作;但两党的统一目标性质不同,对一个中国政治涵义的主张不同,这又使两党之间存在严重而深刻的分歧,加之 1987 年以来国民党的统一目标逐步弱化和一个中国立场逐步蜕变,使这种分歧更为深重。

---

① 参见南京大学台湾研究所编:《海峡两岸关系日志》(1999—2008.5)第 52、56、58、59 页,北京:九州出版社,2010 年。

② 见台湾《中国时报》2000 年 5 月 21 日对陈水扁就职演说的报道。

③ 见中时电子报,《维持现状?蔡英文绑架选民》,www.chinatimes.com,2015 年 6 月 4日。

1987 年以来，国共两党交往与合作对两岸关系发展产生重要推动作用。大陆方面和国民党当局通过海协会与海基会进行协商，达成"九二共识"，解决经济性、事务性问题。2005 年，国共两党领导人举行会谈，发布"两岸和平发展共同愿景"，确立了两党坚持"九二共识"、反对"台独"的共同政治基础。①2008 年国民党重新上台后，恪守坚持"九二共识"、反对"台独"的立场，坚持"九二共识"、反对"台独"成为两岸关系和平发展的共同政治基础。马英九本人多次申明两岸关系不是国与国的关系。2015 年，两岸领导人会晤再次确认"九二共识"是两岸关系和平发展的共同政治基础，意义重大。2008 年至 2015 年，国共两党、两岸双方在坚持"九二共识"、反对"台独"的共同政治基础上，推动两岸关系取得一系列突破性进展和重要成果。

国共两党的分歧是两岸政治分歧问题的组成部分。国民党始终不与大陆方面进行和平统一谈判。1991 年国民党当局制定的"国统纲领"显示，其无意与大陆方面开始和平统一谈判，而是将之推到将来一个不确定的时间。90 年代中后期，李登辉背弃一个中国原则、制造"两个中国"，搞乱了国民党的政治思想，逐步模糊了国民党的国家统一目标，也使国民党的一个中国立场逐步蜕变。2008 年马英九上台后，将"不统"列入他维持两岸关系现状的基本政策之中，一再声称不会与大陆方面协商统一，也不会与大陆方面进行解决两岸政治分歧问题的商谈，并要求两岸"分治"。同时，马英九已不敢旗帜鲜明地讲两岸同属一个中国，讲一个中国必讲是指"中华民国"，讲"九二共识"必讲"一中各表"。虽然国民党党章中还保留着"追求国家富强统一之目标"的字样，②党内也存在一批主张"终极统一"的人士，但国民党现实政策已无国家统一的目标。而且，马英九当局在改善发展两岸关系的同时，在一些问题上没有搁置与大陆方面的政治争议，如要大陆方面正视甚至承认所谓"中华民国"依然存在，不断寻求扩大对外活动空间，坚持向美国求购武器，影响了两岸双方良性互动。

第七，美国用两手策略控制两岸关系。

---

① 参见台湾《联合报》2018 年 9 月 4 日、2010 年 7 月 3 日、2012 年 12 月 27 日对马英九讲话的报道。

② 资料来自中国国民党全球资讯网，2018 年 8 月 19 日国民党党代会第二次会议第 22 次修正。

台湾问题是国共内战遗留的问题，进一步说是 1950 年 6 月美国武装干涉大陆方面解放台湾而造成国共内战遗留的问题。台湾问题产生后，美国将台湾置于自己的所谓"保护"下，进而于 1954 年与台湾当局订立"共同防御条约"。70 年代初，在国际战略环境变化的情况下，美国与中国开始了关系正常化进程。1978 年 12 月，在美方接受中国提出的中美建交"三原则"（美国同台湾当局"断交"、废除"共同防御条约"、从台湾撤军）的前提下，中美两国决定于 1979 年 1 月 1 日建立外交关系，美方承认中华人民共和国政府是代表全中国的唯一合法政府，承认世界上只有一个中国、台湾是中国的一部分。[①] 这一历史性大事，使台海形势总体面貌发生了巨大变化。但是，美国不愿意放弃台湾，在与中国建交 3 个多月后，制定了"与台湾关系法"，写入了美方对台湾的所谓"安全承诺"，包括"向台湾提供防御性武器"，[②] 使台湾问题继续成为中美关系的核心问题。此后，美国在台湾问题上扮演双重角色，实行两手策略，即一方面承诺奉行一个中国政策，另一方面向台湾提供"安全保护"。1987 年以后，由于台湾岛内分裂活动趋于猖獗，两岸关系时常紧张动荡，美国两手策略表现得更为明显。李登辉制造"两个中国"引起台海形势高度紧张时，美国克林顿政府多次向中方表示坚持奉行一个中国政策，还第一次表示美国不支持"台湾独立"、不支持台湾加入联合国、不支持制造"两个中国""一中一台"[③]。当"台独"活动猖獗到可能引发战争时，美方为避免卷入因"台独"引发的战争，可以出手对台湾当局予以制约。如 2003 年陈水扁提出"催生台湾新宪法"、举办"防御性公投"时，美国总统除表示不会改变坚持一个中国政策外，还有针对性地表示美方"不赞成"，"我们反对单方面改变台湾现状的做法"；[④] 布什政府官员直接表示"美国反对任何改变台湾地位或走向台湾独立的公投"。[⑤]2004 年陈水扁推动"宪政改造"后，美国政府警示陈水扁不要制造事端危及台海稳定。美国国务卿鲍

---

① 《中华人民共和国和美利坚合众国关于建立外交关系的联合公报》，《人民日报》，1987 年 12 月 17 日。

② 中国社会科学院台湾研究所等编：《台湾问题重要文献汇编》，北京：红旗出版社，1997 年，第 1192 页。

③ 钱其琛：《外交十记》，世界知识出版社，2003 年，第 312 页。见南京大学台湾研究所编：《海峡两岸关系日志（1949—1998）》，北京：九洲图书出版社，1999 年，第 803、845 页。

④ 《温家宝总理与美国总统布什会谈，布什：反对"台独"》，2013 年 12 月 10 日，http://www.people.com.cn/GB/shizheng11024/2238565.html#，2015 年 4 月

⑤ 南京大学台湾研究所编：《海峡两岸关系日志（1999—2006.5）》，第 308 页。

威尔公开表示"台湾不是独立的国家，不享有作为一个国家的主权"，否定了"台湾是主权独立国家"的主张。^①美国副国务卿阿米蒂奇公开表示"美国没有义务保卫台湾"，^②明确了美国并非在任何情况下都会"救援"台湾。但除了上述状况之外，美方始终向台湾提供所谓"安全保护"尤其是向台湾出售武器，保持与台湾实质性的政治、军事关系，支持台湾扩大对外活动空间，从而使"台独"势力得以不放弃"台独"立场，使国民党得以不与大陆方面进行和平统一谈判，由此牵制了大陆方面和平解决台湾问题。

自 2010 年大陆成为世界上第二大经济体以来，科技实力、军事实力、综合实力随之显著增强，中美力量对比差距进一步缩小，尤其在西太平洋地区表现更为明显。对此，美国为维护其世界霸主地位先后推行"亚太再平衡"战略、印太战略，甚至在 2017 年开始将大陆视为主要战略竞争对手，加紧遏制大陆，与大陆进行战略竞争。为此，美方从政治、军事等方面加紧扶植台湾，其中提升与台湾政治关系和进行官方交往、对台军售和拉紧与台军事联系、鼓励民进党及其当局固守"台独"立场和挑衅大陆的举措明显增多，力度明显增强，不断引起台海形势紧张。

美国实行两手策略出自其利益考虑。由于中美关系的重要和中国大陆力量发展壮大，美国不得不承诺奉行一个中国政策。但美国不断做出违背一个中国政策的举动，尤其是特朗普政府已严重违背了一个中国政策，危及中美建交的政治基础。出于地缘战略和政治意识形态的考虑，美国不愿放弃台湾，不愿台湾与大陆统一，利用台湾问题牵制大陆发展。台湾虽然不在美国核心利益之列，但美国不到万不得已不会放弃台湾。解决台湾问题最终要解决美国不放弃台湾的问题。

第八，大多数两岸政治分歧问题未能得到解决。

两岸关系中各种问题错综复杂，其中最主要的是政治分歧问题。两岸政治分歧源自国共内战遗留并延续的政治对立，表现在两岸关系许多方面主要是政治关系、军事安全、涉外事务上。大陆方面在面对国民党不愿进行和平统一谈判的情况下，从 90 年代中期开始考虑先进行解决两岸政治分歧问题

---

① 《美国国务卿鲍威尔：我们不支持'台独'》，2014 年 10 月 26 日，http://www.fmpre.gov.cn/zhuanti/twwt/tl68155.htm，2015 年 4 月。

② 《美国副国务卿阿米蒂奇称美国没有义务保卫台湾》，2004 年 12 月 3 日，http;//www.people.com.cn/GB/guoji/1029/3075149.html，2015 年 4 月。

的谈判。如 1995 年 1 月 30 日，中共中央总书记江泽民发表题为《为促进祖国统一大业完成而继续奋斗》的重要讲话时说："我们曾经多次建议双方就'正式结束两岸敌对状态，逐步实现和平统一'进行谈判。在此，我再次郑重建议举行这项谈判，并且提议，作为第一步，双方可先就'在一个中国的原则下，正式结束两岸敌对状态'进行谈判，并达成协议。"① 此后大陆方面又陆续提出相应的谈判主张，如建立两岸军事互信、台湾地区在国际上与其身份相适应的活动空间、台湾当局的政治地位。② 2008 年 5 月后，大陆方面进一步将两岸政治谈判的主张加以丰富和系统化，涵盖了政治关系、军事安全、涉外事务和综合性安排等方面，主要是：探讨国家尚未统一特殊情况下的两岸政治关系，商谈建立两岸军事安全互信机制，通过两岸协商对台湾参与国际组织活动作出合情合理安排，协商正式结束两岸敌对状态，达成两岸和平协议。③ 但是，国民党当局一直无意开启两岸政治谈判；民进党当局一直拒绝接受"九二共识"，破坏了两岸关系发展的政治基础，使两岸商谈中断，这就更不可能进行两岸政治商谈，因此使大多数两岸政治分歧问题没能逐步得到解决。大多数两岸政治分歧问题得不到解决，使两岸政治关系发展较其他方面总体上相对滞后，使大多数台湾民众对大陆的政治误解不易消除，影响了两岸关系全面发展，也影响了祖国和平统一进程。

第九，大多数台湾民众支持两岸关系改善发展，但对两岸和平统一有顾虑，个人政治身份认同、国家认同也被扭曲。

两岸同胞同根同源，同属中华民族，都受中华文化哺育，都是中国人。台湾社会中中华民族认同、中华文化认同根深柢固，大多数台湾民众认为自己属于中华民族，愿意与大陆交流合作，希望两岸关系稳定发展，反对或不支持"台独"。同时，大多数台湾民众对两岸和平统一有顾虑，个人政治身份认同、国家认同也被扭曲。90 年代初以来台湾民调数据显示，在"统独"观念上，少数人坚持统一的理念，一部分人赞成"台独"，大多数人主张维持现状；近十多年来，进一步出现坚持统一理念的人数减少，赞成"台独"

---

① 《十四大以来重要文献选编》，北京：人民出版社，1997 年，第 1203 页。

② 见《胡锦涛提出新形势下发展两岸关系的四点意见》，《十六大以来重要文献选编》，北京：中央文献出版社，2006 年版，第 760—764 页。

③ 胡锦涛：《携手推动两岸关系和平发展 同心实现中华民族伟大复兴》，北京：人民出版社，2009 年，第 88 页。

的人数增加，维持现状仍居大多数，但其中永远维持现状的人数攀升；在认同问题上，中国人认同比例已降至很低的程度，"台湾人认同""台湾国家认同"已上升到很高的程度，而且在年轻世代中表现尤为明显。出现上述顾虑和扭曲，是台湾历史和现实中种种问题造成的复杂影响和严重后果。这些问题主要在于：一是，1895年清朝政府因甲午战败被迫将台湾割让给日本，日本殖民统治台湾50年，1945年台湾光复后仅一年多（1947年）又发生"二·二八事件"，给台湾省籍民众留下了特殊的历史记忆。二是，1949年以来台湾与大陆没有统一，台湾实行与大陆不同的社会制度、具有不同的政治意识形态，台湾民众形成"中华民国认同"；国民党长期进行"反共"宣传，严重影响了大多数台湾民众对大陆的看法；1987年之前台湾民众与大陆没有往来长达38年之久，在此期间缺乏对大陆的了解；1987年台湾政治转型后，台湾民众也易于从西方政治价值观看待大陆。三是，20世纪90年代中期以后李登辉制造"两个中国"、陈水扁进行"台独"冒险，2016年以来蔡英文坚持"台独"立场，他们都鼓吹对大陆的敌对意识，煽动对和平统一的恐惧情绪，推行"去中国化"，培植所谓"台湾主体意识""台湾国家主体意识"，给台湾社会意识尤其是年轻世代的观念造成了十分恶劣的影响。四是，两岸敌对状态尚未正式结束，大多数两岸政治分歧问题没有得到解决，影响台湾民众对两岸和平统一、"一国两制"、一个中国原则的理解。

第十，国际社会承认一个中国的格局巩固和扩大。

中华人民共和国成立后，由于台湾问题的产生，新中国在发展对外关系时，为反对"双重承认""两个中国"，提出了一个中国原则。此后，中国共产党和中国政府一直依照一个中国原则处理国际涉台事务和两岸关系事务。1971年10月，联合国恢复中华人民共和国在联合国的合法席位和权利，标志着世界上大多数国家承认一个中国。1979年1月中美建交，标志着国际社会形成了普遍承认一个中国的格局。迄今，国际形势发生了很大变化，中美关系历经重重磨难，李登辉、陈水扁、蔡英文也不断在国际上进行制造"两个中国""一中一台""台湾独立"的活动、谋求"双重承认"、想方设法挤入联合国和由主权国家组成的国际组织，但是由于一个中国原则具有坚实的事实和法理基础，由于中国持续发展及其带来的国际地位提高、国际影响力增强，国际社会承认一个中国的格局始终稳定、巩固而且逐步扩大，台湾分裂势力在国际上制造"两个中国""一中一台""台湾独立"的图谋都失败了。中国建交国 1979 年 120 个，2019 年增加到 180 个；台湾所谓"邦交国"1979 年 23 个，2019 年降至 15 个。台湾没有挤入联合国和任何一个主权国家组成的国际组织。2008 年至 2015 年，在两岸关系和平发展的背景下，在国民党及其当局恪守"九二共识"的前提下，根据一个中国原则和有关国际组织章程，经中国政府同意，台湾以"中华台北"名义和适当身份参与了世界卫生大会和国际民航组织大会等国际活动。2016 年以来，由于民进党及其当局坚持"台独"立场、不接受"九二共识"，台湾即不能参与上述国际组织活动。国际社会承认一个中国格局的巩固和扩大，为遏制制造"两个中国""一中一台""台湾独立"的图谋、发展两岸关系发挥了重要作用，也为实现中国完全统一提供了条件。

第二节　40 年两岸关系历程的重要启示

第一，必须坚持在发展的基础上解决台湾问题的战略思路。

台湾问题是极其错综复杂的，从一开始就交织着两岸关系问题和外国干涉问题。解决台湾问题不但要解决来自台湾的问题，也要解决来自外国干涉的问题。40 年两岸关系历程再次证明了这一点。解决台湾问题归根到底是实力的较量。这不单指大陆与台湾之间的力量对比，更指的是大陆与世界头号强国美国之间的力量对比。

邓小平同志强调"发展是硬道理"，指出中国解决所有问题包括台湾问题的关键要靠自己的发展。[①] 这是对大陆基本情况的历史性认识和对中国发展的战略性把握，是在发展的基础上解决台湾问题的战略思路，是大陆方面制定对台工作大政方针的决策基点。2015 年 3 月 4 日，中共中央总书记习近平说："从根本上说，决定两岸关系走向的关键因素是祖国大陆发展进步。"[②] 这说明了一个雄辩的事实，也指出了大陆发展对解决台湾问题的决定

---

① 《邓小平文选》，第 3 卷，北京：人民出版社，1993 年，第 265 页。《邓小平年谱 1975—1997（下）》，中央文献出版社，2004 年，第 1235 页。

② 习近平：《两岸关系走向关键在大陆发展》，人民网，北京 2015 年 3 月 5 日电。

作用。40 年来，大陆发展壮大改变了台海力量对比态势，沉重打击了制造"两个中国""一中一台""台湾独立"的分裂行径，推动了两岸交流合作，巩固和扩大了国际社会承认一个中国的格局，说明在发展的基础上解决台湾问题的战略思路是正确的、行之有效的。40 年来推进和平统一遇到的问题，再次说明，最终解决延续了几十年的台湾问题，说到底起决定性作用的还是大陆更大更全面的发展、力量更大更全面的增强。无论用什么方式解决台湾问题，都要靠大陆自身的发展。未来两岸关系的发展、祖国统一的推进，还将说明坚持在发展的基础上解决台湾问题的战略思路是正确的、行之有效的。可以预言，大陆按照 2017 年中共十九大作出的新时代中国特色社会主义发展的战略安排不断奋斗，经济实力、科技实力、国防实力、综合实力和国际影响力将不断迈上新台阶，必将为祖国统一夯实更雄厚的基础、提供更可靠的保障、创造更充分的条件，直至最终完成祖国统一大业。

当然，靠发展不是无所作为的等待，而是在发展的进程中把不断壮大的力量转化为推进两岸关系和祖国统一进程的资源，扎扎实实做好各方面工作。而且，发展需要时间，在争取发展的过程中，尤其要坚持一个中国原则，维护大陆和台湾同属一个中国的事实和法理；要制止各种"台独"图谋，维护台湾和大陆统一的最基本条件。这是千万不可忘记的，是切实要这样做的。

第二，继续以最大诚意、尽最大努力争取和平统一前景。

解决台湾问题、实现祖国完全统一，是全体中华儿女共同愿望，是中华民族根本利益所在。用什么方式解决台湾问题、实现祖国完全统一，关乎中国和中华民族发展大计。在可能的条件下，是以和平解决、和平统一为好。和平统一是中国历史上前无古人的伟大事业，要不断进行艰辛的探索、开创性的工作。更何况，要解决极其错综复杂的台湾问题、实现和平统一，不经受种种挑战、重重磨难是不可想象的。大陆方面 1979 年开始实行和平统一大政方针以来遭遇种种问题，但并没有放弃和平统一的努力。之所以坚持这样做，是基于两个最基本的考虑。一是，这是民族大义。2005 年 3 月，在反对"台独"的斗争尖锐激烈之际，全国人大通过的《反分裂国家法》仍然指出："以和平方式实现祖国统一，最符合台湾海峡两岸同胞的根本利益。"[①] 2014 年 9 月 26 日，在两岸关系和平发展取得重要进展的时候，

---

① 《反分裂国家法》，北京：中国法制出版社，2005 年，第 3 页。

中共中央总书记习近平说："我们将以最大诚意、尽最大努力争取和平统一的前景，因为以和平的方式实现统一最符合包括台湾同胞在内的中华民族的整体利益。"① 这两句话中，都不是仅仅用"符合"两个字，而是用了"最符合"三个字，一个"最"字，足见大陆方面从全民族发展的高度考虑祖国统一的方式问题，强调和平统一。二是，这是战略全局的要求。1978 年 12 月中共十一届三中全会作出把党和国家工作的中心转移到经济建设上来、实行改革开放的历史性决策。中心确定了，党和国家各项工作都要服从、服务于这个中心。经济建设需要一个和平环境，包括国内的、国际的，也包括台海的。这正是大陆方面从 1979 年开始实行和平统一大政方针的主要原因之一。2017 年 11 月，中共十九大作出了新时代中国特色社会主义发展的战略安排，即从全面建成小康社会，到基本实现社会主义现代化，再到全面建成社会主义现代化强国。对台工作要服从、服务于这个战略安排，为此最主要的就是要坚持和平统一大政方针。

同时，大陆方面在坚持争取和平统一的努力时，也一直警惕、反对、打击、制止各种把台湾从中国分裂出去的行径，切实维护国家主权和领土完整；而且考虑到各种复杂情况甚至发生最坏状况的可能性，长期进行着各种应对准备包括军事斗争方面的准备。这在《反分裂国家法》中已作了明确规定："'台独'分裂势力以任何名义、任何方式造成台湾从中国分裂出去的事实，或者发生将会导致台湾从中国分裂出去的重大事变，或者和平统一的可能性完全丧失，国家得采取非和平方式及其他必要措施，捍卫国家主权和领土完整。"这都为争取和平统一提供了战略保障和军事后盾。

第三，坚持"一国两制"并与时俱进地丰富发展其内涵。

"一国两制"构想是邓小平同志的创造，是邓小平理论的重要组成部分。"一国两制"构想最初是为解决台湾问题提出来的，后来首先运用于解决香港问题、澳门问题，并在解决香港问题的过程中得到丰富发展。运用"一国两制"解决香港问题、澳门问题，为这一构想赢得了世界性声誉。但是，在台湾，"一国两制"却被"污名化"，使它的本意和内容一直没有为广大台湾民众所熟知。30 多年过去了，可以越来越清楚地看到，不是因为"一国两

---

① 《习近平总书记会见台湾和平统一团体联合参访团》，新华网，北京 2014 年 9 月 26 日电。

制"不适用于解决台湾问题，而是由于国民党及其当局不愿和大陆方面和谈统一而拒绝它，由于民进党及其当局谋求"台独"而更是诬蔑、攻击它。30多年过去了，应当越来越清楚地理解"一国两制"的正确性、合理性。其一，"一国两制"要解决的正是实现和平统一所要解决的最大问题。两岸社会制度和生活方式不同，在这种情况下实现和平统一，遇到的、所要解决的最大问题正在于此。而"一国两制"正是直面这个最大问题，用和平方式解决这个最大问题，即在祖国统一的前提下，国家的主体坚持社会主义制度，同时在台湾保持原有的资本主义制度和生活方式长期不变。其二，"一国两制"所贯穿的原则性和灵活性有机统一的精神，正是和平解决重大争端所必需的。"一国两制"的精神实质是实现祖国统一、维护国家主权的原则性与充分考虑台湾历史和现实的高度灵活性的有机统一。原则性在于，一定要实现两岸统一，一定要坚持一个中国原则，确保台湾是中国领土一部分的地位不被改变，确保国家主权和领土完整，这就维护了民族根本利益和国家核心利益。高度灵活性在于，两岸统一以后，各自仍然实行不同的社会制度和生活方式，这就照顾了各方利益，使和平统一得以实现。其三，"一国两制"是实现祖国统一最和平的办法。两岸之间存在着社会制度、生活方式不同的问题以及其他严重的政治分歧，如果想不出和平解决的办法，那就要用非和平的办法来解决。邓小平同志说："世界上有许多争端，总要找个解决问题的出路。我多年来一直在想，找个什么办法，不用战争手段而用和平方式，来解决这种问题。"[1] 邓小平同志找到了这种办法，它就是"一国两制"。

"一国两制"自提出迄今，已经30多年了。30多年来，台湾发生了很大变化，两岸关系发生了很大变化，出现了很多30多年前没有的现象。如，台湾已实行西方式政治体制，出现了主张"台独"的政党民进党；两岸隔绝状态已被打破，两岸交流合作已经大规模、宽领域、多层次地开展起来，两岸之间几度进行了协商谈判；两岸关系经历了几次尖锐剧烈的坚持与冲撞一个中国原则、反对与图谋分裂的大较量，两岸政治分歧已表现得很充分，等等。而且香港、澳门实践"一国两制"也提供了许多可资借鉴的成功经验。"一国两制"的内涵应当随着时代而丰富发展，也将随着时代而丰富发展。2014年9月26日，中共中央总书记习近平说："'一国两制'在台湾的具体

---

① 《邓小平文选》第三卷，北京：人民出版社，1993年，第49页。

实现形式会充分考虑台湾现实情况，充分吸收两岸各界意见和建议，是能充分照顾到台湾同胞利益的安排。"①2019年1月2日，习近平在《告台湾同胞书》发表40周年纪念会上发表重要讲话时又提出："探索'两制'台湾方案，丰富和平统一实践。"②可以想见，当台湾问题越来越接近解决的时候，当和平统一摆上两岸关系发展日程的时候，"一国两制"将重新为台湾民众所认识；当大多数台湾民众转而支持和平统一的时候，他们将认为"一国两制"是最佳方式；当两岸双方能够通过谈判实现和平统一的时候，"一国两制"的内涵将得到大大丰富和发展。

第四，坚持走两岸关系和平发展的正确道路。

以和平方式实现祖国统一最符合包括台湾同胞在内的中华民族的根本利益，如何走向和平统一则要在实践中不断开辟前进的道路。2008年，对台工作经过长期实践，形成了两岸关系和平发展重要思想，并且开辟了两岸关系和平发展的道路。两岸关系和平发展，并不是仅指两岸关系和平地发展，而是有其内涵，它的目标是和平统一，政治基础是大陆和台湾同属一个中国，重要途径是交流合作、协商谈判，强大动力是两岸同胞团结奋斗，必要条件是反对"台独"活动，也就是在坚持一个中国原则、反对"台独"的基础上推动两岸关系和平发展，走向和平统一。两岸关系和平发展，有利于两岸同胞在交流合作中扩大共同利益、增强精神纽带、融洽彼此感情，有利于两岸双方增进互信、良性互动、协商解决问题。这是努力实现和平统一客观需要的条件。民进党2016年1月在台湾上台后，坚持"台独"立场、不接受"九二共识"，冲击了两岸关系和平发展的局面。在这种情况下，大陆方面坚持一个中国原则和"九二共识"，坚决反对和遏制任何形式的"台独"行径，同时仍然维护和推动两岸关系和平发展。2016年7月1日，中共中央总书记习近平说："两岸关系和平发展是维护两岸和平、促进共同发展、造福两岸同胞的正确道路，是通向和平统一的光明大道。"③2017年10月，中共十九大报告论述对台工作指导思想时，仍然强调坚持"和平统一、一国两制"

①《"一国两制"在台湾的具体实现形式，会充分考虑台湾现实情况》，新华社，北京2014年9月26日。

②习近平：《为实现民族伟大复兴 推进祖国和平统一进程而共同奋斗》，北京：人民出版社，2019年，第6页。

③习近平在庆祝中国共产党成立95周年大会上的讲话，新华社北京2016年7月1日电。

方针，推动两岸关系和平发展，推进祖国和平统一进程。[①] 要维护两岸关系和平发展的正确道路，坚持在推动两岸关系和平发展进程中，不断为实现和平统一创造更充分的条件。

第五，理解一个中国原则的核心是维护国家主权和领土完整。

长期以来，大陆方面坚持一个中国原则，为反对和遏制"两个中国""一中一台""台湾独立"行径发挥了中流砥柱作用，为维护两岸关系发展的政治基础和大局基本稳定发挥了关键作用，为巩固和扩大国际社会承认一个中国的格局发挥了基本作用。

一个中国原则之所以不可动摇，首先在于它具有坚实的事实和法理基础。一个中国原则最深厚的基石是台湾是中国的领土。所有关于台湾的事实和法律都证明台湾是中国的领土。1895 年日本通过侵略战争霸占了台湾，但是1945 年中国人民抗日战争暨世界反法西斯战争胜利时，中国政府收复了台湾，重新恢复对台湾行使主权。这时，台湾不仅在法律上而且在事实上重回中国版图，从此再未改变过。由于台湾问题的产生，"1949 年以来大陆与台湾尽管尚未统一，但不是中国领土和主权的分裂，而是上个世纪 40 年代中后期中国内战遗留并延续的政治对立，这没有改变大陆和台湾同属一个中国的事实。"[②] 1987 年以来，各种台湾分裂势力制造"两个中国""一中一台""台湾独立"的图谋都没有得逞，台湾是中国领土的地位没有改变，台湾与大陆仍然同属一个中国。所以坚持一个中国原则，完全应当坚定不移，而且要理直气壮。

一个中国原则之所以能产生重大作用，在于它的核心是维护国家主权和领土完整。大陆和台湾同属一个中国，但由于台湾问题的产生及其没有得到解决，导致台湾与大陆尚未统一，由此出现大量两岸统一前需要处理的问题，如两岸交往问题、两岸谈判问题、台湾涉外事务问题、国际涉台问题等等。坚持用一个中国原则处理两岸统一前的种种问题，就是强调两岸虽然尚未统一，但没有分裂为两个国家，仍同属一个中国，就是强调国家主权和领土没有分割，也不容分割，就是强调在一个国家的前提下处理两岸尚未统一前的

---

①　习近平：《决胜全面建成小康社会，争取新时代中国特色社会主义伟大胜利》，北京：人民出版社，2017 年，第 56 页。

②　胡锦涛：《携手推动两岸关系和平发展 同心实现中华民族伟大复兴》，北京：人民出版社，2009 年，第 7 页。

各种问题，就是强调维护国家和平统一的基础和条件，由此达到在两岸尚未统一的情况下维护国家主权和领土完整的根本目的。因此，坚持一个中国原则是至关重要的，尤其在两岸和平统一的实现还需要一些时间的情况下更是如此。

在国共两党之间，争取双方共同坚持一个中国立场，要在维护国家主权和领土完整的基础上求同存异。国民党统治集团 1949 年败退台湾之后，坚持台湾是中国的一部分、只有一个中国的立场，反对制造"两个中国"和"台湾独立"，但固守维护"中华民国"的立场。因此，在对待一个中国的态度上，国共两党从一开始就都有一个中国的立场，但对一个中国政治涵义的看法不同。在国家统一前争取国共两党共同坚持一个中国立场，实际上指坚持维护国家主权和领土完整的立场。例如，1958 年夏天解放军炮击金门时，为反对美国"划峡而治"、制造"两个中国"的图谋，要拉住国民党坚持一个中国立场，为此毛泽东亲自撰写了两份《告台湾同胞书》，其中说道"世界上只有一个中国，没有两个中国"，这一点"是你们同意的"[①]，"这一点我们是一致的"。[②]共产党和国民党、毛泽东和蒋介石对一个中国政治涵义看法不同，但毛泽东说对于"世界上只有一个中国，没有两个中国"这一点"我们是一致的"，很显然这应是指台湾与大陆虽然没有统一，但没有分裂为两个国家，在这一点上是一致的。这是应用求同存异的办法，抓住了双方都有维护国家主权和领土完整的一个中国立场，搁置了对一个中国政治涵义的分歧，达到拉住国民党坚持一个中国立场的目的。1979 年 1 月，全国人大常委会发表《告台湾同胞书》，指出"台湾当局一贯坚持一个中国立场，反对台湾独立。这就是我们共同的立场，合作的基础。"[③]这里所说的"坚持一个中国立场"，也是指维护国家主权和领土完整的一个中国。1992 年，海协会抓住台湾海基会表明了台湾方面谋求国家统一、坚持一个中国原则的态度，同时搁置对一个中国政治涵义看法不同的争议，就是用求同存异的办法，达成了各自以口头方式表述"海峡两岸均坚持一个中国原则"的共识。求同存

---

① 《中华人民共和国国防部告台湾同胞书》，《毛泽东文集》第七卷，北京：人民出版社，1999 年，第 420 页。

② 《中华人民共和国国防部再告台湾同胞书》，《毛泽东文集》第七卷，北京：人民出版社，1999 年，第 428 页。

③ 《人民日报》，1979 年 1 月 1 日。

异，首先是"求同"，在重大原则问题上有了共同点，才能在不伤及原则的前提下存异。

坚持一个中国原则，标志着承认国家主权和领土不容分割，两岸双方就有了共同的政治基础，就可以通过平等协商，找到解决两岸政治分歧的办法，实现和平统一。如果否认一个中国原则，就会走上"台独"的道路，使和平统一的政治基础不复存在。

第六，争取台湾民心是持之以恒的、全面的工作。

大陆方面一贯实行"寄希望于台湾人民"的工作方针，团结台湾民众共同推动了两岸关系发展，同时也遇到大多数台湾民众对和平统一抱有疑虑、个人政治身份认同和国家认同被扭曲的问题。这些问题是在长期的历史过程中因各种复杂的原因而形成的，特别是"台独"势力力图割断两岸历史和文化联系、制造两岸对抗、挑起台湾民众对大陆的疑虑和恐惧而产生的严重后果。因此，解决这些问题，要批驳"台独"谬论、制止"台独"思潮蔓延、拨乱反正、正本清源；还要针对台湾民众的心态做十分耐心细致、持之以恒的工作，通过倡导"两岸一家亲"理念增进两岸同胞亲情，通过两岸经济合作扩大共同的经济利益，通过两岸文化交流增强两岸同胞同种同文的中华民族认同，通过实施惠及台湾民众的实际措施使他们感受到大陆对他们的关心爱护。同时要深刻认识到，台湾民众对大陆的误解、疑虑还来自政治方面，与大多数两岸政治分歧问题没有得到解决有关。因此，争取台湾民心是全面的工作，要继续一如既往地反对和遏制"台独"行径，要坚持不懈地推动两岸经济、文化、社会交流合作，还要逐步解决两岸政治分歧问题。如要务实探讨国家尚未统一特殊情况下的两岸政治关系，以利于对其作出合情合理安排，并为商谈其他政治、军事问题创造条件；如要探讨建立两岸军事安全互信机制，以利于稳定台海局势、减轻军事安全顾虑；如要通过两岸协商对台湾参与国际组织活动作出合情合理安排，以利于两岸双方在涉外事务中避免不必要的内耗，增进中华民族整体利益；如要协商正式结束两岸敌对状态、达成两岸和平协议，以利于对两岸关系和平发展作出综合性安排和前瞻性规划。这样，一定能在争取台湾民心方面取得显著效果。

解决台湾问题、实现大陆和台湾统一，事关维护中国主权和领土完整，事关中华民族和中国发展，事关实现中华民族伟大复兴，是中国人民的崇高愿望，是中国共产党和中国政府无论如何都要完成的历史任务，是实现中华民族伟大复兴的必然要求和必然趋势。新时代中国特色社会主义的发展、新时代中国大陆不断发展进步、新时代中华民族伟大复兴的进程，必将推动两岸关系朝着统一的方向发展。在实现中华民族伟大复兴的进程中，祖国统一大业一定能够完成。

参考文献

一、论著

（一）中国大陆版

1. ［美］詹姆斯·利雷、楚克·唐斯主编，华宏勋译：《台海危机：过去、现在、未来》，北京：新华出版社，2000年。

2. ［美］肯尼斯·沃尔兹著，王缉思译：《国际政治理论》，北京：中国人民公安大学出版社，1992年。

3. ［美］理查德·N.哈斯著，殷雄、徐静译：《新干涉主义》，北京：新华出版社，2000年。

4. ［美］理查德·伯恩斯坦、罗斯·芒罗著：《即将到来的美中冲突》，北京：新华出版社，1997年。

5. ［美］罗伯特·O.基欧汉著，门洪华译：《局部自由化世界中的自由主义、权力与治理》，北京：北京大学出版社，2004年。

6. ［美］兹比格纽·布热津斯基著，中国国际问题研究所译：《大棋局：美国的首要地位及其地缘战略》，上海：上海人民出版社，1998年。

7.《邓小平文选》第3卷，北京：人民出版社，1993年。

8. 海峡两岸关系协会编：《海峡两岸关系协会二○○一年重要文件选编》，2002年。

9.《海峡两岸关系协会一九九八年重要文件选编》，1998年。

10.《海峡两岸关系协会一九九六年重要文件选编》，1996年。

11.《海峡两岸关系协会一九九四年重要文件选编》，1995年。

12.《海峡两岸关系协会二○○八年重要文件选编》，2009年。

13.《两岸关系》杂志社：《大陆惠台政策汇编2005—2009》，北京：《两岸关系》杂志社，2010年。

14.《十三大以来重要文献选编》（中），北京：人民出版社，1991年。

15.《台湾工作年鉴》编委会、两岸关系杂志社：《台湾工作年鉴（1989—2002）》，北京：九州出版社，2004年。

16. 曹剑浪著：《中国国民党军简史》，北京：解放军出版社，2009年。

17. 曹小衡主编，朱磊副主编：《海峡两岸经济关系30年回顾与展望》，北京：九州出版社，2017 年。

18. 曹小衡著：《东亚经济格局变动与两岸经济一体化研究》，北京：中国对外经济贸易出版社，2001 年。

19. 陈孔立主编：《台湾历史纲要》，北京：九洲图书出版社，1996 年。

20. 陈孔立编著：《简明台湾史》，北京：九洲图书出版社，1998 年。

21. 陈孔立著：《观察台湾》，北京：华艺出版社，2003 年。

22. 陈孔立著：《两岸僵局下的思考》，北京：九州出版社，2006 年。

23. 陈孔立著：《台湾历史与两岸关系》，北京：九洲图书出版社，1999 年。

24. 陈毓钧著：《我们是谁？台湾是什么？——台湾的现在、过去和未来》，上海：上海译文出版社，2006 年。

25. 崔之清著：《台湾是中国领土不可分割的一部分：历史与现实的实录》，北京：人民出版社，2001 年。

26. 单玉丽著：《台商直接投资与海峡西岸经济区建设》，北京：中国经济出版社，2008 年。

27. 邓利娟主编：《21 世纪以来的台湾经济困境与转折》，北京：九州出版社，2004 年。

28. 杜力夫著：《法治视野下的两岸关系》，北京：九州出版社，2015 年。

29. 范宏云著：《国际法视野下的国家统一研究——兼论两岸统一过渡期的法律框架》，广州：广东人民出版社，2008 年。

30. 范丽青著：《汪辜会谈》，北京：华艺出版社，2013 年。

31. 范丽青著：《台湾变局：民进党与国民党的政权争战》，北京：新华出版社，1998 年。

32. 范希周主编：《台湾政局与两岸关系》，北京：九州出版社，2004 年。

33. 方柏华著：《国际关系格局——理论与现实》，北京：中国社会科学出版社，2001 年。

34. 葛剑雄著：《统一与分裂：中国历史的启示》，北京：三联书店，1994 年。

35. 郭相枝主编：《转型期的台湾政治与两岸关系》，北京：时事出版社，1991 年。

36. 郭震远主编：《建设和谐世界理论与实践》，北京：世界知识出版社，

2008 年。

37. 国务院台湾事务办公室编：《中国台湾问题外事人员读本》，北京：九州出版社，2006 年。

38. 国务院台湾事务办公室研究局编：《台湾问题文献资料选编》，北京：人民出版社，1994 年。

39. 海军司令部《近代中国海军》编辑部：《近代中国海军》，北京：海潮出版社，1994 年。

40. 海峡两岸出版交流中心编：《两岸经贸论坛纪实》，北京：九州出版社，2006 年。

41. 海峡两岸关系法学研究会编：《海峡两岸关系法学研究（第四辑）——两岸协议落实与两岸关系》，北京：九州出版社，2014 年。

42. 海峡两岸关系协会编：《两岸对话与谈判重要文献选编》，北京：九州出版社，2004 年。

43. 海峡两岸关系协会编：《"九二共识"历史存证》，北京：九州出版社，2005 年。

44. 海峡两岸关系协会编：《两岸对话与谈判重要文献选编》，北京：九州出版社，2004 年。

45. 胡公展著：《两岸关系纵横论》，上海：学林出版社，2006 年。

46. 胡惠林、肖夏勇编：《两岸文化产业合作发展报告（2013）》，北京：社会科学文献出版社，2013 年。

47. 黄嘉树、林红著：《两岸"外交战"——美国因素制约下的国际涉台问题研究》，北京：中国人民大学出版社，2007 年。

48. 黄嘉树、刘杰著：《两岸谈判研究》，北京：九州出版社，2003 年。

49. 黄嘉树著：《大棋局》，香港：香港中国评论学术出版社，2013 年。

50. 黄梅波著：《两岸经贸关系回顾与展望》，北京：人民出版社，2007 年。

51. 黄仁伟著：《中国崛起的时间和空间》，上海：上海社会科学院出版社，2002 年。

52. 黄绍臻著：《海峡经济区的战略构想——台湾海峡两岸关系走向》，北京：社会科学文献出版社，2005 年。

53. 黄硕风著：《综合国力新论》，北京：中国社会科学出版社，1999 年。

54. 暨南大学台湾经济研究所编:《经济全球化格局下的两岸产业分工与合作》, 北京: 经济科学出版社, 2006 年。

55. 姜殿铭编:《台湾: 一九九一》, 北京: 中国友谊出版社公司, 1992 年。

56. 姜殿铭编:《台湾一九九五》, 北京: 九洲图书出版社, 1996 年。

57. 姜南扬编:《台湾政治转型与两岸关系》, 武汉: 武汉出版社, 1999 年。

58. 姜廷玉编:《台湾地区五十年军事史（1949—2006）》, 北京: 解放军出版社, 2013 年。

59. 乐美真著:《金门商谈漫记》, 北京: 九洲图书出版社, 1998 年。

60. 李保明著:《两岸经济关系 20 年: 突破与发展历程的实证分析》, 北京: 人民出版社, 2007 年。

61. 李纯青著:《台湾问题研究》, 北京: 华艺出版社, 1992 年。

62. 李非著:《海峡两岸经贸关系》, 北京: 对外经贸教育出版社, 1994 年。

63. 李非编:《21 世纪初期海峡两岸经济关系走向与对策》, 北京: 九州出版社, 2002 年。

64. 李非编:《加入 WTO 与两岸经贸发展》, 厦门: 厦门大学出版社, 2003 年。

65. 李非编:《台湾研究 25 年精粹·两岸篇》, 北京: 九州出版社, 2005 年。

66. 李非著:《海峡两岸经济关系通论》, 厦门: 鹭江出版社, 2008 年。

67. 李非著:《海峡两岸经济合作问题研究》, 北京: 九州出版社, 2000 年。

68. 李宏硕编:《海峡两岸经贸关系研究》, 北京: 中国致公出版社, 1994 年。

69. 李家泉著:《"一国两制"与台湾前途: 中国海峡两岸关系探讨》, 北京: 人民日报出版社, 1991 年。

70. 李家泉著:《两岸"双赢"之路: 试论"一国两制"的台湾模式》, 北京: 中国友谊出版公司, 2001 年。

71. 李建平编:《海峡两岸经济发展: 新机遇、新思维、新视野》, 北京:

中国经济出版社，2009年。

72. 李鹏著：《海峡两岸关系析论——以和平发展为主题之研究》，厦门：鹭江出版社，2009年。

73. 李鹏著：《台海安全考察》，北京：九州出版社，2005年。

74. 李永铭、毛磊、陈宗海著：《台湾问题与统一之路》，武汉：武汉出版社，2002年。

75. 廖光生编：《两岸经贸互动的隐忧与生机》，香港中文大学香港亚太研究所，1995年。

76. 林劲、郭红斌著：《当代台湾政党互动分析》，北京：九州出版社，2008年。

77. 刘国深，唐永红编：《福建对台交流合作先行先试研究》，北京：九州出版社，2010年。

78. 刘国深等著：《台湾政治概论》，北京：九州出版社，2006年。

79. 刘国深著：《当代台湾政治分析》，北京：九州出版社，2002年。

80. 刘相平著：《经济全球化与两岸经贸关系》，北京：社会科学文献出版社，2005年。

81. 刘映仙编：《海峡两岸经贸关系探讨》，北京：中国友谊出版公司，1993年。

82. 卢晓衡编：《中国对外关系中的台湾问题》，北京：经济管理出版社，2002年。

83. 马振犊编：《台前幕后：1949—1989年的国共关系》，广州：广东人民出版社，2002年。

84. 梅孜编：《美台关系重要资料选编：1948.11—1996.4》，北京：时事出版社，1997年。

85. 穆怀阁著：《台湾局势与两岸关系观察》，北京：九州出版社，2006年。

86. 南京大学台湾研究所编：《海峡两岸关系日志（1999—2008.5）》，北京：九州出版社，2010年。

87. 倪世雄等著：《当代西方国际关系理论》，上海：复旦大学出版社，2001年。

88. 宁凌、庆山编：《国民党治军档案》，北京：中共党史出版社，2003

年。

89. 宁骚主编:《2006—2008 年台湾局势研究报告》,北京:九州出版社,2006 年。

90. 钮汉章著:《台湾地区政治发展与对外政策》,北京:世界知识出版社,2007 年。

91. 彭维学著:《"台独"的社会基础》,北京:九州出版社,2008 年。

92. 全国干部培训教材编审指导委员会编:《坚持"一国两制"推进祖国统一》,北京:人民出版社、党建读物出版社,2019 年。

93. 全国台湾研究会编:《两岸关系研究报告》(2001 年),北京:九州出版社,2002 年。

94. 全国台湾研究会编:《两岸关系研究报告》(2002 年),北京:九州出版社,2003 年。

95. 全国台湾研究会编:《两岸关系研究报告》(2003 年),北京:九州出版社,2004 年。

96. 全国台湾研究会编:《两岸关系研究报告》(2004 年),北京:九州出版社,2005 年。

97. 全国台湾研究会编:《台湾 2008》《台湾 2009》《台湾 2010》《台湾 2011》《台湾 2012》,北京:九州出版社,2009—2013 年。

98. 阮次山编:《"台独"究竟能走多远:台海局势军事观察》,北京:九州出版社,2005 年。

99. 阮次山编:《和战:两岸世纪之问》,北京:九州出版社,2004 年。

100. 苏格著:《美国对华政策与台湾问题》,北京:世界知识出版社,1998 年。

101. 孙云著:《台湾政治生态的变化与两岸关系》,厦门:厦门大学出版社,2009 年。

102. 台湾年鉴编委会、《两岸关系》杂志社编:《台湾工作年鉴 2008》《台湾工作年鉴 2009》《台湾工作年鉴 2010》《台湾工作年鉴 2011》《台湾工作年鉴 2012》《台湾工作年鉴 2013》《台湾工作年鉴 2014》《台湾工作年鉴 2015》《台湾工作年鉴 2016》。

103. 台湾研究会编:《九十年代之台湾》,北京:中国友谊出版公司,1993 年。

104. 唐正瑞著：《中美棋局中的台湾问题》，上海：上海人民出版社，2000年。

105. 汪毅夫著：《闽台历史社会与民俗文化》，厦门：鹭江出版社，2000年。

106. 王定烈编：《当代中国空军》，北京：中国社会科学出版社，1989年。

107. 王泰平编：《新中国外交50年》，北京：北京出版社，1999年。

108. 王焰编：《彭德怀年谱》，北京：人民出版社，1998年。

109. 王逸舟编：《西方国际政治学：历史与理论》，上海：上海人民出版社，1998年。

110. 王英津著：《分离与统一：变动中的两岸关系》，北京：九州出版社，2018年。

111. 王英津著：《两岸政治关系定位研究》，北京：九州出版社，2016年。

112. 习近平：《为实现民族伟大复兴 推进祖国和平统一而共同奋斗——在〈告台湾同胞书〉发表40周年纪念会上的讲话》，北京：人民出版社，2019年。

113. 辛旗著：《跨世纪的思考：以台湾问题为焦点的综合研究》，北京：华艺出版社，2002年。

114. 许世铨、杨开煌编：《"九二共识"文集》，北京：九州出版社，2013年。

115. 许世铨著：《激荡中的台湾问题》，北京：九州出版社，2007年。

116. 阎学通、漆海霞编：《国际形势与台湾问题预测》，北京：北京大学出版社，2005年。

117. 阎学通、孙学峰著：《国际关系研究实用方法（第二版）》，北京：人民出版社，2007年。

118. 阎学通著：《美国霸权与中国安全》，天津：天津人民出版社，2000年。

119. 阎学通著：《中国国家利益分析》，天津：天津人民出版社，1997年。

120. 阎学通著：《中国崛起国际环境评估》，天津：天津人民出版社，1998年。

121. 杨丹伟著：《解析台湾的大陆政策》，北京：群言出版社，2007年。

122. 杨洁勉等著：《世界格局中的台湾问题：变化和挑战》，上海：上海人民出版社，2002 年。

123. 杨荣华著:《九十年代两岸关系》，武汉：武汉出版社，1997 年。

124. 游劝荣编:《两岸法缘》，北京：法律出版社，2008 年。

125. 张宝蓉著:《两岸教育交流与青年发展研究》，北京：九州出版社，2017 年。

126. 张春英编:《台湾问题与两岸关系史》，福州：福建人民出版社，2014 年。

127. 张海鹏、陶文钊编:《台湾史稿》下卷，南京：凤凰出版社，2012 年。

128. 张景旭编:《台湾问题：中美关系的焦点》，福州：福建人民出版社，1999 年。

129. 张磊等编:《国共关系与两岸关系研究》，武汉：湖北人民出版社 1994 年。

130. 张历历著:《当代中国外交简史》，上海，上海人民出版社，2008 年。

131. 张万明著:《涉台法律问题总论》（第二版），北京：法律出版社，2009 年。

132. 张万明著:《涉台法律问题总论》，北京：法律出版社，2003 年。

133. 张亚中著:《统合论》，香港：中国评论学术出版社，2014 年。

134. 张耀武著:《中日关系中的台湾问题》，北京：新华出版社，2004 年。

135. 张玉冰著:《大陆沿海与台湾地区竞争力比较研究》，北京：九州出版社，2007 年。

136. 赵勇著:《台湾政治转型与分离倾向》，北京：中央编译出版社，2008 年。

137. 中共中央党史研究室编:《中国共产党历史》，北京：中共党史出版社，2011 年。

138. 中共中央台湾工作办公室海研中心、中国国民党国政研究基金会编:《两岸经贸论坛文集》，北京：九州出版社，2006 年。

139. 中共中央台湾工作办公室、国务院台湾事务办公室:《中国台湾问题：干部读本》，北京：九州出版社，2015 年。

140. 中共中央台湾工作办公室、国务院台湾事务办公室:《中国台湾问题（干部读本）配套资料》，北京：九州出版社，2015 年

141. 中共中央台湾工作办公室、国务院台湾事务办公室:《中国台湾问题（干部读本）》，北京：九洲图书出版社，1998年。

142. 中共中央文献研究室，中国人民解放军军事科学院编:《建国以来毛泽东军事文稿》，北京：军事科学出版社、中央文献出版社，2010年。

143. 中共中央文献研究室编:《邓小平年谱：1975—1997》，北京：中央文献出版社，2004年。

144. 中共中央文献研究室编:《建国以来毛泽东文稿》，北京：中央文献出版社，1987年。

145. 中共中央文献研究室编:《建国以来重要文献选编（第七册）》，北京：中央文献出版社，2011年。

146. 中共中央文献研究室编:《毛泽东年谱：1949—1976》，北京：中央文献出版社，2013年。

147. 中共中央文献研究室编:《周恩来年谱：1949—1976》，北京，中央文献出版社，1997年。

148. 中国社会科学院台湾研究所编:《新时期对台方针政策重要文献选编》（修订本），2009年12月（内部发行）。

149. 中国现代国际关系研究所编:《美国思想库及其对华倾向》，北京：时事出版社，2003年。

150. 周叶中著:《两岸关系的法学思考》，北京：九州出版社，2014年。

151. 周志怀编:《两岸经济关系与政治关系的互动路径》，北京：九州出版社，2014年。

152. 周志怀编:《新时期对台政策与两岸关系和平发展》，北京：华艺出版社，2009年。

153. 周忠菲著:《中美建交中的台湾问题》，上海：上海社会科学院出版社，1994年。

154. 朱天顺编:《当代台湾政治研究》，厦门：厦门大学出版社，1990年。

155. 庄宗明、黄梅波等著:《两岸经贸合作研究》，北京：人民出版社，2007年。

（二）中国台湾版

1.［日］大前研一著，赵佳宣、刘锦秀译:《中华联邦》，台北：商周出版社，2003年。

2. "国防部国防报告书撰写小组"：1992 年"国防"报告书，台北：黎明文化股份有限公司，1992 年。

3. "国防部国防报告书撰写小组"：1993—1994 年"国防"报告书，台北：黎明文化股份有限公司，1994 年。

4. "国防部国防报告书撰写小组"：1996 年"国防"报告书，台北：黎明文化股份有限公司，1996 年。

5. "国防部国防报告书编撰委员会"：2000 年"国防"报告书，台北："国防部"，2000 年。

6. "国防部国防报告书编撰委员会"：2004 年"国防"报告书，台北："国防部"，2004 年。

7. "国防部国防报告书编撰委员会"：2009 年"国防"报告书，台北："国防部"，2009 年。

8. "国防部国防报告书编撰委员会"：2013 年"国防"报告书，台北："国防部"，2013 年。

9. "国防部国防报告书编撰委员会"：2015 年"国防"报告书，台北："国防部"，2015 年。

10. "行政院大陆委员会"编著：《大陆工作参考资料（合订本）》，台北："行政院大陆委员会"，1998 年。

11. "行政院大陆委员会"编著：《坚持"主权、民主、和平、对等"四原则的两岸关系》，台北："行政院大陆委员会"，2008 年。

12. "行政院大陆委员会"主编：《中国大陆经济发展与两岸关系的回顾与前瞻》，台北："行政院大陆委员会"，1997 年。

13. 《民主进步党两岸政策重要文件汇编》，台北：民主进步党中国事务部，2000 年。

14. 包宗和、吴玉山主编：《争辩中的两岸关系理论》，台北：五南图书出版股份有限公司，1999 年。

15. 包宗和著：《台海两岸互动的理论与政策面向：1950—1989》，台北：三民书局，1991 年。

16. 蔡东杰著：《东亚区域发展的政治经济学》，台北：五南图书出版股份有限公司，2007 年。

17. 蔡玮著：《新世纪的两岸秩序》，台北：台湾海峡学术出版社，2002

年。

18. 蔡玮著:《中共涉台决策与两岸关系发展》,台北:风云论坛出版社,2000 年。

19. 蔡学仪著:《两岸经贸之政治经济分析》,台北:新文京开发出版股份有限公司,2003 年。

20. 蔡政文、林嘉诚著:《台海两岸政治关系》,台北:"国家政策研究中心",1989 年。

21. 陈春山著:《两岸经贸政策解读:两岸关系与台湾经济之未来》,台北:月旦出版股份有限公司,1994 年。

22. 陈春生著:《台湾主权与两岸关系》,台北:翰芦图书出版有限公司,2000 年。

23. 陈德升著:《两岸政经互动:政策解读与运作分析》,台北:永业出版社,1994 年。

24. 陈福成著:《国家安全与战略关系》,台北:时英出版社,2000 年。

25. 陈孔立著:《台湾学导论》,台北:博扬文化事业有限公司,2004 年。

26. 陈力生著:《台湾海峡的和平与战争》,台北:时英出版社,2002 年。

27. 陈荔彤著:《台湾主体论》,台北:元照出版公司,2004 年。

28. 陈奇志著:《美国对华政策三十年》,台北:台湾中华日报社,1980 年。

29. 陈庆著:《中共对台政策之研究》,台北:五南图书出版股份有限公司,1990年。

30. 陈水扁著:《世纪首航——政党轮替五百天的沉思》,台北:圆神出版社有限公司,2001 年。

31. 陈水扁著:《台湾之子》,台中:晨星出版有限公司,1999 年。

32. 陈一新等著:《胡温主政下对台政策与两岸关系》,台北:财团法人两岸交流远景基金会,2006 年。

33. 陈长文著:《假设的同情:两岸的理性与感性》,台北:天下远见出版股份有限公司,2005 年。

34. 陈志奇编:《台海两岸关系实录》(上册),台北:台湾财团法人"国家"建设文教基金会台海两岸关系研究中心,1998 年。

35. 戴万钦著:《世界新格局与两岸关系:和平与发展的展望》,台北:

台湾时英出版社，2006年。

36. 邓郑著：《台湾法律地位问题的研究》，台北：黎明文化事业公司，1985年。

37. 丁树范编：《胡锦涛时代的挑战》，台北：新新闻文化事业股份有限公司，2002年。

38. 范世平著：《大陆出境旅游与两岸关系之政治》，台北：秀威资讯科技股份有限公司，2006年。

39. 高孔廉著：《两岸第一步：我的协商谈判经验》，台北：联经出版事业股份有限公司，2016年。

40. 高孔廉著：《两岸经贸整合的起点：自由贸易区》，台北：财团法人"国家"政策研究基金会，2002年。

41. 高长著：《大陆经改与两岸经贸关系》，台北：五南图书出版股份有限公司，2002年。

42. 海峡交流基金会、交流杂志社编：《两岸开放交流20年国际学术研讨会会议实录》，台北：海峡交流基金会，2008年。

43. 洪儒明著：《民进党执政后的中共对台政策》，台北：秀威资讯科技股份有限公司，2004年。

44. 胡为真著：《美国对华"一个中国政策"之演变》，台北：台湾商务印书馆，2001年6月。

45. 黄昭元主编：《"两国论"与台湾"国家定位"》，台北：学林文化事业有限公司，2000年，

46. 江宜桦著：《自由主义、民族主义与国家认同》，台北：扬智文化事业股份有限公司，2000年。

47. 蒋经国先生全集编辑委员会编：《蒋经国先生全集》，台北："行政院新闻局"，1991年。

48. 蒋"总统"经国先生言论著述汇编委员会编：《蒋总统经国先生言论著述汇编》，台北：黎明文化事业股份有限公司，1982年。

49. 李登辉著：《见证台湾——蒋经国总统与我》，台北：允晨文化实业股份有限公司，2004年。

50. 李登辉著：《余生：我的生命之旅与台湾民众之路》，台北：大都会文化事业有限公司，2016年。

51. 李登辉著, 杨明珠译:《新台湾的主张》, 新北市: 远足文化事业股份有限公司, 2015 年。

52. 李非主编:《海峡两岸经济一体论》, 台北: 博扬文化事业有限公司, 2003 年。

53. 李英明著:《现阶段大陆政经社会发展与两岸关系》, 台北: 永然文化出版股份有限公司, 1994 年 8 月。

54. 李英明:《全球化时代的台湾与两岸关系》, 台北: 生智文化事业有限公司, 2001 年。

55. 李允杰著:《台湾政局与两岸关系》, 台北: 海峡学术出版社, 2007 年 6 月。

56. 廖光生著:《两岸经贸互动的隐忧与生机》, 台北: 允晨文化事业公司, 1995 年。

57. 林佳龙、郑永年主编:《民族主义与两岸关系: 哈佛大学东西方学者的对话》, 台北: 新自然主义股份有限公司, 2001 年。

58. 林文程著:《中共谈判的理论与实务——兼论台海两岸谈判》, 台北: 丽文文化事业股份有限公司, 2000 年.

59. 刘文斌著:《台湾"国家认同"变迁下的两岸关系》, 台北: 问津堂书局, 2005 年。

60. 马绍章著:《走两岸钢索》, 台北: 台湾远见杂志出版社, 2017 年。

61. 马英九编:《两岸关系的回顾与前瞻》, "行政院大陆委员会", 1992 年。

62. 潘锡堂著:《两岸关系与大陆政策》, 台北: 新文京出版社, 2003 年。

63. 秦孝仪编:《革命文献》, 台北: 中央文物供应社, 1981 年。

64. 秦孝仪编:《"总统"蒋公思想言论总集》, 台北: 国民党中委会党史委员会, 1984 年。

65. 群策会编:《台湾 21 世纪"国家"总目标》, 台北: 玉山社出版事业股份有限公司, 2003 年。

66. 邵宗海著:《两岸关系》, 台北: 台湾五南图书出版股份有限公司, 2007 年。

67. 邵宗海著:《新形势下的两岸政治关系》, 台北: 台湾五南图书出版股份有限公司, 2011 年。

68. 邵宗海主编:《两岸关系论丛——从乙亥到乙卯年》,台北:华泰文化事业公司,2000年。

69. 邵宗海著:《当代大陆政策》,台北:生智文化事业公司,2003年。

70. 邵宗海著:《两岸关系》,台北:五南图书出版有限公司,2006年。

71. 邵宗海著:《两岸关系与两岸对策——1996年"总统"大选后的解析》,台北:时报文化出版企业股份有限公司,1996年。

72. 邵宗海著:《两岸协商与谈判》,台北:新文京开发出版公司,2004年。

73. 施正锋著:《台湾人的民族认同》,台北:前卫出版社,2000年。

74. 施正锋著:《台湾政治建构》,台北:前卫出版社,1999年。

75. 施正锋著:《台中美三角关系:由新现实主义到建构主义》,台北:前卫出版社,2001年。

76. 石之瑜、李念祖著:《规范两岸关系:人道努力与制度安排》,台北:五南图书出版有限公司,1994年。

77. 石之瑜著:《两岸关系概论》,台北:扬智文化事业股份有限公司,1998年。

78. 苏进强主编:《911事件后全球战略评估》,台北:英文新闻股份有限公司,2002年。

79. 苏进强著:《全球化下的台海安全》,台北:扬智文化事业股份有限公司,2003年。

80. 苏起著:《危险边缘:从"两国论"到"一边一国"》,台北:天下远见出版股份有限公司,2003年。

81. 田丽虹著:《两岸关系的决策分析》,台北:新文京开发出版股份有限公司,2003年。

82. 童振源著:《全球化下的两岸经济关系》,台北:生智文化事业公司,2003年。

83. 王高成主编:《台湾的战略未来》,台北:华扬文教事业股份有限公司,2006年。

84. 王昆义著:《全球化与台湾》,台北:台湾创世文化事业出版社,2002年。

85. 王玉玲著:《由两岸关系探讨台湾的统"独"问题》,台北:桂冠图书股份有限公司，1996年。

86. 翁明贤、吴建德主编：《两岸关系与信心建立措施》，台北：华立图书公司，2005年。

87. 吴安家著：《台海两岸关系的回顾与前瞻》，台北：永业出版社，1996年。

88. 吴恒宇著：《现阶段中共对台文攻武吓之研究（1995—2001）》，台北：大屯出版社，2001年。

89. 吴琼恩著：《腾飞与堕落：突破两岸关系僵局的新思维》，台北：海峡学术出版社，2004年。

90. 吴新兴著：《整合理论与两岸关系之研究》，台北：五南图书出版有限公司，1995年。

91. 吴玉山著：《抗衡与扈从——两岸关系新诠：从前苏联看台湾与大陆间的关系》，台北：正中书局，1997年。

92. 习贤德著：《统"独"启示录》，台北：亚太图书出版社，2004年。

93. 向骏主编：《2050中国第一权力转移理论下的美中台关系之迷思》，台北：博扬文化事业股份有限公司，2006年。

94. 萧继宗编：《中国国民党党章政纲集》，台北：中央文物供应社，1976年。

95. 萧万长著：《一加一大于二：迈向两岸共同市场之路》，台北：天下远见出版股份有限公司，2005年。

96. 谢正一著：《关键时刻的两岸关系》，台北：环宇出版社，2002年。

97. 辛旗著：《时代悲情·文化变迁·两岸关系》，台北：海峡学术出版社，2003年。

98. 徐博东、郭庆全编：《近十年来民进党大陆政策大事记》上、下册，台北：海峡学术出版社，2011年。

99. 徐博东等著：《大国格局变动中的两岸关系》，台北：海峡学术出版社，2008年。

100. 许世楷、施正锋编：《台湾前途危机管理》，台北：前卫出版社，2001年。

101. 薛钊著：《战略性的思考：台湾的安全与抉择》，台北：台湾时英出版社，2001年。

102. 杨开煌著:《出手——胡政权对台政策初探》,台北:海峡学术出版社,2005年。

103. 杨开煌著:《困局——论陆台香濠》,台北:海峡学术出版社,2000年。

104. 杨开煌著:《纵论两岸寻双赢》,台北:历史智库出版有限公司,1996年。

105. 杨宪村、徐博东著:《世纪交锋:民进党如何同共产党打交道》,台北:时报文化出版企业股份有限公司,2002年。

106. 游盈隆主编:《近二十年两岸关系的发展与变迁》,台北:财团法人海峡交流基金会,2008年。

107. 于宗先著:《大陆经济台湾观》,台北:五南图书出版公司,2000年。

108. 虞义辉著:《台湾意识的多面向:百年两岸的民族主义》,台北:黎明文化事业股份有限公司,2001年。

109. 张麟征著:《泥淖与新机——台湾政治与两岸关系》,台北:海峡学术出版社,2005年。

110. 张其昀主编:《先"总统"蒋公全集》第3册,台北:中国文化大学出版社,1984年。

111. 张五岳著:《分裂国家互动模式与统一政策之比较研究》,台北:财团法人"国家"政策研究中心,1992年。

112. 张亚中、李英明著:《中国大陆与两岸关系概论》,台北:扬智文化事业股份有限公司,2000年。

113. 张亚中著:《两岸统合论》,台北:生智文化事业有限公司,2000年。

114. 张亚中著:《全球化与两岸统合》,台北:联经出版事业股份有限公司,2003年。

115. 赵春山著:《大陆政策与两岸关系》,台北:民主基金会,1991年。

116. 赵杰夫编:《跨越历史的鸿沟:两岸交流十年的回顾与前瞻》,台北:"行政院大陆委员会",1997年。

117. 赵全胜编著:《分裂与统一:中国、韩国、德国、越南经验之比较研究》,台北:桂冠图书股份有限公司,1994年8月。

118. 郑海麟著:《台湾主权的重新解释》,台北:海峡学术出版社,2000年。

119. 郑竹园著：《海峡两岸经济发展与互动》，台北：联经出版事业股份有限公司，1994年。

120. 中华欧亚基金会、世界和平研究所编：《亚洲新情势及因应对策：台日论坛2005年东京会议论文集》，台北：台湾大屯出版社，2006年。

121. 周继祥著：《政治学：21世纪的观点》，台北：威仕曼文化事业股份有限公司，2005年版。

122. 朱松柏主编：《分裂国家的互动关系：以中韩两国为例》，政治大学国际关系研究中心印行，1991年。

123. 朱延智著：《两岸经贸》，台北：五南图书出版股份有限公司，2004年版。

124. 朱延智著：《台湾安全》，台北：幼狮文化事业股份有限公司，2000年。

125. 庄万寿主编：《"台湾独立"的理论与历史》，台北：前卫出版社，2002年。

（三）英文论著

Anderson, James H., Tensions Across the Strait: China's Military Options Against Taiwan Short of War, Heritage, Washington, Backgrounder, No. 1328, September 1999.

Alan D. Romberg, Rein in at the Brink of the Precipice: American Policy toward Taiwan and U.S.-PRC Relations, Washington, D.C.: Henry L. Stimson Center, 2003.

Avery Goldstein, Rising to the Challenge: China's Grand Strategy and International Security, PaloAlto, CA; Stanford University Press, 2005.

Bonnie Glaser and Brad Glosserman，Promoting Confidence Building across the Taiwan Strait，Center for Strategic and International Studies，Washington D.C.: 2008.

David A. Shlapak, David T. Oelestsky, and Barry A. Wilson, Dire Strait? Military Aspects of the china-Taiwan Confrontation and Options for U.S. Policy, Santa Monica, CA: Rand, 2000.

David Shambaugh, Power Shift: China and Asia's New Dynamics, San Francisco, CA: University of California Press, 2006.

David Shambaugh ed., Contemporary Taiwan, New York: Oxford University, 1998.

David Shambaugh, Greater China: the Next Superpower?, New York: Oxford University Press, 1995.

Denney Roy, Cross-Strait Economic Relations: Opportunities Outweigh Risks, Honolulu: The Asia-Pacific Center for Security Studies, 2004.

Greg Austin, ed., Missile Diplomacy and Taiwan's Future: Innovations in Politics and Military Power, Strategic and Defence Studies Centre, Research School of Pacific and Asian Studies, Canberra, Australian National University, 1997.

George T. Crane & Abia Amawied, The Theoretical Evolution of International Political Economy, London: Oxford University Press, 1997.

James R. Lilley and Chuck Downs, eds., Crisis in the Taiwan Strait, Washington, D.C.: National Defense University Press, 1997.

Jed Babbin & Edward Timperlake, Showdown: Why China Wants War With the United States, N.Y.: Regnery Publishing, Inc., 2006.

John J. Tkacik, Jr., Rethinking "One Chin.", Washington D.C.: The Heritage Foundation, 2004.

John W. Garver, Face Off: China, the United States, and Taiwan's Democratization, Seattle: University of Washington Press, 1997.

Jonathan D. Pollack, editor, Strategic Surprise?, Newport, RI: Naval War College Press, 2003.

Joshua Kurlantzick, Charm Offensive: How China's Soft Power is Transforming the World, Yale, Connecticut: Yale University Press, 2007.

Martin L. Lasater, Policy in Evolution: the U.S. Role in China's Reunification, Boulder, Colorado: Westview Press, 1989.

Michael Swaine, Andrew Yang etc.des, Assessing the Threat: the Chinese Military and Taiwan's Security, Washington DC: Carnegie Endowment for International Peace, 2007.

Michael Swaine, Taiwan's National Security, Defense Policy and Weapons Procurement, Santa Monica, CA: Rand, 2000.

Michael Swaine, Taiwan: Foreign and Defense Policymaking, Santa Monica,CA: RAND Corporation,2001.

Michael Swaine, Tuosheng Zhang, Danielle Cohen, Managing Sino-American Crises: Case Studies and Analysis, Washington DC: Carnegie Endowment for International Peace, 2006.

Michael S. Chase, Kevin L. Pollpeter, James C. Mulvenon, Shanghaied? The Economic and Political Implications of Information of the Flow of Information Technology and Investment Across the Taiwan Strait, Arlington: Rand Corporation, 2004.

Naughton, Barry. ed., The China Circle: Economics and Technology in the PRC, Taiwan, and Hong Kong, Washington, D.C.: Brookings Institution Press, 1997.

Richard C. Bush III, Untying the Knot Making Peace in the Taiwan Strait, Washington, D.C.: Brookings Institution Press, 2005.

Robert G. Sutter, Chinese Policy Priorities and Their Implications for the United States, WashingtonD.C.: United States of America Press, 2001.

Robert S. Ross & Alastair Iain Johnston, New Directions in the Study of China's Foreign Policy, Palo Alto, CA; Stanford University Press, 2006.

Steven J. Hood, The Kuomintang and the Democratization of Taiwan, Boulder, Colorado: Westview, 1997.

Ted Galen Carpenter, America's Coming War With China: A Collision Course Over Taiwan, N.Y.: Palgrave Macmillan, 2006.

Tun-Jen Cheng & Stephan Haggard, eds. Political Change in Taiwan, Colorado: Lynne Rienner, 1992.

Tun-Jen Chend, Chi Huang & Samuel S. G. Wu, eds, Inherited Rivalry: Conflict Across the Taiwan Straits, Colorado: Lynne Rienner, 1995.

二、期刊论文

（一）中国大陆期刊

1. 鲍晓华：《台湾"产业空洞化"的检验——兼与台湾学者谢宽裕商榷》，《世界经济研究》，2002 年第 4 期。

2. 蔡欣欣：《当代两岸戏曲交流的回顾与研析》，《人文与社会科学简讯》，2014 年 3 月，第 15 卷 2 期。

3. 曹小衡：《变动中的东亚经济格局与两岸经济关系前景》，《台湾研究》，1999 年第 1 期。

4. 曹小衡：《海峡经贸政策、经贸关系现状与前景研究》，《台湾研究》，2008 年第 3 期。

5. 曹小衡：《台湾经济发展趋势与两岸经济关系前景》，《南开经济研究》，2004 年第 5 期。

6. 曾华群：《论内地与香港 CEPA 之性质》，《厦门大学学报（哲学社会科学版）》，2004 年第 6 期。

7. 常欣欣：《和平与经济相互依赖关系的理论考察》，《北京行政学院学报》，2001 年第 5 期。

8. 陈动：《也谈主权理论及在台湾问题上的应用》，《台湾研究集刊》，2003 年第 1 期。

9. 陈刚：《经济全球化与相互依赖》，《外交学院学报》，2000 年第 2 期。

10. 陈丽明、张冠华：《新形势下加强两岸产业交流与合作的思考与探索》，《台湾研究》，2009 年第 3 期。

11. 陈鹭：《"南向"与"西进"政策对台商岛外投资行为的导向作用评估》，《经济改革与发展》，1997 年第 3 期。

12. 陈少坚、谢军、林晓英：《闽台两地体育文化及其交流现状和发展前瞻》，《体育科学》，2006 年第 26 卷第 7 期。

13. 陈雯：《中国—东盟自由贸易区对台湾地区经济的影响》，《国际贸易问题》，2006 年第 8 期。

14. 陈忠纯：《一九五四年至一九五八年间中共对台策略的调整探析》，

《中共党史研究》，2019 年第 7 期。

15. 崔萍：《两岸教育交流的现状及前景分析》，《统一论坛》，2007 年第 5 期。

16. 邓利娟：《当前台湾对大陆经贸政策的走向评析》，《国际贸易问题》，2000 年第 11 期。

17. 冯邦彦，赖文凤：《台湾当局"南向政策"透视》，《暨南学报（哲学社会科学）》，2003 年第 25 卷第 6 期。

18. 何柳：《改革开放初期中国大陆对台经贸政策对台湾外贸关系的影响（1979—1989 年）》，《社会科学论坛》，2011 年第 2 期。

19. 何仲山：《海峡两岸经济交流与合作的回顾与展望》，《中共中央党校学报》，2000 年第 4 卷第 3 期。

20. 胡石青：《从投资环境的对比与变化看台商对大陆的投资》，《两岸关系》，2004 年第 12 期。

21. 胡淑慧：《论两岸在台湾对外洽签 FTA 问题上的分歧与协调思路》，《学术探索》2013 年第 10 期。

22. 华晓红、赵旭梅：《对祖国大陆与台湾地区经济依存关系的分析》，《国际贸易问题》，2005 年第 4 期。

23. 黄范章，常修泽，曹小衡，徐忠：《海峡两岸经贸关系的战略思考》，《经济改革与发展》，1997 年第 8 期。

24. 黄范章：《海峡两岸产业分工合作的战略意义及其发展》，《珠江经济》，1997 年第 5 期。

25. 黄嘉树：《两岸和平问题研究》，《教学与研究》，2007 年第 7 期。

26. 黄梅波：《海峡两岸的投资互动及其前景》，《国际经济合作》，2002 年第 7 期。

27. 金碚、许家现：《海峡两岸经济交流的态势与前景》，《科技导报》，1992 年第 3 期。

28. 邝艳湘：《和平还是冲突：经济相互依赖的政治后果》，《国际论坛》，2007 年第 3 期。

29. 邝艳湘：《经济互赖与国际和平》，《外交评论》，2007 年第 1 期。

30. 兰自力、谢军、骆英、魏宁：《海峡两岸体育交流与合作的历史回顾与前景展望》，《天津体育学院学报》，2002 年第 3 期。

31. 李保明:《近年来两岸经济关系发展中的问题与趋势》,《台湾研究》,2007 年第 1 期。

32. 李非、曾文利:《海峡两岸经济关系研究 30 年回顾与启示》,《台湾研究集刊》,2009 年第 1 期。

33. 李非、熊俊莉:《论两岸科技产业的分工与合作》,《台湾研究》,2007 年第 5 期。

34. 李非、张玉冰:《至 2020 年台湾经济发展趋势与两岸关系》,《台湾研究集刊》,2004 年第 2 期。

35. 李非:《21 世纪台商投资大陆趋向预测》,《国际贸易问题》,1999 年第 2 期。

36. 李非:《当前海峡两岸贸易形势分析》,《厦门大学学报(哲学社会科学版)》,2007 年第 1 期。

37. 李非:《海峡两岸海上直航问题探讨》,《台湾研究集刊》,2001 年第 4 期。

38. 李非:《海峡两岸经济关系发展阶段论》,《台湾研究集刊》,1996 年第 3 期。

39. 李非:《海峡西岸经济区对台先行先试政策研究》,《福建师范大学学报(哲学社会科学版)》,2009 年第 6 期。

40. 李非:《建立"两岸共同市场"问题研究》,《台湾研究》,2005 年第 3 期。

41. 李非:《两岸加入世界贸易组织对台商投资的影响》,《厦门大学学报(哲学社会科学版)》,2002 年第 4 期。

42. 李非:《论海峡两岸经济竞争与互补》,《台湾研究集刊》,2000 年第 4 期。

43. 李非:《论台湾经济投入与产出的变化》,《台湾研究》,2004 年第 4 期。

44. 李非:《台湾高科技产业与两岸产业合作趋势》,《厦门大学学报(哲学社会科学版)》,2003 年第 1 期。

45. 李家泉:《1949 年两岸经济关系的回顾与 1995 年展望》,《台湾研究集刊》,1995 年第 1 期。

46. 李鹏:《海峡两岸的利益冲突及对共同利益的寻求》,《台湾研究集刊》，2001 年第 3 期。

47. 林媛媛：《关于海峡两岸自由贸易区目标模式的研究》，《国际贸易问题》，2003 年第 8 期。

48. 林致诚、郭琼珠：《海峡两岸体育交流及其影响探析》，《台湾研究集刊》，2002 年第 2 期。

49. 刘兵，李非：《台湾入世对岛内经济及两岸经济关系的影响》，《南开经济研究》，2002 年第 4 期。

50. 刘国深：《两岸关系不稳态与制度创新》，《台湾研究集刊》，2000 年第 3 期。

51. 刘国深：《两岸关系和平发展新课题浅析》，《台湾研究集刊》，2008 年第 4 期。

52. 刘国深：《试论和平发展背景下的两岸共同治理》，《台湾研究集刊》，2009 年第 4 期。

53. 刘国深：《试析现阶段两岸关系》，《台湾研究集刊》，2003 年第 2 期。

54. 刘霜佳：《两岸经济关系发展走向析》，《统一论坛》，2002 年第 5 期。

55. 刘映仙：《关于两岸产业分工问题之刍议》，《台湾研究》，1995 年第 2 期。

56. 刘震涛、王花蕾：《关于两岸特色经济合作机制目标探讨》，《国际经济评论》，2009 年第 9—10 期。

57. 刘震涛：《对新形势下两岸经济关系的思考》，《国际经济评论》，2008 年第 1—2 期。

58. 刘震涛：《认真探索规律，巩固和发展两岸经济关系》，《清华大学学报（哲学社会科学版）》，2000 年第 15 卷第 2 期。

59. 门洪华：《国际机制的有效性与局限性》，《美国研究》，2001 年第 4 期。

60. 木子：《互利互补 共同发展——访国台办经济局局长刘震涛》，《台声杂志》，1997 年 4 月。

61. 潘文卿、李子奈：《祖国大陆经济对台商直接投资的依存研究：一个基于联接模型的分析》，《世界经济》，2001 年第 10 期。

62. 彭金荣：《大陆对外开放对海峡两岸经贸关系的影响》，《南开经济研究》，1993 年第 1 期。

63. 彭莉、马密：《台湾地区司法判决中的两岸政治定位——以台湾地区"宪法"第四条的援用为中心》，《台湾研究集刊》，2016 年第 6 期。

64. 彭莉：《两岸互涉性经济立法：演进路径、框架构成及待遇问题》，《当代亚太》，2008 年第 4 期。

65. 彭莉：《政治与经济的角力：台湾当局两岸经贸关系"立法"之演进分析》，《台湾研究》，2009 年，第 2 期。

66. 邱芝：《论欧洲一体化进程中集体认同的建构》，《世界经济与政治论坛》，2007 年第 4 期。

67. 曲萌：《以前瞻性眼光看待两岸科技交流》，《瞭望》新闻周刊，1998 年第 40 期。

68. 全毅：《海峡两岸中药贸易及其存在的问题》，《国际贸易》，1993 年第 4 期。

69. 沈丹阳：《海峡两岸贸易不平衡的现状、成因与可能的发展趋势》，《外贸调研》，2004 年第 19 期。

70. 沈正一：《"总量管制"是"戒急用忍"的翻版》，《统一论坛》，2000 年第 6 期。

71. 沈志华：《中共进攻台湾战役的决策变化及其制约因素（1949—1950）》，《社会科学研究》，2009 年第 3 期。

72. 盛九元：《建立两岸经济合作机制的方式与途径研究》，《世界经济与政治论坛》，2009 年第 4 期。

73. 石正方、刘严毅：《海峡经济区区域治理管见》，《台湾研究集刊》，2007 年第 4 期。

74. 孙宁华、洪银兴：《新时期的两岸经贸关系：互补性、障碍和机遇》，《南京大学学报（哲学、人文科学、社会科学）》，2001 年第 3 期。

75. 唐永红、邓利娟：《当前两岸经济合作机制创新的空间与路径》，《台湾研究》，2005 年第 6 期。

76. 唐永红、邓利娟：《对两岸经济关系深化发展问题的探讨》，《台湾研究》，2013 年第 3 期。

77. 唐永红：《当前两岸制度性经济一体化的经济可行性考察》，《台湾研究集刊》，2007 年第 1 期。

78. 王博洋：《改革开放后我军对台军事斗争准备的历史演进》，《军事历史》，2018 年第 6 期。

79. 王建民：《两岸经贸关系发展的不对称性分析及思考》，《台湾研究》，2004 年第 5 期。

80. 王茹：《两岸命运共同体与两岸公共生活的建构》，《台湾研究集刊》，2006 年第 3 期。

81. 王毅：《十年来对台工作的实践成就和理论创新》，《求是》，2012 年第 20 期。

82. 魏澄荣：《ECFA 对深化两岸产业合作的作用》，《亚太经济》，2010 年第 5 期。

83. 翁成受：《试论台湾经济面临的困境及发展趋势》，《台湾研究集刊》，1990 年第 1 期。

84. 吴心伯：《反应与调整：1996 年台海危机与美国对台政策》，《复旦学报（社会科学版）》，2004 年第 2 期。

85. 徐昆明：《开拓新思路，迎接新挑战——加强两岸科技产业创新合作，促进祖国统一事业》，《清华大学学报（哲学社会科学版）》，2000 年第 15 卷第 2 期。

86. 徐莽：《开创两岸经济交流与合作新局面》，《两岸关系》，2007 年第 10 期。

87. 许世铨：《东亚区域经济合作及对两岸关系的影响》，《台湾研究》，2002 年第 2 期。

88. 严元祥，张冠华：《加入 WTO 对两岸经济关系的影响》，《台湾研究》，1999 年第 4 期。

89. 严正：《加入世贸组织对海峡两岸经济关系的影响》，《亚太经济》，2000 年第 4 期。

90. 殷存毅、卓凯：《东亚经济格局与两岸经济关系》，《台湾研究》，2006 年第 3 期。

91. 于津平：《中国与东亚主要国家和地区间比较优势与贸易互补性》，《世界经济》，2003 年第 5 期。

92. 于军：《相互依赖与国际冲突》，《国际政治研究》，2003 年第 3 期。

93. 于万里：《相互依赖研究评述》，《欧洲研究》，2003 年第 4 期。

94. 余克礼:《海峡两岸加入 WTO 后的经济互动关系展望》,《台湾研究》, 2001 年第 3 期。

95. 张宝蓉、韩晓燕:《2008 年以来两岸高校青年学生交流的发展与前瞻——兼对厦门大学两岸青年学生交流的探讨》,《台湾研究集刊》, 2015 年第 6 期。

96. 张传国:《台商在大陆的研发投资问题研究》,《台湾研究》, 2004 年第 4 期。

97. 张冠华:《当前台湾经济转型面临的挑战与选择》,《台湾研究》, 2004 年第 5 期。

98. 张冠华:《后 ECFA 时期两岸经济关系发展方式的转变》,《台湾研究》, 2010 年第 6 期。

99. 张冠华:《两岸经济关系的转型趋势与影响》,《台湾研究》, 2006 年第 3 期。

100. 张冠华:《两岸经济关系发展及其政经影响》,《台湾研究》, 2005 年第 2 期。

101. 张冠华:《台商大陆投资对两岸贸易影响分析》,《台湾研究》, 2003 年第 4 期。

102. 张冠华:《台湾工业转型与升级的现状、问题及前景》,《台湾研究》, 1997 年 1 期。

103. 张冠华:《台湾经济的未来与两岸经济关系》,《台湾研究》, 1997 年第 4 期。

104. 张冠华:《台湾经济恶化状况及成因分析》,《台湾研究》, 2001 年第 4 期。

105. 张冠华:《推进两岸经济融合发展的形势与思路》,《台湾研究》, 2015 年第 6 期。

106. 赵秉志、黄晓亮:《论中国区际刑事司法合作法律机制的构建》,《江海学刊》, 2011 年第 10 期。

107. 赵甲明:《如何把握两岸经济关系走向》,《清华大学学报(哲学社会科学版)》, 2000 年第 15 卷第 2 期。

108. 郑清贤:《涉台法律研究与海峡西岸经济区建设研讨会综述》,《海峡法学》, 2010 年第 1 期。

109. 周叶中、段磊：《论两岸协议的接受》，《法学评论》，2014 年第 4 期。

110. 周志怀：《论海峡两岸经贸关系的制度化安排》，《台湾研究》，2002 年第 2 期。

111. 周志怀：《现阶段两岸关系性质的双重性格》，《台湾研究》，1995 年第 2 期。

112. 周祝瑛、刘豫敏、胡祝惠：《两岸大学生交流之回顾：1992—2012》，《教育资料与研究》，第 110 期。

113. 朱磊：《两岸经济关系进入"新常态"》，《亚太经济》，2016 年第 3 期。

114. 朱磊：《马英九与蔡英文执政时期两岸经济关系比较》，《台湾研究》，2016 年第 5 期。

115. 朱磊：《台湾产业结构演进及对两岸经济关系的影响》，《台湾研究》，2006 年第 4 期。

116. 竺伟荣：《台胞来大陆投资的潜力和特点》，《中央社会主义学院学报》，1991 年第 3 期。

117. 庄宗明：《"两岸共同市场"：理念架构及其现实意义》，《国际经济合作》，2006 年第 1 期。

（二）港台期刊

1. 蔡宏明：《CEPA 与两岸经贸合作机制》，《贸易政策论丛》，2004 年第 9 期。

2. 蔡宏明：《台湾经贸发展对两岸经贸互动之影响》，《远景基金会季刊》，2006 年第 2 期。

3. 蔡学仪：《全球化与两岸经济发展》，《展望与探索》，2005 年第 1 期。

4. 蔡毓芳：《两岸经贸依存的迷思与展望》，《台湾经济研究月刊》，2005 年第 2 期。

5. 陈丽瑛：《面对国际、两岸及台湾制约因素的两岸经贸关系》，《经济前瞻》，2006 年总第 107 期。

6. 陈陆辉、耿曙、涂萍兰、黄冠博：《理性自利或感性认同？影响台湾民众两岸经贸立场因素的分析》，《东吴政治学报》，2009 年第 2 期。

7. 陈明通：《台湾的"宪政改造"与两岸关系》，台湾《"国家"发展研究》，2005 年第 1 期。

8. 陈添枝：《全球化与两岸经济关系》，台湾《经济论文丛刊》，2003 年第 3 期。

9. 邓岱贤：《两岸签署综合性经济合作协议之研究》，《中华战略学刊》，2008 年秋季号。

10. 傅丰诚：《两岸经贸政策共识难成之因》，《经济前瞻》，2006 年总第 104 期。

11. 高长：《两岸经贸发展趋势与因应对策剖析》，《理论与政策》，1997 年第 4 期。

12. 高长、王正旭：《两岸关系的回顾、新情势与前瞻》，《远景基金会季刊》，2008 年第 3 期。

13. 高长、蔡依帆：《两岸双边贸易、投资与产业分工发展趋势》，《经济情势暨评论》，2006 年第 3 期。

14. 高孔廉：《由两岸经贸政策看台湾经济出路》，台湾《经济前瞻》，2003 年第 3 期。

15. 耿曙、陈陆辉：《两岸经贸互动与台湾政治版图：南北区块差异的推手？》，《问题与研究》，2003 年第 6 期。

16. 耿曙、曾于蓁：《中共邀访青年政策的政治影响》，《问题与研究》，2010 年第 49 卷第 3 期。

17. 黄镇台：《全球化下的两岸经贸政策与台湾竞争力》，《国家政策论坛》，2001 年第 6 期。

18. 洪财隆：《两岸经贸关系的拓展与正常化》，《台湾经济研究月刊》，2008 年第 4 期。

19. 李杰清：《海峡两岸协商行使管辖权及刑事诉讼移转管辖之理论及实践——以在第三国跨域诈欺犯之管辖权协商及审理为起点》，《台北大学法学论丛》，2015 年第 94 期。

20. 李允杰：《两岸新形势下签署双向投资保障协议之分析》，《展望与探索》，2009 年第 2 期。

21. 练有为：《两岸经贸与知识经济对台湾产业结构的影响》，《台湾银行季刊》，2008 年第 2 期。

22. 练有为：《两岸经贸政策对产业之影响——从台湾股市反应评估》，《台湾银行季刊》，2007 年第 2 期。

23. 廖舜右：《WTO 架构下两岸经贸合作的可行性》，《台湾经济研究月刊》，2009 年第 1 期。

24. 列嘉祺：《两岸经贸发展：台湾被边缘化或整合？》，《展望与探索》，2003 年第 3 期。

25. 林祖嘉：《两岸经贸发展对台湾产业调整之影响：产业升级与边缘化之争议》，《"国家"政策论坛》，2003 年第 7 期。

26. 林灼荣：《WTO 架构下两岸经贸关系之展望》，《台湾经济研究月刊》，2002 年第 8 期。

27. 林琮盛、耿曙：《从"安全"与"利益"的两难中解套：再思两岸关系中的市场力量》，《远景基金会季刊》，2005 年第 4 期。

28. 刘祥熹、蔡秀卿：《两岸经贸互动关系与经济整合性之研究》，《绩效与策略研究》，2005 年第 1 期。

29. 刘祥熹、陈嘉福：《两岸经贸政策演变及贸易与投资之互动关系》，《华人经济研究》，2005 年第 1 期。

30. 邱垂正：《两岸非正常化经济整合关系之省思与挑战》，《展望与探索》，2005 年第 11 期。

31. 邱秀锦：《台湾经济对大陆经济依赖程度与可能影响》，《台湾经济金融月刊》，2001 年第 9 期。

32. 邵宗海：《从两岸关系的变迁探讨两岸关系的定位》，《远景基金会季刊》，2003 年第 4 期。

33. 孙震：《东亚区域经济发展与两岸经贸关系》，《永丰金融季刊》，2008 年第 9 期。

34. 唐彦博：《两岸经贸发展趋势与展望》，《展望与探索》，2007 年第 4 期。

35. 滕人杰：《两岸经贸互动对"国内"制造业就业市场之影响》，《台湾经济研究月刊》，2004 年第 27 卷第 8 期。

36. 童振源：《台湾与"中国"经贸关系——经济与安全的交易》，《远景基金会季刊》，2000 年第 1 卷第 2 期。

37. 童振源：《评陈水扁经济安全发展战略的两岸经贸政策》，《经济前瞻》，2000 年总第 68 期。

38. 童振源：《两岸经济全球分工与互赖》，《经济情势暨评论》，2001 年第 3 期。

39. 童振源:《两岸经济整合与台湾的国家安全顾虑》,《远景基金会季刊》,2003 年第 4 卷第 3 期。

40 文久:《台湾蓝绿板块移动》,香港《广角镜》,2015 年 1 月号。

41. 吴秉叡:《技术外溢传递机制之研究——探讨"我国"技术管制对两岸经贸之影响》,《台湾银行季刊》,2009 年第 3 期。

42. 吴金城:《特殊的两岸经济相互依赖关系与意涵》,《东亚论坛季刊》,2009 年第 3 期。

43. 吴瑟致:《中国大陆经济崛起与台湾因应策略之研究》,《竞争力评论》,2005 年第 7 期。

44. 夏乐生:《台商赴大陆投资现况及其对台湾经济之影响》,《展望与探索》,2004 年第 4 期。

45. 肖真美:《海峡两岸教育界之交流》,《中国大陆研究》,1998 年第 3 期。

46. 徐淑敏:《互赖理论中"敏感性与脆弱性"概念应用于两岸互动关系的操作化分析》,《远景基金会季刊》,2004 年第 4 期。

47. 许振明:《台湾的两岸经贸政策及两岸经济合作之分析》,《国家政策论坛》,2004 年春季号。

48. 杨开煌、刘祥得:《社会接触及政治态度影响台湾民众对大陆印象、认知、政策评估之影响》,《远景基金会季刊》,2011 年第 12 卷第 3 期。

49. 杨仕乐:《中国威胁? 经济互赖与中国大陆的武力使用》,《东亚研究》,2004 年第 2 期。

50. 杨婉莉:《初探跨境案件之境外羁押折抵刑期——以最高法院裁判为中心（上）》,《月旦裁判时报》,2016 年第 43 期。

51. 张弘远:《策略性依赖下的两岸经贸互动:一个简单贸易政策模型的分析》,《展望与探索》,2003 年第 11 期。

52. 郑竹园:《从世界经济大势看两岸经贸关系》,《中华战略学刊》,2004 年冬季号。

三、学位论文

1. 曾文昌：《台湾当前大陆教育政策之研究》，台湾政治大学博士学位论文，2007 年。

2. 陈美春：《胡锦涛时期中共对台文化战略与作为研究》，台湾淡江大学国际事务与战略研究所硕士学位论文，2007 年。

3. 黄宝英：《两岸宗教交流模式之研究（1987—2008）——以政教关系论述》，台湾师范大学博士学位论文，2009 年。

4. 王植忠：《陈水扁执政时期大陆政策之研究（2000—2008 年）》，台湾淡江大学中国大陆研究所硕士学位论文，2012 年。

5. 韦奇宏：《两岸新闻采访交流的结构与变迁 1979—2001——新制度论的分析》，台湾政治大学硕士学位论文，2002 年。

6. 张亚：《1978 年以来海峡两岸文化交流的历史进程和思考》，中共中央党校硕士学位论文，2005 年。

四、网站资料

中华人民共和国中央人民政府网站，http://www.gov.cn/。

国务院台湾事务办公室网站，http://www.gwytb.gov.cn/。

中华人民共和国外交部网站，http://www.mfa.gov.cn/chn/。

中华人民共和国国防部网站，http://www.mod.gov.cn/

全国台湾研究会网站，http://tyh.chinataiwan.org/。

中国台湾网，http://www.chinataiwan.org/。

华夏经纬网，http://www.huaxia.com/。

人民网海峡两岸，http://tw.people.com.cn/GB/index.html。

新华网台湾频道，http://www.xinhuanet.com/tw/。

央视网海峡两岸，http://www.cctv.com/taiwan/special/hxla/hxlasy/index.shtml。

海峡之声网：http://www.vos.com.cn/。

（台湾）"中华民国总统府"网站，http:// www.president.gov.tw/。

（台湾）"中华民国国防部"网站，http://www.mod.org.tw/。

（台湾）"中华民国外交部"网站，http://www.mofa.org.tw/。

（台湾）"行政院大陆委员会"网站，http://www.mac.org.tw/。

（台湾）海峡交流基金会网站，http://www.sef.org.tw/。

（台湾）"国家政策研究基金会"网站，http://www.npf.org.tw/。

（台湾）财团法人"台湾智库"网站，http://www.taiwanthinktank.org/。

（台湾）政治大学选举研究中心网站，http://esc.nccu.edu.tw/newchinese/main.htm。

（台湾）远见杂志民调中心网站，http://www.gvm.com.tw/gvsrc/index.asp。

（台湾）中国国民党全球资讯网：http://www.kmt.org.tw/。

（台湾）民主进步党全球资讯网：http://www.dpp.org.tw/。

〔美国〕白宫网站，http://www.whitehouse.gov/。

〔美国〕国务院网站，http://www.state.gov/。

〔美国〕传统基金会网站，http://www.heritage.org/。

〔美国〕企业研究院网站，http://www.aei.org/。

〔美国〕布鲁金斯研究院网站，http://www.brookings.edu/。

〔美国〕战略与国际研究中心网站，http://www.csis.org/index.php。

〔美国〕卡内基国际和平基金会网站，http://www.carnegieendowment.org/。

〔瑞典〕斯德哥尔摩国际和平研究所网站，https://www.sipri.org/

后　记

《两岸关系 40 年历程（1979—2019）》一书，主要回顾了自 1979 年元旦全国人大常委会发表《告台湾同胞书》至 2019 年 1 月 2 日习近平总书记发表纪念《告台湾同胞书》发表 40 周年重要讲话的 40 年间两岸关系演进历程，全面概括了 40 年两岸关系在各个阶段和各个领域的主要特征，深入分析了 40 年两岸关系中的一些重要问题。

本书于 2015 年立项，由孙亚夫教授主持编著，得到了国台办新闻局、研究局和海峡两岸关系研究中心等单位的大力支持。从立项到成稿历时四年多，历经多次集体讨论，召开多次研讨会、汇稿会和审稿会，从框架结构到章节体例、从时间跨度到具体内容均经过反复斟酌和修改。本书最初立项时，是准备探讨 1987—2012 年两岸关系历程，后随着讨论和写作的深入，将时间跨度拓展至 1987—2017 年，到 2019 年 1 月习近平总书记发表重要讲话后，大家一致认为要以习总书记重要讲话精神统领全书，最终将时间跨度确定为 1979—2019 年。

我们希望，本书的出版能够帮助读者全面、深入地了解 40 年来两岸关系经历的风雨沧桑，客观、辩证地认识到解决台湾问题、实现国家完全统一的必然性和艰巨性，以便在各自的工作岗位上坚持以习近平新时代中国特色社会主义思想为指导，全面贯彻落实习近平总书记对台重大政策主张，扎实推动两岸关系和平发展，坚定推进祖国和平统一进程。

厦门大学台湾研究院师生深度参与了各项工作，陈孔立、刘国深、彭莉、张文生等教授多次提供意见建议。本书最终由厦大台研院教师和博士生，中国人民大学、河南师范大学教师共同撰写完成。其中，孙亚夫撰写导言和第十五章，陈忠纯、方圣华撰写第一章和第二章，王玉国撰写第三章，陈思撰写第四章，黄俊凌、鞠海涛撰写第五章，高武平、鞠海涛撰写第六章，王英津撰写第七章，张遂新撰写第八章，王勇、黄燕萍撰写第九章，张宝蓉撰写第十章，唐桦撰写第十一章，王鹤亭撰写第十二章，李鹏撰写第十三章，陈先才、温良谦撰写第十四章。孙亚夫、李鹏、王鹤亭负责全文统稿工作。厦大台研院老师陈玉负责沟通协调及各项会务工作，台研院博士生李非凡、李婷、刘东洋、陈佩云、郭满、张振楠、齐笑婕、阮倩晴、王天阳等参与了汇稿、校稿工作，国台办工作人员孙博涵、田粲也协助做了一些具体工作。

本书写作过程中，听取了知名专家学者的意见。国台办副局长李京文、处长周强，中国社会科学院台湾研究所副所长张冠华，海研中心特约研究员郑剑，南京大学历史学系教授刘相平，九州出版社副社长李勇、分社长王宇、主任习欣出席了专家审议会并提供了宝贵的专业意见。中国社科院台研所研究员刘佳雁提出了书面修改建议。在此，对以上专家学者表示衷心感谢。

　　本书难免存在一些有待完善及未尽之处，欢迎专家学者和广大读者批评指正。

2020 年 2 月 29日